개정증보판 TAX AFFAIRS

합병과 분할의 세무

(건설업양도와 합병 포함)

윤선귀 저

SAMIL | 삼일인포마인

www.samil*i*.com 사이트 **제품몰** 코너에서 본 도서 **수정사항**을 클릭하시면
정오표 및 중요한 수정 사항이 있을 경우 그 내용을 확인하실 수 있습니다.

개정증보판 서문

날이 갈수록 합병과 분할에 대한 수요는 점차 더 늘어가고 있다는 것을 필자는 피부로 느끼고 있습니다. 하지만, 전문가들조차 합병과 분할의 세무에 대한 정확한 지식을 가지고 있지 않은 상태에서 업무처리를 하고 있는 경우가 많아 언제든지 대 국세청과 다툼의 중심에 설 수 있다는 불안감 역시 상존하고 있다고 생각합니다.

이 책은 합병과 분할에 대한 세무적 실무를 구체적으로 다룬 책으로서 이론에만 그치지 않고 있습니다. 따라서, 합병과 분할에 대해 입문을 하시는 구독자들께는 다소 내용이 너무 많다고 느낄 수 있으나, 막상 실무를 하면서 도움을 받고자 할 때는 결코 그 양이 많지 않다고 느끼실 것이라 생각합니다.

개정판에는 합병가액의 산정방식 등과 관련된 「자본시장법」, 「증권의 발행 및 공시에 관한 규정」 그리고 「증권의 발행 및 공시에 관한 규정 시행세칙」을 싣고 최근 개정된 「자본시장법」 등의 개정이유에 대해 언급하였습니다. 자본시장법에 따라 산정된 합병가액을 지급하는 경우 법인세법시행령 제80조의3 제2항에 따른 "사업상 가치가 있다고 보아 대가를 지급한 경우"에 해당하게 되고 자본시장법에 따른 합병인 경우 불공정합병을 통해 법인주주가 다른 주주에게 이익을 분여한 것으로 보지 않는 등 합병과 분할에 있어 자본시장법은 반드시 알아야 하는 법 중의 하나입니다.

또한 개정판에는 중복되거나 불필요한 부분은 삭제하고 추가적인 설명이 필요한 부분은 추가적인 설명을 더하여 합병과 분할의 세무에 대해 독자들이 더 많은 정보들을 득할 수 있도록 하였습니다.

개정판은 이전판과 비교하여 전반적으로 많은 부분이 개선이 되었습니다. "역합병"을 추가하였으며, 합병당사법인에 대한 주식평가와 분할당사법인에 대한 내용을 보다 더 다듬었으며, 논란이 될 수 있는 쟁점 부분은 보다 더 정확한 방식으로 접근하였습니다.

아무쪼록 금번 개정판이 합병과 분할의 실무를 하시는 국세공무원은 물론 전문가들께 조금이나마 도움이 되었으면 하는 것이 저의 바람이며, 혹시나 작은 실수라도 발견하시는 경우에는 언제든지 제 이메일로 연락주시면 성실히 대하도록 하겠습니다. 감사합니다.

초판 서문

합병과 분할은 세법을 다루는 전문가들에게는 하나의 불모의 분야였습니다. 합병과 분할에 관하여 기업회계와 세무를 적절히 연결하기 어려웠고, 세법적으로 너무 복잡하고 까다로워 합병과 분할 업무를 시도조차 꺼리는 세무 전문가들도 많은 것이 현실입니다.

현재, 국내에 합병과 분할에 대한 세무적 도서의 수도 다른 분야에 비해 절대적으로 부족합니다. 이 책은 기업회계와 세법의 차이를 설명하며, 기업회계 처리에 따라 세법적으로 어떻게 처리해야 할지에 대해 설명해 놓았습니다. 즉, 합병과 분할에 대해 그냥 이론적인 것만 설명하거나, 법의 내용만 그대로 옮겨 놓은 것이 아니라, 실무에서 정확하게 어떻게 처리해야 할지에 대해 정리해 놓았습니다. 따라서, 합병과 분할에 관한 일반기업회계기준뿐만 아니라 K-IFRS에 대한 내용도 세법과 연관지어 정리하였습니다.

또한, 많은 사례를 실어 이론을 쉽고 정확하게 이해할 수 있도록 했습니다. 열 번의 설명보다 하나의 사례가 더 좋은 설명이 될 수 있다는 신념으로 사례들을 만들었습니다.

세무전문가들께서 지금까지 합병과 분할의 업무를 하더라도 적격합병과 적격분할에 관한 업무만을 주로 하실 뿐 비적격합병과 비적격분할은 고객들에게 권하지도 때로는 알려고도 하시지 않는 경향이 많았던 것으로 추측됩니다.

하지만, 합병과 분할에 대해서 알면 알수록 때로는 비적격합병과 비적격분할이 절세의 큰 방안 중 하나가 될 수 있다는 것을 느낄 때가 많습니다. 부의 세습과 관련된 절세는 상속세및증여세법에서 규정하는 가업상속 등에 의해서만 이루어질 수 있다는 것은 구전 중의 하나가 되어가고 있지 않나 싶습니다. 단연코 합병과 분할은 부의 세습과 관련하여 최고의 절세방안 중 하나라고 말씀드릴 수 있습니다.

합병과 분할은 일종의 자본거래 중 하나에 속합니다. 그 말은 합병과 분할에 대한 정확한 이해는 자본거래에 대한 전반적인 세법적 처리를 이해하게 된다는 것입니다. 이는 비단 합병과 분할에 대한 업무뿐만 아니라 다른 법인 고객들이 처할 수 있는 어떤 상황이든지 보다 더 폭넓은 식견을 가진 전문가로서 조력을 해 줄 수 있게 된다는 의미입니다.

부디 이 책을 통해 관련 분야의 많은 종사자분들께서 합병과 분할에 대해 더 많은 이해의 폭을 넓히시는 데 도움이 되었으면 하는 것이 저의 작은 바람입니다.

다만, 조심스러운 것은, 저의 짧은 생각과 부족함으로 인해 해석상의 오류가 있을까 염려스러운 부분입니다. 따라서 실무를 하실 때는 반드시 질의 등을 통해 정확한 해석을 받아보시고 처리하실 필요가 있다는 점 당부드립니다.

마지막으로, 이 책을 있게 해 주신 삼일인포마인 임직원 여러분들께 감사드리며, 특히 나의 인생의 가장 친한 친구이자 멘토가 되고, 늘 내가 가지는 모멘텀의 원천이 되어주는 아내 김소영에게 무한한 감사를 드립니다. 어린날 동행하지 못해 너무 미안하지만 이제 무엇이 길인지 벌써 알아버린 것 같은 딸 윤하람 그리고 발전의 왕 윤태한에게도 미안함과 감사함을 전합니다.

저자 **윤 선 귀**

차 례

제1편 합병 등 관련 자본시장법 등

제2편 합병관련 기업회계기준과 상법

제3편 합병과 세무

제5편 분할과 세무

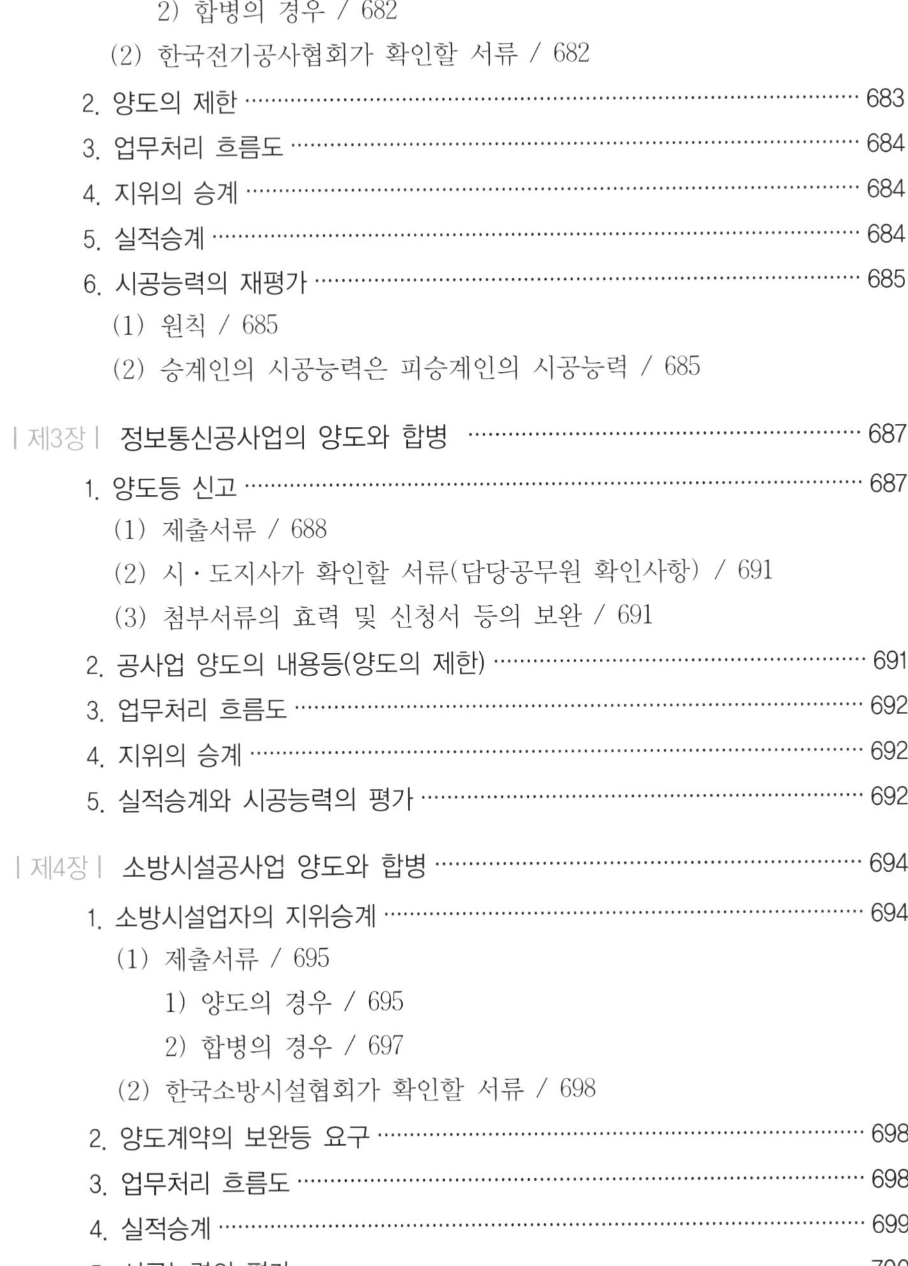

제 1 편 합병 등 관련 자본시장법 등

합병 등에 따른 주식평가관련 자본시장법, 동법 시행령, 증권의 발행 및 공시에 관한 규정 그리고 증권의 발행 및 공시 등에 관한 규정 시행세칙은 합병과 분할관련 법인세법 및 상증법과는 필수불가결의 관계이다.

법인세법상 합병 시 자본시장법에 따라 산정된 합병대가를 지급한 경우 사업상 가치가 있다고 보아 대가를 지급한 경우로 보며, 법인세법 시행령 제88조에 따른 특수관계 법인간 합병으로서 부당행위계산부인규정을 적용 시, 「자본시장과 금융투자업에 관한 법률」 제165조의 4에 따라 합병(분할합병을 포함한다)하는 경우에는 불공정합병으로 보지 않는다.

또한, 상증법상 「합병에 따른 이익의 증여 규정」 적용 시, 「자본시장과 금융투자업에 관한 법률」에 따른 주권상장법인이 다른 법인과 동법 제165조의 4 및 동법 시행령 제176조의 5에 따라 하는 합병은 상증법상의 특수관계에 있는 법인 간의 합병으로 보지 아니한다.

합병과 분할관련 세법 적용 시 이처럼 자본시장법 등은 업무에 영향을 미치므로 확실한 합병과 분할의 세무에 대한 이해를 높이기 위해서는 관련 법규정의 숙지가 필요하다. 다만, 처음 이 책을 읽으시는 독자분들은 세법에 대한 선 이해 후 해당 부분을 숙지하는 편이 더 나을 수 있다는 것이 필자의 의견이다.

I 자본시장법 제165조의 4(합병 등의 특례)

① 주권상장법인은 다음 각 호의 어느 하나에 해당하는 행위(이하 이 조에서 "합병 등"이라 한다)를 하려면 대통령령으로 정하는 요건 · 방법 등의 기준에 따라야 한다.

1. 다른 법인과의 합병
2. 대통령령으로 정하는 중요한 영업 또는 자산의 양수 또는 양도
3. 주식의 포괄적 교환 또는 포괄적 이전
4. 분할 또는 분할합병

② 주권상장법인은 합병 등을 하는 경우 투자자 보호 및 건전한 거래질서를 위하여 대통령령으로 정하는 바에 따라 외부의 전문평가기관(이하 이 조 및 제165조의 18에서 "외부평가기관"이라 한다)으로부터 합병 등의 가액, 그 밖에 대통령령으로 정하는 사항에 관한 평가를 받아야 한다.

♣ 상장법인이 외부평가기관의 평가를 받아야 하는 경우(시행령 제176조의 5 ⑦)

합병 유형	외부평가를 받는 구체적 요건
1. 상장법인(SPAC제외)과 계열사인 상장법인간 합병	합병가액이 자산가치와 수익가치의 **가중산술평균액**인 경우
	합병법인이 **비상장법인**이 되는 경우 (다음의 경우 제외) * 합병가액이 기준시가의 ±10 or ±30% 범위 내인 경우 * 완전모자회사간 합병으로서 합병신주 미발행의 경우
2. 상장법인(SPAC제외)과 계열사인 비상장법인간 합병	합병가액이 자산가치와 수익가치의 **가중산술평균액**인 경우
	일정 조건을 갖춘 비상장법인(**일정부분이 상장법인보다 더 커야 함**)과 합병 후 합병법인이 **상장법인**이 되는 경우 (다음의 경우 제외) * 완전모자회사간 합병으로서 합병신주 미발행의 경우
	상장법인(**코넥스 제외**)과 비상장법인이 합병 후 합병법인이 **비상장법인**이 되는 경우 (다음의 경우 제외) * 합병 당사자 모두 합병가액이 기준시가의 ±10 or ±30% 범위 내인 경우 * 완전모자회사간 합병으로서 합병신주 미발행의 경우
3. 상장법인(SPAC제외)이 계열사 외의 법인과 합병하는 경우	(다음의 경우 제외) * 코넥스상장법인이 계열사 외 법인과 합병하는 경우는 제외
4. SPAC가 다른 상장법인과 합병하는 경우	합병가액이 자산가치와 수익가치의 **가중산술평균액**인 경우

※ 위 사례에 해당하지 않는 경우에는 외부평가기관의 평가를 받을 필요가 없다. 그러므로 비상장법인간 합병의 경우 외부평가기관의 평가를 받을 필요가 없다. 한편, 2024년 시행령 개정을 통해 비계열사간 합병의 경우 합병가액 산식의 적용대상에서 제외하는 대신 외부평가기관의 평가를 의무화하도록 하였다.

③ 금융위원회는 외부평가기관의 합병 등에 관한 평가가 현저히 부실한 경우, 그 밖에 투자자 보호 또는 건전한 거래질서를 해할 우려가 있는 경우로서 대통령령으로 정하는 경우에는 제2항에 따른 평가 업무를 제한할 수 있다.

④ 외부평가기관의 범위, 제3항에 따른 평가 업무 제한의 방법 등에 대하여는 대통령령으로 정한다.

Ⅱ 자본시장법 시행령 제176조의 5(합병의 요건 · 방법 등)

① 주권상장법인(기업인수목적회사는 제외한다)이 그 계열회사(계열회사가 아닌 법인 중 합병을 위한 이사회 결의일부터 최근 1년 이내에 계열회사의 관계에 있었던 법인을 포함한다. 이하 이 조에서 같다)와 합병하려는 경우 또는 주권상장법인인 기업인수목적회사가 다른 법인과 합병하려는 경우에는 다음 각 호의 방법에 따라 산정한 합병가액에 따라야 한다. 이 경우 주권상장법인이 제1호 또는 제2호 가목 본문에 따른 가격을 산정할 수 없는 경우에는 제2호 나목에 따른 가격으로 하여야 한다.

1. 주권상장법인 간 합병의 경우에는 합병을 위한 이사회 결의일과 합병계약을 체결한 날 중 앞서는 날의 전일을 기산일로 한 다음 각 목의 종가(증권시장에서 성립된 최종가격을 말한다. 이하 이 항에서 같다)를 산술평균한 가액(이하 이 조에서 "기준시가"라 한다)을 기준으로 100분의 10(주권상장법인인 기업인수목적회사가 다른 법인과 합병하는 경우에는 100분의 30)의 범위에서 할인 또는 할증한 가액. 이 경우 가목 및 나목의 평균종가는 종가를 거래량으로 가중산술평균하여 산정한다.
   가. **최근 1개월간 평균종가**. 다만, 산정대상기간 중에 배당락 또는 권리락이 있는 경우로서 배당락 또는 권리락이 있은 날부터 기산일까지의 기간이 7일 이상인 경우에는 그 기간의 평균종가로 한다.
   나. **최근 1주일간 평균종가**
   다. **최근일의 종가**
2. 주권상장법인(코넥스시장에 주권이 상장된 법인은 제외한다. 이하 이 호 및 제4항에서 같다)과 주권비상장법인 간 합병의 경우에는 다음 각 목의 기준에 따른 가격
   가. **주권상장법인**의 경우에는 제1호의 가격. 다만, 제1호의 가격이 자산가치에 미달하는 경우에는 자산가치로 할 수 있다.
   나. **주권비상장법인**의 경우에는 자산가치와 수익가치를 가중산술평균한 가액

♣ 상장법인과 계열회사간 또는 상장 SPAC와 다른 법인간 합병 시 합병가액 산정방법

구 분	합병가액
1. 상장법인간 합병 시의 각 상장법인의 합병가액*	다음의 산술평균액(기준시가)의 ±10%(SPAC는 ±30%) ① 최근1개월 간 평균종가 ② 최근1주일 간 평균종가 ③ 최근일의 종가

구 분	합병가액	
2. 상장법인(코넥스 제외)과 비상장법인간 합병 시의 각 합병가액	상장법인의 합병가액	Max [①, ②] ① 기준시가의 ±10%(SPAC는 ±30%) ② 자산가치
	비상장법인의 합병가액**	자산가치와 수익가치의 가중산술평균액

* 기준시가 또는 자산가치를 산정할 수 없는 경우에는 자산가치와 수익가치를 가중산술평균한 가액으로 한다. 또한, 앞서 "외부평가기관의 평가를 받아야 하는 경우" 표에서 기술하였듯이 자산가치와 수익가치를 가중산술평균한 가액이 합병가액이 되는 경우에는 외부평가기관의 평가를 받아야 한다.(제1항 단서)

** 자산가치와 수익가치를 가중산술평균한 가액을 합병가액으로 하는 경우에는 상대가치를 비교하여 공시하여야 한다(제2항). 자산가치, 수익가치 그리고 상대가치는 [증권의 발행 및 공시 등에 관한 규정 시행세칙] 제5조, 제6조, 제7조에서 규정하고 있다.

※ 상장법인과 비계열사간 그리고 비상장법인과 비상장법인간 합병에 대한 합병가액 산정방법을 정하고 있지는 않다.

♣ 최근 개정 이유

개정되기 전의 (구)자본시장법령은 구체적인 합병가액 산식을 직접적으로 규율하여 기업 간 자율적 교섭에 따른 구조개선을 저해한다는 비판이 있었다. 미국, 일본, 유럽 등 해외 주요국은 합병가액을 직접 규제하는 대신, 공시와 외부평가를 통하여 타당성을 확보하는 것과 대조된다.

이에 시행령을 개정하여 합병에 대한 공시 강화, 외부평가 의무화 등을 전제로, 비계열사간 합병은 합병가액 산식의 적용대상에서 제외*하였다. 이를 통해 기업의 자율적인 구조개선을 지원하고 합병제도의 글로벌 정합성을 제고할 수 있게 되었다.

* 금번 2024년도 개정은 '경제적 실체'가 있는 기업으로서 '대등한 당사자'간 협의가 가능한 **비계열사간 합병에 대해서만 적용하고**, 계열사간 합병(대등한 당사자 간 거래라고 보기 어렵고, 그 결과 합병가액 산정시 일반주주에 대한 피해가 발행할 가능성이 있는 측면)과 기업인수목적회사(SPAC) 합병(외형상 합병의 형식을 취하나, 비상장회사의 IPO를 주된 목적으로 하는 특수성을 감안)은 적용대상에서 제외함

♣ 자산가치와 수익가치의 가중산술평균액(증권의 발행 및 공시 등에 관한 규정 시행세칙)

1. 자산가치와 수익가치의 가중산술평균액 = (자산가치×1 + 수익가치×1.5) / 2.5
2. 자산가치 = 순자산 / 발행주식의 총수
3. 수익가치
   수익가치는 현금흐름할인모형, 배당할인모형 등 미래의 수익가치 산정에 관하여 일반적으로 공정하고 타당한 것으로 인정되는 모형을 적용하여 합리적으로 산정한다.

② 제1항 제2호 나목에 따른 가격으로 산정하는 경우에는 금융위원회가 정하여 고시하는 방법에 따라 산정한 유사한 업종을 영위하는 법인의 가치(이하 이 항에서 "상대가치"라 한다)를 비교하여 공시하여야 하며, 같은 호 각 목에 따른 자산가치 · 수익가치 및 그 가중산술평균방법과 상대가치의 공시방법은 금융위원회가 정하여 고시한다.

③ 제1항에도 불구하고 주권상장법인인 기업인수목적회사가 투자자 보호와 건전한 거래질서를 위하여 금융위원회가 정하여 고시하는 요건을 갖추어 그 사업목적에 따라 다른 법인과 합병하여 **그 합병법인이 주권상장법인이 되려는 경우**에는 다음 각 목의 기준에 따른 가액으로 합병가액을 산정할 수 있다.

1. 수권상장법인인 기업인수목적회사의 경우: 제1항 제1호에 따른 가액
2. 기업인수목적회사와 합병하는 다른 법인의 경우: 다음 각 목의 구분에 따른 가액
   가. 다른 법인이 주권상장법인인 경우: 제1항 제1호에 따른 가격. 다만, 이를 산정할 수 없는 경우에는 제1항 각 호 외의 부분 후단을 준용한다.
   나. 다른 법인이 주권비상장법인인 경우: 기업인수목적회사와 협의하여 정하는 가액

♣ **요건 충족한 상장 SPAC와 다른법인이 합병하는 경우의 합병가액(단, 합병법인은 상장법인)**

구분	합병가액	
상장 SPAC의 합병가액	다음의 산술평균액(기준시가)의 ±30% ① 최근 1개월간 평균종가 ② 최근 1주일간 평균종가 ③ 최근일의 종가	
다른 법인의 합병가액	상장법인인 경우	기준시가의 ±10% * 단, 기준시가를 계산할 수 없을 시 자산가치와 수익가치의 가중산술평균액
	비상장법인인 경우	SPAC와의 협의가액

④ 주권상장법인이 주권비상장법인과 합병하여 주권상장법인이 되는 경우에는 다음 각 호의 요건을 충족해야 한다.

1. 삭제 〈2013. 8. 27.〉
2. 합병의 당사자가 되는 주권상장법인이 법 제161조 제1항에 따라 주요사항보고서를 제출하는 날이 속하는 사업연도의 직전사업연도의 재무제표를 기준으로 **자산총액 · 자본금 및 매출액 중** 두 가지 이상**이 그 주권상장법인보다 더 큰 주권비상장법인**이 다음 각 목의 요건을 충족할 것
   가. 법 제390조에 따른 증권상장규정(이하 이 호에서 "상장규정"이라 한다)에서 정하

는 재무 등의 요건

나. 감사의견, 소송 계류(繫留: 사건이 해결되지 않고 계속 중인 상태를 말한다. 이하 같다), 그 밖에 공정한 합병을 위하여 필요한 사항에 관하여 상장규정에서 정하는 요건

⑤ 특정 증권시장에 주권이 상장된 법인이 다른 증권시장에 주권이 상장된 법인과 합병하여 특정 증권시장에 상장된 법인 또는 다른 증권시장에 상장된 법인이 되는 경우에는 제4항을 준용한다. 이 경우 "주권상장법인"은 "합병에도 불구하고 같은 증권시장에 상장되는 법인"으로, "주권비상장법인"은 "합병에 따라 다른 증권시장에 상장되는 법인"으로 본다.

⑥ 주권상장법인이 다른 법인과 합병을 하려는 경우에는 합병에 관한 이사회 결의 이전에 다음 각 호의 사항에 관한 이사회 의견서를 작성해야 한다. 이 경우 이사회 의견서에 이사 전원이 기명날인 또는 서명해야 한다.

1. 합병의 목적 및 기대효과
2. 합병가액의 적정성
3. 합병비율 등 거래조건의 적정성
4. 합병에 반대하는 이사가 있는 경우 합병에 반대하는 사유
5. 그 밖에 합병과 관련된 사항으로서 금융위원회가 정하여 고시하는 사항

♣ 최근 개정 이유(합병에 대한 공시 강화)

합병에 관한 이사회 논의내용이 공시되지 않는 경우, 일반 주주가 이를 알기가 어려운 상황이다. 이와 같은 문제점을 개선하기 위해, 2024년도 시행령 개정 시 합병의 목적 및 기대효과, 합병가액, 합병비율 등 거래조건의 적정성, 합병에 반대하는 이사가 있는 경우 그 사유 등에 대한 이사회 의견이 포함된 '이사회 의견서'를 작성하도록 의무화하였다.

또한 2024년도 개정에서는 이사회 의견서를 당해 합병 관련 증권신고서 · 주요사항보고서의 첨부 서류에 추가하여 공시하도록 규정하였다. 이를 통해 합병 진행과정에서 이사회 책임성이 강화되고, 합병과정의 공정성 · 투명성이 제고될 것으로 기대된다.

⑦ 법 제165조의 4 제2항에 따라 주권상장법인이 다른 법인과 합병하는 경우 다음의 구분에 따라 합병가액의 적정성에 대하여 외부평가기관의 평가를 받아야 한다.

1. **주권상장법인**(기업인수목적회사는 제외한다)**이 그 계열회사인 주권상장법인과 합병하는 경우로서 다음의 어느하나에 해당하는 경우**

가. 주권상장법인이 제1항 제2호 나목(자산가치와 수익가치를 가중산술평균한 가액)

에 따라 산정된 합병가액에 따르는 경우

나. 주권상장법인이 그 계열회사인 주권상장법인과 합병하여 주권비상장법인이 되는 경우. 다만, 제1항 제1호에 따라 산정된 합병가액(기준시가의 10% 또는 30% 범위에서 할인 또는 할증한 가액)에 따르는 경우 또는 다른 회사의 발행주식 총수를 소유하고 있는 회사가 그 다른 회사를 합병하면서 신주를 발행하지 아니하는 경우는 제외한다.

2. **주권상장법인**(기업인수목적회사는 제외한다)**이 그 계열회사인 주권비상장법인과 합병하는 경우**로서 다음 각 목의 어느 하나에 해당하는 경우

가. 주권상장법인이 제1항 제2호 나목(자산가치와 수익가치를 가중산술평균한 가액)에 따라 산정된 합병가액에 따르는 경우

나. 제4항에 따른 합병의 경우. 다만, 다른 회사의 발행주식 총수를 소유하고 있는 회사가 그 다른 회사를 합병하면서 신주를 발행하지 아니하는 경우는 제외한다.

다. 주권상장법인(코넥스시장에 주권이 상장된 법인은 제외한다)이 그 계열회사인 주권비상장법인과 합병하여 주권비상장법인이 되는 경우.

다만, 합병의 당사자가 모두 제1항 제1호(기준시가의 10% 또는 30% 범위에서 할인 또는 할증한 가액)에 따라 산정된 합병가액에 따르는 경우 또는 다른 회사의 발행주식 총수를 소유하고 있는 회사가 그 다른 회사를 합병하면서 신주를 발행하지 아니하는 경우는 제외한다.

3. **주권상장법인**(기업인수목적회사는 제외한다)**이 그 계열회사 외의 법인과 합병하는 경우**(코넥스시장에 주권이 상장된 법인이 그 계열회사 외의 법인과 합병하는 경우는 제외한다)

4. **기업인수목적회사가 다른 주권상장법인과 합병하는 경우**로서 그 주권상장법인이 제1항 제2호 나목(자산가치와 수익가치를 가중산술평균한 가액)에 따라 산정된 합병가액에 따르는 경우

⑧ 외부평가기관은 다음 각 호의 어느 하나에 해당하는 자로 한다.

1. 제68조 제2항 제1호 및 제2호의 업무를 인가받은 자
2. 신용평가회사
3. 「공인회계사법」에 따른 회계법인

⑨ 주권상장법인이 그 계열회사와 합병하는 경우에는 제8항에 따른 외부평가기관(이하 "외부평가기관"이라 한다)의 선정에 대하여 감사의 동의(감사위원회가 설치된 경우에는 감사위원회의 의결을 말한다)를 받아야 한다.

⑩ 외부평가기관은 외부평가업무의 품질을 관리하기 위하여 금융위원회가 정하여 고시하는 바에 따라 외부평가의 절차, 이해상충 방지 등에 관한 사항을 정한 규정(이하 "외부평가업무품질관리규정"이라 한다)을 마련해야 한다.

⑪ 외부평가기관이 다음 각 호의 어느 하나에 해당하는 경우에는 그 기간 동안 법 제165조의 4 제2항에 따른 평가 업무를 할 수 없다. 다만, 제4호의 경우에는 해당 특정회사에 대한 평가 업무만 할 수 없다.

1. 제8항 제1호의 자가 금융위원회로부터 주식의 인수업무 참여제한의 조치를 받은 경우에는 그 제한기간
2. 제8항 제2호의 자가 신용평가업무와 관련하여 금융위원회로부터 신용평가업무의 정지처분을 받은 경우에는 그 업무정지기간
3. 제8항 제3호의 자가 「주식회사 등의 외부감사에 관한 법률」에 따라 업무정지조치를 받은 경우에는 그 업무정지기간
4. 제8항 제3호의 자가 「주식회사 등의 외부감사에 관한 법률」에 따라 특정회사에 대한 감사업무의 제한조치를 받은 경우에는 그 제한기간

⑫ 외부평가기관이 평가의 대상이 되는 회사와 금융위원회가 정하여 고시하는 특수관계에 있는 경우에는 합병에 대한 평가를 할 수 없다.

⑬ 법 제165조의 4 제3항에서 "대통령령으로 정하는 경우"란 다음 각 호의 어느 하나에 해당하는 경우를 말한다.

1. 외부평가기관이 제10항을 위반하여 외부평가업무품질관리규정을 마련하지 않은 경우
2. 외부평가기관이 제11항 또는 제12항을 위반한 경우
3. 외부평가기관의 임직원이 평가와 관련하여 알게 된 비밀을 누설하거나 업무 외의 목적으로 사용한 경우
4. 외부평가기관의 임직원이 합병 등에 관한 평가와 관련하여 금융위원회가 정하여 고시하는 기준을 위반하여 직접 또는 간접으로 재산상의 이익을 제공받은 경우
5. 그 밖에 투자자 보호와 외부평가기관의 평가의 공정성 · 독립성을 해칠 우려가 있는 경우로서 금융위원회가 정하여 고시하는 경우

⑭ 금융위원회는 법 제165조의 4 제3항에 따라 외부평가기관에 대하여 3년의 범위에서 일정한 기간을 정하여 같은 조 제2항에 따른 평가 업무의 전부 또는 일부를 제한할 수 있다.

⑮ 법률의 규정에 따른 합병에 관하여는 제1항부터 제5항까지, 제7항, 제8항 및 제10항부터 제14항까지를 적용하지 아니한다. 다만, 합병의 당사자가 되는 법인이 계열회사의 관

계에 있고 합병가액을 제1항 제1호에 따라 산정하지 아니한 경우에는 합병가액의 적정성에 대하여 외부평가기관에 의한 평가를 받아야 한다.

Ⅲ 증권의 발행 및 공시에 관한 규정

제5-13조(합병가액의 산정기준) ① 영 제176조의 5 제2항에 따른 자산가치 · 수익가치 및 그 가중산술평균방법과 상대가치의 산출방법 · 공시방법에 대하여 이 조에서 달리 정하지 않는 사항은 감독원장이 정한다.

② 제1항에 따른 합병가액은 주권상장법인이 가장 최근 제출한 사업보고서에서 채택하고 있는 회계기준을 기준으로 산정한다.

③ 〈삭제 2013. 9. 17.〉

④ 영 제176조의 5 제3항 각 호 외의 부분에서 "금융위원회가 정하여 고시하는 요건"이란 다음 각 호의 요건을 말한다.

1. 기업인수목적회사가 법 제165조의 5 제2항에 따라 매수하는 주식을 공모가격 이상으로 매수할 것
2. 영 제6조 제4항 제14호 다목에 따른 투자매매업자가 소유하는 증권(기업인수목적회사가 발행한 주식등 및 기업인수목적회사와 합병하려는 법인이 합병에 따라 발행하려는 주식등)을 합병기일 이후 1년간 계속 소유할 것
3. 주권비상장법인과 합병하는 경우 영 제176조의 5 제3항 제2호 나목에 따라 협의하여 정한 가격을 영 제176조의 5 제2항에 따라 산출한 합병가액 및 상대가치와 비교하여 공시할 것

⑤ 영 제176조의 5 제2항에 따른 상대가치의 공시방법은 제2-9조에 따른 합병의 증권신고서에 기재하는 것을 말한다.

Ⅳ 증권의 발행 및 공시 등에 관한 규정 시행세칙

제4조(합병가액의 산정방법) 규정 제5-13조에 따른 자산가치 · 수익가치의 가중산술평균방법은 자산가치와 수익가치를 각각 1과 1.5로 하여 가중산술평균하는 것을 말한다.

$$\frac{(\text{자산가치} \times 1 + \text{수익가치} \times 1.5)}{2.5}$$

제5조(자산가치) ① 규정 제5-13조에 따른 자산가치는 분석기준일 현재의 평가대상회사의 주당 순자산가액으로서 다음 산식에 의하여 산정한다. 이 경우에 발행주식의 총수는 분석기준일 현재의 총발행주식수로 한다. 단, 분석기준일 현재 전환주식, 전환사채, 신주인수권부사채 등 향후 자본금을 증가시킬 수 있는 증권의 권리가 행사될 가능성이 확실한 경우에는 권리 행사를 가정하여 이를 순자산 및 발행주식의 총수에 반영한다.

$$\text{자산가치} = \text{순자산} / \text{발행주식의 총수}$$

② 제1항의 순자산은 법 제161조 제1항에 따라 제출하는 주요사항보고서(이하 이 장에서 "주요사항보고서"라 한다)를 제출하는 날이 속하는 사업연도의 직전사업연도(직전사업연도가 없는 경우에는 최근 감사보고서 작성대상시점으로 한다. 이하 "최근사업연도"라 한다)말의 재무상태표상의 자본총계에서 다음 각호의 방법에 따라 산정한다.

1. 분석기준일 현재 실질가치가 없는 무형자산 및 회수가능성이 없는 채권을 차감한다.
2. 분석기준일 현재 투자주식 중 취득원가로 측정하는 시장성 없는 주식의 순자산가액이 재무상태표에 계상된 금액과 차이나는 경우에는 순자산가액과의 차이를 가감한다. 단, 손상이 발생한 경우에는 순자산가액과의 차이를 가산할 수 없다.
3. 분석기준일 현재 투자주식 중 시장성 있는 주식의 종가가 재무상태표에 계상된 금액과 차이나는 경우에는 종가와의 차이를 가감한다.
4. 분석기준일 현재 퇴직급여채무 또는 퇴직급여충당부채의 잔액이 회계처리기준에 따라 계상하여야 할 금액보다 적을 때에는 그 차감액을 차감한다.
5. 최근사업연도말 이후부터 분석기준일 현재까지 손상차손이 발생한 자산의 경우 동 손상차손을 차감한다.
6. 최근사업연도말 현재 자기주식은 가산한다.
7. 최근사업연도말 현재 비지배지분을 차감한다. 단, 최근사업연도말의 연결재무상태표를 사용하는 경우에 한한다.
8. 최근사업연도말 이후부터 분석기준일 현재까지 유상증자, 전환사채의 전환권 행사 및 신주인수권부사채의 신주인수권 행사에 의하여 증가한 자본금을 가산하고, 유상감자에 의하여 감소한 자본금 등을 차감한다.

9. 최근사업연도말 이후부터 분석기준일 현재까지 발생한 주식발행초과금등 자본잉여금 및 재평가잉여금을 가산한다.

10. 최근 사업연도말 이후부터 분석기준일 현재까지 발생한 배당금지급, 전기오류수정손실 등을 차감하고 전기오류수정이익을 가산한다.

11. 기타 최근사업연도말 이후부터 분석기준일 현재까지 발생한 거래 중 이익잉여금의 증감을 수반하지 않고 자본총계를 변동시킨 거래로 인한 중요한 순자산 증감액을 가감한다.

제6조(수익가치) 규정 제5-13조에 따른 수익가치는 현금흐름할인모형, 배당할인모형 등 미래의 수익가치 산정에 관하여 일반적으로 공정하고 타당한 것으로 인정되는 모형을 적용하여 합리적으로 산정한다.

제7조(상대가치) ① 규정 제5-13조에 따른 상대가치는 다음 각호의 금액을 산술평균한 가액으로 한다. 다만, 제2호에 따라 금액을 산출할 수 없는 경우 또는 제2호에 따라 산출한 금액이 제1호에 따라 산출한 금액보다 큰 경우에는 제1호에 따라 산출한 금액을 상대가치로 하며, 제1호에 따라 금액을 산출할 수 없는 경우에는 이 항을 적용하지 아니한다.

1. 평가대상회사와 한국거래소 업종분류에 따른 소분류 업종이 동일한 주권상장법인 중 매출액에서 차지하는 비중이 가장 큰 제품 또는 용역의 종류가 유사한 법인으로서 최근 사업연도말 주당법인세비용차감전계속사업이익과 주당순자산을 비교하여 각각 100분의 30 이내의 범위에 있는 3사 이상의 법인(이하 이 조에서 "유사회사"라 한다)의 주가를 기준으로 다음 산식에 의하여 산출한 유사회사별 비교가치를 평균한 가액의 30% 이상을 할인한 가액

유사회사별 비교가치 =

$$\text{유사회사의 주가} \times \left(\frac{\text{평가대상회사의 주당법인세비용차감전계속사업이익}}{\text{유사회사의 주당법인세비용차감전계속사업이익}} + \frac{\text{평가대상회사의 주당순자산}}{\text{유사회사의 주당순자산}} \right) \times \frac{1}{2}$$

2. 분석기준일 이전 1년 이내에 다음 각 목의 어느 하나에 해당하는 거래가 있는 경우 그 거래가액을 가중산술평균한 가액을 100분의 10 이내로 할인 또는 할증한 가액.
   가. 유상증자의 경우 주당 발행가액
   나. 전환사채 또는 신주인수권부사채의 발행사실이 있는 경우 주당 행사가액

② 제1항의 유사회사의 주가는 당해 기업의 보통주를 기준으로 분석기준일의 전일부터 소급하여 1월간의 종가를 산술평균하여 산정하되 그 산정가액이 분석기준일의 전일종가를 상회하는 경우에는 분석기준일의 전일종가로 한다. 이 경우 계산기간 내에 배당락 또는 권리락이 있을 때에는 그후의 가액으로 산정한다.

③ 제1항의 평가대상회사와 유사회사의 주당법인세비용차감전계속사업이익 및 제6항 제1호의 주당법인세비용차감전계속사업이익은 다음 산식에 의하여 산정한다. 이 경우에 발행주식의 총수는 분석기준일 현재 당해 회사의 총발행주식수로 한다.

$$\text{주당법인세비용차감전계속사업이익} = \left(\frac{\text{최근사업연도의 법인세비용차감전계속사업이익}}{\text{발행주식의 총수}} + \frac{\text{최근사업연도의 직전사업연도의 법인세비용차감전계속사업이익}}{\text{발행주식의 총수}} \right) \times \frac{1}{2}$$

④ 제1항의 평가대상회사의 주당순자산은 제5조 제1항에 따른 자산가치로 하며, 제1항의 유사회사의 주당순자산 및 제6항 제2호의 주당순자산은 분석기준일 또는 최근 분기말을 기준으로 제5조 제1항에 따라 산출하되, 제5조 제2항 제8호 및 같은 항 제9호의 규정은 이를 적용하지 아니한다.

⑤ 유사회사는 다음 각 호의 요건을 구비하는 법인으로 한다.

1. 주당법인세비용차감전계속사업이익이 액면가액의 10% 이상일 것
2. 주당순자산이 액면가액 이상일 것
3. 상장일이 속하는 사업연도의 결산을 종료하였을 것
4. 최근 사업연도의 재무제표에 대한 감사인의 감사의견이 “적정” 또는 “한정”일 것

제8조(분석기준일) 제5조부터 제7조까지의 규정에 따른 분석기준일은 주요사항보고서를 제출하는 날의 5영업일 전일로 한다. 다만, 분석기준일 이후에 분석에 중대한 영향을 줄 수 있는 사항이 발생한 경우에는 그 사항이 발생한 날로 한다.

제2편 합병관련 기업회계기준과 상법

I 일반기업회계기준과 K-IFRS

세법과 회계의 유기적 관계로 인해 합병과 관련된 세법과 일반기업회계기준 및 K-IFRS는 불가분의 관계다.

1. 정의

사업결합이란 취득자가 하나 이상의 사업에 대한 지배력을 획득하는 거래나 그 밖의 사건을 말한다(문단 12.2).

2. 사업결합방법

사업결합은 법률상, 세무상 또는 그 밖의 이유에서 다양한 방법으로 이루어질 수 있다. 다음과 같은 경우를 포함하며 이에 한정되는 것은 아니다(문단 12.3).

(1) 하나 이상의 사업이 취득자의 종속기업이 되거나, 하나 이상의 사업의 순자산이 취득자에게 법적으로 합병된다.

(2) 하나의 결합참여기업이 자신의 순자산을, 또는 결합참여기업의 소유주가 자신의 지분을 다른 결합참여기업 또는 다른 결합참여기업의 소유주에게 이전한다.

(3) 결합참여기업 모두가 자신의 순자산을 또는 모든 결합참여기업의 소유주가 자신의 지분을 신설된 기업에게 이전한다.

(4) 결합참여기업 중 한 기업의 이전 소유주 집단이 결합기업에 대한 지배력을 획득한다.

이 장에서 사업결합은 취득자가 하나 이상의 사업에 대한 지배력을 획득하는 거래나 그 밖의 사건으로 정의된다. 취득자는 다음과 같이 다양한 방법으로 피취득자에 대한 지배력을 획득할 수 있다(문단 실12.1).

(1) 현금, 현금성자산이나 그 밖의 자산(사업을 구성하는 순자산 포함)의 이전

(2) 부채의 부담

(3) 지분의 발행

(4) 두 가지 형태 이상의 대가의 제공

(5) 계약만으로 이루어지는 경우를 포함하여 대가의 이전이 없는 방식

다만, 다음의 경우에는 적용하지 아니한다(문단 12.4).

(1) 조인트벤처의 구성

(2) 사업을 구성하지 않는 자산이나 자산 집단의 취득. 이 경우에 취득자는 각각의 식별가능한 취득자산(제11장 '무형자산'의 무형자산 정의와 인식기준을 충족하는 자산 포함)과 인수부채를 식별하고 인식한다. 자산집단의 원가는 매수일의 상대적 공정가치에 기초하여 각각의 식별가능한 자산과 부채에 배분한다. 이러한 거래나 사건에서는 영업권이 발생하지 않는다.

(3) 동일지배 사업(또는 기업) 간의 결합

3. 회계처리

각 사업결합은 취득법을 적용하여 회계처리한다(문단 12.7).

취득법은 다음의 절차를 따른다(문단 12.8).

(1) 취득자의 식별

(2) 취득일의 결정

(3) 식별가능한 취득자산, 인수부채 및 피취득자에 대한 비지배지분의 인식과 측정

(4) 영업권 또는 염가매수차익의 인식과 측정

<u>K-IFRS에서도 각 사업결합은 취득법을 적용하여 회계처리한다.</u>

취득법에 따른 취득자의 기본적인 분개는 다음과 같다.

1. 영업권이 발생하는 경우

(차) 자산(공정가치)	***	(대)	부채(공정가치)	***
영업권	***		자본금	***
			주식발행초과금	***

2. 염가매수차익이 발생하는 경우

(차) 자산(공정가치)	***	(대)	부채(공정가치)	***
			자본금	***
			주식발행초과금	***
			염가매수차익	***

☞ 법인세법상으로는 차변은 합병매수차손, 대변은 합병매수차익으로 한다. 단, 합병매수차손 중 그 자산성이 인정되는 경우에 한하여 영업권으로 인정하고 있다.

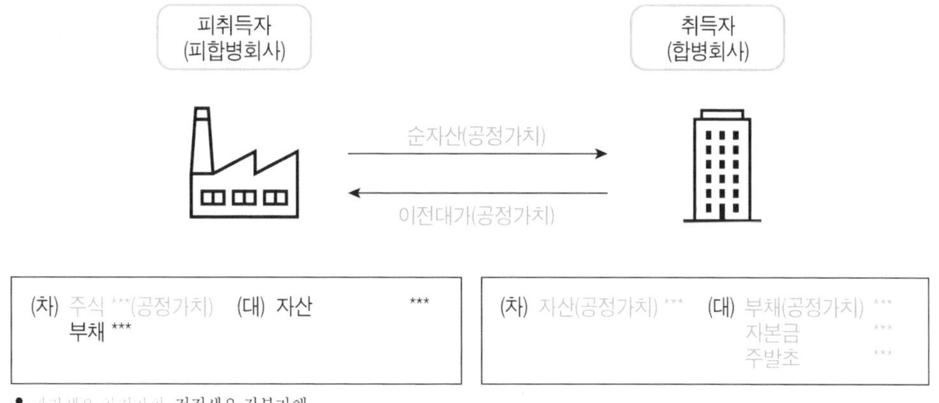

♣ 파란색은 공정가치, 검정색은 장부가액

상기 그림과 같이 취득자가 받는 순자산을 공정가치로 측정하고 지급하는 이전대가 또한 공정가치로 측정하여 이전대가가 순자산보다 큰 경우에는 그 차액을 영업권으로 작은 경우에는 염가매수차익으로 인식한다.

(1) 취득일의 결정

취득자는 취득일을 식별하며, 취득일은 피취득자에 대한 지배력을 획득한 날이다. 한편, 취득자가 피취득자에 대한 지배력을 획득한 날은 일반적으로 취득자가 법적으로 대가를 이전하여, 피취득자의 자산을 취득하고 부채를 인수한 날인 종료일이다. 그러나 취득자가 종료일보다 이른 날 또는 늦은 날에 지배력을 획득하는 경우도 있으므로 취득자는 모든 관련된 사실과 상황을 고려하여 취득일을 식별한다.

(2) 식별가능한 취득자산, 인수부채의 인식과 측정

1) 인식원칙

취득법 적용의 인식요건을 충족하려면, 식별가능한 취득자산과 인수부채는 취득일에 자산과 부채의 정의를 충족하여야 한다. 예를 들어 피취득자의 영업활동을 종료하거나 피취득자의 고용관계를 종료하거나 재배치하는 것과 같은 계획의 실행에 의해 미래에 발생할 것으로 예상되지만 의무가 아닌 원가는 취득일의 부채가 아니다. 그러므로 취득자는 취득법을 적용하면서 그러한 원가는 인식하지 않는다. 그러한 원가는 다른 일반기업회계기준에 따라 사업결합 후의 재무제표에 인식한다. 또한, 식별가능한 취득자산과 인수부채는 별도 거래의 결과가 아니라 사업결합 거래에서 취득자와 피취득자(또는 피취득자의 이전 소유주) 사이에 교환된 것의 일부이어야 한다(문단 12.13).

취득자가 인식의 원칙과 조건을 적용할 경우에 피취득자의 이전 재무제표에 자산과 부채로 인식되지 않았던 자산과 부채가 일부 인식될 수도 있다(문단 12.14).

취득자는 피취득자가 리스이용자인 경우 각 운용리스의 조건이 유리한지 불리한지를 결정한다. 취득자는 운용리스의 조건이 시장 조건에 비하여 유리하다면 무형자산으로 인식하고, 시장조건에 비하여 불리하다면 부채로 인식한다. 한편, 식별가능한 무형자산이 운용리스와 관련될 수 있는데, 운용리스가 시장조건에 있더라도 시장참여자가 그 리스에 대해 특정 가격을 지급할 의도가 있다는 것이 그 증거일 수 있다(문단 12.15).

(무형자산의 인식)

취득자는 사업결합에서 취득한 식별가능한 무형자산을 영업권과 분리하여 인식한다. 무형자산은 분리가능성 기준이나 계약적 · 법적 기준을 충족하는 경우에 식별가능하다(문단 12.16).

분리가능성 기준은 취득한 무형자산이 피취득자에게서 분리되거나 분할될 수 있고, 개별적으로 또는 관련된 계약, 식별가능한 자산이나 부채와 함께 매각, 이전, 라이선스, 임대, 교환할 수 있음을 의미한다. 취득자가 매각, 라이선스 또는 교환할 의도가 없더라도, 취득자가 매각, 라이선스 또는 기타 가치 있는 것과 교환할 수 있는 무형자산은 분리가능성 기준을 충족한다. 취득한 무형자산은 바로 그 형태의 자산 또는 유사한 형태의 자산에 대한 교환거래에 대한 증거가 있는 경우, 그러한 교환거래가 드물고 취득자가 그 거래와 관련이 있는 지와 무관하게 분리가능성 기준을 충족한다. 한편, 피취득자 또는 결합기업에서 개별적으로 분리할 수 없는 무형자산이 관련 계약, 식별가능한 자산이나 부채와 결합하여 분리할 수 있다면 분리가능성 기준을 충족한다(문단 12.17).

취득일에 취득자는 후속적으로 다른 일반기업회계기준을 적용하기 위하여 식별가능한 취득자산과 인수부채를 분류하거나 지정한다. 그러한 분류나 지정은 취득일에 존재하는 계약 조건, 경제상황, 취득자의 영업정책이나 회계정책 그리고 그 밖의 관련 조건에 기초하여 이루어진다. 상황에 따라, 일반기업회계기준에서는 특정 자산이나 부채에 대한 기업의 분류나 지정 방법에 따라 다른 회계처리를 규정한다. 다음은 취득일에 존재하는 관련 조건에 기초하여 이루어지는 분류나 지정의 예이며 이에 한정되지는 않는다(문단 12.18).

① 특정 금융자산과 금융부채를 제6장 '금융자산 · 금융부채'에 따라 당기손익 인식지정항목, 매도가능증권 또는 만기보유증권으로 분류

② 파생상품을 제6장에 따라 위험회피수단으로 지정

③ 내재파생상품을 제6장에 따라 주계약에서 분리하여야 하는지에 대한 검토

문단 12.18의 원칙에 대한 예외로서 리스계약에 대하여 제13장 '리스'에 따라 운용리스 또는 금융리스로 분류한다. 취득자는 이러한 계약을 계약 개시시점(또는 계약 조건이 분류가 변경되는 방식으로 수정되어 왔다면 그러한 수정일. 이는 취득일이 될 수도 있음)의 계약 조건과 그 밖의 요소에 기초하여 분류한다(문단 12.19).

2) 측정원칙

취득자는 식별가능한 취득자산과 인수부채를 취득일의 공정가치로 측정한다(문단 12.20).

* 장부가액을 지금 현재의 공정가치로 전환한다.
K-IFRS에서도 취득일의 공정가치로 측정한다.

> 법인세법상의 측정원칙 (법령 제72조 제2항 제3호)
>
> 합병법인이 피합병법인으로부터 승계받는 자산의 취득가액은 다음과 같이 처리한다.
>
> ① 적격합병 또는 적격분할의 경우 : (제80조의 4 제1항 또는 제82조의 4 제1항에 따른) 장부가액
>
> ② 비적격합병 또는 비적격분할의 경우 : 해당 자산의 시가

3) 인식원칙의 예외

① 우발부채

과거사건에서 발생한 현재 의무이고 그 공정가치를 신뢰성 있게 측정할 수 있다면, 취득자는 취득일 현재 사업결합에서 인수한 우발부채를 인식한다. 그러므로 제14장 '충당부채, 우발부채, 우발자산'과는 달리 당해 의무를 이행하기 위하여 경제적 효익을 갖는 자원이 유출될 가능성이 매우 높지가 않더라도 취득자는 취득일에 사업결합으로 인수한 우발부채를 인식한다. 사업결합에서 인식한 우발부채는 최초 인식 이후 정산, 취소 또는 소멸되기 전까지 다음 중 큰 금액으로 측정한다.

① 제14장에 따라 인식되어야 할 금액
② 최초 인식금액에서, 적절하다면 제16장 '수익'에 따라 인식한 상각누계액을 차감한 금액

이 후속적인 측정 요구사항은 제6장 '금융자산 · 금융부채'에 따라 회계처리하는 계약에는 적용하지 않는다.

4) 인식원칙과 측정원칙 모두의 예외

① 법인세

취득자는 사업결합으로 인한 취득자산과 인수부채에서 발생하는 이연법인세 자산이나 부채를 제22장 '법인세회계'에 따라 인식하고 측정한다. 또한, 취득자는 취득일에 존재하거나 취득의 결과로 발생하는 일시적차이와 피취득자의 이월액의 잠재적 세효과를 제22장에 따라 회계처리한다(문단 12.22).

② 종업원급여

취득자는 피취득자의 종업원급여약정과 관련된 부채(자산인 경우에는 그 자산)를 제21장 '종업원급여'에 따라 인식하고 측정한다.

5) 측정원칙의 예외

① 재취득한 권리

시장참여자가 공정가치를 결정할 때 계약에 대한 잠재적 갱신을 고려하는 지와 무관하게, 취득자는 무형자산으로 인식한 재취득한 권리의 가치를 관련 계약의 잔여계약기간에 기초하여 측정하며, 잔여계약기간에 걸쳐 상각한다(문단 12.25).

② 주식기준보상

취득자가 피취득자의 주식기준보상을 자신의 주식기준보상으로 대체하는 경우, 취득자는 관련된 부채 또는 지분상품을 제19장 '주식기준보상'의 방법에 따라 측정한다(이 장은 그 방법의 결과를 보상의 '시장기준측정치'라고 한다)(문단 12.26).

(3) 이전대가의 측정

1) 측정원칙

사업결합에서 이전대가는 공정가치로 측정한다.

2) 측정가액

상기의 공정가치는 취득자가 이전하는 자산, 취득자가 피취득자의 이전 소유주에 대하여 부담하는 부채 및 취득자가 발행한 지분의 취득일의 공정가치 합계로 산정한다(그러나 사업결합의 이전대가에 포함된, 피취득자의 종업원이 보유하고 있는 보상과 교환하여 취득자가 부여한 주식기준보상은 공정가치로 측정하지 않고 문단 12.26에 따라 측정한다). 대가의 잠재적 형태의 예에는 현금, 그 밖의 자산, 취득자의 사업 또는 종속기업, 조건부 대가, 보통주 또는 우선주와 같은 지분상품, 옵션, 주식매입권 및 상호실체의 조합원 지분을 포함한다 (문단 12.27).

이전대가 = 취득자가 이전하는 자산 + 주주에게 부담하는 부채
+ 주식의 취득일 공정가치

※ 법인세법상으로 합병법인(취득자)이 지급하는 양도가액(이전대가)은 합병교부주식, 교부금, 간주교부주식, 합병법인이 부담하는 피합병법인의 법인세 등의 합계액이다.

1. ㈜소영디벨롭먼트는 ㈜하람인터네셔널을 흡수합병한다. ㈜소영디벨롭먼트는 이전대가로 ㈜하람인터네셔널의 주주들에게 합병교부주식(액면가액 20,000,000,000 공정가치 80,000,000,000)을 지급하였다.

취득일 현재 ㈜소영디벨롭먼트의 재무상태표

자산		부채 및 자본	
공장	30,000,000,000	부채	45,000,000,000
(공정가치 40,000,000,000)		(공정가치 60,000,000,000)	
토지	50,000,000,000	자본금	10,000,000,000
(공정가치 60,000,000,000)		자본잉여금	20,000,000,000
		이익잉여금	5,000,000,000

㈜하람인터네셔널의 재무상태표

자산		부채 및 자본	
공장	15,000,000,000	부채	10,000,000,000
(공정가치 20,000,000,000)		(공정가치 12,000,000,000)	
토지	20,000,000,000	자본금	20,000,000,000
(공정가치 50,000,000,000)		이익잉여금	5,000,000,000

㈜소영디벨롭먼트의 합병관련 회계상 분개는 다음과 같다.

(차) 공장	20,000,000,000	(대) 부채	12,000,000,000
토지	50,000,000,000	자본금	20,000,000,000
영업권	22,000,000,000	주식발행초과금	60,000,000,000

♣ 사업결합 후 재무상태표 (단위 : 억원)

자산				부채 및 자본			
공장	300 + 200	=	500억원	부채	450 + 120	=	570억원
토지	500 + 500	=	1,000억원	자본금	100 + 200	=	300억원
영업권	220	=	220억원	자본잉여금	200 + 600	=	800억원
				이익잉여금	50	=	50억원
			1,720억원				1,720억원

2. 만약 합병교부주식의 액면가액이 200억, 공정가치가 400억이라면 다음과 같다.

(회계상 분개)

(차) 공장	20,000,000,000	(대) 부채	12,000,000,000
토지	50,000,000,000	자본금	20,000,000,000
		주식발행초과금	20,000,000,000
		염가매수차익	18,000,000,000㈜

㈜ 기업회계상 염가매수차익은 당기손익으로 인식한다.

취득자의 재무상태표에 취득자의 취득과 관련된 분개를 합산하여 다음과 같이 결합재무상태표를 만든다.

♣ 사업결합 후 재무상태표

자산				부채 및 자본			
공장	300 + 200	=	500억원	부채	450 + 120	=	570억원
토지	500 + 500	=	1,000억원	자본금	100 + 200	=	300억원
				자본잉여금	200 + 200	=	400억원
				이익잉여금	50 + 180	=	230억원㈜
			1,500억원				1,500억원

㈜ 염가매수차익은 손익계산서상의 당기손익이므로 재무상태표의 이익잉여금을 증가시킨다.

① 취득자가 이전하는 자산의 공정가치와 장부금액이 다른 경우

취득일에 공정가치와 장부금액이 다른 취득자의 자산과 부채(예 : 취득자의 비화폐성자산 또는 사업)가 이전대가에 포함될 수 있다. 이 경우, 취득자는 이전된 자산이나 부채를 취득일 현재 공정가치로 재측정하고, 그 결과 차손익이 있다면 당기손익으로 인식한다.

그러나 때로는 이전된 자산이나 부채가 사업결합 후 결합기업에 여전히 남아 있고(예 : 자산이나 부채가 피취득자의 이전 소유주가 아니라 피취득자에게 이전됨), 따라서 취득자가 그에 대한 통제를 계속 보유하는 경우가 있다. 이러한 상황에서, 취득자는 그 자산과 부채를 취득일 직전의 장부금액으로 측정하고, 사업결합 전과 후에 여전히 통제하고 있는 자산과 부채에 대한 차손익을 당기손익으로 인식하지 않는다(문단 12.28).

② 이전대가에 포함되는 조건부 대가

취득자가 피취득자에 대한 교환으로 이전한 대가에는 조건부 대가 약정으로 인한 자산이나 부채를 모두 포함한다(문단 12.27 참조). 취득자는 조건부 대가를 피취득자에 대한 교환으로 이전한 대가의 일부로서 취득일의 공정가치로 인식한다. 취득자는 조건부 대가의 지급의무를 제6장 '금융자산 · 금융부채', 제15장 '자본' 및 그 밖의 적용가능한 일반기업회계기준에 기초하여 부채 또는 자본으로 분류한다. 취득자는 특정조건을 충족하는 경우 과거의 이전대가를 회수할 수 있는 권리를 자산으로 분류한다(문단 12.29).

③ 비지배지분의 측정

모든 사업결합에서 취득자는 취득일에 피취득자에 대한 비지배지분의 요소를 다음과 같이 측정한다.

(1) 피취득자에 대한 비지배지분의 요소가 현재의 지분이며 청산 시 보유자에게 기업 순자산의 비례적 지분에 대하여 권리가 부여된 경우, 당해 비지배지분 요소는 피취득자의 식별가능한 순자산에 대해 인식한 금액 중 현재의 소유 지분의 비례적 몫으로 측정한다.
(2) 그 밖의 모든 비지배지분 요소는 일반기업회계기준에서 측정방법을 달리 요구하는 경우를 제외하고 취득일의 공정가치로 측정한다.

K-IFRS

각각의 사업결합에서 취득자는 취득일에 피취득자에 대한 비지배지분의 요소가 현재의 지분이며 청산할 때 보유자에게 기업 순자산의 비례적 몫에 대하여 권리를 부여하고 있는 경우에 그 비지배지분의 요소를 다음 중 하나의 방법으로 측정한다.

(1) 공정가치
(2) 피취득자의 식별할 수 있는 순자산에 대해 인식한 금액 중 현재의 지분상품의 비례적 몫

그 밖의 모든 비지배지분 요소는 한국채택국제회계기준에서 측정기준을 달리 요구하는 경우가 아니라면 취득일의 공정가치로 측정한다.

④ 단계적으로 이루어지는 사업결합(단계적 취득)

취득자는 때때로 취득일 직전에 지분을 보유하고 있던 피취득자에 대한 지배력을 획득한다. 예를 들어 20X1년 12월 31일에 기업 A는 기업 B에 대한 비지배지분 35%를 보유하고 있다. 동일자에 기업 B의 지분 40%를 추가로 매수하여 기업 B에 대한 지배력을 갖게 된다. 이 장에서는 그러한 거래를 단계적으로 이루어지는 사업결합이라 하며, 때로는 단계적 취득이라고도 한다.

단계적으로 이루어지는 사업결합에서, 취득자는 이전에 보유하고 있던 피취득자에 대한 지분을 취득일의 공정가치로 재측정하고 그 결과 차손익이 있다면 당기손익으로 인식한다. 이전의 보고기간에, 취득자가 피취득자에 대한 지분의 가치변동을 기타포괄손익(예 : 투자자산이 매도가능증권으로 분류된 경우)으로 인식하였을 수 있다. 이 경우 기타포괄손익으로 인식한 금액에 대해 취득자가 이전에 보유하던 지분을 직접 처분한다면 적용하였을 방법과 동일한 방법으로 인식한다(문단 12.30).

(일반기업회계기준서 제6장 제2절 유가증권)
매도가능증권에 대한 미실현보유손익은 기타포괄손익누계액으로 처리하고, 당해 유가증권에 대한 기타포괄손익누계액은 그 유가증권을 처분하거나 손상차손을 인식하는 시점에 일괄하여 당기손익에 반영한다. 6.31

☞ 이전에 보유하고 있던 피취득자에 대한 지분은 세법상 포합주식을 말한다.

K-IFRS

단계적으로 이루어지는 사업결합에서, 취득자는 이전에 보유하고 있던 피취득자에 대한 지분을 취득일의 공정가치로 재측정하고 그 결과 차손익이 있다면 당기손익 또는 기타포괄손익(적절한 경우)으로 인식한다. 이전의 보고기간에, 취득자가 피취득자 지분의 가치변동을 기타포괄손익으로 인식하였을 수 있다. 이 경우 기타포괄손익으로 인식한 금액은 취득자가 이전에 보유하던 지분을 직접 처분하였다면 적용할 기준과 동일하게 인식한다(1103:42).

1. ㈜소영디벨롭먼트는 ㈜하람인터네셔널을 흡수합병한다. ㈜하람인터네셔널의 총발행주식수는 50,000주이며, 이전대가로 주주들(40,000주)에게 합병교부주식(액면가액 20,000,000,000원 공정가치 80,000,000,000원)을 지급한다. ㈜소영디벨롭먼트는 포합주식 10,000주를 보유하고 있으며, 취득가액은 10,000,000,000원이다.

취득일 현재 ㈜소영디벨롭먼트의 재무상태표

자산		부채 및 자본	
공장	30,000,000,000	부채	45,000,000,000
(공정가치 40,000,000,000)		(공정가치 60,000,000,000)	
토지	50,000,000,000	자본금	10,000,000,000
(공정가치 60,000,000,000)		자본잉여금	30,000,000,000
투자주식	10,000,000,000	이익잉여금	5,000,000,000

취득일 현재 ㈜하람의 재무상태표

자산		부채 및 자본	
공장	15,000,000,000	부채	10,000,000,000
(공정가치 20,000,000,000)		자본금	20,000,000,000
토지	20,000,000,000	이익잉여금	5,000,000,000
(공정가치 50,000,000,000)			

㈜소영디벨롭먼트의 회계상 분개는 다음과 같다.

(차) 공장	20,000,000,000	(대) 부채	10,000,000,000
토지	50,000,000,000	자본금	20,000,000,000
영업권	40,000,000,000	주식발행초과금	60,000,000,000
		투자주식	20,000,000,000㈜

㈜ 단계적으로 이루어지는 사업결합에서, 취득자는 이전에 보유하고 있던 피취득자에 대한 지분을 취득일의 공정가치로 재측정하고 그 결과 차손익이 있다면 당기손익으로 인식한다(문단 12.30).

(K-IFRS): 당기손익 또는 기타포괄손익(적절한 경우)으로 인식한다.
따라서, 합병법인은 포합주식과 관련하여 다음의 분개를 한다. 40,000주에 지급된 합병교부주식의 공정가치가 80,000,000,000원이므로 주당 2,000,000원이 된다. 포합주식 10,000주의 경우 포합주식에 대한 합병교부주식의 공정가치는 20,000,000,000원이 된다.

(차) 투자주식	10,000,000,000	(대) 투자주식처분이익	10,000,000,000

취득일 ↕ 취득가액 : 100억원 → 합병일 ↕ 평가액 : 200억원

♣ 사업결합 후 재무상태표

자산				부채 및 자본			
공장	300 + 200	=	500억원	부채	450 + 100	=	550억원
토지	500 + 500	=	1,000억원	자본금	100 + 200	=	300억원
영업권	400	=	400억원	자본잉여금	300 + 600	=	900억원
				이익잉여금	150 +	=	150억원(주)
			1,900억원				1,900억원

2. 포합주식에 대해 합병신주를 교부한다면 상기 분개에 다음 분개가 추가된다.

(차) 자기주식	20,000,000,000	(대) 자본금	5,000,000,000
		주식발행초과금	15,000,000,000

♣ 사업결합 후 재무상태표

자산				부채 및 자본			
공장	300 + 200	=	500억원	부채	450 + 100	=	550억원
토지	500 + 500	=	1,000억원	자본금	100 + 250	=	350억원
자기주식	200	=	200억원	자본잉여금	300 + 750	=	1,050억원
영업권	400	=	400억원	이익잉여금	150 +	=	150억원(주)
			2,100억원				2,100억원

3. 세법과의 비교

만약, 회계상 공정가치와 세법상의 시가가 동일하다면, 세법상의 분개는 다음과 같다.

① 포합주식에 대해 합병신주를 교부하지 않을 경우

(차) 공장	20,000,000,000	(대) 부채	10,000,000,000
토지	50,000,000,000	자본금	20,000,000,000
영업권	40,000,000,000	주식발행초과금	60,000,000,000
		간주교부주식	20,000,000,000

② 포합주식에 대해 합병신주를 교부할 경우

(차) 자기주식	20,000,000,000	(대) 자본금	5,000,000,000
		주식발행초과금	15,000,000,000

결과적으로 회계상 공정가치와 세법상의 시가가 동일하다면, 기업회계상 그리고 세법상 포합주식에 대해 합병신주를 교부하든 하지 않든 영업권가액에는 영향을 미치지 않는다. 또한 기업회계와 세법상의 분개도 동일하다. 다만, 분할법인의 분개는 기업회계와 세법상의 분개가 달라질 수 있다.

4. 만약 이전대가로 주주들(40,000주)에게 지급한 합병교부주식의 액면가액이 20,000,000,000원 공정가치가 40,000,000,000원이라면 다음과 같다.

(차) 공장	20,000,000,000	(대) 부채	10,000,000,000

토지	50,000,000,000	자본금	20,000,000,000
		주식발행초과금	20,000,000,000
		투자주식	10,000,000,000(주)
		염가매수차익	10,000,000,000

(주) 40,000주에 40,000,000,000원이므로 1주당 공정가치는 1,000,000원이다. 따라서 10,000주에 대한 공정가치는 10,000,000,000원.
투자주식에 대한 취득일의 공정가액과 취득가액이 동일하므로 취득일의 재측정에 따른 차손익은 발생하지 않는다.

(4) 영업권 또는 염가매수차익

1) 인식과 측정

취득자는 취득일 현재 다음 ①이 ②보다 클 경우 그 초과금액을 측정하여 영업권으로 인식한다(문단 12.32).

① 다음의 합계금액

(가) 이 장에 따라 측정된 이전대가로 일반적으로 취득일의 공정가치(문단 12.27 참조)

(나) 이 장에 따라 측정된 피취득자에 대한 비지배지분의 금액(문단 12.31 참조)

(다) 단계적으로 이루어지는 사업결합(문단 12.30 참조)의 경우 취득자가 이전에 보유하고 있던 피취득자에 대한 지분의 취득일의 공정가치

필자주

【피취득자에 대한 비지배지분의 금액】은 합병이 아닌 「지분 취득」 즉 연결재무제표를 작성할 때 검토대상의 금액이며, 합병에서 영업권 또는 염가매수차익을 계산 시의 이전대가에는 포함되지 않는다. 예를 들어 A회사가 B회사의 지분 60%를 취득하여 지배력을 획득한 경우 영업권은 다음과 같이 계산한다.

영업권 = 【A가 60% 지분 취득대가 + 비지배지분(40% 지분보유자)의 금액】
　　　　　-B회사의 식별가능한 순자산의 공정가치

비지배지분(40% 지분보유자)의 금액을 측정할 때 다음의 두 가지 측정 대안이 있는데, K-IFRS는 모두 허용하고, K-GAAP은 [대안 2]만 허용한다.
[대안1] 취득일의 공정가치로 하는 방법(전부영업권)
[대안2] 취득일 현재 피취득자의 식별가능한 순자산의 공정가치 중 비례적 부분
(부분영업권)

② 이 장에 따라 측정된 취득일의 식별가능한 취득자산과 인수부채의 순액

한편, 취득자와 피취득자(또는 피취득자의 이전 소유자)가 지분만을 교환하여 사업결합을 하는 경우, 취득일에 피취득자 지분의 공정가치가 취득자 지분의 공정가치보다 더 신뢰성 있게 측정되는 경우가 있다. 이 경우, 취득자는 이전한 지분의 취득일의 공정가치 대신에 피취득자 지분의 취득일의 공정가치를 이용하여 영업권의 금액을 결정한다. 대가의 이전이 없는 사업결합에서 영업권 금액을 결정하는 경우, 취득자는 이전대가(문단 12.32(1)(가))의 취득일의 공정가치 대신에 가치평가기법을 사용하여 피취득자에 대한 취득자 지분의 취득일의 공정가치를 결정하여 사용한다.

☞ 법인세법상 합병매수차손은 합병법인이 합병의 대가로 지급하는 양도가액이 피합병법인으로부터 양도받는 순자산의 시가보다 큰 경우에 발생한다. 발생된 합병매수차손은 아래의 요건을 만족할 경우에 한해 영업권으로 계상되고 5년간 균등 상각한다.

> 법인세법상의 영업권 인식 요건(법인세법 시행령 제80조의 3 제2항)
> 합병법인이 피합병법인의 상호・거래관계, 그 밖의 영업상의 비밀 등에 대하여 사업상 가치가 있다고 보아 대가를 지급한 경우에 한해 영업권으로 계상한다.

K-IFRS:

취득자는 취득일 현재 다음 ①이 ②보다 클 경우에 그 초과금액을 측정하여 영업권으로 인식한다.

① 다음의 합계금액

㈎ 이 기준서에 따라 측정한 이전대가로서 일반적으로 취득일의 공정가치(문단 37 참조)

㈏ 이 기준서에 따라 측정한 피취득자에 대한 비지배지분의 금액

㈐ 단계적으로 이루어지는 사업결합(문단 41과 42 참조)의 경우에 취득자가 이전에 보유하고 있던 피취득자에 대한 지분의 취득일의 공정가치

② 이 기준서에 따라 취득일에 측정한 식별할 수 있는 취득자산과 인수부채의 순액

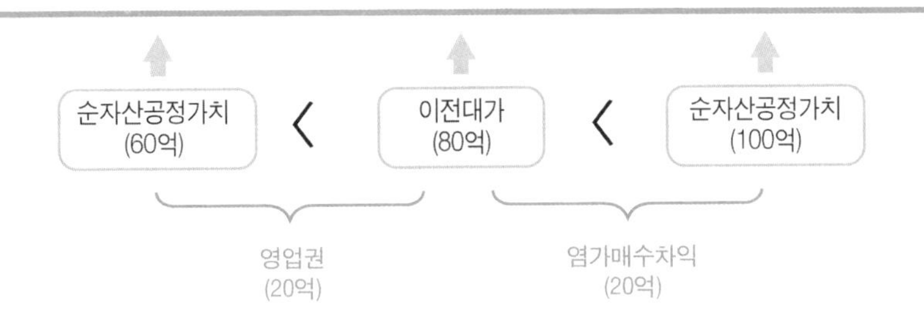

2) 영업권의 상각

한편, 영업권은 그 내용연수에 걸쳐 정액법으로 상각하며, 내용연수는 미래에 경제적 효익이 유입될 것으로 기대되는 기간으로 하며, 20년을 초과하지 못한다.

K-IFRS:

사업결합으로 인해 발생한 영업권은 상각하지 않는다.

법인세법상의 영업권 상각 내용연수(법인세법 제44조의 2 제3항)

합병법인은 피합병법인의 자산을 시가로 양도받은 것으로 보는 경우에 피합병법인에 지급한 양도가액이 합병등기일 현재의 순자산시가를 초과하는 경우로서 대통령령으로 정하는 경우에는 그 차액을 제60조 제2항 제2호에 따른 세무조정계산서에 계상하고 합병등기일부터 5년간 균등하게 나누어 손금에 산입한다.

♣ 영업권과 염가매수차익의 발생

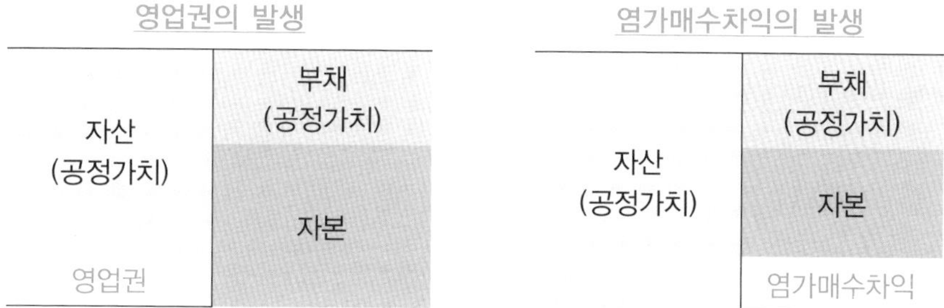

3) 영업권의 손상차손 및 손상차손환입

영업권은 매 보고기간말에 회수가능액으로 평가하고, 회수가능액이 장부금액에 미달하고 그 미달액이 중요한 경우에는 손상차손으로 처리한다. 단, 영업권에 대해 인식한 손상차손은 후속기간에 환입할 수 없다(문단 20.28).

K-IFRS:

손상 여부를 검토하여 손상발생 시 손상차손을 인식하되, 손상된 영업권은 추후 환입할 수 없다(K-IFRS 기준서 제1103호 문단 B69).

필자주

회계상 손상차손 계상시 법인세법상 처리

법인세법상 영업권으로 인정된 영업권에 대해 회계상 손상차손으로 처리시 필자의 의견으로는 즉시상각의제로 봐야 한다는 것이다. 다음은 정확한 합병과 관련된 것은 아니지만 영업권에 대한 손상차손에 관한 유사한 판례이다.

(울산지법 2020구합6024, 2021. 9. 9.)
특수관계 없는 법인의 사업부문 인수 시 영업권을 계상하고 추후 이에 대한 손상차손을 회계처리하였다면 이는 즉시상각의제에 해당함.

※ 염가매수차익은 법인세법상으로는 합병매수차익에 해당하고 영업권은 법인세법상 합병매수차손에 해당된다. 합병매수차손은 자산성이 인정되는 경우에 한해서만 영업권으로 인정되며, 5년간 균등상각한다.

(5) 취득관련원가

취득관련원가는 취득자가 사업결합을 하기 위해 사용한 원가이다. 그러한 원가에는 ① 중개수수료, ② 자문 · 법률 · 회계 · 가치평가 · 그 밖의 전문가나 컨설팅 수수료, ③ 일반관리원가(예 : 내부 취득 부서의 유지 원가), ④ 채무증권과 지분증권의 등록 · 발행 원가 등이 있다. 취득자는 취득관련원가에 대하여 원가가 발생하고 용역을 제공받은 기간에 비용으로 회계처리한다.

다만, 채무증권과 지분증권의 발행원가는 제6장 '금융자산 · 금융부채'와 제15장 '자본'에 따라 인식한다(문단 12.37). 따라서 채무증권과 지분증권의 발행원가는 발행가액에서 차감한다. 그러므로 취득관련원가는 영업권금액에 영향을 미치지 않는다.

이러한 취득관련원가의 발생은 영업권금액에 영향을 미치는 않는다. 따라서, 취득관련원가가 얼마가 발행되던 영업권금액은 그대로이다. 이는 사례를 통해 보도록 한다.

K-IFRS:

취득 관련 원가는 취득자가 사업결합을 이루기 위해 사용한 원가이다. 그러한 원가에는 ① 중개수수료, ② 자문 · 법률 · 회계 · 가치평가 · 그 밖의 전문가나 컨설팅 수수료, ③ 일반관리원가(예: 내부 취득 부서의 유지 원가), ④ 채무증권과 지분증권의 등록 · 발행 원가 등이 있다. 취득자는 취득 관련 원가에 대하여 한 가지 예외를 제외하고는, 원가를 사용하고 용역을 제공받은 기간에 비용으로 회계처리한다. 채무증권과 지분증권의 발행원가는 기업회계기준서 제1032호와 기업회계기준서 제1109호에 따라 인식한다(1103:53).

따라서, 일반기업회계기준과 마찬가지로 채무증권과 지분증권의 발행원가는 당해 증권의 발행가액에서 차감한다.

(법인세법상 합병시 발생한 비용의 처리)

합병법인이 피합병법인의 고정자산을 취득하는 경우에 지급하는 등록세는 이를 당해 고정자산에 대한 자본적 지출로 하고 합병계약에 의하여 부담할 합병에 따르는 비용은 자산으로 계상할 것을 제외하고는 합병법인의 당해 사업연도의 손금으로 한다(법인통칙 19-19…40 및 법인세 집행기준 19-19-28). 다만, 신주발행과 관련된 비용은 주식할인발행차금에 해당한다.

1. ㈜소영디벨롭먼트는 ㈜하람인터네셔널을 흡수합병한다. ㈜소영디벨롭먼트는 이전대가로 ㈜하람인터네셔널의 주주들에게 합병교부주식(액면가액 20,000,000,000원 공정가치 80,000,000,000원)을 지급하였다. 세무자문수수료 200,000,000원 주식발행비용 100,000,000원이 발생하였다.

㈜소영디벨롭먼트의 재무상태표

자산		부채 및 자본	
공장	30,000,000,000	부채	50,000,000,000
	(공정가치 40,000,000,000)		(공정가치 60,000,000,000)
토지	50,000,000,000	자본금	10,000,000,000
	(공정가치 60,000,000,000)	자본잉여금	20,000,000,000
보통예금	5,000,000,000	이익잉여금	5,000,000,000

㈜하람인터네셔널의 재무상태표

자산		부채 및 자본	
공장	15,000,000,000	부채	10,000,000,000
	(공정가치 20,000,000,000)		(공정가치 12,000,000,000)
토지	20,000,000,000	자본금	20,000,000,000
	(공정가치 50,000,000,000)	이익잉여금	5,000,000,000

㈜소영디벨롭먼트의 합병관련 회계상 분개는 다음과 같다.

(차)	공장	20,000,000,000	(대)	부채	12,000,000,000
	토지	50,000,000,000		자본금	20,000,000,000
	영업권	22,000,000,000		주식발행초과금	60,000,000,000
(차)	수수료	200,000,000	(대)	보통예금	300,000,000
	주발초	100,000,000			

☞ 취득관련원가는 영업권액에 영향을 미치지 않는다. 즉 취득관련원가가 발생했다고 하여 영업권액의 변화가 발생하지 않는다. 취득자는 취득관련원가를 원가가 발생하고 용역을 제공받은 기간에 비용으로 회계처리 한다. 다만, 채무증권과 지분증권의 발행원가는 당기손익이 아니라 발행가액에서 차감한다.
합병교부주식의 시가가 8백억원일 때 영업권액이 22,000,000,000원이였다. 취득관련원가가 발생한 여기 사례에서의 영업권액도 동일한 금액으로서 취득관련원가가 발생하기 전과 발생한 후의 사례 비교에서도 취득관련원가가 영업권액에 영향을 미치지 않는다는 것을 알 수가 있다.

♣ 사업결합 후 재무상태표 (단위 : 억원)

자산			부채 및 자본		
공장 300 + 200	=	500억원	부채 500 + 120	=	620억원
토지 500 + 500	=	1,000억원	자본금 100 + 200	=	300억원
영업권 220(주2)	=	220억원	자본잉여금 200 + 600 − 1	=	799억원(주3)
보통예금 50 − 3(주1)	=	47억원	이익잉여금 50 − 2	=	48억원(주4)
		1,767억원			1,767억원

(주1) 보통예금 300,000,000원이 출금되었으므로 차감해준다.
(주2) 취득자의 취득관련원가로 인하여 영업권금액이 변동되는 것은 아니다.
(주3) 지분증권의 발행원가는 발행가액에서 차감하므로 자본잉여금을 감해준다.
(주4) 취득관련원가 중 당기손익으로 인식되는 금액만큼 이익잉여금이 감소한다.

(6) 조건부 대가의 후속측정

취득자가 취득일 후에 인식하는 조건부 대가의 공정가치 변동 중 일부는 취득일에 존재한 사실과 상황에 대하여 취득일 후에 추가로 입수한 정보에 의한 것일 수 있다. 그러한 변동은 문단 12. 34에 따른 측정기간 동안의 조정이다. 그러나 목표수익을 달성하거나, 특정 주가에 도달하거나, 연구개발 프로젝트의 주요 과제를 완료하는 등 취득일 이후에 발생한 사건에서 발생한 변동은 측정기간 동안의 조정이 아니다. 취득자는 측정기간 동안의 조정이 아닌 조건부 대가의 공정가치 변동을 다음과 같이 회계처리한다(문단 12.38).

① 자본으로 분류된 조건부 대가는 재측정하지 않으며, 그 후속 정산은 자본 내에서 회계처리한다.

② 자산이나 부채로 분류된 조건부 대가는 다음과 같이 처리한다.

1. 조건부 대가가 금융상품이며 제6장 '금융자산 · 금융부채'의 적용범위에 해당하는 경우, 공정가치로 측정하고 그 결과로 생긴 차손익은 동 장에 따라 당기손익이나 기타포괄손익으로 인식한다.

2. 조건부 대가가 제6장의 적용범위에 해당되지 않는 경우, 제14장 '충당부채, 우발부채, 우발자산' 또는 그 밖의 적절한 일반기업회계기준에 따라 회계처리한다.

Ⅱ 상법

합병절차에 대한 전반적인 이해를 위해서는 합병과 관련된 상법의 내용을 우선적으로 알아야 한다. 또한 합병에 대한 상법상의 필수요건과 상법에 따라 합병을 완료하기 위해 소요되는 시간 등은 상법에 규정되어 있으므로 합병과 관련된 상법의 전반적인 내용의 이해는 반드시 필요하다. 다음은 합병과 관련된 필수적인 상법의 내용이다.

제174조(회사의 합병) ① 회사는 합병을 할 수 있다.

② 합병을 하는 회사의 일방 또는 쌍방이 주식회사, 유한회사 또는 유한책임회사인 경우에는 합병 후 존속하는 회사나 합병으로 설립되는 회사는 주식회사, 유한회사 또는 유한책임회사이어야 한다.

③ 해산후의 회사는 존립 중의 회사를 존속하는 회사로 하는 경우에 한하여 합병을 할 수 있다.

제10절 합병

제522조(합병계약서와 그 승인결의) ① 회사가 합병을 함에는 합병계약서를 작성하여 주주총회의 승인을 얻어야 한다.

② 합병계약의 요령은 제363조에 정한 통지에 기재하여야 한다.

③ 제1항의 승인결의는 제434조의 규정에 의하여야 한다.

제522조의 2(합병계약서 등의 공시) ① 이사는 제522조 제1항의 주주총회 회일의 2주 전부터 합병을 한 날 이후 6개월이 경과하는 날까지 다음 각 호의 서류를 본점에 비치하여야 한다.

1. 합병계약서
2. 합병을 위하여 신주를 발행하거나 자기주식을 이전하는 경우에는 합병으로 인하여 소멸하는 회사의 주주에 대한 신주의 배정 또는 자기주식의 이전에 관하여 그 이유를 기재한 서면
3. 각 회사의 최종의 대차대조표와 손익계산서

② 주주 및 회사채권자는 영업시간내에는 언제든지 제1항 각호의 서류의 열람을 청구하거나, 회사가 정한 비용을 지급하고 그 등본 또는 초본의 교부를 청구할 수 있다.

제522조의 3(합병반대주주의 주식매수청구권) ① 제522조 제1항에 따른 결의사항에 관하여 이사회의 결의가 있는 때에 그 결의에 반대하는 주주(의결권이 없거나 제한되는 주주를 포함한다. 이하 이 조에서 같다)는 주주총회 전에 회사에 대하여 서면으로 그 결의에 반대하는 의사를 통지한 경우에는 그 총회의 결의일부터 20일 이내에 주식의 종류와 수를 기재한 서면으로 회사에 대하여 자기가 소유하고 있는 주식의 매수를 청구할 수 있다.
② 제527조의 2 제2항(간이합병)의 공고 또는 통지를 한 날부터 2주 내에 회사에 대하여 서면으로 합병에 반대하는 의사를 통지한 주주는 그 기간이 경과한 날부터 20일 이내에 주식의 종류와 수를 기재한 서면으로 회사에 대하여 자기가 소유하고 있는 주식의 매수를 청구할 수 있다.

주식회사의 합병에 관한 준용규정(상법 제374조의 2 ②, ⑤)

제374조의 2(반대주주의 주식매수청구권)

① 제374조에 따른 결의사항에 반대하는 주주(의결권이 없거나 제한되는 주주를 포함한다. 이하 이 조에서 같다)는 주주총회 전에 회사에 대하여 서면으로 그 결의에 반대하는 의사를 통지한 경우에는 그 총회의 결의일부터 20일 이내에 주식의 종류와 수를 기재한 서면으로 회사에 대하여 자기가 소유하고 있는 주식의 매수를 청구할 수 있다.
② 제1항의 청구를 받으면 해당 회사는 같은 항의 매수 청구 기간(이하 이 조에서 "매수청구기간"이라 한다)이 종료하는 날부터 2개월 이내에 그 주식을 매수하여야 한다.
③ 제2항의 규정에 의한 주식의 매수가액은 주주와 회사간의 협의에 의하여 결정한다.
④ 매수청구기간이 종료하는 날부터 30일 이내에 제3항의 규정에 의한 협의가 이루어지지 아니한 경우에는 회사 또는 주식의 매수를 청구한 주주는 법원에 대하여 매수가액의 결정을 청구할 수 있다.
⑤ 법원이 제4항의 규정에 의하여 주식의 매수가액을 결정하는 경우에는 회사의 재산상태 그 밖의 사정을 참작하여 공정한 가액으로 이를 산정하여야 한다.

제523조(흡수합병의 합병계약서) 합병할 회사의 일방이 합병 후 존속하는 경우에는 합병계약서에 다음의 사항을 적어야 한다.

1. 존속하는 회사가 합병으로 인하여 그 발행할 주식의 총수를 증가하는 때에는 그 증가할 주식의 총수, 종류와 수
2. 존속하는 회사의 자본금 또는 준비금이 증가하는 경우에는 증가할 자본금 또는 준비금에 관한 사항

3. 존속하는 회사가 합병을 하면서 신주를 발행하거나 자기주식을 이전하는 경우에는 발행하는 신주 또는 이전하는 자기주식의 총수, 종류와 수 및 합병으로 인하여 소멸하는 회사의 주주에 대한 신주의 배정 또는 자기주식의 이전에 관한 사항
4. 존속하는 회사가 합병으로 소멸하는 회사의 주주에게 제3호에도 불구하고 그 대가의 전부 또는 일부로서 금전이나 그 밖의 재산을 제공하는 경우에는 그 내용 및 배정에 관한 사항
5. 각 회사에서 합병의 승인결의를 할 사원 또는 주주의 총회의 기일
6. 합병을 할 날
7. 존속하는 회사가 합병으로 인하여 정관을 변경하기로 정한 때에는 그 규정
8. 각 회사가 합병으로 이익배당을 할 때에는 그 한도액
9. 합병으로 인하여 존속하는 회사에 취임할 이사와 감사 또는 감사위원회의 위원을 정한 때에는 그 성명 및 주민등록번호

제523조의 2(합병대가가 모회사주식인 경우의 특칙) ① 제342조의 2에도 불구하고 제523조 제4호에 따라 소멸하는 회사의 주주에게 제공하는 재산이 존속하는 회사의 모회사주식을 포함하는 경우에는 존속하는 회사는 그 지급을 위하여 모회사주식을 취득할 수 있다.
② 존속하는 회사는 제1항에 따라 취득한 모회사의 주식을 합병 후에도 계속 보유하고 있는 경우 합병의 효력이 발생하는 날부터 6개월 이내에 그 주식을 처분하여야 한다.

필자주

합병법인이 피합병법인의 주주에게 합병대가로 교부하는 주식은 원칙 합병법인의 주식이다. 한편, 합병법인에게 모회사가 있는 경우 합병법인에 대한 합병법인의 모회사 지분율은 합병 후 희석화로 인해 감소될 수밖에 없다. 그래서 합병법인의 모회사가 합병 전과 합병 후 동일한 지분율로 합병법인을 지배하고자 하는 경우, 합병법인이 합병법인의 모회사 주식을 취득하여 피합병법인의 주주에게 합병법인 주식이 아닌 합병법인의 모회사 주식을 합병대가로 지급하는 것이다.

제524조(신설합병의 합병계약서) 합병으로 회사를 설립하는 경우에는 합병계약서에 다음의 사항을 적어야 한다.

1. 설립되는 회사에 대하여 제289조 제1항 제1호부터 제4호까지에 규정된 사항과 종류주식을 발행할 때에는 그 종류, 수와 본점소재지
2. 설립되는 회사가 합병당시에 발행하는 주식의 총수와 종류, 수 및 각 회사의 주주에 대한 주식의 배정에 관한 사항

3. 설립되는 회사의 자본금과 준비금의 총액
4. 각 회사의 주주에게 제2호에도 불구하고 금전이나 그 밖의 재산을 제공하는 경우에는 그 내용 및 배정에 관한 사항
5. 제523조 제5호 및 제6호에 규정된 사항
6. 합병으로 인하여 설립되는 회사의 이사와 감사 또는 감사위원회의 위원을 정한 때에는 그 성명 및 주민등록번호

제525조(합명회사, 합자회사의 합병계약서) ① 합병후 존속하는 회사 또는 합병으로 인하여 설립되는 회사가 주식회사인 경우에 합병할 회사의 일방 또는 쌍방이 합명회사 또는 합자회사인 때에는 총사원의 동의를 얻어 합병계약서를 작성하여야 한다.
② 전2조의 규정은 전항의 합병계약서에 준용한다.

제526조(흡수합병의 보고총회) ① 합병을 하는 회사의 일방이 합병후 존속하는 경우에는 그 이사는 제527조의 5의 절차의 종료 후, 합병으로 인한 주식의 병합이 있을 때에는 그 효력이 생긴 후, 병합에 적당하지 아니한 주식이 있을 때에는 합병후, 존속하는 회사에 있어서는 제443조의 처분을 한 후, 소규모합병의 경우에는 제527조의 3 제3항 및 제4항의 절차를 종료한 후 지체없이 주주총회를 소집하고 합병에 관한 사항을 보고하여야 한다.
② 합병당시에 발행하는 신주의 인수인은 제1항의 주주총회에서 주주와 동일한 권리가 있다.
③ 제1항의 경우에 이사회는 공고로써 주주총회에 대한 보고에 갈음할 수 있다.

제527조(신설합병의 창립총회) ① 합병으로 인하여 회사를 설립하는 경우에는 설립위원은 제527조의 5의 절차의 종료 후, 합병으로 인한 주식의 병합이 있을 때에는 그 효력이 생긴 후, 병합에 적당하지 아니한 주식이 있을 때에는 제443조의 처분을 한 후 지체없이 창립총회를 소집하여야 한다.
② 창립총회에서는 정관변경의 결의를 할 수 있다. 그러나 합병계약의 취지에 위반하는 결의는 하지 못한다.
③ 제308조 제2항, 제309조, 제311조, 제312조와 제316조 제2항의 규정은 제1항의 창립총회에 준용한다.
④ 제1항의 경우에 이사회는 공고로써 주주총회에 대한 보고에 갈음할 수 있다.

제527조의 2(간이합병) ① 합병할 회사의 일방이 합병후 존속하는 경우에 합병으로 인하여 소멸하는 회사의 총주주의 동의가 있거나 그 회사의 발행주식총수의 100분의 90 이상을

합병후 존속하는 회사가 소유하고 있는 때에는 합병으로 인하여 소멸하는 회사의 주주총회의 승인은 이를 이사회의 승인으로 갈음할 수 있다.

② 제1항의 경우에 합병으로 인하여 소멸하는 회사는 합병계약서를 작성한 날부터 2주 내에 주주총회의 승인을 얻지 아니하고 합병을 한다는 뜻을 공고하거나 주주에게 통지하여야 한다. 다만, 총주주의 동의가 있는 때에는 그러하지 아니하다.

필자주

소멸하는 회사의 총주주의 동의가 있거나 소멸하는 회사의 90% 이상의 지분을 합병후 존속회사가 소유하고 있다면 소멸하는 회사의 주주 대부분이 동의한다고 볼 수 있으므로 주주총회 특별결의를 득해야 할 필요가 없기 때문이다.

♣ 간이합병

제527조의 3(소규모합병) ① 합병 후 존속하는 회사가 합병으로 인하여 발행하는 신주 및 이전하는 자기주식의 총수가 그 회사의 발행주식총수의 100분의 10을 초과하지 아니하는 경우에는 그 존속하는 회사의 주주총회의 승인은 이를 이사회의 승인으로 갈음할 수 있다. 다만, 합병으로 인하여 소멸하는 회사의 주주에게 제공할 금전이나 그 밖의 재산을 정한 경우에 그 금액 및 그 밖의 재산의 가액이 존속하는 회사의 최종 대차대조표상으로 현존하는 순자산액의 100분의 5를 초과하는 경우에는 그러하지 아니하다.

② 제1항의 경우에 존속하는 회사의 합병계약서에는 주주총회의 승인을 얻지 아니하고 합병을 한다는 뜻을 기재하여야 한다.

③ 제1항의 경우에 존속하는 회사는 합병계약서를 작성한 날부터 2주 내에 소멸하는 회사의 상호 및 본점의 소재지, 합병을 할 날, 주주총회의 승인을 얻지 아니하고 합병을 한다는 뜻을 공고하거나 주주에게 통지하여야 한다.

④ 합병후 존속하는 회사의 발행주식총수의 100분의 20 이상에 해당하는 주식을 소유한 주주가 제3항의 규정에 의한 공고 또는 통지를 한 날부터 2주 내에 회사에 대하여 서면으로 제1항의 합병에 반대하는 의사를 통지한 때에는 제1항 본문의 규정에 의한 합병을 할 수 없다.

⑤ 제1항 본문의 경우에는 제522조의 3의 규정(합병반대주주의 주식매수청구권)은 이를 적용하지 아니한다. 따라서 간이합병과는 달리 소규모합병에서는 주식매수청구권을 허용하지 않는다.

♣ 소규모합병

$$\frac{\text{합병교부주식의 수}}{\text{발행주식총수}} \leq 10\%$$

존속회사는 주총 대신 이사회승인으로 갈음

제527조의 4(이사 · 감사의 임기) ① 합병을 하는 회사의 일방이 합병후 존속하는 경우에 존속하는 회사의 이사 및 감사로서 합병전에 취임한 자는 합병계약서에 다른 정함이 있는 경우를 제외하고는 합병후 최초로 도래하는 결산기의 정기총회가 종료하는 때에 퇴임한다.

② 삭제 〈2001. 7. 24.〉

제527조의 5(채권자보호절차) ① 회사는 제522조의 주주총회의 승인결의가 있은 날부터 2주 내에 채권자에 대하여 합병에 이의가 있으면 1월 이상의 기간 내에 이를 제출할 것을 공고하고 알고 있는 채권자에 대하여는 따로따로 이를 최고하여야 한다.

② 제1항의 규정을 적용함에 있어서 제527조의 2(간이합병) 및 제527조의 3(소규모합병)의 경우에는 이사회의 승인결의를 주주총회의 승인결의로 본다.

③ 제232조 제2항 및 제3항의 규정은 제1항 및 제2항의 경우에 이를 준용한다.

필자주

채권자의 사전동의 없이 합병절차를 진행하는 경우, 합병을 위한 다른 모든 요건을 충족하거나 합병의 절차가 상당히 진행되었다 하더라도 합병이 무산될 수 있으므로 상당한 주의를 요한다.

제527조의 6(합병에 관한 서류의 사후공시) ① 이사는 제527조의 5에 규정한 절차의 경과,

합병을 한 날, 합병으로 인하여 소멸하는 회사로부터 승계한 재산의 가액과 채무액 기타 합병에 관한 사항을 기재한 서면을 합병을 한 날부터 6월간 본점에 비치하여야 한다.
② 제522조의 2 제2항의 규정은 제1항의 서면에 관하여 이를 준용한다.

제528조(합병의 등기) ① 회사가 합병을 한 때에는 제526조의 주주총회가 종결한 날 또는 보고에 갈음하는 공고일, 제527조의 창립총회가 종결한 날 또는 보고에 갈음하는 공고일부터 본점소재지에서는 2주 내, 지점소재지에서는 3주 내에 합병후 존속하는 회사에 있어서는 변경의 등기, 합병으로 인하여 소멸하는 회사에 있어서는 해산의 등기, 합병으로 인하여 설립된 회사에 있어서는 제317조에 정하는 등기를 하여야 한다.
② 합병후 존속하는 회사 또는 합병으로 인하여 설립된 회사가 합병으로 인하여 전환사채 또는 신주인수권부사채를 승계한 때에는 제1항의 등기와 동시에 사채의 등기를 하여야 한다.

제529조(합병무효의 소) ① 합병무효는 각 회사의 주주·이사·감사·청산인·파산관재인 또는 합병을 승인하지 아니한 채권자에 한하여 소만으로 이를 주장할 수 있다.
② 제1항의 소는 제528조의 등기가 있은 날로부터 6월 내에 제기하여야 한다.

제3편 합병과 세무

I 합병의 개요

1. 합병이란

합병이란 두 개 이상의 회사가 상법의 절차에 따라 청산절차를 거치지 않고 합쳐지면서 최소한 한 개 이상 회사의 법인격을 소멸시키되, 합병 이후에 존속하는 회사 또는 합병으로 인해 신설되는 회사가 소멸하는 회사의 권리의무를 포괄적으로 승계하고 그의 사원을 수용하는 상법상의 법률사실을 말한다(집행기준 44-0-1).

세법상 합병의 당사법인들을 합병법인과 피합병법인으로 분류하여 적용하고 있다. 흡수합병시 그리고 신설합병시의 합병법인과 피합병법인은 다음과 같다.

상기에서 피합병법인이 어느 것인지, 합병법인이 어느 것인지 정확하게 인지하는 것이 중요하다. 향후 법인세법, 소득세법 또는 상증법 적용시 피합병법인과 합병법인의 정확한 인지 없이는 법내용을 이해하기 어렵기 때문이다. 흡수합병의 경우 소멸되는 법인이 피합병법인이고, 존속하는 법인이 합병법인이다. 신설합병의 경우 소멸되는 두 개의 법인 모두가 피합병법인이고, 신설되는 법인이 합병법인이다. 따라서, 어떤 유형의 합병이던 소멸하는 회사가 피합병법인이 된다.

(법법 제2조 제13호와 제14호)
"합병법인"이란 합병에 따라 설립되거나 합병 후 존속하는 법인을 말한다.
"피합병법인"이란 합병에 따라 소멸하는 법인을 말한다.

2. 합병의 종류

(1) 일반적인 경우

합병당사법인 중 하나의 법인이 존속하고 다른 법인이 존속법인에 흡수되어 소멸하는 흡수합병과 합병당사법인 둘 다 새롭게 신설된 법인에 흡수되어 소멸하는 신설합병이 있다.

① 흡수합병

A	+	B	=	A
존속법인		소멸법인		존속법인

② 신설합병

A	+	B	=	C
소멸법인		소멸법인		신설법인

(2) 분할합병의 경우

분할합병이란 법인이 분할한 후 다른 법인과 합병하는 것을 말한다. 분할 후 '분할합병의 상대방법인'에게 흡수되어 소멸되고 분할합병의 상대방법인이 분할신설법인이 되는 것이 분할흡수합병이고, 분할 후 '소멸하는 분할합병의 상대방법인'과 함께 분할신설법인에 흡수되어 소멸되는 것이 분할신설합병이다.

① 분할흡수합병

② 분할신설합병

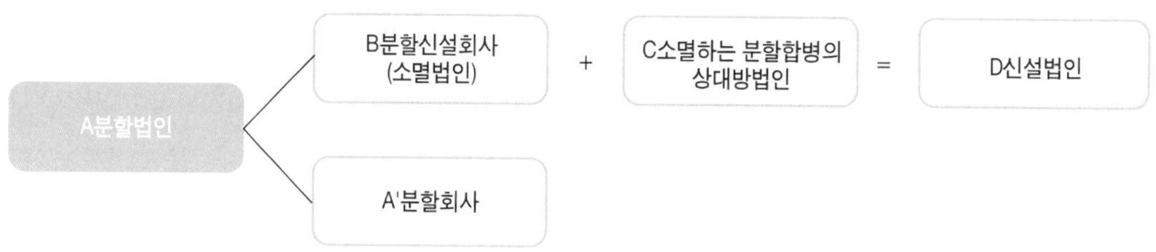

3. 합병 시 과세대상 소득과 합병절차

세무적인 이슈를 가지는 원칙적인 합병의 당사자들은 피합병법인, 합병법인 그리고 피합병법인의 주주와 합병법인의 주주이다. 합병하는 경우 피합병법인은 모든 자산과 부채를 합병법인에게 양도하고 합병법인으로부터 양도대가를 받는다.

합병법인의 주주는 합병으로 인해 주고받는 것이 없다. 따라서 불공정합병 또는 합병법인의 주주가 합병으로 특수관계에 있는 자에게 부당한 이익을 주거나 받아 증여세 또는 법인세가 과세되는 것 외에는 합병법인의 주주는 합병으로 인한 과세는 없다.

피합병법인은 합병으로 인해 자기가 가지고 있는 모든 재산을 합병법인에게 양도함으로 양도손익이 발생한다. 이 양도손익은 세법에서 정한 적격합병의 요건을 만족할 경우 과세특례를 적용받아 과세되지 않고 과세이연되지만, 비적격합병일 경우에는 합병일이 속하는 사업연도의 피합병법인의 각 사업연도 소득금액에 합산하여 과세된다.

합병법인의 경우 합병의 당사자로서 합병으로 인하여 피합병법인으로부터 모든 재산을 넘겨받고 그 대가로서 합병대가를 지급한다. 이때 합병매수차손익이 발생할 수 있다. 합병매수차익은 피합병법인 순자산의 시가에서 합병법인이 피합병법인에게 지급하는 양도가액을 차감한 금액이며, 합병매수차손은 양도가액에서 피합병법인 순자산의 장부가액을 차감한 금액이다. 이 경우에도 세법에서 정하는 적격합병의 요건을 충족할 경우에는 과세특례를 적용받아 과세되지 않고 과세이연된다. 단, 세법에서 정한 사후관리 조건을 위반 할 경우에는 다시 과세된다.

피합병법인의 주주의 경우, 피합병법인은 합병으로 인해 소멸된다. 따라서 피합병법인의 주주가 가지고 있던 피합병법인의 주식도 소멸하게 된다. 피합병법인은 합병법인으로부터 합병대가를 받아 그 대가를 피합병법인의 주주에게 지급하게 된다. 그런데 그 지급받은 것의 가치가 당초 주주들이 피합병법인의 주식의 취득에 들어간 가치보다 더 클 경우에는 차익이 발생하게 된다. 즉, 피합병법인의 주주들에게 지급된 합병대가가 피합병법인의 주주들이 피합병법인의 주식을 취득하기 위한 금액보다 클 경우 그 차액에 대해 배당으로 의제된다.

따라서 합병의 당사자들은 합병법인, 피합병법인, 합병법인의 주주 그리고 피합병법인의 주주이지만, 합병으로 인해 세무적으로 처리해야 할 원칙적인 당사자들은 불공정합병 등 합병법인의 주주와 피합병법인의 주주가 부당한 이익을 주고받는 경우 등을 제외하고는 피합병법인, 피합병법인의 주주와 합병법인이 된다.

(1) 합병당사자별 과세체계

합병 시 합병당사자별 과세체계를 비교하면 다음과 같다(집행기준 44-0-2).

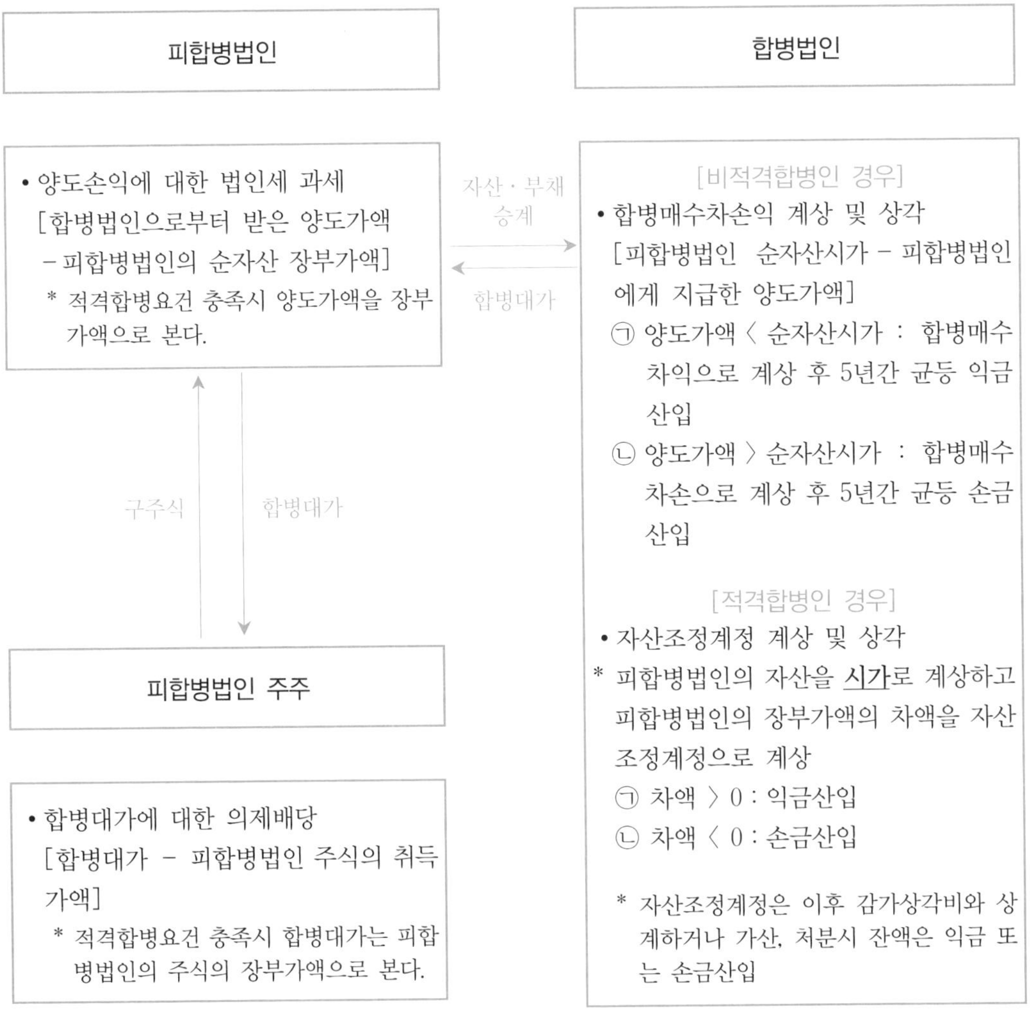

피합병법인

- 양도손익에 대한 법인세 과세
  [합병법인으로부터 받은 양도가액 - 피합병법인의 순자산 장부가액]
  * 적격합병요건 충족시 양도가액을 장부가액으로 본다.

자산·부채 승계 →

← 합병대가

합병법인

[비적격합병인 경우]

- 합병매수차손익 계상 및 상각
  [피합병법인 순자산시가 - 피합병법인에게 지급한 양도가액]
  ㉠ 양도가액 〈 순자산시가 : 합병매수차익으로 계상 후 5년간 균등 익금산입
  ㉡ 양도가액 〉 순자산시가 : 합병매수차손으로 계상 후 5년간 균등 손금산입

[적격합병인 경우]

- 자산조정계정 계상 및 상각
* 피합병법인의 자산을 시가로 계상하고 피합병법인의 장부가액의 차액을 자산조정계정으로 계상
  ㉠ 차액 〉 0 : 익금산입
  ㉡ 차액 〈 0 : 손금산입

* 자산조정계정은 이후 감가상각비와 상계하거나 가산, 처분시 잔액은 익금 또는 손금산입

↑ 구주식　　↓ 합병대가

피합병법인 주주

- 합병대가에 대한 의제배당
  [합병대가 - 피합병법인 주식의 취득가액]
  * 적격합병요건 충족시 합병대가는 피합병법인의 주식의 장부가액으로 본다.

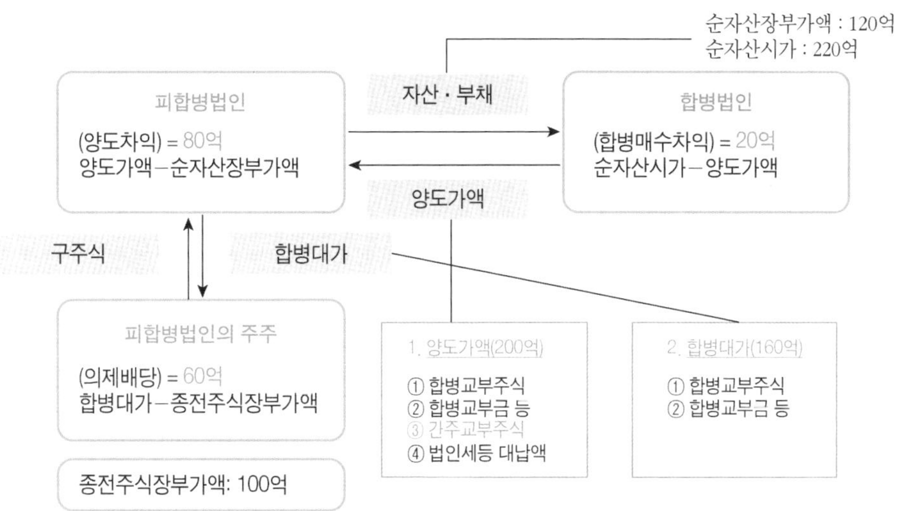

상기에서 피합병법인(양도법인)이 소유한 자산과 부채를 합병법인(양수법인)에게 승계한다. 합병법인은 피합병법인으로부터 순자산을 승계받고 그 대가로 피합병법인에게 양도가액(합병대가)을 지급한다. 양도가액을 지급받은 피합병법인은 그 중 일부를 피합병법인의 주주에게 지급한다. 이것이 합병당사자별 과세체계이다.

적격합병과 비적격합병의 경우 자산의 계상액과 승계액	
적격합병	비적격합병
시가계상 장부가액승계	시가계상 시가승계

계상은 장부에 반영되는 것을 말하며, 승계는 세법상 실제적으로 적용되는 것을 말한다. 회계상의 공정가치액과 세법상 시가액이 동일하다고 한다면, 기업회계는 취득법에 따라 회계처리하므로 세법에서 요구하는 시가계상이 장부에 적정하게 반영된다고 볼 수 있다. 하지만 적격합병의 경우에는 세법상 장부가액을 승계받도록 하므로 기업회계와 세법의 차이에 대한 적절한 세무조정이 필요하게 된다.

적격합병인 경우에는 장부가액으로 승계받으므로 양도법인(피합병법인)의 순자산양도와 관련된 양도차손익이 발생하지 않으며, 합병법인의 합병매수차손익도 발생하지 않는다. 하지만 비적격합병의 경우에는 시가로 승계받으므로 그 시가와 장부가액과의 차액에 대해 양도법인(피합병법인)에게는 양도차손익이 발생하고 양수법인(합병법인)에게는 합병매수차손익이 발생하게 된다.

| 합병 당사자별로 적격합병 또는 비적격합병에 따른 과세체계 |

<table>
<tr><th colspan="2">합병 당사자 및
과세대상 소득</th><th>적격합병</th><th>비적격합병</th></tr>
<tr><td rowspan="2">합병
법인의
주주</td><td>불공정합병에
따른 이익의
분여</td><td colspan="2">① 이익을 분여한 법인주주는 법인세법상 부당행위계산부인에 따른 익금산입, 분여받은 법인주주도 익금산입
② 이익을 분여받은 개인주주는 증여세 납부의무
* 불공정합병에 따른 이익의 분여에 따라 법인세법상 부당행위계산부인의 적용 또는 상증법상 증여세 과세는 적격합병 또는 비적격합병 구분없이 적용된다.</td></tr>
<tr><td>합병차익의
자본전입에 따른
의제배당</td><td>합병차익 중 과세대상
① 자산조정계정
② 이익잉여금
③ 의제배당 과세대상자본잉여금</td><td>과세대상 아님
* 이미 의세배낭으로 과세되므로 합병차익을 자본전입하더라도 다시 과세 안함</td></tr>
<tr><td rowspan="2">피
합병
법인</td><td>양도차익</td><td>과세이연함</td><td>과세함
(양도가액 - 순자산의장부가액)</td></tr>
<tr><td>토지등
양도소득에 대한
법인세 추가납부</td><td>적격분할·적격합병·적격물적분할·적격현물출자의 경우는 과세안함(단, 미등기양도는 과세함)(법법 §55의 2 ④ 3호, 법령 §92의 2 ④ 2호)</td><td>과세함
(단, 토지를 취득한 날부터 3년 이내에 법인의 합병 또는 분할로 인하여 양도되는 토지는 과세 안함)(법령 §92의 11 ③ 1호)</td></tr>
<tr><td rowspan="5">합병
법인</td><td>합병매수차손익</td><td>발생하지 않음</td><td>① 합병매수차익
5년간 균등 익금산입
② 합병매수차손
원칙:
• 손금불산입
• 예외: 자산성이 인정되는 경우 5년간 균등 손금산입함(합병매수차손익 = 순자산의 시가 - 양도가액)</td></tr>
<tr><td>자산조정계정</td><td>계상하여 사후관리됨</td><td>계상 안함</td></tr>
<tr><td>자산승계</td><td>장부가액으로 승계, 시가로 계상*
* 장부가액으로 승계하나, 장부에 계상하는 가액은 시가로 하여 차액은 자산조정계정으로 계상한다.</td><td>시가로 승계</td></tr>
<tr><td>결손금</td><td>승계 가능</td><td>승계 불가</td></tr>
<tr><td>공제·감면세액</td><td>승계 가능</td><td>승계 불가</td></tr>
</table>

<table>
<tr><th colspan="2">합병 당사자 및 과세대상 소득</th><th>적격합병</th><th>비적격합병</th></tr>
<tr><td></td><td>세무조정사항</td><td>모두 승계 가능</td><td>퇴직급여충당금 · 대손충당금 관련사항만 승계 가능</td></tr>
<tr><td rowspan="2">피합병 법인의 주주</td><td>불공정합병에 따른 이익의 분여</td><td colspan="2">① 이익을 분여한 법인주주는 법인세법상 부당행위계산부인에 따른 익금산입
② 이익을 분여받은 개인주주로서 일정 요건 해당시 증여세 납부의무 있음.
* 불공정합병에 따른 이익의 분여에 따라 법인세법상 부당행위계산부인의 적용 또는 상증법상 증여세 과세는 적격합병 또는 비적격합병 구분없이 적용된다.</td></tr>
<tr><td>의제배당 과세</td><td>① 원칙: 의제배당액 = 0
② 예외: 1과 2 충족하는 경우 3 과세
1. 주식 외 재산의 합병대가 지급
2. 종전 주식의 장부가액 〉 교부 주식의 시가
3. 의제배당액 = Min [현금등, (합병대가－종전 주식취득가액)]</td><td>과세함
(합병대가－종전 주식취득가액)</td></tr>
</table>

(2) 합병법인과 피합병법인의 구체적인 과세대상 소득

합병 시 피합병법인은 합병법인에게 자기의 순자산을 양도하고 합병법인으로부터 양도가액을 받는다. 양도가액에서 자신이 양도한 순자산가액(장부가액)을 차감한 것이 양도차익이다. 반대로, 합병법인은 피합병법인으로부터 순자산을 양수받고 피합병법인에게 양도가액을 지급한다. 그 양도가액과 피합병법인의 순자산가액(시가)과의 차액이 합병매수차손익인데 양도가액이 순자산의 시가액보다 작을 경우 합병매수차익이 된다.

비적격합병인 경우 피합병법인의 양도차익과 합병법인의 합병매수차익은 익금산입의 대상이다. 그러나 적격합병의 경우에는 합병 시 과세되지 않고 과세이연을 선택할 수 있다. 과세이연된 경우에는 합병법인이 양도차익과 합병매수차익의 합계액을 자산조정계정으로 손금산입하고 향후 사후관리사유를 위반하거나 감가상각 또는 처분시 익금산입한다.

다음은 피합병법인의 양도차익과 합병법인의 합병매수차익을 쉽게 설명하는 그림이다. 단, 시가 〉 양도가액 〉 장부가액이라고 가정한다.

위 그림을 피합병법인의 양도차익과 합병법인의 합병매수차익 그리고 자산조정계정에 대한 등식으로 표시하면 다음과 같다.

피합병법인의 양도차익	양도가액(②) - 피합병법인 순자산의 장부가액*(①)
합병법인의 합병매수차익	순자산의 시가(③) - 양도가액(②)
자산조정계정 (시가 - 장부가액)	피합병법인의 양도차익 + 합병법인의 합병매수차익(③ - ①)

*장부가액은 세무상 장부가액을 말한다.

따라서, 양도가액에서 순자산장부가액을 차감한 것이 피합병법인의 양도차익이며, 순자산시가에서 양도가액을 차감한 것이 합병법인의 합병매수차익이다. 그리고 피합병법인의 양도차익과 합병법인의 합병매수차익을 더한 것이 결국 자산조정계정이 된다.

비적격합병일 경우 피합병법인의 양도차익은 합병일이 속하는 사업연도의 각 사업연도 소득금액에 합산하여 과세하며, 합병법인의 합병매수차익은 5년간 균등 익금산입하나, 적격합병일 경우에는 피합병법인의 양도차익을 '0'으로 보므로 과세이연되고 합병법인의 합병매수차익도 피합병법인의 순자산을 장부가액으로 양수받는 것으로 보므로 합병매수차익은 발생하지 않는다.

구분	적격합병 (시가계상, 장부가액승계)	비적격합병 (시가계상, 시가승계)
피합병법인	양도차익 과세 ×	양도차익 과세 ○
합병법인	① 합병매수차손익 발생 × ② 양도차익과 합병매수차손익은 자산조정계정으로 관리함 ③ 결손금승계 ④ 공제・감면세액승계	① 합병매수차손익 발생 ② × ③ × ④ ×

구분	적격합병 (시가계상, 장부가액승계)	비적격합병 (시가계상, 시가승계)
	⑤ 유보승계	⑤ 퇴직급여충당금, 대손충당금관련 유보만 승계
피합병법인의 주주	의제배당 과세 ×	의제배당 과세 ○

상기 표에서와 같이 적격합병의 경우 합병법인은 피합병법인의 순자산을 장부가액으로 승계받는다. 따라서 장부가액으로 승계하므로 당연히 양도차익은 발생하지 않으며 합병법인(양수법인)에게도 합병매수차익 또는 합병매수차손이 발생하지 않는다. 반면, 비적격합병인 경우에는 시가로 승계하게 되므로 피합병법인(양도법인)에게는 양도차익이 발생하게 되고 합병법인에게는 합병매수차익 또는 합병매수차손이 발생하게 된다. 결국 순자산을 장부가액으로 승계하느냐 아니면 시가로 승계하느냐에 따라 달라지게 된다.

★ 적격합병과 비적격합병에 따른 세법상 자산 및 부채의 계상액과 승계액

구 분	적격합병	비적격합병
방 법	시가 계상 장부가액 승계	시가 계상 시가 승계

사 례

피합병법인 ㈜태한전자의 합병등기일의 재무상태표는 다음과 같다.

자산		부채 및 자본	
공 장	10,000,000,000	부 채	3,000,000,000
(시가 20,000,000,000)		자본금	10,000,000,000
제 품	5,000,000,000	자본잉여금	2,000,000,000
(시가 5,000,000,000)			

합병법인인 ㈜하람기계는 합병교부주식(시가 20,0000,000,000원)을 주고 ㈜태한전자와 합병하려고 한다.

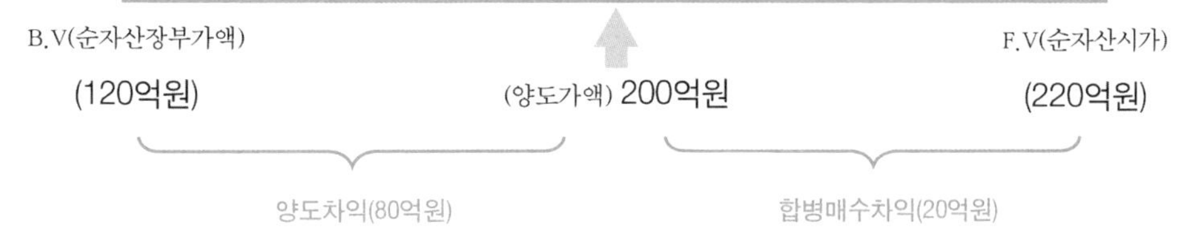

* 자산조정계정(주)(100억원) = 양도차익(80억원) + 합병매수차익(20억원)
(주) 순자산의 시가와 장부가액의 차액

만일, 양도가액이 25,000,000,000원이라면 합병매수차손 3,000,000,000원이 발생한다.

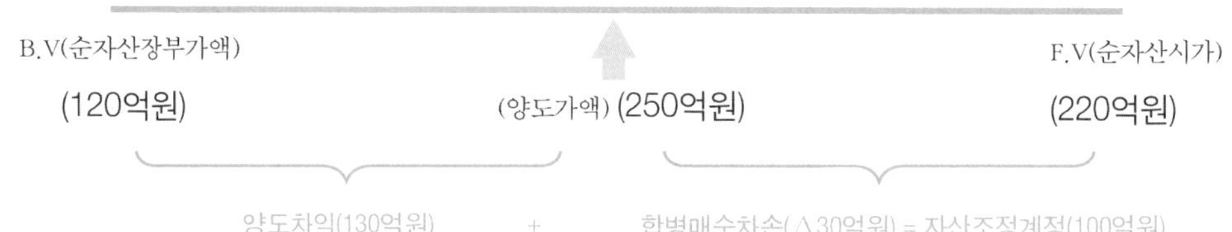

이는 양도가액이 순자산의 시가보다 더 큰 경우이다. 합병매수차익은 [순자산의 시가 - 양도가액]이므로 [220 - 250]은 -30으로 마이너스 값이 되므로 합병매수차익이 아니라 합병매수차손이 된다. 한편, 자산조정계정은 [시가 - 장부가액]이므로 100억원 [시가(220억원) - 장부가액(120억원)]으로 계산된다.

이는 자산조정계정은 양도가액과는 관련이 없다는 것을 의미한다. 양도가액은 피합병법인의 양도차익[양도가액 - 장부가액(세무상 장부가액)] 계산과 합병법인의 합병매수차손익[순자산의 시가 - 양도가액]의 계산과 관련이 있을 뿐이다.

만일, 상기의 양도가액이 200억원인 사례에서 피합병법인 자산의 장부가액에 유보 2,000,000,000원이 있다면 피합병법인의 순자산의 장부가액은 14,000,000,000원이 되고, 양도차익은 60억원, 합병매수차익은 20억원이 된다. 이는 피합병법인의 양도차손익 계산 시 순자산의 장부가액은 세무상 장부가액으로 하기 때문이다.

상기 사례에서 비적격합병인 경우 피합병법인의 양도차익 80억원(장부가액에 유보가 없는 경우)이 합병일이 속하는 **각 사업연도 소득금액 계산 시 익금으로 합산되어** 과세되며, 합병법인의 합병매수차익 또는 합병매수차손은 당기에 전액 익금 또는 손금으로 산입되는 것이 아니라 5년간 균등 익금산입 또는 손금산입 한다. 단 합병매수차손은 그 자산성이 인정되어 영업권으로 계상되는 경우에 한해 5년간 균등 손금산입되고, 그 외에는 손금산입되지 않는다.

하지만 적격합병요건을 만족할 경우에는 피합병법인의 양도차익은 과세되지 않고 과세이연되며, 세무상 합병법인의 합병매수차익과 합병매수차손은 발생하지 않는다. 따라서, 기업회계에서 염가매수차익 또는 영업권으로 계상되는 금액이 있는 경우에는 전액 익금불산입 또는 손금불산입으로 세무조정해야 한다.

(3) 간이합병제도와 소규모합병제도

합병은 채권자 또는 일부주주의 반대에 의해 합병 진행이 어려울 수 있으므로 미리 대비 또는 준비를 해야 한다. 간이합병과 소규모합병은 일정 조건 만족 시 주주총회 없이 합병을 진행할 수 있는 제도이므로 좀 더 손쉽게 합병할 수 있다.

1) 간이합병제도(소멸회사는 이사회승인으로 대체가능)

합병할 회사의 일방이 합병후 존속하는 경우로서 합병으로 인하여 소멸하는 회사의 총주주의 동의가 있거나 그 회사의 발행주식총수의 100분의 90 이상을 합병후 존속하는 회사가 소유하고 있는 때에는 합병으로 인하여 소멸하는 회사의 주주총회의 승인은 이를 이사회의 승인으로 갈음할 수 있다(상법 §527의 2 ①).

상기의 경우 합병으로 인하여 소멸하는 회사는 합병계약서를 작성한 날부터 2주 내에 주주총회의 승인을 얻지 아니하고 합병을 한다는 뜻을 공고하거나 주주에게 통지하여야 한다. 다만, 총주주의 동의가 있는 때에는 그러하지 아니하다(상법 §527의 2 ②).

2) 소규모합병제도(존속하는 회사는 이사회승인으로 대체가능)

합병 후 존속하는 회사가 합병으로 인하여 발행하는 신주 및 이전하는 자기주식의 총수가 그 회사의 발행주식총수의 100분의 10을 초과하지 아니하는 경우에는 그 존속하는 회사의 주주총회의 승인은 이를 이사회의 승인으로 갈음할 수 있다. 다만, 합병으로 인하여 소멸하는 회사의 주주에게 제공할 금전이나 그 밖의 재산을 정한 경우에 그 금액 및 그 밖의 재산의 가액이 존속하는 회사의 최종 대차대조표상으로 현존하는 순자산액의 100분의 5를 초과하는 경우에는 그러하지 아니하다(상법 §527의 3 ①).

상기의 경우에 존속하는 회사의 합병계약서에는 주주총회의 승인을 얻지 아니하고 합병을 한다는 뜻을 기재하여야 하고, 존속하는 회사는 합병계약서를 작성한 날부터 2주 내에 소멸하는 회사의 상호 및 본점의 소재지, 합병을 할 날, 주주총회의 승인을 얻지 아니하고 합병을 한다는 뜻을 공고하거나 주주에게 통지하여야 한다(상법 §527의 3 ②, ③).

합병후 존속하는 회사의 발행주식총수의 100분의 20 이상에 해당하는 주식을 소유한 주주가 상기의 규정에 의한 공고 또는 통지를 한 날부터 2주 내에 회사에 대하여 서면으로 소규모합병제도에 따른 합병에 반대하는 의사를 통지한 때에는 소규모합병제도에 따른 합병을 할 수 없다(상법 §527의 3 ④).

소규모합병의 경우에는 상법 제522조의 3의 규정(합병반대주주의 주식매수청구권)은 적용하지 아니한다. 그러나 간이합병의 경우 관련 규정이 없으므로 상법 제522조의 3의 규정(합병반대주주의 주식매수청구권)이 적용된다.

(4) 합병 업무기준표

| 법인합병 업무기준표 |

구분		업무 내용
사전 준비절차		법률, 회계, 조세 문제 사전 검토
		피합병법인의 1년 이상 계속 사업 요건 충족 여부 등 적격합병요건 검토
		의제배당과 증여세 과세 문제 검토
		채권자 사전동의 여부 필수적으로 확인
		수도권 과밀억제지역 법인증자 시 등록세 3배 중과 등 지방세 과세문제 검토 : 첨단산업 해당 여부 확인
		자산·부채 평가(감정평가의 필요 여부 확인)
		합병등기일까지 추정 결산
		합병비율 산정
		합병 절차 및 일정 확정
		합병계약서 등 관련 서류 준비(상법 §522, §522의 2)
D-32	이사회 개최	-합병에 관한 이사회 승인
		-주총소집을 위한 이사회결의(상법 §362)
	합병계약 체결	합병계약 체결 -당사회사의 대표이사
D-31	주주명부 폐쇄	주주명부 폐쇄 기준일 공고(상법 §354) -명부 확정 기준일 2주 전 공고
D-16	주주명부 확정	주주명부 확정 기준일(상법 §354) -주주총회를 위한 권리 주주확정
D-15	합병주주총회 준비	합병주주총회 소집공고 및 통지(상법 §363, §522) -주총 2주 전 공고 및 통지
		합병계약서, 각 회사의 최종의 대차대조표와 손익계산서 등 비치 공시(상법 §522의 2) -주총 2주 전~합병일부터 6개월
D-1		합병반대주주의 서면 통지 접수 마감(상법 §522의 3) -이사회의 합병결의일~주총 전일

<table>
<tr><th colspan="2">구분</th><th>업무 내용</th></tr>
<tr><td rowspan="2">D-day</td><td>주주총회 개최</td><td>합병계약서에 대한 주주총회의 승인(상법 §522)
-주총 특별결의</td></tr>
<tr><td>합병 반대주주 보호 절차</td><td>반대주주 주식 매수청구 시작(상법 §522의 3)
-주총일로부터 20일 내 청구</td></tr>
<tr><td rowspan="2">D+1</td><td>채권자 보호절차</td><td>채권자 이의 제출 공고 및 최고(상법 §527의 5)
-주총일로부터 2주 이내 공고</td></tr>
<tr><td>주식의 병합</td><td>피합병회사의 구주권 제출 공고(상법 §440)
-주총일로부터 2주 이내 공고</td></tr>
<tr><td>D+20</td><td>합병 반대주주 보호 절차</td><td>주식매수청구권 행사 만료(상법 §522의 3)
-주총일로부터 20일 이내</td></tr>
<tr><td rowspan="2">D+32</td><td>채권자 보호 절차</td><td>채권자 이의 제출 기간 만료(상법 §527의 5)
-공고 기간 1월 이상</td></tr>
<tr><td>주식의 병합</td><td>구주권 제출 기간 만료(상법 §440)
-공고 기간 1월 이상</td></tr>
<tr><td>D+33</td><td>합병기일</td><td>실질적인 합병일</td></tr>
<tr><td>D+34</td><td>이사회 개최</td><td>합병보고주주총회 갈음하기 위한 이사회결의(상법 §526)
-합병보고주주총회 대체</td></tr>
<tr><td>D+35</td><td>합병 보고 총회</td><td>흡수합병 : 보고총회, 신설합병 : 창립총회
이사회결의에 대한 공고로 갈음할 수 있음(상법 §526)</td></tr>
<tr><td rowspan="5">D+36</td><td rowspan="5">합병등기</td><td>합병등기(상법 §528, 상업등기법 §62~§64, 상업등기규칙 §148, §149)</td></tr>
<tr><td>변경등기 : 합병법인</td></tr>
<tr><td>해산등기 : 피합병법인</td></tr>
<tr><td>-본점 : 보고총회종결일 또는 보고에 갈음하는 공고일로부터 2주 내</td></tr>
<tr><td>-지점 : 보고총회종결일 또는 보고에 갈음하는 공고일로부터 3주 내</td></tr>
<tr><td rowspan="3">D+60 내</td><td>주식매수</td><td>주식매수 청구대금 지급(상법 §374의 2)
-주식매수청구를 받은 날부터 2월 내에 주식매수</td></tr>
<tr><td>재무제표 확정</td><td>재무제표 확정 : 합병등기일 기준
합병법인 : 합병재무제표 작성</td></tr>
<tr><td>폐업 신고</td><td>합병등기일로부터 25일 이내
-피합병법인의 폐업신고
-피합병법인의 부가가치세 신고</td></tr>
<tr><td>D+66 내</td><td>기업결합신고</td><td>필요시, 기업결합신고(공정거래법 §12, 공정거래법 시행령 §18)
-합병등기일로부터 30일 이내 공정위 신고</td></tr>
</table>

구분		업무 내용
D+127 내	법인세 신고	합병등기일로부터 3개월 이내 피합병법인의 법인세 신고 - 의제 사업연도에 대한 법인세 신고
		청산소득에 대한 법인세 신고
기타 업무		세부적인 사후 업무수행
		부동산 소유권 이전 등기, 차량운반구 명의 이전 등 등기·등록이 필요한 자산·부채 등의 명의변경
		각종 인허가증의 명의변경

4. 법인의 합병으로 인한 납세의무승계

법인이 합병한 경우 합병 후 존속하는 법인 또는 합병으로 설립된 법인은 합병으로 소멸된 법인에 부과되거나 그 법인이 납부할 국세 및 강제징수비를 납부할 의무를 진다(국기법 §23).

Ⅱ 피합병법인의 회계와 세무

합병이란 피합병법인이 자기의 모든 자산과 부채를 합병법인에게 양도하는 것이다. 따라서 그 양도로 인해 양도손익이 발생하며 그 양도손익은 피합병법인의 합병등기일이 속하는 사업연도의 소득금액에 익금 또는 손금으로 산입한다(법법 §44 ①). 다만, 적격합병 요건을 갖춘 경우에는 피합병법인의 양도차익에 대해 과세하지 않고 과세이연시킨다.

① 합병시 피합병법인의 세무상 분개

(차) 피합병법인의 부채	***	(대) 피합병법인의 자산	***
합병교부주식등	***	양도차익	***
합병교부금등	***		
법인세비용등(합병법인 부담분)*	***		
간주교부주식가액**	***		

* 피합병법인의 법인세등을 합병법인이 납부하는 것으로, 계정과목명은 달라질 수 있다.
** 간주교부주식가액은 회계상 분개에는 없는 세무상에만 있는 것이다.

② 합병시 피합병법인의 회계상 분개

(차) 피합병법인의 부채	***	(대) 피합병법인의 자산	***

합병교부주식등	***	양도차익	***
합병교부금등	***		
법인세비용등(합병법인 부담분)	***		

♣ 세법상 간주교부주식가액이 있는 경우에는 해당액 만큼 익금산입으로 세무조정한다. 세무상 분개를 하는 이유는 회계상 분개와의 차이를 알고 해당 차이에 대해 세무조정을 하기 위함 이기도 하다. 따라서 회계처리를 어떻게 하던 상관없이 세무상 분개에 맞게 세무조정하면 세무적으로는 문제가 없게 된다.

③ 회계상 분개(양도차익이 이익잉여금으로 대체할 때)

(차) 양도차익	***	(대) 이익잉여금	***

④ 회계상 분개(피합병법인이 주주들에게 주식을 교부하고 해산할 때)

(차) 자본금	***	(대) 합병교부주식등	***
자본잉여금	***		
이익잉여금	***		

| 합병 시 피합병법인에 대한 과세 |

구분	내 용
과세대상	자산의 양도손익에 대한 법인세
소득금액 계산	피합병법인이 합병법인으로부터 받은 양도가액 - 피합병법인의 합병등기일 현재 세무상 순자산장부가액(자산의 장부가액 - 부채의 장부가액 + 법인세환급액)
과세특례	① 적격합병요건을 모두 갖춘 경우에는 피합병법인이 합병법인으로부터 받은 양도가액을 합병등기일 현재의 순자산 장부가액으로 보아 양도손익이 없는 것으로 할 수 있다. ② 내국법인이 발행주식총수 또는 출자총액을 소유하고 있는 다른 법인을 합병(완전모법인이 자법인 합병)하거나, 그 다른 법인에 합병(자법인이 완전모법인 합병)되는 경우 적격합병요건에 불구하고 양도손익이 없는 것으로 할 수 있다.

*집행기준 44-0-4

1. 피합병법인의 양도손익

피합병법인이 합병으로 해산하는 경우에는 그 법인의 자산을 합병법인에 양도한 것으로 본다. 이 경우 그 양도에 따라 발생하는 양도손익은 피합병법인이 합병등기일이 속하는 사업연도의 소득금액을 계산할 때 익금 또는 손금에 산입하는데, 양도손익은 다음의 ①에서 ②를 뺀 가액이다.

① 피합병법인이 합병법인으로부터 받은 양도가액

② 피합병법인의 합병등기일 현재의 순자산장부가액(자산의 장부가액 총액 - 부채의 장부가액 총액 + 법인세 환급액)

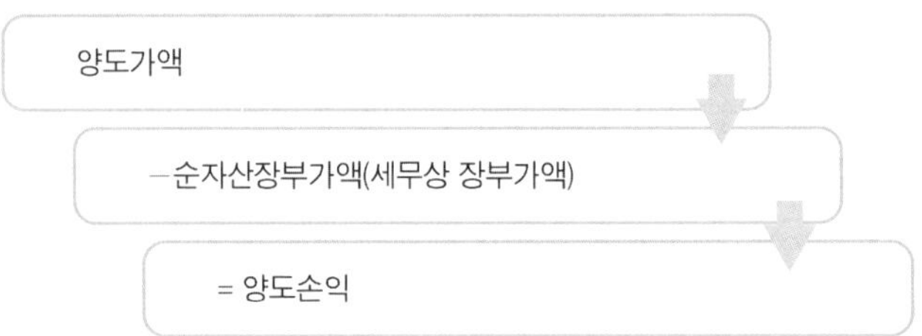

단, 적격합병의 경우에는 양도가액을 피합병법인의 합병등기일 현재의 순자산 장부가액으로 보아 양도손익이 없는 것으로 할 수 있다(법령 §80 ① 1호). 이는 선택사항이므로 적격합병요건을 충족했음에도 불고하고 과세특례신청서를 제출하지 않는 경우에는 피합병법인의 양도손익에 대해 과세특례를 적용받지 않을 수도 있다.

(1) 양도가액

1) 양도가액의 구성요소

피합병법인이 합병법인으로부터 받은 양도가액은 다음의 합계액이다(집행기준 44-0-4)(법령 §80 ① 2호 가목).

① 합병교부주식 등의 가액

② 금전이나 그 밖의 재산가액의 합계액

③ 합병포합주식 등에 대한 간주교부액:
합병포합주식 등에 대해 합병교부주식 등을 교부하지 않더라도 그 지분비율에 따라 합병교부주식 등을 교부한 것으로 보아 합병교부주식 등의 가액에 가산(합병간주교부주식가액)

④ 합병법인이 납부하는 피합병법인의 법인세 및 그 법인세에 부과되는 국세 및 지방세㈜

㈜ 법인이 합병한 경우 합병 후 존속하는 법인 또는 합병으로 설립된 법인은 국세기본법 제23조에 따라 합병으로 소멸된 법인에 부과되거나 그 법인이 납부할 국세 및 강제징수비를 납부할 의무를 진다. 따라서 합병법인이 납부하는 피합병법인의 법인세 및 그 법인세(감면세액 포함)에 부과되는 국세와 법인지방소득세의 합계액은 양도가액에 가산된다.

국세기본법 관련 기본통칙 23－0…2 [부과되거나 납부할 국세 등]
법 제23조 및 제24조에서 "부과되거나 납부할 국세 및 강제징수비"라 함은 합병(상속)으로 인하여 소멸된 법인(피상속인)에게 귀속되는 국세 및 강제징수비와 세법에 정한 납세의무의 확정절차에 따라 장차 부과되거나 납부하여야 할 국세 및 강제징수비를 말한다.

한편, 피합병법인이 합병의 사유로 지급받는 양도가액은 합병등기일 기준으로 산정하는 것이며, 사후관리 사유에 해당되어 납부하는 법인세는 양도가액에 포함되지 않는다(서면법인 2022－2188, 2022. 9. 16.). 그리고 합병교부주식의 시가 평가액은 합병직전 합병회사의 재무제표가 아니라, 합병직후 합병회사의 재무제표를 이용하여 평가한다(서면1팀－1954 2005. 11. 30.).

양도가액			
① 합병교부주식가액	② 합병교부금등	③ 간주교부주식가액	④ 국세등 대납액

이를 분개로 나타내면 다음과 같다.

(차) 부채	***	(대) 자산	***
합병교부주식	***	양도차익	***
합병교부금	***		
법인세 비용	***		
간주교부주식	***		

(가) 양도가액과 합병대가 계산시의 합병교부주식가액

비적격합병의 경우 피합병법인의 양도차익 계산을 위한 양도가액에 포함되는 합병교부주식가액과 피합병법인주주의 의제배당액 계산을 위한 합병대가에 포함되는 합병교부주식가액은 원칙적으로 동일하다. 그리고 평가방법은 법인세법 제52조에 따른 '시가'로 평가된다. 법인주주가 받는 합병교부주식은 당연히 법인세법을 따라 평가되고 개인주주는 소득세법에 따라 평가된다. 단, 개인주주의 경우 소령 제98조에 따라 시가로 평가되는데, 동령 동조 제3항에서 "시가의 산정에 관하여는 법령 제89조 제1항 및 제2항의 규정을 준용한다"라고 함에 따라 원칙, 소득세법과 법인세법상의 합병교부주식에 대한 평가방법은 동일하다고 할 수 있다.

합병대가 결정시점과 합병등기일 사이 합병교부주식의 시가 상승분도 합병대가에 포함된다.

귀 세법해석 사전답변 신청의 사실관계와 같이 상장법인이 비상장법인을 흡수합병 함에 있어 상장법인인 합병법인이 「자본시장과 금융투자업에 관한 법률 시행령」 제176조의 5에 따라 적정하게 산정된 합병대가를 피합병법인의 주주에게 지급하고, 이월결손금이 없는 피합병법인이 합병등기일 현재의 순자산시가를 초과하여 지급받은 양도가액을 익금에 산입한 경우

「법인세법 시행령」 제80조의 3 제3항에 따른 합병매수차손은 「법인세법 시행령」 제80조의 3 제2항의 "사업상 가치가 있다고 보아 대가를 지급한 경우"에 해당하여 「법인세법」 제44조의 2 제3항을 적용할 수 있는 것이며, 합병대가에는 「법인세법 시행령」 제80조 제1항 제2호 나목의 합병법인이 납부하는 피합병법인의 법인세 등과 합병비율 결정시점과 합병등기일 사이 합병교부주식의 시가 상승분이 포함되는 것이다.
비적격 합병에 있어 합병법인이 합병으로 피합병법인의 자산을 승계한 경우에는 그 자산을 피합병법인으로부터 합병등기일 현재의 시가로 양도받은 것으로 보는 바(법법 §44의 2 ①), 피합병법인의 합병 양도차익 산정 시 차감되는 순자산장부가액의 기준일은 합병 등기일이고, 합병신주의 효력발생시기 및 합병에 따른 회계처리도 합병등기일을 기점으로 이루어지므로 양도가액에 포함되는 합병교부주식의 가액도 합병등기일의 주가로 산정하여야 타당할 것이며, 결국 합병대가 결정시점과 합병등기일 사이 합병교부주식의 시가 상승분도 합병 대가에 포함되어 합병매수차손을 구성하게 되는 것이다(사전법령해석법인 2018-789, 2018. 12. 26.).

① 상장주식의 경우

상기에서 기술했듯이 법인세법 제52조와 법인세법시행령 제89조에 따른 시가로 평가한다.

법령 제89조 ①[시가의 범위]

법 제52조 제2항을 적용할 때 해당 거래와 유사한 상황에서 **해당 법인이 특수관계인 외의 불특정다수인과 계속적으로 거래한 가격 또는 특수관계인이 아닌 제3자간에 일반적으로 거래된 가격**이 있는 경우에는 그 가격에 따른다.
다만, 주권상장법인이 발행한 주식을 다음 각 호의 어느 하나에 해당하는 방법으로 거래한 경우 해당 주식의 시가는 그 거래일의 「자본시장과 금융투자업에 관한 법률」 제8조의 2 제2항에 따른 거래소 최종시세가액(거래소 휴장 중에 거래한 경우에는 그 거래일의 직전 최종 시세가액)으로 하며, 기획재정부령으로 정하는 바에 따라 사실상 경영권의 이전이 수반되는 경우(해당 주식이 「상속세 및 증여세법 시행령」 제53조 제8항 각 호의 어느 하나에 해당하는 주식인 경우는 제외한다)에는 **그 가액의 100분의 20을 가산**한다.

1. 「자본시장과 금융투자업에 관한 법률」 제8조의 2 제4항 제1호에 따른 증권시장 외에서 거래하는 방법
2. 대량매매 등 기획재정부령으로 정하는 방법

② 비상장주식의 경우

원칙 **해당 법인이 특수관계인 외의 불특정다수인과 계속적으로 거래한 가격 또는 특수관계인이 아닌 제3자간에 일반적으로 거래된 가격**이 있는 경우에는 그 가격에 따른다. 하지만, 비상장주식의 경우 대부분 '시가'가 없기에 보충적평가방법에 따라 주로 평가하며, 특히 불공정합병의 경우에는 상증법 제38조에 따른 보충적평가방법에 따라 평가한다(법령 §89 ② 2호).

♣ 비적격합병 시 양도가액과 합병교부주식 평가방법

구분	상장주식	비상장주식
원칙	시가(합병등기일의 종가) (거래소 휴장 중에 거래한 경우에는 그 거래일의 직전 최종시세가액)	시가
예외	1. 다음의 경우 거래소 최종시세가액 ① 증권시장 외에서 거래하는 경우 ② 대량매매 등의 경우 2. 경영권 이전이 수반되는 경우: 20% 가산함	보충적 평가방법 ① 순손익가치와 순자산가치의 가중평균액 ② 불공정합병: 상증법 38조에 따른 평가액(보유한 상장주식은 평가기준일 종가로 평가)
근거규정	법령 제89조 ①	법령 제89조 ①, ②

* 양도가액 계산을 위한 합병교부주식의 평가와 부당행위계산부인 규정을 적용받는 불공정합병에 따른 분여한 이익액을 계산하기 위한 합병교부주식의 평가방법은 원칙, 서로 차이가 있다.

♣ 분여한 이익액 계산시 합병교부주식 평가방법

구분	상장주식	비상장주식
평가방법	대부분의 상증법 제38조 등을 준용하여 평가함	
근거규정	법인세법 시행령 제89조 제6항	

(나) 분여받은 이익액 계산시의 합병교부주식가액

합병 시 합병법인과 피합병법인이 불공정하게 평가되어 일방 법인의 주주가 이익을 분여하게 되는 경우 그 분여한 이익에 대해 과세하게 된다. 해당 분여한 이익액 계산 시 분여받은 자가 개인주주의 경우에는 상증법 제38조에 따라 합병교부주식을 평가하여 분여받은 이익액을 계산하고, 이익을 분여한 자가 법인주주의 경우에는 **법령 제89조 제6항**에 따라 대부분의 상증법 제38조를 준용하여 계산하도록 하고 있다. 결과적으로 개인주주 또는 법인주주 관계없이 상증법 제38조에 따라 평가된 합병교부주식가액에 따라 분여받은 이익액을 계산한다.

필자주

법인세법상 양도가액(합병교부주식)과 분여한 이익액 계산(합병교부주식) 시의 평가방법 차이

양도가액 계산 시의 합병교부주식과 분여한이익액 계산 시 합병교부주식의 평가방법이 다르다. 법인세법상 분여한이익액을 계산할 때는 대부분의 상증법 제38조를 준용하여 하도록 하고 있다.

양도가액 계산 시, 비상장주식의 경우에는 대부분 시가가 형성되어 있지 않으므로 보충적평가방법에 따라 평가할 수밖에 없고 그 보충적평가는 법령 제89조에 의한다. 다만, 불공정합병인 경우에는 상증법 제38조에 따라 평가하도록 하고 있으므로 **불공정합병인 경우에는 양도가액상의 합병교부주식가액과 분여한이익액 계산시의 합병교부주식가액은 대부분 동일하다고 볼 수 있다.**

하지만 **상장주식의 경우에는 보충적평가방법이 아니라 대부분 시가로 평가되므로 그 평가방법이 확연히 다르다.** 따라서 양도가액 계산을 위한 합병교부주식의 평가와 불공정합병의 경우 분여한이익액 계산을 위한 합병교부주식의 평가는, 동일한 합병교부주식임에도 불구하고 상황에 따라 서로 다른 평가액을 가지는 모순이 발생한다.

① 개인주주의 경우

상증법 제38조에 따라 계산된 분여받은 이익액을 증여세로 과세한다.

② 법인주주의 경우

법인세법 시행령 제89조 제6항에 따라 계산된 금액을 부당행위계산의 부인으로 보아 법인세로 과세한다.

(참고) | 분여받은 이익액 계산을 위한 합병 후 신설 또는 존속법인의 1주당 평가액의 계산의 요약 |

구분	주권상장 · 코스닥상장 법인	그 외 법인
합병 후 1주당 평가액	Min [①, ②] ① 합병등기일 이후 2개월간 최종시세가액의 평균액 (상증법 §63 ① 1호 가목 및 상증 통칙 38-28-4) ② 대차대조표공시일과 합병신고일 중 빠른날의 단순평균액* 단, 비상장주식의 평가방법에 따를 경우에는 대차대조표공시일(상증법 §63 ① 1호 나목 및 상증령 §28 ⑤ 2호 및 서일 46014-10591, 2001. 12. 10. 및 재재산 46014-68, 2002. 3. 28.)	대차대조표공시일의 단순평균액 (상증령 §28 ⑤ 본문과 ⑤ 2호 괄호안)

* 단순평균액

$$1주당\ 평가액 = \frac{합병\ 직전\ 합병 \cdot 피합병법인의\ 주식가액\ 합계액^{*}}{합병\ 후\ 신설\ 또는\ 존속법인의\ 주식수}$$

비상장주식평가에 있어 사업개시후 3년미만 법인을 흡수합병한 경우 "1주당 최근 3년간의 손순익액의 가중평균액" 계산방법

「상속세 및 증여세법 시행령」 제56조 제1항 제1호의 규정에 의한 "1주당 최근 3년간의 순손익액의 가중평균액" 계산시 평가기준일 전3년 이내에 합병이 있은 경우 합병전 각 사업연도의 1주당 순손익액은 합병법인과 피합병법인의 순손익액의 합계액을 합병후 발행주식총수로 나누어 계산한 가액에 의하는 것이며, 귀 질의의 경우와 같이 사업개시 후 3년 이상인 법인이 사업개시 후 3년 미만인 법인을 주식의 평가기준일이 속하는 사업연도 이전 사업연도에 흡수합병한 경우, 합병법인의 3개 사업연도 중 피합병법인의 사업연도가 없는 사업연도의 1주당 순손익액은 합병법인의 순손익액을 그 합병법인의 당해 사업연도말 발행주식총수로 나누어 계산한 가액에 의하는 것입니다(서면4팀-945, 2007. 3. 21.).

하지만, 법원의 판단은 다르다. 법원은 최근 3년간의 순손익액의 가중평균액은 계속기업으로서의 수익가치를 계산하는 것이 규범적으로 가능한 법인에 대하여 적용될 수 있음을 전제로 한다. 따라서 구 상속세 및 증여세법 시행령 제54조 제4항이 규정한 사업개시 후 3년 미만의 법인에 대하여는 해당 규정이 적용될 수 없고, 사업개시 후 3년 미만의 법인은 이와 관계없이 순자산가치만으로 주식가액을 평가할 수 있을 뿐이다라고 판시한다(대전고법 2022누11246, 2023. 1. 12.).

비상장주식의 경우 양도가액에 포함되는 합병교부주식의 평가방법

「법인세법」 제44조의 3에 따른 적격합병 과세특례를 적용받은 내국법인이 같은 조 제3항 제3호에 따른 사후관리 요건을 위배함으로써 제4항에 따라 합병매수차익을 손금에 산입하는 경우로서, 합병매수차익을 산정함에 있어 "합병 당시 합병법인이 피합병법인에 지급한 양도가액" 중 합병교부주식의 가액은 같은 법 시행령 제89조에 따른 시가를 의미하는 것임. 한편, 합병교부주식의 시가가 불분명하여 「법인세법 시행령」 제89조 제2항 제2호에 따라 「상속세 및 증여세법」 제63조 제1항 제1호 나목을 준용하여 평가한 가액을 따를 경우, 피합병법인으로부터 승계받은 자산·부채가 반영된 합병등기일 현재를 기준으로 평가하는 것임(사전법규법인 2024-552, 2024. 10. 21.).

합병법인의 합병교부주식의 평가 시 세법상 자산성이 없는 회계상 영업권을 자산가액에 포함하여 평가해야 하는지?

합병 시 영업권은 합병법인이 피합병법인의 상호 등을 무형의 재산가치로 인정·평가하여 대가를 지급한 것으로, 합병경위와 동기, 합병 무렵 합병법인과 피합병법인의 사업현황, 합병 후 세무신고내용 등의 사정을 종합하여 객관적으로 판단하여야 하고, 기업회계기준에 따라 영업권이 산출되었다는 이유만으로 추단할 수 없다(대법원 2018. 5. 11. 선고 2017두43173 판결, 같은 뜻임) 할 것인바,

세법상 자산가치가 인정되는 영업권은 「법인세법 시행령」 제80조의 3 제2항의 문언과 같이 사업상 가치가 있다고 보아 합병대가를 지급한 경우로 한정하여야 하는 것이므로, 비록 동 법령상 사업상 가치 판정에 대한 구체적 요건이 있지 않다고 하더라도, 합병법인이 스스로 계상한 회계상 영업권을 인정하게 된다면, 굳이 법령상에 "사업상 가치"라는 문언을 둘 이유가 없는 것으로 보이는 점,

쟁점합병은 ○○○이 그룹차원에서 합병법인으로 하여금 부실한 비건설계열사인 청구법인을 우량 건설계열사에 편입한 것이므로 청구법인(피합병법인)의 사업상 가치가 정당하게 인정되어 순자산가치를 초과하는 합병대가가 지급된 것으로 보기 어려운 점(조심 2021부1842, 2023. 3. 29., 같은 뜻임) 등에 비추어 쟁점(합병)영업권을 세법상 자산가치가 없는 것으로 보아 이 건 합병교부주식(합병법인 주식 968,422주)에 대하여 **「상속세 및 증여세법」 제63조 제1항 제1호 나목 및 같은 법 시행령 제54조의 보충적 평가방법에 따라 순자산가치 산정 시 합병법인이 장부에 계상한 쟁점(합병)영업권을 포함하지 아니하는 것으로 하여 1주당 평가액을 산정**하고 이를 기초로 합병양도차익을 산출하여 그 법인세 과세표준 및 세액을 경정하는 것이 타당하다 하겠다(조심 2020서8509, 2023. 10. 17.).

사업개시 후 3년미만의 합병법인이 3년 이상인 피합병법인과 합병시 합병교부주식평가방법

사업개시 후 3년 미만인 내국법인이 합병법인이 되어 사업개시 후 3년 이상인 내국법인을 합병한 경우, 당해 합병법인은 제54조 제4항 제2호의 "사업개시 후 3년 미만의 법인"에 해당한다. 따라서, 비상장주식 평가시 순자산가치로만 평가한다(사전법령해석재산 2016-367, 2018. 4. 30.).

비상장주식 평가 시 비상장법인이 보유한 상장주식의 평가방법 등

비상장주식을 평가할 때 해당 비상장주식을 발행한 법인이 보유한 주식(주권상장법인이 발행한 주식으로 한정한다)의 평가금액은 평가기준일의 거래소 최종시세가액으로 하며, 「상속세 및 증여세법」 제63조 제2항 제1호·제2호 및 같은 법 시행령 제57조 제1항·제2항을 준용할 때 "직전 6개월(증여세가 부과되는 주식등의 경우에는 3개월로 한다)"은 각각 "직전 6개월"로 본다(법령 §89 ② 2호).

경영권의 이전이 수반되는 경우 20% 할증하나, 상증령 제53조 제8항에 해당하는 경우에는 하지 않음

3년간 계속 결손인 상장법인의 주식을 시간 외 대량매매 등의 방법으로 거래한 경우로서 경영권의 이전이 수반되는 경우 그 주식의 시가는 최종시세가액(할증하지 않음)임(사전법규법인 2022-408, 2022. 10. 25.).

사업개시 후 3년 미만의 합병법인이 3년 이상된 피합병법인과 합병 시 비상장주식의 평가방법 (2019년 2월 세법해석사례 정비내역)

* 유지사례

사업개시 후 3년 이상인 피합병법인을 흡수 합병한 경우 순자산가치로만 평가하는 "사업개시 후 3년 미만 법인" 여부 판단시 합병법인의 사업개시일로 판단한다(기획재정부 재산-364, 2018. 4. 25.).

* 삭제예규
사업개시 후 3년 미만인 법인이 다른 법인을 합병한 경우로서 합병후에도 피합병법인이 영위하던 업종을 그대로 승계하여 영위하는 때에는 피합병법인의 사업개시일을 기준으로 사업개시 후 3년 미만 법인인지 여부를 판단하는 것임(재산-946, 2010. 12. 15.).

합병 직전 양도주식에 대한 대가 지급액을 양도대가가 아닌 합병교부금으로 보는 경우

피합병법인이 구주식을 반납하고 합병교부금을 받는 경우 의제배당으로 과세된다. 하지만 때로는 종합소득세의 고율의 세율을 적용받는 것보다 양도소득세의 세율(20%)을 적용받는 것이 유리한 경우도 있다. 다음에 설명하는 심판례는 상기 설명대로 피합병법인의 주주들이 저율의 양도소득세율을 적용받기 위해 합병 직전 피합병법인의 주식을 양도한 경우로서 양도소득세 적용이 아닌 합병교부금으로서 의제배당으로 과세된 사례이다.

피합병법인의 주주가 가진 피합병법인의 주식에 대해 합병법인과 양수도 계약서를 작성하기 전에 합병법인의 대표이사와 피합병법인의 실질대표자가 두 회사를 합병하기로 한 사실이 관련판결문에서 확인되는 점, 쟁점법인의 주식에 대한 회계법인의 평가의견서 작성일과 합병법인이 이사회를 개최하여 두 회사의 합병을 목적으로 쟁점법인의 주식 전부를 인수하기로 결의한 날 및 쟁점주식의 양수도 계약일이 모두 동일한 날짜인 점, 합병법인의 이사회에서 합병을 결의하기 4일 전인 잔금일에 피합병법인의 주주들이 보유하고 있던 쟁점법인의 주식을 취득가액에 약 10배에 해당하는 금액으로 합병법인에게 양도하는 등 이는 의제배당에 따른 종합소득세 고율(38%)의 과세를 회피하고 주식양도에 따른 양도소득세 저율(20%)의 세율 적용하기 위한 것으로 보이는 점, 합병법인은 쟁점주식의 매매대금을 지급하기 전에 합병절차를 일부 진행한 것으로 보이는 점 등에 비추어 피합병법인의 주주들이 합병 직전에 합병법인에게 양도한 주식에 대한 양도소득세 신고를 부인하고 「소득세법」 제17조 제1항 제3호 및 제2항 제4호에 따른 합병시 의제배당을 적용하여 청구인들에게 종합소득세를 부과한 것은 잘못이 없는 것으로 판단된다(조심 2023서7655, 2024. 3. 25.).

2) 포합주식과 양도가액

포합주식은 합병 전 합병법인이 보유하고 있는 피합병법인의 주식을 말한다. 만약 포합주식에 합병신주를 교부한다면, 합병법인의 자기주식이 되므로 합병 시 합병신주를 교부하지 않을 수도 있다.

이와 같이 합병법인이 보유한 포합주식(합병법인이 보유하는 피합병법인의 주식)에 합병신주를 교부하지 않는 경우로서, 피합병법인의 양도차익을 계산할 때 양도가액(포합주식에 대한 간주교부주식가액은 포함하지 않음)에서 피합병법인의 순자산총액을 차감하여 계산한다면, 양도가액에는 포합주식에 대한 양도가액이 포함되어 있지 않는 반면, 차감하는 피합병법인의 순자산가액은 그 어떤 차감 없는 총액이 되므로 정확한 양도차익을 계산할 수가 없게 된다.

따라서 포합주식에 대해서 합병신주를 교부하지 않더라도 교부한 것으로 보아 양도가액에 포함하여 양도차익을 계산해야 정확한 양도차익이 산출된다. 이하에서는 포합주식에 대해 합병신주를 교부한 것으로 보는 주식을 '간주교부주식'이라 한다.

포합주식 등의 해당 여부를 판정함에 있어서 주식의 취득시기는 대금을 청산한 날, 주식을 인도받은 날 또는 명의개서일 중 빠른 날로 한다(법인 통칙 44-80의 2-1).

「법인세법」에서 합병포합주식 여부를 취득방법에 따라 달리 판단하지 아니하므로, 제3자 배정 신주발행방식, 매수 취득, 출자전환 등 주식의 취득방법과 무관하게 모두 합병포합주식에 해당한다.

피합병법인의 기존주주(합병법인)가 균등유상증자로 취득한 피합병법인의 주식은 「법인세법 시행령」 제80조 제1항 제2호 나목의 "합병포합주식 등"에 해당하는 것임(기획재정부 법인-57, 2017. 1. 24.).

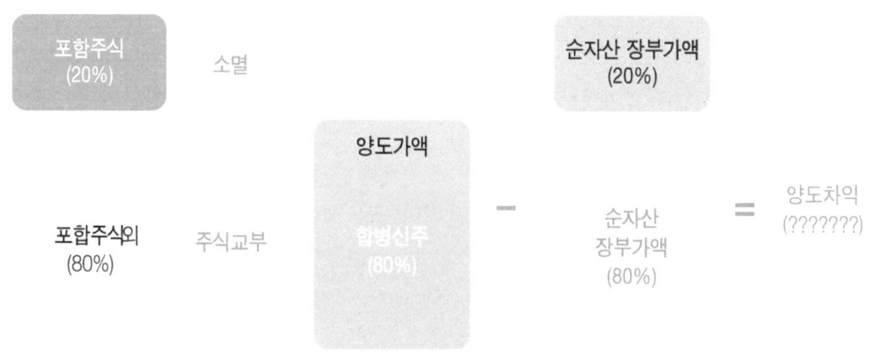

상기에서 포합주식에 대해 합병신주를 교부하지 않는다면 양도가액은 포합주식 외 피합병법인의 주식에 대해 실제 지급한 합병대가만 양도가액으로 계상되고 피합병법인의 순자산장부가액은 합병신주를 교부하지 않는 부분을 감안하지 않고 모든 순자산장부가액을 차감하여 양도차익을 계산한다면 정확한 피합병법인의 양도차익을 계산할 수 없게 된다. 따라서 아래와 같이 간주교부주식가액을 양도가액에 가산하여 정확한 양도차익을 계산한다.

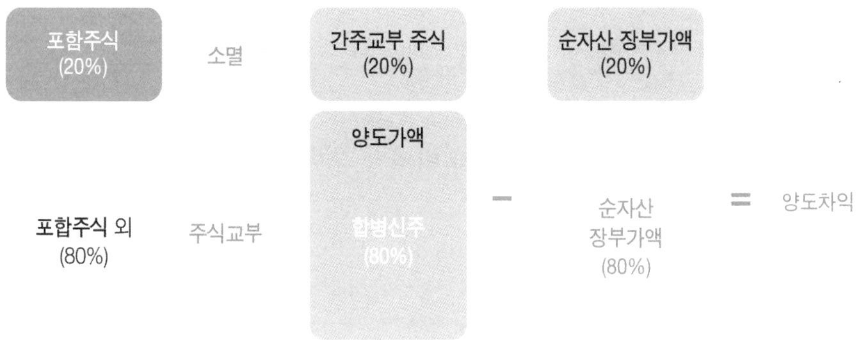

(2) 순자산장부가액

순자산장부가액은 합병등기일 현재의 자산의 장부가액에서 부채의 장부가액을 차감하고 국세기본법에 의해 환급되는 법인세액을 가산한 가액을 말한다. 또한 순자산장부가액이란 세무상 장부가액을 말한다.

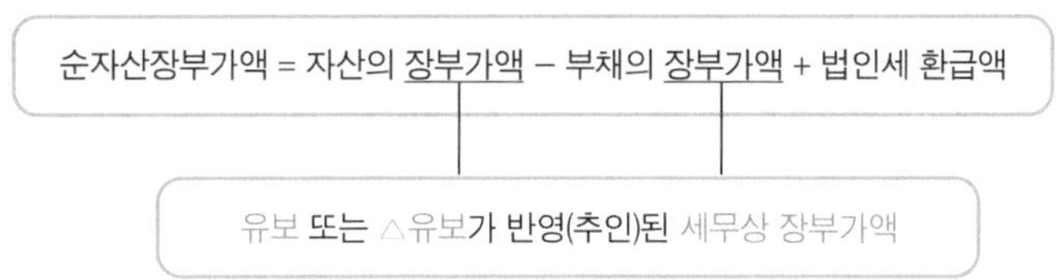

법인세법에서 별도의 언급이 없는 한 장부가액은 회계상 장부가액에서 세무 조정사항(유보)을 가감한 세무상 장부가액을 의미하는 것이므로(재법인-88, 2014. 2. 19. 등 다수) 피합병법인의 양도가액에서 차감하는 순자산 장부가액은 회계상 장부가액이 아니라 세무상 장부가액으로 보아야 한다.

한편, 각 사업연도에 납부하였거나 납부할 법인세는 법인세 과세표준 계산 시 손금에 산입하지 아니하는 것으로(법법 §21 1호) 회계상 계상한 법인세는 손금불산입하고 기타사외유출 처분되므로 이에 대응하는 미지급법인세도 세무상 부채에 해당하지 않는다(사전법령해석법인 2015-264, 2015. 10. 5.). 따라서 미지급법인세는 부채에서 차감하여 순자산장부가액을 계산한다.

구 분	법인세환급액	미지급법인세
순자산가액에 가감 여부	자산에 가산함	부채에서 차감함

양도차익 = 양도가액 – 세무상 순자산장부가액

상기에서 세무상 장부가액은 관련 유보가 반영된 장부가액이다. 다만 적격분할과 비적격분할에 따라 유보의 처리가 다르다.

| 적격합병 또는 비적격합병에 따른 세무조정사항(유보)의 승계 |

구 분	적격분할	비적격분할
세무조정사항 승계 여부	모두 승계	퇴직급여충당금, 대손충당금에 한해 승계

따라서 양도차익 계산을 위한 세무상 순자산장부가액 계산 시 비적격분할의 경우에는 유보 중 퇴직급여충당금과 대손충당금관련 유보 외 모든 유보는 승계되지 않으므로 추인하여 분할등기일이 속한 사업연도의 분할법인의 각사업연도소득금액에 포함하여 계산하지만, 적격분할의 경우에는 모든 유보를 분할신설법인에 승계하므로 분할등기일이 속하는 분할법인의 각사업연도소득금액에 관련 유보의 반대 세무조정으로 추인하지 않고 계산된다.

퇴직급여충당금과 대손충당금의 승계

퇴직급여충당금을 손금에 산입한 내국법인이 합병하거나 분할하는 경우 그 법인의 합병등기일 또는 분할등기일 현재의 해당 퇴직급여충당금 중 합병법인·분할신설법인 또는 분할합병의 상대방 법인이 승계받은 금액은 그 합병법인등이 합병등기일 또는 분할등기일에 가지고 있는 퇴직급여충당금으로 본다(법법 §33 ③).

대손충당금을 손금에 산입한 내국법인이 합병하거나 분할하는 경우 그 법인의 합병등기일 또는 분할등기일 현재의 해당 대손충당금 중 합병법인등이 승계(해당 대손충당금에 대응하는 채권이 함께 승계되는 경우만 해당한다)받은 금액은 그 합병법인등이 합병등기일 또는 분할등기일에 가지고 있는 대손충당금으로 본다(법법 §34 ④).

사 례

비적격합병으로서 피합병법인이 합병법인에게 승계하는 자산과 부채등은 다음과 같다. 공장에는 관련 유보 100,000이 있다. 부채의 장부가액은 시가와 동일하다. 합병법인은 합병등기일 수년 후 공장을 1,500,000에 처분하였다. 감가상각비는 무시한다.

자산		부채 및 자본	
공장	900,000	부채	300,000
(시가 : 1,200,000)		자본금	400,000
		자본잉여금	110,000
		이익잉여금	90,000

1. 비적격합병이므로 피합병법인의 유보금액이 합병법인에게 승계되지 않으므로 피합병법인의 합병등기일이 속하는 사업연도의 소득금액 계산 시 유보는 추인된다.
   ① 피합병법인 공장의 세무상 장부가액 1,000,000 = 900,000 + 100,000(유보)
   ② 합병법인의 취득가액은 합병 당시의 시가

2. 공장과 관련된 유보는 합병법인에게 승계되지 않고 추인된다. 피합병법인의 회계상 양도차익은 300,000원이지만 (유보)100,000원에 대해 추인하는 세무조정, 손금산입(△유보)100,000으로 인해 세무상 양도차익은 200,000원이 된다.

(3) 양도손익의 처리

비적격합병의 경우 양도차익은 합병등기일이 속하는 사업연도의 피합병법인의 각 사업연도 소득금액에 합산되어 과세되어진다(법법 §44 ①). 그러나 적격합병의 조건을 만족할 경우 양도차익은 과세이연된다. 즉, 양도가액을 장부가액으로 하여 양도손익이 "0"이 되게 할 수 있다. [양도가액(순자산장부가액) - 순자산장부가액 = 0](법법 §44 ②)

이 경우 장부가액으로 적용되는 자산은 유형고정자산뿐만 아니라 모든 자산이 그 대상이다. 법인이 합병・분할하면서 자산을 포괄적으로 이전・승계하는 경우로서 적격합병의 요건을 갖추면 합병 당사법인이나 주주에 대한 과세를 이연한다. 만일, 사업용 유형고정자산에만 한정한다면 과세이연 효과도 불완전하여 기업이 구조개편을 추진하는 데 부담이 될 수 있을 것이다. 따라서 합병·분할 시 과세이연 요건을 갖추면 모든 자산을 장부가액으로 양도하는 것이다(2009년 개정이유).

(적격합병의 경우 피합병법인의 합병 시 세무처리)
(차) 양도가액(순자산장부가액) *** (대) 피합병법인의 순자산장부가액 ***

적격합병의 경우 피합병법인의 모든 유보금액이 합병법인에게 승계된다. 만일, 적격합병임에도 불구하고 피합병법인에게 양도차익이 발생하도록 회계처리 하였다면 합병일이 속하는 피합병법인의 사업연도의 각 사업연도 소득금액 계산 시 "(익금불산입) 양도차익 ***(기타)"로 세무조정하여 과세되지 않도록 할 수 있으며, 비적격합병일 경우에는 피합병법인의 각 사업연도 소득금액에 합산되어 과세된다.

적격합병으로 과세되지 않은 양도차익은 합병법인이 자산조정계정으로 계상하여 손금산입하고 향후 해당 자산에 대한 감가상각이나 관련 자산의 처분 시 과세되므로 결국 합병법인이 납부하게 된다.

승계되는 자산·부채 관련 세무조정사항(유보)의 처리
① 적격합병 : 모든 세무조정사항이 승계
② 비적격합병 : 퇴직급여충당금과 대손충당금 관련 유보금액만 승계하고, 나머지는 반대 세무조정(추인)

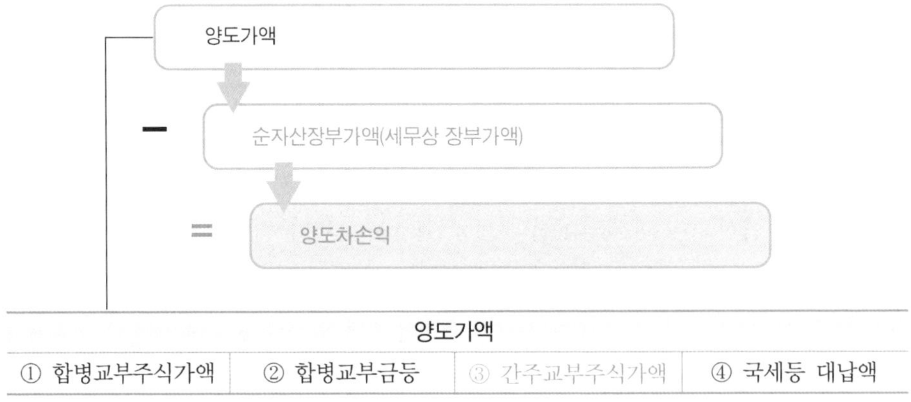

이를 세무상 분개로 나타내면 다음과 같다.

(차) 부채	***	(대) 자산	***
합병교부주식	***	양도차익	***
합병교부금	***		
간주교부주식	***		
법인세 비용	***		

사 례

20**년 5월 1일 ㈜태한전사는 ㈜은총반도체를 흡수합병한다. ㈜은총반도체의 합병비율㈜은 1: 0.5이다. 합병 당시 ㈜태한전자의 1주당 액면가액은 10,000원이며, 시가는 50,000원이다. ㈜은총의 합병 당시 발행주식 수는 1,000,000주이다. 비적격합병이다.
합병과 관련된 모든 것의 회계상 공정가치와 세법상 시가는 동일하다.

㈜ 합병비율 : 피합병법인 1주당 합병법인의 주식교부비율을 말한다. 합병비율이 1: 2이고, 피합병법인의 합병전 주식수가 1,000주라면 피합병법인의 주주가 받는 주식수는 2,000주가 된다. 1: 3이라면 피합병법인 주식 1주당 합병법인의 주식 3주를 받는 것이다. 즉, 합병비율은 피합병법인의 주식 1주당 받게 되는 합병법인의 주식수 비율이다.

20**년 5월 1일 현재 합병과 관련된 ㈜은총반도체의 재무상태표는 아래와 같다.

자산		부채 및 자본	
자산	30,000,000,000	부채	20,000,000,000
(시가 : 35,000,000,000)		자본금	2,000,000,000
		이익잉여금	6,000,000,000
		자본잉여금	2,000,000,000

① ㈜은총반도체의 회계처리

(차) 부채	20,000,000,000	(대) 자산	30,000,000,000
합병교부주식	25,000,000,000	양도차익	15,000,000,000

② 양도차익을 이익잉여금으로 처분할 때 회계처리

(차) 양도차익	15,000,000,000	(대) 이익잉여금	15,000,000,000

③ ㈜은총반도체가 주주들에게 주식을 교부하고 해산할 때 회계처리

(차) 자본금	2,000,000,000	(대) 합병교부주식	25,000,000,000
자본잉여금	2,000,000,000		
이익잉여금	21,000,000,000		

사례

앞 사례와 동일한 조건에서 ㈜태한 주식의 시가가 20,000,000,000원인 경우로서 회계상 공정가치와 동일한 경우로서 ㈜은총의 관련 법인세를 ㈜태한이 대신 납부한다. 관련 법인세는 2,500,000,000원

① (㈜은총이 순자산을 ㈜태한에게 양도할 때 회계처리)

(차)	부채	20,000,000,000	(대) 자산	30,000,000,000
	합병교부주식	20,000,000,000	양도차익	12,500,000,000
	법인세비용	2,500,000,000		

② (양도차익을 이익잉여금으로 처분할 때 회계처리)

(차)	양도차익	12,500,000,000(주2)	(대) 이익잉여금	12,500,000,000
	이익잉여금	2,500,000,000	법인세비용	2,500,000,000

(주2) 양도차익이 발생한 연도의 이익잉여금은 양도차익액만큼 증가하고, 법인세비용만큼 감소한다.

③ (㈜은총반도체가 주주들에게 주식을 교부하고 해산할 때 회계처리)

(차)	자본금	2,000,000,000	(대) 합병교부주식	200,000,000,000
	이익잉여금	16,000,000,000		
	자본잉여금	2,000,000,000		

사례

합병법인 정수기계는 피합병법인 정화도서의 주식 200,000주를 합병 전에 매입했다. ㈜정화도서의 총발생주식수는 1,000,000주다. 합병교부신주 시가는 주당 2,000원 액면가는 1,000원이다. 합병교부주식의 시가는 회계상 공정가치와 동일하다. 비적격합병이다. 피합병법인 ㈜정화도서의 합병 당시 재무상태표는 다음과 같고, 합병비율은 1 : 0.5다.

자산		부채 및 자본	
공장	900,000,000	부채	300,000,000
(시가 : 1,200,000,000)		자본금	400,000,000
		자본잉여금	110,000,000
		이익잉여금	90,000,000

합병교부금은 총액이 100,000,000원, 합병법인이 대납하는 피합병법인의 법인세는 10,000,000원이다. 포합주식에 대해 합병신주는 교부하지 않는다.

① (피합병법인의 세무상 분개)

(차)	부채	300,000,000	(대) 공장	900,000,000
	합병교부주식	800,000,000	양도차익	510,000,000
	교부금	100,000,000		
	간주교부주식	200,000,000		
	법인세비용	10,000,000		

② 만일, 간주교부주식가액을 계상하지 않는 분개를 한다면 다음과 같다.

(차)	합병교부주식	800,000,000	(대) 자산	900,000,000
	교부금	100,000,000	양두차익	310,000,000
	법인세비용	10,000,000		
	부채	300,000,000		

(세무조정) 익금산입(기타) 200,000,000원(양도차익)

③ 회계상 간주교부주식가액을 계상하지 않은 경우, 계상한 경우와의 차액이 200,000,000원으로서 간주교부주식가액만큼 양도차익이 차이난다. 회계처리와 상관없이 세법에서 정한 양도차익과의 차액만큼 익금산입 또는 손금산입으로 세무조정하면 된다.

2. 적격합병의 요건

적격합병의 요건을 모두 갖춘 경우에는 피합병법인이 합병법인으로부터 받은 양도가액을 피합병법인의 합병등기일 현재의 순자산 장부가액으로 보아 양도손익이 없는 것으로 할 수 있다. 다만, 부득이한 사유가 있는 경우에는 적격합병의 요건[① 사업목적분할, ② 지분의 연속성, ③ 사업의 계속성, ④ 고용승계] 중 [② 지분의 연속성, ③ 사업의 계속성, ④ 고용승계]의 요건을 갖추지 못한 경우에도 적격합병으로 보아 양도손익이 없는 것으로 할 수 있다(법법 §44 ②).

한편, 적격합병요건을 충족하는 경우에는 상기와 같이 양도손익이 없는 것으로 하는 과세특례를 적용받을 수 있으나, 이는 선택사항으로서 적격합병요건을 충족함에도 불구하고 과세특례신청서를 제출하지 않는 경우에는 피합병법인은 합병등기일이 속하는 사업연도의 각 사업연도 소득금액 계산 시 양도손익을 인식하여 관련 세금을 납부할 수도 있다. 이는 아래의 원칙적인 적격합병과 완전모자회사간합병 및 완전자회사간합병의 경우 모두 동일하게 과세특례를 적용받거나 또는 적용받지 않을 수 있다.

| 적격합병요건 |

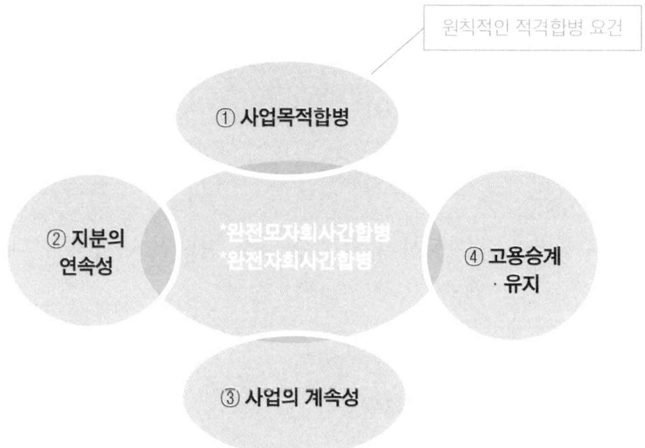

* 완전모자회사간합병: 모회사가 100% 지배하는 자회사와의 합병
* 완전자회사간합병: 모회사가 100% 지배하는 자회사간의 합병

사 례

피합병법인이 합병법인에게 승계하는 자산과 부채 등은 다음과 같다. 부채는 시가와 동일하다. 합병법인은 합병대가로서 합병신주(액면가액 500,000, 시가 800,000)를 교부하였다.

자산		부채 및 자본	
공장	900,000	부채	300,000
(시가 : 1,200,000)		자본금	400,000
		자본잉여금	110,000
		이익잉여금	90,000

1. 적격합병인 경우
   합병법인으로부터 받은 양도가액 피합병법인의 순자산장부가액으로 보므로 양도차익은 '0'이 된다.

(차) 양도가액(순자산장부가액)	600,000	(대) 피합병법인의 순자산장부가액	600,000

2. 비적격합병인 경우

(차) 부채	300,000	(대) 공장	900,000
합병신주	800,000	양도차익	200,000

| 적격합병 요건과 부득이한 사유 |

구 분	사업목적	지분의 연속성	사업의 계속성	고용승계
적격합병 요건	○	○	○	○
부득이한 사유 발생	×	○	○	○
사후관리 대상	×	○	○	○

* ○ 표시된 부분은 관련하여 부득이한 사유 발생시 요건 충족하지 않아도 적격합병으로 인한 과세특례 적용 가능하다. 따라서 사업목적 요건은 부득이한 사유가 없으므로 무조건 충족해야 한다.

3개의 법인이 동시에 합병하는 경우 적격합병의 판단방법
내국법인 A, B, C 간에 지배구조의 재편이 이루어지는 경우로서, A를 합병법인으로 B, C를 피합병법인으로 하여 동일자에 합병이 이루어지는 경우에는 A가 B와 C를 각각 합병하는 것으로 보아 적격합병 해당여부를 판단하는 것임(법규법인 2014-478, 2014. 11. 14.).

(1) 원칙적인 적격합병 요건(법법 §44 ②)

적격합병요건을 정리하면 다음과 같다.

| [법법 제44조 제2항] (관련 집행기준 44-0-3) |

구 분	적격합병요건
1. 사업 목적	합병등기일 현재 1년 이상 사업을 계속하던 내국법인 간의 합병일 것. 따라서 합병법인과 피합병법인 모두 1년 이상 사업을 계속하던 내국법인 이어야 한다. 단, 기업인수목적회사(SPAC)는 제외
2. 지분의 연속성	① (주식교부요건) 피합병법인의 주주 등이 합병으로 인하여 받은 합병대가의 총합계액 중 합병법인의 주식 등 또는 합병법인의 모회사의 주식 등의 가액(시가)이 80% 이상일 것 ② (주식배정요건) 피합병법인의 일정 지배주주 등이 그 지분비율 이상으로 합병교부주식을 배정받을 것 ③ (주식보유요건) 피합병법인의 일정 지배주주 등이 합병등기일이 속하는 사업연도의 종료일까지 그 주식 등을 보유할 것
3. 사업의 계속성	합병법인이 합병등기일이 속하는 사업연도의 종료일까지 피합병법인으로부터 승계받은 사업을 계속 영위할 것. 기업인수목적회사(SPAC)와 합병한 합병법인은 승계한 사업 지속요건 배제

구 분	적격합병요건
4. 고용의 승계 · 유지	합병등기일 1개월 전 당시 피합병법인에 종사하는 일정 근로자 중 합병법인이 승계한 근로자의 비율이 100분의 80 이상이고, 합병등기일이 속하는 사업연도의 종료일까지 그 비율을 유지할 것

1) 사업목적합병

합병등기일 현재 1년 이상 사업을 계속하던 내국법인 간의 합병이어야 한다. 다만, 다른 법인과 합병하는 것을 유일한 목적으로 하는 법인으로서 「자본시장과 금융투자업에 관한 법률 시행령」 제6조 제4항 제14호[주]에 따른 기업인수목적회사로서 같은 호 각 목의 요건을 모두 갖춘 법인은 제외한다.

다만, 이 경우에도 기업인수목적회사와 합병하는 상대방법인은 1년 이상 사업을 계속하던 법인이어야 한다. 따라서 합병등기일로부터 소급하여 1년 이내에 휴업 등 사업을 중단하여 사업영위기간이 1년 이상이 되지 않는 경우에는 사업목적합병요건을 충족하지 못하게 된다.

단, 분할신설법인이 다른 법인과 합병하는 경우 사업영위기간은 분할법인의 분할 전 사업기간을 포함하여 계산하며(통칙 44-0-1), 개인사업자가 법인으로 전환한 후 합병하는 경우에는 개인사업자로 영위한 사업기간은 포함하지 않고 계산한다(서면법인 2016-4418, 2016. 11. 9.).

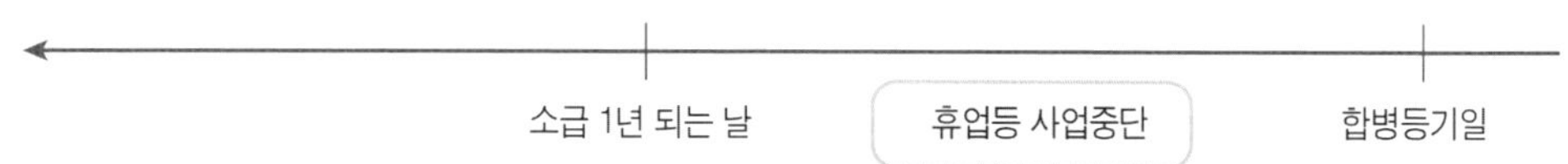

○ 합병등기일 현재 1년 이상 계속하여 사업을 영위해야 하므로 소급 1년 이내 휴업 등 사업중단사유가 있다면 사업목적합병 요건을 충족하지 못한다.

| 사업목적성 요건 |

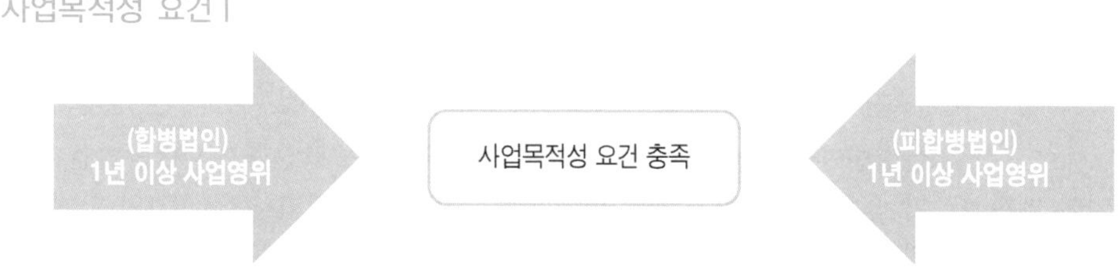

* 기업인수목적회사가 합병법인 또는 피합병법인인 경우 기업인수목적회사는 사업목적성 요건을 충족하지 않아도 된다. 단, 기업인수목적회사의 상대방법인은 요건을 충족해야 한다.

(주) [자본시장과 금융투자업에 관한 법률 시행령 제6조 제4항 제14호]

다른 법인과 합병하는 것을 유일한 사업목적으로 하고 모집을 통하여 주권을 발행하는 법인(이하 "기업인수목적회사"라 한다)이 다음 각 목의 요건을 모두 갖추어 그 사업목적에 속하는 행위를 하는 경우

가. 주권(최초 모집 이전에 발행된 주권은 제외한다)의 발행을 통하여 모은 금전의 100분의 90 이상으로서 금융위원회가 정하여 고시하는 금액 이상을 주금납입일의 다음 영업일까지 법 제324조 제1항에 따라 인가를 받은 자(이하 "증권금융회사"라 한다) 등 금융위원회가 정하여 고시하는 기관에 예치 또는 신탁할 것

나. 가목에 따라 예치 또는 신탁한 금전을 다른 법인과의 합병등기가 완료되기 전에 인출하거나 담보로 제공하지 않을 것. 다만, 기업인수목적회사의 운영을 위하여 불가피한 경우로서 법 제165조의 5에 따른 주식매수청구권의 행사로 주식을 매수하기 위한 경우 등 금융위원회가 정하여 고시하는 경우에는 인출할 수 있다.

다. 발기인 중 1인 이상은 금융위원회가 정하여 고시하는 규모 이상의 지분증권(집합투자증권은 제외한다) 투자매매업자일 것

라. 임원이 「금융회사의 지배구조에 관한 법률」 제5조 제1항 각 호의 어느 하나에 해당하지 아니할 것

마. 최초로 모집한 주권의 주금납입일부터 90일 이내에 그 주권을 증권시장에 상장할 것

바. 최초로 모집한 주권의 주금납입일부터 36개월 이내에 다른 법인과의 합병등기를 완료할 것

사. 그 밖에 투자자 보호를 위한 것으로서 금융위원회가 정하여 고시하는 기준을 갖출 것

직원 및 사무실 없이 일시적으로 주식만 취득한 경우 사업영위기간에 포함 안됨

자본시장법상 허용되는 투자 등을 등기부등본상 목적사업으로 열거되어 있는 투자목적회사가 직원고용 및 물리적인 사무실 없이 특정 법인에 대한 주식만을 일시적으로 취득하여 보유만 하고 있는 경우 합병등기일 현재 1년 이상 사업을 계속하던 내국법인으로 볼 수 없는 것임(서면법인 2018-2558, 2018. 11. 27.).

사업영위기간이란 소급하여 1년 이상 사업의 중단 없이 등기부상의 목적사업을 영위한 경우임

「법인세법」 제44조 제2항 제1호에서 합병등기일 현재 1년 이상 사업을 계속하던 내국법인이란 "합병등기일로부터 소급하여 1년 이상 휴업 등 사업을 중단한 바 없이 법인등기부상의 목적사업을 영위한 경우"를 말하는 것임(서면법인 2018-2922, 2018. 10. 30. 및 서면법인 2017-208, 2017. 6. 22. 및 법인-477, 2014. 11. 18.).

피투자회사에 중대한 영향력을 행사하는 것이 계속적·반복적 발생시 사업영위기간에 포함함

정관 및 법인등기부등본상 "투자증권 및 주식소유업"을 목적사업으로 하는 법인이 실제로 주식의 소유를 통하여 의결권을 행사하는 등 피투자회사에 중대한 영향력을 행사하는 것이 계속적·반복적으로 이루어지고 있는 경우에는 "합병등기일 현재 1년 이상 사업을 계속하던 내국법인"으로 볼 수 있는 것임(서면법인 2018-3407, 2019. 6. 21.).

매출발생 없으나 등기부상 목적사업인 연구개발업을 실제 영위한 경우 사업영위기간으로 봄

'연구 및 개발업' 등을 목적사업으로 하는 법인이 매출이 발생하지는 않았으나, 1년 이상 실제 '연구 및 개발업'을 영위한 경우에는『합병등기일 현재 1년 이상 계속하여 사업을 영위하던 법인』으로 볼 수 있는 것임(서면2팀-216, 2008. 1. 31.).

정관이나 등기부의 목적사업인 제조업을 중단한이후 목적 외 사업을 영위시 계속사업 여부

「법인세법」 제44조 제2항의 적격합병에 해당하는지를 판단함에 있어서 내국법인이 정관이나 등기부의 목적사업인 제조업과 목적사업으로 규정하지 않은 도매업을 실질적으로 같이 영위하다가 목적사업인 제조업을 중단한 이후에 다른 내국법인과 합병을 하는 경우로서, 합병등기일 현재 도매업을 1년 이상 휴업 등 사업을 중단한 바 없이 계속하여 영위한 경우에는 「법인세법」 제44조 제2항 제1호의 '사업목적성 요건'을 갖춘 것으로 보는 것임(서면법인 2023-3513, 2024. 2. 6.).

비상장주식평가의 경우와 사업목적성의 경우 사업영위기간 계산의 차이

다음의 상증령 제54조 제4항 제2호 후단은 2017년 2월 7일에 신설되었다.

> "적격분할 또는 적격물적분할로 신설된 법인의 사업기간은 분할 전 동일 사업부문의 사업개시일부터 기산한다."

해당 규정의 신설로 비상장주식을 평가 시 적격분할 또는 적격물적분할의 경우에만 그 사업영위기간에 분할법인의 사업영위기간까지 포함하여 '3년 미만' 여부를 판단한다. 따라서 비적격분할 등인 경우에는 분할신설법인의 사업영위기간이 무조건 3년 미만으로 보아 순자산가치로만 비상장주식을 평가한다.

하지만 적격분할의 '사업목적성 요건충족' 여부 판단 시에는 적격·비적격분할 관계없이 분할법인의 사업영위기간을 포함하여 사업영위기간의 1년 이상 여부를 판단하는 것이 비상장주식의 1주평가 방식과의 차이다.

♣ 사업의 목적성 판단시 사업영위기간 계산(적격·비적격분할 포함)

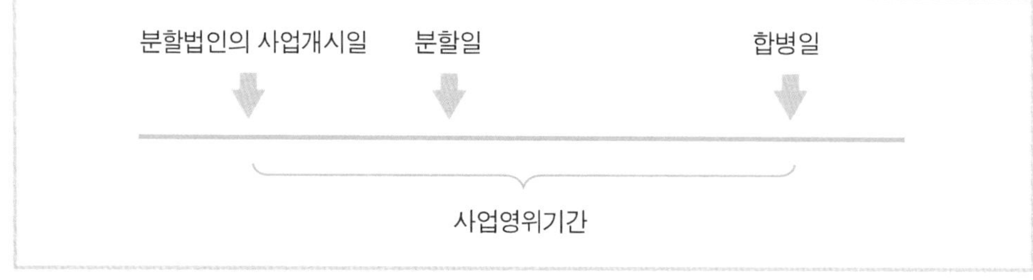

♣ ① 비상장주식평가 시 사업영위기간 계산(비적격분할)

♣ ② 비상장주식평가 시 사업영위기간 계산(적격분할)

2) 지분의 연속성(주식의 교부 · 배정 · 보유 요건)

피합병법인의 모든 주주등이 합병으로 인하여 받은 합병대가의 총합계액 중 합병법인의 주식등의 가액(시가)이 100분의 80 이상이거나 합병법인의 모회사(합병등기일 현재 합병법인의 발행주식총수 또는 출자총액을 소유하고 있는 내국법인을 말한다)의 주식등의 가액이 100분의 80 이상인 경우로서 그 주식등이 지분비율에 따라 배정되고, 피합병법인의 지배주주가 합병등기일이 속하는 사업연도의 종료일까지 그 주식등을 보유해야 한다. 다만, 부득이한 사유가 있는 경우에는 적격합병으로 본다(법법 §44 ② 2호).

| 삼각합병 |

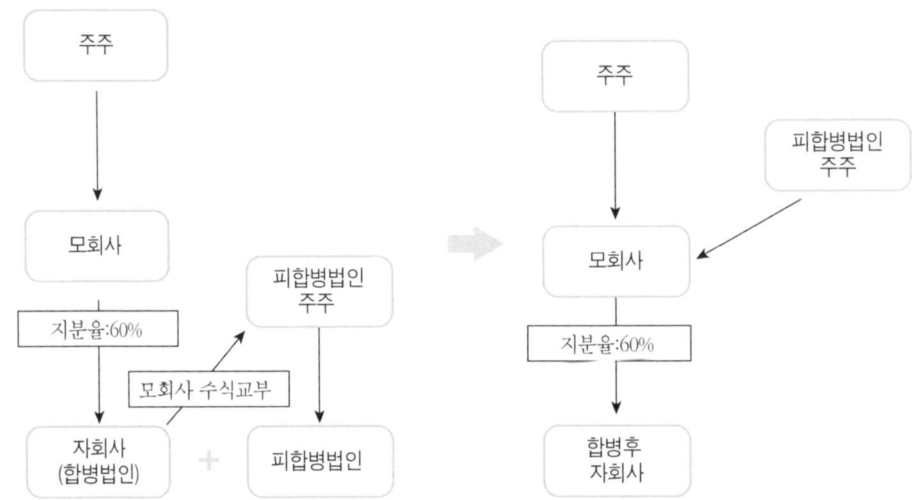

삼각합병이란 자회사를 합병회사로 하여 피합병법인과 합병할 때 합병대가로 합병회사의 주식이 아닌 합병회사의 모회사 주식을 지급하는 것을 말한다. 합병대가로 합병회사의 주식을 지급하는 것이 아니라 합병회사의 모회사 주식을 지급함으로서 합병 전과 대비하여 합병 후에도 모회사의 자회사에 대한 지분율의 희석화가 발생하지 않게 되므로 모회사는 합병 후에도 자회사에 대한 지분율의 변동 없이 동일한 지분율을 유지할 수 있게 된다.

♣ 모회사 주식으로 합병대가 지급과 관련된 상법 규정

제523조의 2(합병대가가 모회사주식인 경우의 특칙)

① 제342조의 2에도 불구하고 제523조 제4호에 따라 소멸하는 회사의 주주에게 제공하는 재산이 존속하는 회사의 모회사주식을 포함하는 경우에는 존속하는 회사는 그 지급을 위하여 모회사주식을 취득할 수 있다.

② 존속하는 회사는 제1항에 따라 취득한 모회사의 주식을 합병 후에도 계속 보유하고 있는 경우 합병의 효력이 발생하는 날부터 6개월 이내에 그 주식을 처분하여야 한다.

따라서, 지분의 연속성은 주식의 교부, 배정 그리고 보유의 요건으로 나누어진다.

가) 주식교부 요건

총합병대가 중 주식의 비율이 80% 이상이어야 한다.

$$\frac{\text{합병대가 중 주식*가액}}{\text{총합병대가}} \geq 80\%$$

* 합병법인의 주식 또는 합병법인의 모회사의 주식(삼각합병)

여기서 합병대가, 주식교부비율의 계산 그리고 지분비율에 따른 주식의 배정은 다음과 같다.

(A) 합병대가

피합병법인의 주주등이 받은 합병대가의 총합계액은 [① 합병교부주식가액(시가, 법인 통칙 44-0-1) ② 합병교부금액등 ③ 간주교부주식가액]의 합계액으로 한다.

여기서의 합병대가와 피합병법인의 합병관련 의제배당액 계산을 위한 합병대가에는 차이가 있고 그 차이는 다음과 같다.

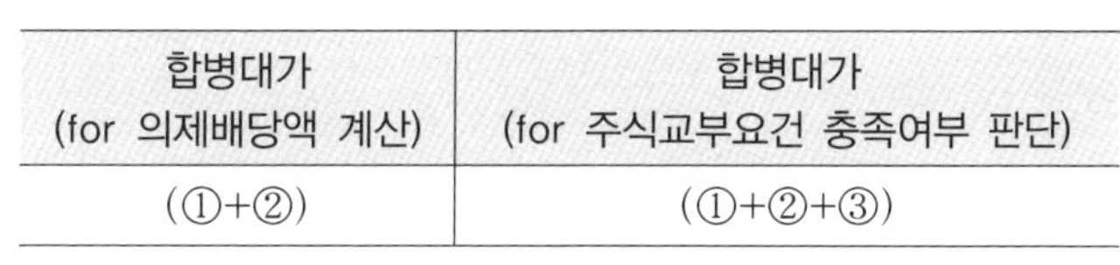

합병대가 (for 의제배당액 계산)	합병대가 (for 주식교부요건 충족여부 판단)
(①+②)	(①+②+③)

* 번호는 앞쪽에 있는 합병대가의 총합계액 구성내용의 번호를 말함.

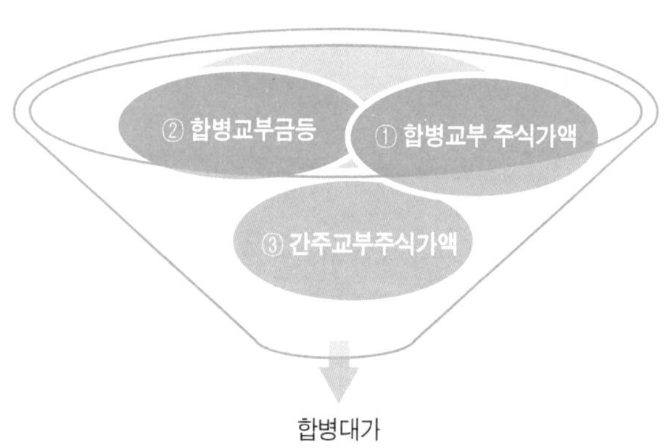

○ 의제배당 계산을 위한 합병대가와 주식교부요건 충족 여부 판단을 위한 합병대가의 차이는 ③ 간주합병교부주식가액이다.

포합주식에 대해서는 합병신주를 교부할 수도 교부하지 않을 수도 있다. 만약 합병신주를 교부하지 않는 다면, 다음과 같이 포합주식 외 모든 피합병법인의 주식에 대해 합병신주를 100% 교부했음에도 불구하고 주식교부비율은 70%가 되어 주식교부비율 80% 이상 요건을 충족하지 못하게 된다.

따라서 아래의 그림과 같이 포합주식에 대해 합병신주를 교부하지 않은 경우에도 교부한 것으로 보고 주식교부비율을 계산하도록 하였다. 따라서, 비로서 포합주식에 대해 합병신주를 교부하지 않더라도 주식교부비율은 100%가 된다.

(B) 구체적인 주식교부 요건

합병대가의 총합계액 중 주식등의 가액이 100분의 80 이상인지를 판정할 때 합병법인이 합병등기일 전 2년 내에 취득한 합병포합주식 등이 있는 경우에는 다음의 금액을 금전으로 교부한 것으로 본다. 이 경우 포합주식에 대해 합병신주를 교부하던 하지 않던 상관없이 동일하게 취급하여 판단한다.

한편, 신설합병 또는 3 이상의 법인이 합병하는 경우로서 피합병법인이 취득한 다른 피합병법인의 주식등이 있는 경우에는 그 다른 피합병법인의 주식등을 취득한 피합병법인을 합병법인으로 보아 다음의 내용을 적용하여 계산한 금액을 금전으로 교부한 것으로 한다 (법령 §80의 2 ③).

① 합병법인이 합병등기일 현재 피합병법인의 지배주주등㈜이 아닌 경우 : 합병법인이 합병등기일 전 2년 이내에 취득한 합병포합주식등이 피합병법인의 발행주식총수 또는 출자총액의 100분의 20을 초과하는 경우 그 초과하는 합병포합주식등에 대하여 교부한 합병교부주식등(간주교부주식을 포함한다)의 가액

② 합병법인이 합병등기일 현재 피합병법인의 지배주주등㈜인 경우 : 합병등기일 전 2년 이내에 취득한 합병포합주식등에 대하여 교부한 합병교부주식등(간주교부주식을 포함한다)의 가액

합병등기일 전 2년 이내에 취득하는 포합주식에 대해 합병교부주식을 교부하든, 하지 않든 상관없이 현금을 교부한 것으로 의제하는 것은 합병 전에 피합병법인의 주주에게 현금을 지급하고 해당 주식을 취득하는 것은 피합병법인의 주주에게 합병대가로 합병교부주식이 아니라 현금을 교부하는 것과 그 실질이 동일하기 때문이며, 피합병법인의 주주가 합병으로 인하여 합병대가를 받는 경우 배당으로 과세되어 종합합산과세되는 것을 회피하고자 합병 전에 피합병법인의 주식을 합병법인에게 양도함으로써 경우에 따라서는 보다 적게 과세되는 양도소득세를 납부함으로써 회피되는 조세를 막기 위함이다.

다만, 합병등기일 전 2년 이내에 취득하는 포합주식이라 할지라도 균등유상증자로 인해 추가로 취득하는 포합주식의 경우는 그 취득에 따른 대가가 피합병법인의 주주가 아닌 피합병법인에게 직접 지급되는 것으로서 합병 등으로 인한 조세회피를 목적으로 하여 피합병법인의 주주가 합병 전에 합병법인에게 주식을 미리 매각하였다거나 합병법인이 합병대가(합병교부금)를 미리 지급한 것으로 보기는 어려우므로, 합병법인이 (균등)유상증자로 취득한 피합병법인의 주식은 「법인세법 시행령」 제80조의 2 제3항의 금전으로 대가를 지급한 것으로 보는 '합병포합주식'에 포함된다고 할 수 없다(조심 2023서10049, 2024. 7. 29. 및 조심 2024인227, 2024. 10. 10.).

㈜ **지배주주**(법령 §43 ⑦)
"지배주주등"이란 법인의 발행주식총수 또는 출자총액의 100분의 1 이상의 주식 또는 출자지분을 소유한 주주등으로서 그와 특수관계에 있는 자와의 소유 주식 또는 출자지분의 합계가 해당 법인의 주주등 중 가장 많은 경우의 해당 주주등을 말하며, 지배주주 여부는 합병등기일 시점으로 판단한다(법인-709, 2011. 9. 28.).

포합주식 해당 여부 판정을 위한 취득시기
영 제80조의 2 제3항에 규정된 포합주식 등의 해당 여부를 판정함에 있어서 주식의 취득시

기는 대금을 청산한 날, 주식을 인도받은 날 또는 명의개서일 중 빠른 날로 한다(법인 통칙 44-80의 2…1).

| 지배주주 |

다음은 합병법인이 포합주식을 보유하는 경우 교부하는 합병교부주식 중 현금으로 교부한 것으로 보는 것과 보지 않는 것에 대한 내용이다. 포합주식에 대해서는 포합주식에 대해 합병교부주식을 교부하지 않은 경우에도 주식을 교부한 것으로 간주하여 교부한 경우와 동일하게 일정 조건 만족 시 현금으로 교부한 것으로 간주한다.

포합주식 취득시기	합병법인이 지배주주인 경우의 현금교부 간주액	합병법인이 비지배주주인 경우의 현금교부 간주액
합병등기일 전 2년 이내	포합주식에 대한 전체 합병교부주식가액	포합주식에 대한 20% 초과분만
합병등기일 전 2년 경과	포합주식 모두 현금교부금으로 보지 않음	

♣ 2년 이내에 취득한 포합주식인 경우

1. 합병법인이 합병등기일 현재 피합병법인의 지배주주인 경우
   피합병법인의 발행주식 총 100주

포합주식 30주 | 70주

↓

30주

○ 30주 모두 금전교부로 봄

2. 합병법인이 합병등기일 현재 피합병법인의 지배주주가 아닌 경우
피합병법인의 발행주식 총 100주

○ 포합주식 30주 중 20주는 주식교부 10주는 현금교부

♣ 2년 경과 취득한 포합주식인 경우

1. 합병법인이 합병등기일 현재 피합병법인의 지배주주인 경우
피합병법인의 발행주식 총 100주

○ 현금교부로 보는 것은 없음

2. 합병법인이 합병등기일 현재 피합병법인의 지배주주가 아닌 경우
피합병법인의 발행주식 총 100주

○ 현금교부로 보는 것은 없음

합병포합주식의 유형

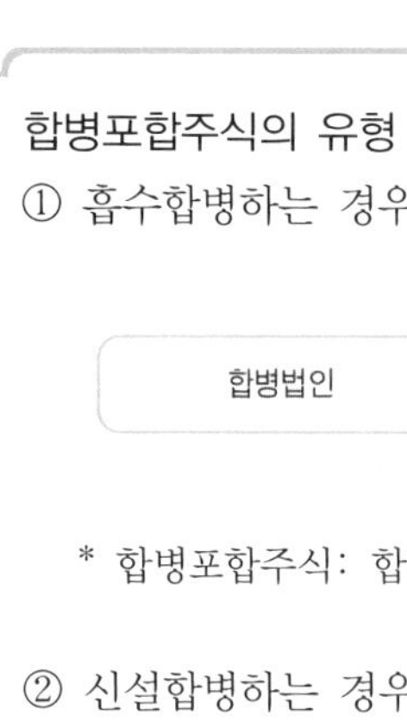

① 흡수합병하는 경우

합병법인 | + 피합병법인 | => 합병법인

* 합병포합주식: 합병법인이 합병등기일 전에 취득한 피합병법인의 주식

② 신설합병하는 경우

피합병법인 | + 피합병법인 | => 합병법인

* 피합병법인이 합병등기일 전에 취득한 다른 피합병법인의 주식

③ 3 이상의 법인이 합병하는 경우

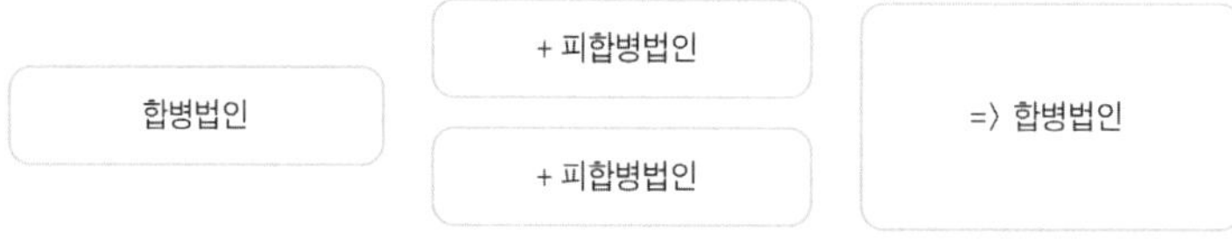

♣ 포합주식 해당 여부

- 피합병법인이 합병 전에 보유한 합병법인의 주식은 합병포합주식에 해당하지 않는다. 이는 합병포합주식이 아닌 "합병승계 자기주식"에 해당한다.
- 합병법인이 제3자 배정 신주 발행방식으로 합병등기일 전 2년 내에 취득한 피합병법인의 주식은 '합병포합주식등'에 해당한다(서면법인 2017-8, 2017. 12. 11.).
- 피합병법인의 기존주주(합병법인)가 균등유상증자로 취득한 피합병법인의 주식은 「법인세법 시행령」 제80조 제1항 제2호 나목의 "합병포합주식 등"에 해당하는 것임(기획재정부 법인-57, 2017. 1. 24.).

★ 「법인세법」에서 합병포합주식 여부를 취득방법에 따라 달리 판단하지 아니하므로, 제3자 배정 신주발행방식,매수 취득, 출자전환 등 주식의 취득방법과 무관하게 모두 합병포합주식에 해당한다.

사 례

합병법인이 피합병법인의 주주에게 합병대가 150 지급
합병대가는 모두 합병법인의 주식이며 현금등의 교부는 없다
- 피합병법인 주주(합병법인 제외) : 100 지급
- 합병법인(포합주식 보유, 지배주주) : 50 지급
  합병등기일로부터 2년 이내 취득한 주식에 대한 합병대가 : 30
  합병등기일로부터 2년 전에 취득한 주식에 대한 합병대가 : 20

구 분	교부비율 판단
합병포합주식 등에 합병신주 교부시	(합병대가 중 주식가액 − 2년 이내 취득한 포합주식에 대한 합병교부주식가액) / 합병대가 * 지배주주등이 아닌 경우 20%를 초과하는 주식등의 가액 ⇒ (주식 150 − 2년 이내 포합주식에 대한 합병교부주식가액 30) / 합병대가 150 = 80%(적격)
합병포합주식 등에 합병신주 미교부시	(합병대가 중 주식가액 + 간주교부 주식가액 − 2년 이내 취득한 포합주식에 대한 간주교부주식가액) / (합병대가 + 간주교부주식가액) ⇒ (주식 100 + 교부간주 50 − 2년 이내 포합주식에 대한 간주교부주식가액 30) / (합병대가 100 + 교부간주 50) = 80%(적격)

주식교부비율 계산 시의 피합병법인의 주주등이 받은 합병대가의 총합계액은 「법인세법 시행령」 제80조 제1항 제2호 가목에 따른 금액으로서 합병으로 인하여 피합병법인의 주주등이 지급받는 합병법인 또는 합병법인의 모회사의 주식등("합병교부주식 등")의 가액과 금전 기타 재산가액의 합계액을 말하며, 합병포합주식 등에 대해서는 합병교부주식 등을 교부하지 않더라도 그 지분비율에 따라 합병교부주식을 교부한 것으로 보아 합병교부주식 등의 가액을 계산한다. 따라서 양도가액에 포함되는 법인세등 대납액은 제외된다 (법령 §80의 2 ③).

주식교부비율 계산 시의 합병대가의 총합계액		
① 합병교부주식가액	② 합병교부금등	③ 간주교부주식가액

상기 사례의 경우로서 주식교부비율 계산 시 **분모**는 합병교부주식과 합병교부금등 그리고 간주교부주식가액을 모두 합한 총합병대가이며, 포합주식에 대해 합병교부주식을 교부했던 안했던 상관없이 모두 교부한 것으로 보고 포함한 금액으로 한다.

한편, **분자**는 합병대가 중 합병교부주식가액만이 포함된다. 포합주식에 대해서는 합병법인이 지배주주가 아닌 경우에는 합병법인이 피합병법인의 지분보유비율 20% 초과분에 해당하는 2년 내 취득한 합병포합주식에 대한 합병교부신주가액(교부하지 않는 경우에는 간주교부액), 지배주주인 경우에는 전체 2년 내 취득한 모든 합병포합주식에 대한 합병교부신주가액(교부하지 않은 경우에는 간주교부액)을 현금으로 교부받은 것으로 본다.

결국 2년 내 취득한 합병포합주식이 있을 경우에는 주식교부비율이 낮아질 가능성이 높게 되어 비적격합병에 해당될 가능성이 높아진다. 따라서 포합주식으로 인해 지분의연속성 요건을 충족하지 못할 경우에는 2년 경과 후 합병을 하는 것이 유리할 수도 있다.

| 합병 주식교부비율 계산 시 분모와 분자의 구성내용 |

(분자)
합병교부주식가액(간주교부주식가액 포함)만 포함
단, 현금교부 의제되는 포합주식은 제외

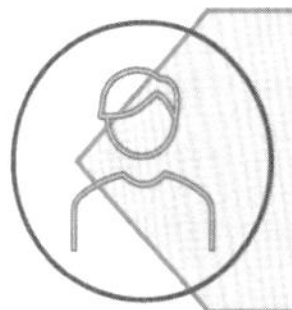

(분모)
합병대가의 총합계액
(합병교부주식+교부금등+간주교부주식가액*)

$$\text{주식교부비율} = \frac{\text{합병교부주식가액만(분자)}}{\text{모든 합병대가(분모)}}$$

| 주식교부비율 |

피합병법인의 주주구성내역			
주주A (지분율 20%)	주주B (지분율 30%)	주주C (지분율 30%)	주주D(20%) 주식매수청구권행사

합병대가 배정내역(합병신주80 + 현금40)			
주주A (주식20+현금4)	주주B (주식32+현금4)	주주C (주식28+현금8)	주주D (현금24)

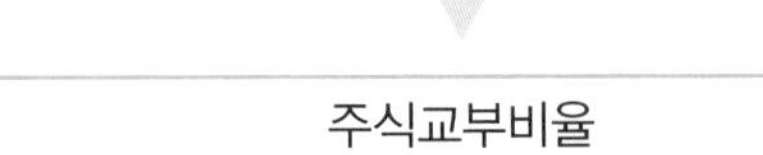

주식교부비율	
총합병대가 (96) = 120 - 24	합병교부주식가액 (80)

주식교부비율요건	80/96 = 83.33%	충족

♣ 주식매수청구권 행사에 따라 지급하는 주식매수대금은 합병대가에 포함되지 않는다.

주식매수청구권행사로 피합병법인이 자기주식에 대해 합병신주를 교부하지 않을 경우

합병 시 주식매수청구권의 행사로 보유하게 된 피합병법인의 자기주식에 대해 합병주식을 교부하지 않은 경우, 「법인세법 시행령」 제80조의 2 제4항 산식의 "지분비율"은 해당 주주등의 피합병법인에 대한 지분(피합병법인의 자기주식에 대한 지분 제외)을 피합병법인 전체 지분(피합병법인의 자기주식에 대한 지분 제외)으로 나눈 비율로 하는 것임(서면법인 2021-4321, 2021. 8. 26.).

> 주식매수청구권의 행사로 피합병법인이 취득하는 자기주식은 지분의 연속성 판단 시 합병 전 피합병법인이 보유하는 자기주식과 동일하게 취급한다. 따라서 지분비율 계산시 합병대가에 제외된다.

주식매수청구권 행사에 따라 지급하는 주식매수대금이 합병대가에 포함되지 않음

피합병법인이 「상법」 제522조의 3에 따라 주식매수청구권을 행사하는 주주들에게 주식매수대금을 지급하는 경우, 해당 주식매수대금은 「법인세법」 제44조 제2항 제2호에 따른 "피합병법인의 주주 등이 합병으로 인하여 받는 합병대가"에 포함되지 않는 것임(서면법령해석법인 2020-2936, 2020. 9. 25.).

주식교부비율은 불공정합병 시에도 공정합병 기준이 아닌 불공정합병 시의 합병대가 기준의 80%

「상속세 및 증여세법」 제63조 및 같은 법 시행령 제54조에 따라 평가한 1주당 주식평가액이 0원인 내국법인을 합병법인으로 하고 다른 내국법인을 피합병법인으로 하여 합병하는 때에, 피합병법인의 주주에게 합병대가를 전부 합병법인의 주식으로 지급하는 것은 「법인세법」 제44조 제2항 제2호의 "피합병법인의 주주 등이 합병으로 인하여 받은 합병대가의 총합계액 중 합병법인의 주식 등의 가액이 100분의 80 이상"을 충족하는 것임(기획재정부 법인-56,

2016. 1. 21.).
(삭제예규: 법인-122, 2015. 1. 29. → 불공정합병 시 공정합병 시 지급해야 할 합병대가의 80% 기준 적용함)

합병포합주식에 주식 미교부시 지분의연속성 충족 여부

합병법인이 합병등기일로부터 2년 전에 취득한 피합병법인의 주식을 보유하고 있는 상태에서 합병을 하면서 별도의 합병교부금 지급 없이 **합병포합주식을 제외한 기타 주주에 대해서만 그 지분비율대로 합병교부주식을 교부하는 경우**

합병포합주식에 대해서는 「법인세법 시행령」 제80조 제1항 제2호 가목 단서에 따라 합병교부주식을 교부하지 아니하더라도 그 지분비율에 따라 합병교부주식을 교부한 것으로 보는 것이므로 2012년 2월 2일 이후 합병하는 분부터는 「법인세법」 제44조 제2항 제2호 및 같은 법 시행령 제80조의 2 제3항 및 제4항에 따른 지분의 연속성 요건을 충족하는 것임(서면법규-564, 2013. 5. 16.).

이는 2012년 2월 2일 이후부터 포합주식에 합병신주를 교부하지 않더라도 교부한 것으로 간주하고 교부비율을 계산하는 것으로 개정되었다. 교부비율 계산시 분모에는 모든 합병대가(합병교부주식과 합병교부금등 그리고 간주교부주식가액)를 포함하고 분자에는 합병교부주식가액만이 그 대상이나 포합주식에 대한 간주교부주식가액은 포함된다. 단 현금교부로 보는 포합주식은 제외된다.

결손법인 주주에게 합병신주 미교부 시 적격합병 해당 여부

합병법인이 피합병법인을 흡수합병하면서 피합병법인의 1주당 합병가액이 '0'에 미달하여 합병신주를 발행하지 않은 경우 합병과세특례를 적용할 수 없는 것임(서면법인 2016-3144, 2016. 5. 18.).

불공정 비율로 합병시 적격합병 해당 여부

불공정비율로 합병한 경우로서 합병대가를 전부 주식으로 교부받은 경우 '합병대가의 총합계액 중 합병법인의 주식 등의 가액이 100분의 80 이상'을 충족하는 것임(서면법인 2017-2945, 2018. 1. 12.).

적격합병과 불공정합병은 별개의 것으로 각각 따로 그 적용 여부를 판단하는 것이다.

합병법인의 신주를 우선주로 교부 시 합병교부주식가액에 포함함

"합병법인 등의 주식 등의 가액이 100분의 80 이상이거나 합병법인의 모회사의 주식 등의 가액이 100분의 80 이상인 경우" 요건 중 주식 등의 가액에는 우선주의 가액을 포함하는 것임(서면법인 2016-2756, 2016. 4. 8.).

나) 주식배정 요건

피합병법인의 주주등에 합병으로 인하여 받은 주식을 배정할 때에는 해당주주등에 다음 계산식에 따른 가액 이상을 각각 배정하여야 한다(법령 §80의 2 ④).

> 피합병법인의 주주등이 지급받은 합병교부주식의 총합계액(주1) × 각 해당주주등의 피합병법인에 대한 지분비율(주2)
>
> 지배주주등의 피합병법인에 대한 지분비율 = $\frac{\text{각 해당주주등의 지분(주2)}}{\text{피합병법인의 전체지분(주3)}}$

(주1) 합병교부주식등 합병으로 인하여 피합병법인의 주주등이 지급받는 합병법인 또는 합병법인의 완전모회사의 주식을 말하며(법령 §80 ① 2호 가목), 합병포합주식(출자 포함)에 대해서는 합병교부주식을 교부하지 않더라도 그 지분비율에 따라 합병교부주식을 교부한 것으로 보아 합병교부주식의 가액을 계산한다(법인세 집행기준 44-0-3의 3).

(주2) 합병 시 주식매수선택권의 행사로 취득한 피합병법인의 자기주식에 합병신주를 교부하지 않는 경우 지배주주 등 배정비율은 각 지배주주 등의 피합병법인에 대한 지분(피합병법인의 자기주식분 제외)을 피합병법인 전체 지분(피합병법인의 자기주식분 제외)으로 나눈 비율로 한다(법인-1039, 2011. 12. 28. 및 서면법인 2021-4321, 2021. 8. 26.).

** 주식배정요건 대상 주주는 해당주주만을 대상으로 한다(법령 §80의 2 ①, ⑤).

(주3) 피합병법인의 전체지분은 합병포합지분을 포함한 전체지분을 말한다(법인세 집행기준 44-0-3의 3).

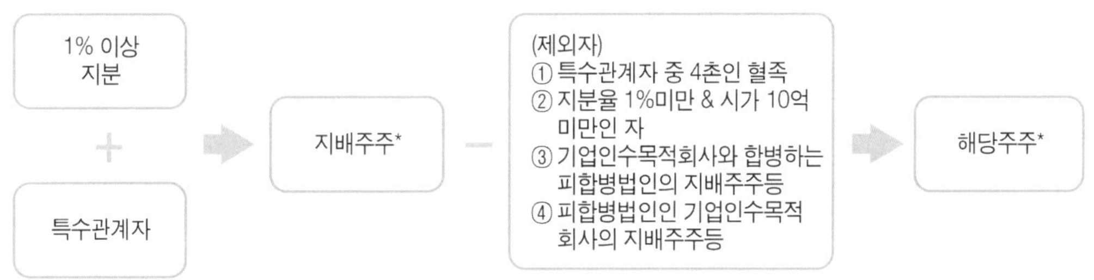

* 지배주주는 법법 제43조 제7항에 따른 지배주주를 말하며, 해당주주는 법령 제80조의 2 제1항과 제5항에서 규정하고 있다.

따라서 피합병법인의 각 해당주주들이 교부받은 합병교부주식등은 피합병법인에 대한 지분비율 이상으로 배분되어야 한다. 그렇지 않은 경우 비적격합병에 해당된다.

지분의 연속성은 해당주주 등에게만 일정기간 동안 합병으로 교부받은 주식을 2분의 1 이상 처분하지 못하도록 하고 있으며, 이는 2009년 말 세법 개정 시 합병대가 중 배정되는 주식비율을 95% 이상에서 80% 이상으로 완화하면서 합병·분할로 인하여 취득한 주식과 승계받은 사업은 일정기간 계속 보유·유지하도록 함으로써 합병·분할이 조세회피 목적으로 악용되지 않도록 하기 위함이었다.

이런 취지로 봤을 때 해당주주 등이 합병대가로서 합병신주를 받지 않고 대신 현금으로 받는다면 그 지분비율이 낮아짐에 따라 사업의 계속성이 위험해질 수 있을 것이다. 더욱이 적격합병의 요건 중 하나인 총합병대가 중 주식이 차지하는 비율이 95%에서 80%로 낮아짐에 따라 해당주주 등의 합병신주 배정비율을 일정 이상을 조건으로 명시하지 않는다면 합병이 조세회피의 수단으로 사용될 수 있을 것이다.

| 합병대가의 구성요소 |

의제배당 계산을 위한 (합병대가)	주식배정요건 판단 시 (합병교부주식의 합계액)	주식교부요건 판단 시 (합병대가 총합계액)
(①+②)	(①+③)	(①+②+③)

♣ 양도가액의 구성요소
① 합병교부주식
② 합병교부금등
③ 간주교부주식가액
④ 피합병법인의 법인세등 대납액

| 주식교부비율요건과 주식배정요건 |

주주A와 주주B는 해당주주에 해당한다. 아래의 자기주식에는 합병신주 교부하지 않음.

피합병법인의 주주지분비율			
주주A (지분율 20%)	주주B (지분율 30%)	주주C (지분율 30%)	피합병법인보유 자기주식(20%)

↓

자기주식 제외 후 지분비율		
주주A(25%)	주주B(37.5%)	주주C(37.5%)

↓

합병대가 배정내역(합병신주100 + 현금20)			
주주A (주식25+현금5)	주주B (주식35+현금10)	주주C (주식40+현금5)	자기주식에 대해 합병대가 미배정

↓

주주 별 주식배정비율			
주주A (25%)	주주B (35%)	주주C (40%)	피합병법인보유 자기주식

♣ 피합병법인의 자기주식에 합병신주 미교부 시 자기주식을 제외한 지분비율로 계산한다.

① 주식교부비율요건	100/120 = 83.33%	충족
② 주식배정요건	지배주주B : 배정비율 2.5% 부족	충족 못함

주식의 종류별로 달리 합병교부주식을 교부하는 경우 주식배정요건의 판단

적격합병 요건 중 지분의 연속성 요건을 둔 입법취지는 피합병법인의 주주 등이 합병 전과 동일한 정도의 지분을 일정기간 보유하게 함으로써 과세특례가 조세회피 목적으로 이용되는 것을 방지하기 위한 것이므로 상법에서 종류주식을 발행하는 때에는 정관에 다른 정함이 없는 경우에도 주식의 종류에 따라 신주의 인수, 주식의 병합·분할·소각에 관하여 특수하게 정하거나 또는 회사의 합병·분할로 인한 주식의 배정에 관하여 특수하게 정할 수 있다고 규정하고 있고, 종류주식을 발행한 상장법인이 다른 법인을 합병함에 있어 그 주식의 종류별 합병 가액에 따라 합병신주를 교부하는 것이 경제적 실체의 연속성을 훼손하거나 조세회피에 이용되는 것으로 볼 수는 없는바, 상장법인이 자본시장법에 따라 주식의 종류별로 산정한 합병가액을 기준으로 합병하는 경우에는 그 주식의 종류별로 주식배정 요건 충족 여부를 판단하는 것이 타당함(사전법령해석법인 2015-187, 2015. 8. 31.).

주식매수청구권행사로 피합병법인이 자기주식에 대해 합병신주를 교부하지 않을 경우

합병 시 주식매수청구권의 행사로 보유하게 된 피합병법인의 자기주식에 대해 합병주식을 교부하지 않은 경우, 「법인세법 시행령」 제80조의 2 제4항 산식의 "지분비율"은 해당 주주등의 피합병법인에 대한 지분(피합병법인의 자기주식에 대한 지분 제외)을 피합병법인 전체 지분(피합병법인의 자기주식에 대한 지분 제외)으로 나눈 비율로 하는 것임(서면법인 2021-4321, 2021. 8. 26.).

> 이는 합병법인이 피합병법인이 보유하고 있는 자기주식에 합병 신주를 교부하지 않은 경우 합병법인이 피합병법인의 자기주식에 대해 합병 신주를 교부한 후 합병하게 되면 자기주식을 소유하게 되며 이를 소각할 경우 피합병법인의 자기주식에 합병 신주를 교부하지 않고 합병한 것과 결과적으로 동일하기 때문이다.

피합병법인의 자기주식에 합병신주를 교부하지 않을 경우

합병 시 피합병법인의 자기주식에 대해 합병주식을 교부하지 않은 경우, 「법인세법 시행령」 제80조의 2 제4항 산식의 "지분비율"은 해당 주주등의 피합병법인에 대한 지분(피합병법인의 자기주식에 대한 지분 제외)을 피합병법인 전체 지분(피합병법인의 자기주식에 대한 지분 제외)으로 나눈 비율로 하는 것임(서면법인 2021-4321, 2021. 8. 26.).

주식 대신 단주처리대금을 받아 지분율이 낮아진 경우의 주식배정요건의 충족 여부

피합병법인의 주주 등이 합병으로 인하여 받은 주식 등을 피합병법인에 대한 지분비율로 배정하면서 단주대금과 주식배정 외에 다른 대가 지급이 없는 때에는 적격합병 요건 위반 아님(법인-508, 2011. 7. 25., 법인-131, 2009. 1. 12.).

> 합병신주 교부 시 합병비율로 인해 단주(배정되는 1주 미만의 주식)가 발생할 수 있다. 이 경우 「상법」에 따라 단주를 매각하여 매각 대금을 해당 주주에게 지급하게 되며, 따라서 해당 주주는 단주로 인해 피합병법인 지분율 보다 더 낮은 주식 배정비율로 주식을 교부받음으로 인해 주식배정요건을 충족하지 못할 수가 있다.

단주가 발생하여 지배주주 등에게 기존의 지분율 미만으로 주식이 교부될 경우

[질의](법인-749, 2011. 10. 12.)

- 합병과 관련하여 주주에게 주식 이외의 합병대가는 지급하지 아니하였으나, 주식 교부시 단주가 발생하여 지배주주 등에게 기존의 지분율 미만으로 주식이 교부될 경우 적격합병 요건을 충족하는지?

[회신]

귀 질의의 경우 아래 회신사례를 참고하시기 바람.

※ 법인-508, 2011. 7. 25.

피합병법인의 주주 등이 합병으로 인하여 받은 주식 등을 「법인세법」 제44조 제2항 제2호에 따라 피합병법인에 대한 지분비율로 배정함으로써 단주가 발생한 경우 그 단주를 「상법」 제443조에 따라 처리하여 단주처리 대금과 주식배정 외에 다른 대가 지급이 없는 때에는 「법인세법」 제44조 제2항 및 같은법 시행령 제80조의 2의 요건을 갖춘 합병으로 보는 것임(법규과-937, 2011. 7. 19.).

다) 주식보유 요건

피합병법인의 해당주주가 합병등기일이 속하는 사업연도의 종료일까지 그 주식등을 보유해야 한다(법법 §44 ② 2호).

여기서 해당주주는 법인의 발행주식총수 또는 출자총액의 100분의 1 이상의 주식 또는 출자지분을 소유한 주주등으로서 그와 특수관계에 있는 자와의 소유 주식 또는 출자지분의 합계가 해당 법인의 주주 중 가장 많은 경우의 해당 주주로서(법령 §43 ③, ⑦), 다음에 해당하는 자를 제외한 주주등을 말한다.

1. 제43조 제8항 제1호 가목의 친족 중 4촌인 혈족
2. 합병등기일 현재 피합병법인에 대한 지분비율이 100분의 1 미만이면서 시가로 평가한 그 지분가액이 10억원 미만인 자

3. 기업인수목적회사와 합병하는 피합병법인의 지배주주등인 자

4. 피합병법인인 기업인수목적회사의 지배주주등인 자

| 해당주주 |

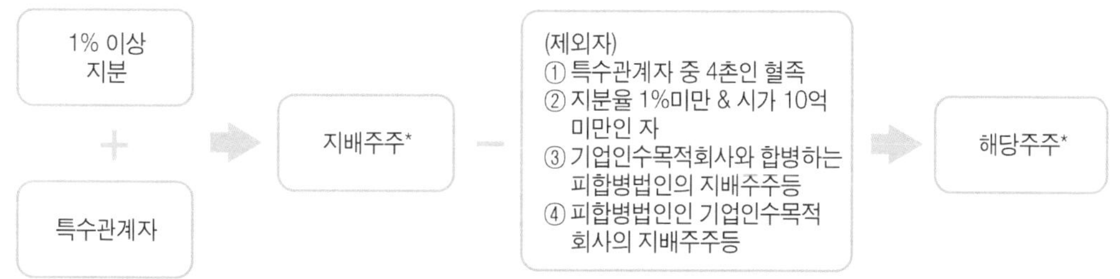

* 지배주주는 법법 제43조 제7항에 따른 지배주주를 말하며, 해당주주는 법령 제80조의 2 제1항과 제5항에서 규정하고 있다.

♣ 해당주주의 판단시기는 합병등기일 현재를 기준으로 한다.

| 그와 특수관계에 있는 자 (법령 §43 ⑧) |

해당 주주가 개인인 경우	가. 친족(「국세기본법 시행령」 제1조의 2 제1항에 해당하는 자) 1. 4촌 이내의 혈족 2. 3촌 이내의 인척 3. 배우자(사실상의 혼인관계에 있는 자를 포함한다) 4. 친생자로서 다른 사람에게 친양자 입양된 자 및 그 배우자·직계비속 5. 본인이 「민법」에 따라 인지한 혼인 외 출생자의 생부나 생모(본인의 금전이나 그 밖의 재산으로 생계를 유지하는 사람 또는 생계를 함께하는 사람으로 한정한다) 나. 제2조 제8항 제1호의 관계에 있는 법인 해당 주주가 임원의 임면권의 행사, 사업방침의 결정 등 해당 법인의 경영에 대해 사실상 영향력을 행사하고 있는 법인 다. 해당 주주등과 가목 및 나목에 해당하는 자가 발행주식총수 또는 출자총액의 100분의 30 이상을 출자하고 있는 법인 라. 해당 주주등과 그 친족이 이사의 과반수를 차지하거나 출연금(설립을 위한 출연금에 한한다)의 100분의 30 이상을 출연하고 그 중 1명이 설립자로 되어 있는 비영리법인 마. 다목 및 라목에 해당하는 법인이 발행주식총수 또는 출자총액의 100분의 30 이상을 출자하고 있는 법인

해당 주주가 법인인 경우	1. 임원(제40조 제1항에 따른 임원을 말한다. 이하 이 항, 제10조, 제19조, 제38조 및 제39조에서 같다)의 임면권의 행사, 사업방침의 결정 등 해당 법인의 경영에 대해 사실상 영향력을 행사하고 있다고 인정되는 자(「상법」 제401조의 2 제1항에 따라 이사로 보는 자를 포함한다)와 그 친족(「국세기본법 시행령」 제1조의 2 제1항에 따른 자 이하에서 같다) 2. 제50조 제2항에 따른 소액주주등이 아닌 주주 또는 출자자(이하 "비소액주주등"이라 한다)와 그 친족 3. 해당 법인이 직접 또는 그와 제1호부터 제3호까지의 관계에 있는 자를 통해 어느 법인의 경영에 대해 「국세기본법 시행령」 제1조의 2 제4항에 따른 지배적인 영향력을 행사하고 있는 경우 그 법인 4. 해당 법인이 직접 또는 그와 제1호부터 제4호까지의 관계에 있는 자를 통해 어느 법인의 경영에 대해 「국세기본법 시행령」 제1조의 2 제4항에 따른 지배적인 영향력을 행사하고 있는 경우 그 법인 5. 해당 법인에 100분의 30 이상을 출자하고 있는 법인에 100분의 30 이상을 출자하고 있는 법인이나 개인 6. 해당 법인이 「독점규제 및 공정거래에 관한 법률」에 따른 기업집단에 속하는 법인인 경우에는 그 기업집단에 소속된 다른 계열회사 및 그 계열회사의 임원

| 지분의 연속성(적격합병 요건) |

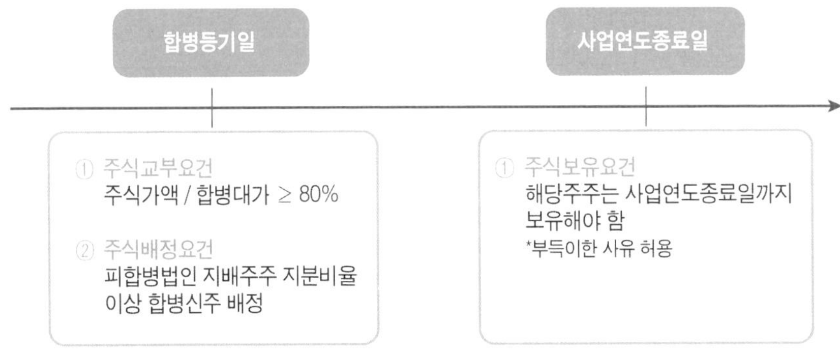

합병등기일 현재의 해당주주가 이후 해당주주가 아니더라도 주식처분은 사후관리대상임

합병등기일 현재 「법인세법 시행령」 제80조의 2 제5항에 해당하는 지배주주 등이 합병등기일이 속하는 사업연도의 다음 사업연도 개시일부터 3년 이내에 지배주주 등에 해당하지 않게 된 상태로 합병시 교부받은 주식 전부를 처분하는 경우 같은 법 제44조의 3 제3항 제2호 의한 적격합병 사후관리 요건 위반에 해당하는 것임(법인-709, 2011. 9. 28.).

포합주식에 대한 합병신주를 받은 경우 3년 이내 처분시 해당주주인 경우 주식보유요건 적용됨

합병법인이 피합병법인의 지배주주로서 보유하고 있는 주식(포합주식)에 대하여 합병신주(자기주식)를 교부받은 경우 합병법인은 「법인세법」 제44조 제2항 제2호의 피합병법인의 주주 등에 포함되는 것이며, 피합병법인의 주주 등에 해당되는 합병법인이 동 합병신주(자기주식)를 합병등기일이 속하는 사업연도의 다음 사업연도 개시일부터 3년 이내에 법령상 의무를 이행하기 위하여 처분하는 경우에는 「법인세법 시행령」 제80조의 2 제1항 제1호에 따른 부득이한 사유에 해당되는 것이나, 합병신주(자기주식)를 소각하는 경우에는 부득이한 사유에 해당되지 아니하는 것임(법규-1211, 2011. 9. 14.).

합병등기일 현재 피합병법인이 보유한 합병법인의 주식에 대한 자기주식은 해당주주등 요건 적용대상 아님

피합병법인이 합병등기일 현재 보유하고 있는 합병법인의 주식이 합병으로 인하여 자기주식이 된 경우 「법인세법」 제44조의 3 제3항 제2호의 규정이 적용되지 않는 것임.

(법법 제44조의 3 제3항 제2호)
대통령령으로 정하는 피합병법인의 주주등이 합병법인으로부터 받은 주식등을 처분하는 경우에는 사후관리사유 위반이다.

피합병법인이 보유하는 자기주식에 대해 합병신주 교부받는 경우 주식보유요건 적용함

피합병법인이 자기주식에 대하여 합병신주를 교부받은 경우 지배주주 등 주식보유요건 적용됨(법인-710, 2011. 9. 28.).

라) 부득이한 사유

해당 주주등이 다음의 어느 하나에 해당하는 경우에는 지분의 연속성을 유지하는 것으로 본다.

① 해당 주주등이 합병으로 교부받은 전체 주식등의 2분의 1 미만을 처분한 경우. 이 경우 해당 주주등이 합병으로 교부받은 주식등을 서로 간에 처분하는 것은 해당 주주등이 그 주식등을 처분한 것으로 보지 않고, 해당 주주등이 합병법인의 주식등을 처분하는 경우에는 합병법인이 선택한 주식등을 처분하는 것으로 본다.

1. 종전의 규정이 개별 특정 지배주주별로 주식교부요건의 충족 여부를 판단함에 따라 개별 특정 지배주주의 임의적인 의사결정으로 합병교부주식을 1/2 이상 처분한 경우 주식보유요건을 충족하지 못하게 되는 문제점이 발생하였다.
이에 따라 2012. 2. 2. 법인세법 시행령 개정 시 이러한 문제점을 보완하기 위해 개별 특정 해당주주가 아닌 전체 특정 해당주주를 기준으로 1/2 미만으로 처분하였는지 여부를 판

단하도록 하고,

2. 특정 해당주주 간에 합병교부주식을 처분하는 경우에는 합병교부주식을 계속 보유하는 것으로 보도록 관련 규정을 개정하였다.

3. 한편, 특정 해당주주가 합병교부주식과 합병 외 사유로 취득한 합병법인의 주식을 보유하고 있는 경우, 특정 해당주주의 합병주식의 취득방법, 취득시기 등과 무관하게 합병법인이 선택한 주식을 처분한 것으로 보도록 개정하여 만일 특정 해당주주가 합병 외 사유로 취득한 주식을 처분한 것으로 합병법인이 선택할 경우, 주식처분비율이 낮아지도록 하여 주식보유요건을 충족하지 못하는 경우를 최소화하였다.

포합주식에 대해 합병신주를 교부하지 않더라도 교부한 것으로 보고 1/2 미만 처분 여부 판단함

합병시 합병법인이 보유하고 있는 피합병법인의 주식 등(포합주식)에 대하여 합병법인이 보유하고 있던 자기주식을 합병법인 자신에게 교부하지 않은 경우 합병교부주식 등을 교부한 것으로 보아 「법인세법 시행령」 제80조의 2 제1항 제1호 가목의 교부받은 전체 주식등의 2분의 1 미만 처분 여부를 판단하는 것임(기획재정부 법인-227, 2014. 4. 2.).

처분의 의미

'처분'이라 함은 개인이나 법인이 자신이 지닌 권리나 권리의 객체에 변동이 발생하는 것으로 피합병법인의 주주 등이 합병법인으로부터 받은 주식 등을 양도하거나 증여할 경우 주식의 소유주가 바뀌고 주주의 동질성을 상실하게 되어 과세이연이 중단되므로 주식 처분의 범주에는 주식의 유상양도, 무상증여 등이 모두 포함된다(사전법령해석법인 2016-124, 2016. 5. 16.).

해당주주의 판단시기 및 범위

지배주주의 판단은 합병등기일 현재를 기준으로 한다. 만일, 합병등기일 현재 지배재주주였으나, 이후 지배주주에서 제외된다 하더라도 주식보유요건 적용대상이 된다(법인-709, 2011. 9. 28.). 또한 지배주주간 합병신주를 처분 시 처분하는 것으로 보지 아니하나, 합병등기일 현재 주식을 보유하고 있지 않는 지배주주의 특수관계자에게 합병신주를 처분하는 것은 처분하는 것으로 본다(사전법령해석법인 2016-0124, 2016. 5. 16.).

② 해당 주주등이 사망하거나 파산하여 주식등을 처분한 경우

③ 해당 주주등이 적격합병, 적격분할, 적격물적분할 또는 적격현물출자에 따라 주식등을 처분한 경우

④ 해당 주주등이 「조세특례제한법」 제38조·제38조의 2 또는 제121조의 30에 따라 주식등을 현물출자 또는 교환·이전하고 과세를 이연받으면서 주식등을 처분한 경우

⑤ 해당 주주등이 「채무자 회생 및 파산에 관한 법률」에 따른 회생절차에 따라 법원의 허가를 받아 주식등을 처분하는 경우

⑥ 해당 주주등이 「조세특례제한법 시행령」 제34조 제6항 제1호에 따른 기업개선계획의 이행을 위한 약정 또는 같은 항 제2호에 따른 기업개선계획의 이행을 위한 특별약정에 따라 주식등을 처분하는 경우

⑦ 해당 주주등이 법령상 의무를 이행하기 위하여 주식등을 처분하는 경우

> **법령상 의무이행을 위한 부득이한 주식 처분에 해당하는지 여부**
> 예금보험공사가 주식의 포괄적 이전에 의하여 교부받은 금융지주회사 주식을 공적자금 회수를 위하여 관련 법령에 따라 매각하는 것은 부득이한 사유에 해당함(서면법령해석법인 2019-1800, 2019. 6. 13.).

3) 사업의 계속성

가) 개요

부득이한 사유가 있는 경우 외, 합병법인이 합병등기일이 속하는 사업연도의 종료일까지 피합병법인으로부터 승계받은 사업을 계속해야 한다. 다만, 피합병법인이 다른 법인과 합병하는 것을 유일한 목적으로 하는 법인㈜인 경우에는 요건을 갖춘 것으로 본다(법법 §44 ② 3호).

㈜ 「자본시장과 금융투자업에 관한 법률 시행령」 제6조 제4항 제14호에 따른 법인으로서 같은 호 각 목의 요건을 모두 갖춘 법인(기업인수목적회사)을 말한다(앞 Ⅰ. 피합병법인의 회계와세무, 2. 적격합병의 요건 1) 사업목적합병의 내용 참고).

「사업의 계속성」 대상 사업	「사업의 계속성」 적용 예외
피합병법인으로부터 승계받은 사업	피합병법인이 SPAC인 경우

합병법인이 합병등기일이 속하는 사업연도의 종료일 이전에 피합병법인으로부터 승계한 자산가액(유형자산, 무형자산 및 투자자산의 가액을 말한다)의 2분의 1 이상을 처분하거나 사업에 사용하지 아니하는 경우에는 사업의 계속성 요건을 충족하지 아니하는 것으로 한다.

다만, 피합병법인이 보유하던 합병법인의 주식을 승계받아 자기주식을 소각하는 경우에

는 해당 합병법인의 주식을 제외하고 피합병법인으로부터 승계받은 자산을 기준으로 사업을 계속하는지 여부를 판정하되, 승계받은 자산이 합병법인의 주식만 있는 경우에는 사업을 계속하는 것으로 본다(법령 §80의 2 ⑦).

| 다음의 경우 사업의 계속성요건 충족함 |

* 피합병법인이 보유하던 합병법인의 주식을 승계받아 자기주식을 소각하는 경우 해당 주식을 제외한 승계자산 기준으로 1/2 미만 처분 여부를 판단한다.

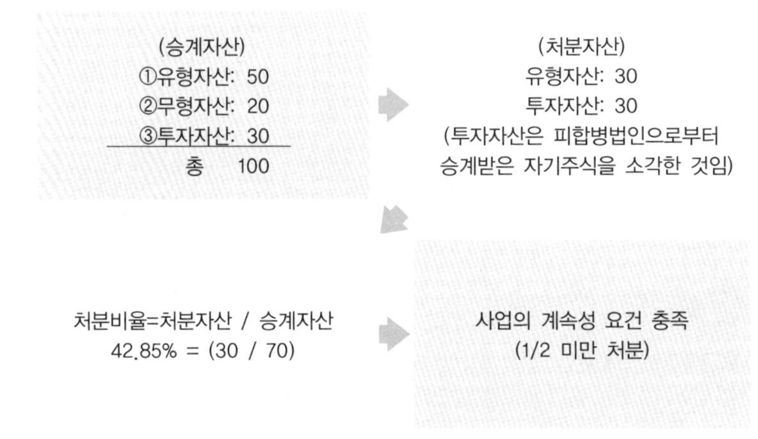

★피합병법인으로부터 승계한 자기주식을 소각한 것은 제외하고 1/2 미만 처분 여부를 판단한다.

피합병법인이 보유하는 합병법인의 주식을 승계받아 자기주식이 된 경우 승계자산에 포함되고, 유가증권에 대한 평가방법 무신고시 총평균법에 따라 평가함

적격 합병으로 승계받은 사업 계속 여부를 판단할 때, 합병법인이 피합병법인으로부터 승계받은 자기주식은 "피합병법인으로부터 승계한 고정자산"에 해당하나, 해당 자기주식을 소각하는 경우에는 이를 제외하고 피합병법인으로부터 승계받은 고정자산을 기준으로 사업 계속 여부 판단함.

법인이 보유중인 유가증권에 대한 평가방법을 신고하지 않은 경우에는 「법인세법」 제75조 제2항의 규정에 의하여 총평균법으로 평가하는 것이며, '총평균법'이란 자산을 품종별, 종목별로 당해 사업연도 개시일 현재의 자산에 대한 취득가액의 합계액과 당해 사업연도 중에 취득한 자산의 취득가액의 합계액의 총액을 그 자산의 총수량으로 나눈 평균단가에 따라 산출한 취득가액을 그 자산의 평가액으로 하는 방법이므로 동일한 자기주식을 취득하는 경우 해당 자산을 취득사유별로 구분하여 평가하지 않는 것임(서면법령해석법인 2014-21057, 2015. 6. 18. 및 서면법인 2016-6007, 2017. 4. 25.).

임대 후 매각하는 사업의 자산을 승계받아 임대 후 매각 시 승계자산에 포함되지 않음

내국법인이 장비 임대업을 영위하는 다른 내국법인을 적격합병하여 피합병법인이 임대목적으로 보유하던 렌탈자산을 승계한 경우로서, 일정기간 임대 후 임차인 또는 시장에 매각하는 사업방식에 따라 합병법인이 합병등기일이 속하는 사업연도의 다음 사업연도의 개시일부터 2년 이내에 승계한 렌탈자산을 매각하는 경우, 해당 자산가액은 「법인세법 시행령」 제80조의 4 제8항의 '피합병법인으로부터 승계한 자산가액'에 포함하지 않는 것임(서면법령해석법인 2021-3469, 2021. 9. 30.).

임차법인이 임대법인을 흡수합병 할 경우 사업의 계속성 요건 충족함

제조업을 영위하는 임차법인이 임대법인을 흡수합병하고 임대에 사용하던 자산을 처분 없이 계속하여 해당 제조업에 사용하는 경우 사업의 계속성 요건 충족함(법규법인 2012-445, 2012. 11. 30.).

> 피합병법인이 합병 후 임대업을 영위하지 못하여 1/2 이상 사업에 사용하지 아니하는 경우에 해당되어 사업의 계속성 요건을 충족하지 못하나, 합병법인이 합병 전부터 피합병법인의 해당 제조시설을 이용하여 사업을 영위하고 있으므로, 사실상 합병법인이 임대업을 영위하기가 곤란한 점을 감안하여 유권해석을 통해 사업의 계속성 요건을 충족한 것으로 보고 있다(국세청해석).

나) 부득이한 사유

다음의 어느 하나에 해당하는 경우에는 사업의 계속성을 유지하는 것으로 본다.

① 합병법인이 파산함에 따라 승계받은 자산을 처분한 경우

② 합병법인이 적격합병, 적격분할, 적격물적분할 또는 적격현물출자에 따라 사업을 폐지한 경우

③ 합병법인이 「조세특례제한법 시행령」 제34조 제6항 제1호에 따른 기업개선계획의 이행을 위한 약정 또는 같은 항 제2호에 따른 기업개선계획의 이행을 위한 특별약정에 따라 승계받은 자산을 처분한 경우

④ 합병법인이 「채무자 회생 및 파산에 관한 법률」에 따른 회생절차에 따라 법원의 허가를 받아 승계받은 자산을 처분한 경우

4) 고용승계 및 유지 조건

가) 개요

2018. 1. 1. 이후 합병하는 분부터는 적격합병에 해당하기 위하여는 부득이한 사유가 있는 경우 외, 합병등기일 1개월 전 당시 피합병법인에 종사하는 근로자 중 합병법인이 승계한 근로자의 비율이 100분의 80 이상이고, 합병등기일이 속하는 사업연도의 종료일까지 80% 이상을 유지하여야 한다(서면법인 2020-1246, 2020. 3. 27.). 여기서 주의해야 할 점은 피합병법인에 종사했던 그 근로자, 즉 그 사람들을 승계하고 유지해야 한다는 것이다. 따라서, 피합병법인에 근로했었던 사람들을 퇴사시키고 다른 사람들을 더 많이 채용했다 하더라도 채용한 사람들은 80% 이상 비율 계산 시 제외된다.

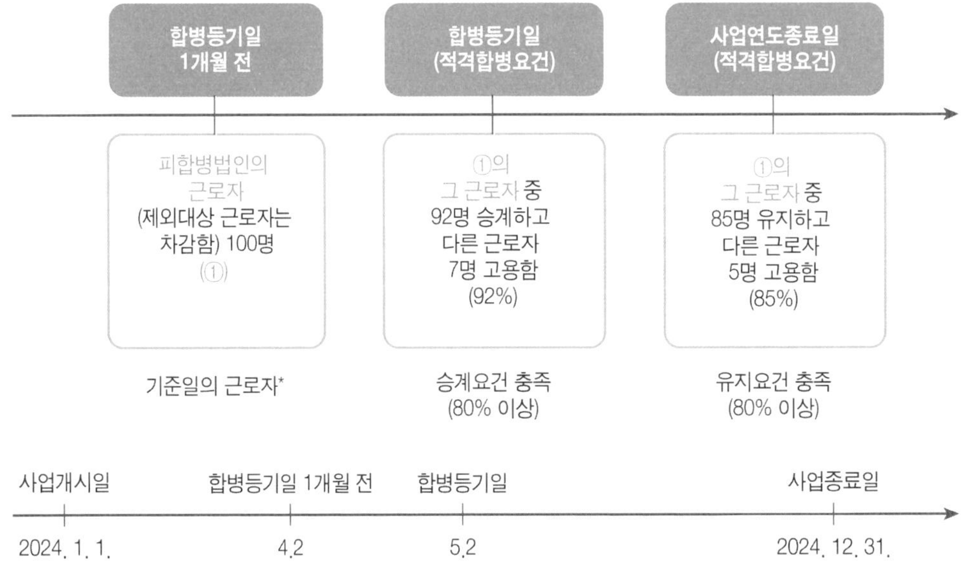

| 합병등기일 또는 사업연도종료일의 근로자 현황에 따른 고용승계 · 유지요건 충족 여부 |

합병등기일 1개월 전	사례1	사례2	사례3
근로자 (100명)	*기존근로자 수 : 82명 *신규 고용근로자 : 10명 *총근로자 수 : 92명	*기존근로자 수 : 75명 *신규 고용근로자 : 35명 *총근로자 수 : 110명	*기존근로자 수 : 80명 *신규 고용근로자 : 30명 *총근로자 수 : 110명
유지요건 충족 여부*	(82%) 충족	(75%) 미충족	(80%) 충족

* 합병등기일 1개월 전 그 당시 근무하였던 그 근로자(사람) 기준으로 산정한다. 신규 고용근로자는 제외된다.

* 근로자는 「근로기준법」에 따라 근로계약을 체결한 내국인 근로자를 말한다. 따라서 외국인 근로자는 제외되며, 다음의 제외대상 근로자에 해당하는 근로자는 제외한다(법령 §80의 2 ⑥ 및 법칙 §40의 2 ① ②).

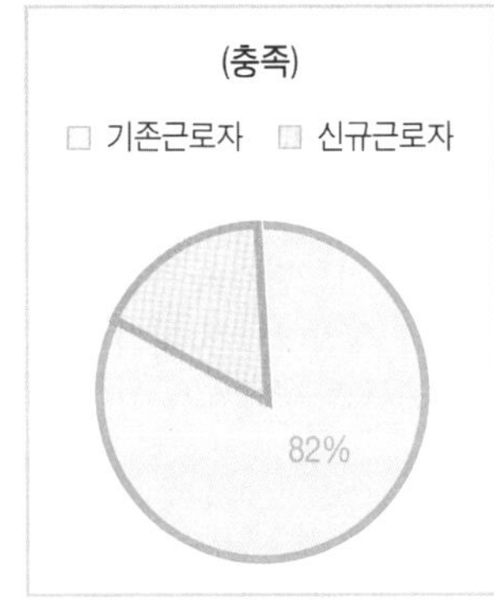

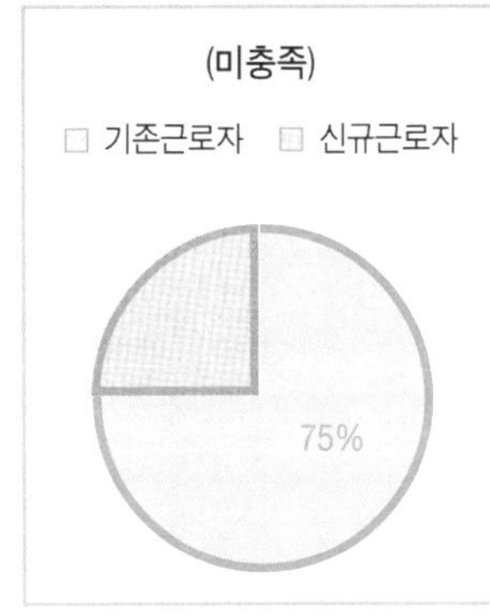

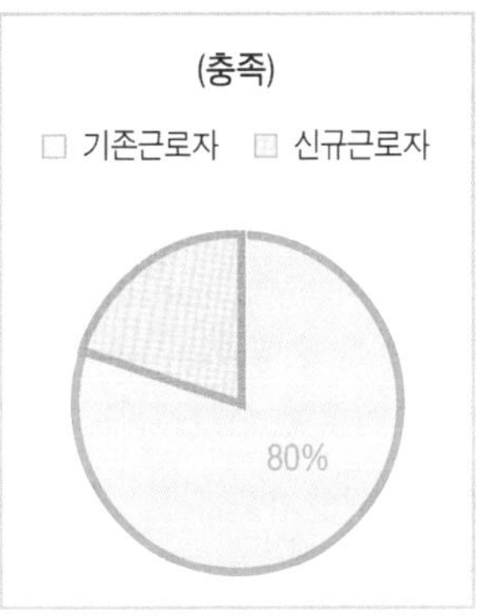

| 제외대상 근로자 |

제외자	1. 외국인 근로자	2. 다음에 해당하는 자 ① 임원 ② 정년퇴직 예정자 ③ 질병등 사유로 퇴직한 자 ④ 일용직 등 ⑤ 단시간 근로자 ⑥ 금고 이상의 형 선고자 등

| 제외대상 근로자 (외국인 근로자 + 아래의 근로자) |

1. 다음의 어느 하나에 해당하는 임원
   ① 법인의 회장, 사장, 부사장, 이사장, 대표이사, 전무이사 및 상무이사 등 이사회의 구성원 전원과 청산인
   ② 합명회사, 합자회사 및 유한회사의 업무집행사원 또는 이사
   ③ 유한책임회사의 업무집행자
   ④ 감사
   ⑤ 그 밖에 제1호부터 제4호까지의 규정에 준하는 직무에 종사하는 자
2. 합병등기일이 속하는 사업연도의 종료일 이전에 「고용상 연령차별금지 및 고령자고용촉진에 관한법률」 제19조에 따른 정년이 도래하여 퇴직이 예정된 근로자

> 「고용상 연령차별금지 및 고령자고용촉진에 관한법률」 제19조(정년)
> ① 사업주는 근로자의 정년을 60세 이상으로 정하여야 한다.
> ② 사업주가 제1항에도 불구하고 근로자의 정년을 60세 미만으로 정한 경우에는 정년

을 60세로 정한 것으로 본다.

3. 합병등기일이 속하는 사업연도의 종료일 이전에 사망한 근로자 또는 질병 · 부상 등 「고용보험법 시행규칙」 별표 2 제9호에 해당하는 사유로 퇴직한 근로자

「고용보험법 시행규칙」 별표 2 제9호

체력의 부족, 심신장애, 질병, 부상, 시력 · 청력 · 촉각의 감퇴 등으로 피보험자가 주어진 업무를 수행하는 것이 곤란하고, 기업의 사정상 업무종류의 전환이나 휴직이 허용되지 않아 이직한 것이 의사의 소견서, 사업주 의견 등에 근거하여 객관적으로 인정되는 경우

4. 근로를 제공한 날 또는 시간에 따라 근로대가를 계산하거나 근로를 제공한 날 또는 시간의 근로성과에 따라 급여를 계산하여 받는 사람으로서 다음 각 호에 규정된 사람을 말한다.
   ① 건설공사에 종사하는 자로서 다음 각목의 자를 제외한 자
      가. 동일한 고용주에게 계속하여 1년 이상 고용된 자
      나. 다음의 업무에 종사하기 위하여 통상 동일한 고용주에게 계속하여 고용되는 것
         (1) 작업준비를 하고 노무에 종사하는 자를 직접 지휘 · 감독하는 업무
         (2) 작업현장에서 필요한 기술적인 업무, 사무 · 타자 · 취사 · 경비 등의 업무
         (3) 건설기계의 운전 또는 정비업무
   ② 하역작업에 종사하는 자(항만 근로자를 포함한다)로서 다음 각목의 자를 제외한 자
      가. 통상 근로를 제공한 날에 근로대가를 받지 아니하고 정기적으로 근로대가를 받는 자
      나. 다음의 업무에 종사하기 위하여 통상 동일한 고용주에게 계속하여 고용되는 자
         (1) 작업준비를 하고 노무에 종사하는 자를 직접 지휘 · 감독하는 업무
         (2) 주된 기계의 운전 또는 정비업무
   ③ 제1호 또는 제2호 외의 업무에 종사하는 자로서 근로계약에 따라 동일한 고용주에게 3월 이상 계속하여 고용되어 있지 아니한 자
5. 근로계약기간이 6개월 미만인 근로자. 다만, 근로계약의 연속된 갱신으로 인하여 합병등기일 1개월 전 당시 그 근로계약의 총 기간이 1년 이상인 근로자는 제외한다.
6. 금고 이상의 형을 선고받는 등 「고용보험법」 제58조 제1호에 해당하는 근로자

「고용보험법」 제58조 제1호

중대한 귀책사유(歸責事由)로 해고된 피보험자로서 다음 각 목의 어느 하나에 해당하는 경우

가. 「형법」 또는 직무와 관련된 법률을 위반하여 금고 이상의 형을 선고받은 경우
나. 사업에 막대한 지장을 초래하거나 재산상 손해를 끼친 경우로서 고용노동부령으로 정하는 기준에 해당하는 경우
다. 정당한 사유 없이 근로계약 또는 취업규칙 등을 위반하여 장기간 무단 결근한 경우

개별 근로자 승계요건은 기업부담 완화를 위해 예외 사유를 폭넓게 인정하고 있으며, 희망(명예)퇴직이 아닌 정년 도래, 사망・상해로 불가피하게 퇴직하는 근로자, 그 특성상 계속 고용이 어려운 일용근로자나 근로계약기간이 6개월 미만인 단기간 아르바이트, 고용주가 불가피하게 해고를 할 수밖에 없는 중대한 귀책사유가 있는 근로자 등은 승계대상에서 제외된다.

외부용역업체 소속 파견근로자는 근로계약을 체결한 내국인 근로자에 포함되지 않음

「법인세법」 제44조 제2항 제4호의 규정을 적용함에 있어 '근로자' 에는 피합병법인이 외부용역업체와 계약을 통해 근로를 제공받는 경우 해당 외부용역업체 소속 파견근로자는 포함되지 않는다(서면법인 2019-3917, 2020. 4. 20.).

「근로기준법」에 따라 근로계약을 체결한 내국인 근로자에 파견근로자는 포함되지 않는다. 파견근로자는 외부용역업체와 근로계약을 체결하고 외부용역업체와 피합병법인과에 계약에 따라 피합병법인의 사업장에서 근무하는 근로자이기 때문이다.

나) 부득이한 사유

다음의 어느 하나에 해당하는 경우에는 고용승계를 유지하는 것으로 본다.

① 합병법인이 「채무자 회생 및 파산에 관한 법률」 제193조에 따른 회생계획을 이행 중인 경우

② 합병법인이 파산함에 따라 근로자의 비율을 유지하지 못한 경우

③ 합병법인이 적격합병, 적격분할, 적격물적분할 또는 적격현물출자에 따라 근로자의 비율을 유지하지 못한 경우

④ 합병등기일 1개월 전 당시 피합병법인에 종사하는 「근로기준법」에 따라 근로계약을 체결한 내국인 근로자가 5명 미만인 경우

(2) 완전모자회사간 또는 완전자회사간 합병에 따른 특례

다음의 어느 하나에 해당하는 경우에는 상기 「(1) 원칙적인 적격합병 요건」과 상관없이 적격합병으로 보아 피합병법인의 양도손익이 없는 것으로 할 수 있다. 이는 기업의 원활한 구조조정을 지원하기 위하여 완전자회사간 등 합병 시 별도 요건 없이 과세이연을 허용하기 위해 2016년 개정되었다(법법 §44 ③). 적격합병의 요건이 없기 때문에 사후관리도 하지 않는다.

① 완전모자회사간합병 : 내국법인이 발행주식총수 또는 출자총액을 소유하고 있는 다른 법인을 합병하거나 그 다른 법인에 합병되는 경우

② 완전자회사간합병 : 동일한 내국법인이 발행주식총수 또는 출자총액을 소유하고 있는 서로 다른 법인 간에 합병하는 경우

완전모자회사간합병과 완전자회사합병의 경우 적격합병으로 보아 피합병법인의 양도차익과 피합병법인주주의 의제배당에 대한 과세이연, 피합병법인의 이월결손금과 세무조정사항 등의 승계 등과 그리고 합병법인의 과세특례적용 등 적격합병의 경우와 동일하게 과세특례 적용받을 수 있다(법법 §44 ③). 단, 이 경우에도 과세표준 신고를 할 때 합병법인과 함께 합병과세특례신청서를 납세지 관할 세무서장에게 제출해야 한다(법령 §80 ③).

한편, 합병등기일 2년 이내에 취득한 포합주식에 대해 일정 조건에 따라 현금을 교부한 것으로 의제하는 일반적인 적격합병과 달리 합병등기일 전 2년 이내에 주식을 취득하여 완전자회사가 된 회사와 합병하는 경우로서 포합주식에 대해 합병신주를 교부하지 않는 경우에도 「법인세법」 제44조 제3항에 따라 적격합병으로 보아 양도손익이 없는 것으로 할 수 있다(서면법인 2019-2286, 2020. 6. 8.).

따라서 완전모자회사간 합병은 합병적격요건의 충족을 요하지 않으므로 지분의 연속성(주식교부비율 + 배정비율 + 주식의 보유)을 충족할 필요가 없다.

또한, 내국법인이 발행주식총수를 소유하고 있는 다른 법인을 합병하는 경우 「법인세법」 제44조 제3항에 따라 양도손익이 없는 것으로 할 수 있으나, 피합병법인이 양도손익을 인식한 경우 합병등기일이 속하는 사업연도의 소득금액 계산시 익금 또는 손금에 산입한다(서면법인 2016-6020, 2017. 3. 29.). 즉, 선택할 수 있는 것이다.

완전모자회사간 또는 완전자회사간 합병 시 적격합병요건 충족과 사후관리를 요하지 않음

완전모자회사간 합병등의 경우에는 적격합병요건 충족을 요구하지 않으므로 피합병법인으로부터 승계받은 자산을 합병등기일이 속하는 사업연도 중에 처분하더라도 적격합병에 따른 과세특례를 적용받을 수 있다. 또한 사후관리도 적용 대상도 아니므로 사후관리기간 이내에 피합병법인으로부터 승계받은 자산을 처분하더라도 사후관리 적용을 받지 않는다. 이는 완전모자회사간 또는 완전자회사간은 실질적으로 경제적 동일체로 볼 수 있기 때문이다(법인세과-707, 2011. 9. 28.).

타법인 주식 100% 취득하여 완전모자회사가 된 후 2년 이내에 합병하는 경우에도 적격합병임

합병법인이 포합주식을 취득 후 2년 이내 합병하는 경우로서 지배주주인 경우, 해당 포합주식에 대해 합병신주를 교부하든 하지 않든 현금을 교부한 것으로 보아 주식교부비율을 계산하여 적격합병 여부를 판단한다. 하지만 법법 제44조 제3항에 따른 완전모자회사간합병의 경우 적격합병의 요건을 충족할 필요가 없으며 사후관리 대상도 아니다. 따라서 적격합병요건 중 하나인 지분의 연속성을 충족할 필요가 없다(서면법인 2019-2286, 2020. 6. 8.).

| 적격합병의 유형 |

2년 이내 취득한 완전자회사와의 합병으로서 합병신주 미교부시에도 적격합병 적용받음

합병등기일 전 2년 이내에 취득한 완전자회사와 합병하는 경우로서 포합주식에 대해 합병신주를 교부하지 않는 경우에도 「법인세법」 제44조 제3항에 따라 적격합병으로 보아 양도손익이 없는 것으로 할 수 있는 것임(서면법인 2019-2286, 2020. 6. 8.).

완전모자회사간 합병시 포합주식에 신주 미교부할 경우 부당행위계산부인 적용 여부

지배회사가 종속회사의 주식을 100% 소유하고 있는 상태에서 종속회사를 흡수합병하면서 합병 전에 취득한 종속회사의 주식에 대하여 합병대가로 주식 등을 교부하지 않는 경우에는 부당행위계산부인을 적용하지 아니한다(집행기준 52-88-4).

완전지배법인간 합병시 포합주식에 대한 유보금액의 처리

합병법인이 합병신주를 교부하지 않는 방식으로 피합병법인을 합병(합병비율 1:0)하는 경우 합병 전 피합병법인 주식의 평가와 관련하여 손금에 산입하지 아니한 지분법평가손실 금액은 합병법인의 각사업연도 소득금액 계산시 동 금액을 손금에 가산(△유보)하고 손금불산입(기타) 처분하는 것임(사전법령해석법인 2020-170, 2020. 3. 30.).

완전자회사 적격합병 시 합병매수차익의 세무처리

내국법인(합병법인)이 발행주식총수를 소유하고 있는 다른 법인(피합병법인)을 합병하면서 「법인세법」 제44조 제3항에 따라 양도손익이 없는 것으로 한 경우에는 합병법인에게 합병매수차손익의 규정이 적용되지 않는 것임(서면법인 2018-772, 2018. 8. 2.).

피합병법인으로부터 승계받아 공제한 이월결손금의 익금산입 여부 외

완전자회사가 완전모회사를 합병하고 양도손익이 없는 것으로 한 경우에는 피합병법인의 결손금을 승계하며, 이 경우 사후관리 규정은 적용하지 아니하는 것임(서면법인 2018-193, 2018. 2. 11.).

완전모자회사간 합병 시에도 과세특례적용 여부는 선택사항임

내국법인이 발행주식총수를 소유하고 있는 다른 법인을 합병하는 경우 「법인세법」 제44조 제3항에 따라 양도손익이 없는 것으로 할 수 있으나, 피합병법인이 양도손익을 인식한 경우 합병등기일이 속하는 사업연도의 소득금액 계산시 익금 또는 손금에 산입함(서면법인 2016-6020, 2017. 3. 29.).

완전모회사와 완전손자회사간 합병은 적격합병이 아님

내국법인(모회사A)이 다른 내국법인(자회사B)의 발행주식총수를 소유하고 있고 그 다른 법인(자회사B)이 또 다른 내국법인(손자회사C)의 발행주식총수를 소유하고 있는 경우로서, 그 내국법인(모회사A)과 다른 내국법인(손자회사C)간의 합병은 「법인세법」 제44조 제3항에 의한 적격합병에 해당되지 않는 것임(서면-2019-법인-3527, 2020. 8. 21.).

무증자합병 시 포합주식이 자기주식으로 소각되는 경우에 해당하는지 여부

무증자합병 시 포합주식에 대하여 합병신주를 교부하지 않더라도 포합주식에 대하여 합병신주를 발행한 후 자기주식으로 소각되는 것과 그 실질이 동일함(서면법령해석법인 2019-84, 2019. 7. 19.).

(3) 불공정합병으로서 적격합병

불공정합병이란, 주식등을 시가보나 높거나 낮게 평가하여 불공정한 비율로 합병한 경우를 말한다. 공정합병만이 적격합병에 해당되는 것은 아니다. 불공정합병이라 하더라도 상기 (1) 또는 (2)의 요건(적격합병요건)을 충족한다면 적격합병에 해당된다. 반대로, 적격합병이라 하더라도 불공정합병에 해당하는 경우 법인세법상 부당행위계산부인 또는 상증법상의 증여세가 과세될 수 있다. 적격합병요건과 비교하면 다음과 같다.

불공정합병에 따른 증여세 등 과세요건 (상증령 §28)	적격합병요건
① 특수관계인간 합병	① 사업목적합병
② 수증자는 대주주	② 지분의 연속성
③ 분여한 이익의 발생	③ 사업의 계속성
④ 분여한 이익이 과세기준금액 이상일 것	④ 고용승계

(4) 합병과세특례신청서와 자산조정계정에관한명세서의 제출

비적격합병의 경우 합병 관련하여 발생하는 이익, 즉 합병 당사법인과 주주들의 양도차익과 의제배당 등에 대해 과세된다. 하지만, 적격합병으로서 일정 조건을 충족할 경우 과세이연할 수 있다.

적격합병을 적용받으려는 피합병법인은 법 제60조에 따른 과세표준 신고를 할 때 합병법인과 함께 기획재정부령으로 정하는 합병과세특례신청서를 납세지 관할 세무서장에게 제출하여야 한다. 이 경우 합병법인은 제80조의 4 제11항에 따른 자산조정계정에 관한 명세서를 피합병법인의 납세지 관할 세무서장에게 함께 제출하여야 한다(법령 §80의 4 ⑪). 피합병법인은 합병과세특례신청서를, 합병법인은 자산조정계정에관한명세서를 제출해야 한다.

1) 원칙적인 합병과세특례신청서 제출시기

사업연도 개시일부터 합병등기일까지를 1사업연도로 하여 각 사업연도에 대한 법인세의 과세표준과 세액을 신고와 합병법인과 함께 합병과세특례신청서를 제출하여야 한다(법규법인 2012-506, 2013. 2. 5.).

2) 의제사업연도에 무신고하여 합병과세특례신청서 미제출의 경우

합병과세특례신청서를 합병등기일(2013.1.3.)이 속하는 사업연도의 직전 사업연도의 과세표준 신고기한(2013.3.31.)에 제출하는 방법이 있을 수 있으나 직전 사업연도(2012.1.1.~12.31.)는 정상사업연도로서 합병과 관련된 과세문제가 발생될 여지가 없으며, 합병에 따른 과세문제가 발생하는 것은 합병등기일이 속하는 사업연도(2013년)로서 합병법인은 적격합병의 경우 합병등기일이 속하는 사업연도(2013년)에 자산·부채의 장부가액 및 세무조정사항 등을 전부 승계하게 되는 바, 법령 제80조 제3항에서는 "피합병법인은 법 제60조에 따른 과세표준을 신고할 때"라고 규정하고 있어 합병등기일이 속하는 사업연도의 직전 사업연도의 종료일을 기준으로 합병과세특례신청서를 제출할 수 없다.

3) 사업연도 개시일부터 합병등기일까지 피합병법인에 귀속되는 소득이 없는 경우

사업연도 개시일부터 합병등기일까지 사이에 실제로 피합병법인에 귀속되는 소득이 없는 경우에는 피합병법인의 의제사업연도에 대한 법인세 과세표준신고를 아니할 수 있도록 하고 있는바(법인 46012-4128, 1998. 12. 29.), 합병의제사업연도에 대해서는 별도의 신고가 없이 합병과세특례신청서만을 제출하는 방법이 있을 수 있으나, 법령 제80조 제3항에서는 "피합병법인은 법 제60조에 따른 과세표준을 신고할 때"라고 규정하고 있어 합병과세특례신청서의 제출은 의제사업연도에 대한 과세표준 신고서를 제출하는 것을 전제로 하고 있는 것이므로 현행 규정상으로는 의제사업연도에 대한 법인세의 신고 없이 별도로 합병과세특례신청서를 제출할 수는 없다.

따라서 사업연도 개시일부터 합병등기일까지를 1사업연도로 하여 「법인세법」 제60조 제1항에 따른 각 사업연도에 대한 법인세의 과세표준과 세액을 신고와 함께 같은 법 시행령 제80조 제3항에 따라 합병법인과 함께 합병과세특례신청서를 제출하여야 한다(법규법인 2012-506, 2013. 2. 5.).

4) 합병과세특례신청서를 제출하지 않은 경우

피합병법인이 합병과세특례신청서를 제출하지 않는 경우에는 원칙 합병과세특례를 적용받을 수 없다.

[조심 2022부5861, 2022. 8. 23.]
「법인세법 시행령」 제80조 제3항에는 적격합병에 따라 합병과세특례를 받으려는 경우 피합병법인은 합병과세특례신청서를, 합병법인은 자산조정계정에 관한 명세서를 제출하여야 하나, 청구법인과 합병법인과 합병법인은 이를 제출하지 아니한 점, 특히 합병법인은 승계받은 자산을 장부가액이 아닌 공정가액으로 인식함에 따라 이에 따른 감가상각비 한도계산이 달리지게 되는 등의 문제가 발생하는 섬, 청구법인은 합병과세특례신청서를 제출하지 않은 정당한 사유가 있지 아니한 점 등에 비추어, 비록 쟁점합병이 「법인세법」 제44조 제2항에 따른 적격합병의 요건을 충족하였더라도 같은 법 시행령 제80조 제3항에 따라 청구법인이 합병과세특례신청서를 제출하지 아니함에 따라 이에 따른 과세특례 대상으로 보기 어려우므로 처분청이 합병에 따른 양도차익을 익금에 가산하여 이 건 법인세를 과세한 처분은 달리 잘못이 없는 것으로 판단된다.

조세심판원은 합병과세특례신청서를 제출하지 않은 경우 합병과세특례 적용대상으로 보기 어렵다는 의견이다.

원칙, 수정신고서는 과세표준 및 세액이 세법에 따라 신고하여야 할 과세표준 및 세액에 미치지 못할 때 또는 결손금액 또는 환급세액이 세법에 따라 신고하여야 할 결손금액이나 환급세액을 초과할 때 제출할 수 있다(국기법 §45 ①). 그리고 경정청구는 과세표준 및 세액이 세법에 따라 신고하여야 할 과세표준 및 세액을 초과할 때 또는 결손금액 또는 환급세액이 세법에 따라 신고하여야 할 결손금액 또는 환급세액에 미치지 못할 때 할 수 있다.

합병과세특례신청서를 제출하지 않은 경우, 적격합병요건을 충족하더라도 합병과세특례를 적용받을 수 없다. 그럼 합병 당시 적격합병요건을 충족하여 합병과세특례를 적용받은 것으로 보아 피합병법인의 양도차익을 과세이연하는 것으로 신고하였으나, 합병과세특례신청서를 제출하지 않은 경우, 과세표준 및 세액의 변동이 없음에도 불구하고 경정청구 또는 수정신고의 대상이 될 수 있는지, 수정신고 등을 통해 합병과세특례신청서를 제출하고 합병과세특례를 적용받을 수 있는지가 관건이다.

5) 합병과세특례신청서 등을 미제출시 수정신고서와 함께 제출가능 여부

① 합병과세특례신청서 미제출의 경정청구 또는 수정신고 대상 여부

원칙 수정신고는 과세표준 및 세액의 변동이 있거나, 결손금액 또는 환급세액의 변동이 있어야만 할 수 있다. 하지만 2000. 12. 29. 국세기본법 제45조 제1항 제3호를 추가함으로써 과세표준 및 세액의 변화가 없는 일부 불완전한 신고의 경우에도 수정신고를 할 수 있도록 하였다. 그 중 하나가 국세기본법 시행규칙 제12조 제1항(2014. 3. 14. 개정)의 내용이다.

국세기본법 제45조 [수정신고]

① 과세표준신고서를 법정신고기한까지 제출한 자(「소득세법」 제73조 제1항 제1호부터 제7호까지의 어느 하나에 해당하는 자를 포함한다) 및 제45조의 3 제1항에 따른 기한후과세표준신고서를 제출한 자는 다음 각 호의 어느 하나에 해당할 때에는 관할 세무서장이 각 세법에 따라 해당 국세의 과세표준과 세액을 결정 또는 경정하여 통지하기 전으로서 제26조의 2 제1항부터 제4항까지의 규정에 따른 기간이 끝나기 전까지 과세표준수정신고서를 제출할 수 있다.

3. 제1호 및 제2호 외에 원천징수의무자의 정산 과정에서의 누락, 세무조정 과정에서의 누락 등 대통령령으로 정하는 사유로 불완전한 신고를 하였을 때(제45조의 2에 따라 경정 등의 청구를 할 수 있는 경우는 제외한다)

따라서 합병등기일이 속하는 과세연도의 법인세를 신고하면서 과세표준 신고기한까지 합병과세특례신청서를 제출하지 않은 경우에는 정당한 사유가 없고 세무서의 통지등을 받은 경우의 두 가지 모든 사유에 해당되지 않은 경우에는 수정신고를 통해 합병과세특례신청서 등을 제출하여 적격합병으로서의 과세이연받을 수 있다.

국세기본법 시행규칙 제12조 [과세표준수정신고서 등]

① 영 제25조 제2항 제3호에서 "기획재정부령으로 정하는 것"이란 「법인세법」 제44조, 제46조, 제47조 및 제47조의 2에 따라 합병, 분할, 물적분할 및 현물출자에 따른 양도차익[「법인세법」(법률 제9898호 법인세법 일부개정법률로 개정되기 전의 것을 말한다) 제44조 및 제46조에 따른 합병평가차익 또는 분할평가차익을 포함한다. 이하 이 항에서 같다]에 대하여 과세를 이연(移延)받는 경우로서 세무조정 과정에서 양도차익의 전부 또는 일부에 상당하는 금액을 익금과 손금에 동시에 산입하지 아니한 것을 말한다[㈜]. 다만, 다음 각 호의 모두에 해당하는 경우는 제외한다.

1. 정당한 사유 없이 「법인세법 시행령」 제80조, 제82조, 제83조의 2, 제84조 및 제84조의 2에 따라 과세특례를 신청하지 아니한 경우[「법인세법 시행령」(대통령령 제22184호 법인세법 시행령 일부개정령으로 개정되기 전의 것을 말한다) 제80조, 제82조, 제83조

및 제83조의 2에 따라 과세특례를 적용받기 위한 관련 명세서를 제출하지 아니한 경우를 포함한다]
2. 영 제29조 각 호의 어느 하나에 해당하는 경우

국세기본법 시행령 제29조 [가산세 감면 제외 사유]

법 제48조 제2항 제1호 및 제2호에 따른 경정할 것을 미리 알고 제출한 경우는 다음 각 호의 어느 하나에 해당하는 경우를 말한다.
1. 해당 국세에 관하여 세무공무원이 조사에 착수한 것을 알고 과세표준수정신고서 또는 기한후과세표준신고서를 제출한 경우
2. 해당 국세에 관하여 관할 세무서장으로부터 과세자료 해명 통지를 받고 과세표준수정신고서를 제출한 경우

따라서, 피합병법인이 합병등기일이 속하는 과세연도의 법인세를 신고하면서 과세표준 신고기한까지 합병과세특례신청서를 제출하지 않았으나 국세기본법 시행규칙 제12조 각호의 모두에 해당하지 않는 경우에는 수정신고하여 합병과세특례를 적용받을 수 있다(서면법령해석법인 2017-91, 2018. 2. 21.).

② 양도차익을 익금과 손금에 동시에 미산입한 것

국기칙 제12조 제1항 본문에서의 "양도차익의 전부 또는 일부에 상당하는 금액을 익금과 손금에 동시에 산입하지 아니한 것"이란, 피합병법인이 적격합병등의 요건을 충족하였으나, 합병과세특례신청서를 세무서에 제출하지 않아 합병과세특례를 적용받을 수 없음에도 불구하고 피합병법인이 합병과세특례를 적용받는 것으로 여겨 피합병법인의 양도차익을 과세이연하는 것으로 처리한 경우가 포함될 것이다.

피합병법인이 합병과세특례신청서를 제출하지 않아 합병과세특례 적용요건을 충족하지 못한 경우, 피합병법인은 시가와의 차액에 해당하는 양도차익액 전부 또는 과소 계상 금액을 익금에 산입해야 한다. 만약, 적격합병 요건을 충족하고 합병과세특례신청서 등을 제출할 경우에는 익금산입된 금액만큼 손금산입 할 수 있다(법령 §80의 4 ①).

그러나 해당 내용은 피합병법인이 적격합병 요건을 충족했으므로 합병과세특례신청서를 제출하지 않아도 합병과세특례 적용받는 것으로 착각하여, 양도차익을 익금산입하지 않을 뿐 아니라 손금에도 산입하지 않은 경우를 말한다.

(참고 : 기획재정부 조세정책과-880, 2013. 10. 30.)
분할법인이 물적분할에 의하여 분할신설법인의 주식을 취득하여 분할등기일이 속하는 사업연도의 소득금액을 계산할 때 법인세법(법률 제9898호, 2009. 12. 31 일부개정되기 전의 것) 제47조 제1항에 따라 물적분할로 인하여 발생한 자산의 양도차익에 상당하는 금액을 압축기장충당금으로 손금에 산입한 경우로서, 분할신설법인으로부터 취득한 주식의 가액을 물적분할한 순자산가액으로 평가하여 적격물적분할 양도차익 상당액과 압축기장충당금을 과소계상한 경우에는, 국세기본법 제45조에 따라 분할등기일이 속하는 사업연도의 소득금액 계산에 있어 그 과소계상한 양도차익 상당액을 익금으로 산입함과 동시에 압축기장충당금을 설정하여 손금으로 산입하는 수정신고를 할 수 있다.

이는 국기령 제25조 제2항 제2호에서도 언급되고 있다. 즉, "세무조정 과정에서 법인세법 제36조 제1항에 따른 국고보조금등과 같은 법 제37조 제1항에 따른 공사부담금에 상당하는 금액을 익금과 손금에 동시에 산입하지 아니한 것"을 수정신고할 수 있다는 것이다.

기업회계상 일정 조건하에서 국고보조금이 당해 과세기간의 익금산입 대상이 아니라 익금산입하지 않았으나, 세법적으로는 익금산입 대상인 경우, 그리고 세법적으로 일시상각충당금 또는 압축기장충당금으로서 손금산입이 가능한 경우에 해당한다라고 가정해보자.
하지만, 해당 법인이 세법적으로 익금산입 대상인 국고보조금을 수령하여 익금산입도 하지 않고 또한 일시상각충당금 또는 압축기장충당금으로 손금산입도 하지 않은 경우, 해당 국고보조금은 익금산입 대상이므로 익금산입하고 일시상각충당금 또는 압축기장충당금으로 손금산입하는 수정신고가 가능하다는 것이다. 물론 수정신고로 인한 과세표준 및 세액의 변동은 없다.

③ 합병과세특례 적용 후 적용받지 않는 것으로 수정신고나 경정청구 가능 여부

합병법인 및 피합병법인이 적격합병에 따른 과세특례를 신청한 후 과세특례를 적용받지 않는 것으로 경정청구 및 수정신고를 할 수는 없다(서면법규과-336, 2014. 4. 9.).

6) 비적격합병으로 신고 후 적격합병으로의 경정청구

법인이 당초 비적격합병으로 보아 법인세를 신고하였다가 적격합병임을 주장하며 법인세 경정청구를 하는 경우, 합병과세특례신청서 등을 미리 제출하는 것은 예정하기 어렵고, 합병과세특례신청서의 제출이 필수적인 절차라고 하여 납세자의 경정청구권을 제한하는 것은 불합리한 점, 국세청도 "내국법인이 적격합병요건을 충족하는 경우에는 과세표준 신고기한 내 합병과세특례신청서를 제출하지 않은 경우에도 합병과세특례를 적용받을 수 있다"라고 유권해석(서면-2017-법령해석법인-910, 2018. 2. 21.)한 사실이 있는 점 등에 비추어, 이 건 경정청구가 부적법하다거나 절차상 하자가 있다고 보기는 어렵다고 판단된다(조심 2023서10049, 2024. 7. 29. 조세심판관합동회의, 같은 뜻임). 따라서, 당초 비적격합병으로 보아 합병과세특례신청서 등을 제출하지 않은 경우에도 경정청구와 함께 제출하여 과세특례를 적용받을 수 있다(조심 2024인227, 2024. 10. 10.).

7) 결론

이상 합병에 대한 개요와 합병과세특례신청서 등의 미제출 그리고 수정신고 가능 여부에 대해 논했다. 결론적으로 합병과세특례신청서등을 제출하지 않은 경우 합병과세특례를 적용받을 수 없다. 하지만 정당한 이유없이 합병과세특례신청서등을 제출하지 않았고, 세무공무원이 조사에 착수할 것을 안 후 또는 과세자료 해명통지를 받고 난 후 제출하는 수정신고서 외 수정신고서와 함께 합병과세특례신청서등을 제출하는 경우 합병과세특례를 적용받을 수 있다.

따라서, 적격합병요건을 충족함에 따라 합병과세특례 적용받는 것으로 처리하였으나, 합병과세특례신청서 등을 제출하지 않은 경우 하루 속히 수정신고서와 함께 합병과세특례신청서등을 제출해야 할 것이다. 그 이유는 국기칙 제12조에 따라 정당한 이유와 함께 합병과세특례신청서등을 제출하지 않은 경우는 희박하므로 결국, 세무공무원이 조사에 착수한 것을 알기 전 또는 과세자료 해명통지를 받기 전까지 수정신고서와 함께 제출하는 경우에 한해 합병과세특례를 적용받을 수 있기 때문이다. 만약 세무공무원이 조사에 착수한 후 또는 해명통지를 받은 후 라면 작은 실수로 인해 많은 손실을 보게 될 것이다.

합병과세특례신청서를 제출하지 아니한 경우에도 합병에 따른 양도차익에 대하여 과세이연을 받을 수 있는지 여부

쟁점합병이 「법인세법」 제44조 제2항에 따른 적격합병의 요건을 충족하였다 하더라도 같은 법 시행령 제80조 제3항에 따라 청구법인이 합병과세특례신청서를 제출하지 아니함에 따라 이에 따른 과세특례의 적용대상으로 보기 어려움(조심 2022부5861, 2022. 8. 23.).

합병과세특례신청서를 제출하지 아니한 이상 법인세법에 따른 과세특례의 적용을 받을 수 없음

합병과세특례신청서의 제출은 단순한 협력의무에 불과한 것이 아니라 과세특례의 적용을 받기 위한 필수적인 절차이고, 합병과세특례신청서를 제출하지 아니한 이상 법인세법에 따른 과세특례의 적용을 받을 수 없음(울산지법 2022구합7670, 2023. 8. 24.).

■ 법인세법 시행규칙 [별지 제42호 서식] (2013. 2. 23. 개정)

합병과세특례 신청서

사업연도	. . . ~ . . .	
피합병법인 (신고법인)	①법 인 명	②사업자등록번호
	③대표자성명	④생년월일
	⑤본점소재지 (전화번호:)	
합병법인	⑥법 인 명	⑦사업자등록번호
	⑧대표자성명	⑨생년월일
	⑩본점소재지 (전화번호:)	
	⑪합병등기일	
양 도 가 액	⑫합병으로 받은 주식의 출자가액	
	⑬합병으로 받은 주식 외의 금전이나 그 밖의 재산가액	
	⑭합병 전 취득한 피합병법인의 주식 등에 대한 합병신주 교부 간주액	
	⑮합병법인이 납부하는 피합병법인의 법인세 및 그 법인세에 부과되는 국세와 「지방세법」 제85조 제4호에 따른 법인세분	
	⑯기타	
	⑰합 계 (⑫+⑬+⑭+⑮+⑯)	
순자산 장부가액	⑱자산의 장부가액	
	⑲부채의 장부가액	
	⑳순자산장부가액(⑱-⑲)	
㉑양도손익(⑰-⑳)		

「법인세법 시행령」 제80조 제3항에 따른 합병과세특례 신청서를 제출합니다.

년 월 일

피합병법인 (서명 또는 인)

합병법인 (서명 또는 인)

세무서장 귀하

작 성 방 법
양도가액은 「법인세법 시행령」 제80조 제1항 제2호에 따라 계산한 금액을 적습니다.

210mm×297mm[백상지 80g/㎡ 또는 중질지 80g/㎡]

■ 법인세법 시행규칙 [별지 제46호 서식(갑)] (2013. 2. 23. 개정)

사 업 연 도	. . . ~ . . .	**자산조정계정명세서(갑)**	법 인 명	
			사업자등록번호	

1. 합병등기일 또는 분할등기일의 자산

① 자산명	② 시가	③ 세무상 장부가액	④ 세무조정사항	⑤ 자산조정계정 [②-(③+④)]
계				

2. 합병등기일 또는 분할등기일의 부채

⑥ 부채명	⑦ 시가	⑧ 세무상 장부가액	⑨ 세무조정사항	⑩ 자산조정계정 [⑦-(⑧+⑨)]
계				

작 성 방 법

1. 세무조정사항(④)란은 자산과 관련된 세무조정사항이 있는 경우에 익금불산입액은 (+)의 금액을, 손금불산입액은 (-)의 금액을 적습니다.
2. 자산조정계정(⑤)란은 장부가액(③)에서 세무조정사항(④)을 가감한 금액을 시가(②)로부터 차감하여 적습니다. 부채의 자산조정계정(⑩)도 자산과 동일한 방식으로 계산하여 적습니다.

210mm×297mm[백상지 80g/㎡ 또는 중질지 80g/㎡]

■ 법인세법 시행규칙 [별지 제46호 서식(을)] (2012. 2. 28. 개정)

<table>
<tr><td rowspan="2">사 업
연 도</td><td rowspan="2">. . .
~
. . .</td><td rowspan="2">자산조정계정명세서(을)</td><td>법 인 명</td><td></td></tr>
<tr><td>사업자등록번호</td><td></td></tr>
</table>

1. 자산

<table>
<tr><td rowspan="3">① 자산명</td><td rowspan="3">② 취득가액
(시가)</td><td rowspan="3">③
자산조정계정</td><td colspan="5">익금 또는 손금산입</td><td rowspan="3">⑨ 당기말
자산조정계정
(③-⑤-⑦-⑧)</td></tr>
<tr><td colspan="2">전기분</td><td colspan="2">당기분</td><td rowspan="2">⑧
자산처분</td></tr>
<tr><td>④감가
상각비
(누계)</td><td>⑤감가
상각비 상계
및
가산(누계)</td><td>⑥감가
상각비</td><td>⑦감가
상각비 상계
및 가산</td></tr>
<tr><td></td><td></td><td></td><td></td><td></td><td></td><td></td><td></td><td></td></tr>
<tr><td></td><td></td><td></td><td></td><td></td><td></td><td></td><td></td><td></td></tr>
<tr><td></td><td></td><td></td><td></td><td></td><td></td><td></td><td></td><td></td></tr>
<tr><td></td><td></td><td></td><td></td><td></td><td></td><td></td><td></td><td></td></tr>
<tr><td></td><td></td><td></td><td></td><td></td><td></td><td></td><td></td><td></td></tr>
<tr><td></td><td></td><td></td><td></td><td></td><td></td><td></td><td></td><td></td></tr>
<tr><td></td><td></td><td></td><td></td><td></td><td></td><td></td><td></td><td></td></tr>
<tr><td>계</td><td></td><td></td><td></td><td></td><td></td><td></td><td></td><td></td></tr>
</table>

2. 부채

<table>
<tr><td rowspan="3">① 자산명</td><td rowspan="3">② 취득가액
(시가)</td><td rowspan="3">③
자산조정계정</td><td colspan="5">익금 또는 손금산입</td><td rowspan="3">⑨ 당기말
자산조정계정
(③-⑤-⑦-⑧)</td></tr>
<tr><td colspan="2">전기분</td><td colspan="2">당기분</td><td rowspan="2">⑧
자산처분</td></tr>
<tr><td>④ 감가
상각비
(누계)</td><td>⑤ 감가
상각비
상계 및
가산(누계)</td><td>⑥ 감가
상각비</td><td>⑦ 감가
상각비 상계
및 가산</td></tr>
<tr><td></td><td></td><td></td><td></td><td></td><td></td><td></td><td></td><td></td></tr>
<tr><td></td><td></td><td></td><td></td><td></td><td></td><td></td><td></td><td></td></tr>
<tr><td></td><td></td><td></td><td></td><td></td><td></td><td></td><td></td><td></td></tr>
<tr><td></td><td></td><td></td><td></td><td></td><td></td><td></td><td></td><td></td></tr>
<tr><td></td><td></td><td></td><td></td><td></td><td></td><td></td><td></td><td></td></tr>
<tr><td></td><td></td><td></td><td></td><td></td><td></td><td></td><td></td><td></td></tr>
<tr><td></td><td></td><td></td><td></td><td></td><td></td><td></td><td></td><td></td></tr>
<tr><td>계</td><td></td><td></td><td></td><td></td><td></td><td></td><td></td><td></td></tr>
</table>

210mm×297mm[백상지 80g/㎡ 또는 중질지 80g/㎡]

3. 피합병법인의 법인세, 부가가치세와 기타

(1) 법인세

1) 원칙적인 과세표준신고 과세기간[사업연도의 의제]

내국법인이 사업연도 중에 합병 또는 분할에 따라 해산한 경우에는 그 사업연도 개시일부터 합병등기일 또는 분할등기일까지의 기간을 그 해산한 법인의 1사업연도로 본다(법법 §8 ②). 따라서 내국법인이 사업연도 중에 합병으로 해산한 경우에는 그 사업연도개시일부터 합병등기일까지의 기간을 그 해산한 법인의 1사업연도로 의제한다.

여기서 "합병등기일"이란 합병 후 존속하는 법인의 경우에는 변경등기일, 합병으로 설립되는 법인의 경우에는 설립등기일을 의미한다(법령 §6 ①).

내국법인이 사업연도 기간 중에 합병에 의하여 소멸한 경우에 그 사업연도의 개시일로부터 합병등기일까지의 기간을 그 소멸한 법인(피합병법인)의 1사업연도로 보아 법인세를 신고할 경우 법인세신고서 및 신고서에 첨부되는 재무제표에 표시한 명칭은 피합병법인으로 한다(법인 통칙 60-0…1).

2) 예외적인 과세표준 신고기간

합병등기일 전에 사실상 합병한 경우 합병한 날로부터 합병등기를 한 날까지 생기는 손익은 「국세기본법」 제14조에 따라 실질상 귀속되는 법인에게 과세한다(법인 통칙 4-0…9). 법법 제8조 제2항에 의할 경우 합병등기일까지는 피합병법인에게 발생한 손익은 피합병법인의 손익으로 보고 과세한다. 그러나 기본통칙에 따라 합병등기일 전이라도 합병을 한 날 이후부터 피합병법인에게 발생한 이익 또는 손실 중 그 실제 손익의 귀속이 합병법인에 있는 경우에는 합병법인에게 과세한다.

* 5월 3일은 사실상 합병일로서 해당일로부터 발생하는 손익은 실질적으로 합병법인에 귀속됨

의제 사업연도	1월 1일부터 8월 1일까지
예외적인 사업연도	1월 1일부터 5월 2일까지

3) 피합병법인의 업무용승용차 관련비용의 처리

내국법인이 해산(합병·분할 또는 분할합병에 따른 해산을 포함한다)한 경우에는 **임차차량**의 감가상각비 한도초과액과 소유차량의 **처분손실** 한도초과액에 따라 이월된 금액 중 남은 금액을 해산등기일(합병·분할 또는 분할합병에 따라 해산한 경우에는 합병등기일 또는 분할등기일을 말한다)이 속하는 사업연도에 모두 손금에 산입한다(법칙 §27의 2 ⑧).

'유보'로 세무조정된 금액은 적격합병의 요건을 충족하는 경우에는 합병회사로 승계되지만 유보가 아닌 기타사외유출로 사후관리되는 임차차량에 대한 감가상각비 한도초과액과 처분손실 한도초과액은 합병등기일에 피합병법인의 각 사업연도 소득금액에 손금 추인한다.

소득처분유형	적격합병	비적격합병
유보	모두 승계됨	퇴직급여충당금, 대손충당금 유보만 승계됨
유보 외 소득처분	승계되지 않고 추인함	

4) 부당행위계산부인에 따른 소득처분

법인세법 제52조 및 같은법 시행령 제88조 제1항 제8호 가목의 규정에 의하여 특수관계 있는 법인간의 합병에 있어서 주식 등을 시가보다 높거나 낮게 평가하여 불공정한 비율로 합병한 경우, 당해 법인의 주주 등인 법인이 특수관계에 있는 다른 주주 등에게 분여한 이익은, 그 이익을 분여한 사업연도의 소득금액 계산상 익금에 산입하고 같은법 시행령 제106조 제1항 각호의 규정에 따라 소득처분한다(법인 46012-2881, 1999. 7. 22.).

단, 제88조 제1항 제8호·제8호의 2 및 제9호(같은 호 제8호 및 제8호의 2에 준하는 행위 또는 계산에 한정한다)에 따라 익금에 산입한 금액으로서 귀속자에게 「상속세 및 증여세법」에 의하여 증여세가 과세되는 금액에 대해서는 기타사외유출로 소득처분한다(법령 §106 ① 자목).

5) 대손금의 손금산입

다음 아래의 사유로 대손금을 손급산입하는 경우 해당 사유가 발생하여 손비로 계상한 날(결산조정)이 속하는 사업연도에 손금처리한다. 그러나 법인이 다른 법인과 합병하거나 분할하는 경우로서 대손금을 합병등기일 또는 분할등기일이 속하는 사업연도까지 손비로 계상하지 아니한 경우 그 대손금은 해당 법인의 합병등기일 또는 분할등기일이 속하는 사업연도의 손금으로 한다(법령 §19의 2 ④). 따라서, 합병등기일 이전에 이미 대손사유가 발생한 경우에는 피합병법인의 대손금으로의 처리 여부와 관계없이 손금으로 하여야 하며, 합병 후 합병법인의 손금으로 산입할 수 없다.

1. 채무자의 파산, 강제집행, 형의 집행, 사업의 폐지, 사망, 실종 또는 행방불명으로 회수할 수 없는 채권
2. 부도발생일부터 6개월 이상 지난 수표 또는 어음상의 채권 및 외상매출금(중소기업의 외상매출금으로서 부도발생일 이전의 것에 한정한다). 다만, 해당 법인이 채무자의 재산에 대하여 저당권을 설정하고 있는 경우는 제외한다.
3. 중소기업의 외상매출금 및 미수금(이하 이 호에서 "외상매출금등"이라 한다)으로서 회수기일이 2년 이상 지난 외상매출금등. 다만, 특수관계인과의 거래로 인하여 발생한 외상매출금등은 제외한다.
4. 재판상 화해 등 확정판결과 같은 효력을 가지는 것으로서 기획재정부령으로 정하는 것에 따라 회수불능으로 확정된 채권 (2019. 2. 12. 신설)
5. 회수기일이 6개월 이상 지난 채권 중 채권가액이 30만원 이하(채무자별 채권가액의 합계액을 기준으로 한다)인 채권
6. 제61조 제2항 각 호 외의 부분 단서에 따른 금융회사 등의 채권(같은 항 제13호에 따른 여신전문금융회사인 신기술사업금융업자의 경우에는 신기술사업자에 대한 것에 한정한다) 중 다음 각 목의 채권
   가. 금융감독원장이 기획재정부장관과 협의하여 정한 대손처리기준에 따라 금융회사 등이 금융감독장으로부터 대손금으로 승인받은 것 (2010. 2. 18. 개정)
   나. 금융감독원장이 가목의 기준에 해당한다고 인정하여 대손처리를 요구한 채권으로 금융회사 등이 대손금으로 계상한 것
7. 「벤처투자 촉진에 관한 법률」 제2조 제10호에 따른 중소기업창업투자회사의 창업자에 대한 채권으로서 중소벤처기업부장관이 기획재정부장관과 협의하여 정한 기준에 해당한다고 인정한 것

6) 업무무관 부동산 등에 대한 지급이자

유예기간 중에 해당 법인의 업무에 직접 사용하지 아니하고 양도하는 부동산은 취득일부터 양도일까지의 기간을 업무와 관련이 없는 것으로 본다(법칙 §26 ⑨). 하지만, 유예기간 내에 법인의 합병 또는 분할로 인하여 양도되는 부동산은 그러하지 아니하다(법칙 §26 ⑤ 25호).

7) 토지등 양도차익

내국법인이 일정 조건에 해당하는 토지, 건물(건물에 부속된 시설물과 구축물을 포함한

다) 그리고 주택을 취득하기 위한 권리로서 「소득세법」 제88조 제9호에 따른 조합원입주권 및 같은 조 제10호에 따른 분양권을 양도한 경우에는 해당 각 호에 따라 계산한 세액을 토지등 양도소득에 대한 법인세로 하여 제13조에 따른 과세표준에 제55조에 따른 세율을 적용하여 계산한 법인세액에 추가하여 납부하여야 한다(법법 §55의 2 ①).

그러나 적격분할 · 적격합병 · 적격물적분할 · 적격현물출자로 인하여 발생하는 토지등 양도소득에 대하여는 적용하지 아니한다. 다만, 미등기 토지등에 대한 토지등 양도소득에 대하여는 그러하지 아니하다(법법 §55의 2 ④ 3호, 법령 §92의 2 ④ 2호).

8) 퇴직급여충당금의 승계

퇴직급여충당금을 손금에 산입한 내국법인이 합병하거나 분할하는 경우 그 법인의 합병등기일 또는 분할등기일 현재의 해당 퇴직급여충당금 중 합병법인 · 분할신설법인 또는 분할합병의 상대방 법인이 승계받은 금액은 그 합병법인등이 합병등기일 또는 분할등기일에 가지고 있는 퇴직급여충당금으로 본다(법법 §33 ③).

9) 대손충당금의 승계

대손충당금을 손금에 산입한 내국법인이 합병하거나 분할하는 경우 그 법인의 합병등기일 또는 분할등기일 현재의 해당 대손충당금 중 합병법인등이 승계(해당 대손충당금에 대응하는 채권이 함께 승계되는 경우만 해당한다)받은 금액은 그 합병법인등이 합병등기일 또는 분할등기일에 가지고 있는 대손충당금으로 본다(법법 §34 ④).

10) 국고보조금의 승계

국고보조금등 상당액을 손금에 산입한 내국법인이 손금에 산입한 금액을 기한 내에 사업용자산의 취득 또는 개량에 사용하지 아니하거나 사용하기 전에 폐업 또는 해산하는 경우 그 사용하지 아니한 금액은 해당 사유가 발생한 날이 속하는 사업연도의 소득금액을 계산할 때 익금에 산입한다. 다만, 합병하거나 분할하는 경우로서 합병법인등이 그 금액을 승계한 경우는 제외하며, 이 경우 그 금액은 합병법인등이 손금에 산입한 것으로 본다(법법 §36 ③).

(법법 제36조)

② 국고보조금등을 지급받은 날이 속하는 사업연도의 종료일까지 사업용자산을 취득하거나 개량하지 아니한 내국법인이 그 사업연도의 다음 사업연도 개시일부터 1년 이내에 사업용자산을 취득하거나 개량하려는 경우에는 취득 또는 개량에 사용하려는 국고보조금등

의 금액을 제1항을 준용하여 손금에 산입할 수 있다. 이 경우 허가 또는 인가의 지연 등 대통령령으로 정하는 사유로 국고보조금등을 기한 내에 사용하지 못한 경우에는 해당 사유가 끝나는 날이 속하는 사업연도의 종료일을 그 기한으로 본다.

③ 제2항에 따라 국고보조금등 상당액을 손금에 산입한 내국법인이 손금에 산입한 금액을 기한 내에 사업용자산의 취득 또는 개량에 사용하지 아니하거나 사용하기 전에 폐업 또는 해산하는 경우 그 사용하지 아니한 금액은 해당 사유가 발생한 날이 속하는 사업연도의 소득금액을 계산할 때 익금에 산입한다. 다만, 합병하거나 분할하는 경우로서 합병법인등이 그 금액을 승계한 경우는 제외하며, 이 경우 그 금액은 합병법인등이 제2항에 따라 손금에 산입한 것으로 본다.

11) 가지급금

가공채권에 해당하지 아니하는 가지급금으로서 피합병법인의 대표이사에 대한 가지급금을 합병법인이 장부가액으로 승계하면서 피합병법인의 대표이사가 합병법인의 대표이사로 취임함으로써 당해 법인과 그 대표이사 사이의 특수관계가 계속되는 경우 합병 시까지 회수되지 아니한 피합병법인 대표이사의 가지급금에 대하여는 법인세법 시행령 제106조 제1항의 규정에 의하여 처분한 것으로 보지 아니하는 것이다(법인 46220-3651, 1999. 10. 5. 및 제도 46013-491, 2000. 11. 25.).

원칙 가지급금이 있는 경우로서 법령 제2조 제8항의 특수관계가 소멸되는 날까지 회수하지 아니한 가지급금(익금에 산입한 이자는 제외)은 익금산입의 대상이다. 다만 채권・채무에 대한 쟁송으로 회수가 불가능한 경우 등 정당한 사유가 있는 경우에는 제외한다(법령 §11 9호).

따라서 피합병법인에게 가지급금이 있는 경우로서 그 가지급금과 관련한 특수관계가 합병 후 소멸된다면 그 귀속자에 따라 배당, 상여등의 소득처분과 함께 익금산입의 대상이 된다. 하지만, 합병 후에도 그 특수관계가 소멸되지 않는다면, 익금산입이 되지 않고 가지급금 상태로 계속 유지된다.

12) 중간예납 신고

중간예납세액계산 방식은 직전사업연도 납부실적 기준방식과 중간예납기간의 실적을 기준으로 한 가결산방식이 있으며, 둘 중 하나의 방법을 선택 적용 가능하다(법법 §63의 2 ①). 단 분할합병의 상대방 법인의 분할 후 최초의 사업연도인 경우에는 반드시 가결산방식에 따라 신고해야 한다(법법 §63의 2 ② 2호 다목).

합병법인이 합병 후 최초의 사업연도에 직전 사업연도 납부실적기준방식에 따라 중간예납세액을 납부하는 경우에는 다음의 구분에 따른 사업연도를 모두 직전 사업연도 납부실적기준방식에 따른 직전 사업연도로 본다(법법 §63의 2 ③).

① 합병법인의 직전 사업연도

② 각 피합병법인의 합병등기일이 속하는 사업연도의 직전 사업연도

가) 중간예납기간 경과 전에 합병하는 경우

합병법인이 합병 후 최초의 사업연도에 중간예납세액을 납부하는 경우에는 합병법인의 직전 사업연도와 피합병법인의 합병등기일이 속하는 사업연도(의제사업연도를 말함)의 직전 사업연도의 확정된 산출세액을 기준으로 계산하는 것이며, 이 경우 직전 사업연도의 확정된 산출세액, 감면세액, 원천징수세액, 수시부과세액 등은 합병법인과 피합병법인의 세액을 합산하여 계산한다(법인-863, 2009. 7. 29.).

나) 중간예납기간 경과 후 납부기간 도래 전 중간예납기간에 대한 신고시

합병등기일이 속하는 최종사업연도기간이 6월을 초과하는 피합병법인이 중간예납세액의 납부기한이 도래하기 전에 당해 사업연도소득에 대한 법인세과세표준과 세액을 신고한 경우 법인세법 제63조의 규정을 적용하지 아니하는 것이며, 이 경우 합병법인의 중간예납세액은 당해 합병법인의 직전사업연도만을 기준으로 계산한다(서이 46012-11588, 2002. 8. 26. 및 서이 46012-10380, 2001. 10. 18.).

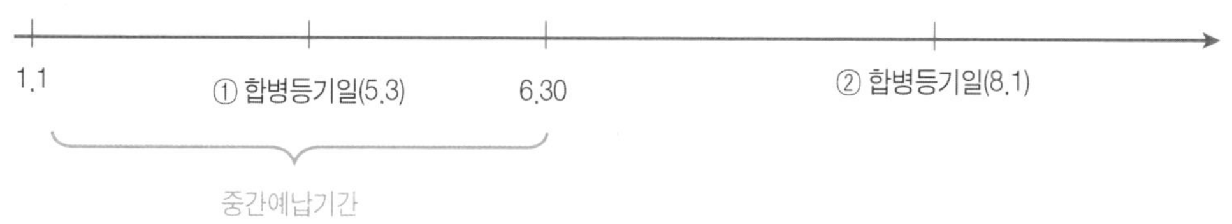

| 직전사업연도 납부실적 기준방식에 의한 중간예납신고 시 직전사업연도의 의미 |

합병등기일	① 중간예납기간 경과 전(5월 3일)	② 중간예납기간 경과 후(8월 1일)
직전사업연도의 의미	합병법인과 피합병법인 모두의 직전사업연도	피합병법인이 이미 중간예납신고 한 경우에는 합병법인만의 직전사업연도

* 직전사업연도는 직전사업연도 납부실적기준방식에 따른 직전사업연도를 말한다.

13) 과세표준 등의 신고

내국법인이 합병 또는 분할로 해산하는 경우로서 그 사업연도의 소득에 대한 법인세의 과세표준과 세액을 신고를 할 때에는 그 신고서에 다음 각 호의 서류를 첨부하여야 한다. 신고기한은 사업연도 종료일일 속하는 달의 말일부터 3개월(성실신고확인서를 제출하는 경우에는 4개월)이다(법법 §60).

① 합병등기일 또는 분할등기일 현재의 피합병법인·분할법인 또는 소멸한 분할합병의 상대방법인의 재무상태표와 합병법인등이 그 합병 또는 분할에 따라 승계한 자산 및 부채의 명세서

② 합병법인등의 본점 등의 소재지, 대표자의 성명, 피합병법인등의 명칭, 합병등기일 또는 분할등기일, 그 밖에 필요한 사항이 기재된 서류(법령 §97 ⑦)

14) 의제사업연도의 고용증대세액공제

피합병법인의 의제사업연도 중 상시근로자 수가 증가한 경우라 하더라도 1차연도분 고용증대세액공제를 받을 수 없으며, 의제사업연도에 2차 또는 3차 고용증대세액공제(잔여분)를 적용받을 수 없다(기획재정부 조세특례-30, 2024. 1. 15.). 피합병법인의 의제사업연도에 발생한 고용증대는 합병 후 합병법인의 근로자수에 가산하여 고용증대여부를 판단하여 고용증대세액공제를 적용한다.

(계산사례)

모두 청년등상시근로자이며 합병등기일은 2021. 7. 1.임.

■ 피합병법인

구분	2020년(직전연도)					2021년(의제사업연도)					비고
	1월	…	7월	…	12월	1월	…	4월	…	6월	
인원수	2	…	2	…	2	2	…	3	…	3	–
상시근로자수	2(=2×12/12)					2.5(=2×3/6+3×3/6)					
조정인원	0	…	0	…	0	0	…	0	…	0	
조정된 상시근로자수	0(=2 – 2)					0(=2.5 – 2.5)					증감 없음

■ 합병법인

구분	2020년(직전연도)					2021년(해당연도)								비고
	1월	…	7월	…	12월	1월	…	4월	…	6월	7월	…	12월	
인원수	3	…	3	…	3	3	…	3	…	3	6	…	6	
상시근로자수	2(=2×12/12)													
조정인원	5	…	5	…	5	5	…	6	…	6	6	…	6	
조정된 상시근로자수	5(=5×12/12)					5.75(=5×3/12+6×3/12+6×6/12)								(+) 0.75명

(2) 부가가치세

1) 최종 과세기간

최종 과세기간은 폐업일이 속하는 과세기간 개시일부터 폐업일까지를 최종 과세기간으로 한다(부령 §2 ①). 합병으로 인한 소멸법인의 폐업일은 합병법인의 변경등기일 또는 설립등기일이다(부령 §7 ① 1호).

법인이 합병할 때에는 합병 후 존속하는 법인(신설합병의 경우에는 합병으로 설립된 법인) 또는 합병 후 소멸하는 법인이 다음의 사항을 적은 법인합병신고서에 사업자등록증을 첨부하여 소멸법인의 폐업 사실을 소멸법인의 관할 세무서장에게 신고하여야 한다(부령 §13 ④).

1. 합병 후 존속하는 법인 또는 합병으로 설립된 법인의 인적사항
2. 소멸법인의 인적사항
3. 합병연월일
4. 그 밖의 참고 사항

2) 세금계산서

법인간의 흡수합병에 있어서 합병등기일 전 실제 합병한 경우 실제 합병일로부터 합병등기일까지 피합병법인의 사업장에서 거래된 재화의 공급 및 매입분에 대하여는 피합병법인 명의로 세금계산서를 발급하거나 발급받고 부가가치세를 신고・납부한다(부가 통칙 3-0-7)라고 하고 있으나, 부령 제69조 제19항에서 합병에 따라 소멸하는 법인이 합병계약서에 기재된 합병을 할 날부터 합병등기일까지의 기간에 재화 또는 용역을 공급하거나 공급받는 경우 합병 이후 존속하는 법인 또는 합병으로 신설되는 법인이 세금계산서를 발급하거나 발급받을 수 있도록 하고 있다.

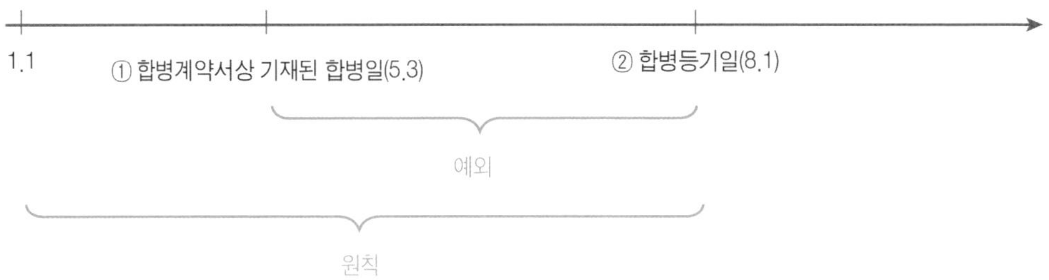

| 세금계산서 발급과 수령 |

원 칙	예 외
합병등기일(8.1)까지 피합병법인이 발급	합병계약서상에 기재된 합병일부터 합병등기일까지 합병법인이 발급 또는 수령 가능함 * 즉, 5.3~8.1까지 합병법인이 발급 등 가능함

합병법인이 합병등기일 이후 피합병법인 명의의 세금계산서로 매입세액공제 가능함

피합병법인이 전기・가스료에 대한 세금계산서를 합병등기일까지 교부받지 못하고 합병등기일 이후 합병법인이 피합병법인명의로 전기・가스료에 대한 세금계산서를 교부받은 경우에 당해 세금계산서의 매입세액은 세금계산서를 교부받은 과세기간에 합병법인의 매출세액에서 공제할 수 있음(부가 46015-753, 2000. 4. 3.).

합병등기일 이후에는 피합병법인 명의로 세금계산서 발급 불가

합병으로 인한 소멸법인의 최종 과세기간은 부가가치세법 제3조 제3항의 규정에 의하여 그 과세기간은 부가가치세법 제3조 제3항의 규정에 의하여 그 과세기간의 개시일부터 합병등기를 한 날까지로 하는 것으로, 귀 질의의 경우 피합병법인의 명의로 합병등기일 이후의 날짜로 작성된 세금계산서를 교부할 수 없는 것이며 합병등기일 이후 합병법인 소유의 부동산을 매각하는 때에는 합병법인의 명의로 세금계산서를 교부하는 것임(서면3팀-2031, 2004. 10. 5.).

3) 납세지

법인의 합병으로 인한 소멸법인의 최종과세기간분에 대한 확정신고는 합병 후 존속하는 법인 또는 합병으로 인하여 설립된 법인이 소멸법인을 해당 과세기간의 납세의무자로 하여 소멸법인의 사업장 관할세무서장에게 신고하여야 한다.

소멸법인의 사업장을 존속법인의 지점으로 설치・운영하는 경우 소멸법인은 폐업신고하고, 존속법인은 신규등록 해야 한다(부가 22601-1724, 1992. 11. 18.).

4) 사업의 포괄양도

사업장별로 그 사업에 관한 모든 권리와 의무를 포괄적으로 승계시키는 사업의 양도의 경우에는 재화의 공급으로 보지 아니한다(부령 §23). 합병은 상법상 모든 자산등을 포괄적으로 승계해야만 하므로 부가가치세법상으로도 당연히 포괄적인 양도에 해당한다고 볼 수 있다.

5) 사업자등록변경신고

등록한 사업자는 휴업 또는 폐업을 하거나 등록사항이 변경되면 지체 없이 사업장 관할 세무서장에게 신고하여야 한다. 등록을 신청한 자가 사실상 사업을 시작하지 아니하게 되는 경우에도 또한 같다(부법 §8 ⑧). 그러나, 「개별소비세법」 제21조 제4항 및 제5항 또는 「교통・에너지・환경세법」 제18조 제2항에 따른 양수, 상속, 합병 신고를 한 경우에는 사업자등록사항 변경 신고를 한 것으로 본다(부법 §8 ⑪ 4호). 한편, 합병으로 인한 소멸법인의 경우에는 합병법인의 변경등기일 또는 설립등기일이 폐업일이다(부령 §7 ①).

■ 부가가치세법 시행규칙[별지 제10호 서식] (2021. 3. 16. 개정)

법인합병신고서

접수번호	접수일	처리기간 즉시

신고인 인적사항	법인명(상호)	등록번호
	대표자명(성명)	주민(법인)등록번호
	사업장(주된 사업장) 소재지	전화번호
	업태	종목
	총괄 납부 관리번호	

신고내용		
존속법인 또는 신설법인	위 사업자와 같음	
피합병 법인	법인명	등록번호
	대표자명	주민(법인)등록번호
	사업장(주된 사업장) 소재지	
합병 연월일		

「부가가치세법」 제8조 제8항 및 같은 법 시행령 제13조 제4항에 따라 합병으로 인하여 폐업하였음을 신고합니다.

년 월 일

신고인

(서명 또는 인)

세무서장 귀하

첨부서류	사업자등록증	수수료 없음

210mm×297mm[백상지 80g/㎡(재활용품)]

Ⅲ 합병법인의 회계와 세무

1. 비적격합병

비적격합병인 경우 합병법인은 피합병법인의 자산 및 부채를 시가로 승계받고, 순자산의 시가와 양도가액과의 차액에 대해 합병매수차손익이 발생한다. 합병매수차익은 5년간 균등 익금산입하고, 합병매수차손에 대해서는 세무상 그 자산성이 인정되는 경우에 한해 5년간 균등 손금산입한다.

비적격합병인 경우 피합병법인의 이월결손금을 승계받을 수 없고 피합병법인의 공제·감면세액도 승계받아 공제받을 수 없다.

비적격합병인 경우 합병법인은 피합병법인의 세무조정사항 중 퇴직급여충당금과 대손충당금 관련된 세무조정사항만 승계받을 수 있고 그 외의 세무조정사항은 승계받을 수 없다.

(1) 피합병법인의 자산·부채 등의 승계

합병법인이 합병으로 피합병법인의 자산을 승계한 경우에는 그 자산을 피합병법인으로부터 합병등기일 현재의 시가(제52조 제2항에 따른 시가를 말한다)로 양도받은 것으로 본다. 이 경우 피합병법인의 각 사업연도의 소득금액 및 과세표준을 계산할 때 익금 또는 손금에 산입하거나 산입하지 아니한 금액, 그 밖의 자산·부채 등은 다음과 같이 합병법인이 승계할 수 있다(법법 §44의 2 ①).

① 적격합병의 경우: 세무조정사항(분할의 경우에는 분할하는 사업부문의 세무조정사항에 한정한다)은 모두 합병법인등에 승계(법령 §85)
② 비적격합병의 경우 : 퇴직급여충당금 또는 대손충당금을 합병법인등이 승계한 경우에는 그와 관련된 세무조정사항만 승계하고 그 밖의 세무조정사항은 모두 합병법인등에 미승계(법령 §85)

퇴직급여충당금과 대손충당금의 승계

퇴직급여충당금을 손금에 산입한 내국법인이 합병하거나 분할하는 경우 그 법인의 합병등기일 또는 분할등기일 현재의 해당 퇴직급여충당금 중 합병법인·분할신설법인 또는 분할합병의 상대방 법인("합병법인등")이 승계받은 금액은 그 합병법인등이 합병등기일 또는 분할등기일에 가지고 있는 퇴직급여충당금으로 본다(법법 §33 ③).

대손충당금을 손금에 산입한 내국법인이 합병하거나 분할하는 경우 그 법인의 합병등기일 또는 분할등기일 현재의 해당 대손충당금 중 합병법인등이 승계(해당 대손충당금에 대응하는 채권이 함께 승계되는 경우만 해당한다)받은 금액은 그 합병법인등이 합병등기일 또는 분할등기일에 가지고 있는 대손충당금으로 본다(법법 §33 ④).

합병에 따라 취득한 자산의 경우 다음의 구분에 따른 금액으로 승계한다(법령 §72 ② 3호).

가. 적격합병의 경우 : 장부가액

나. 비적격합병의 경우 : 해당 자산의 시가

피합병법인의 자산·부채를 장부가액대로 승계한 경우 승계받은 매출채권 중 법인세법상 대손금의 손금 귀속시기가 합병일 이후에 도래하는 경우에는 합병법인이 이를 대손금으로 손금 산입할 수 있으며, 이를 부실채권으로 보아 부당행위계산 부인규정을 적용하는 것은 아님(적부 2003-1014, 2003. 6. 5.).

(2) 합병매수차손익의 처리

합병매수차손익은 비적격합병의 경우로서 피합병법인 순자산의 시가에서 양도가액을 차감한 가액이다.

1) 합병매수차익

합병법인이 피합병법인의 자산을 시가로 양도받은 것으로 보는 경우로서 피합병법인에 지급한 양도가액이 피합병법인의 합병등기일 현재의 자산총액에서 부채총액을 뺀 금액("순자산시가")보다 적은 경우에는 그 차액을 세무조정계산서(注)에 계상하고 합병등기일부터 5년간 균등하게 나누어 익금에 산입한다. 이는 합병으로 인한 일시적인 세금부담을 완화해 원활한 구조조정과 합병을 유도하기 위한 조세정책이다.

(注) 여기에서 지칭하는 세무조정계산서는 다음의 법령과 법칙 규정에 따라 「법인세 과세표준 및 세액조정계산서」를 말한다. 다음은 관련 법령이다.

법령 제97조

④ 법 제60조 제2항 제2호의 규정에 의한 세무조정계산서는 기획재정부령이 정하는 법인세 과세표준 및 세액조정계산서로 한다.

법칙 제82조 제1항

3. 영 제97조 제4항에 따른 별지 제3호 서식의 법인세 과세표준 및 세액조정계산서

합병매수차익 = 순자산의 시가* - 양도가액

* 순자산의 시가=합병등기일 현재 자산총액 시가-합병등기일 현재 부채총액 시가

합병법인은 양도가액이 순자산시가에 미달하는 경우 그 차액(합병매수차익)을 익금에 산입할 때에는 합병등기일이 속하는 사업연도부터 합병등기일부터 5년이 되는 날이 속하는 사업연도까지 다음 산식에 따라 계산한 금액을 산입한다. 이 경우 월수는 역에 따라 계산하되 1월 미만의 일수는 1월로 하고, 이에 따라 합병등기일이 속한 월을 1월로 계산한 경우에는 합병등기일부터 5년이 되는 날이 속한 월은 계산에서 제외한다.

$$익금산입액 = 합병매수차익 \times \frac{해당\ 사업연도의\ 월수}{60월}$$

합병매수차익의 발생

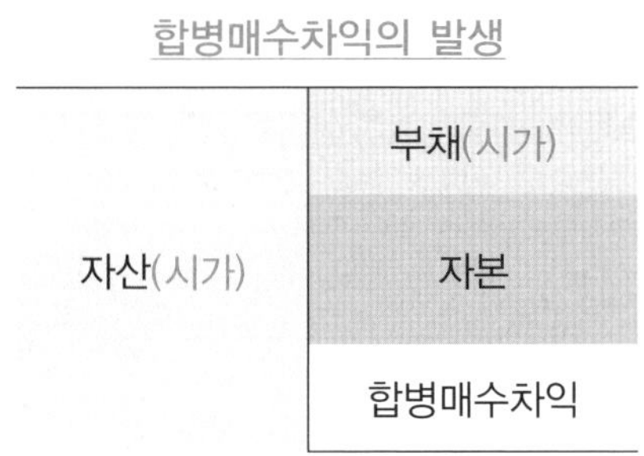

■ 법인세법 시행규칙 [별지 제1호 서식] (2023. 3. 20. 개정)

홈택스(www.hometax.go.kr)에서도 신고할 수 있습니다.

법인세 과세표준 및 세액신고서

※ 뒤쪽의 신고안내 및 작성방법을 읽고 작성하여 주시기 바랍니다. (앞쪽)

①사업자등록번호			②법인등록번호		
③법인명			④전화번호		
⑤대표자성명			⑥전자우편주소		
⑦소재지					
⑧업태		⑨종목		⑩주업종코드	
⑪사업연도	. . . ~ . . .		⑫수시부과기간	. . . ~ . . .	

⑬법인구분	1. 내국 2.외국 3.외투(비율 %)				⑭조정구분	1. 외부 2. 자기
⑮종류별구분	중소기업	일반			당기순이익과세	⑯외부감사대상	1. 여 2. 부
		중견기업	상호출자제한기업	그외기업			
영리법인 상장법인	11	71	81	91		⑰신고구분	1. 정기신고
영리법인 코스닥상장법인	21	72	82	92			2. 수정신고(가.서면분석, 나.기타)
영리법인 기타법인	30	73	83	93			3. 기한후 신고
비영리법인	60	74	84	94	50		4. 중도폐업신고 5. 경정청구

⑱법인유형별구분		코드		⑲결산확정일	
⑳신고일				㉑납부일	
㉒신고기한 연장승인	1. 신청일			2. 연장기한	

구분	여	부	구분	여	부
㉓주식변동	1	2	㉔장부전산화	1	2
㉕사업연도의제	1	2	㉖결손금소급공제 법인세환급신청	1	2
㉗감가상각방법(내용연수)신고서 제출	1	2	㉘재고자산등평가방법신고서 제출	1	2
㉙기능통화 채택 재무제표 작성	1	2	㉚과세표준 환산시 적용환율		
㉛동업기업의 출자자(동업자)	1	2	㉜한국채택국제회계기준(K-IFRS)적용	1	2
㊼기능통화 도입기업의 과세표준 계산방법			㊽미환류소득에 대한 법인세 신고	1	2
㊾성실신고확인서 제출	1	2			

구분	법인세			
	법인세	토지 등 양도소득에 대한 법인세	미환류소득에 대한 법인세	계
㉝수입금액	(		)	
㉞과세표준				
㉟산출세액				
㊱총부담세액				
㊲기납부세액				
㊳차감납부할세액				
㊴분납할세액				
㊵차감납부세액				

㊶조정반번호		㊸조정자	성명	
㊷조정자관리번호			사업자등록번호	
			전화번호	

국세환급금 계좌신고	㊹예입처	은행 (본)지점
	㊺예금종류	예금
	㊻계좌번호	

신고인은 「법인세법」 제60조 및 「국세기본법」 제45조, 제45조의 2, 제45조의 3에 따라 위의 내용을 신고하며, 위 내용을 충분히 검토하였고 **신고인이 알고 있는 사실 그대로를 정확하게 적었음을 확인합니다.**

년 월 일

신고인(법 인) (인)

신고인(대표자) (서명 또는 인)

세무대리인은 조세전문자격자로서 위 신고서를 성실하고 공정하게 작성하였음을 확인합니다.

세무대리인 (서명 또는 인)

세무서장 귀하

첨부서류	1. 재무상태표 2. (포괄)손익계산서 3. 이익잉여금처분(결손금처리)계산서 4. 현금흐름표(「주식회사 등의 외부감사에 관한 법률」 제2조에 따른 외부감사의 대상이 되는 법인의 경우만 해당합니다). 5. 세무조정계산서	수수료 없음

210mm×297mm[백상지 80g/㎡ 또는 중질지 80g/㎡]

사 례

피합병법인의 장부가액이 120, 양도가액이 200 그리고 시가가 260이고 합병등기일은 2024년 7월 26일이다.

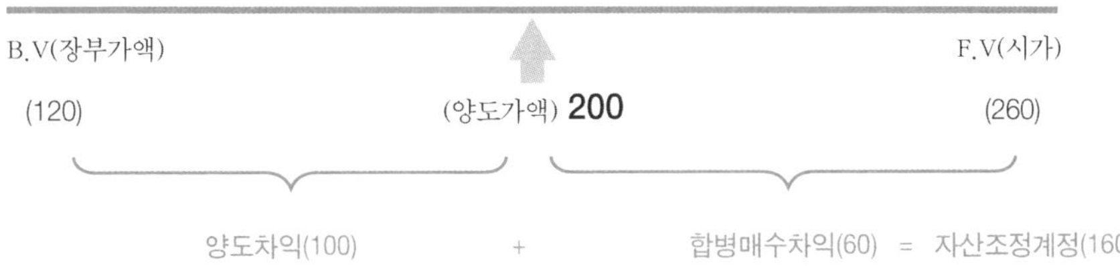

① 합병매수차익 60 = 260 - 200
② 합병등기일이 속하는 사업연도의 익금산입액 6 = 6개월 / 60개월

연도	2024년	2025년	2026년	2027년	2028년	2029년
익금산입액	6*	12	12	12	12	6**

* 1월 미만은 1월로 한다.
** 5년이 되는 날이 속한 월은 제외한다.

순자산의 시가(260)와 양도가액(200)의 차액인 합병매수차익을 5년간 균등 익금산입한다. 이 경우 월수는 역에 따라 계산하되 1월 미만의 일수는 1월로 하고, 이에 따라 합병등기일이 속한 월을 1월로 계산한 경우에는 합병등기일로부터 5년이 되는 날이 속한 월은 계산에서 제외한다(법령 §80의 3 ①).

필자주

(적격합병일 때의 순자산장부가액과 비적격합병일 때의 장부가액)

법의 규정상 적격합병의 경우, 피합병법인의 양도차익 계산할 때의 양도가액과 합병법인의 합병매수차손익 계산할 때의 양도가액은 다르다.

★ 법법 §44 ① 2호에서 피합병법인의 양도손익은 양도가액에서 순자산장부가액 (세무상 장부가액)을 차감한 것이며, 이하 이 관에서 "순자산 장부가액"이라 한다 라고 규정하면서 법령 §80 ②에서 순자산장부가액은 (자산의 장부가액) - (부채의 장부가액 + 법인세환급액)이다라고 규정한다. 따라서 법법 제6관(법법 §44~§50)에서 "순자산장부가액"은 (자산 - 부채 + 법인세환급액)을 일컫는다.

반면, 적격합병시 합병법인에 대한 과세특례 규정(법법 §44의 3 ①)에 "적격합병을 한 합병법인은 피합병법인의 자산을 "장부가액"으로 양도받은 것으로 한다"라고 하고 있다. 즉 위 법법 §44 ① 2호에서 규정하는 "순자산장부가액"과는 다르다. 피합병법인의 양도차익 계산을 위한 "순자산장부가액"은 법인세환급액을 가산하라고 되어 있지만, 과세특례적용

시 양도가액으로 보는 피합병법인의 장부가액에는 법인세환급액을 가산하라는 문구가 없기 때문이다.

그러나 필자의 의견으로는 환급되는 법인세액은 따로 장부가액에 가산한다 라는 규정이 없더라도 원칙 아래의 분개처럼 환급되는 법인세가 있는 경우에는 차변(자산)의 미환급법인세, 환급됐을 때는 차변(자산) 보통예금으로 계상된다. 따라서 환급되는 "법인세액을 가산한다"라는 것은 강조에 불과할 뿐 당연히 피합병법인의 자산에 가산되므로 의미가 없다고 본다.

(법인세가 환급되기 전의 분개)
(차) 미환급법인세 *** (대) 법인세

(법인세가 환급된 경우의 분개)
(차) 보통예금 *** (대) 미환급법인세

그러므로 결과적으로 피합병법인의 양도손익 계산을 위한 "순자산장부가액"과 합병법인의 합병매수차손익 계산을 위한 "장부가액"은 모두 동일하다는 것이 필자의 의견이다.

2) 합병매수차손

합병법인은 피합병법인의 자산을 시가로 양도받은 것으로 보는 경우에 피합병법인에 지급한 양도가액이 합병등기일 현재의 순자산시가를 초과(합병매수차손)하는 경우로서 합병법인이 피합병법인의 상호·거래관계, 그 밖의 영업상의 비밀 등에 대하여 사업상 가치가 있다고 보아 대가를 지급한 경우에는 그 차액을 세무조정계산서에 계상하고 합병매수차익과 동일한 방법으로 합병등기일부터 5년간 균등하게 나누어 손금에 산입한다. 따라서 영업권의 가치로 인정되지 않는 경우에는 손금산입할 수 없다(법법 §44의 2, 법령 §80의 3).

합병매수차손* = 양도가액 − 순자산의 시가**

* 합병법인이 피합병법인의 상호·거래관계, 그 밖의 영업상의 비밀 등에 대하여 사업상 가치가 있다고 보아 대가를 지급한 것에 한함

** 순자산의 시가 = 합병등기일 현재 자산총액 시가 − 합병등기일 현재 부채총액 시가

합병매수차손의 발생

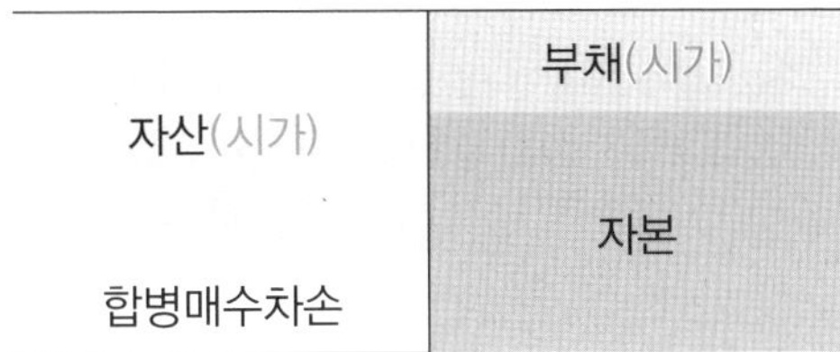

| 합병매수차손은 세무조정계산서에 계상하고 5년간 균등분할 손금산입 |

$$\text{합병매수차손 분할손금산입액} = \text{합병매수차손} \times \frac{\text{해당 사업연도의 월수}}{60\text{월}}$$

사 례

피합병법인의 장부가액이 120, 양도가액이 260 그리고 시가가 200이고 합병등기일은 2024년 7월 26일이다. 합병매수차손은 세법상 그 자산성이 인정된다.

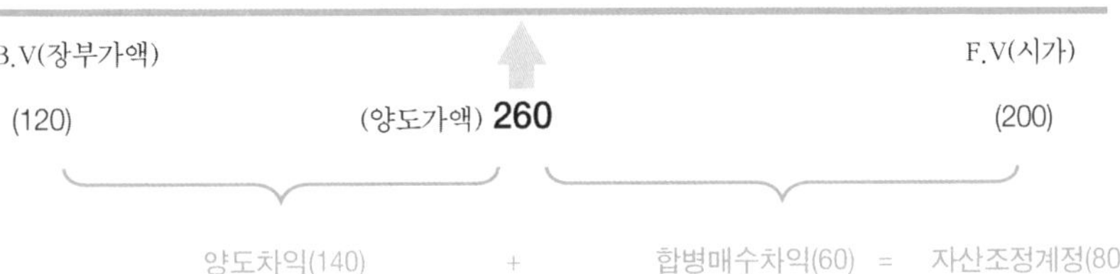

① 합병매수차손 60 = 200 - 260

② 합병등기일이 속하는 사업연도의 손금산입액 6 = 6개월 / 60개월

연도	2024년	2025년	2026년	2027년	2028년	2029년
익금산입액	6*	12	12	12	12	6**

* 1월 미만은 1월로 한다.

** 5년이 되는 날이 속한 월은 제외한다.

“사업상 가치가 있다고 보아 대가를 지급한 경우”의 요건

다음의 요건을 모두 만족하는 경우에는 사업상 가치가 있다고 보아 대가를 지급한 경우로 본다(법법 §44의 2 ③, 법령 §80의 3 ②) (기획재정부 법인-36, 2017. 1. 8. 및 사전법령해석법인 2018-789, 2018. 12. 26.).

① 상장법인인 합병법인이 「자본시장과 금융투자업에 관한 법률 시행령」 제176조의 5에 따라 적정하게 산정된 합병대가를 피합병법인 주주에게 지급한 경우
② 피합병법인의 이월결손금이 없는 경우
③ 피합병법인이 합병등기일 현재의 순자산시가를 초과하여 지급받은 양도가액을 익금에 산입한 경우

피합병법인의 이월결손금이 있는 경우 영업권을 인정하지 않는 이유는, 양도가액을 높이는 경우 피합병법인의 양도차익은 높아지고 합병법인의 합병매수차손(영업권)도 높아지게 된다. 피합병법인의 양도차익은 이월결손금을 상계하여 세금을 줄이고, 합병법인은 합병매수차손(영업권)을 손금으로 계상하여 세금을 줄여 세금회피의 수단으로 사용될 수 있기 때문이다.

그러나 상기 ②번 “피합병법인의 이월결손금이 없는 경우”의 요건을 만족하지 못하더라도 자산성을 인정받아 5년 균등 손금산입을 허용하는 심판례도 다수 있다(조심 2020서2117, 2021. 6. 30. 및 조심 2016중1693, 2017. 8. 10.).

♣ 필자의 의견으로는 상기 3가지 모두 충족하는 경우 영업권을 인식하는 것이 안정적이라고 본다.

합병을 통하여 자산 각항목에 따라 개별적으로 식별 측정하지 않고 피합병법인 전체로서 영업권을 평가하여도 영업권 인정함

개별자산인 영업권(사업시행권, 인허가권 등)과는 달리 합병시 발생하는 영업권은 기업 전체에 내재되어 있는 것으로 이를 자산의 각 항목에 따라 개별적으로 식별·측정하는 것은 현실적으로 어려울 뿐 아니라 피합병법인이 가지는 여러 장점들을 전체로서 영업권으로 파악·평가하여도 기업거래 관행이나 회계원칙상 부당한 것으로 보이지 아니하므로 합병을 통하여 피합병법인의 주주에게 지급한 합병대가에서 피합병법인의 순자산시가를 공제한 금액을 영업권으로 평가한 것에 대해 부적절하다고 보기는 어려움
(대법원 2007. 10. 16. 선고 2007두12316 판결 및 조심 2013중3715, 2016. 9. 21. 등 다수 같은 뜻임) 조심 2020서2117, 2021. 6. 30.) [참조결정] 조심 2013중3715

피합병법인의 서비스 가입자수와 종업원 수, 그리고 시설투자 규모가 계속 감소하는 등 정황상 영업권을 인정하기 어려움

피합병법인은 쟁점서비스사업을 개시한 20○○년 이후 계속해서 영업손실을 기록하였고, 쟁점서비스 가입자 수는 20○○년 상반기 이후 계속해서 감소한 점, 피합병법인은 매출의

상당부분을 AAA과 피합병법인 간 제휴계약에 의존하였고, 이와 같은 제휴계약이 향후 영구적으로 지속될 것으로 보기 어려우며 쟁점서비스 가입자 수가 쟁점합병일 이후에도 계속해서 증가하거나 유지될 것으로 볼만한 사정이 없어 보이고, 20○○년 이후 쟁점서비스사업 종사자 수와 시설투자 규모는 계속해서 감소하고 있고, 20○○년부터는 시설투자를 하지 않은바, 청구법인도 쟁점합병 당시 쟁점서비스사업의 폐지를 계획하고 있었던 것으로 보이는 점 등을 종합하면 쟁점합병매수차손은 청구법인이 피합병법인의 상호・거래관계, 그 밖의 영업상의 비밀 등에 대하여 사업상 가치가 있다고 보아 대가를 지급함에 따라 발생한 것으로 보기 어려우므로 처분청이 이를 이유로 법인세를 과세한 처분은 잘못이 없는 것으로 판단됨. (조심 2020서625, 2021. 12. 29.)[참조결정] 조심 2016중1693

자본시장법에 따라 산정된 합병대가를 지급한 경우 사업상 가치가 있다고 보아 대가를 지급한 경우에 해당함

「법인세법」 제44조의 2 제3항을 적용함에 있어 상장법인인 합병법인이 「자본시장과 금융투자업에 관한 법률 시행령」 제176조의 5에 따라 적정하게 산정된 합병대가를 피합병법인 주주에게 지급하고, 이월결손금이 없는 피합병법인이 합병등기일 현재의 순자산시가를 초과하여 지급받은 양도가액을 익금에 산입한 경우 「법인세법 시행령」 제80조의 3 제3항에 따른 합병매수차손은 「법인세법 시행령」 제80조의 3 제2항의 "사업상 가치가 있다고 보아 대가를 지급한 경우"에 해당하는 것임(기획재정부 법인-36, 2017. 1. 8. 및 대법원 2017두57509, 2018. 5. 15. 및 대법원 2017두54719 및 사전법령해석법인 2018-0789, 2018. 12. 26.).

피합병법인의 사업부문을 포괄양도 하더라도 영업권과 합병매수차익은 합병법인이 잔여기간 계속 손금산입함

합병법인이 피합병법인을 흡수합병하면서 「법인세법 시행령」 제80조의 3 제2항에 따른 합병매수차손을 계상한 후 합병법인이 피합병법인으로부터 승계한 사업부문에 속한 자산・부채 및 일체의 사업을 포괄적으로 양도한 경우 합병법인은 해당 합병매수차손을 사업부문의 포괄양도와 무관하게 잔여기간에 걸쳐 합병매수차손을 계속 손금에 산입하며, 합병매수차익도 이와 동일하게 적용된다(서면법령해석법인 2015-2272, 2016. 12. 30. 및 2023년 국세청 합병・분할세제 p.106).

사례

합병법인의 회계처리는 다음과 같고 자산과 부채는 공정가치로서 세법상의 시가와 동일하다. 비적격합병이다. 합병등기일은 1월 12일이다.

(차)			(대)	
	자산	2,000,000,000	부채	1,300,000,000
	영업권	500,000,000	자본금	500,000,000
			주발초	700,000,000

회계상 영업권 500,000,000으로 계상한 경우로서 세무상 자산성이 인정되는 경우와 그렇지 않은 경우 각각에 대한 세무조정은 다음과 같다.

(가) 자산성이 인정되지 않는 경우

손금산입 500,000,000(△유보)*, 익금산입 500,000,000(**기타**)

* 이후 회계상 감가상각할 때 또는 손상차손 계상 시 손금불산입(유보)으로 영업권이 모두 소멸될 때까지 세무조정한다.

(나) 자산성이 인정되는 경우

세무상 합병등기일이 속하는 사업연도의 월수가 12개월인 경우 10,000,000(50,000,000 x 12/60)을 합병등기일이 발생한 연도에 손금산입하고 5년간 균등하게 나누어 손금한다.

회계상 내용연수를 5년으로 하여 세법 내용과 동일하게 감가상각한다면 추가적인 세무조정은 없다.

다만, 회계상 내용연수를 달리하거나 손상차손을 인식하여 세무상 상각액과 맞지 않는 경우에는 해당액만큼 세무조정하여 손금산입 또는 익금산입한다.

기업회계기준

① 영업권의 상각

영업권은 그 내용연수에 걸쳐 정액법으로 상각하며, 내용연수는 미래에 경제적 효익이 유입될 것으로 기대되는 기간으로 하며, 20년을 초과하지 못한다.

K-IFRS : 사업결합으로 인해 발생한 영업권은 상각하지 않는다.

② 영업권의 손상차손 및 손상차손환입

영업권은 매 보고기간말에 회수가능액으로 평가하고, 회수가능액이 장부금액에 미달하고 그 미달액이 중요한 경우에는 손상차손으로 처리한다. 단, 영업권에 대해 인식한 손상차손은 후속기간에 환입할 수 없다(문단 20.28).

K-IFRS : 손상여부를 검토하여 손상발생 시 손상차손을 인식하되, 손상된 영업권은 추후 환입할 수 없다(K-IFRS 기준서 제1103호 문단 B69).

가) 기업회계기준상 영업권

취득자는 취득일 현재 다음 ①이 ②보다 클 경우 그 초과금액을 측정하여 영업권으로 인식한다(문단 12.32).

① **다음의 합계금액**

㉮ 일반기업회계기준 제12장에 따라 측정된 이전대가로 일반적으로 취득일의 공정가치 (문단 12.27 참조)

㉯ 일반기업회계기준 제12장에 따라 측정된 피취득자에 대한 비지배지분의 금액(문단 12.31 참조)

㉰ 단계적으로 이루어지는 사업결합(문단 12.30 참조)의 경우 취득자가 이전에 보유하고 있던 피취득자에 대한 지분의 취득일의 공정가치

② **일반기업회계기준 제12장에 따라 측정된 취득일의 식별가능한 취득자산과 인수부채의 순액**

K-IFRS:

일반기업회계기준 내용과 거의 동일함

♣【피취득자에 대한 비지배지분의 금액】은 합병이 아닌「지분 취득」, 즉 연결재무제표를 작성하는 경우 관련되는 금액이므로 합병관련 이전대가에는 포함되지 않는다.

♣ 일반기업회계기준과 K-IFRS의 차이는 다음과 같다.

1. 일반기업회계기준: 사업결합으로 인해 발생한 영업권을 20년 이내의 내용연수에 걸쳐 정액법으로 상각하며, 손상여부 검토하여 손상차손을 인식한다. 단, 손상된 영업권은 추후 환입할 수 없다(일반기준 문단 12.22, 20.15~20.28).
2. K-IFRS: 사업결합으로 인해 발생한 영업권은 상각하지 않는다. 다만 손상여부를 검토하여 손상발생 시 손상차손을 인식하되, 손상된 영업권은 추후 환입할 수 없다(K-IFRS 기준서 제1103호 문단 B63).

	일반기업회계기준(K-IFRS)	법인세법
영업권 계산	포함주식 및 이전대가등의 공정가치 - 취득하는 순자산의 공정가치	양도가액(법인세법상의 시가) - 취득하는 순자산의 시가
내용연수	20년 이내(상각 불가)	5년
상각방법	정액법(상각 불가)	정액법
손상차손	보고기간말 손상차손 처리가능(처리가능)	
손상차손 환입	손상차손환입 불가(환입 불가)	

☞ 지분만을 교환하여 사업결합을 하는 경우, 취득일에 피취득자 지분의 공정가치가 취득자 지분의 공정가치보다 더 신뢰성 있게 측정되는 경우가 있다. 이 경우, 취득자는 이전한 지분의 취득일의 공정가치 대신에 피취득자 지분의 취득일의 공정가치를 이용하여 영업권의 금액을 결정한다. 대가의 이전이 없는 사업결합에서 영업권 금액을 결정하는 경우, 취득자는 이전대가(문단 12.32(1)㈎)의 취득일의 공정

가치 대신에 가치평가기법을 사용하여 피취득자에 대한 취득자 지분의 취득일의 공정가치를 결정하여 사용한다.

나) 세법상 합병관련 영업권의 무형자산 해당 여부

법인세법 시행령 제24조[감가상각자산의 범위] 제1항 제2호 가목에서 합병 또는 분할로 인하여 합병법인등이 계상한 영업권은 무형자산에서 제외한다라고 규정하고 있다(2010. 6. 8. 개정). 여기서 영업권은 법인세법 시행령 제6관[합병 및 분할 등에 관한 특례]의 내용 중 일부 인 제80조의 3[합병 시 양도가액과 순자산시가와의 차액처리]에서 합병, 분할로 인한 합병매수차손이 자산성이 인정될 경우 계상할 수 있는 자산이다. 이 영업권은 5년간 균등 손금산입한다(법령 §80의 3 ②).

현행 법인세법에서 무형자산에 대해 열거주의를 적용하고 있다. 즉, 법인세법에서 열거하고 있지 않은 것은 무형자산으로 인정하지 않는다. 따라서 영업권을 규정하는 법인세법 시행령 제24조 제1항 제2호 가목에서 합병, 분할로 인한 영업권은 제외한다라고 하고 있기 때문에 법인세법상 합병, 분할관련 영업권은 무형자산이 아니다.

법인세법 시행규칙 제12조 제1항에서 상기의 시행령 외 추가적으로 영업권을 규정하고 있는데, 동칙 동조 동항 1호에서 "사업의 양도・양수과정에서 양도・양수자산과는 별도로 양도사업에 관한 허가・인가 등 법률상의 지위, 사업상 편리한 지리적 여건, 영업상의 비법, 신용・명성・거래처 등 영업상의 이점 등을 고려하여 적절한 평가방법에 따라 유상으로 취득한 금액은 무형자산 영업권에 포함한다"라고 하고 있다. 여기서도 사업의 양수도 과정에서 발생한 것을 말하며, 합병 또는 분할의 과정에서 발생한 것은 아니다.

영업권은 반드시 별도의 적극적인 초과수익력 계산 과정이 수반되어야 하는 것은 아님

판례(울산지법 2020구합6024, 2021. 9. 9.)는 다음의 이유로 양도대금에서 순자산가액을 공제한 금액으로 적절히 영업권의 평가가 가능하며 반드시 별도의 적극적인 초과수익력 계산 과정이 수반되어야 하는 것은 아니라고 하고 있다.

① 인수되는 사업부문의 무형의 가치가 높은 회사였던 점
② 자산의 각 항목에 따라 사업상 가치를 평가하여 그 결과를 영업권가액으로 산정하는 것은 사실상 쉽지 않아서 자산의 각 항목에 따라 사업상 가치를 평가하여 그 결과를 영업권가액으로 산정하는 것은 사실상 쉽지 않다는 점
③ 제3의 객관적 평가기관(증권회사)을 통해 양수 되는 사업부문의 기업가치를 평가한 후 이를 토대로 양도, 양수회사의 협의 하에 결정한 금액을 인수되는 사업부문의 사업상 가치로 보기로 한 점

④ 양 당사자 사이에 조세 회피 등의 불법적인 목적이 드러나지 않는 이상 원칙적으로 보호되어야 한다는 점
⑤ 양 당사자는 특수관계자가 아니라는 점

♣(영업권의 자산성이 인정되는 예규)

자산의 각 항목에 따라 평가하지 않고 기업 전체로 평가하여 지급한 것도 영업권에 해당한다.
개별자산인 영업권(사업시행권, 인허가권 등)과는 달리 합병시 발생하는 영업권은 기업 전체에 내재되어 있는 것으로 이를 자산의 각 항목에 따라 개별적으로 식별·측정하는 것은 현실적으로 어려울 뿐 아니라 피합병법인이 가지는 여러 장점들을 전체로서 영업권으로 파악·평가하여도 기업거래 관행이나 회계원칙상 부당한 것으로 보이지 아니하므로 합병을 통하여 피합병법인의 주주에게 지급한 합병대가에서 피합병법인의 순자산시가를 공제한 금액을 영업권으로 평가한 것에 대해 부적절하다고 보기는 어려움(조심 2020서2117, 2021. 6. 30. 및 대법원 2007. 10. 16. 선고 2007두12316 판결 및 조심 2013중3715, 2016. 9. 21. 등 다수 같은 뜻임).
[참조결정] 조심 2013중3715

증권거래법에 따른 합병대가가 순자산가액을 초과하는 경우
피합병법인을 흡수합병 시 피합병법인의 기업가치를 증권거래법상의 규정에 의거 평가한 합병대가가 피합병법인의 순자산가액을 초과한 경우 영업권으로 보아 감가상각할 수 있음(조심 2009부2804, 2010. 4. 19.).

순자산가액 초과지급액은 영업권의 대가이다
주식인수가 거래의 실질내용에 비추어 회사합병이고, 합병함에 있어 장차 기대되는 초과수익력인 무형의 가치를 인정하여 피합병회사의 순자산가액을 초과하는 대가를 지급한 것이므로 초과 지급금액은 감가상각의 대상이 되는 영업권의 대가이다(대법 93누11395, 1993. 12. 14.).

유상양도한 영업권을 취득한 법인과 합병하는 경우
법인이 유상으로 양도한 영업권을 취득한 다른 법인을 흡수합병함에 따라 당해 영업권을 취득하는 경우에는 합병법인의 영업권으로 하여 상각범위액의 범위 안에서 각 사업연도의 소득금액계산상 손금에 산입할 수 있음(법인 46012-1884, 2000. 9. 7).

비상장주식 평가 시 장부상 계상된 합병매수차손(영업권)은 자산가액에 포함함
「상속세 및 증여세법 시행령」 제55조 제1항에 따라 비상장법인의 순자산가액을 계산할 때 장부상 합병차손을 영업권으로 계상한 경우 그 영업권 상당금액은 당해 법인의 자산가액에 합산하는 것입니다(상속증여-460, 2013. 8. 12.).

♣(영업권의 자산성이 인정되지 않는 예규)

영업권을 따로 평가하거나 따로 지급함이 없이 단지 총지급액에서 순자산의 공정가액을 공제한 금액으로 영업권을 인식하는 것은 세법상 인정 안됨

결산 시 순자산가치를 초과하여 지급한 합병대가를 영업권으로 계상한 것이 기업회계기준에 부합되는 정당한 회계처리 하더라도 과세소득의 산정을 목적으로 하는 법인세법에서는 기업회계기준과 달리 영업권을 적절한 평가방법에 따라 유상으로 취득한 경우에 한정하고 있는데, 영업양수도 당시 인수하는 사업부문의 가치평가와 별도로 쟁점영업권을 평가하거나 그 대가를 따로 지급한 바 없고, 쟁점 영업권은 단순히 청구법인이 지급한 영업양수도 대가에서 인수하는 사업부문의 순자산 공정가액을 공제한 금액에 불과한 것으로 확인되는 바, 이를 회계상 영업권으로 인식하였다고 하여 곧바로 세법상 영업권으로 인정할 수 없는 것이다라고 결정하고 있다(조심 2018부4703, 2019. 12. 23.).

합리적으로 계산되지 않고 계상된 영업권은 자산성이 있는 것으로 보지 않음

법인간에 합병시 피합병법인의 상호·거래관계·영업상의 비결 등 사업상의 가치가 있는 것을 합리적으로 계산하여 유상으로 취득하는 것이 아니고, 단순히 피합병법인의 순자산가액과 신주교부가액의 차액을 영업권으로 계상한 경우에는 이를 영업권으로 보지 아니함(법인 46012-1890, 1998. 7. 9. 외 다수).

포합주식의 소각손실은 영업권이 아니다.

합병법인이 합병전에 취득한 피합병법인의 주식에 대하여 합병시 신주를 교부하지 아니하고 소각함에 따라 생긴 자기주식소각손실은 영업권으로 보지 아니함(법인 46012-3406, 1997. 12. 26.).

세법상 인정되지 않은 영업권은 주식 평가시에도 자산에 포함되지 않음

기업회계기준은 합병시 순자산가액을 초과하는 합병대가를 지급하는 경우 초과금액을 영업권으로 계상하도록 규정하고 있으나, 법인세법은 합병시 발생된 영업권 중 피합병법인의 상호, 거래관계, 영업상의 비결 등으로 사업상 가치가 있어 유상으로 취득한 가액에 한하여 자산으로 인정하고, 합병법인이 장부가액으로 흡수합병하면서 피합병법인의 이월결손금을 승계하여 대차대조표에 영업권으로 계상한 것에 대하여는 자산성을 인정하지 아니하고 있으며, 처분청도 이와 같이 영업권가액의 자산성을 부인하여 법인이 손금계상한 영업권가액의 감가상각비를 손금부인하였으므로, 영업권가액을 자산에 포함하여 주식의 시가를 계산하여 과세한 처분은 부당함(국심 2002서840, 2002. 7. 10.).

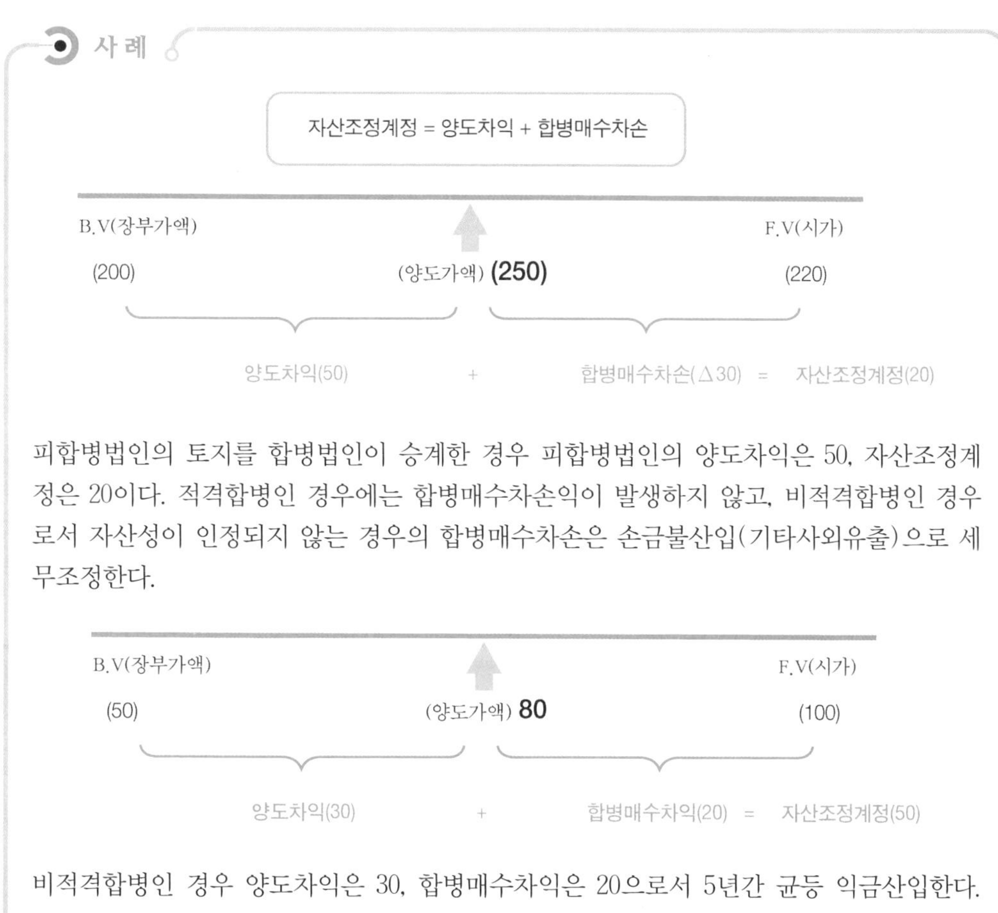

피합병법인의 토지를 합병법인이 승계한 경우 피합병법인의 양도차익은 50, 자산조정계정은 20이다. 적격합병인 경우에는 합병매수차손익이 발생하지 않고, 비적격합병인 경우로서 자산성이 인정되지 않는 경우의 합병매수차손은 손금불산입(기타사외유출)으로 세무조정한다.

비적격합병인 경우 양도차익은 30, 합병매수차익은 20으로서 5년간 균등 익금산입한다.

다) 합병 후 비상장주식 평가 시 합병관련 영업권의 자산 해당 여부

합병법인이 비상장법인으로서 합병 시 발생한 영업권이 있는 경우, 합병 후 합병법인의 비상장주식 평가 시 해당 영업권이 자산에 해당하는 경우와 해당되지 않는 경우 그 평가액이 달라진다.

국세청은 비상장주식을 평가하기 위해 「상속세 및 증여세법 시행령」 제55조에 따른 순자산가액을 계산할 때 기업회계기준에 따라 장부상 계상되어 있는 영업권이 세무상 자산성이 인정되지 않아 △유보로 세무조정했다 하더라도 해당 합병영업권 상당액은 당해 법인의 비상장주식평가 시 당해 법인의 자산가액에 포함하여 평가하도록 하고 있다(사전법규재산 2022-842, 2023. 3. 6.).

그러나, 합병 당시 합병양도차익 계산을 위한 합병법인의 합병교부주식을 평가할 때는

합병영업권을 포함하지 않는 것(조심 2020서8509, 2023. 10. 17.)과는 상반되므로 주의해야 한다.

3) 포합주식과 합병매수차손익

합병매수차손익은 합병법인이 승계받는 순자산의 시가에서 양도가액을 차감한 가액이다. 양도가액은 다음의 합계액이다.

① 합병교부주식가액
② 합병교부금등
③ 간주교부주식가액
④ 법인세등 대납액

간주교부주식가액은 포합주식에 대해 합병교부주식을 교부하지 않을 때, 교부한 것으로 간주하는 금액으로서 회계상으로는 존재하지 않는 것이다. 만약, 회계상 공정가치와 세법상 시가가 다르다면, 간주교부주식가액이 있을 때 회계상과 세무상 합병매수차손익액은 차이가 발생할 수 있다.

다음의 사례를 참고한다.

사 례

1. ㈜소영전산은 ㈜하람기계를 흡수합병한다. ㈜하람기계의 총발행주식수는 5,000주이며, 주주들(4,000주)에게 합병교부주식(총액면가액 2,000,000,000, 총시가 8,000,000,000)을 지급하고 ㈜소영전산이 보유하고 있는 포합주식1,000주에는 합병교부주식을 교부하지 않는다. 비적격합병에 해당한다. 포합주식은 1,000,000,000원에 취득하였다. 합병등기일은 20××년 1월 15일이다.

| ㈜하람기계의 재무상태표 |

자산		부채 및 자본	
공장	1,500,000,000	부채	1,000,000,000
(시가 2,000,000,000)		자본금	2,000,000,000
토지	2,000,000,000	이익잉여금	500,000,000
(시가 5,000,000,000)			

㈜소영전산의 회계상 분개는 다음과 같다. 영업권은 세법상 자산성이 인정되는 것이다. 회계상 영업권은 내용연수 20년으로 정액법으로 감가상각한다. 합병교부주식의 회계상

공정가치와 세법상의 시가는 동일하다.

(차) 투자주식	1,000,000,000	(대) 투자주식평가이익*	1,000,000,000

* 단계적으로 이루어지는 사업결합에서, 취득자는 이전에 보유하고 있던 피취득자에 대한 지분을 취득일의 공정가치로 재측정하고 그 결과 차손익이 있다면 당기손익으로 인식한다(문단 12.30).

(세무조정) 익금불산입(△유보) 1,000,000,000(투자주식)

(차) 공장	2,000,000,000	(대) 부채	1,000,000,000
토지	5,000,000,000	자본금	2,000,000,000
영업권	4,000,000,000	주식발행초과금	6,000,000,000
		투자주식	2,000,000,000
(차) 감가상각비	200,000,000	(대) 영업권	200,000,000

(세무조정)
익금산입(유보) 1,000,000,000 투자주식(평가이익)
손금산입(기타) 1,000,000,000
* 포합주식관련 유보금액은 양편조정으로 소멸시킨다(서면2팀-709, 2005. 5. 20.).

손금산입(△유보) 600,000,000* (영업권)
* 4,000,000,000 / 5년 = 800,000,000. 2억원과의 차액 6억원을 추가 손금산입한다.

(세무상 영업권액)

♣ 관련 기업회계기준(문단 12.27)

사업결합에서 이전대가는 공정가치로 측정한다.

공정가치는 취득자가 이전하는 자산, 취득자가 피취득자의 이전 소유주에 대하여 부담하는 부채 및 취득자가 발행한 지분의 취득일의 공정가치 합계로 산정한다(그러나 사업결합의 이전대가에 포함된, 피취득자의 종업원이 보유하고 있는 보상과 교환하여 취득자가 부여한 주식기준보상은 공정가치로 측정하지 않고 문단 12.26에 따라 측정한다). 대가의 잠재적 형태의 예에는 현금, 그 밖의 자산, 취득자의 사업 또는 종속기업, 조건부 대가, 보통주 또는 우선주와 같은 지분상품, 옵션, 주식매입권 및 상호실체의 조합원 지분을 포함한다(문단 12.27).

단계적으로 이루어지는 사업결합의 경우 취득자가 보유하고 있던 피취득자에 대한 지분의 취득일의 공정가치와 이전대가의 합계금액을 식별가능 취득 자산과 인수 부채의 순액과 비교하여 영업권 또는 염가매수차익을 인식하는 일괄법을 규정하고 있다(문단 41, 문단 42) (K-IFRS 1103:32(다)).

| 영업권 계산을 위한 세무상 분개 |

(차)			(대)		
	공장	2,000,000,000		부채	1,000,000,000
	토지	5,000,000,000		자본금	2,000,000,000
	영업권	4,000,000,000		주식발행초과금	6,000,000,000
				간주교부주식	2,000,000,000(주1)

(주1) 4,000주에 합병교부주식 8,000,000,000원 교부했으므로 주당 2,000,000원이다. 합병포합주식에 대한 간주교부주식가액은 2,000,000×1,000이므로 2,000,000,000원이다.

세무상 분개에는 포합주식에 교부하지 않은 합병신주가액을 교부한 것으로 보는 간주교부액이 계상된다.

사 례

1. ㈜미진테크는 2023. 1. 1. ㈜영호테크를 흡수합병하였다.
   * ㈜영호의 주주에게 주식(시가 15,000,000,000. 액면가액 6,000,000,000)을 교부하였다.
   * 총 합병교부대상 주식수는 335,000주이며, 이 중 85,000주는 ㈜미진테크가 소유하고 있는 포합주식(합병교부주식 교부하지 않음)이다.
   * ㈜미진테크는 ㈜영호테크의 주식을 과거 7,000,000,000원에 취득하였다.
   * 합병교부주식의 세무상 시가는 회계상 공정가치와 동일하다.
   * 비적격합병
   * 회계상 영업권은 세무상 자산성이 인정되는 영업권이다.

㈜영호테크의 합병 당시 재무상태표는 다음과 같다.

자산		부채 및 자본	
유형자산	5,000,000,000	부채	3,000,000,000
(시가 16,000,000,000)		자본금	4,000,000,000
재고자산	3,000,000,000	자본잉여금	1,000,000,000
(시가 4,000,000,000)			

(㈜미진테크의 회계상 분개)

(차)	유형자산	16,000,000,000	(대) 부채	3,000,000,000
	재고자산	4,000,000,000	자본금	6,000,000,000
	영업권	3,100,000,000	주식발행초과금	9,000,000,000
			투자주식(포합주식)	5,100,000,000*

* 단계적으로 이루어지는 사업결합에서, 취득자는 이전에 보유하고 있던 피취득자에 대한 지분을 취득일의 공정가치로 재측정하고 그 결과 차손익이 있다면 당기손익으로 인식한다(일반기업회계기준 문단 12.30). 따라서 취득자인 합병법인은 취득일의 공정가치로 재측정하여 당기손익으로 인식하기 위해 다음과 같이 회계상 분개를 했다.

(차) 투자주식평가손실 1,900,000,000 (대) 투자주식 1,900,000,000

☞ 이 경우 K-GAAP은 당기손익, K-IFRS는 당기손익 또는 기타포괄손익에 반영할 수 있다.

(세무조정) 손금불산입(유보) 1,900,000,000 (투자주식)

(합병매수차손(영업권) 계산을 위한 세무상 분개)

(차)	유형자산	16,000,000,000	(대) 부채	3,000,000,000
	재고자산	4,000,000,000	자본금	6,000,000,000
	영업권	3,100,000,000	주식발행초과금	9,000,000,000
			간주교부주식	5,100,000,000*

* 250,000주에 15,000,000,000원 합병신주 교부했으므로 주당 6,000원 포합주식수는 85,000주이므로 간주교부주식가액은 5,100,000,000

세무상 분개에는 포합주식가액이 아니라 포합주식에 교부하지 않은 합병신주를 교부한 것으로 간주하는 간주교부주식가액이 계상된다.

(세무조정)*

손금산입(△유보) 1,900,000,000 (투자주식), 익금산입(기타) 1,900,000,000

* 합병시 자산·부채의 승계와 관련하여 합병법인이 보유하고 있는 피합병법인의 주식에 대하여 합병시 신주를 교부하지 않은 경우 합병전 당해 주식의 평가와 관련하여 익금에 산입하지 아니한 금액에 대하여는 동 금액을 합병법인의 각 사업연도 소득금액 계산상 익금에 가산한 후 익금불산입(기타) 처분하는 것임(서면2팀-7, 2007. 1. 4.).

필자주

포합주식에 대해 합병신주를 교부하지 않고 소각하는 경우 이는 자기주식소각으로서 자본거래에 해당하므로 관련 세무조정사항은 익금 또는 손금에 산입하지 아니한다.

2. 적격합병 시 합병법인에 대한 과세특례등

적격합병을 한 합병법인은 피합병법인의 자산을 장부가액으로 양도받은 것으로 한다. 이 경우 장부가액과 시가와의 차액을 자산조정계정으로 손금산입 또는 익금산입하며 자산별로 계상하여야 한다(법법 §44의 3 ①). 적격합병을 한 합병법인은 피합병법인의 합병등기일* 현재의 이월결손금과 피합병법인이 각 사업연도의 소득금액 및 과세표준을 계산할 때 익금 또는 손금에 산입하거나 산입하지 아니한 금액(유보), 그 밖의 자산·부채 및 제59조에 따른 감면·세액공제 등을 승계한다(법법 §44의 3 ②). 따라서 피합병법인의 자산을 장부가액으로 양도받은 것으로 하므로 합병매수차손익도 발생하지 않는다.

*합병등기일 (법령 §6 ①)
가. 합병 후 존속하는 법인 : 변경등기일
나. 합병으로 설립되는 법인 : 설립등기일

(1) 자산조정계정

1) 개요

적격합병인 경우 피합병법인의 자산을 장부가액으로 양도받은 것으로 하며, 장부가액과 시가와의 차액을 자산조정계정으로 하여 자산별로 계상하여야 한다(법법 §44의 3 ①).

합병법인은 피합병법인의 자산을 장부가액으로 양도받은 경우(적격합병의 경우) 양도받은 자산 및 부채의 가액을 합병등기일 현재의 시가로 계상하되, 시가에서 피합병법인의 장부가액(주)(세무조정사항이 있는 경우에는 그 세무조정사항 중 익금불산입액은 더하고 손금불산입액은 뺀 가액으로 한다)을 뺀 금액이 0보다 큰 경우에는 그 차액을 익금에 산입하고 이에 상당하는 금액을 자산조정계정으로 손금에 산입하며, 0보다 작은 경우에는 시가와 장부가액의 차액을 손금에 산입하고 이에 상당하는 금액을 자산조정계정으로 익금에 산입한다(법령 §80의 4 ①). 이러한 자산조정계정을 계상한 합병법인은 과세표준신고와 함께 기획재정부령으로 정하는 자산조정계정에 관한 명세서를 납세지 관할 세무서장에게 제출하여야 한다.

적격합병의 경우 세법상 자산(합병교부주식은 제외)의 취득가액은 장부가액이다(법령 §72 ② 3호) 따라서, 시가로 계상 후 시가와 장부가액과의 차액에 해당하는 금액을 입금산입하고, 이에 상당하는 금액을 손금산입하여 세법상 취득가액이 장부가액이 되도록 한다.

| 적격합병인 경우의 자산 및 부채의 승계와 계상 |

구분	계상액	승계액
자산 및 부채	시가	장부가액

* 적격합병인 경우 자산 및 부채의 가액은 시가로 계상하고 장부가액으로 승계한다.

[자산조정계정액 계산을 위한 피합병법인의 장부가액]

자산조정계정액은 피합병법인의 시가에서 장부가액을 차감한 가액이다. 피합병법인의 장부가액에서 세무조정사항이 있는 경우에는 익금불산입액은 더하고 손금불산입액은 빼므로, 이를 가감한 후의 금액은 결과적으로는 회계상 장부가액이 된다. 따라서 실무상 계산의 편의를 위해서는 그 기준에 따라 다르게 계산하면 된다. 처음 계산 시작하는 기준금액이 세무상 장부가액이라면 +유보액은 차감하고, △유보액은 가산해주고, 처음 계산 시작하는 기준금액이 회계상 장부가액이라면 가감하는 금액 없이 그 금액을 장부가액으로 보고 자산조정계정액을 계산하면 된다.

(사례)

적격합병인 경우로서 피합병법인의 회계상 장부가액이 100, 시가액이 150, 관련하여 20(유보)이 있다.

① 세무상 장부가액을 기준금액으로 계산하는 경우
피합병법인의 장부가액 100 = 세무상 장부가액 120 - 유보액 20

② 회계상 장부가액을 기준금액으로 계산하는 경우
피합병법인의 장부가액 100 = 회계상 장부가액 100

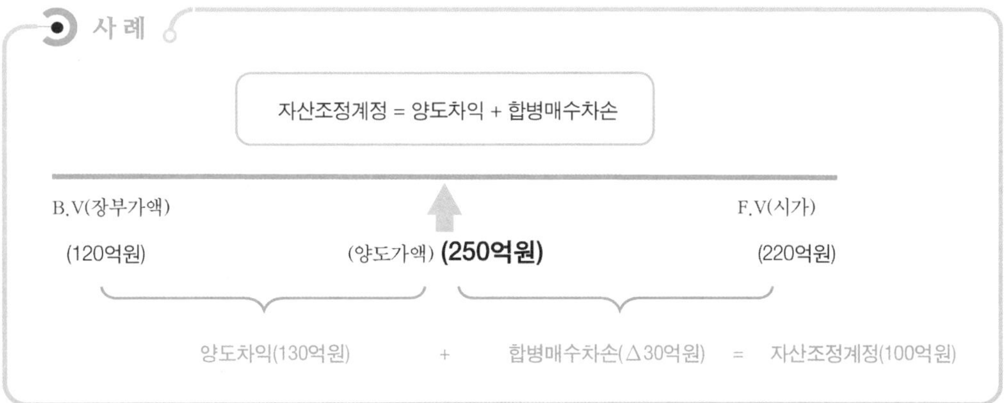

이 경우 계상한 자산조정계정은 다음의 구분에 따라 처리한다(법령 §80의 4 ①).

① 감가상각자산에 설정된 자산조정계정

자산조정계정으로 손금에 산입한 경우에는 해당 자산의 감가상각비(해당 자산조정계정에 상당하는 부분에 대한 것만 해당한다)와 상계하고, 자산조정계정으로 익금에 산입한 경우에는 감가상각비에 가산한다. 이 경우 해당 자산을 처분하는 경우에는 자산조정계정의 잔액을 그 처분하는 사업연도에 전액 익금 또는 손금에 산입한다.

② 위 ① 외의 자산에 설정된 자산조정계정:

해당 자산을 처분하는 사업연도에 전액 익금 또는 손금에 산입한다. 다만, 자기주식을 소각하는 경우에는 익금 또는 손금에 산입하지 아니하고 소멸한다. 따라서 자기주식에 관련한 유보금액이 있는 경우에는 손금산입(△유보)와 익금신입(기다)로 양편조정한다. 이는 자기주식의 소각과 관련된 손익은 자본거래로서 익금 또는 손금에 산입하지 않기 때문이다(유사 예규: 법인-315, 2010. 3. 31.).

[적격합병시 합병법인의 과세특례] 집행기준 44의 3-0-1

적격합병 요건을 갖춘 경우 피합병법인의 자산을 장부가액으로 양도받은 것으로 보며, 이 경우 양도받은 자산 및 부채의 가액을 합병등기일 현재의 시가로 계상하되, 시가에서 피합병법인의 장부가액(승계되는 세무조정사항이 있는 경우에는 익금불산입액은 더하고, 손금불산입액은 뺀 가액)을 뺀 금액을 자산조정계정으로 계상하며 자산조정계정은 다음과 같이 조정한다.

구 분		자산조정계정의 처리
감가 상각 자산	자산조정계정 〉0	해당 자산의 감가상각비와 상계 해당 자산을 처분하는 경우 잔액을 익금산입
	자산조정계정 〈 0	해당 자산의 감가상각비에 가산 해당 자산을 처분하는 경우 잔액을 손금산입
비상각 자산	자산조정계정 〉0	해당 자산을 처분하는 경우 전액 익금 또는 손금산입 자기주식을 소각하는 경우에는 익금 또는 손금에 산입하지 아니하고 소멸
	자산조정계정 〈 0	

2) 해당자산에 관련 유보금액이 있는 경우

상기에서 자산조정계정 계산 시 장부가액에 "승계되는 세무조정사항이 있는 경우에는 익금불산입액은 더하고, 손금불산입액은 뺀 가액"으로 하는데, 이는 적격합병의 경우 피합병법인 자산관련 유보가 합병법인으로 승계되기 때문이다. 즉, 만일, 자산조정계정 계산 시

세무상 장부가액, 즉 관련 유보가 반영된 장부가액을 기준으로 계산하고 또 그 유보를 합병법인에 승계도 한다면, 유보가 두 번 중복 반영되게 된다. 한 번은 피합병법인의 합병등기일이 속하는 각사업연도소득금액 계산 시 추인되어서, 그리고 한 번은 합병법인이 피합병법인의 유보를 승계함으로써 합병법인이 승계한 자산에 반영하게 된다. 따라서 하나의 유보(△유보)에 대해 이중으로 중복 적용되는 것을 회피하고자 자산조정계정 계산시에는 익금불산입액은 더하고, 손금불산입액은 빼서 계산하는 것이다.

사 례

적격합병인 경우로서 합병법인이 관련 자산과 부채를 장부가액으로 승계하는 경우로서 합병 당시 토지의 시가:1,000,000,000(피합병법인의 합병 당시 장부가액은 500,000,000), 관련 유보금액 (△유보 10,000,000) 인 경우

(자산조정계정) 500,000,00 =
1,000,000,000 - 500,000,000(세무상 장부가액: 490,000,000 + 유보:10,000,000)

세무조정: 손금산입(△유보) 500,000,000 (자산조정계정)
익금산입(기타) 500,000,000 (잉여금)

1. **자산조정계정액 계산시 익금불산입액은 더하지 않고, 손금불산입액은 빼지 않은 경우:**
   ① 자산조정계정액은 510,000,000이 된다.
   (시가 1,000,000,000 - 세무상 장부가액 490,000,000) = 510,000,000
   (자산조정계정이 510,000,000일 때의 세무조정)
   손금산입(△유보) 510,000,000 (자산조정계정),
   익금산입(기타) 510,000,000 (잉여금)
   ② 해당 자산을 1,200,000,000원에 처분 시

(차) 보통예금	1,200,000,000	(대) 토지	1,000,000,000
		처분이익	200,000,000

(세무조정) 익금산입(유보) 510,000,000 (자산조정계정),
익금산입(유보) 10,000,000㈜

㈜ 피합병법인으로부터 승계받은 유보금액에 대한 세무조정이다.

③ 총이익 720,000,000 = 회계상 처분이익 200,000,000 + 자산조정계정 510,000,000
+ 관련 유보금액 10,000,000

☞ 실제 세무상 처분이익은 710,000,000
토지 양도가액 1,200,000,000 – 세무상 장부가액(490,000,000)

그러나 자산조정계정을 500,000,000원이 아니라, 510,000,000원으로 잘못 계상하게 되어, 실제 세무상 이익보다 10,000,000이 과다 익금산입된다. 이는 관련 유보가 이중으로 반영된 결과다.

2. 자산조정계정액 계산 시 익금불산입액은 더하고, 손금불산입액은 뺀 경우

① 자산조정계정액은 500,000,000이 된다.
(시가, 1,000,000,000 – 회계상 장부가액, 500,000,000)
(자산조정계정이 500,000,000일 때의 세무조정)
손금산입(△유보) 500,000,000 (자산조정계정),
익금산입(기타) 50,000,000 (잉여금)

② 해당 자산을 1,200,000,000원에 처분 시(세무상, 회계상 감가상각누계액은 없다)

(차) 보통예금	1,200,000,000	(대) 토지	1,000,000,000
		처분이익	200,000,000

(세무조정) 익금산입(유보) 500,000,000 (자산조정계정),
익금산입(유보) 10,000,000 (관련 유보)

③ 총이익 710,000,000 = 회계상 처분이익 200,000,000 + 자산조정계정 500,000,000 + 관련 유보금액 10,000,000

☞ 정상적인 세무상 총처분이익은 710,000,000 =
(1,200,000,000 – 세무상 장부가액 490,000,000)
총처분이익이 710,000,000이므로 적정함.

♣ 자산조정계정액 계산시 장부가액에 세무조정사항이 있는 경우에는 익금불산입액은 더하고 손금불산입액은 뺀 가액으로 해야 하나, 만일 익금불산입액은 더하지 않고, 손금불산입액은 빼지 않은 경우에는 향후 해당 자산을 처분 시, 처분이익이 과다 또는 과소 계상될 수 있다.

자기주식 승계 시 자산조정계정 계상과 세무조정

「합병승계 자기주식」 등 합병 시 자기주식 승계 시 합병등기일 현재 시가로 계상하되 시가에서 피합병법인의 회계상 장부가액을 뺀 금액을 자산조정계정으로 계상하고, 자기주식 처분 시에는 해당 자산조정계정은 처분하는 사업연도에 전액 익금 또는 손금에 산입하며, 자기주식을 소각하는 경우에는 자기주식을 취득하여 소각함으로써 생긴 손익은 익금 또는 손금에 산입하지 아니하는 것으로, 자기주식의 자산조정계정은 익금 또는 손금에 산입하지 아니하고 소멸한다. 이는 자기주식의 소각은 자본거래에 해당하므로 익금 또는 손금에 산입하지 않는 것이다.

완전자회사간 합병 시 자산조정계정

합병법인이 완전자회사를 기업회계상 장부가액으로 합병한 경우에도 적격합병으로 과세특례를 적용받는 경우에는 양도받은 자산 및 부채의 가액을 합병등기일 현재의 시가로 계상하되, 시가에서 피합병법인의 장부가액을 뺀 금액을 자산조정계정으로 계상함(법규법인 2012-311, 2012. 9. 4.).

피합병법인으로부터 승계받는 자기주식에 자산조정계정을 계상할 수 있음

합병법인이 합병대가로 자기주식을 교부하는 거래는 자본거래에 해당하며, 피합병법인으로부터 승계받는 자기주식에 대하여 자산조정계정을 계상할 수 있다(법규법인 2013-471, 2014. 4. 1.).

모회사가 피합병법인이 되고 자회사가 합병법인이 되는(역합병) 완전모자회사간합병 시 피합병법인으로부터 승계하는 자기주식과 관련된 자산조정계정의 처리방법

완전자회사("합병법인")가 완전모회사("피합병법인")를 합병하여, 합병대가로 신주를 발행하여 피합병법인의 주주에게 교부하고 피합병법인으로부터 승계하는 합병법인의 발행주식("자기주식")을 소각하거나 합병대가로 신주를 발행하여 교부하지 아니하고 자기주식을 교부하는 경우, 해당 자기주식에 자산조정계정 및 유보 승계액은 각각 소멸함(서면법규-591, 2014. 6. 13.).

사 례

피합병법인 ㈜태한기계의 합병등기일의 재무상태표는 다음과 같다.

자산		부채 및 자본	
자 산	15,000,000,000	부 채	3,000,000,000
(시가 25,000,000,000)		자본금	10,000,000,000
		자본잉여금	2,000,000,000

합병법인인 ㈜하람산전은 양도가액으로 200억원을 주고 ㈜태한기계와 합병하려고 한다.

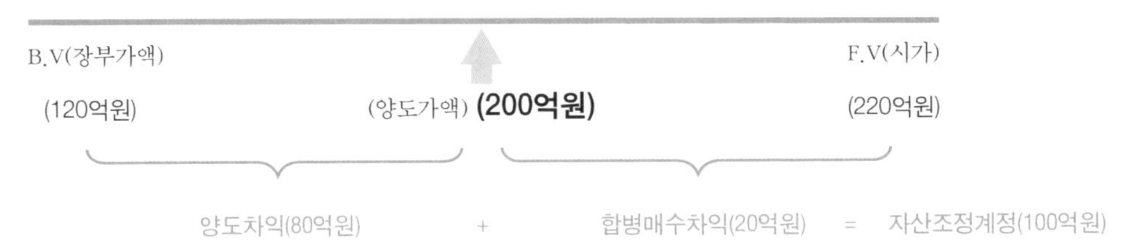

만일, 양도가액이 250억원이라면 합병매수차손 30억원이 된다. 합병매수차손익은 다음과 같이 계산된다.

합병매수차손익 = 순자산시가 − 양도가액

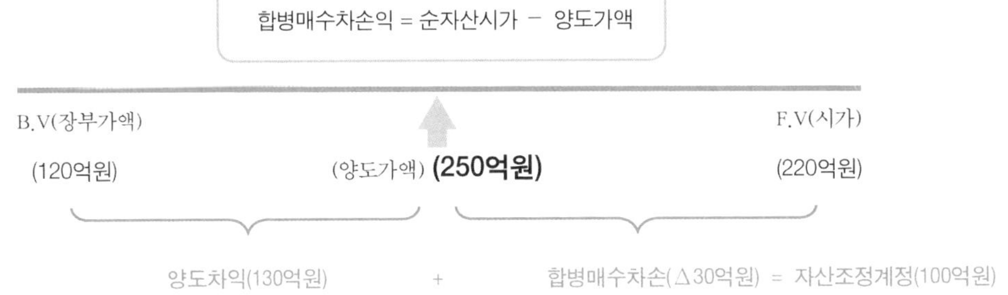

양도가액이 시가보다 더 큰 경우이다. 합병매수차익은 [시가－양도가액]이므로 [220억－250억]은 △30억이 된다. 마이너스 값이므로 합병매수차손이 된다. 한편, 자산조정계정은 [시가－장부가액]이므로 100억원 [시가(220억)－장부가액(120억)]으로 계산된다.

이는 자산조정계정은 양도가액과는 관련이 없다는 것을 의미한다. 양도가액은 피합병법인의 양도차익[양도가액－장부가액(세무상 장부가액)] 계산과 합병법인의 합병매수차손익[재산의 시가－양도가액] 계산과 관련이 있다.

필자주

적격합병 조건을 만족하여 자산조정계정을 설정한다는 것은 과세면제에 해당되는 것이 아니라 과세이연에 해당된다.
이는 해당 조건을 만족하여 국고보조금에 대해 일시상각충당금을 설정하여 과세이연하는 것과 동일하다.

(사례)
국고보조금 1억을 수령하여 다음과 같이 회계처리하였다.

(회계상 분개)

(차) 보통예금	100,000,000	(대) 국고보조금(부채)	100,000,000

기계장치	100,000,000	보통예금	100,000,000

만약, 일시상각충당금 설정 조건을 만족한다면 다음과 같은 세무조정이 이루어진다.

(세무조정)
익금산입(기타) 100,000,000
손금산입(△유보) 100,000,000 (일시상각충당금)

(2) 결손금의 승계와 공제

적격합병을 한 합병법인은 피합병법인의 합병등기일 현재의 이월결손금과 피합병법인이 각 사업연도의 소득금액 및 과세표준을 계산할 때 익금 또는 손금에 산입하거나 산입하지 아니한 금액, 그 밖의 자산·부채 및 제59조에 따른 감면·세액공제 등을 승계한다(법법 §44의 3 ②). 따라서 적격합병을 한 합병법인은 합병법인의 이월결손금, 기부금한도초과액 등뿐만 아니라 피합병법인의 것도 승계할 수 있다.

합병법인의 합병등기일 현재 이월결손금 중 적격합병에 따라 합병법인이 승계한 피합병법인의 결손금을 제외한 금액은 합병법인의 각 사업연도의 과세표준을 계산할 때 피합병법인으로부터 승계받은 사업에서 발생한 소득금액[중소기업간 또는 동일사업 법인간 합병에 해당되어 회계를 구분하여 기록하지 아니한 경우에는 그 소득금액을 자산가액 비율로 안분계산(按分計算)한 금액으로 한다.]의 범위에서는 공제하지 아니한다(법법 §45 ①). 따라서 적격합병에 따라 합병법인이 승계한 피합병법인의 결손금은 피합병법인으로부터 승계받은 사업에서 발생한 소득금액의 범위에서 합병법인의 각 사업연도의 과세표준을 계산할 때 공제한다(법법 §45 ②).

이월결손금 승계요건 : ① 적격합병 + ② 구분경리*

* 중소기업 간 또는 동일사업을 하는 법인 간에 합병하는 경우에는 회계를 구분하여 기록하지 아니할 수 있으며, 이월결손금을 공제받는 기간동안 구분경리해야 한다.

가) 자산가액 비율

중소기업 간 또는 동일사업을 하는 법인 간에 합병하는 경우에는 회계를 구분하여 기록하지 아니할 수 있으며(법법 §113 ③ 단서), 이 경우에는 그 소득금액을 대통령령으로 정하는 자산가액 비율로 안분계산(按分計算)한 금액으로 한다(법법 §45 ① 괄호안).

여기서 "자산가액 비율"이란 합병등기일 현재 합병법인과 피합병법인의 사업용 자산가액 비율을 말한다. 따라서, 자산가액은 합병등기일 현재의 가액에 따른다.

| 합병등기일 현재 피합병법인(합병법인)의 자산가액 비율에 따른 소득금액 안분 |

$$\text{합병 후 합병법인(기존사업 + 승계사업)의 소득금액} \times \frac{\text{피합병법인(합병법인)의 사업용자산가액*}}{\text{(피합병법인+합병법인)의 사업용자산가액*}}$$

*사업용자산가액은 합병등기일 현재의 가액이다.

이 경우 합병법인이 승계한 **피합병법인의 사업용 자산가액**은 승계결손금을 공제하는 각 사업연도의 종료일 현재 계속 보유(처분 후 대체하는 경우를 포함한다) · 사용하는 자산에 한정하여 그 자산의 합병등기일 현재 가액에 따른다(법령 §81 ① 및 법인 통칙 45-81…1 및 기준 법령해석법인 2014-20350, 2015. 5. 14.). **합병법인의 사업용 자산가액** 또한 결손금을 공제하는 각 사업연도의 종료일 현재 합병법인이 계속 보유 · 사용하는 사업용 고정자산에 한정하여 같은 법 시행령 제81조에 따른 자산가액 비율로 안분계산한다(기획재정부 법인-343, 2015. 5. 4.).

한편, **사업용자산가액**이란 유형자산, 무형자산 및 투자자산을 말하며(법령 §80의 2 ⑦), 합병법인이 합병시 계상한 회계상 영업권가액(합병대가와 승계한 순자산가액의 단순 차액)은 사업용 자산가액 산정 시 포함하지 않는다(사전법규법인 2022-352, 2022. 4. 13.) 합병과 관련하여 발생한 영업권은 세법상 무형자산에 포함하지 않는다. 따라서 법령 제24조 제1항 제2호 가목에서도 "영업권(합병 또는 분할로 인하여 합병법인등이 계상한 영업권은 제외한다)"라고 명시되어 있어 감가상각자산의 범위에서도 제외되고 있다. 따라서 사업용자산가액에 포함되지 않는 것이다.

이러한 사업용자산가액은 세무상 장부가액을 말한다.

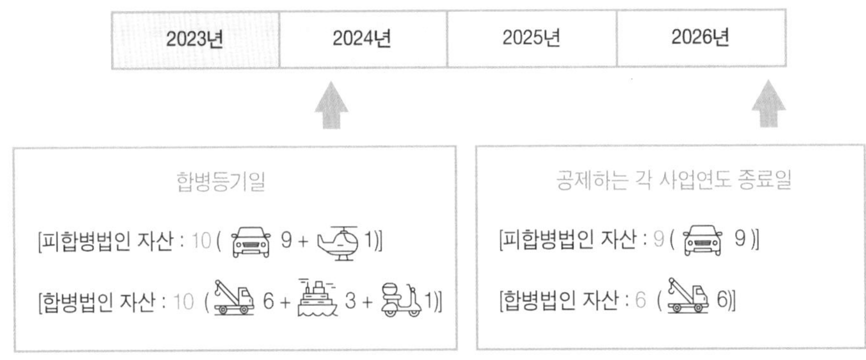

♣ 자산가액은 합병등기일 현재 가액이며, 계속 보유 · 사용하는 것에 한함

자산가액비율로 소득금액 계산시 합병법인의 사업부문에서의 손실발생 여부는 관계없음
「법인세법」 제45조 제1항에서 "대통령령으로 정하는 자산가액 비율" 계산시 합병등기일 현재 합병법인의 사업용 고정자산가액은 사업부문의 일부가 결손이 발생하였는지와 관계없이 합병법인의 이월결손금을 공제하는 각 사업연도의 종료일 현재 계속 보유(처분 후 대체하는 경우를 포함한다)·사용하는 고정자산의 합병등기일 현재 가액에 따르는 것임(서면법인 2017-3465, 2018. 10. 16.).

이월결손금을 구분경리방법으로 공제 후 자산가액비율로 경정청구할 수 없음
중소기업 간 또는 동일사업을 하는 법인 간 합병을 한 합병법인이 합병등기일 현재 합병법인의 이월결손금을 「법인세법」 제45조 제1항에 따라 승계받은 사업에 속하는 것과 그 밖의 사업에 속하는 것을 구분경리하는 방법으로 공제하여 법인세의 과세표준과 세액을 신고한 경우, 그 신고한 과세표준과 세액을 구분경리가 아닌 사업용 고정자산가액 비율로 안분계산한 방법으로 재계산하여 경정청구할 수 없는 것임(서면법인 2017-3465, 2018. 10. 16.).

자산가액비율로 소득금액 안분 계산 시 합병법인의 사업부문 자산의 처분이익도 자산가액비율로 안분함
중소기업 간 합병에 해당하여 「법인세법」 제113조 제3항 각 호 외의 부분 단서에 따라 구분경리를 하지 않는 합병법인이 합병 전 합병법인의 사업부문에 속한 사업용 자산을 처분하여 이익이 발생하는 경우 해당 처분이익은 같은 법 시행령 제81조 제1항에 따른 사업용 자산가액 비율로 안분하여 계산한 금액을 피합병법인으로부터 승계받은 사업과 그 밖의 사업에 각각 속하는 것으로 보는 것임(서면법령해석법인 2019-1275, 2020. 6. 29.).

자산가액비율로 소득금액 안분 시 자산가액은 세무상 장부가액임
다른 내국법인을 합병하는 법인이 「법인세법」 제113조 제3항 단서에 해당되어 회계를 구분하여 기록하지 아니한 경우 그 소득금액을 같은 법 시행령 제81조 제1항에서 정하는 사업용 고정자산가액 비율로 안분계산한 금액을 피합병법인으로부터 승계받은 사업에서 발생한 소득금액으로 보아 같은 법 제45조 제2항을 적용하는 것이며, 이때 사업용 고정자산가액은 세무상 장부가액으로 하는 것임(서면법인 2014-21858, 2015. 6. 30.).

구분경리로 이월결손금 공제 적용 중 중단하는 경우 중단한 사업연도부터 사업용자산가액 비율로 이월결손금 공제적용하는 것임
동일사업을 하는 법인 간 적격합병의 경우, 합병법인이 합병등기일 현재 피합병법인의 이월결손금을 「법인세법」 제113조 제3항에 따라 승계받은 사업에 속하는 것과 그 밖의 사업에 속하는 것을 구분경리하는 방법으로 피합병법인으로부터 승계받은 사업에서 발생한 소득금액의 범위에서 각 사업연도의 과세표준을 계산할 때 공제하여 신고를 하다가,
그 다음 사업연도 이후에 같은 법 제113조 제3항 단서에 따라 회계를 구분하여 기록하지 아니한 경우 그 소득금액을 같은 법 시행령 제81조 제1항에서 정하는 사업용 자산가액 비율로 안분계산한 금액을 피합병법인으로부터 승계받은 사업에서 발생한 소득금액으로 보아 같은 법 제45조 제2항을 적용하는 것임(서면법인 2019-279, 2019. 7. 1.).

나) 승계결손금의 공제범위

적격합병에 따라 합병법인이 각 사업연도의 과세표준을 계산할 때 피합병법인으로부터 승계하여 공제하는 결손금은 합병등기일 현재의 피합병법인의 이월결손금(합병등기일을 사업연도의 개시일로 보아 계산한 금액을 말한다)으로서 아래의 요건을 모두 갖춘 것으로 하되, 합병등기일이 속하는 사업연도의 다음 사업연도부터는 매년 순차적으로 1년이 지난 것으로 보아 계산한 금액(승계결손금의 범위액)으로 한다(법령 §81 ②).

① 각 사업연도의 개시일 전 15년 이내에 개시한 사업연도에서 발생한 결손금일 것
② 과세표준등의 신고에 따라 신고하거나 결정・경정되거나 수정신고한 과세표준에 포함된 결손금일 것

합병등기일을 사업연도의 개시일로 보도록 하고 있으므로 승계결손금의 범위액은 합병등기일이 속하는 사업연도와 그 후 사업연도에 따라 다음과 같이 계산한다.

① 합병등기일이 속하는 사업연도: 합병등기일을 사업연도의 개시일로 보아 사업연도 개시일 전 15년 이내에 개시한 사업연도에서 발생한 결손금
② 합병등기일이 속하는 사업연도 후 사업연도: 매년 1년이 지난 것으로 보아 15년 이내에 개시한 사업연도에서 발생한 결손금

다) 승계결손금 공제방법

합병법인의 합병등기일 현재 이월결손금 중 적격합병에 따라 합병법인이 승계한 피합병법인의 결손금을 제외한 금액은 합병법인의 각 사업연도의 과세표준을 계산할 때 피합병법인으로부터 승계받은 사업에서 발생한 소득금액[중소기업 간 또는 동일사업을 하는 법인 간 합병에 해당되어 회계를 구분하여 기록하지 아니한 경우에는 그 소득금액을 자산가액 비율로 안분계산(按分計算)한 금액으로 한다]의 범위에서는 공제하지 아니한다(법법 §45 ①). 따라서 적격합병에 따라 합병법인이 승계한 피합병법인의 결손금은 피합병법인으로부터 승계받은 사업에서 발생한 소득금액의 범위에서 합병법인의 각 사업연도의 과세표준을 계산할 때 공제한다(법법 §45 ②).

♣ 결손금 공제방법

(합병등기일 현재) 합병법인의 이월결손금	(공제방법) 합병법인의 사업부문 소득금액 한도 내에서 공제
(합병등기일 현재) 피합병법인의 이월결손금	(공제방법) 피합병법인의 사업부문 소득금액 한도 내에서 공제

내국법인(이하 '합병법인')이 다른 내국법인(이하 '피합병법인')을 적격합병하면서 피합병법인의 사업(이하 '승계사업')에서 발생한 이월결손금을 승계하고, 합병등기일 현재 합병법인의 사업(이하 '기존사업')에서 발생한 이월결손금은 없으며, 합병 이후에 합병법인의 사업(승계사업 + 기존사업)에서 결손금이 발생한 경우, 피합병법인으로부터 승계받은 이월결손금이 소멸되지 않았더라도 합병 이후에 합병법인의 사업에서 발생한 결손금은 기존사업에서 발생한 소득금액의 범위에서 공제할 수 있다(서면법령해석법인 2019-1757, 2020. 10. 26.).

이 예규는 합병등기일 현재 합병법인의 기존사업에 대한 이월결손금은 없으나, 승계사업에 대한 승계결손금이 있는 상태로서 합병등기일 이후 합병 후 합병법인(기존사업 + 승계사업)에게 결손금이 발생하는 경우, 이 결손금을 어떻게 처리해야 하는 가에 대한 해석이다.

결손금을 공제할 때에는 먼저 발생한 사업연도의 결손금부터 순차대로 공제하여야 하며(법령 §10 ②), 이런 결손금에는 합병 및 분할에 따른 승계결손금의 범위액을 포함하기 때문에(법령 §10 ④) 법 논리상으로는 합병 전에 발생한 승계사업의 결손금이 남아 있는 경우에는 먼저 공제된 후 보다 나중에 발생한 합병 후 합병법인(기존사업 + 승계사업)에서 발생한 결손금을 공제해야 할 것이다. 이 경우 승계사업으로부터 승계받은 이월결손금을 모두 공제하기 전까지는 합병 후 합병법인에서 발생한 결손금은 공제할 수 없는 문제가 발생한다.

그런 문제점 때문에 합병 후 합병법인(기존사업 + 승계사업)에 발생한 결손금을 승계사업의 소득금액에서 공제한다면, 먼저 발생한 승계결손금이 아직 남아 있는 상태에서 보다 후에 발생한 결손금을 먼저 공제하는 오류가 발생하게 된다. 그러나 기존사업은 다르다. 기존사업은 당초 합병등기일에 이월결손금은 없으므로 합병 후 발생한 결손금을 기존사업의 합병 후 소득금액에서 공제한다면 먼저 발생한 결손금보다 뒤에 발생한 결손금을 먼저 공제하는 일이 발생되는 것은 아니다.

따라서 합병등기일 현재 기존사업의 이월결손금이 없고 승계사업으로부터의 승계결손금이 있는 상태에서 승계결손금이 모두 공제되기 전에 합병 후 합병법인(기존사업 + 승계사업)에게 결손금이 발생한다면 이 결손금은 합병 후 발생한 기존사업의 소득금액 한도 내에서 공제할 수 있다는 것이다.

♣ 피합병법인으로부터 승계받은 이월결손금이 남아 있는 상태에서 합병 후 결손금이 발생하는 경우

(합병 후)
합병법인(기존사업+승계사업)의 이월결손금

(공제방법)
합병법인의 사업부문 소득금액 한도 내에서 공제

사 례

합병 후 합병법인에서 발생하는 결손금의 공제

합병등기일은 2024. 7. 1.이다. 공제한도액은 없다. A법인(a사업부문)이 B법인(b사업부문)을 흡수합병한다.

합병등기일 현재 a사업부문(기존사업)의 결손금은 없고, b사업부문(승계사업)의 결손금은 5억원이다.

구분	사업부문	연도별 발생 소득금액					
		2023년	2024년		2025년	2026년	2027년
			1.1~7.1	7.1~12.31			
사업부문별 발생소득	a사업부문	3억	2억	1억	△2억	1억	2억
	b사업부문	△3억	△2억	1억	△3억	1억	2억
	합병 후 (a+b)사업부문		2억		△5억*	2억	4억

사업부문	연도별 사업부문별 공제 결손금액				
	합병등기일 현재 이월결손금	2024년	2025년	2026년	2027년
a사업부문	0	0	0	1억*	2억**
b사업부문	△5억	1억**	0	1억**	2억***

*합병 후 합병법인(기존사업 + 승계사업)에서 5억원의 결손금이 발생했다.

**2025년 귀속 합병 후 합병법인(기존사업 + 승계사업)에 발생한 결손금은 5억원은 합병등기일 현재 승계사업에서 발생한 이월결손금 5억원이 2026년과 2027년에도 남아 있는 경우에는 합병 후 기존사업의 소득금액 한도 내에서 공제한다.

***피합병법인으로부터 승계받은 결손금은 피합병법인의 사업부문인 b사업부문에서 발생한 소득금액 한도 내에서 공제한다.

사례

2024년 7월 1일이 합병등기일 인 경우로서 이월결손금 발생연도와 발생액은 다음과 같다. 모두 12월말 결산법인이다.

해당연도	2009년	2010년	2011년	2012년
발생 결손금	1억원	5천만원	2억원	2천만원

2024년 7월 1일이 사업연도의 개시일이므로 사업연도 개시일 전 15년 이내에 개시한 사업연도는 2010년이다. 15년 전은 2009년 7월 1일이고, 2009년 1월 1일이 2009년 사업연도의 개시일이므로, 15년 이내에 포함되지 않기 때문이다.

공제대상 승계결손금

① 합병등기일이 속한 2024년의 공제대상 승계결손금액: 5천 + 2억 + 2천= 2억7천만원

② 합병등기일이 속한 사업연도의 다음 사업연도 공제대상: 2억 + 2천 = 2억2천만원

사례

1. A법인은 B법인을 흡수합병했다. 합병후 A법인의 사업부문은 A, B법인의 사업부문은 B라 한다. 승계결손금은 공제기한 이내에 있다. 중소기업 간 합병에 해당하여 구분경리 예외 대상에 해당하며, 공제한도는 없다.
2. 합병등기일은 2023. 12. 31.이고 합병등기일까지 발생한 피합병법인의 승계결손금은 10억원이다. 합병등기일 현재 합병법인의 이월결손금은 5억원이다.
3. 피합병법인으로부터의 승계결손금 공제액
   (합병등기일 현재의 사업용 자산가액은 합병등기일 이후 각사업연도종료일 현재의 사업용자산가액과 동일하며, 2025년 전체 소득금액은 합병법인이 합병 전 합병법인의 사업부문에 속한 사업용 자산을 처분하여 발생한 이익이다)

구분	2024년	2025년	2026년
A 사업용자산가액*	10억원	9억원	9억원
B 사업용자산가액*	10억원	9억원	6억원
합병 후 발생 소득금액	2억원*	4억원**	4억원**
공제결손금	A : 1억원 B : 1억원	A : 2억원 B : 2억원	A : 2억원*** B : 1.6억원
사업용자산가액 비율	A : 50% B : 50%	A : 50% B : 50%	A : 60% B : 40%

* 사업용자산가액은 합병등기일 현재의 가액이다.

** ① 사업용자산가액 비율로 소득금액을 안분 계산하는 경우, 피합병법인의 사업부문 또는 합병법인의 사업부문 어느 하나의 사업부문에서 발생되는 실질 소득금액과는 상관이 없다. 특히 어느 하나의 사업부문에서 결손이 발생된다 하더라도 전혀 상관없이 사업용자산가액 비율로 소득금액을 안분계산한다.

② 2025년에 발생한 소득금액은 합병 전 합병법인 사업부문에 속한 자산의 처분이익이지만, 사업용자산가액 비율로 소득금액을 안분계산 하는 경우에는 상관없이 사업용자산가액 비율로 안분계산한다.

*** 4억원 × 60% = 2.4억원, 이월결손금 총합계액이 5억원이므로 Min[2.4억원, 2억원]

4. 구분경리한 경우의 승계결손금 공제액

구분	2024. 12. 31.	2025. 12. 31.	2026. 12. 31.
구분경리에 의한 사업부문별 발생 소득금액	A : 1억원 B : 1억원	A : 1.5억원 B : 2.5억원	A : △1억원 B : 5억원
공제결손금	A : 1억원 B : 1억원	A : 1.5억원 B : 2.5억원	A : 0원 B : 4억원*

* B사업부문에서 발생한 소득금액은 5억원이지만, 합병 후 합병법인(기존사업 + 승계사업)의 전체 소득금액은 4억원이다.

♣ 중소기업 간 합병등의 경우, 구분경리하지 않아 A사업부문과 B사업부문 각각의 소득금액을 알 수 없는 경우에는 자산가액비율로 소득금액을 안분계산한 후 승계결손금을 공제한다. 만약 구분경리가 가능하고, 구분경리방법과 자산가액비율방법 중 어느 것이 확연하게 유리하다면 그 방법을 따르면 되겠다.

라) 승계결손금의 공제한도

합병등기일 현재 합병법인의 결손금과 합병법인이 승계한 피합병법인의 결손금에 대한 공제는 다음의 구분에 따른 소득금액의 100분의 80(중소기업과 회생계획을 이행 중인 기업 등 대통령령으로 정하는 법인의 경우는 100분의 100)을 한도로 한다(법법 §45 ⑤).

1. 합병법인의 합병등기일 현재 결손금의 경우: 합병법인의 소득금액에서 피합병법인으로부터 승계받은 사업에서 발생한 소득금액을 차감한 금액
2. 합병법인이 승계한 피합병법인의 결손금의 경우: 피합병법인으로부터 승계받은 사업에서 발생한 소득금액

공제한도를 계산할 때는 합병법인과 피합병법인의 각각의 소득금액을 기준으로 계산한다(부산고법 2022누10944, 2023. 9. 14.).

회생계획을 이행 중인 기업 등 대통령령으로 정하는 법인

1. 「채무자 회생 및 파산에 관한 법률」 제245조에 따라 법원이 인가결정한 회생계획을 이행 중인 법인
2. 「기업구조조정 촉진법」 제14조 제1항에 따라 기업개선계획의 이행을 위한 약정을 체결하고 기업개선계획을 이행 중인 법인
3. 해당 법인의 채권을 보유하고 있는 「금융실명거래 및 비밀보장에 관한 법률」 제2조 제1호에 따른 금융회사등이나 그 밖의 법률에 따라 금융업무 또는 기업 구조조정 업무를 하는 「공공기관의 운영에 관한 법률」에 따른 공공기관으로서 기획재정부령으로 정하는 기관과 경영정상화계획의 이행을 위한 협약을 체결하고 경영정상화계획을 이행 중인 법인
4. 채권, 부동산 또는 그 밖의 재산권(이하 이 항에서 "유동화자산"이라 한다)을 기초로 「자본시장과 금융투자업에 관한 법률」에 따른 증권을 발행하거나 자금을 차입(이하 이 항에서 "유동화거래"라 한다)할 목적으로 설립된 법인으로서 다음 각 목의 요건을 모두 갖춘 법인

이월결손금 공제한도는 합병법인과 피합병법인의 각각의 소득금액을 기준으로 계산함

합병법인과 피합병법인 간의 구분경리를 통하여 각각의 이월결손금 역시 해당 합병법인 및 피합병법인의 소득에서 공제하도록 하고 있는바, 공제한도 역시 합병법인과 피합병법인의 각각의 소득금액을 기준으로 계산하는 것이 타당함(부산고법 2022누10944, 2023. 9. 14.).

회생계획 이행 중인 합병법인이 승계한 일반 피합병법인의 이월결손금의 공제 한도

합병법인이 「법인세법」 제44조의 3 제2항에 따른 적격합병 시 과세특례를 적용받는 경우로서 피합병법인이 중소기업과 회생계획인가를 이행중인 기업 등에 해당하지 않는 경우, 합병법인이 승계한 피합병법인의 이월결손금은 「법인세법」 제45조 제5항에 따라 피합병법인으로부터 승계받은 사업에서 발생한 소득금액의 100분의 60을 한도로 합병법인의 각 사업연도의 과세표준 계산 시 공제하는 것입니다(서면법인 2020-4660, 2021. 3. 5.).

> 합병 시 이월결손금 공제한도 규정의 취지는 피합병법인의 이월결손금을 합병법인이 부당하게 공제받는 것을 방지하기 위한 것으로 피합병법인의 이월결손금 공제 범위는 합병 전과 합병 후에 동일하게 적용되는 것이 취지에 부합하므로 합병법인이 100% 공제 한도가 적용되어도 피합병법인의 공제 한도가 80(60%)이라면 80(60%)를 한도로 공제하는 것이 과세형평에 부합할 것이다.
>
> 따라서, 회생계획을 이행 중인 합병법인이 일반법인인 피합병법인을 합병하는 경우로서 합병법인이 승계한 피합병법인의 이월결손금이 있는 경우에는 피합병법인으로부터 승계받은 사업에서 발생한 소득금액의 80(60%)를 한도로 공제한다.

완전모자회사간 합병의 경우 결손금 승계 여부

완전자회사가 완전모회사를 합병하고 양도손익이 없는 것으로 한 경우에는 피합병법인의 결손금을 승계하며, 이 경우 사후관리 규정은 적용하지 아니하는 것임(서면법인 2018-193, 2018. 2. 11.).

완전모자회사간 합병으로서 무증자합병의 경우 이월결손금 승계 여부

자회사의 주식 100%를 소유한 모회사가 자회사를 합병하는 때에는 합병법인(모회사)이 피합병법인의 주주에게 합병신주를 발행하지 아니한 경우에도 합병신주를 발행한 것으로 보아 법인세법 제45조 제1항 각호의 규정에 따라 요건을 충족하는 경우에는 이월결손금의 승계가 가능한 것임(법인-3606, 2008. 11. 25.).

포합주식에 대한 합병신주 미교부 시 합병에 따른 이월결손금 승계 여부

자회사의 주식 100%를 소유한 모회사가 자회사를 합병하는 때에는 합병법인(모회사)이 피합병법인의 주주에게 합병신주를 발행하지 아니한 경우에도 합병신주를 발행한 것으로 보아 법인세법 제45조 제1항 각호의 규정에 따라 요건을 충족하는 경우에는 이월결손금의 승계가 가능한 것임(법인-3606, 2008. 11. 25.).

적격합병 시 공제기한이 경과한 이월결손금의 승계 여부

적격합병 시 합병법인은 피합병법인의 합병등기일 현재의 「법인세법」 제13조 제1항 제1호의 결손금에 해당하지 않는 결손금을 승계할 수 없음(사전법규법인 2021-1871, 2022. 8. 18. 및 기획재정부 법인-285, 2022. 8. 16.).

적격합병시 승계받은 이월결손금 공제범위액 계산방식

적격합병시 피합병법으로부터 승계받은 이월결손금은 피합병법인으로부터 승계받은 사업에서 발생한 각 사업연도 소득금액의 100분의 60을 초과하지 않는 범위 내에서 공제함(기획재정부 법인-1206, 2020. 9. 4.).

(3) 세무조정사항의 승계

적격합병·적격분할의 경우 피합병법인의 세무조정사항(분할의 경우에는 분할하는 사업부문의 세무조정사항에 한정)은 모두 합병법인 등에 승계된다. 그 밖의 비적격합병·비적격분할의 경우에는 퇴직급여충당금 및 대손충당금을 합병법인 등이 승계한 경우에는 그와 관련된 세무 조정사항은 승계하고 그 밖의 세무조정사항은 모두 합병법인 등에 승계되지 아니한다(관련 집행기준 44의 2-0-2).

만약, 합병 시 세무조정사항을 합병법인에 승계하지 아니하는 경우에는 피합병법인 양도손익 계산시 장부가액에 반영되어 추인된다(법인-731, 2011. 10. 7.).

합병시 투자주식(포합주식) 승계 관련 유보금액의 세무조정 방법

합병시 자산・부채의 승계와 관련하여 합병법인이 보유하고 있는 피합병법인의 주식에 대하여 합병시 신주를 교부하지 않은 경우 합병전 당해 주식의 평가와 관련하여 익금에 산입하지 아니한 금액에 대하여는 동 금액을 합병법인의 각 사업연도 소득금액 계산상 익금에 가산한 후 익금불산입(기타) 처분하는 것임(서면2팀-7, 2007. 1. 4.).

피합병법인이 계상한 회계상 유가증권의 취득가액과 「법인세법」상 취득가액의 차이에 대한 유보금액을 합병법인이 승계할 수 있는지 여부

쟁점유보는 기업회계기준에 의한 취득가액이 세법상 취득가액과 달라 발생한 유보이므로 이를 「법인세법」상 합병법인이 승계할 수 있는 세무조정사항에 해당하는 것으로 보는 것이 타당한 점, 쟁점유보가 사실상 청산소득금액의 산정에 반영되지 아니하였는 바, 청구법인이 쟁점유보를 승계하지 아니할 경우 취득 당시 익금에 산입된 쟁점유보액이 쟁점유가증권의 처분손익에 재차 반영됨에 따라 쟁점유보에 대한 법인세를 중복하여 부담하는 점 등에 비추어 쟁점유보가 합병법인에 승계되는 유보사항에 해당하지 않는 것으로 보아 청구법인의 경정청구를 거부한 처분은 잘못이 있음(조심 2015서289, 2015. 10. 21.).

사 례

20**년 5월 1일 ㈜태한설비는 ㈜은총자재를 흡수합병했다. ㈜태한설비와 ㈜은총자재의 합병비율은 1: 0.5이며 비적격합병에 속한다.

20**년 5월 1일 현재 ㈜은총자재의 재무상태표는 아래와 같다. 피합병법인의 합병과 관련하여 합병법인이 부담하고 법인세액은 6,275,000,000원이라 가정한다. 공장 관련하여 △유보 1,000,000,000이 있으며, ㈜태한설비와 ㈜은총자재의 주식 액면가액은 동일하다. **비적격합병**이며, 합병 당시 ㈜태한설비의 합병교부주식의 시가는 35,000,000,000이며, 세법상 시가는 회계상 공정가치와 동일하다.

㈜은총자재의 합병 당시 재무상태표

자산		부채 및 자본	
(차) 공장	30,000,000,000	(대) 부채	20,000,000,000
(시가 35,000,000,000)		자본금	2,000,000,000
		이익잉여금	6,000,000,000
		자본잉여금	2,000,000,000
합계	30,000,000,000		30,000,000,000

(은총자재의 합병당시 회계상 분개)

(차) 매도가능증권	35,000,000,000	(대) 공장	30,000,000,000
부채	20,000,000,000	양도차익	31,275,000,000

법인세(대납)* 6,275,000,000

*합병법인이 부담하는 피합병법인의 법인세

(세무조정)

익금산입(유보) 1,000,000,000 (공장)

*비적격합병의 경우 대손충당금과 퇴직급여충당금 관련 유보금액만 승계할 수 있고, 그 외 유보금액은 승계할 수 없으므로 추인한다.

합병법인 ㈜태한설비의 합병관련 분개는 다음과 같다. 영업권은 세무상 자산성이 인정된다.

(차)		(대)	
공장	35,000,000,000	부채	20,000,000,000
영업권	26,275,000,000	자본금	1,000,000,000**
		주발초	34,000,000,000
		미지급법인세(대납)	6,275,000,000*

* 합병법인이 부담하는 피합병법인의 법인세

** 자본금 1,000,000,000원은 합병비율이 1 : 0.5이며, 합병당사법인들의 1주당 액면가액이 동일함에 따라 계산된 것이다.

(4) 감면 또는 세액공제의 승계

합병법인은 피합병법인의 자산을 장부가액으로 양도받은 경우(적격합병으로서 양도손익이 없는 것으로 한 경우) 피합병법인이 합병 전에 적용받던 감면 또는 세액공제를 승계하여 감면 또는 세액공제의 적용을 받을 수 있다. 이 경우 법 또는 다른 법률에 해당 감면 또는 세액공제의 요건 등에 관한 규정이 있는 경우에는 합병법인이 그 요건 등을 모두 갖춘 경우에만 이를 적용한다(법령 §80의 4 ②).

이 경우 합병법인은 피합병법인으로부터 승계받은 감면 또는 세액공제를 다음에 따라 적용받을 수 있다(법령 §81 ③).

1. 각 사업연도의 소득에 대한 세액 감면(면제를 포함하고, 일정기간에 걸쳐 감면되는 것으로 한정한다)의 경우에는 합병법인이 승계받은 사업에서 발생한 소득에 대하여 합병 당시의 잔존감면기간 내에 종료하는 각 사업연도분까지 그 감면을 적용
2. 이월공제가 인정되는 세액공제 (외국납부세액공제를 포함한다)로서 이월된 미공제액의 경우에는 합병법인이 다음의 구분에 따라 이월공제잔여기간 내에 종료하는 각 사업연도분까지 공제

   가. 이월된 외국납부세액공제 미공제액 : 승계받은 사업에서 발생한 국외원천소득을

해당 사업연도의 과세표준으로 나눈 금액에 해당 사업연도의 세액을 곱한 금액의 범위에서 공제

이월된 외국납부세액공제의 공제 범위:

$$\text{해당 사업연도의 세액} \times \frac{\text{승계받은 사업에서 발생한 국외원천소득*}}{\text{해당 사업연도의 과세표준}}$$

내국법인(합병법인)이 동일사업을 영위하는 법인을 적격합병하여 구분경리를 하지 아니한 경우, 승계받은 사업에서 발생한 국외원천소득의 계산은 피합병법인으로부터 승계한 이월결손금 공제 시, 승계사업과 기존사업을 구분경리하지 않는 경우 사업용자산가액 비율로 소득금액을 안분하는 방법을 준용한다. 따라서 전체 국외원천소득금액을 사업용자산가액 비율로 안분하여 산출된 금액을 승계받은 사업에서 발생한 국외원천소득으로 보아 적용한다(서면법규-126, 2014. 2. 7.).

구분경리하지 않는 경우의 「승계받은 사업에서 발생한 국외원천소득」 계산

$$\text{전체 국외원천소득금액} \times \frac{\text{승계사업의 사업용자산가액}}{\text{(기존사업 + 승계사업)의 사업용자산가액}}$$

나. 법인세 최저한세액에 미달하여 공제받지 못한 금액으로서 이월된 미공제액: 승계받은 사업부문에 대하여 「조세특례제한법」 제132조를 적용하여 계산한 법인세 최저한세액의 범위에서 공제. 이 경우 공제하는 금액은 합병법인의 법인세 최저한세액을 초과할 수 없다.

다. 가 및 나 외에 납부할 세액이 없어 공제받지 못한 금액으로서 세액공제의 이월공제(조세특례제한법 §144)에 따라 이월된 미공제액: 승계받은 사업부문에 대하여 계산한 법인세 산출세액의 범위에서 공제

따라서 피합병법인이 합병 전에 적용받던 감면 또는 세액공제는 승계사업에서 발행한 소득금액 한도 내에서 감면·세액공제받을 수 있다. 하지만 합병법인이 합병 전에 적용받던 감면·세액공제는 합병 후 기존사업, 승계사업 구분 없이 발생한 소득금액에서 받을 수 있으며, 이렇게 합병 후 기존사업·승계사업 구분 없이 받을 수 있는 것은 감면·세액공제가 유일하다.

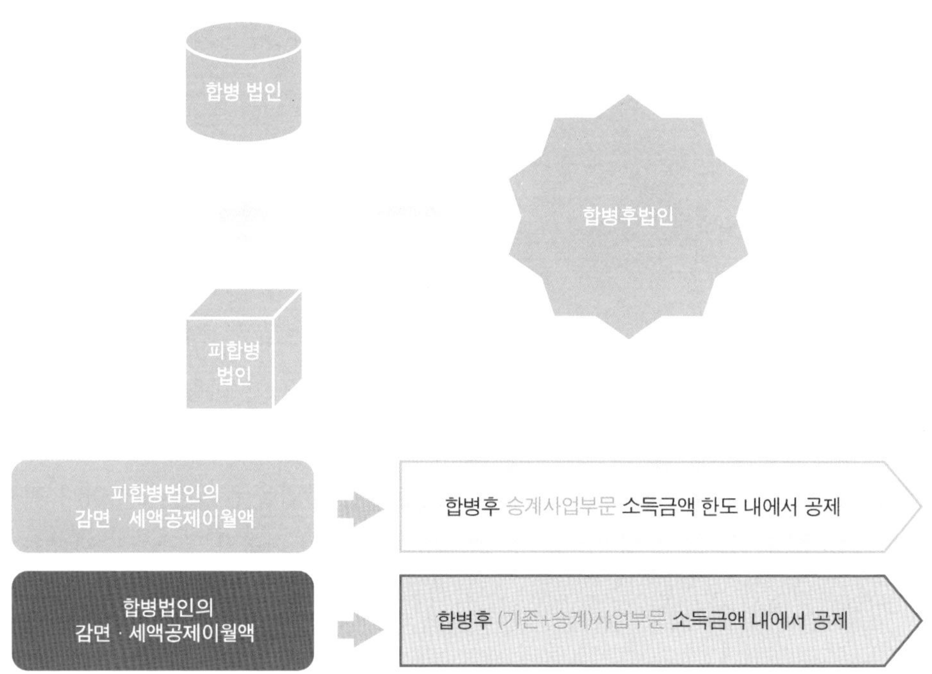

합병법인이 합병 전에 공제받지 못한 세액공제 이월액의 합병 후 공제방법

합병법인이 합병 전에 공제받지 못한 세액공제 이월액은 합병 후 피합병법인으로부터 승계받은 사업과 종전 합병법인이 영위하던 사업의 구분 없이 정하여진 기간과 금액의 한도 내에서 이월공제를 적용할 수 있는 것임(서면법규-1314, 2014. 12. 15.).

적격합병시 중소기업으로부터 승계받은 이월세액은 승계사업부문에 대한 최저한세 또는 산출세액 내에서 공제가능함

중소기업인 법인(이하 '피합병법인')과 적격합병을 한 중견기업인 내국법인은 「법인세법」 제44조의 3 제2항에 따라 피합병법인으로부터 승계받은 세액공제로서 그 세액공제 요건을 모두 갖춘 경우에는 이월된 미공제액을 「조세특례제한법」 제144조에 따라 이월공제 할 수 있는 것임.

이 경우, 피합병법인의 이월된 미공제액은 「법인세법 시행령」 제81조 제3항 제2호에 따라 승계받은 사업부문에 대하여 계산한 법인세 최저한세액 또는 법인세 산출세액의 범위 내에서 공제하는 것임.

합병법인은 피합병법인의 고용창출투자세액공제에 대한 이월세액공제를 승계할 수 있음

합병법인이 승계할 수 있는 세액공제의 범위를 한정적으로 규정하고 있다고 볼 수 없으므로 합병법인은 피합병법인의 고용창출투자세액공제에 대한 이월세액공제를 승계할 수 있음(서울행법 2019구합86938, 2021. 6. 1.).

(5) 피합병법인의 기부금한도초과액의 승계 · 공제

1) 개요

적격합병을 한 경우 피합병법인의 합병등기일 현재 기부금 한도초과액을 합병법인이 승계하여 공제할 수 있다.

기부금 종류별 손금산입한도액은 다음과 같이 계산한다.

1. 특례기부금

한도액=(기준소득금액** — 이월결손금*)×50%

2. 일반기부금

한도액=(기준소득금액** − 이월결손금* − 특례기부금 손금산입액)
× 10%(사회적기업은 20%)

* (이월결손금) 각 사업연도 소득의 80% 한도로 이월결손금 공제를 적용받는 법인은 기준소득금액의 80%를 한도로 함.

** 기준소득금액 = 해당 사업연도의 소득금액 − 합병 및 분할에 따른 양도손익 + 특례기부금 + 일반기부금(법법 §24 ②, ③)

2) 기부금한도초과액 공제방법

합병법인의 합병등기일 현재 특례기부금 및 일반기부금 중 한도 초과하여 이월된 금액으로서 그 후의 각 사업연도의 소득금액을 계산할 때 손금에 산입하지 아니한 금액 중 적격합병에 따라 합병법인이 승계한 피합병법인의 기부금한도초과액을 제외한 금액은 합병법인의 각 사업연도의 소득금액을 계산할 때 합병 전 합병법인의 사업에서 발생한 소득금액을 기준으로 특례기부금 및 일반기부금 각각의 손금산입한도액의 범위에서 손금에 산입한다(법법 §45 ⑥).

또한 피합병법인의 합병등기일 현재 기부금한도초과액으로서 적격합병에 따라 합병법인이 승계한 금액은 합병법인의 각 사업연도의 소득금액을 계산할 때 피합병법인으로부터 승계받은 사업에서 발생한 소득금액을 기준으로 특례기부금 및 일반기부금에 따른 기부금 각각의 손금산입한도액의 범위에서 손금에 산입한다(법법 §45 ⑦).

따라서 합병법인의 것은 합병법인의 사업에서, 피합병법인의 것은 피합병법인의 사업에서 발생한 소득금액을 기준으로 특례기부금 및 일반기부금 각각의 손금산입한도액의 범위에서 손금에 산입한다.

(합병등기일 현재) 합병법인의 기부금한도초과액	(공제방법) 합병법인의 사업부문 소득금액 기준 한도 내에서 공제
(합병등기일 현재) 피합병법인의 기부금한도초과액	(공제방법) 피합병법인의 사업부문 소득금액 기준 한도 내에서 공제

피합병법인으로부터 승계되는 기부금한도초과액은 승계받은 사업에서 발생한 소득을 기준으로 산출한 한도 내에서 이월 잔여기간 동안 손금산입하도록 한다. 기부금 한도초과액은 10년간 이월 가능하다.

(6) 합병 전 보유하던 자산의 처분손실 손금산입 제한

적격합병을 한 합병법인은 합병법인과 피합병법인이 합병 전 보유하던 자산의 처분손실(합병등기일 현재 해당 자산의 시가가 장부가액보다 낮은 경우로서 그 차액을 한도로 하며, 합병등기일 이후 5년 이내에 끝나는 사업연도에 발생한 것만 해당한다)을 각각 합병 전 해당 법인의 사업에서 발생한 소득금액(해당 처분손실을 공제하기 전 소득금액을 말한다)의 범위에서 해당 사업연도의 소득금액을 계산할 때 손금에 산입한다. 이 경우 손금에 산입하지 아니한 처분손실은 자산 처분 시 각각 합병 전 해당 법인의 사업에서 발생한 결손금으로 보아 합병법인의 것은 합병법인의 사업에서 발생한 소득금액의 범위에서, 피합병법인의 것은 피합병법인으로부터 승계받은 사업에서 발생하는 소득금액의 범위에서 공제한다(법법 §45 ③). 이하에서 해당 처분손실을 '손금산입 제한 처분손실'이라 한다.

> 합병 전 보유자산처분손실 손금불산입 적용요건
> ① 합병등기일 현재 시가 〈 장부가액
> ② 합병등기일 이후 5년 이내에 끝나는 사업연도 안에 처분
> ③ 처분손실의 발생

따라서 합병등기일 현재 합병당사법인들이 소유하는 자산의 시가가 장부가액보다 높은 경우에는 상관없으며, 만약 낮은 경우에는, 합병등기일 이후 5년 이내에 끝나는 사업연도

경과 후 처분하는 것이 유리할 수도 있다.

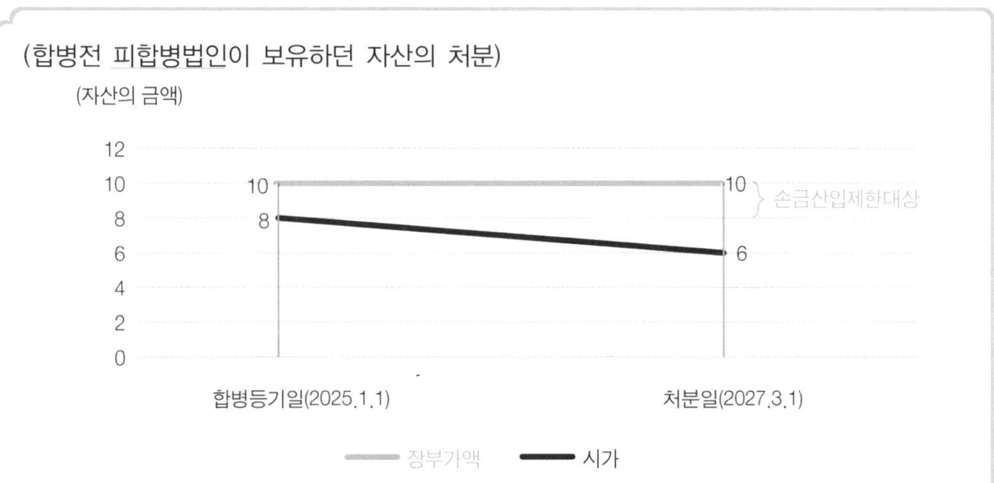

*합병등기일에는 '시가 〈 장부가액'으로 시가가 장부가액 보다 **2가 더 적음**

*합병등기일 이후 처분손실 '4' 발생

*2027년 처분연도에 발생한 <u>처분손실 차감 전 승계사업의 소득금액</u>은 '1'

*2027년 처분연도에 발행한 처분손실 차감 전 기존사업의 소득금액은 '3'

♣ '손금산입 제한 처분손실'은 '2'이며, 이는 승계사업의 소득금액 한도내에서만 손금산입이 가능하다. 따라서 '1'만 손금산입하고 나머지 1은 이후 발생하는 승계 사업의 소득금액에서 결손금과 동일한 방식으로 손금산입한다. 따라서 '손금산입 제한 손금산입' '2'는 기존사업에서 발생한 소득금액에서는 공제하지 않는다.

자산의 처분손실 손금산입 제한 적용 시 포합주식에 대하여 합병 시 교부받은 자기주식은 합병 전 보유자산에 해당함

내국법인이 출자지분의 100%를 보유하고 있는 완전자회사를 적격흡수합병하면서 합병법인이 보유하고 있는 피합병법인의 주식(포합주식)에 대하여 합병신주인 자기주식을 교부한 경우, 「법인세법」 제45조 제3항에 따라 합병법인이 합병 전 보유하던 자산의 처분손실을 산정함에 있어서 합병법인이 교부받은 자기주식은 합병법인이 합병 전 보유하던 자산에 해당하며, 합병등기일 현재 해당자산의 시가는 합병법인이 합병 전 보유하던 포합주식의 시가를 의미하는 것임(서면법령해석법인 2017-3271, 2018. 9. 4.).

(7) 사업의 계속 또는 폐지의 판정

피합병법인의 사업을 승계한 합병법인의 결손금 공제, 익금산입, 법인세 가산 및 기부금 한도초과액을 손금산입할 때 사업의 계속 또는 폐지의 판정과 적용에 관하여는 아래의 제80조의 2 제7항 및 제80조의 4 제8항을 준용한다(법령 §81 ④).

따라서, 합병법인이 합병등기일이 속하는 사업연도의 종료일 이전에 피합병법인으로부터 승계한 자산가액(유형자산, 무형자산 및 투자자산의 가액)의 2분의 1 이상을 처분하거나 사업에 사용하지 아니하는 경우에는 적격합병 요건 중 '사업의 계속성'을 충족하지 못하는 것으로 한다. 다만, 피합병법인이 보유하던 합병법인의 주식을 승계받아 자기주식을 소각하는 경우에는 해당 합병법인의 주식을 제외하고 피합병법인으로부터 승계받은 자산을 기준으로 사업을 계속하는지 여부를 판정하되, 승계받은 자산이 합병법인의 주식만 있는 경우에는 사업을 계속하는 것으로 본다(법령 §80의 2 ⑦).

또한, 합병법인이 합병등기일이 속하는 사업연도의 다음 사업연도의 개시일부터 2년의 기간 중 피합병법인으로부터 승계한 자산가액의 2분의 1 이상을 처분하거나 사업에 사용하지 아니하는 경우에는 피합병법인으로부터 승계받은 사업을 폐지한 것으로 본다. 다만, 피합병법인이 보유하던 합병법인의 주식을 승계받아 자기주식을 소각하는 경우에는 해당 합병법인의 주식을 제외하고 피합병법인으로부터 승계받은 자산을 기준으로 사업을 계속하는지 여부를 판정하되, 승계받은 자산이 합병법인의 주식만 있는 경우에는 사업을 계속하는 것으로 본다(법령 §80의 4 ⑧).

사업의 폐지로 보는 경우	
승계한 자산가액 (유형자산, 무형자산 및 투자자산의 가액)	승계한 자산가액의 1/2 이상을 ① 처분하거나 ② 사업에 사용하지 아니하는 경우

(8) 구분경리

1) 구분경리 기간

다른 내국법인을 합병하는 법인은 다음의 구분에 따른 기간 동안 자산·부채 및 손익을 피합병법인으로부터 승계받은 사업에 속하는 것과 그 밖의 사업에 속하는 것을 각각 다른 회계로 구분하여 기록하여야 한다. 다만, 중소기업 간 또는 동일사업을 하는 법인 간에 합병하는 경우에는 회계를 구분하여 기록하지 아니할 수 있다(법법 §113 ③).

① 합병등기일 현재의 결손금(15년 이내 발생한 이월결손금)이 있는 경우 또는 적격합병에 따라 피합병법인의 이월결손금을 공제받으려는 경우: 그 결손금 또는 이월결손금을 공제받는 기간

② 그 밖의 경우: 합병 후 5년간

한편, 연결모법인이 다른 내국법인(합병등기일 현재 연결법인이 아닌 경우만 해당한다)을 합병(연결모법인을 분할합병의 상대방 법인으로 하는 분할합병을 포함한다)한 경우에는 다음의 구분에 따른 기간 동안 자산·부채 및 손익을 피합병법인(분할법인을 포함한다)으로부터 승계받은 사업에 속하는 것과 그 밖의 사업에 속하는 것을 각각 별개의 회계로 구분하여 기록하여야 한다.

① 합병등기일 현재 제76조의 13 제1항 제1호㈜의 결손금이 있는 경우 또는 피합병법인의 이월결손금을 공제받으려는 경우 : 그 결손금 또는 이월결손금을 공제받는 기간

② 그 밖의 경우 : 합병 후 5년간

㈜ 법법 제76조의 13 제1항 제1호

각 연결사업연도의 개시일 전 15년 이내에 개시한 연결사업연도의 결손금(연결법인의 연결납세방식의 적용 전에 발생한 결손금을 포함한다)으로서 그 후의 각 연결사업연도(사업연도를 포함한다)의 과세표준을 계산할 때 공제되지 아니한 금액

2) 구분경리 방법

구분경리를 할 때에는 구분하여야 할 사업 또는 재산별로 자산·부채 및 손익을 각각 독립된 계정과목에 의하여 구분기장하여야 한다. 다만, 각 사업 또는 재산별로 구분할 수 없는 공통되는 익금과 손금은 그러하지 아니하다(법령 §156 ① 및 법칙 §75 ①). 다만, 중소기업 간 또는 동일사업을 하는 법인 간에 합병하는 경우에는 회계를 구분하여 기록하지 아니할 수 있다(법법 §113 ③ 단서). 구분하여 기록하지 아니한 경우에는 그 소득금액을 자산가액비율로 안분계산한 금액으로 한다(법법 §45 ①).

(가) 원칙적인 자산, 부채 및 손익의 구분계산

합병법인이 피합병법인으로부터 승계받은 사업과 그 밖의 사업을 구분경리함에 있어서 자산·부채 및 손익의 구분계산은 다음에 따른다(법칙 §77 ①).

1. 유형자산 및 무형자산과 부채는 용도에 따라 각 사업별로 구분하되, 용도가 분명하지 아니한 차입금은 총수입금액에서 각 사업의 당해 사업연도의 수입금액이 차지하는 비율에 따라 안분계산
2. 현금·예금 등 당좌자산 및 투자자산은 자금의 원천에 따라 각 사업별로 구분하되, 그 구분이 분명하지 아니한 경우에는 총수입금액에서 각 사업의 당해 사업연도의 수입금액이 차지하는 비율에 따라 안분계산

3. 제1호 및 제2호 외의 자산 및 잉여금 등은 용도·발생원천 또는 기업회계기준에 따라 계산
4. 각 사업에 속하는 익금과 손금은 각각 독립된 계정과목에 의하여 구분하여 기록하되, 각 사업에 공통되는 익금과 손금은 법인세법 시행규칙 제76조 제6항 및 제7항을 준용하여 구분계산. 다만, 합병등기일 전부터 소유하던 유형자산 및 무형자산의 양도손익은 합병등기일 전에 유형자산 및 무형자산을 소유하던 사업부문에 속하는 익금과 손금으로 본다.

(나) 예외적인 자산, 부채 및 손익의 구분계산

합병법인은 상기의 원칙적인 자산, 부채 및 손익의 구분계산에도 불구하고 다음의 방법으로 구분경리할 수 있다. 이 경우 합병법인은 피합병법인의 이월결손금을 공제받고자 하는 사업연도가 종료할 때(연결모법인의 경우에는 합병 후 5년간을 말한다)까지 계속 적용하여야 한다(법칙 §77 ②).

1. 피합병법인으로부터 승계받은 사업장과 기타의 사업장별로 자산·부채 및 손익을 각각 독립된 회계처리에 의하여 구분계산. 이 경우 피합병법인으로부터 승계받은 사업장의 자산·부채 및 손익은 이를 피합병법인으로부터 승계받은 사업에 속하는 것으로 한다.
2. 본점 등에서 발생한 익금과 손금 등 각 사업장에 공통되는 익금과 손금은 제76조 제6항 및 제7항을 준용하여 안분계산. 다만, 합병등기일 전부터 소유하던 유형자산 및 무형자산의 양도손익은 합병등기일 전에 유형자산 및 무형자산을 소유하던 사업부문에 속하는 익금과 손금으로 본다.
3. 상기 1과 2의 규정을 적용함에 있어서 합병등기일 이후 새로이 사업장을 설치하거나 기존 사업장을 통합한 경우에는 그 주된 사업내용에 따라 피합병법인으로부터 승계받은 사업장, 기타의 사업장 또는 공통사업장으로 구분. 이 경우 주된 사업내용을 판정하기 곤란한 경우에는 다음에 의한다.
   가. 새로이 사업장을 설치한 경우에는 합병법인의 사업장으로 보아 구분경리한다.
   나. 기존 사업장을 통합한 경우에는 통합한 날이 속하는 사업연도의 직전 사업연도의 각 사업장별 수입금액(수입금액이 없는 사업장이 있는 경우에는 각 사업장별 자산총액을 말한다)이 많은 법인의 사업장으로 보아 구분경리한다.

법인세법 시행규칙 제76조 제6항 및 제7항

⑥ 비영리법인이 법 제113조 제1항의 규정에 의하여 수익사업과 기타의 사업의 손익을 구분경리하는 경우 공통되는 익금과 손금은 다음 각호의 규정에 의하여 구분계산하여야 한다. 다만, 공통익금 또는 손금의 구분계산에 있어서 개별손금(공통손금 외의 손금의 합계액을 말한다. 이하 이 조에서 같다)이 없는 경우나 기타의 사유로 다음 각호의 규정을 적용할 수 없거나 적용하는 것이 불합리한 경우에는 공통익금의 수입항목 또는 공통손금의 비용항목에 따라 국세청장이 정하는 작업시간 · 사용시간 · 사용면적 등의 기준에 의하여 안분계산한다.

1. 수익사업과 기타의 사업의 공통익금은 수익사업과 기타의 사업의 수입금액 또는 매출액에 비례하여 안분계산
2. 수익사업과 기타의 사업의 업종이 동일한 경우의 공통손금은 수익사업과 기타의 사업의 수입금액 또는 매출액에 비례하여 안분계산
3. 수익사업과 기타의 사업의 업종이 다른 경우의 공통손금은 수익사업과 기타의 사업의 개별 손금액에 비례하여 안분계산

⑦ 제6항의 규정에 의한 공통되는 익금은 과세표준이 되는 것에 한하며, 공통되는 손금은 익금에 대응하는 것에 한한다.

3) 중소기업 또는 동일사업의 판정 방법

가) 개요

중소기업 간 또는 동일사업을 하는 법인 간에 합병하는 경우에는 구분경리를 하지 아니할 수 있다. 여기서 중소기업의 판정은 합병 또는 분할합병 전의 현황에 따르고, 동일사업을 영위하는 법인(분할법인의 경우 승계된 사업분에 한정한다)의 판정은 실질적으로 동일한 사업을 영위하는 것으로서 기획재정부령으로 정하는 경우㈜ 외에는 한국표준산업분류에 따른 세분류에 따른다. 이 경우 합병법인 또는 피합병법인이나 분할법인(승계된 사업분에 한정한다) 또는 분할합병의 상대방법인이 2 이상의 세분류에 해당하는 사업을 영위하는 경우에는 사업용 자산가액(유형자산, 무형자산 및 투자자산의 가액을 말한다(법령 §80의 2 ⑦) 중 동일사업에 사용하는 사업용 자산가액의 비율이 각각 100분의 70을 초과하는 경우에만 동일사업을 영위하는 것으로 본다(법령 §156 ②).

㈜ 기획재정부령으로 정하는 경우

영 제156조 제2항에서 "실질적으로 동일한 사업을 영위하는 것으로서 기획재정부령으로 정하는 경우"란 한국산업은행법(2014. 5. 21. 법률 제12663호로 개정된 것을 말한다) 부칙 제3조에 따른 한국산업은행, 산은금융지주주식회사 및 「한국정책금융공사법」에 따른 한국정책금융공사가 각각 영위하던 사업을 말한다.

나) 동일사업의 구체적인 판정방법

중소기업 간 또는 동일사업을 하는 법인 간에 합병하는 경우에는 구분경리를 아니할 수 있으며, 동일사업의 영위 여부는 법칙에서 정하는 경우 외에는 한국표준산업분류에 따른 세분류에 따르도록 하고 있다. 만약, 합병법인 또는 피합병법인이 2 이상의 세분류에 해당하는 사업을 영위하는 경우에는 사업용자산가액 중 동일한 사업에 사용하는 자산가액의 비율이 합병법인과 피합병법인 각각 70%를 초과하는 경우에는 동일한 사업을 영위하는 것으로 보도록 하고 있다.

여기서 사업용 고정자산이라 함은 한국표준산업분류에 따른 세분류에 해당하는 사업에 직접 사용하는 유형자산, 무형자산 및 투자자산의 가액을 말하며(법령 §80의 2 ⑦), 사업에 직접 사용되지 않는 공통(일반관리부문)의 자산은 포함되지 않는다(법인-1195, 2009. 10. 26.).

사 례

합병법인 사업부문	피합병법인 사업부문
A사업(30%)	A사업(40%)
B사업(45%)	B사업(33%)
C사업(25%)	D사업(27%)
A + B = 75%	A + B = 73%

♣ C사업과 D사업은 다르지만 A와 B사업은 합병법인과 피합병법인 모두 영위하는 사업이므로 A와 B사업이 차지하는 비율이 합병법인과 피합병법인 각각 70% 초과 여부에 따라서 동일사업 여부를 판단한다.

「법인세법 시행령」 제156조 제2항의 규정을 적용함에 있어 합병법인 또는 피합병법인이 한국표준산업분류에 따른 2 이상의 세세분류에 해당하는 사업을 영위하는 경우로서, 세세분류별 사업용 고정자산가액 비율이 합병법인은 A사업 30%, B사업 45%, C사업 25%이고 피합병법인은 A사업 40%, B사업 33%, D사업 27%인 경우 동일사업을 영위하는 법인 간의 합병으로 보는 것임(법인-1195, 2009. 10. 26. 및 서면법인 2015-2451, 2016. 1. 26.).

동일사업을 하는 법인간 적격합병으로서 구분경리하다가 하지 않는 경우

동일사업을 하는 법인 간 적격합병의 경우, 합병법인이 피합병법인의 이월결손금을 구분경리하는 방법으로 피합병법인으로부터 승계받은 사업에서 발생한 소득금액의 범위에서 공제하여 신고를 하다가, 그 다음 사업연도 이후에 회계를 구분하여 기록하지 아니한 경우 사업용 자산가액 비율로 안분계산한 금액을 피합병법인으로부터 승계받은 사업에서 발생한 소득금액으로 하는 것임(법인-1680, 2019. 7. 1.).

신기술자가 발행한 주식의 사업용 고정자산 포함 여부

여신전문금융업을 영위하는 내국법인(이하 "합병법인"이라 함)이 동일사업을 영위하는 법인(이하 "피합병법인"이라 함)을 흡수합병하고, 「법인세법」 제113조 제3항 단서에 따라 회계를 구분하여 기록하지 아니하고 같은 법 시행령 제81조 제1항에 따른 사업용 고정자산가액 비율로 소득금액을 안분계산하는 경우, 합병법인이 합병등기일 현재 보유하는 「여신전문금융업」 제2조 제14호의 2의 "신기술사업자" 가 발행한 주식은 사업용 고정자산가액에 포함하는 것이며, 사업에 직접 사용되지 않는 종속기업주식과 자기주식(피합병법인이 보유하고 있던 자기주식)은 사업용 고정자산가액에 포함하지 아니하는 것임(사전법령해석법인 2017-542, 2017. 11. 3.).

3. 감가상각

(1) 적격합병 등인 경우

적격합병, 적격분할, 적격물적분할인 경우 상각범위액 계산 방식은 다음과 같다. 이것을 이하에서는 「적격합병등의 상각범위액」이라 한다.

1) 적격합병등의 상각범위액

감가상각비의 상각범위액을 결정하는 요소는 다음과 같다.

감가상각범위액 결정요소			
① 취득가액	② 미상각잔액	③ 내용연수	④ 감가상각방법

적격합병인 경우 감가상각범위액을 산정할 때의 취득가액, 미상각잔액, 상각방법 및 내용연수는 다음과 같이 적용한다(법령 §29의 2 ①).

♣ 감가상각비 결정요소

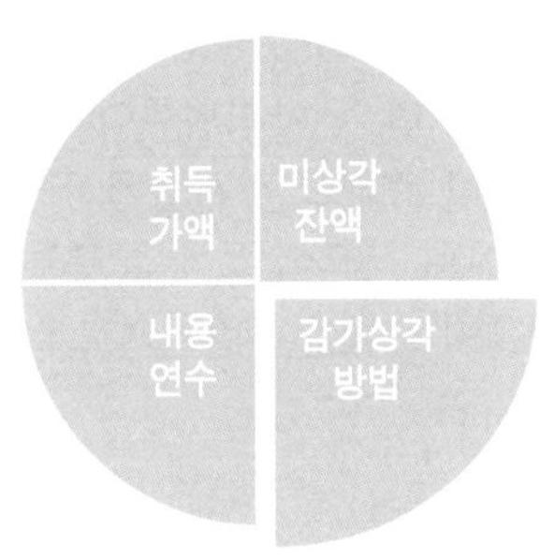

가) 취득가액

취득가액은 적격합병에 의하여 자산을 양도한 법인(이하에서 "양도법인"이라 한다)의 취득가액으로 한다. 여기서 취득가액이란 감가상각 기초가액을 말하는 것이 아니라 상각범위액 결정요소 중 하나로서의 취득가액을 말한다. 예로서 1억원의 기계를 매입하여 내용연수가 5년, 감가상각방법은 정액법인 경우 감가상각범위액 계산은 매년 다음과 같이 계산된다.

감가상각범위액 2천만원 = 취득가액(1억원) / 내용연수(5년)

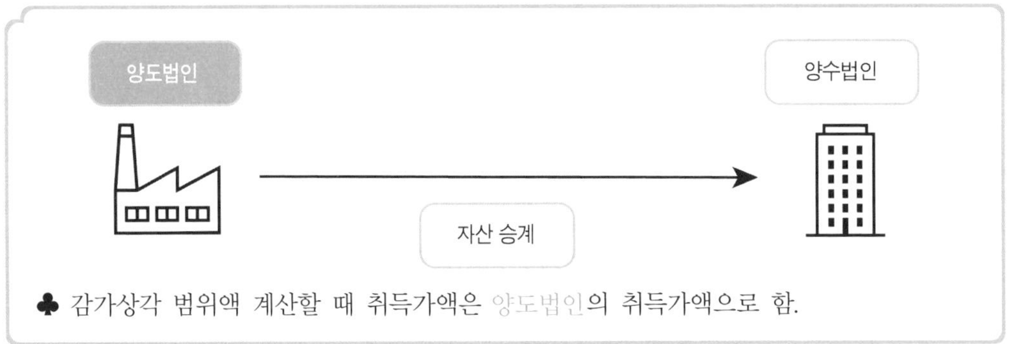

나) 미상각잔액

미상각잔액은 양도 당시 양도법인의 장부가액에서 적격합병등에 의하여 자산을 양수한 법인(이하에서 "양수법인"이라 한다)이 이미 감가상각비로 손금에 산입한 금액을 공제한 잔액으로 한다.

기업회계기준에 의한 공정가치와 세법상의 시가가 동일한 경우로서 시가가 장부가액보다 높을 때, 장부에 기업회계기준에 따라 시가로 계상하였다면, 감가상각비는 시가를 기준으로 결정되어 장부에 계상된다. 그리고 시가와 장부가액의 차액에 해당하는 자산조정계정액에 대한 감가상각비는 익금산입(유보)로 세무조정된다. 따라서 결과적으로 양도법인인 피합병법인의 장부가액을 기준으로 세무상 감가상각비가 계상되게 된다.

다) 상각방법 및 내용연수

상각방법 및 내용연수는 다음의 어느 하나에 해당하는 방법으로 정할 수 있다. 이 경우 선택한 방법은 그 후 사업연도에도 계속 적용한다.

① 양도법인의 상각범위액을 승계하는 방법. 이 경우 상각범위액은 법 및 이 영에 따라 양도법인이 적용하던 상각방법 및 내용연수에 의하여 계산한 금액으로 한다.

② 양수법인의 상각범위액을 적용하는 방법. 이 경우 상각범위액은 법 및 이 영에 따라 양수법인이 적용하던 상각방법 및 내용연수에 의하여 계산한 금액으로 한다.

(2) 비적격합병인 경우

비적격합병인 경우 감가상각범위액은 다음과 같이 계산한다.

1) 취득가액

비적격합병인 경우의 상각범위액 계산을 위한 취득가액은 합병법인등(양수법인)의 취득 당시 "시가"이다.

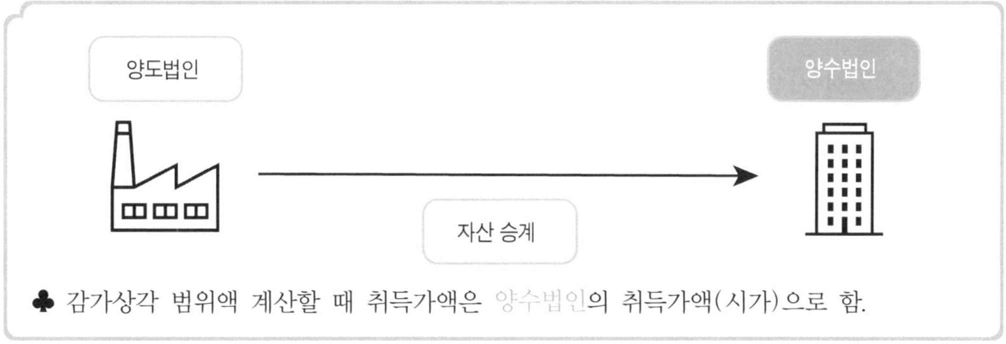

♣ 감가상각 범위액 계산할 때 취득가액은 양수법인의 취득가액(시가)으로 함.

2) 미상각잔액

취득가액에서 양수법인이 이미 감가상각비로 손금에 산입한 금액을 공제한 잔액으로 한다.

3) 내용연수

일반적으로 내용연수는 기준내용연수, 신고내용연수, 수정내용연수와 특례내용연수 등이 있다.

가) 신고내용연수와 수정내용연수

먼저 신고내용연수와 수정내용연수에 대해 정확하게 알아야 합병 시 적용받을 수 있는 내용연수를 정확하게 파악할 수 있으므로 다음은 일반적인 신고내용연수와 수정내용연수에 대한 내용이다.

A) 신고내용연수

신고내용연수란 구조 또는 자산별 · 업종별로 기준내용연수에 그 기준내용연수의 100분의 25를 가감하여 기획재정부령으로 정하는 내용연수범위 안에서 법인이 선택하여 납세지 관할 세무서장에게 신고한 내용연수와 그에 따른 상각률을 말한다. 다만, 적정한 신고기한 내에 신고를 하지 않은 경우에는 기준내용연수와 그에 따른 상각률로 한다(법령 §28 ① 2호).

법인이 상기의 신고내용연수를 적용받고자 할 때에는 기획재정부령으로 정하는 **내용연수신고서**를 다음의 날이 속하는 사업연도의 법인세 과세표준의 신고기한까지 납세지 관할 세무서장에게 제출(국세정보통신망에 의한 제출을 포함한다)하여야 한다(법령 §28 ③).

1. 신설법인과 새로 수익사업을 개시한 비영리내국법인의 경우에는 그 영업을 개시한 날
2. 상기 1 외의 법인이 자산별 · 업종별 구분에 따라 기준내용연수가 다른 감가상각자산을 새로 취득하거나 새로운 업종의 사업을 개시한 경우(필자주: 업종이 다른 법인을 합병한 경우 포함, 집행기준 23-28-3)에는 그 취득한 날 또는 개시한 날

[신고내용연수의 적용] 법인세 집행기준 23-28-1

① 내용연수를 아래 ②의 기한 내에 신고한 법인은 그 신고내용연수(±25% 이내)를 적용하고, 그 기한 내에 신고하지 아니한 법인은 기준내용연수를 적용한다.

② 내용연수의 신고는 다음에 정하는 날이 속하는 사업연도의 법인세 과세표준 신고기한까지 납세지 관할세무서장에게 하여야 한다.

구 분	정하는 날
1. 신설법인과 새로 수익사업을 개시한 비영리내국법인	영업개시일
2. 상기1 외의 법인이 자산별·업종별 구분에 의한 기준내용연수가 다른 고정자산을 새로 취득하거나 새로운 업종의 사업을 개시한 경우	취득일 또는 새로운 사업개시일

B) 수정내용연수

기준내용연수의 50% 이상이 경과된 자산을 합병·분할에 의하여 승계하는 경우에는 수정내용연수의 적용이 가능하다(법령 §29의 2 ①). 다만, 내국법인이 합병·분할등기일이 속하는 사업연도의 법인세 과세표준 신고기한 내에 기획재정부령이 정하는 **내용연수변경신고서**를 제출한 경우에 한하여 적용한다(법령 §29의 2 ⑤).

| 수정내용연수 적용 사례 |

구 분	A	B	C
기준내용연수	40년	8년	5년
수정내용연수	20년(40-40×50%)에서 40년 사이에 선택	4년(8-8×50%)에서 8년 사이에 선택	2년(5-5×50%=2.5년→2년)에서 5년 사이에 선택
무신고시	40년	8년	5년

① 법인이 합병·분할에 의하여 자산을 승계한 경우 그 중고자산에 대한 감가상각 적용시 그 자산의 기준내용연수의 50%에 상당하는 연수와 기준내용연수의 범위에서 선택하여 납세지 관할세무서장에게 신고한 수정내용연수를 내용연수로 할 수 있다.

② 상기 ①의 수정내용연수의 계산에 있어서 1년 미만은 없는 것으로 한다.

* (법인세 집행기준 23-29의 2-1)

내용연수변경신고서를 반드시 제출해야 함

수정내용연수를 적용받기 위해서는 내용연수변경신고서를 반드시 제출해야 함. 감가상각방법신고서 및 내용연수신고서는 제출했더라도 수정내용연수를 적용받을 수 없음(대법 2011두32751, 2014. 5. 16.).

(조심 2008서2479, 2010. 5. 24.)

| 신고내용연수와 수정내용연수를 적용하는 경우 |

구분	적용 사유
신고내용연수	1. 신설법인과 수익사업을 개시한 비영리법인 2. 새로운 업종의 개시(필자주: 업종이 다른 법인을 합병하는 경우 포함) 3. 자산별 · 업종별로 기준내용연수가 다른 고정자산의 취득
수정내용연수	1. 기준내용연수 50% 이상 경과된 자산(중고자산)의 취득 2. 기준내용연수 50% 이상 경과된 자산의 합병 · 분할에 의한 승계

나) 비적격합병인 경우의 적용 내용연수

합병 · 분할에 따라 자산을 승계한 경우 해당 자산에 대하여 적용할 내용연수는 다음과 같으며, 업종이 동일한 법인을 합병하는 경우와 업종이 다른 법인을 합병하는 경우로 분류해서 다르게 적용한다(법인세 집행기준 23-28-3).

1. 내용연수변경신고서를 일정 기한까지 제출하여 수정내용연수를 적용받고자 하는 경우에는 수정내용연수를 적용한다.

〈수정내용연수 적용방법 예시〉

- 기준내용연수 5년인 경우
- 수정내용연수 : 2년(5년 - 5년×50% = 2.5년 ≒ 2년, 1년 미만은 없는 것으로 함)에서 5년의 범위 내에서 선택

2. 상기 1 외의 경우에는 종전의 신고내용연수를 적용한다. 다만, 업종이 다른 법인을 합병한 경우 그 합병으로 취득한 자산에 대하여는 신고내용연수 규정에 따른 신고내용연수를 적용한다.

| 합병으로 취득한 고정자산의 내용연수 적용순서 |

업종이 동일한 법인을 합병하는 경우	업종이 다른 법인을 합병하는 경우
① 수정내용연수	① 수정내용연수
② 종전의 신고내용연수*	② 신고내용연수*

* 신고내용연수 규정에 따라 신고내용연수를 신고하지 않는 경우에는 기준내용연수를 적용한다.

4) 감가상각방법

상각방법이 서로 다른 법인이 합병(분할합병을 포함)한 경우에는 제26조 제5항의 규정에 불구하고 납세지 관할세무서장의 승인을 얻어 그 상각방법을 변경할 수 있다(법령 §27 ①). 한편, 분할의 경우에는 감가상각방법을 변경할 수 없다.

상기에 따라 상각방법의 변경승인을 얻고자 하는 법인은 그 변경할 상각방법을 적용하고자 하는 최초 사업연도의 종료일까지 기획재정부령으로 정하는 감가상각방법변경신청서를 납세지 관할세무서장에게 제출(국세정보통신망에 의한 제출을 포함한다)하여야 한다(법령 §27 ②).

감가상각 계산방법이 서로 다른 법인이 합병하고 감가상각방법 변경승인을 받지 아니한 경우 승계받은 피합병법인의 고정자산에 대한 감가상각방법은 합병법인의 감가상각 계산방법을 적용한다(법인세 집행기준 23-26-4).

| 합병 시 감가상각 변경신고 사유와 적용순서 요약 |

합병시 감가상각변경신고 사유	적용 순서
상각방법이 다른 법인의 합병 (분할합병 포함)	① 감가상각방법변경신청서를 제출한 경우: 변경신고 후 승인받은 감가상각방법 ② ①의 변경승인을 받지 않은 경우: 합병법인의 감가상각방법

*법인세 집행기준 23-26-4

합병법인이 상기의 내용에 따라 상각방법을 변경하는 경우 상각범위액의 계산은 다음의 계산식에 따른다. 이 경우 제3호의 계산식 중 총채굴예정량은 「한국광해광업공단법」에 따른 한국광해광업공단가 인정하는 총채굴량을 말하고, 총매립예정량은 「폐기물관리법」 제25조 제3항에 따라 환경부장관 또는 시·도지사가 폐기물처리업을 허가할 때 인정한 총매립량을 말한다(법령 §27 ⑥).

1. 정률법 또는 생산량비례법을 정액법으로 변경하는 경우

상각범위액 = (감가상각누계액을 공제한 장부가액 + 전기이월 상각부인액 누계액) × 상각률*

* 상각률은 해당 자산의 신고내용연수(내용연수를 신고하지 아니한 경우에는 기준내용연수)에 대한 정액법에 의한 상각률

2. 정액법 또는 생산량비례법을 정률법으로 변경하는 경우

상각범위액 = (감가상각누계액을 공제한 장부가액 + 전기이월 상각부인액 누계액) × 상각률*

* 상각률은 해당 자산의 신고내용연수(내용연수를 신고하지 아니한 경우에는 기준내용연수)에 대한 정률법에 의한 상각률

3. 정률법 또는 정액법을 생산량비례법으로 변경하는 경우

$$\text{상각범위액} = (\text{감가상각누계액을 공제한 장부가액} + \text{전기이월 상각부인액 누계액}) \times \frac{\text{해당 사업연도의 채굴량}}{(\text{총채굴예정량} - \text{변경전 사업연도까지의 총채굴량})}$$

* 총채굴예정량은 한국광물자원공사가 인정하는 총채굴량

4. 합병법인의 합병으로 인한 자산의 취득가액

합병법인이 피합병법인으로부터 승계받는 자산의 취득가액은 다음과 같이 처리한다(법령 §72 ② 3호).

① 적격합병 또는 적격분할의 경우 : 장부가액

② 그 밖의 경우 : 해당 자산의 시가

※ 일반기업회계기준(문단 12.20)
취득자는 식별가능한 취득자산과 인수부채를 취득일의 공정가치로 측정한다.

K-IFRS:(1103-18)
취득자는 식별할 수 있는 취득 자산과 인수 부채를 취득일의 공정가치로 측정한다.

5. 합병법인이 보유한 포합주식의 처리

(1) 포합주식으로 취득한 자기주식의 소각이 주주에게 미치는 영향

1) 개인주주

합병법인이 포합주식 등을 통해 취득한 자기주식을 소각하는 경우 다른 개인주주가 이익을 얻은 경우 증여세 또는 의제배당으로 과세될 수 있다.

법인의 합병 후 존속하는 법인이 합병과정에서 소각을 목적으로 취득한 자기주식을 정상적으로 소각하는 경우에 당해 주식의 소각으로 특정주주에게만 이익을 주는 경우 외에는 **개인주주**에 대해 증여세가 과세되지 아니한다(서면4팀-3631, 2006. 11. 2.).

또한, 법인이 합병으로 취득한 자기주식을 「상법」 제343조 제1항에 따라 소각함으로써 다른 주주의 소유 주식비율이 균등하게 증가한 경우 해당 주식비율 증가는 「소득세법」 제17조 제2항 제1호에 따른 의제배당에도 해당하지 아니한다(소득-846, 2012. 11. 22.).

2) 법인주주

합병계약에 따라 포합주식에 대하여 합병신주가 교부되지 않은 경우, 법인 합병시 포합주식에 대하여 합병신주를 교부하는 경우와 비교하여 그 교부한 주식은 합병법인의 주주들이 각자의 주식 보유 비율에 따라 지배하는 자기주식이 될 것이고, 결국 포합주식에 대하여 합병신주를 교부하지 않은 것의 효과는 사실상 포합주식에 합병신주를 교부하여 자기주식을 취득한 후 소각하는 경우와 같아 불균등감자나 손익거래에 해당되지 않는다.
따라서, 단순히 포합주식에 대하여 합병신주를 교부하는 절차를 거치지 않고 소각하였다 하여 자기주식의 소각에 따라 합병법인의 주주들의 지분율 변동분에 해당하는 금액을 법인주주의 자산수증이익으로 볼 수 없다(심사법인 99-177, 2000. 6. 23.).

또한 자회사들인 합병법인이 피합병법인을 흡수합병하면서 자본을 감소할 목적으로 취득한 자기주식을 소각하여 지분 전부를 소유하게 되는 경우에는 특수관계자인 다른 주주에게 이익을 분여한 경우에도 해당되지 아니한다(서면2팀-1401, 2006. 7. 27.).

포합주식 판정 시 기산일

영 제80조의 2 제3항에 규정된 포합주식 등의 해당 여부를 판정함에 있어서 주식의 취득시기는 대금을 청산한 날, 주식을 인도받은 날 또는 명의개서일 중 빠른 날로 한다(법인 통칙 44-80의 2…1).

자기주식의 소각으로 지배회사가 완전모회사가 되는 경우의 부당행위계산부인

합병법인의 지분율이 자기주식 10% 그리고 다른 합병법인의 모법인이 합병법인의 지분 90%를 소유할 때, 해당 자기주식은 합병법인이 피합병법인을 흡수합병하면서 자본을 감소할 목적으로 취득한 자기주식으로서 합병 이후 소각하여, 모법인이 합병법인의 지분 전부를 소유하게 되는 경우에는 법인세법 시행령 제88조 제1항 제8호 다목의 규정에 의하여 특수관계자인 다른 주주에게 이익을 분여한 경우에 해당되지 아니하므로 부당행위계산의 유형을 적용하지 않는다(서면2팀-1401, 2006. 7. 27.).

♣ 포합주식

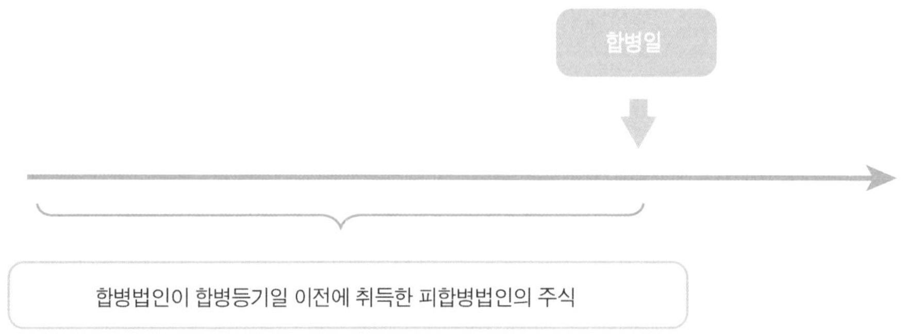

(2) 포합주식관련 자기주식소각손실과 유보금액의 손금산입 여부

1) 자기주식소각손실의 손금산입 여부

합병법인이 "자기주식을 소각하는 경우(포합주식에 신주를 교부하지 않고 소각하거나 포합주식에 신주를 교부한 후 소각하는 경우 모두 포함)는 자본거래로 보아 익금 및 손금으로 보지 않는 것이고, 포합주식으로 인한 자기주식을 처분하는 경우에는 순자산의 증감거래로 보아 처분손익을 익금 및 손금으로 산입한다(심사법인 99-137 1999. 8. 13. 및 대법원 92누13571, 1992. 9. 2.).

합병법인이 보유한 포합주식관련 주식소각손실의 손금산입	합병법인이 보유한 포합주식관련 주식처분손실의 손금산입
손금불산입	손금산입

자기주식소각손실과 자기주식처분손실

자기주식을 취득하여 소각함으로써 생긴 손익은 각 사업연도 소득계산상 익금 또는 손금에 산입하지 아니하는 것이나, 매각함으로써 생긴 매각차손익은 익금 또는 손금으로 한다. 다만, 고가매입 또는 저가양도액은 그러하지 아니한다(법인 통칙 15-11-7).

포합주식의 소각에 따른 손실은 자본거래에 해당함

법인이 주식을 보유하고 있는 다른 법인을 흡수합병함에 있어 합병계약에 따라 포합주식에 대하여 합병신주를 발행하지 아니하고 당해 포합주식을 소각함으로써 생긴 손실은 자본거래에 해당되어 각 사업연도 소득 계산상 손금에 산입하지 아니하는 것이다(법인 46012-171, 2000. 1. 18.).

무증자합병 시 포합주식이 자기주식으로 소각되는 경우에 해당하는지 여부

무증자합병 시 포합주식에 대하여 합병신주를 교부하지 않더라도 포합주식에 대하여 합병신주를 발행한 후 자기주식으로 소각되는 것과 그 실질이 동일함(서면법령해석법인 2019-84, 2019. 7. 19.).

2) 포합주식관련 유보금액의 처리

합병법인이 포합주식에 대하여 신주를 교부하지 아니하여 소각함에 따라 생긴 자기주식소각손실(감자차손)은 자본거래로 손금불산입 사항으로서, 합병법인이 보유하고 있는 피합병법인의 주식에 대하여 합병시 신주를 교부하지 않는 경우 합병 전 당해 주식의 평가와 관련하여 손금에 산입하지 아니한 금액에 대하여 합병법인의 각 사업연도 소득금액 계산시 동 금액을 손금에 가산(△유보)하고 손금불산입(기타, 잉여금 차감)처분하는 것이다(서면2팀-709, 2005. 5. 20.).

이는 포합주식에 대한 신주를 교부하지 않았지만 그 실질은 교부 후 감자한 것과 동일하므로 자기주식소각손실, 즉 자본거래에 해당하므로 손금불산입하며, 해당 자기주식과 관련된 유보 또한 소멸시키면서 손금 또는 익금에 산입하지 않는 양편조정을 한다.

한편, 포합주식에 따른 자기주식을 취득한 후 동 자기주식을 처분하면서 포합주식에 대한 유보잔액은 손금추인할 수 있는 것이므로(조심 2016중153, 2016. 10. 17.). **완전자회사와 합병하면서 포합주식에 대해 자기주식을 전혀 교부하지 않는 것 보다 소량이라도 자기주식을 교부한 후 매각한다면 해당 유보를 손금에 추인할 수 있게 되어 절세에 도움이 될 수도 있다.**

♣ 합병 전 피합병법인의 주식평가와 관련하여 익금불산입(△유보)이 있는 경우로서 포합주식인 경우와 그 외의 경우, 유보에 대한 처리를 비교한 것이다.

합병법인이 보유한 포합주식 관련 유보의 처리	합병법인 외 다른 주주가 보유한 피합병법인주식 관련 유보의 처리
① 익금산입(유보) ② 손금산입(기타) (법인-315, 2010. 3. 31. 2019년 12월 세법해석 사례 정비내역)	① 손금산입(△유보) (사전법령해석법인 2020-170, 2020. 3. 30.)

☞ 포합주식은 자기주식의 소각인 자본거래로 보아 양편조정으로 세무조정하고, 합병법인 외 주주가 보유한 피합병법인의 주식의 소멸은 투자주식처분손실로 보아 손금산입한다.

3개법인의 합병으로 인해 발생한 포합주식의 소각에 대한 세무처리

B는 A의 지분 100%를 보유한 완전모자회사 관계에 있고, C가 B의 주주인 상황에서 A를 합병법인으로 B, C를 피합병법인으로 하여 동일자에 합병이 이루어지는 경우로서, A가 C를 합병하면서 B법인 주식을 승계하였으나 동일자로 B가 A에 합병(역합병)되어 소멸함으로써 B법인 주식이 소각되는 경우, B법인 주식의 시가와 종전 장부가액의 차액(세무조정사항 승계액 및 자산조정계정)은 익금 또는 손금에 산입하지 아니하고 소멸하는 것임(법규법인 2014-542, 2014. 12. 9.).

완전모회사가 소유한 포합주식 관련 유보금액의 처리(2019년 12월 세법해석사례 정비)

(유지사례)

모회사(지분:100%)인 합병법인이 합병신주를 교부하지 않는 방식으로 피합병법인을 합병(합병비율 1:0)하는 경우 합병 전 피합병법인 주식의 평가와 관련하여 손금에 산입하지 아니한 지분법평가손실 금액은 합병법인의 각사업연도 소득금액 계산시 동 금액을 손금에 가산(△유보)하고 손금불산입(기타) 처분하는 것임(법인-315, 2010. 3. 31.).

(삭제예규)

A법인이 특수관계자인 개인으로부터 B법인 주식 100%를 시가에 미달하는 가액으로 취득한 경우에는 당해 저가매입 상당액을 「법인세법」 제15조 제2항 제1호에 의해 A법인의 각 사업연도 소득금액 계산상 익금산입(유보)하고, 같은법 시행령 제72조 제2항 제1호에 의해 B법인 주식의 취득가액에 가산하는 것이며, A법인이 B법인을 무증자 흡수합병(합병비율 1:0)하는 경우에는 당초 익금산입(유보)한 금액을 손금에 산입(△유보)하는 것임(법인-3465, 2008. 11. 19.).

필자주

포합주식에 대한 유보가 있는 경우 기존예규에서는 손금에 산입(△유보)하는 것이라고 했으나, 2019년 12월 세법해석사례 정비에 따라 손금에 가산(△유보)하고 손금불산입(기타) 처분하는 것으로 변경하였다. 이는 완전모자회사간 합병으로서 자회사(피합병법인)의 주식에 합병신주를 교부하지 않은 것은 교부한 후 소각한 것과 그 실질이 동일한 자본거래에 해당하기 때문이다.

무증자 완전모자회사간 합병의 경우 포합주식에 대한 취득가액은 손금에 산입하지 않음

완전모회사가 완전자회사를 흡수합병함에 있어 완전모회사가 보유하고 있는 완전자회사의 주식(이하 "포합주식")에 대하여 합병신주를 교부하지 않고 소각하는 경우로서 회계처리상 피합병법인의 주식(포합주식)의 취득가액을 전액 감액하여 합병시 장부가액 0원으로 계상하고 해당 주식감액분을 세무조정상 손금불산입(유보)로 처리한 경우 합병법인의 각 사업연도 소득금액 계산시 해당 금액을 손금산입(△유보) 및 손금불산입(기타)하는 것임(서면법규법인 2023-2491, 2024. 6. 27.).

3) 무증자합병의 경우 합병법인이 처리하는 피합병법인의 주식가액

통상적으로 감자차익(減資差益)은 자본감소의 경우로서 그 감소액이 주식의 소각, 주금(株金)의 반환에 든 금액과 결손의 보전(補塡)에 충당한 금액을 초과한 경우의 그 초과금액이며(법법 §17 ① 4호) 감자차손은 그 반대에 해당하는 것이다.

무상감자의 경우를 분개로 나타내면 다음과 같다.

㈜하람전산은 결손금 400,000의 보전을 위해 1주당 액면금액 1,000원의 주식을 500원으로 무상감자한다. 총발행주식수는 1,000주이다.

(차)	자본금	500,000	(대) 이월결손금	400,000
			감자차익	100,000

유상감자의 경우를 분개로 나타내면 다음과 같다.

㈜하람전산은 총발행 100주의 주식 중 50주의 주식에 대해 유상감자한다. 1주당(액면금액 100원) 50원을 지급한다.

(차)	자본금	5,000	(대) 보통예금	2,500
			감자차익	2,500

♣ 감자차익 · 차손에 대한 기업회계기준

(일반기업회계기준) 문단 15.11

기업이 이미 발행한 주식을 유상으로 재취득하여 소각하는 경우에 주식의 취득원가가 액면금액보다 작다면 그 차액을 감자차익으로 하여 자본잉여금으로 회계처리한다. 취득원가가 액면금액보다 크다면 그 차액을 감자차익의 범위내에서 상계처리하고, 미상계된 잔액이 있는 경우에는 자본조정의 감자차손으로 회계처리한다. 이익잉여금(결손금) 처분(처리)으로 상각되지 않은 감자차손은 향후 발생하는 감자차익과 우선적으로 상계한다.

(일반기업회계기준) 문단 15.11

기업이 주주에게 순자산을 반환하지 않고 주식의 액면금액을 감소시키거나 주식수를 감소시키는 경우에는 감소되는 액면금액 또는 감소되는 주식수에 해당하는 액면금액을 감자차익으로 하여 자본잉여금으로 회계처리한다.

(K-IFRS)에서는

자기주식의 회계처리에 대해서는 자본에서 차감하는 것으로 규정하고 있지만, 나머지 자본조정항목에 대해서는 구체적으로 기술하고 있지 않다. 따라서, K-IFRS에서 구체적인 회계처리를 언급하고 있지 않은 주식할인발행차금, 감자차손 등 자본조정항목은 일반기업회계기준을 준용할 것으로 본다(K-IFRS와 비교 일반기업회계기준. 이용호, 심충진 저).

감자로 인해 발생하는 감자차손익은 자본거래로 인해 발생한 차손익이므로 법인세법상 손금 또는 익금산입의 대상이 아니다. 합병과 관련하여 발생한 자기주식소각이익 · 손실 또한 마찬가지로 자본거래로 발생한 수익이므로 익금산입 또는 손금산입의 대상이 아니다.

합병으로 인해 피합병법인의 주주가 합병교부주식을 교부받을 수도 있고 때로는 한 주의 주식도 받지 못하는 경우도 있다. 그리고 피합병법인의 주주가 합병법인인 경우(포합주식), 합병법인 외의 자가 피합병법인의 주식을 소유하고 있는 경우도 있을 수 있다. 이러한 각각의 경우에 따라 그 처리가 각각 다르게 된다.

가) 합병교부주식을 교부받는 경우와 교부받지 못하는 경우 (무증자합병)의 차이

피합병법인의 주주가 합병대가를 받는 경우로서 비적격합병에 해당하거나 의제배당의 과세이연요건을 충족하지 못하는 경우에는 그 합병대가에서 종전주식의 장부가액을 차감한 금액이 양수인 경우에는 의제배당으로 과세되고 만약 부수인 경우(부의의제배당)에는 실제 매도가능증권의 처분이 아니고 자본의 환급과정에서 발생하는 손실이기도 하며, 실현되지 않은 손실이므로 법인세법상 손금의 대상이 아니게 된다. 소득세법에서도 부의의제배당은 필요경비 산입의 대상이 아니다.

하지만, 합병대가를 전혀 받지 못하는 무증자합병의 경우에는 다르다. 즉, 주주입장에서는 피합병법인의 주식 모두 소멸되므로 더 이상 피합병법인의 주식가액을 남겨둘 이유가 없기 때문이다. 만약, 피합병법인의 주식을 합병대가로 받은 경우로서 부의의제배당이 발생하는 때에는 해당 부의의제배당에 해당하는 금액을 당장에는 손금산입할 수 없지만 향후 해당 주식을 처분 시에는 해당 부의의제배당액 상당액을 손금에 산입할 수가 있다. 그러나 무증자합병의 경우에는 해당 주식이 완전히 소멸하므로 향후 처분의 기회조차 있을 수 없기 때문에 무증자합병의 경우 피합병법인주주의 장부에 계상된 피합병법인의 주식가액을 제거해야 하므로 당장 전액 손금산입이 가능하다.

다만, 이 경우에도 피합병법인의 주주가 합병법인인 경우에는 달라진다. 즉, 피합병법인의 주주가 합병법인인 경우로서 무증자합병이 발생하게 되면, 이는 합병법인이 합병신주(자기주식)를 교부받아 자기주식을 소각하는 것과 그 결과가 동일하여 자기주식을 소각하는 것으로 보며 또한 자기주식소각손실은 자본거래로 발생한 손실이므로 법인세법상 손금산입이 불가능하기 때문이다.

따라서, 정리를 하자면 다음과 같다.

피합병법인의 주식 소유자	합병교부주식을 받는 경우로서 부의의제배당 발생하는 경우	무증자 합병의 경우 (피합병법인 주식가액의 처리)
합병법인(포합주식)	손금불산입 (부의의제배당액)	손금불산입
합병법인 외의 자		손금산입

♣ 무증자합병의 경우 합병법인 외의 자가 소유한 피합병법인의 주식에 대한 처리

무증자합병시 피합병법인 주식 취득가액의 세무처리

상증법상 1주당 평가액이 '0원'인 관계로 무증자합병하고, 합병법인으로부터 합병신주를 교부받지 못함에 따라 피합병법인의 주식이 전부 소멸된 경우 피합병법인 주식의 취득가액은 합병등기일이 속하는 사업연도에 손금산입함(사전법규법인 2021-1653, 2022. 9. 6.).

무증자합병시 피합병법인 주식가액의 손금산입 여부

결손누적 등으로 자본이 전액 잠식된 법인이 흡수합병된 경우로서 동 법인의 주식을 보유하고 있는 법인은 사실상 주주로서의 권리가 소멸된 날이 속하는 사업연도에 투자주식의 가액을 손금산입할 수 있는 것임(서면2팀-524, 2004. 3. 22.).

무증자합병시 피합병법인 주식가액의 손금산입 여부

결손누적 등으로 자본이 전액 잠식된 법인이 다른 법인에 흡수합병됨에 있어 합병법인이 합

병계약에 따라 피합병법인의 주주에게 주식 또는 합병교부금을 교부하지 아니한 경우 피합병법인의 주식을 보유하고 있는 법인은 합병에 의하여 사실상 주주로서의 권리가 소멸된 날이 속하는 사업연도에 투자주식의 가액을 손금산입할 수 있는 것이며 다만 합병 당사법인의 주식을 시가보다 높거나 낮게 평가하여 불공정한 비율로 합병함으로써 법인세법 시행령 제88조 제1항 제8호 가목 또는 상속세 및 증여세법 제38조에서 규정한 불공정합병에 해당하는 경우에는 부당행위계산부인 또는 증여의제에 관한 규정을 적용하여 법인세 또는 증여세를 과세한다(법인 46012-2392, 1999. 6. 25.)

♣ 무증자합병에 관한 상법

제523조(흡수합병의 합병계약서)
합병할 회사의 일방이 합병 후 존속하는 경우에는 합병계약서에 다음의 사항을 적어야 한다.
1. 존속하는 회사가 합병으로 인하여 그 발행할 주식의 총수를 증가하는 때에는 그 증가할 주식의 총수, 종류와 수
2. 존속하는 회사의 자본금 또는 준비금이 증가하는 경우에는 증가할 자본금 또는 준비금에 관한 사항

* 상기 2호에서 자본금이 증가하는 경우에 한해 증가할 자본금을 기재하도록 하고 있다. 이는 반대로 자본금이 증가하지 않는 경우를 허용하는 법규정이 되므로 무증자합병은 상법 제523조에 따라 전혀 문제가 없는 것이다.

나) 부의의제배당에 대한 손금불산입

자본의 환급과 관련된 해당 법인의 법인주주가 받은 금액 등이 종전주식의 장부가액보다 적은 경우 부의의제배당(매도가능증권처분손실)이 발생하게 된다. 이는 매도가능증권의 처분이 아니라 자본의 환급과정에서 발생하는 손실이기도 하며, 실현되지 않은 손실이므로 법인세법상 손금의 대상이 아니다.

부의의제배당의 손금산입시기
부의의제배당에 대한 손금산입은 당해 주식의 매각등 처분일이 속하는 사업연도의 각 사업연도의 각 사업연도 소득금액계산상 손금에 산입한다(법인 46012-14, 1995. 1. 5.).

자본감소에 따른 부의의제배당에 대한 손금산입시기
주식을 발행한 법인이 결손금의 보전을 위하여 무상감자를 한 경우에는 해당 주식을 소유하고 있는 법인은 소유주식가액을 감액처리하지 아니하며, 해당 주식을 처분하는 사업연도의 손익으로 계상한다(법인 통칙 19-19…35 및 서면법인 2015-861, 2015. 9. 30. 및 법인 46012-657, 1999. 2. 20. 및 서면법인 2015-861, 2015. 9. 30.).

다) 감자되는 주식관련 유보금액 처리

법인이 상법상 규정에 의하여 자본의 감소목적으로 모든 주주로부터 그 소유주식의 비율에 의하여 발행주식의 일부를 동일한 조건으로 균등하게 매입하여 소각하는 경우로서, 그 주주인 법인이 당해 주식의 소각으로 인하여 취득하는 금전 기타 재산의 가액이 동 주식의 취득에 소요된 금액에 미달하는 경우의 그 차액은 잔존주식의 취득가액에 포함하는 것으로, 이 경우 그 법인주주가 균등감자 전 당해 주식의 평가와 관련하여 익금불산입(△유보)한 금액은 감자 후 잔존주식을 처분하는 사업연도에 익금산입(유보)한다(서면2팀-2496, 2004. 11. 30.).

라) 완전모자회사간 무증자합병의 경우 피합병법인의 주식 취득가액의 처리

자본잠식상태인 완전자회사를 완전모회사가 무증자 합병 시 합병법인에게 계상되어 있는 피합병법인의 주식 취득가액은 어떻게 처리해야 하는가? 완전모자회사간 합병의 경우 합병법인이 피합병법인의 주식을 100% 소유, 즉 포합주식 100%를 소유하고 있는 경우로서, 포합주식을 취득한 합병법인이 무증자 합병을 하는 경우에는 피합병법인의 주식가액은 원칙적으로 손금불산입 대상이다.

합병법인이 보유한 피합병법인의 주식((포합주식)에 대해 합병신주를 받지 못하는 것은 결국 자기주식을 받아 소각하는 것과 동일한 것이고 자기주식소각손실은 자본거래로 인해 발생하는 손실이므로 법인세법상 손금불산입에 해당한다. 완전모자회사는 모회사가 자회사의 주식을 100% 소유하고 있는, 즉 100% 포합주식에 해당하므로 무증자합병의 경우 당연히 합병법인은 피합병법인의 주식취득가액을 손금에 산입할 수 없게 된다.

한편, 완전모회사가 완전자회사를 흡수합병함에 있어 완전모회사가 보유하고 있는 완전자회사의 주식(이하 "포합주식")에 대하여 합병신주를 교부하지 않고 소각하는 경우 해당 완전모회사가 합병등기일 전에 포합주식과 관련하여 손금불산입(유보)한 금액은 합병법인의 각 사업연도 소득금액 계산시 해당 금액을 손금산입(△유보) 및 손금불산입(기타)하는 것이다(서면법규법인 2023-2491, 2024. 6. 27.).

4) 완전자회사간 무증자합병의 경우 피합병법인 주주의 주식가액 처리

완전자회사간 무증자합병의 경우 피합병법인의 주주(모회사)는 합병법인이 아니므로, 즉 포합주식에 해당하지 않으므로 원칙적으로 모회사는 해당 피합병법인주식의 취득가액 전액을 손금에 산입할 수 있다.

① 완전 자본잠식의 경우 **무증자합병시 피합병법인 주식가액의 세무처리**

결손누적으로 자본이 전액 잠식된 자회사('피합병법인')가 다른 자회사에 무증자합병(합병비율 1: 0)됨에 따라 모회사가 보유한 피합병법인 주식이 전부 소멸된 경우 피합병법인 주식 취득가액은 합병등기일이 속하는 사업연도에 손금산입한다(기획재정부 법인-344, 2022. 8. 29.).

② 자본잠식이 아닌 경우**로서 관리 및 효율성 제고등을 위해 시가보다 낮게 평가하여 무증자합병 하는 경우 피합병법인 주식가액의 세무처리**

「자본잠식상태에 있지 아니한 내국법인의 완전자회사(피합병법인)」가 「해당 내국법인의 다른 완전자회사(합병법인)」에 무증자합병(**합병비율 1: 0, 합병비율근거**: 합병신주발행의 실익이 없으므로 무증자합병 함)됨에 따라, 해당 내국법인(모법인)이 보유한 피합병법인 주식이 전부 소멸된 경우에는 「피합병법인(소멸되는 자회사) 주식의 세무상 장부가액」을 「합병법인(존속하는 자회사) 주식의 장부가액」에 가산하도록 세무조정한다(사전법규법인 2022-1013, 2023. 1. 27.).

♣ 완전자회사간 합병

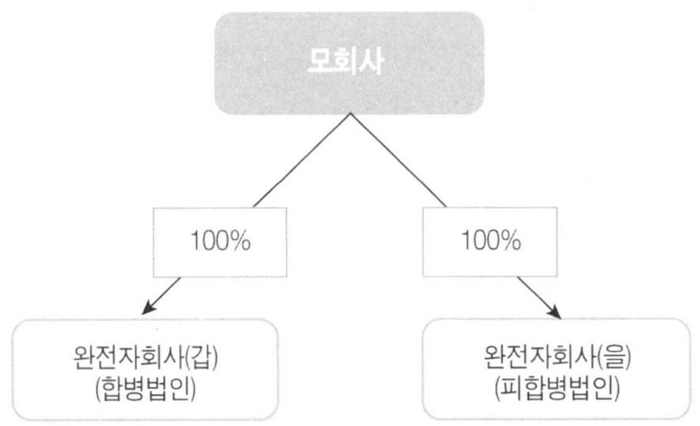

갑(합병법인)과 을(피합병법인)이 불공정비율로 합병하여 양도손익을 감소시키는 경우 법령 제88조에 따라 부당행위계산부인 규정이 적용된다. 다만, 적격합병인 경우에는 제외한다. 따라서, 갑과 을의 합병은 완전자회사간합병(적격합병)에 해당하므로 저가양도에 따른 부당행위계산부인 규정이 적용되지 않는다. 그리고 불공정한 비율로 합병하여 주주인 법인이 다른 특수관계인인 주주에게 이익을 분여하는 경우에도 부당행위계산부인 규정이 적용되나, 갑은 100% 지분을 가지고 있는 모회사이므로 다른 주주에게 이익을 분여할 수 없다. 따라서 주주간 이익분여에 대한 부당행위계산부인 규정도 적용되지 않는다.

그렇다면 부의의제배당에 해당되어 '을' 주식의 세무상 장부가액을 손금산입할 수 없는 것인지 검토해본다면, 모회사가 '갑'과 '을'의 주식 100%를 소유하고 있는 완전자회사간 합병이므로 모회사가 '을'에 대해 합병신주를 교부받는다면 당연히 '갑'의 주식을 받게 된다. 무증자합병으로 인해 피합병법인의 주식이 모두 소멸하는 경우에는 포합주식이 아닌 합병법인 외의 주주가 소유하는 피합병법인 주식의 장부가액을 모두 손금산입할 수 있는데, 그 이유는 향후 해당 주식을 처분할 기회가 없으므로 소멸 당시 손금산입하지 않으면 손금산입할 기회가 없기 때문이다.

하지만 완전자회사간 합병의 경우 피합병법인에게 합병신주를 교부하던 하지 않던 합병 후에는 '을' 법인의 주식은 모두 소멸하고 모회사는 '갑' 법인의 주식만 소유하게 된다. 따라서, '갑' 법인의 주식은 아직 모회사에 남아 있으므로 '을' 법인의 주식가액을 손금불산입하여 '갑' 법인의 주식가액에 가산한다면 향후 모회사가 '갑' 법인의 주식을 처분 시 손금에 산입할 기회가 있게 되므로 자본잠식이 아닌 경우로서 관리 및 효율성 제고등을 위해 시가보다 낮게 평가하여 무증자합병하는 경우의 파합병법인 주식가액은 손금불산입하고 해당 가액은 합병법인 주식가액에 가산하여 향후 처분 시등에 손금산입하도록 한다는 것이다.

♣ 완전자회사간 무증자합병의 경우로서 피합병법인의 주식가액 처리

완전 자본잠식으로서 주식평가액이 'ㅇ'인 경우	자본잠식이 아니나 관리 등의 편의를 위해 저가평가한 경우
손금산입	손금불산입

③ 무증자합병의 경우 피합병법인 주식관련 유보의 처리

내국법인의 완전자회사(A, B) 간에 합병을 하는 경우로서 합병법인(A)이 합병신주를 교부하지 않는 방식으로 피합병법인(B)을 흡수합병(합병비율 1: 0)하는 경우, 합병 전 완전모회사인 내국법인이 피합병법인(B) 주식의 평가와 관련하여 손금불산입(유보)한 금액은 완전모회사의 각 사업연도 소득금액 계산 시 해당 금액을 손금산입(△유보)한다(사전법령해석법인 2020-170, 2020. 3. 30.). 즉, 손금산입할 수 있다는 것이다.

상기의 예규내용이 피합병법인이 자본잠식상태이고 따라서 그 주식이 '0원'으로 평가되어 무증자합병을 한 것인지, 아니면 자본잠식상태가 아니라 단지 관리 및 효율성 제고등을 위해서 시가보다 낮게 평가하여 무증자합병하는 경우인지에 대해서는 알 수가 없다. 필자의 개인적 의견으로는 전자의 경우와 후자의 경우 해당 유보금액의 처리는 달라져야 할 것으로 보인다. 즉, 전자의 경우에는 해당 주식이 포합주식이 아니며 또한 무증자합병으로 더

이상 남아있지 않게 되므로 해당 유보금액을 당장 소멸시키는 세무조정을 하는 것이 맞고, 후자의 경우에는 피합병법인의 세무상 장부가액이 소멸되지 않고 합병법인의 주식가액에 가산되어 남아 있으므로 당연히 관련 유보금액도 소멸시키지 않고 향후 합병법인의 주식을 처분하는 사업연도에 손금산입하는 것이 맞다고 생각한다.

하지만, 포합주식이 아닌 이상 무증자합병의 경우에는 그 소멸하는 주식의 장부가액과 관련 유보금액을 원칙적으로 소멸시키는 세무조정을 하는 것이 정상적인 방법인 것은 맞다.

6. 합병 후 합병법인의 세무처리

(1) 퇴직급여충당금

퇴직급여충당금을 손금에 산입한 내국법인이 합병하거나 분할하는 경우 그 법인의 합병등기일 또는 분할등기일 현재의 해당 퇴직급여충당금 중 합병법인·분할신설법인 또는 분할합병의 상대방 법인(합병법인등)이 승계받은 금액은 그 합병법인등이 합병등기일 또는 분할등기일에 가지고 있는 퇴직급여충당금으로 본다(법법 §33 ③).

법인이 임직원을 합병에 의하여 퇴직 처리하고 퇴직금을 지급한다면 현실적인 퇴직으로 인정된다. 하지만 퇴직금을 지급하지 않고 합병법인이 피합병법인의 임직원을 인수하면서 피합병법인의 퇴직급여충당금을 승계할 수 있다. 이때는, 합병법인이 향후 인수한 임직원의 퇴직금 추계액을 계산할 때는 피합병법인에서 근무한 기간을 통산하여 계산한다.

그리고 피합병법인 등에 근무하는 종업원을 합병법인등이 승계하는 경우에 피합병법인등이 계상하고 있던 퇴직급여충당금은 합병법인등에게 인계한다. 이 경우 피합병법인등이 계상하고 있던 퇴직급여충당금은 합병기준일의 재무제표에 계상된 금액을 의미한다.

(2) 퇴직금

1) 법인세법상의 퇴직금

법인이 임원 또는 직원에게 지급하는 퇴직급여(「근로자퇴직급여 보장법」 제2조 제5호에 따른 급여를 말한다)는 임원 또는 직원이 현실적으로 퇴직하는 경우에 지급하는 것에 한하여 이를 손금에 산입한다(법령 §44 ①, ②).

현실적인 퇴직은 법인이 퇴직급여를 실제로 지급한 경우로서 다음의 어느 하나에 해당하는 경우를 포함하는 것으로 한다.

① 법인의 직원이 해당 법인의 임원으로 취임한 때

② 법인의 임원 또는 직원이 그 법인의 조직변경 · 합병 · 분할 또는 사업양도에 의하여 퇴직한 때

법인이 다음의 사유로 다른 법인 또는 사업자로부터 임직원을 인수하면서 인수시점에 전 사업자가 지급하여야 할 퇴직급여상당액 전액을 인수(퇴직보험 등에 관한 계약의 인수를 포함한다)하고 해당 종업원에 대한 퇴직급여 지급 시 전사업자에 근무한 기간을 통산하여 해당 법인의 퇴직급여지급규정에 따라 지급하기로 약정한 경우에는 해당 종업원에 대한 퇴직급여와 영 제60조 제2항의 퇴직급여추계액은 전사업자에 근무한 기간을 통산하여 계산할 수 있다(법기통 33-60-2).

① 다른 법인 또는 개인사업자로부터 사업을 인수(수개의 사업장 또는 사업 중 하나의 사업장 또는 사업을 인수하는 경우를 포함한다)한 때

② 법인의 합병 및 분할

③ 영 제2조 제5항에 따른 특수관계 법인간의 전출입

♣ 퇴직금의 승계

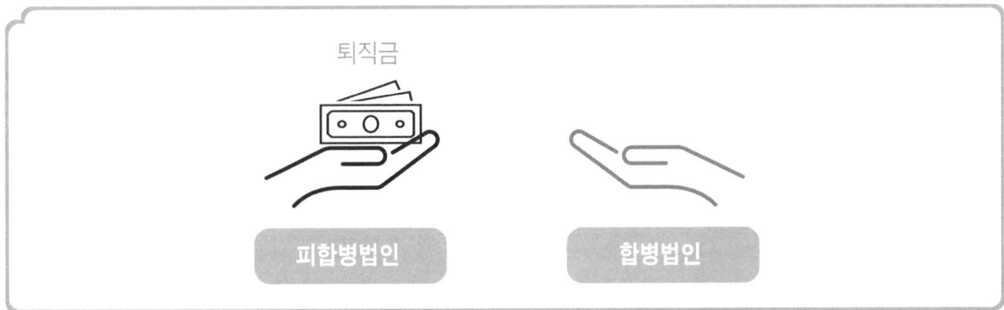

2) 피합병법인으로부터 퇴직급여상당액을 인수하지 않거나 부족하게 인수한 경우

인수 당시에 퇴직급여상당액을 전사업자로부터 인수하지 않거나 부족하게 인수하고 전사업자에게 근무한 기간을 통산하여 퇴직급여를 지급하기로 한 경우에는 인수하지 아니하였거나 부족하게 인수한 금액은 해당 법인에 지급의무가 없는 부채의 인수액으로 보아 종업원별 퇴직급여상당액명세서를 작성하고 인수일이 속하는 사업연도의 각 사업연도 소득금액 계산상 그 금액을 손금산입 유보 처분함과 동시에 동액을 손금불산입하고 영 제106조에 따라 전사업자에게 소득처분한 후, 인수한 종업원에 대한 퇴직급여지급일이 속하는 사

업연도에 해당 종업원에 귀속되는 금액을 손금불산입 유보 처분한다. 다만, [특수관계 법인 간의 전출입]의 경우에는 영 제44조 제3항[퇴직급여상당액 법인 별 안분계산 손금산입 규정]에 따른다.

3) 소득세법상의 퇴직소득

합병・분할 등 조직변경, 사업양도, 직・간접으로 출자관계에 있는 법인으로의 전출 또는 동일한 사업자가 경영하는 다른 사업장으로의 전출이 이루어진 경우에는 퇴직으로 본다. 다만, 해당 사유가 발생했음에도 불구하고 퇴직급여를 실제로 받지 않은 경우는 퇴직으로 보지 않을 수 있다(소령 §43 ① 2호).

(3) 대손충당금

법인이 피합병법인의 자산과 부채를 장부가액으로 승계하는 방법으로 합병하고 승계받은 대출채권에 대해 대손충당금을 추가 적립하는 경우 대손충당금의 손금산입 한도액 범위 내에서 손금산입된다. 다만, 합병일 이전에 대손사유(법령 §19의 2 ①)에 해당되어 회수할 수 없는 채권으로 확정된 경우에는 손금산입되지 않는다(서이 46012-11868, 2003. 10. 27.).

(4) 대손금

1) 합병등기일 이전에 대손사유가 발생한 경우

법인세법 시행령 제19조의 2 제4항은 '제3항 제2호에도 불구하고 법인이 다른 법인과 합병하는 경우로서 제1항 제8호의 규정에 해당하는 대손금을 합병등기일이 속하는 사업연도까지 손금으로 계상하지 아니한 경우 그 대손금은 해당 법인의 합병등기일이 속하는 사업연도의 손금으로 한다' 고 규정하고 있다. 이는 합병 시까지 피합병법인이 대손금으로 계상하지 않은 회수불능채권의 손금 귀속시기를 세무회계상 인식 여부와 관계없이 일률적으로 정함으로써 법인세법 제44조에 정하고 있는 합병에 따른 피합병법인의 합병등기일이 속하는 사업연도의 소득금액 계산 방식과 일치시키기 위한 것이다. 그러므로 합병 당시 채무자의 사업폐지 등으로 피합병법인의 채권 전부를 회수할 수 없다는 사실이 이미 객관적으로 확정되었음에도 그 회수불능채권을 합병등기일이 속하는 사업연도의 손금으로 계상하지 않았더라도 그 대손금은 법인세법 시행령 제19조의 2 제4항에 의하여 피합병법인의 합병등기일이 속하는 사업연도의 손금으로 하여야 하고, 이러한 회수불능채권을 피합병법인이 대손금 처리를 하지 않은 데에 고의 또는 중대한 과실이 없다고 하여 달리 보지는 않는다(대법 2017두36588, 2017. 9. 7., 조심 2013구2543, 2015. 4. 1.).

따라서, 합병등기일 이전에 이미 대손사유가 발생한 경우에는 피합병법인의 대손금으로의 처리 여부와 관계없이 손금으로 하여야 하며, 합병 후 합병법인의 손금으로 산입할 수 없다.

2) 합병등기일 이후에 대손이 확정된 경우

합병법인이 피합병법인으로부터 승계한 채권이 합병등기일까지 대손요건을 충족하지 못하였으나 합병등기일 이후 법원의 판결 등에 의하여 회수불능으로 확정된 경우, 합병법인은 법인세법 제19조의 2 제1항 및 같은 법 시행령 제19조의 2 제3항 제2호에 따라 해당 사유가 발생하여 손비로 계상한 날이 속하는 사업연도에 해당 채권을 대손금으로 손금에 산입할 수 있다(기준법령해석법인 2020-136, 2020. 6. 26.). 이는 2020년 6월 세법해석정비에 따라 유지된 사례이다.

이와 반대로 삭제된 사례(서면법령해석법인 2015-22336, 2015. 8. 17.)의 내용은 합병법인이 피합병법인으로부터 승계한 채권 중 합병등기일 이후 대손요건을 충족하는 채권의 경우, 피합병법인으로부터 승계한 사업에서 발생한 소득금액의 범위 내에서 대손금으로 손금에 산입한다는 것 이였다. 따라서 바뀐 사례의 내용으로 보면 합병등기일 이후에 대손이 확정된 경우에는 승계사업의 소득금액 범위내에서 대손금으로 손금에 산입하는 것이 아니라 합병 후 합병법인의 소득금액(기존사업 소득금액 + 승계사업 소득금액) 내에서 손금산입 가능하다는 것이다.

♣ 합병등기일 이후에 대손이 확정된 경우 대손금의 손금산입 방법

삭제 예규	유지 예규
승계사업 소득금액 내에서 손금산입 (서면법령해석법인 2015-22336, 2015. 8. 17.)	(기존사업 + 승계사업) 소득금액 내에서 손금산입 (기준법령해석법인 2020-136, 2020. 6. 26.)

(5) 합병시 발생한 비용의 처리

합병법인이 피합병법인의 고정자산을 취득하는 경우에 지급하는 등록세는 이를 당해 고정자산에 대한 자본적 지출로 하고 합병계약에 의하여 부담할 합병에 따르는 비용은 자산으로 계상할 것을 제외하고는 합병법인의 당해 사업연도의 손금으로 한다(법인 통칙 19-19…40 및 법인세 집행기준 19-19-28).

(일반기업회계기준) 취득관련원가

취득관련원가는 취득자가 사업결합을 하기 위해 사용한 원가이다. 그러한 원가에는 ① 중개수수료, ② 자문・법률・회계・가치평가・그 밖의 전문가나 컨설팅 수수료, ③ 일반관리원가(예: 내부 취득 부서의 유지 원가), ④ 채무증권과 지분증권의 등록・발행 원가 등이 있다. 취득자는 취득관련원가에 대하여 원가가 발생하고 용역을 제공받은 기간에 비용으로 회계처리 한다. 다만, 채무증권과 지분증권의 발행원가는 제6장 '금융자산・금융부채'와 제15장 '자본'에 따라 인식한다(문단 12.37).

K-IFRS:

취득 관련 원가는 취득자가 사업결합을 이루기 위해 사용한 원가이다. 그러한 원가에는 ① 중개수수료, ② 자문・법률・회계・가치평가・ 그 밖의 전문가나 컨설팅 수수료, ③ 일반관리원가(예: 내부 취득 부서의 유지 원가), ④ 채무증권과 지분증권의 등록・발행 원가 등이 있다. 취득자는 취득 관련 원가에 대하여 한 가지 예외를 제외하고는, 원가를 사용하고 용역을 제공받은 기간에 비용으로 회계처리 한다. 채무증권과 지분증권의 발행원가는 기업회계기준서 제1032호 '금융상품: 표기' 와 기업회계기준서 제1109호 '금융상품'에 따라 인식한다(1103-53). 따라서, 일반기업회계기준과 그 처리방식이 동일하며, 채무증권과 지분증권의 발행원가는 당해 증권의 발행가액에서 차감한다.

(사례)

합병법인인 ㈜만중전산은 합병과 관련하여 회계수수료 1억원, 컨설팅 수수료 5천만원, 그리고 주식발행과 관련한 비용 7천만원이 발생했다. 합병법인의 합병과 관련된 재무상태표는 다음과 같다.

자산		부채 및 자본	
공장	10,000,000,000	부채	3,000,000,000
		자본금	5,000,000,000
		주식발행초과금	2,000,000,000

(합병법인의 취득관련원가의 회계상 분개)

(차) 회계수수료	100,000,000	(대) 보통예금	220,000,000
컨설팅수수료	50,000,000		
주발초	70,000,000*		

* 기업회계상 취득관련원가는 영업권의 계산과는 관련이 없다. 취득자는 취득관련원가를 원가가 발생하고 용역을 제공받은 기간에 비용으로 회계처리 한다. 다만, 채무증권과 지분증권의 발행원가는 당기손익이 아니라 발행가액에서 차감한다.

* 내국법인이 설립 후 자본을 증가함에 있어 증자 등기 시 납부하는 등록세, 신주의 발행과 관련하여 공모대행증권사에 지급하는 공모대행 인수수수료, 신주발행을 위하여 직접 지출하는 비용(법률비용, 주권인쇄비, 우송료, 등록비, 사무처리비, 광고료 등)은 「법인세법」 제20조 제2호에 따른 신주발행비로서 주식할인발행차금에 해당하므로 손금에 산입하지 아니한다(서면법인 2020-3684, 2020. 11. 30.).

(6) 피합병법인의 가지급금

가공채권에 해당하지 아니하는 가지급금으로서 피합병법인의 대표이사에 대한 가지급금을 합병법인이 장부가액으로 승계하면서 피합병법인의 대표이사가 합병법인의 대표이사로 취임함으로써 당해 법인과 그 대표이사 사이의 특수관계가 계속되는 경우 합병 시까지 회수되지 아니한 피합병법인 대표이사의 가지급금에 대하여는 법인세법 시행령 제106조 제1항의 규정에 의하여 처분한 것으로 보지 아니한다(법인 46220-3651, 1999. 10. 5. 및 제도 46013-491, 2000. 11. 25.).

원칙상 가지급금이 있는 경우로서 법령 제2조 제8항의 특수관계가 소멸되는 날까지 회수하지 아니한 가지급금(익금에 산입한 이자는 제외)은 익금산입의 대상이다. 다만 채권·채무에 대한 쟁송으로 회수가 불가능한 경우 등 정당한 사유가 있는 경우에는 제외한다(법령 §11 9호).

따라서 피합병법인에게 가지급금이 있는 경우로서 그 가지급금과 관련한 특수관계가 합병 후 소멸된다면 그 귀속자에 따라 배당, 상여등의 소득처분과 함께 익금산입의 대상이 된다. 하지만, 합병 후에도 그 특수관계가 소멸되지 않는다면, 익금산입이 되지 않고 가지급금 상태로 계속 유지된다.

(7) 피합병법인의 법인세

1) 법인의 합병으로 인한 납세의무의 승계

법인이 합병한 경우 합병 후 존속하는 법인 또는 합병으로 설립된 법인은 합병으로 소멸된 법인에 부과되거나 그 법인이 납부할 국세 및 강제징수비를 납부할 의무를 진다(국기법 §23).

[부과되거나 납부할 국세 등]
법 제23조에서 "부과되거나 납부할 국세, 체납처분비"라 함은 합병으로 인하여 소멸된 법인에게 귀속되는 국세 및 체납처분비와 세법에 정한 납세의무의 확정절차에 따라 장차 부과되거나 납부하여야 할 국세 및 체납처분비를 말한다(국기 통칙 23-0…2).

법인이 합병 또는 분할로 인하여 소멸한 경우 합병법인등은 피합병법인등이 납부하지 아니한 각 사업연도의 소득에 대한 법인세(합병·분할에 따른 양도손익에 대한 법인세를 포함한다)를 납부할 책임을 진다(법령 §85의 2).

한편, 합병법인이 납부하는 피합병법인의 법인세 및 그 법인세(감면세액을 포함한다)에 부과되는 국세와 「지방세법」 제88조 제2항에 따른 법인지방소득세의 합계액은 양도가액에 포함된다(법령 §80 ① 2호 나목).

2) 납세유예 등에 관한 효력의 승계

소멸법인에 대하여 다음의 경우에는 합병 후 존속법인 또는 합병으로 인한 신설법인은 당해 처분 등이 있는 상태로 그 국세 등을 승계한다(국기 통칙 23-0…3).

1. 납기연장의 신청, 징수유예의 신청 또는 물납의 신청
2. 납기연장, 징수 또는 체납처분에 관한 유예
3. 물납의 승인
4. 담보의 제공 등

3) 강제징수의 속행 등

체납자의 재산에 대하여 강제징수를 시작한 후 체납자가 사망하였거나 체납자인 법인이 합병으로 소멸된 경우에도 그 재산에 대한 강제징수는 계속 진행하여야 한다(국징법 §27).

(8) 승계한 결손금

적격합병 외의 경우에는 피합병법인의 이월결손금을 승계할 수 없고 합병법인의 합병 전 이월결손금만 합병 후 공제할 수 있다.

합병법인의 합병등기일 현재 결손금 중 합병법인의 결손금은 합병법인의 각 사업연도의 과세표준을 계산할 때 피합병법인으로부터 승계받은 사업에서 발생한 소득금액[중소기업 또는 동일사업을 하는 법인간 합병에 해당되어 회계를 구분하여 기록하지 아니한 경우에는 그 소득금액을 자산가액 비율[㈜]로 안분계산(按分計算)한 금액으로 한다]의 범위에서는 공제하지 아니한다(법법 §45 ①).

㈜ "자산가액 비율"이란 합병등기일 현재 합병법인과 피합병법인의 사업용 자산가액 비율을 말한다. 이 경우 합병법인이 승계한 피합병법인의 사업용 자산가액은 승계결손금을 공제하는 각 사업연도의 종료일 현재 계속 보유(처분 후 대체하는 경우를 포함한다)·사용하는 자산에 한정하여 그 자산의 합병등기일 현재 가액에 따른다(법령 §81 ①).

합병법인의 합병등기일 현재 합병법인의 결손금(피합병법인의 결손금은 제외)에 대한

공제는 다음의 구분에 따른 소득금액의 100분의 80(중소기업과 회생계획을 이행 중인 기업 등 법령 제10조 제1항에서 정하는 법인의 경우는 100분의 100)을 한도로 한다(법법 §45 ⑤).

1. 합병법인의 합병등기일 현재 결손금의 경우: 합병법인의 소득금액에서 피합병법인으로부터 승계받은 사업에서 발생한 소득금액을 차감한 금액
2. 합병법인이 승계한 피합병법인의 결손금의 경우: 피합병법인으로부터 승계받은 사업에서 발생한 소득금액

(9) 국고보조금

국고보조금등 상당액을 손금에 산입한 내국법인이 손금에 산입한 금액을 기한 내에 사업용자산의 취득 또는 개량에 사용하지 아니하거나 사용하기 전에 폐업 또는 해산하는 경우 그 사용하지 아니한 금액은 해당 사유가 발생한 날이 속하는 사업연도의 소득금액을 계산할 때 익금에 산입한다. 다만, 합병하거나 분할하는 경우로서 합병법인등이 그 금액을 승계한 경우는 제외하며, 이 경우 그 금액은 합병법인등이 손금에 산입한 것으로 본다(법법 §36 ③).

(10) 중간예납기간과 중간예납세액의 계산

사업연도의 기간이 6개월을 초과하는 내국법인은 각 사업연도(합병이나 분할에 의하지 아니하고 새로 설립된 법인의 최초 사업연도는 제외한다) 중 중간예납기간(中間豫納期間)에 대한 법인세액을 납부할 의무가 있다(법법 §63 ①).

따라서, 흡수합병, 신설합병 모두 합병 후 최초사업연도에 중간예납의무가 있다. 다음은 흡수합병과 신설합병에 따른 중간예납의무에 관한 것이다.

1) 중간예납기간

흡수합병의 경우 존속하는 법인의 중간예납기간은 해당 법인의 사업연도 개시일로부터 6개월간으로 한다(법법 §63 ①).

한편, 신설합병의 경우에는 설립등기일을 사업연도 개시일로 하여, 이 때부터 6월간을 중간예납기간으로 한다. 만약, 사업연도가 1.1.~12.31.인 A법인과 B법인이 1990.3.5. 소멸하고 사업연도가 1.1.~12.31.인 C법인으로 3.25. 신설합병등기를 한 경우 신설합병한 C법인의 중간예납기간은 3.25.~8.31.이다(법인 22601-1155, 1991. 4. 12. 및 제도 46012-11361, 2001. 6. 5.).

2) 중간예납세액의 계산

중간예납세액계산 방식은 직전사업연도 납부실적 기준방식(이하 "직전사업연도 납부실적기준방식"이라 한다)과 중간예납기간의 실적을 기준으로 한 가결산방식이 있으며, 둘 중 하나의 방법을 선택 적용 가능하다(법법 §63의 2 ①). 따라서, 흡수합병, 신설합병 모두 상기의 두 가지 방식 중 선택하여 중간예납세액을 계산할 수 있다(법법 §63의 2 ②). 단, 분할합병의 상대법인의 분할 후 최초의 사업연도인 경우에는 반드시 가결산방식에 따라 신고해야 한다(법법 §63의 2 ② 2호 다목).

합병법인이 합병 후 최초의 사업연도에 직전사업연도 납부실적기준방식에 따라 중간예납세액을 납부하는 경우에는 다음의 구분에 따른 사업연도를 모두 직전사업연도 납부실적기준방식에 따른 직전사업연도로 본다(법법 63의 2 ③).

① 합병법인의 직전사업연도
② 각 피합병법인의 합병등기일이 속하는 사업연도(의제사업연도)의 직전사업연도

가결산방식에 의해 중간예납세액을 신고하는 경우에는 해당 기간의 것을 가결산해서 신고하면 되니, 특별히 문제될 것이 없다. 그 외 직전사업연도 납부실적기준방식에 따라 중간예납세액을 신고하는 경우에는 다음과 같이 계산한다.

가) 중간예납기간 경과 전에 합병하는 경우

합병법인이 합병 후 최초의 사업연도에 중간예납세액을 납부하는 경우에는 합병법인의 직전 사업연도와 피합병법인의 합병등기일이 속하는 사업연도(의제사업연도를 말함)의 직전 사업연도의 확정된 산출세액을 기준으로 계산하는 것이며, 이 경우 직전 사업연도의 확정된 산출세액, 감면세액, 원천징수세액, 수시부과세액 등은 합병법인과 피합병법인의 세액을 합산하여 계산한다(법인-863, 2009. 7. 29. 및 법인 22601-1919, 1985. 6. 25.).

나) 중간예납기간 경과했고 중간예납세액의 납부기한 도래 전에 피합병법인이 신고한 경우

합병등기일이 속하는 최종사업연도기간이 6월을 초과하는 피합병법인이 중간예납세액의 납부기한이 도래하기 전에 당해 사업연도소득에 대한 법인세과세표준과 세액을 신고한 경우 법인세법 제63조[중간예납 의무]의 규정을 적용하지 아니하는 것이며, 이 경우 합병법인의 중간예납세액은 당해 합병법인의 직전사업연도만을 기준으로 계산하는 것이다(서이 46012-11588, 2002. 8. 26. 및 서이 46012-10380, 2001. 10. 18.).

결과적으로 중간예납기간 경과 전에 합병하여 직전사업연도 납부실적기준방식에 따라 중간예납세액을 계산하는 경우에는 합병법인과 피합병법인의 직전사업연도의 세액을 합산하여 계산하고, 중간예납기간이 경과 후 합병하는 경우에는 피합병법인은 중간예납세액의 납부기한이 도래하기 전에 신고하여 납부하고 합병법인은 합병법인의 것을 신고납부하면 된다.

(11) 원천징수의 승계

법인이 합병한 경우에 합병 후 존속하는 법인이나 합병으로 설립된 법인은, 합병으로 소멸된 법인이 원천징수를 하여야 할 소득세를 납부하지 아니하면 그 소득세에 대한 납세의무를 진다(소법 §157 ②).

(12) 납세지의 변경신고

법인이 사업연도 중에 합병 또는 분할로 인하여 소멸한 경우 피합병법인 · 분할법인 또는 소멸한 분할합병의 상대방법인("피합병법인 등")의 각 사업연도의 소득(합병 또는 분할에 따른 양도손익을 포함한다)에 대한 법인세 납세지는 합병법인 · 분할신설법인 또는 분할합병의 상대방법인("합병법인 등")의 납세지(분할의 경우에는 승계한 자산가액이 가장 많은 법인의 납세지를 말한다)로 할 수 있다. 이 경우 법 제11조 제1항의 규정에 의하여 납세지의 변경을 신고하여야 한다(법령 §9 ③).

(13) 합병으로 취득한 자기주식의 처분이익

자기주식(합병법인이 합병에 따라 피합병법인이 보유하던 합병법인의 주식을 취득하게 된 경우를 포함한다)의 양도금액은 법인세법상 수익이다(법령 §11 2호의 2).

합병과 관련하여 취득한 자기주식을 이후 처분시 과세여부에 대한 최근의 대법원 판례를 보면 그 내용은 다음과 같다.

합병으로 피합병법인이 보유하던 합병법인 발행 주식을 자기주식으로 취득하여 그 중 일부를 양도한 후 양도차익을 익금에 가산하여 법인세를 신고하였다가, 해당 주식의 양도차익은 합병차익 등 자본의 증감과 관련된 거래에서 발생한 손익이어서 익금불산입 대상이라고 주장하면서 소를 제기한 것에 대해 대법원은 해당 자기주식은 피합병법인의 자산으로서 법인세법 제17조 제1항 제5호가 정한 합병차익을 산정하는 요소가 되기는 하지만, 합병 이후 합병법인이 자기주식을 처분하는 행위는 합병과는 구별되는 후속거래로서 순수한 자본거래에 해당한다고 보기 어려우며, 합병으로 인해 취득한 자기주식 역시 양도성과 자산성을 가지므로 이를 합병으로 취득하였다가 처분하여 이익을 얻는 것이 다른 사유로 자기주식을 취득하였다가 처분하여 이익을 얻는 것과 본질적으로 다르지 아니한 사정 등에 비추어 볼 때, 합병으로 취득한 자기주식 처분이익은 법인세법 제15조 제1항이 익금에서 제외되는 것으로 정한 대상이나 법인세법 제17조 제1항 제5호가 정한 합병차익에 해당한다고 볼 수 없다(대법원 2022. 6. 30. 선고 중요판결).

> 합병으로 취득한 자기주식 처분 시 세무처리방법
> 완전자회사와의 합병으로 취득한 자기주식을 처분하는 경우 자기주식 매각손익은 익금 또는 손금에 산입하고 관련 유보는 추인됨(사전법규법인 2022-1264, 2023. 3. 22.).

(14) 과세표준 신고시 제출서류

합병 또는 분할한 경우로서 과세표준 신고 시 다음의 서류(합병법인등만 해당한다)를 추가 첨부해야 한다(법령 §97 ⑤ 2호). 하지만, 해당 서류를 제출하지 않는다고 해서 법인세 과세표준신고를 하지 않은 것으로 보지는 않는다(법법 §60 ⑤).

① 합병등기일 또는 분할등기일 현재의 피합병법인등의 재무상태표와 합병법인등이 그 합병 또는 분할로 승계한 자산 및 부채의 명세서

② 합병법인등의 본점 등의 소재지, 대표자의 성명, 피합병법인등의 명칭, 합병등기일 또는 분할등기일, 그 밖에 필요한 사항이 기재된 서류

(15) 중소기업 적용유예

중소기업이 다음 중 어느 하나의 사유로 중소기업에 해당하지 아니하게 된 경우에는 유예기간을 적용하지 아니하고, 유예기간 중에 있는 기업에 대해서는 해당 사유가 발생한 날(다음 ②에 따른 유예기간 중에 있는 기업이 중소기업과 합병하는 경우에는 합병일로 한다)이 속하는 과세연도부터 유예기간을 적용하지 아니한다(조특령 §2 ②).

① [중소기업법]의 규정에 의한 중소기업 외의 기업과 합병하는 경우

② 유예기간 중에 있는 기업과 합병하는 경우

(16) 수정신고와 경정청구

과세표준신고서를 법정신고기한 내에 제출한 자 및 기한후신고를 한 자는 수정신고를 할 수 있다. 상속이나 합병으로 그 납세의무를 승계한 경우에는 상속인 또는 합병법인도 당연히 수정신고가 가능하다.

과세표준신고서를 법정신고기한 내에 제출한 자 및 기한후신고를 한 자는 경정 등을 청구할 수 있다. 납세의무를 승계받은 상속인 또는 합병법인도 경정 등을 청구할 수 있다.

Ⅳ 합병법인의 사후관리

1. 사후관리위반 사유

(1) 개요

적격합병(완전모자회사간 합병과 완전자회사간의 합병에 따라 적격합병으로 보는 경우는 제외)을 한 합병법인은 합병등기일이 속하는 사업연도의 다음 사업연도의 개시일부터 2년(아래 3번의 경우에는 3년(법령 §80의 4 ③) 이내의 기간(사후관리기간) 중 아래 어느 하나에 해당하는 사유가 발생하는 경우에는 그 사유가 발생한 날이 속하는 사업연도의 소득금액을 계산할 때 양도받은 자산의 장부가액과 시가와의 차액(시가가 장부가액보다 큰 경우만 해당한다, 자산조정계정), 승계받은 결손금 중 공제한 금액 등을 익금에 산입하고, 피합병법인으로부터 승계받아 공제한 감면・세액공제의 등을 해당 사업연도의 법인세에 더하여 납부한 후 해당 사업연도부터 감면 또는 세액공제를 적용하지 아니한다. 다만, 부득이한 사유가 있는 경우에는 그러하지 아니하다(법법 §44의 3 ③).

1. 합병법인이 피합병법인으로부터 승계받은 사업을 폐지하는 경우(2년 이내)
2. 지배주주가 합병법인으로부터 받은 주식등을 처분하는 경우(2년 이내)
3. 각 사업연도 종료일 현재 합병법인에 종사하는 근로자 수가 합병등기일 1개월 전 당시 피합병법인과 합병법인에 각각 종사하는 근로자 수의 합의 100분의 80 미만으로 하락하는 경우(3년 이내)

적격합병요건 충족 여부를 판단하는 기간과 사후관리 기간은 다르고 차이가 있다. 적격합병을 위해서는 합병등기일이 속하는 사업연도의 종료일까지 주식을 보유(지분의 연속성)하고, 승계받은 사업을 유지하고(사업의계속성) 그리고 승계한 근로자 수의 80% 이상을 유지하면 된다.

하지만 적격합병으로 인한 과세특례 적용 후 사후관리로 익금산입되지 않기 위해서는 합병등기일이 속하는 사업연도의 다음 사업연도의 개시일부터 2년까지 해당주주가 교부받은 합병교부주식을 보유(지분의연속성)해야 하고, 승계받은 사업을 유지(사업의계속성)해야 하며, 그리고 3년 이내까지 승계받은 근로자 수익 80% 이상을 유지해야 한다.

피합병법인의 경우 원칙 사업연도 개시일부터 합병등기일까지를 의제사업연도로 보아 그 종료일이 속하는 달의 말일부터 3개월(성실의 경우에는 4개월) 이내에 그 사업연도의 소득에 대한 법인세의 과세표준과 세액을 납세지 관할 세무서장에게 신고하며(법법 §60), 이때 적격합병요건을 충족하여 그 특례를 적용받고자 하는 경우에는 과세특례신청서를 제출해야 한다.

따라서 사업연도 종료일까지는 적격합병의 요건을 모두 만족하지만, 종료일 후 신고기한까지 사후관리위반사유에 해당되거나 신고기한 후 사후관리위반사유에 해당될 것으로 확실하게 추정되는 경우에는 적격합병으로 또는 비적격합병으로 신고할지에 대해 고민해 볼 필요가 있을 것이다.

※ 다음은 적격합병요건 충족을 위한 기간과 사후관리 기간을 나타낸 것이다.

구 분	사업목적	지분의 연속성	사업의 계속성	고용승계
적격합병요건의 충족 기간	×	합병등기일이 속하는 사업연도 종료일까지	합병등기일이 속하는 사업연도 종료일까지	합병등기일이 속하는 사업연도 종료일까지
사후관리 기간	×	2년	2년	3년

* 2년과 3년은 합병법인의 합병등기일이 속하는 사업연도의 다음 사업연도의 개시일부터 2년 또는 3년을 의미함.

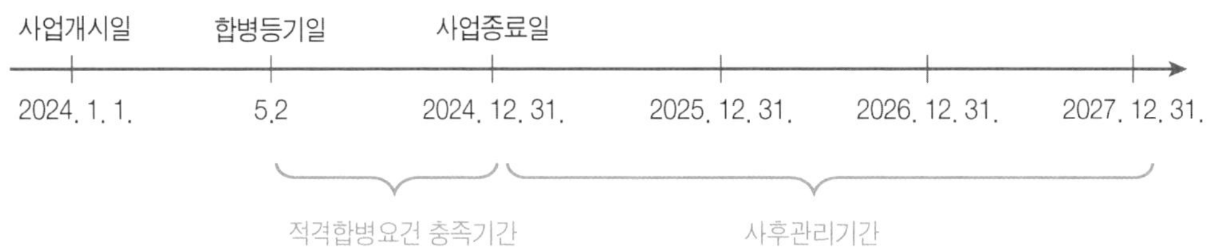

구 분	적격합병요건 충족기간	사후관리기간
지분의 연속성과 사업의 계속성	2024.12.31.까지	2026.12.31.까지
고용승계	2024.12.31.까지	2027.12.31.까지

한편, 과세이연받은 의제배당은 사후관리 위반하더라도 즉시 납부하지는 않는다. 의제배당 과세이연을 위한 적격합병요건을 충족하는 경우 과세이연받고 난 뒤 사후관리 없이 해당 주식을 처분시 등의 시기에 납부한다.

(2) 사업을 폐지하는 경우

1) 개요

합병법인은 합병등기일이 속하는 사업연도의 다음 사업연도의 개시일부터 2년 이내의 기간(사후관리기간) 중 합병법인이 피합병법인으로부터 승계받은 사업을 폐지하는 경우에는 사후관리사유 위반에 해당한다. 다음은 사업을 폐지하지 않은 것으로 보는 경우들이다.

① 승계한 자산을 최신사양으로 교체하는 경우

합병법인이 피합병법인으로부터 승계한 사업의 지속을 위하여 승계한 자산을 최신사양으로 교체하는 경우 '승계받은 사업의 폐지'에 해당하지 않는다(사전법규법인 2021-1051, 2022. 2. 23.).

② 1/2 미만 처분 및 미사용 시

합병법인이 합병등기일이 속하는 사업연도의 다음 사업연도의 개시일부터 2년의 기간 중 피합병법인으로부터 승계한 자산가액의 2분의 1 이상을 처분하거나 사업에 사용하지 아니하는 경우에는 피합병법인으로부터 승계받은 사업을 폐지한 것으로 본다. 다만, 피합병법인이 보유하던 합병법인의 주식을 승계받아 자기주식을 소각하는 경우에는 해당 합병법인의 주식을 제외하고 피합병법인으로부터 승계받은 자산을 기준으로 사업을 계속하는지 여부를 판정하되, 승계받은 자산이 합병법인의 주식만 있는 경우에는 사업을 계속하는 것으로 본다(법령 §80의 4 ⑧).

따라서, 승계사업을 계속 영위하는 경우로서 승계 자산가액 중 2분의 1 미만으로 처분하거나 사업에 사용하지 않은 경우에는 법령 제80조의 4 제8항에 따른 사업의 폐지에 해당하지 않은 것으로 본다(사전법규법인 2022-10, 2022. 2. 10.).

한편, 피합병법인으로부터 승계받은 자산가액의 2분의 1 이상 처분 또는 미사용으로 판단하므로 합병법인의 사업부문에 속한 사업용자산을 1/2 이상 처분하더라도 사업의계속성 충족여부와는 상관이 없다(서면법령해석법인 2019-1275, 2020. 6. 29.).

★ 다음의 경우 사업의 계속성요건 충족함

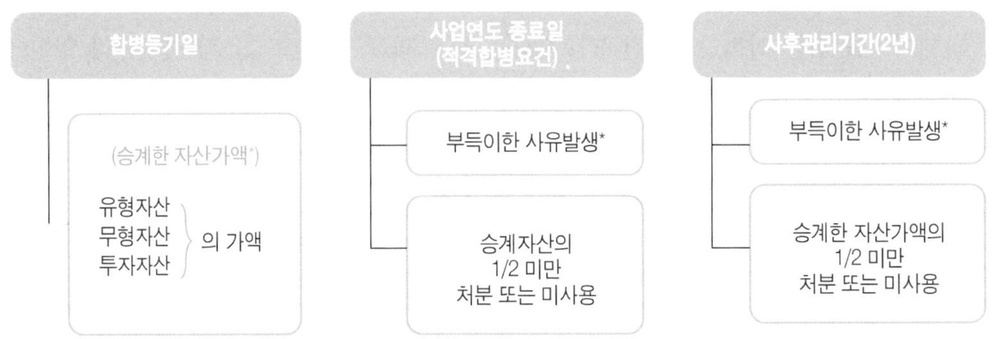

* 부득이한 사유는 적격합병요건과 사후관리적용 시 둘 다 동일한 내용으로 적용된다.

* 승계한 자산가액 : 합병법인이 합병등기일이 속하는 사업연도의 종료일 이전에 피합병법인으로부터 승계한 자산가액(유형자산, 무형자산 및 투자자산의 가액을 말한다)의 2분의 1 이상을 처분하거나 사업에 사용하지 아니하는 경우에는 법 제44조 제2항 제3호에 해당하지 아니하는 것으로 한다(법령 제80조의 2 ⑦).

③ 임대 후 매각하는 자산의 매각

내국법인이 장비 임대업을 영위하는 다른 내국법인을 적격합병하여 피합병법인이 임대목적으로 보유하던 렌탈자산을 승계한 경우로서, 일정기간 임대 후 임차인 또는 시장에 매각하는 사업방식에 따라 합병법인이 합병등기일이 속하는 사업연도의 다음 사업연도의 개시일부터 2년 이내에 승계한 렌탈자산을 매각하는 경우, 해당 자산가액은 「법인세법 시행령」 제80조의 4 제8항의 '피합병법인으로부터 승계한 자산가액'에 포함하지 않는다(서면법령해석법인 2021-3469, 2021. 9. 30.).

2) 부득이한 사유

부득이한 사유는 다음과 같다.

가. 합병법인이 파산함에 따라 승계받은 자산을 처분한 경우

나. 합병법인이 적격합병, 적격분할, 적격물적분할 또는 적격현물출자(적격구조조정)에 따라 사업을 폐지한 경우

다. 합병법인이 「조세특례제한법 시행령」 제34조 제6항 제1호에 따른 기업개선계획의 이

행을 위한 약정 또는 같은 항 제2호에 따른 기업개선계획의 이행을 위한 특별약정에 따라 승계받은 자산을 처분한 경우

라. 합병법인이 「채무자 회생 및 파산에 관한 법률」에 따른 회생절차에 따라 법원의 허가를 받아 승계받은 자산을 처분한 경우

(3) 주식을 처분하는 경우

합병법인은 합병등기일이 속하는 사업연도의 다음 사업연도의 개시일부터 2년 이내의 기간(사후관리기간) 중 지배주주가 합병법인으로부터 받은 주식등을 처분하는 경우에는 사후관리사유 위반에 해당한다.

1) 처분의 의미

'처분'이라 함은 개인이나 법인이 자신이 지닌 권리나 권리의 객체에 변동이 발생하는 것으로 피합병법인의 주주 등이 합병법인으로부터 받은 주식 등을 양도하거나 증여할 경우 주식의 소유주가 바뀌고 주주의 동질성을 상실하게 되어 과세이연이 중단되므로 주식 처분의 범주에는 주식의 유상양도, 무상증여 등이 모두 포함된다(사전법령해석법인 2016-124, 2016. 5. 16.).

한편, 적격합병 사후관리 위배 여부를 판단함에 있어 피합병법인의 주주 등인지 여부는 합병등기일 시점으로 판단하는 것이므로 피합병법인의 주주 등이 합병법인으로부터 받은 주식을 합병등기일 현재 피합병법인의 주주가 아닌 피합병법인의 주주 등과 특수관계 있는 자에게 증여하는 경우 「법인세법」 제44조의 3 제3항 제2호의 "피합병법인의 주주 등이 합병법인으로부터 받은 주식 등을 처분하는 경우"에 해당하며, 같은법 시행령 제80조의 2 제1항 제1호의 "해당 주주 등이 합병으로 교부받은 주식 등을 서로간에 처분하는 것" 에는 해당하지 않는다(사전법령해석법인 2016-124, 2016. 5. 16.).

또한 합병으로 교부받은 자기주식을 합병등기일이 속하는 사업연도 또는 합병등기일이 속하는 사업연도의 다음 사업연도 개시일부터 3년(현재는 2년) 이내에 전부 소각하는 경우도 적격합병 요건 위반 또는 적격합병 사후관리 위반사유에 해당한다(법인-711, 2011. 9. 28.).

2) 해당주주

적격합병 사후관리 시 지분의 연속성 위배 여부를 판단함에 있어 주식의 보유 및 처분의 주체가 되는 "대통령령으로 정하는 피합병법인의 주주 등(이 책에서 "해당주주"라 한다)"

은 「법인세법 시행령」 제80조의 2 제1항 제1호 가목에서 법령 제80조의 2 제5항에 따라 법령 제43조 제3항에 따른 지배주주 중 '친족 중 4촌인 혈족 등'을 제외한 주주 등을 말한다라고 규정하고 있다(법령 §80의 2 ⑤).

해당지배주주(법령 §80의 2 ⑤)

"지배주주등"이란 법인의 발행주식총수 또는 출자총액의 100분의 1 이상의 주식 또는 출자지분을 소유한 주주등으로서 그와 특수관계에 있는 자와의 소유 주식 또는 출자지분의 합계가 해당 법인의 주주등 중 가장 많은 경우의 해당 주주등을 말한다(법령 §43 ③, ⑦). 해당주주는 상기의 지배주주 중에서 다음의 어느 하나에 해당하는 자를 제외한 주주등을 말한다.

① 친족 중 4촌인 혈족
② 합병등기일 현재 피합병법인에 대한 지분비율이 100분의 1 미만이면서 시가로 평가한 그 지분가액이 10억원 미만인 자
③ 기업인수목적회사와 합병하는 피합병법인의 지배주주등인 자
④ 피합병법인인 기업인수목적회사의 지배주주등인 자

예로서 지배주주의 아들이 합병등기일 현재 피합병법인의 주식을 1주도 가지고 있지 않았다면, 지배주주의 아들은 "대통령령으로 정하는 피합병법인의 주주 등"에 포함되지 않는다(사전법령해석법인 2016-124, 2016. 5. 16.). 그 이유는 지배주주 중 합병등기일 현재 피합병법인에 대한 지분비율이 1%에 미만이면서 시가로 평가한 지분가액이 10억원 미만인 자 등은 해당주주에서 제외되기 때문이다.

| 해당주주 |

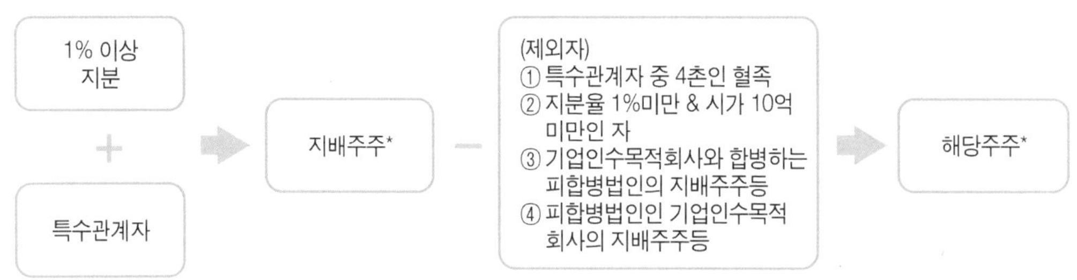

* 지배주주는 법법 제43조 제7항에 따른 지배주주를 말하며, 해당주주는 법령 제80의 2 제1항과 제5항에서 규정하고 있다.

♣ 해당주주의 판단시기는 합병등기일 현재를 기준으로 한다.

사후관리시 간주교부주식 포함하여 2분의 1 미만 처분 여부 판단함

합병시 합병법인이 보유하고 있는 피합병법인의 주식 등에 대하여 합병법인이 보유하고 있던 자기주식을 합병법인 자신에게 교부하지 않은 경우 합병교부주식을 교부한 것으로 보아 교부받은 전체 주식등의 2분의 1 미만 처분 여부를 판단하는 것임(서면법규-317, 2014. 4. 3.).

합병으로 받은 자기주식을 사채와 교환하는 경우 주식처분 여부

「법인세법」 제44조의 3 제3항 제2호를 적용함에 있어 합병법인이 피합병법인의 지배주주로서 보유하고 있는 주식(포합주식)에 대하여 교부받은 합병신주(자기주식)를 교환사채의 교환권 행사로 사채권자에게 지급하는 경우에는 동 합병신주(자기주식)를 지급하는 시점에 주식을 처분하는 것에 해당하는 것임(서면법인 2020-1928, 2020. 10. 19.).

3) 주식 처분 계산 시 전체기준으로 판단

주식 처분 계산 시 개별주주 기준이 아닌 전체 지배주주를 기준으로 판단한다. 그 이유는 해당주주가 다수일 때 일부 해당주주가 임의로 사후관리요건을 위반하여 합병 법인의 과세특례가 배제되는 문제점을 보완하기 위한 것이다(사전법령해석법인 2016-124, 2016. 5. 16.).

4) 부득이한 사유

부득이한 사유는 다음과 같다.

가. 해당주주등이 합병으로 교부받은 전체 주식등의 2분의 1 미만을 처분한 경우. 이 경우 해당주주등이 합병으로 교부받은 주식등을 서로 간에 처분하는 것은 해당주주등이 그 주식등을 처분한 것으로 보지 않고, 해당주주등이 합병법인 주식등을 처분하는 경우에는 합병법인이 선택한 주식등을 처분하는 것으로 본다.

나. 해당주주등이 사망하거나 파산하여 주식등을 처분한 경우

다. 해당주주등이 적격합병, 적격분할, 적격물적분할 또는 적격현물출자에 따라 주식등을 처분한 경우

라. 해당주주등이 「조세특례제한법」 제38조 · 제38조의 2 또는 제121조의 30에 따라 주식등을 현물출자 또는 교환 · 이전하고 과세를 이연받으면서 주식등을 처분한 경우

마. 해당주주등이 「채무자 회생 및 파산에 관한 법률」에 따른 회생절차에 따라 법원의 허가를 받아 주식등을 처분하는 경우

바. 해당주주등이 「조세특례제한법 시행령」 제34조 제6항 제1호에 따른 기업개선계획의 이행을 위한 약정 또는 같은 항 제2호에 따른 기업개선계획의 이행을 위한 특별약정에 따라 주식등을 처분하는 경우

사. 해당주주등이 법령상 의무를 이행하기 위하여 주식등을 처분하는 경우

* 상기 파란색에 해당하는 '라'와 '사'는 사업용자산처분의 부득이한 사유와 다른 내용이다.

해당주주의 특수관계자에게 처분하는 것은 해당주주 서로간에 처분하는 것이 아님

피합병법인의 주주가 아닌 피합병법인의 주주 등과 특수관계 있는 자에게 증여하는 경우 「법인세법」 제44조의 3 제3항 제2호의 "피합병법인의 주주 등이 합병법인으로부터 받은 주식 등을 처분하는 경우"에 해당하며, 같은법 시행령 제80조의 2 제1항 제1호의 "해당 주주등이 합병으로 교부받은 주식 등을 서로간에 처분하는 것"에는 해당하지 않는다(사전법령해석법인 2016-124, 2016. 5. 16.).

(4) 고용승계 불이행

1) 개요

합병법인은 합병등기일이 속하는 사업연도의 다음 사업연도의 개시일부터 3년 이내의 기간(사후관리기간) 중 각 사업연도 종료일 현재 합병법인에 종사하는 근로자 수가 합병등기일 1개월 전 당시 피합병법인과 합병법인에 각각 종사하는 근로자 수의 합의 100분의 80 미만으로 하락하는 경우에는 사후관리사유 위반에 해당한다(법법 §44의 3 ③ 3호). 여기서 근로자란 「근로기준법」에 따라 근로계약을 체결한 내국인 근로자를 말한다(법령 §80의 4 ⑩).

* 적격합병요건에 대한 부득이한 사유의 내용과 사후관리 중 부득이한 사유의 내용은 동일하다.

** 적격합병요건과 달리 사후관리기간에는 합병등기일 1개월 전의 그 근로자(사람)를 유지할 필요가 없고 단지 근로자 수(80% 이상)만 충족하면 된다.

| 사후관리기간(3년) 중의 고용유지 |

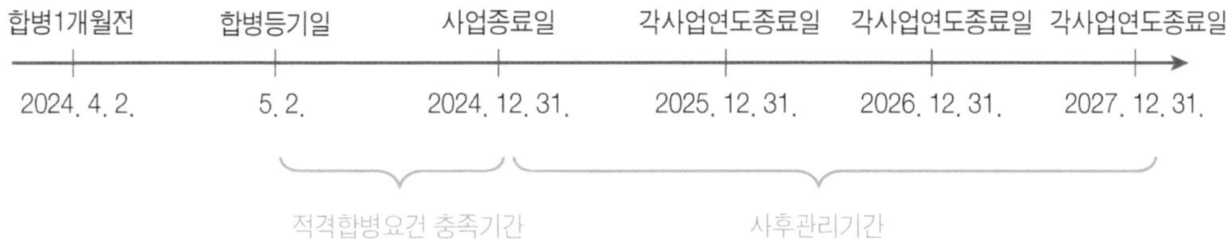

합병 1개월 전	2025.12.31.	2026.12.31.	2027.12.31.
합병법인과 피합병법인의 근로자 수 (200명	*기존근로자 수 : 150 *신규 고용근로자 수 : 35 *총근로자 수 : 185	*기존근로자 수 : 100 *신규 고용근로자 수 : 70 *총근로자 수 : 170	*기존근로자 수 : 150 *신규 고용근로자 수 : 5 *총근로자 수 : 155
유지요건 충족 여부	(92.5%) 충족	(85%) 충족	(77.5%) 미충족

* 합병등기일 1개월전 합병법인과 피합병법인 근로자 수의 합은 200명이며, 근로계약 체결한 내국인 근로자들이다.
적격합병 요건과 달리 사후관리 시에는 합병등기일 1개월 전 피합병법인의 그 근로자(사람)가 아닌 단순히 합병법인과 피합병법인의 근로자 합산 수만 기준으로 80% 이상 여부를 판단한다. 따라서 추가고용 인원도 포함하여 판단한다.

2) 부득이한 사유

부득이한 사유는 다음과 같다.

가. 합병법인이 「채무자 회생 및 파산에 관한 법률」 제193조에 따른 회생계획을 이행 중인 경우

나. 합병법인이 파산함에 따라 근로자의 비율을 유지하지 못한 경우

다. 합병법인이 적격합병, 적격분할, 적격물적분할 또는 적격현물출자에 따라 근로자의 비율을 유지하지 못한 경우

2. 사후관리 위반에 따른 처리

적격합병요건을 충족하여 과세특례 적용받는 것을 선택한 경우 피합병법인은 양도차익에 대해 과세이연받고 세무조정사항에 대해 추인하지 않고 합병법인에게 모두 승계하고, 합병법인은 합병매수차손익이 계상되지 않고 피합병법인의 세액공제 · 감면과 이월결손금을 승계받아 공제받는 등 여러 가지 과세특례 혜택을 가진다.

하지만, 사후관리기간 이내에 사후관리사유를 위반한 경우에는 비적격합병으로서 과세

특례를 적용받지 않은 상태로 원상복귀 시킨다. 따라서 피합병법인이 과세이연했던 양도차익과 합병법인에게 승계시킨 유보, 세액공제 · 감면과 이월결손금의 공제등에 대해 모두 과세하게 된다. 단, 완전모자회사간합병과 완전자회사간합병의 경우는 사후관리를 받지 아니한다.

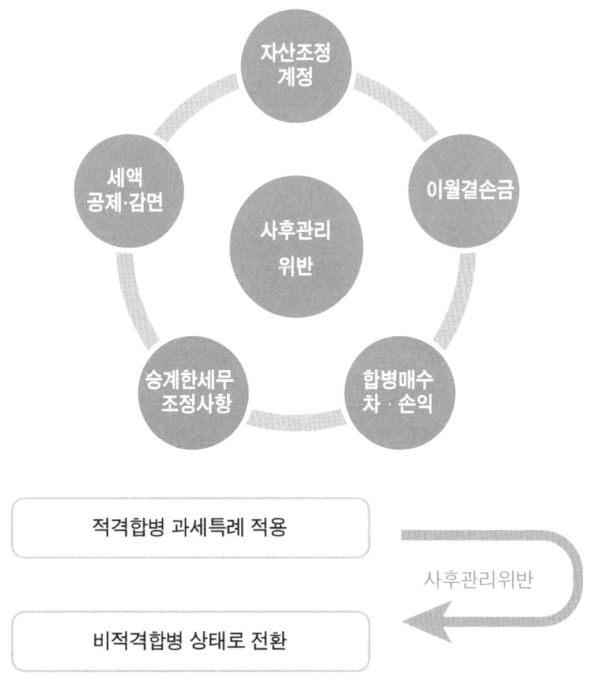

사후관리 위반에 따른 과세요건

① 완전모자회사간 또는 완전자회사간 합병이 아니어야 한다.
② 사후관리사유를 위반해야 한다.
③ 부득이한 사유에 해당되지 않아야 한다.
④ 사후관리 위반시 합병법인(피합병법인에게는 과세 안함) 에게만 적용한다.

♣ 사후관리사유 위반에 따른 비적격합병으로의 복귀

구분	적격합병 복귀	비적격합병
합병 법인	① 자산조정계정 설정(과세이연) 피합병법인 양도차익 × 합병법인 합병매수차손익 ×	자산조정계정잔액 익금산입 양도차익 ○ (원래 피합병법인의 것) 합병매수차손익 ○
합병 법인	② 결손금공제 ③ 유보승계 ④ 공제 · 감면세액공제	공제결손금 익금산입 승계유보 추인 공제된 세액공제 · 감면세액납부

(1) 자산조정계정에 대한 과세

적격합병을 한 합병법인은 사후관리기간 이내에 사후관리위반 사유가 발생하는 경우에는 그 사유가 발생한 날이 속하는 사업연도의 소득금액을 계산할 때 자산조정계정액(시가가 장부가액보다 큰 경우만 해당한다)과 승계받은 결손금 중 공제한 금액 등을 익금에 산입한다(법법 §44의 3 ③).

즉, 합병법인이 사후관리 위반하는 경우에는 적격합병과세특례에 따라 계상된 자산조정계정 잔액의 총합계액(총합계액이 0보다 큰 경우에 한정하며, 총합계액이 0보다 작은 경우에는 없는 것으로 본다)을 익금에 산입하고 자산조정계정은 소멸한다(법령 §80의 4 ④). 따라서 합병등기일 현재 순자산 시가가 순자산장부가액보다 크고 자산조정계정 잔액의 총합계액이 0보다 큰 경우에만 사후관리 추징 요건에 해당되어 과세된다.

자산조정계정의 익금산입 요건
① 합병등기일 현재 순자산의 시가 〉 순자산장부가액
② 자산조정계정 잔액의 총합계액 〉 0

(2) 합병매수차손익에 대한 세무조정

자산조정계정은 다음과 같이 피합병법인의 양도차손익과 합병법인의 합병매수차손익의 합계로 구성된다.

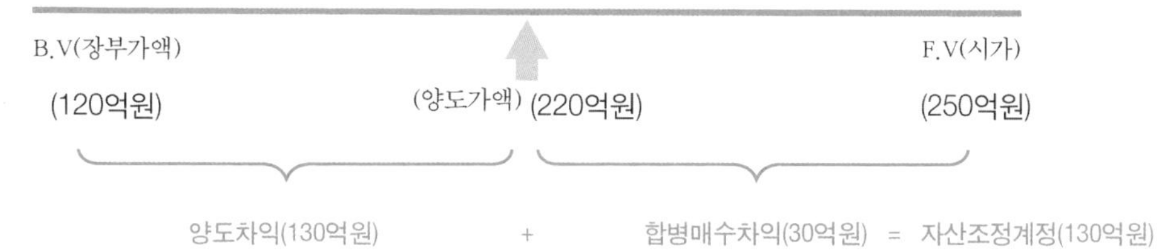

손금산입했던 자산조정계정의 잔액을 사후관리 위반으로 익금산입한다면 자산조정계정에 포함되어 있는 피합병법인의 양도차익뿐만 아니라 합병법인이 당초 비적격합병이였더라면 익금산입의 대상이 되는 합병매수차익도 익금산입되는 것과 동일한 효과가 발생하게 된다. 따라서, 자산조정계정의 익금산입으로 모두 익금산입된 합병매수차익을 비적격합병인 경우와 동일하게 60개월 동안 균등 익금산입할 필요가 있다.

그러므로 합병매수차익에 해당하는 금액을 전액 손금산입한 후 사유관리 위반 시점까지의 기간분에 해당하는 합병매수차익 상당액을 다시 익금산입하는 세무조정이 추가로 필요하다.

합병매수차손도 마찬가지다. 자산조정계정에 포함되어 있는 합병매수차손은 다음과 같다.

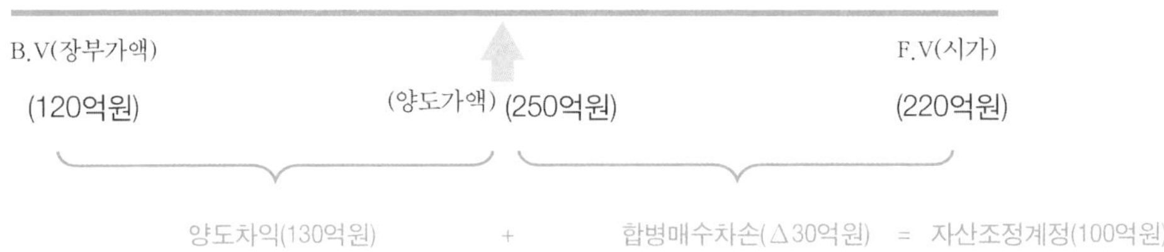

따라서 자산조정계정 잔액의 총합계액을 익금산입하였다면 피합병법인의 양도차익이 익금산입됨과 동시에 합병매수차손도 손금산입되게 된다. 앞에서 비적격합병에 대해 기술했듯이 합병매수차손은 세법상 그 자산성이 인정되는 경우에 한해서 영업권(무형자산이 아님)으로 인정받아 5년(60개월) 균등 손금산입된다.

그러므로 그 자산성이 인정되지 않는 경우에는 자산조정계정의 익금산입으로 결과적으로 손금산입 된 합병매수차손에 해당하는 금액만큼 익금산입으로 세무조정해야 하며, 만약 그 자산성이 인정되는 경우에는 사후관리 위반사유 발생시점까지의 기간 경과분에 대해서만 손금산입하는 세무조정을 추가로 해야 한다.

합병매수차익 또는 합병매수차손에 대해 사후관리 위반사유로 세무조정이 되려면 우선적으로 자산조정계정 잔액 총합계액의 익금산입이 이루어져야 한다. 만일 자산조정계정 잔액의 총합계액의 익금산입이 없다면 합병매수차익 또는 합병매수차손에 대한 세무조정은 필요가 없다.

사후관리 위반에 따른 합병매수차손익에 대한 세무조정 요건

① 사후관리 위반 사유가 발생해야 한다.

② <u>자산조정계정 잔액의 총합계액이 익금산입되어야 한다.</u>

③ 합병매수차손은 세법상 그 자산성의 인정 유무에 따라 세무조정이 달라진다.
- 자산성이 인정되지 않는 경우: 전액 손금불산입한다.
- 자산성이 인정되는 경우: 5년간 균등 손금산입한다.

1) 합병매수차익

사후관리위반으로 자산조정계정 잔액의 총합계액(감가상각이나 처분 등으로 기 익금산입된 금액은 제외)이 익금산입된 경우 합병매수차익에 상당하는 금액을 사후관리위반의 사유가 발생한 날이 속하는 사업연도에 손금에 산입하고 사후관리위반사유가 발생한 날이 속하는 사업연도와 그 이후의 사업연도부터 5년이 되는 날이 속하는 사업연도까지 각각의 사업연도에 따라 다음과 같이 처리한다(법령 §80의 4 ⑤).

① 사후관리위반 사유가 발생한 날이 속하는 사업연도: 합병매수차익에 합병등기일부터 해당 사업연도 종료일까지의 월수를 60월로 나눈 비율을 곱한 금액(월수는 역에 따라 계산하되 1월 미만의 일수는 1월로 한다)을 익금에 산입한다(법령 §80의 4 ⑤ 1호 가목)

② 상기 ①의 사업연도 이후의 사업연도부터 합병등기일부터 5년이 되는 날이 속하는 사업연도: 합병매수차익에 해당 사업연도의 월수를 60월로 나눈 비율을 곱한 금액(합병등기일이 속하는 월의 일수가 1월 미만인 경우 합병등기일부터 5년이 되는 날이 속하는 월은 없는 것으로 한다)을 익금에 산입한다(법령 §80의 4 ⑤ 1호 나목).

사 례

적격합병이다. 합병등기일 피합병법인이 소유한 자산의 장부가액은 200,000,000(시가 220,000,000)이다. 합병등기일은 2024년 1월 10일이며, 사후관리 위반일은 2025년 1월10일이다. 합병에 따라 지급한 양도가액은 합병신주가 유일하며, 합병신주의 회계상 공정가치는 110,000,000원(액면가액 90,000,000)이며, 이는 세법상 시가와 동일하다. 자산에 대한 업종별 내용연수는 5년이며 정액법으로 감가상각한다. 기업회계상의 내용연수도 5년으로 하고 정액법으로 감가상각한다.
합병관련 합병회사의 분개는 다음과 같다.

(회계 분개)

(차)	자산	220,000,000	(대) 부채	100,000,000
			자본금	90,000,000
			주발초	20,000,000
			염가매수차익	10,000,000
(차)	자산 감가상각비	44,000,000	(대) 감가상각충당금	44,000,000

(세무 분개)

(차)	자산	200,000,000	(대) 부채	100,000,000
			자본금	90,000,000
			주발초	10,000,000

① 합병 때 (세무조정)

손금산입(△유보) 20,000,000 (자산조정계정)

익금산입(기타) 10,000,000 (주식발행초과금) :

* 자산조정계정의 손금산입 규정에 따라 시가와 장부가액의 차액에 상당하는 금액을 익금산입하고 동 금액을 자산조정계정으로 하여 손금산입(△유보)한다.

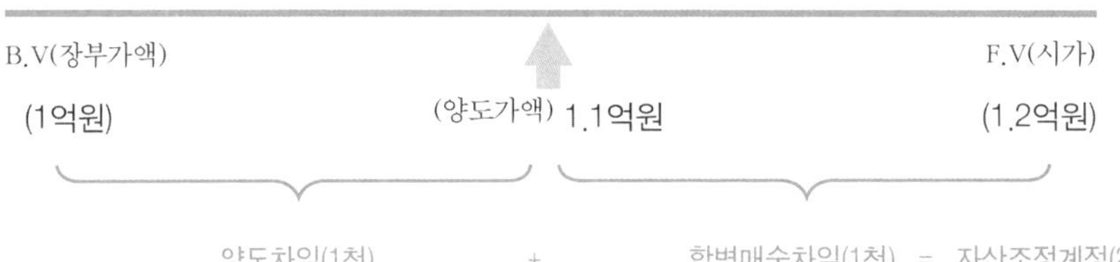

② 감가상각과 관련한 세무조정

익금산입 (유보) 4,000,000 (자산조정계정) :

* 자산조정계정에 해당하는 감가상각비를 익금산입한다. 44,000,000원 × 20,000,000/220,000,000 = 4,000,000

③ 사후관리 위반일이 속하는 사업연도의 (세무조정)

익금산입(유보) 16,000,000 (자산조정계정)

* 자산조정계정 잔액은 20,000,000 − 4,000,000 = 16,000,000

손금산입 10,000,000(△유보) 합병매수차익

익금산입 4,000,000(유보) 합병매수차익(10,000,000×24개월/60개월)

* 합병매수차익은 5년간 균등 익금산입하며, 합병등기일부터 사후관리사유의 위반일이 속하는 해당 사업연도 종료일까지의 월수이므로 12개월이 아닌 24개월이다.

④ 2026년도의 합병매수차익 관련 세무조정

익금산입(유보) 2,000,000* (합병매수차익)

* 10,000,000 × 12개월/60개월 = 2,000,000

불공정합병이지만 적격합병인 경우로서 사후관리위반 시 합병매수차손익계산을 위한 양도가액

특수관계에 있는 법인간의 합병에 있어서 피합병법인의 주식을 시가보다 높게 평가하여 불공정한 비율로 합병한 경우로서 「법인세법」 제44조 제2항에 따른 적격합병요건을 충족하여 과세특례를 적용받고 있던 합병법인이 일정주주의 주식처분으로 인해 같은 조 제4항에 따라 피합병법인에 지급한 양도가액과 피합병법인의 합병등기일 현재의 순자산시가와의 차액(합병매수차손익)을 익금 또는 손금에 산입하는 경우, 피합병법인에 지급한 양도가액은 (합병교부주식+합병교부금+간주교부주식+법인세등 대납액)의 합계액으로 하는 것이며, 합병교부주식의 합병등기일 현재의 시가가 불분명한 경우에는 같은 영 제89조 제2항 제2호에 따라

「상속세 및 증여세법」 제38조의 규정(합병에 따른 이익의 증여)을 준용하여 평가하는 것임 (사전법령해석법인 2021-330, 2021. 5. 18.).

2) 합병매수차손

합병매수차손에 상당하는 금액을 사후관리 위반에 해당하는 사유가 발생한 날이 속하는 사업연도에 익금에 산입하되, 합병매수차손의 자산성이 인정되는 경우에 한정하여 그 금액에 상당하는 금액을 합병등기일부터 5년이 되는 날까지 다음의 구분에 따라 분할하여 손금에 산입한다(법령 §80의 4 ⑤ 2호).

① 사후관리 위반사유가 발생한 날이 속하는 사업연도

합병매수차손에 합병등기일부터 해당 사업연도 종료일까지의 월수를 60월로 나눈 비율을 곱한 금액(월수는 역에 따라 계산하되 1월 미만의 일수는 1월로 한다)을 손금에 산입한다.

② 상기 ①의 사업연도 이후의 사업연도부터 합병등기일부터 5년이 되는 날이 속하는 사업연도

합병매수차손에 해당 사업연도의 월수를 60월로 나눈 비율을 곱한 금액(합병등기일이 속하는 월의 일수가 1월 미만인 경우 합병등기일부터 5년이 되는 날이 속하는 월은 없는 것으로 한다)을 손금에 산입한다.

이는 당초부터 비적격합병이였다면 하였어야 할 세무조정을 하는 것이다. 비적격합병의 경우 세법상 그 자산성이 인정되지 않는 경우의 합병매수차손은 원칙 손금으로 인정되지 않기 때문이다.

사 례

적격합병로서 하람기계의 장부가액은 200,000,000원(시가 220,000,000 회계상 공정가치와 동일함)이며, 합병대가는 합병신주가 유일하다. 합병신주의 회계상 공정가치는 130,000,000원이고 이는 세법상 시가와 동일하다. 합병등기일은 2024년 1월 10일이며, 사후관리 위반일은 2025년 1월10일이다. 회사는 K-IFRS에 따라 회계처리 함에 따라 영업권에 대한 감가상각을 하지 않으며 2025년까지 영업권에 대한 손상차손을 계상한 것도 없다. 기계에 대한 업종별내용연수는 5년이며 정액법으로 감가상각한다.

(합병회사의 기업회계 분개)

(차)			(대)	
	기계	220,000,000	부채	100,000,000
	영업권	10,000,000	자본금	90,000,000

			주발초	40,000,000

(합병회사의 세무분개)

(차)	기계	200,000,000	(대) 부채	100,000,000
			자본금	90,000,000
			주발초	10,000,000

(합병회사의 세무분개, 비적격합병일 경우)

(차)	기계	220,000,000	(대) 부채	100,000,000
	합병매수차손	10,000,000	자본금	90,000,000
			주발초	40,000,000

①-1 합병 때 (세무조정)

손금산입 20,000,000(△유보) 자산조정계정

익금산입 20,000,000(기타) 주식발행초과금

손금산입 10,000,000(△유보) 영업권

익금산입 10,000,000(기타) 주식발행초과금

※ 적격합병이므로 영업권은 발생하지 않는다. 영업권에 대한 △유보는 세법상 그 자산성이 인정되지 않는 경우로서, 발생한 합병매수차손은 손금에 산입할 수 없으므로, 향후 합병법인이 영업권에 대해 감가상각 또는 손상차손 회계처리시 유보로 반대 세무조정하여 익금산입한다.

※ 영업권관련 세무조정은 (△유보)로 할 수도 있으나, 합병 당시에 (△유보)의 세무조정 없이 향후 회계상 영업권 상각할 때 손금산입(기타)으로 세무조정해도 무방하다.

②-1 사후관리 위반 때(세무조정), 자산성이 인정되지 않는 경우

익금산입(유보) 20,000,000 (자산조정계정)

익금산입(기타) 10,000,000 (합병매수차손)

②-2 사후관리 위반 때(세무조정), 자산성이 인정되는 경우

익금산입(유보) 20,000,000 (자산조정계정)

익금산입(유보) 10,000,000 (영업권)

손금산입(△유보) 4,000,000* (영업권)

* 10,000,000 × 24*/60 = 4,000,000

* 익금산입액은 합병등기일부터 사후관리 위반사유 발생한 사업연도의 종료일까지이므로 2024. 1. 1.~2025. 12. 31.까지는 24개월이다.

세법상 "사업상 가치가 있다고 보아 대가를 지급한 경우"의 요건

다음의 요건을 모두 만족하는 경우에는 사업상 가치가 있다고 보아 대가를 지급한 경우로 본다(법법 §44의 2 ③, 법령 §80의 3 ② 및 기획재정부 법인-36, 2017. 1. 8. 및 사전법령해석법인 2018-789, 2018. 12. 26.).

① 상장법인인 합병법인이 「자본시장과 금융투자업에 관한 법률 시행령」 제176조의 5에 따라 적정하게 산정된 합병대가를 피합병법인 주주에게 지급한 경우
② 피합병법인의 이월결손금이 없는 경우
③ 피합병법인이 합병등기일 현재의 순자산시가를 초과하여 지급받은 양도가액을 익금에 산입한 경우

②-3 자산성이 인정되는 경우로서, 2026년에 영업권에 대해 기업회계기준에 따라 다음과 같이 분개한 경우

(차) 영업권손상차손	5,000,000	(대) 영업권	5,000,000

(세무조정)

손금불산입(유보) 3,000,000* 영업권손상차손

* 10,000,000 × 12/60 = 2,000,000. 2,000,000원을 초과하는 3,000,000원에 대해 손금불산입(유보)로 세무조정한다.

(3) 승계받은 세무조정사항과 승계 · 공제받은 감면 및 세액공제

합병법인이 사후관리 위반사유가 발생하는 경우에는 합병법인의 소득금액 및 과세표준을 계산할 때 승계한 세무조정사항 중 익금불산입액은 더하고 손금불산입액은 뺀다. 즉, 피합병법인으로부터 승계한 유보 또는 △유보가 있는 경우 사후관리 사유 발생하는 사업연도에 추인한다(서면법인 2022-2189, 2022. 9. 16.).

이는 비적격합병의 경우 피합병법인이 의제사업연도의 각사업연도 소득금액 계산시 퇴직급여충당금과 대손충당금 관련 유보 외에는 합병법인에게 승계할 수 없고 모두 추인해야 하기 때문이다. 근본적으로 사후관리 위반시 세법상 처리는 비적격합병의 경우와 동일하게 만드는 것이므로 비적격합병 시 추인해야 하는 세무조정사항을 사유관리 위반 시 모두 추인하는 것이다.

그러나, 비적격합병의 경우에도 승계받을 수 있는 퇴직급여충당금과 대손충당금 관련 유보금액에 대해 사후관리 위반 시 추인하지 않는다.

적격분할의 요건을 갖추어 설립된 분할신설법인이 「법인세법」 제46조의 3 제3항 제2호의 사유가 발생한 경우 분할당시 승계한 퇴직급여충당금 및 대손충당금과 관련한 세무조정사항은 추인대상에 포함하지 않는 것임(사전법령해석법인 2021-564, 2021. 5. 18.).

한편, 피합병법인으로부터 승계하여 공제한 감면 또는 세액공제액 상당액은 해당 사유가 발생한 사업연도의 법인세에 더하여 납부하고, 해당 사유가 발생한 사업연도부터 적용하지 아니한다(법령 §80의 4 ⑥).

(4) 승계받은 이월결손금에 대한 과세

사후관리위반 시 합병법인은 피합병법인으로부터 승계받은 이월결손금으로 과소 계상된 세액을 과세받게 된다. 즉, 피합병법인으로부터 승계받은 결손금 중 공제한 금액 전액을 익금에 산입한다(법령 §80의 4 ④). 이는 비적격합병의 경우 피합병법인의 이월결손금을 승계받을 수 없는 것을 적격합병으로 인해 승계·공제받았기 때문이다.

다만, 당초 비적격합병시 피합병법인의 자산양도차익은 합병 당시 존재하였던 피합병법인의 이월결손금을 공제한 후 납부하였을 것이므로 합병 당시의 피합병법인의 양도차익에서 공제되는 피합병법인의 이월결손금을 공제하여 법 제44조의 3 제3항 제1호의 사유가 발생한 날(사후관리위반사유가 발생한 날)이 속하는 사업연도의 합병법인 소득금액에 합산하여 법인세를 신고한다. 그리고 공제 후의 피합병법인의 이월결손금은 소멸한다.

이는 비적격합병시 피합병법인의 이월결손금은 자산양도차익에서 공제되므로, 과세형평상 합병법인이 피합병법인으로부터 승계한 이월결손금 중 자산양도차익 상당의 이월결손금을 합병법인의 소득에서 공제하는 것이 타당하기 때문이다(서면법인 2022-2193, 2022. 12. 30.).

(사례)

피합병법인	합병등기일 현재액	피합병법인으로부터 승계·공제받은 결손금	사후관리사유 위반 시 이월결손금 관련 세무조정
양도차익	200		익금산입 100*
이월결손금액	600	300	

※ 당초 비적격합병이라면 피합병법인의 이월결손금 중 양도차익에 해당하는 금액만큼 공제받는다. 따라서 사후관리사유를 위반하여 적격합병에서 비적격합병으로 원상복귀하는 경우, 적격합병으로 인해 합병법인이 공제받은 피합병법인의 이월결손금 300 중 비적격합병이라면 공제받았을 양도차익 200을 차감한 후의 100(300-200)을 익금산입한다.

Ⅴ 합병당사법인의 주주에 대한 세무

1. 피합병법인의 주주에 대한 세무

합병과 관련하여 피합병법인의 주주와 관련된 세무는 합병대가에 따른 의제배당, 불공정합병에 따른 법인세 또는 증여세이다.

| 피합병법인의 주주에 대한 과세발생 유형 |

(1) 의제배당

의제배당(배당금·분배금의 의제)이란 현금배당이나 주식배당 등과 같은 상법상의 배당은 아니지만 주주 등이 실질적으로 이와 유사한 경제적 이익을 받게 될 때 세법상 이를 배당으로 보는 것을 말한다.

합병으로 인하여 피합병법인의 주주는 본인들의 피합병법인의 주식이 소멸하는 대신 합병대가를 받는다. 즉, 피합병법인의 주주등이 취득하는 합병대가가 그 피합병법인의 주식등을 취득하기 위하여 사용한 금액을 초과하는 금액이 의제배당액이 된다.

의제배당소득금액은 다음과 같이 합병대가에서 종전주식의 장부가액을 차감하여 계산한다.

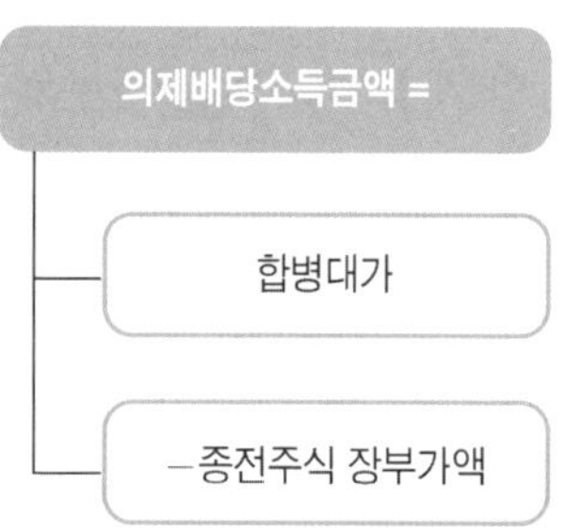

의제배당은 피합병법인의 주주가 법인 또는 개인주주에 따라 과세하는 방식이 조금씩 다

르므로 개인주주의 경우와 법인주주의 경우로 분류하여 기술한다.

1) 법인주주의 의제배당

피합병법인의 주주등인 내국법인이 취득하는 합병대가가 그 피합병법인의 주식등을 취득하기 위하여 사용한 금액을 초과하는 금액은 내국법인의 각 사업연도의 소득금액을 계산할 때 그 다른 법인으로부터 이익을 배당받았거나 잉여금을 분배받은 금액으로 본다(법법 §16 ① 5호).

가) 합병대가

합병대가는 합병법인으로부터 합병으로 인하여 취득하는 합병법인(합병등기일 현재 합병법인의 완전모회사인 내국법인을 포함한다)의 주식등의 가액과 금전 또는 그 밖의 재산가액의 합계액이다(법법 §16 ② 1호).

합병대가
① 합병교부주식의 가액(분여받은이익은 차감함)(법령 §14 ① 라목)
② 금전이나 그 밖의 재산가액의 합계액

합병교부주식의 가액은 적격합병인 경우에는 종전주식의 장부가액으로 하고, 비적격합병인 경우에는 시가로 평가한다. 따라서 적격합병으로서 합병대가로 합병교부주식만 주어진다면, 의제배당액은 0이 된다.

① 의제배당 과세이연을 위한 적격합병 요건을 충족하는 경우

합병과세특례적용을 위한 적격합병요건 중 사업목적합병과 지분의연속성(주식등의 보유와 관련된 부분은 제외한다)의 요건을 모두 갖추거나 [완전모자회사간합병 또는 완전자회사간합병]에 해당하는 경우에는 합병대가 중 금전 외의 주식가액은 종전의 장부가액(합병대가 중 일부를 금전이나 그 밖의 재산으로 받은 경우로서 합병 또는 분할로 취득한 주식등을 시가로 평가한 가액이 종전의 장부가액보다 작은 경우에는 시가)으로 한다. 다만, 투자회사등이 취득하는 주식등의 경우에는 영으로 한다(법령 §14 ① 나목).

따라서, 의제배당 과세이연을 위한 적격합병 요건을 충족하는 경우 합병교부주식의 평가액은 다음과 같다.

1. 원칙 : 종전주식의 장부가액

2. 예외 : 시가

적격합병임에도 합병교부주식이 시가로 평가되는 조건	
① 주식과 주식 외 재산 함께 지급	② 시가 〈종전 주식 장부가액

의제배당과세이연을 위한 적격합병 요건은 적격합병요건 중 사업목적합병과 지분의연속성(주식등의 보유와 관련된 부분은 제외한다)의 요건을 모두 갖추거나 「완전모자회사간합병 또는 완전자회사간합병」에 해당하는 경우이다. 다음은 「완전모자회사간합병 또는 완전자회사간합병」 외 의제배당 적격합병의 요건이다(법령 §14 ① 나목).

1. 사업목적합병
   합병등기일 현재 1년 이상 사업을 계속하던 내국법인 간의 합병일 것. 다만, 다른 법인과 합병하는 것을 유일한 목적으로 하는 기업인수목적회사의 경우는 본문의 요건을 갖춘 것으로 본다. 다만 상대방 법인은 요건을 충족해야 한다.
2. 지분의 연속성
   피합병법인의 주주등이 합병으로 인하여 받은 합병대가의 총합계액 중 합병법인의 주식등의 가액이 100분의 80 이상이거나 합병법인의 모회사(합병등기일 현재 합병법인의 발행주식총수 또는 출자총액을 소유하고 있는 내국법인을 말한다)의 주식등의 가액이 100분의 80 이상인 경우로서 그 주식등이 대통령령으로 정하는 바에 따라 배정되어야 한다. 단, 양도차익을 0으로 보는 적격합병의 요건과는 달리 피합병법인의 해당주주등이 합병등기일이 속하는 사업연도의 종료일까지 그 주식등을 보유할 필요는 없다.

★ 의제배당 과세이연을 위한 적격합병 요건

지분의 연속성 요건	① 주식의 교부요건	② 주식의 배정요건	③ 주식의 보유요건
충족요구 여부	○	○	×

※ 주식의 보유요건을 충족할 필요는 없다.

| 의제배당 과세이연을 위한 적격합병 요건 |

석격합병에 해당하는 경우에는 합병대가 중 금전 외의 주식가액은 종전의 장부가액으로 하나, 합병대가 중 일부를 금전이나 그 밖의 재산으로 받은 경우로서 합병으로 취득한 주식등을 시가로 평가한 가액이 종전의 장부가액보다 작은 경우에는 시가로 한다.

이처럼 적격합병임에도 불구하고 합병교부주식을 시가로 평가하는 경우 의제배당액은 교부받은 주식외 금전등의 금액을 한도로 한다. 즉, 다음과 같이 일반적인 의제배당 계산방식에 의한 의제배당액(이하 이 책에서 "일반계산 의제배당"이라고 한다)과 교부받은 현금액 중 적은 금액을 의제배당액으로 보는 것이다.

의제배당액 = Min①,② [①현금등 주식 외의 재산, ②일반계산 의제배당액*]

*의제배당 = 합병대가 - 종전주식의 장부가액, 이 책에서 "일반계산 의제배당액"이라고 한다.

※ 다음은 적격합병의 요건과 의제배당 과세이연을 위한 적격합병 요건을 비교한 것이다.

구분	적격합병요건	의제배당과세이연 위한 적격합병 요건
1. 일반적 요건	① 사업목적합병 ② 지분의연속성 ③ 사업의계속성 ④ 고용승계	① 사업목적합병 ② 지분의연속성 (주식등의 보유와 관련된 부분 제외)
2. 완전모자회사간 · 완전자회사간 합병	요건 없음*	

*일반적인 적격합병'과 '의제배당 과세이연을 위한 적격합병 ' 모두에 해당하는 완전모자회사간합병 · 완전자회사간합병은 더 이상의 요건이 필요하지 않다.

| 적격합병과 비적격합병에 따른 합병교부주식의 평가액과 의제배당액의 차이 |

구분	합병대가 구성내용	합병교부주식의 평가액		의제배당액
적격합병	주식만 지급	종전주식의 장부가액		0
	주식과 주식 외 재산 함께 지급	시가 〈 장부가액* 경우	시가	Min①, ② [①현금등, ②일반계산배당액]
		시가≥장부가액* 경우	장부* 가액	합병대가** – 종전주식 장부가액
비적격합병	주식 or 주식 외	무조건 시가		합병대가 – 종전주식의 장부가액

* 장부가액은 종전주식의 장부가액임

** 합병대가 중 주식은 종전주식장부가액으로 평가함

※ 파란색 부분은 적격합병 시 합병교부주식을 예외적으로 시가로 평가하는 요건과 의제배당액 계산방법이다.

합병대가로 합병교부주식과 현금등을 받고 합병교부주식의 시가가 종전주식의 장부가액보다 낮은 경우 받은 현금 전액을 의제배당금액으로 과세하지 않고 받은 현금과 일반계산 의제배당액 중 적은 금액을 의제배당으로 과세한 아래의 사례를 보자.

사 례

*합병대가 1,100,000,000 = 합병교부주식가액의 시가 900,000,000원 + 현금 교부액 : 200,000,000원

*피합병법인 주식의 장부가액 : 1,000,000,000원

① 적격합병
합병교부주식의 시가 〈 종전주식의 장부가액
현금교부액 200,000,000
따라서, 조건을 만족하므로 의제배당액 계산시 합병교부주식의 평가는 '시가'이다.

② 의제배당액 Min [① 2억, ② 1억*]
*일반계산 의제배당액 1억 = 합병대가 11억 – 종전주식 취득가액 10억

★ 이는 아무리 합병대가로서 현금 등을 받더라도 일반계산 의제배당액[합병대가 – 종전주식취득가액]을 초과해서 배당으로 과세할 수 없다는 것이다.

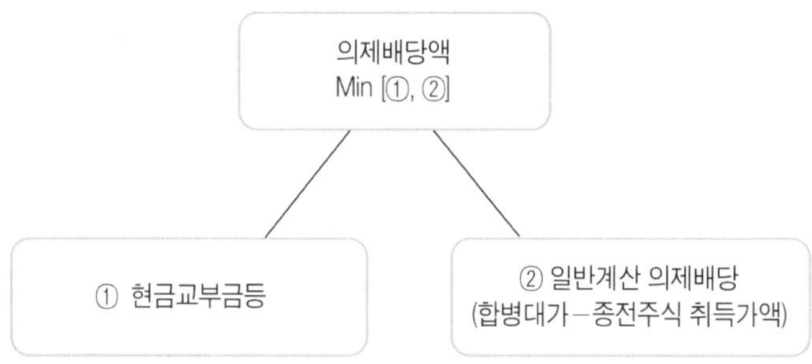

② 비적격합병의 경우

합병대가 중 금전 외의 주식의 경우로서 비적격합병의 경우에는 취득 당시의 시가를 합병교부주식가액으로 한다.

다만 부당행위계산 부인에 따른 특수관계인으로부터 분여받은이익이 있는 경우에는 그 금액을 합병교부주식의 시가에서 차감한 금액으로 한다(법령 §14 ① 1호 라목). 즉, 피합병법인의 주주인 법인이 합병대가로 받은 주식의 취득 당시 같은법 제52조의 규정에 의한 시가에서 같은법 시행령 제88조 제1항 제8호의 규정에 의하여 합병당사법인의 주주로부터 분여받은이익을 차감한 금액을 말한다(서이 46012－10059, 2001. 8. 30.).

합병교부주식에서 분여받은이익의 차감은 합병교부주식이 시가로 평가될 때에만 적용되는 것으로 합병교부주식이 종전의 장부가액으로 평가될 때는 적용되지 않는다. 그 이유는 분여받은이익은 불공정합병에서 발생하는 것으로 합병당사법인 중 일방법인의 주식이 시가로 과소 또는 과대로 잘못 평가됨에 따라 발생하는 것이기 때문이다.

법인세법상의 의제배당 계산을 위한 합병교부신주의 시가(법령 §89)는 다음과 같이 계산한다.

1. **원칙 : 시가**

   해당 거래와 유사한 상황에서 해당 법인이 특수관계인 외의 불특정다수인과 계속적으로 거래한 가격 또는 특수관계인이 아닌 제3자간에 일반적으로 거래된 가격이 있는 경우에는 그 가격(시가)에 따른다.

   다만, 주권상장법인이 발행한 주식의 경우 해당 주식의 시가는 **그 거래일의 거래소 최종시세가액**(거래소 휴장 중에 거래한 경우에는 그 거래일의 직전 최종시세가액)으로 하며, 기획재정부령으로 정하는 바에 따라 사실상 경영권의 이전이 수반되는 경우(해당 주식이 「상속세 및 증여세법 시행령」 제53조 제8항 각 호의 어느 하나에 해당하는 주식인 경우는 제외한다)에는 그 가액의 100분의 20을 가산한다.

2. 예외 : 시가가 불분명한 경우

시가가 불분명한 경우에는 다음을 차례로 적용하여 계산한 금액에 따른다.

① 「감정평가 및 감정평가사에 관한 법률」에 따른 감정평가법인등이 감정한 가액이 있는 경우 그 가액(감정한 가액이 2 이상인 경우에는 그 감정한 가액의 평균액). 다만, 주식등 및 가상자산은 제외한다. 따라서 감정가액은 주식의 평가방법에서 제외된다.

② 「상속세 및 증여세법」 제38조(합병에 따른 이익의 증여) · 제39조 · 제39조의 2 · 제39조의 3, 제61조부터 제66조까지의 규정을 준용하여 평가한 가액. 이 경우 「상속세 및 증여세법」 제63조 제1항 제1호 나목 및 같은 법 시행령 제54조에 따라 비상장주식을 평가할 때 해당 비상장주식을 발행한 법인이 보유한 주식(주권상장법인이 발행한 주식으로 한정한다)의 평가금액은 평가기준일의 거래소 최종시세가액으로 하며, 「상속세 및 증여세법」 제63조 제2항 제1호 · 제2호 및 같은 법 시행령 제57조 제1항 · 제2항을 준용할 때 "직전 6개월(증여세가 부과되는 주식등의 경우에는 3개월로 한다)"은 각각 "직전 6개월"로 본다.

따라서, 시가가 불분명한 경우로서 해당 합병이 불공정합병에 해당하는 경우에는 상증법 제38조(합병에 따른 이익의 증여) 규정에 따라 합병교부주식을 평가하고(사전법령해석법인 2021 - 330, 2021. 5. 18.), 그 외의 경우에는 상증법 제61조부터 제66조까지의 규정을 준용하여 평가하면 된다. 한편, 상증법 61조부터 66조까지의 규정 중 유가증권의 평가에 대한 규정은 동법 제63조이므로 불공정합병에 해당하지 않는 경우에는 상증법 제63조에 따라 평가하면 된다.

| 합병교부주식의 시가 평가방법 |

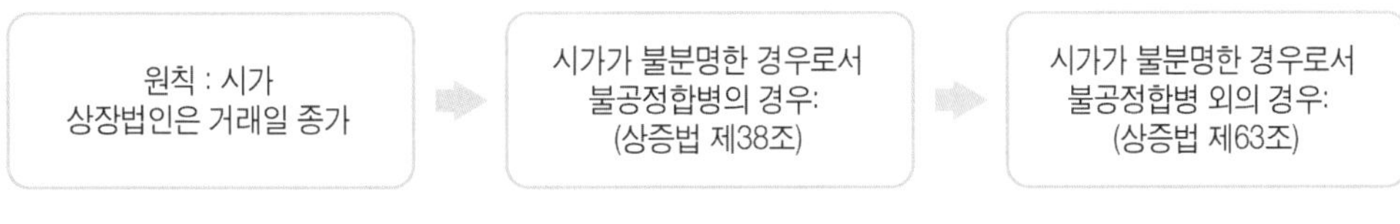

필자주

법인주주와 개인주주에 따른 의제배당과 분여받은이익의 관계

이는 이중과세 문제와 주식의 취득가액 문제로 나누어 볼 수 있다.

① 법인주주의 경우 동일한 과세재원에 대해 의제배당과 분여받은이익으로 과세되는 경우 이중과세 문제가 발생한다. 이 경우 의제배당액을 계산 시, 기 과세된 분여받은이익은 차감하고 의제배당액을 계산한다. 한편 해당 주식의 취득가액 계산 시, 이익을 분여받거나 배당으로 의제되어 과세되는 법인주주는 익금산입 시 유보로 소득처분되므로 당연히 의제배당

과 분여받은이익은 합병신주의 취득가액에 가산된다.

② 개인주주의 경우 동일한 과세재원에 대해 의제배당과 분여받은이익이 있을 경우 당연히 이중과세문제가 발생한다. 이 경우 상증법 제4조의 2 제3항에서 "증여재산에 대하여 수증자에게 「소득세법」에 따른 소득세 또는 「법인세법」에 따른 법인세가 부과되는 경우에는 증여세를 부과하지 아니한다. 소득세 또는 법인세가 「소득세법」, 「법인세법」 또는 다른 법률에 따라 비과세되거나 감면되는 경우에도 또한 같다."라고 규정하고 있어 증여재산에서 의제배당액을 차감하여 증여재산가액을 계산함으로써 이중과세 문제를 해결하고 있다. 또한 소령 제163조 제10항 제1호에서 "상증법 제33조부터 제39조까지의 규정에 따라 상속세나 증여세를 과세받은 경우에는 해당 상속재산가액이나 증여재산가액 또는 그 증・감액을 취득가액에 더하거나 뺀다."라고 규정하고 있어 합병에 따라 분여받은이익으로 과세되는 증여재산가액은 해당 주식의 취득가액에 가산하여 양도 시 필요경비로 인정된다.

불공정합병의 경우로서 합병교부주식의 시가가 불분명한 경우의 평가방법

특수관계에 있는 법인간의 합병에 있어서 피합병법인의 주식을 시가보다 높게 평가하여 불공정한 비율로 합병한 경우로서 「법인세법」 제44조 제2항에 따른 적격합병요건을 충족하여 과세특례를 적용받고 있던 합병법인이 일정주주의 주식처분으로 인해 같은 조 제4항에 따라 피합병법인에 지급한 양도가액과 피합병법인의 합병등기일 현재의 순자산시가와의 차액(합병매수차손익)을 익금 또는 손금에 산입하는 경우, 피합병법인에 지급한 양도가액은 (합병교부주식+합병교부금+간주교부주식+법인세등 대납액)의 합계액으로 하는 것이며, 합병교부주식의 합병등기일 현재의 시가가 불분명한 경우에는 같은 영 제89조 제2항 제2호에 따라 「상속세 및 증여세법」 제38조의 규정을 준용하여 평가하는 것임(사전법령해석법인 2021-330, 2021. 5. 18.).

의제배당금액 계산시 합병교부주식의 시가가 불분명한 경우의 평가방법

의제배당금액 계산시 의제배당 과세이연을 위한 적격합병의 요건을 갖추지 아니한 합병으로 인하여 소멸한 법인의 주주가 취득한 존속하는 법인의 주식의 가액은 "취득당시의 시가"로 계산하는 것이며, 이 경우 시가가 불분명한 때에는 법인세법 시행령 제89조를 준용하여 계산한 금액으로 하는 것입니다(서일 46011-10996, 2003. 7. 24.).

최대주주인 합병법인 또는 피합병법인이 보유한 피합병법인 주식의 할증평가 여부

합병당사법인의 합병직전 순자산가액을 평가하는 경우에 합병법인이 보유하는 피합병법인의 주식가액에 대하여는 최대주주 할증평가 규정이 적용되지 아니함(서면법인 2014-20902, 2015. 9. 16.).

사업개시 후 3년 미만의 합병법인이 3년 이상된 피합병법인과 합병 시 비상장주식의 평가방법

(2019년 2월 세법해석사례 정비내역)

* 유지사례

사업개시 후 3년 이상인 피합병법인을 흡수 합병한 경우 순자산가치로만 평가하는 "사업개시 후 3년 미만 법인" 여부 판단시 합병법인의 사업개시일로 판단한다(기획재정부 재산-364, 2018. 4. 25.).

* 삭제예규

사업개시 후 3년 미만인 법인이 다른 법인을 합병한 경우로서 합병후에도 피합병법인이 영위하던 업종을 그대로 승계하여 영위하는 때에는 피합병법인의 사업개시일을 기준으로 사업개시 후 3년 미만 법인인지 여부를 판단하는 것임(재산-946, 2010. 12. 15.).

사 례

㈜벌로전자는 ㈜소영기계를 합병하고자 한다. ㈜소영기계의 법인 주주가 받은 합병교부주식의 시가는 100,000,000원이며, 현금교부액은 없고 비적격합병이다. ㈜소영기계의 주주는 모두 법인이다.

종전주식의 장부가액은 80,000,000원, 불공정합병이며, ㈜소영기계의 법인주주가 법령 제88조 제1항 제8에 따라 분여받은이익은 10,000,000원이다.

의제배당액 = [합병대가(합병교부주식가액 - 분여받은이익)] - 종전주식의 장부가액

10,000,000원 = (100,000,000 - 10,000,000) - 80,000,000

③ 합병대가와 양도가액의 차이

피합병법인의 양도차익 계산을 위한 양도가액과 향후 피합병법인 주주의 의제배당액 계산을 위한 합병대가는 조금의 차이가 있다(법령 §80의 2 ③, §80 ① 2호) 양도가액은 다음의 합계액이다.

① 합병교부주식 등의 가액

② 금전이나 그 밖의 재산가액의 합계액

③ 합병포합주식 등에 대해 합병교부주식 등을 교부하지 않더라도 그 지분비율에 따라 합병교부주식 등을 교부한 것으로 보아 합병교부주식 등의 가액에 가산(합병간주교부주식가액)

④ 합병법인이 납부하는 피합병법인의 법인세 및 그 법인세에 부과되는 국세 및 지방세

합병대가는 피합병법인의 주주가 받는 대가이다. 그러나 ③과 ④는 주주가 지급받는 것이 아니기 때문에 의제배당 계산을 위한 합병대가에는 포함되지 않는다(법령 §80의 2 ③, §80 ① 2호 가목).

♣ 양도가액과 합병대가를 비교하면 다음과 같다.

양도가액	합병대가 (for 의제배당액 계산)	합병대가 (for 적격합병요건 중 주식교부 · 배정요건)
* (①+②+③+④)	* (①+②)	* (①+②+③)

* 번호는 상기 양도가액에 붙어 있는 번호를 나타낸다.
※ 합병대가는 의제배당 계산을 위한 합병대가와 적격합병요건 판단을 위한 합병대가로 나누어진다.

나) 종전주식의 취득가액

주식을 양도할 때 양도차익 계산을 위한 취득가액은 해당 자산의 취득에 든 실지거래가액이다. 의제배당액 계산을 위한 법인세법상의 종전주식의 취득가액을 정리하면 다음과 같다.

① 의제배당 계산 시 주식 등의 취득가액은 다음의 금액으로 한다.

구 분		취득가액
매입 또는 출자에 의해 취득한 경우		실제로 지출된 금액 (특수관계인인 개인으로부터 저가로 매입함에 따라 익금에 산입한 금액이 있는 경우 가산함(법법 §15 ② 1호)
잉여금의 자본전입으로 무상취득한 경우	교부받을 당시 의제배당으로 과세된 무상주	액면가액 (주식배당 시 발행가액)
	교부받을 당시 의제배당으로 과세되지 않은 무상주	0원 (신, 구주식 1주당 장부가액은 총평균법에 따라 계산한다)

② 의제배당액 계산 시 감자 전 2년 이내에 의제배당에 해당되지 않는 무상주의 취득이 있는 경우에는 그 주식을 먼저 소각한 것으로 보며, 그 주식의 취득가액은 '0'으로 한다(법인세 집행기준 16-0-4).

다) 배당시기

배당시기는 해당 법인의 합병등기일이다(법령 §13 3호).

합병대가의 계산을 위한 합병교부주식의 평가는 실무적으로는 합병등기일 전 최대한 합병등기일과 가까운 시점의 평가액 또는 합병등기일 전에 합병등기일자의 추정 재무제표에 따른 평가액으로 이루어진다. 이런 시차가 발생하는 합병교부주식의 평가에 대해서는 아래의 예규내용을 참고하도록 한다.

합병대가 결정시점과 합병등기일 사이 합병교부주식의 시가 상승분도 합병대가에 포함된다.

귀 세법해석 사전답변 신청의 사실관계와 같이 상장법인이 비상장법인을 흡수합병 함에 있어 상장법인인 합병법인이 「자본시장과 금융투자업에 관한 법률 시행령」 제176조의 5에 따라 적정하게 산정된 합병대가를 피합병법인의 주주에게 지급하고, 이월결손금이 없는 피합병법인이 합병등기일 현재의 순자산시가를 초과하여 지급받은 양도가액을 익금에 산입한 경우

「법인세법 시행령」 제80조의 3 제3항에 따른 합병매수차손은 「법인세법 시행령」 제80조의 3 제2항의 "사업상 가치가 있다고 보아 대가를 지급한 경우"에 해당하여 「법인세법」 제44조의 2 제3항을 적용할 수 있는 것이며, 합병대가에는 「법인세법 시행령」 제80조 제1항 제2호 나목의 합병법인이 납부하는 피합병법인의 법인세 등과 합병비율 결정시점과 합병등기일 사이 합병교부주식의 시가 상승분이 포함되는 것이다.

비적격 합병에 있어 합병법인이 합병으로 피합병법인의 자산을 승계한 경우에는 그 자산을 피합병법인으로부터 합병등기일 현재의 시가로 양도받은 것으로 보는 바(법법 §44의 2 ①), 피합병법인의 합병 양도차익 산정 시 차감되는 순자산장부가액의 기준일은 합병 등기일이고, 합병신주의 효력발생시기 및 합병에 따른 회계처리도 합병등기일을 기점으로 이루어지므로 양도가액에 포함되는 합병교부주식의 가액도 합병등기일의 주가로 산정하여야 타당할 것이며, 결국 합병대가 결정시점과 합병등기일 사이 합병교부주식의 시가 상승분도 합병 대가에 포함되어 합병매수차손을 구성하게 되는 것이다(사전법령해석법인 2018-789, 2018. 12. 26.).

라) 내국법인의 수입배당금액의 익금불산입

내국법인(제29조에 따라 고유목적사업준비금을 손금에 산입하는 비영리내국법인은 제외한다)이 해당 법인이 출자한 다른 내국법인("피출자법인")으로부터 받은 이익의 배당금 또는 잉여금의 분배금과 의제배당금액 중 아래의 ① - ②의 금액은 각 사업연도의 소득금액을 계산할 때 익금에 산입하지 아니한다. 이 경우 그 금액이 0보다 작은 경우에는 없는 것으로 본다(법법 §18의 2).

① 피출자법인별로 수입배당금액에 다음 표의 구분에 따른 익금불산입률을 곱한 금액의 합계액

피출자법인에 대한 출자비율	익금불산입률
50퍼센트 이상	100퍼센트
20퍼센트 이상 50퍼센트 미만	80퍼센트
20퍼센트 미만	30퍼센트

② 내국법인이 각 사업연도에 지급한 차입금의 이자가 있는 경우에는 차입금의 이자 중 상기 ①에 따른 익금불산입률 및 피출자법인에 출자한 금액이 내국법인의 자산총액에서 차지하는 비율 등을 고려하여 계산한 금액

다만, 다음의 어느 하나에 해당하는 수입배당금액에 대해서는 익금불산입하지 아니한다.

1. 배당기준일 전 3개월 이내에 취득한 주식등을 보유함으로써 발생하는 수입배당금액
2. 제51조의 2 또는 「조세특례제한법」 제104조의 31에 따라 지급한 배당에 대하여 소득공제를 적용받는 법인으로부터 받은 수입배당금액
3. 법인세법과 「조세특례제한법」에 따라 법인세를 비과세・면제・감면받는 법인(대통령령으로 정하는 법인으로 한정한다)으로부터 받은 수입배당금액
4. 제75조의 14에 따라 지급한 배당에 대하여 소득공제를 적용받는 법인과세 신탁재산으로부터 받은 수입배당금액

합병에 따른 의제배당금이 수입배당금 익금불산입 대상임

합병으로 인한 의제배당의 경우 상법상 배당이 아니기 때문에 상법에 따른 명시 적인 배당기준일은 없으나, 피합병법인의 주주 중에서 합병신주를 교부받고 합병 주주총회에서 의결권을 행사할 수 있는 주주를 확정하는 '합병주주명부 확정일' 이 존재하며 이는 일정 시점(기간)에 특정 권리를 행사할 자를 확정한다는 측면에서 상법상 배당기준일의 의미에 부합하므로 합병으로 인한 의제배당금액에 대하여 '수입배당금의 익금불산입 규정을 적용할 수 있는지 여부'(수입배당금 익금불산입 적용대상 주식 여부)를 판정할 때, 배당 기준일로 간주할 수 있는 것임.

따라서, 합병으로 인한 의제배당에 대한 배당기준일은 합병주주명부 확정일(주주명부폐쇄일)로 볼 수 있으며, 피합병법인 배당기준일 현재 3월 이상 계속하여 보유하였다면(동 배당기준일로부터 소급하여 3개월 이전에 취득하였다면) 이에 대한 의제배당금액은 법법 §18의 3에서 규정하고 있는 수입배당금 익금불산입 적용 대상으로 봄이 타당한 것으로 판단된다(사전법령해석법인 2015-262, 2015. 9. 9.).

마) 원천징수와 지급명세서 제출

개인과 달리 법인세법상 배당소득은 원천징수대상 소득이 아니므로 원천징수되지 않으나 각 사업연도 소득금액 계산 시 익금으로 과세된다. 한편, 지급명세서 제출의무는 있다.

바) 적격합병으로 과세이연되는 의제배당의 사후관리

합병법인이 사후관리위반 사유의 어느 하나에 해당하는 경우에는 세무조정사항 승계가 배제, 자산조정계정 잔액을 익금산입, 승계한 이월결손금 중 손금으로 공제한 결손금의 익

금산입, 승계받은 감면과 세액공제의 배제 그리고 합병매수손익의 세무조정을 하게 된다.

그러나 적격합병으로 인해 과세되지 않았던 의제배당액에 대해 사후관리규정의 위반의 이유로 과세이연된 의제배당액을 과세하지는 않는다. 향후 주식의 처분등의 경우에 과세된다.

사) 합병대가를 받지 못한 법인주주의 종전주식가액의 처리

결손누적 등으로 자본이 전액 잠식된 법인이 다른 법인에 흡수합병됨에 있어 합병법인이 합병계약에 따라 피합병법인의 주주에게 주식 또는 합병교부금을 교부하지 아니한 경우 피합병법인의 주식을 보유하고 있는 법인은 합병에 의하여 사실상 주주로서의 권리가 소멸된 날이 속하는 사업연도에 투자주식의 가액을 손금산입할 수 있다(법인 46012-2392, 1999. 6. 25 및 서이-524, 2004. 3. 22.).

피합병법인의 주주가 보유한 피합병법인의 주식에 대해 합병교부신주의 교부 없이 모두 소멸된다면 당연히 해당 주식가액을 손실처리 하겠지만, 만약 1주라도 합병신주를 교부받는다면, 합병교부신주의 취득가액은 법인주주의 경우에는 법령 제72조 제2항 제5호에 따라 계산하게 된다.

하지만 합병법인이 보유하는 피합병법인의 주식, 즉 포합주식에 대해 합병신주를 교부하지 않는 경우에는 손금산입할 수 없다. 그 이유는 포합주식에 대해 합병신주를 교부한 후 소각하는 경우는 자기주식에 대한 소각에 해당하고, 만일 합병신주를 교부하지 않는다 하더라도 그 실질이 합병신주를 교부 후 소각하는 것과 동일하므로 자기주식소각손실(자본거래)로 보기 때문이다(대법원 92누13571, 1992. 9. 2.).

| 포합주식과 포합주식 외에 대해 합병신주 미교부로 소멸될 때 주식가액의 처리 비교 |

피합병법인의 주식에 대해 합병신주 미교부시	
(포합주식) 합병법인이 보유하는 피합병법인의 주식: ★ 주식가액 손금산입 안됨	(포합주식 외) 합병법인 외 법인이 보유하는 피합병법인의 주식 : ★주식가액 손금산입함

증자합병 시 포합주식이 자기주식으로 소각되는 경우에 해당하는지 여부

무증자합병 시 포합주식에 대하여 합병신주를 교부하지 않더라도 포합주식에 대하여 합병신주를 발행한 후 자기주식으로 소각되는 것과 그 실질이 동일함(서면법령해석법인 2019-84, 2019. 7. 19.).

무증자 완전모자회사간 합병의 경우 포합주식에 대한 취득가액은 손금에 산입하지 않음

완전모회사가 완전자회사를 흡수합병함에 있어 완전모회사가 보유하고 있는 완전자회사의 주식(이하 "포합주식")에 대하여 합병신주를 교부하지 않고 소각하는 경우로서 회계처리상 피합병법인의 주식(포합주식)의 취득가액을 전액 감액하여 합병시 장부가액 0원으로 계상하고 해당 주식감액분을 세무조정상 손금불산입(유보)로 처리한 경우 합병법인의 각 사업연도 소득금액 계산시 해당 금액을 손금산입(△유보) 및 손금불산입(기타)하는 것임(서면법규법인 2023-2491, 2024. 6. 27.).

아) 포합주식에 합병신주 교부 시 의제배당 해당 여부

합병 시 합병법인이 보유하고 있는 피합병법인의 주식 등에 대하여 합병신주를 교부하는 경우, 피합병법인의 주주인 합병법인은 해당 합병으로 인하여 실제로 합병교부주식 (합병법인의 주식)을 지급받은 것으로 합병으로 인하여 '피합병법인의 주주가 받는 주식가액과 금전이나 그 밖의 재산 가액은 합병대가에 해당하며 주식을 받은 피합병법인의 주주가 합병법인이라 하여 달리 볼 사유가 없으므로 포합주식에 대하여 교부한 합병교부주식 가액은 합병으로 인한 의제배당금액을 계산함에 있어 합병대가에 포함하는 것이 타당하다(사전법령해석법인 2015-262, 2015. 9. 9.).

2) 개인주주의 의제배당

가) 합병대가 중 합병교부주식가액

합병으로 소멸한 법인의 주주·사원 또는 출자자가 합병 후 존속하는 법인 또는 합병으로 설립된 법인으로부터 그 합병으로 취득하는 주식 또는 출자의 가액과 금전의 합계액이 그 합병으로 소멸한 법인의 주식 또는 출자를 취득하기 위하여 사용한 금액을 초과하는 금액은 이를 해당 주주, 사원, 그 밖의 출자자에게 배당한 것으로 본다(소법 §17 ② 4호).

| 개인주주와 법인주주의 합병대가 차이 |

	개인주주	법인주주
합병대가	① 합병교부주식 ② 합병교부금등	① 합병교부주식(분여받은이익 차감함[㈜]) ② 합병교부금등
개인·법인 차이	분여받은이익의 차감 여부	

㈜ 분여받은이익이란 분여받은 자가 영리법인(증여세 과세대상자가 아님)으로서 법인세법상 부당행위계산부인을 적용하여 특수관계인으로부터 분여받은 것을 말한다(법령 §14 ① 라목).

① 적격합병의 경우

합병으로 소멸하는 피합병법인의 개인주주가 의제배당으로 과세되는 경우 그 합병교부주식가액은, 합병과세특례적용을 위한 적격합병요건 중 사업목적합병과 지분의 연속성(주식등의 보유와 관련된 부분은 제외한다)의 요건을 갖추거나 [완전지배법인간 합병 또는 완전자회사간 합병]에 해당하는 경우에는 종전주식등의 취득가액이다. 따라서 금전등의 교부금이 없는 경우에는 의제배당으로 과세되지 않는다.

다만, 합병으로 주식등과 금전, 그 밖의 재산을 함께 받은 경우로서 해당 주식등의 시가가 피합병법인등의 주식등의 취득가액보다 작은 경우에는 시가로 평가한다(소령 §27 ① 1호 나목). 따라서 금전등의 교부금이 있는 경우에는 의제배당으로 과세될 수 있다.

의제배당 과세이연을 위한 적격합병의 요건은 개인주주 법인주주 모두 동일하다. 적격합병임에도 예외적으로 합병신주를 시가로 평가하여, 교부받은 금전등을 한도로 의제배당으로 과세하는 것도 동일하다. 더 구체적인 내용은 법인주주 부분에 자세히 기술되어 있다.

적격합병인 경우 합병교부주식이 시가로 평가되는 조건	
① 주식과 주식 외 재산 함께 지급	② 시가 〈 종전주식 장부가액

의제배당액 = Min [①현금등 주식 외의 재산, ②일반계산 의제배당액*]

*의제배당 = 합병대가 - 종전주식의 장부가액, 이 책에서 "일반계산 의제배당액"이라고도 함.

② 비적격합병의 경우

개인주주가 합병으로 인해 금전 외 합병교부주식을 취득할 경우 비적격합병에 해당하는 경우의 주식가액은 취득당시의 시가이다(소령 §27 ① 1호 라목). 따라서 합병교부주식의 시가가 종전주식의 취득가액 보다 낮든 높든 상관없이 모두 "시가" 로 평가하여 의제배당액을 계산한다. 한편, 취득당시의 시가가 취득가액보다 낮은 경우에는 부의의제배당에 발생한다. 부의의제배당에 대해서는 따로 후술한다.

그리고 개인주주(대주주)가 합병대가를 주식 등 외의 재산으로 지급받는 경우로서 분여받은이익이 있어 증여세가 과세되는 경우 그 분여받은이익액에 소법 제17조 제2항 제4호에 의한 의제배당액이 포함된 경우에는 이를 차감한 금액을 분여받은이익액으로 보아 증여세가 과세된다(재산 상속 46014-465, 2000. 4. 17.).

이는 상증법상 증여세가 과세될 때 법인세 또는 소득세가 과세된 부분이 있다면 해당 부분을 차감 후 증여세를 과세하기 때문이다(상증법 §4의 2 ③). 하지만 영리법인은 증여세 과세대상이 아니므로 해당 상증법 내용을 적용받지 않기 때문에 개인주주에게만 적용되고 영리법인주주에게는 적용되지 않는다.

나) 종전주식의 취득가액

주식을 양도할 때 양도차익 계산을 위한 취득가액은 해당 자산의 취득에 든 실지거래가액이다(소법 §97 ① 1호 가목).

> 소개비등의 필요경비산입 여부
> 「소득세법」 제94조 제1항 및 같은 법 시행령 제163조 제5항 제1호 다목은 자산을 양도하기 위하여 직접 지출한 소개비 등을 양도가액에서 공제할 필요경비로 규정하고 있는바, 쟁점주식 등의 양도에 관한 양수도예약계약서, 그 후속합의서, 청구인들과 그 수취자들이 검찰조사에서 진술한 내용 등을 토대로 쟁점주식을 양도하기 위하여 직접 지출한 소개비 등에 해당한다고 보아 쟁점주식 양도소득의 필요경비로 공제함이 타당하다(조심 2021인3234, 2022. 12. 15.).

① 상속세나 증여세 과세되는 경우

「상속세 및 증여세법」 제3조의 2 제2항, 제33조부터 제39조까지, 제39조의 2, 제39조의 3, 제40조, 제41조의 2부터 제41조의 5까지, 제42조, 제42조의 2, 제42조의 3, 제45조의 3부터 제45조의 5까지의 규정에 따라 상속세나 증여세를 과세받은 경우에는 해당 상속재산가액이나 증여재산가액(같은 법 제45조의 3부터 제45조의 5까지의 규정에 따라 증여세를 과세받은 경우에는 증여의제이익을 말한다) 또는 그 증·감액을 취득가액에 더하거나 뺀다(소령 §163 ⑩ 1호).

② 상여 또는 배당 등으로 처분되는 경우

소법 제94조 제1항 각 호의 자산(토지, 건물, 부동산에관한권리, 기타자산, 신탁의이익을 받을권리)을 「법인세법」 제2조 제12호에 따른 특수관계인(외국법인을 포함한다)으로부터 취득한 경우로서 같은 법 제67조에 따라 거주자의 상여·배당 등으로 처분된 금액이 있으면 그 상여·배당 등으로 처분된 금액을 취득가액에 더한다(소령 §163 ⑩ 2호).

③ 취득가액이 다른 동일 법인 주식 감자 시 취득가액 계산

거주자가 동일법인의 주식을 서로 다른 취득가액으로 취득·보유하던 중 그 주식의 일부가 **소각되어 의제배당이 발생하는 경우** 주식을 취득하기 위하여 소요된 금액의 산정방법은 다음과 같다(집행기준 17-27-3).

1. 매매 또는 단기투자목적으로 주식을 보유하고 있는 사업자는 주식을 총평균법·이동평균법에 의한 평가방법 중 해당 납세지 관할세무서장에게 신고한 방법에 의하여 계산하되, 유가증권의 평가방법을 납세지 관할세무서장에게 신고하지 아니한 경우에는 총평균법에 따라 계산한다.
2. 매매 또는 단기투자목적으로 주식을 보유하고 있는 사업자가 아닌 자(개인주주를 포함한다)는 총평균법에 따라 그 주식을 취득하기 위하여 소요된 금액을 계산한다.
3. 취득가액이 다른 주식을 보유한 비사업자인 개인주주의 주식을 특정하여 유상소각하는 경우, 의제배당 소득금액 계산 시 취득가액은 개별주식의 가액을 입증하는 경우 그 가액을 취득가액으로 한다.

④ 무상감자 시 주식 취득가액

주식을 발행한 법인이 무상감자를 한 경우 해당 주식의 취득에 소요된 실지거래가액은 거주자의 주식양도차익 계산시 양도가액에서 공제하는 취득가액에 포함한다(소득세 집행기준 97-163-10).

사 례

- 2000.1월 : 갑은 A법인의 주식 취득(10,000주, 50,000천원)
- 2004.1월 : A법인주식 9,000주 무상감자
- 2009.3월 : 갑의 A법인주식 500주 양도

☞ 1주당 취득가액 : 50,000원(= 50,000천원 ÷ 1,000주)

⑤ 법인의 분할로 취득한 주식의 취득가액

법인의 분할로 인하여 취득한 주식의 1주당 취득가액은 분할전 법인의 주식취득 비용(분할시 과세된 의제배당액은 가산하고, 수령한 교부금은 차감)을 분할로 교부받은 주식 수로 나누어 계산한다(소득세 집행기준 97-163-9).

사 례

- 2000.1월 : 갑은 A법인의 주식 취득(5백만주, 130억원)
- 2002.1월 : A법인(분할존속법인)의 인적분할로 B법인 설립
  (갑의 A법인주식 3백만주 감소, B법인주식 100만주 취득)
- 2009.3월 : B법인 주식 양도

☞ 1주당 취득가액 : 7,800원{= (130억원×3,000,000주/5,000,000주)÷1,000,000주}

⑥ 무상으로 받은 주식의 취득가액

법인의 잉여금을 자본에 전입함에 따라 주주가 무상으로 받은 주식의 취득일은 그 무상주의 취득이 「소득세법」 제17조 제2항에 의해 의제배당으로 과세되지 않는 경우 당해 무상주 취득의 원인이 되는 기존주식의 취득일이고, 당해 무상주의 취득가액은 "0"으로 하는 것이다(서면자본거래 2019-1671, 2020. 2. 19.).

⑦ 저가로 양수하여 증여세가 과세된 쟁점주식을 양도한 경우 취득가액 산정 방법

저가로 양수하여 증여세가 과세된 주식은 과세당시 평가된 그 당시 주식평가액이 아니라 양수한 실제금액에서 과세된 증여재산가액을 가산한 증여이익가산액으로 해야 한다(조심 2019부1504, 2019. 7. 22.).

⑧ 일감몰아주기 증여세 과세 후 관련 주식 양도 시 증여의제이익의 취득가액 가산범위

일감몰아주기 증여세가 과세된 경우로서 지배주주등이 간접출자법인을 통하여 수혜법인에 간접출자하는 경우에는 「상속세 및 증여세법 시행령」 제34조의 3 제11항에 따라 계산한 해당 출자관계의 증여의제이익을 해당 출자관계에서 지배주주등이 보유하고 있는 간접출자법인 주식을 양도할 때 취득가액에 가산하는 것이다(사전법규재산 2022-313, 2022. 3. 25.).

⑨ 취득가액이 불분명한 주식 등의 취득가액(소득세 집행기준 17-27-2)

1. 주식의 소각, 자본의 감소, 법인의 해산, 법인의 합병 및 법인의 분할·분할합병에 따라 해당 주식 또는 출자지분을 취득하기 위하여 용한 금액이 불분명한 경우에는 그 주식 또는 출자지분의 액면가액 또는 출자금액을 그 주식 또는 출자지분의 취득에 사용한 금액으로 본다.
2. 주식의 소각, 자본의 감소, 법인의 해산, 법인의 합병 및 법인의 분할·분할합병에 따라 해당 주식을 취득하기 위하여 소요된 금액을 계산함에 있어 주주가 소액주주에 해당하고, 해당 주식을 보유한 주주의 수가 다수이거나 해당 주식의 빈번한 거래 등에 따라 해당 주식을 취득하기 위하여 소요된 금액의 계산이 불분명한 경우에는 액면가액을 해당 주식의 취득에 소요된 금액으로 본다. 다만, 주식소각 등에 의한 의제배당 총수입금액계산에 있어 취득가액을 영(0)으로 보는 단기소각주식 등이 있는 경우 및 해당 주주가 액면가액이 아닌 다른 가액을 입증하는 경우에는 그러하지 아니하다.
3. 상속 또는 증여에 의하여 해당 주식 등을 취득한 경우 그 취득가액에는 상속재산의 가액 또는 증여재산의 가액에 해당 주식 또는 출자지분을 취득하기 위하여 직접적으로 지출한 부수비용 등의 합계액으로 하며, 이때 해당 자산에 대하여 납부하였거나 납부할 상속세 또는 증여세 상당액은 포함하지 않는다.

다) 의제배당액 계산사례

개인주주의 의제배당액을 정리하면 다음과 같다.(파란색 부분은 적격합병 시 예외적인 시가평가)

<table>
<tr><th>구분</th><th>합병대가 구성내용</th><th colspan="2">합병교부주식의 평가액</th><th>의제배당액</th></tr>
<tr><td rowspan="3">적격합병</td><td>주식만 지급</td><td colspan="2">종전주식의 장부가액</td><td>0</td></tr>
<tr><td rowspan="2">주식과 주식 외 재산 함께 지급</td><td>시가<장부가액* 경우</td><td>시가</td><td>Min①, ②
[①현금등, ②일반계산배당액**]</td></tr>
<tr><td>시가≥장부가액*경우</td><td>장부*가액</td><td>합병대가***
- 종전주식 취득가액</td></tr>
<tr><td>비적격합병</td><td>주식 or 주식 외</td><td colspan="2">무조건 시가</td><td>합병대가 - 종전주식의 취득가액</td></tr>
</table>

* 장부가액은 종전주식의 장부가액임
** 일반계산 배당액은 (합병대가-종전주식 취득가액)이다.
(파란색 부분은 적격합병임에도 합병교부주식을 시가로 평가하는 요건과 의제배당액 계산방법이다)

적격합병인 경우 합병교부주식을 원칙 종전주식의 취득가액으로 평가하나, 피합병법인의 주주가 주식과 현금등을 함께 받는 합병대가가 종전주식 취득가액보다 크고 합병교부주식의 시가가 종전주식의 취득가액보다 낮은 경우에는 예외적으로 합병교부주식을 시가로 평가하여 의제배당액을 계산한다.

사 례

*종전주식의 취득가액: 100,000,000원
*현금교부액: 20,000,000원
*합병교부주식의 시가: 90,000,000원
*적격합병이며, 피합병법인의 주주는 개인이다.

(종전주식의 취득가액: 100,000,000) 〉 (합병교부주식의 시가 : 90,000,000)이므로
합병대가 중 합병교부주식은 "시가"인 90,000,000원으로 평가된다.

① 의제배당액은 10,000,000 = Min [①2천, ②1천*]
 * 일반계산 배당액 10,000,000 = 합병대가 110,000,000 - 종전주식 취득가액 100,000,000

② 이를 세무상 분개하면 다음과 같다.

(차)	매도가능증권	90,000,000	(대) 매도가능증권	100,000,000
	합병교부금	20,000,000	의제배당액	10,000,000

사 례

*종전주식의 취득가액: 100,000,000원
*현금교부액: 20,000,000원
*합병교부주식의 시가: 110,000,000원
*적격합병이며, 피합병법인의 주주는 개인이다.

합병교부주식의 시가가 취득가액보다 큼.
따라서 합병교부주식은 시가가 아니라 종전주식의 취득가액인 100,000,000원으로 평가됨.
의제배당액은 현금교부액 20,000,000원

♣ 이는 아무리 적격합병이라 하더라도 실제 발생되는 현금배당에 대해서는 과세하겠다는 취지이다.

| 양도차익 계산시와 의제배당 계산시의 합병교부주식의 평가 |

적격 합병	합병교부주식가액의 평가	
	피합병법인의 양도차익 계산시	피합병법인 주주의 의제배당 계산시
	적격합병인 경우 양도차익 "0"이므로 따로 평가할 필요 없음*	(원칙) 종전주식의 취득가액 (예외) 시가

* 따로 평가할 필요는 없으나 과세특례신청서상에 합병교부주식의 시가를 기재해야 함.

라) 배당소득의 수입시기

법인이 합병으로 인하여 소멸한 경우에는 그 합병등기를 한 날을 배당소득의 수입시기로 한다(소령 §46 5호 나목).

마) 원천징수시기

법인이 합병으로 인하여 소멸한 경우에는 그 합병등기를 한 날에 그 소득을 지급한 것으로 보아 소득세를 원천징수한다(소령 §191 1호).

원천징수의무자는 원천징수한 소득세를 그 징수일이 속하는 달(금융투자소득의 경우 해당 과세기간의 반기 중에 금융계좌가 해지된 경우에는 그 반기 종료일이 속하는 달)의 다음 달 10일까지 대통령령으로 정하는 바에 따라 원천징수 관할 세무서, 한국은행 또는 체신관서에 납부하여야 한다(소법 §128 ①).

원천징수의무자는 원천징수한 소득세를 법 제128조의 규정에 의한 기한내에 「국세징수법」에 의한 납부서와 함께 원천징수 관할세무서・한국은행 또는 체신관서에 납부하여야 하며, 기획재정부령이 정하는 원천징수이행상황신고서를 원천징수 관할세무서장에게 제출(국세정보통신망에 의한 제출을 포함한다)하여야 한다(소령 §185 ①).

바) 종합과세되는 경우의 배당소득금액

합병에 의해 의제되는 배당소득이 종합과세되는 경우에는 배당가산소득에 해당된다. 따라서 배당가산한 금액을 배당소득금액으로 한다. 다음은 배당가산에 관한 내용이다.

① 국내에서 법인세가 과세된 잉여금을 재원으로 하는 배당소득이 종합과세되는 경우에는 배당가산(Gross-up)한 금액을 배낭소득금액으로 한다.

② 배당가산 대상이 되는 배당소득 여부는 다음과 같다.

<table>
<tr><th>구분</th><th colspan="2">범 위</th></tr>
<tr><td rowspan="5">배당가산
대상
배당소득</td><td colspan="2">내국법인으로부터 받는 이익이나 잉여금의 배당 또는 분배금</td></tr>
<tr><td colspan="2">법인으로 보는 단체로부터 받는 배당금 또는 분배금</td></tr>
<tr><td colspan="2">배당가산하지 않는 의제배당을 제외한 의제배당</td></tr>
<tr><td colspan="2">「법인세법」에 따라 배당으로 처분된 금액</td></tr>
<tr><td colspan="2">「자본시장과 금융투자업에 관한 법률」 제9조 제19항 제1호에 따른 기관전용 사모집합투자기구로부터 받는 배당소득(「법인세법」 제51조의 2, 「조세특례제한법」 제100조의 16, 제104조의 31, 제63조의 2・제121조의 2・제121조의 4・제121조의 8 또는 제121조의 9의 규정을 적용받는 법인 제외)</td></tr>
<tr><td rowspan="9">배당가산
하지 않는
배당소득</td><td rowspan="3">의제
배당</td><td>자기주식 또는 자기출자지분 소각이익의 자본전입으로 인한 의제배당</td></tr>
<tr><td>토지의 재평가차익의 자본전입으로 인한 의제배당</td></tr>
<tr><td>법인이 자기주식 또는 자기출자지분을 보유한 상태에서 자본전입을 함에 따라 그 법인 외의 주주 등의 지분비율이 증가한 경우 증가한 지분비율에 상당하는 주식 등의 가액에 의한 의제배당</td></tr>
<tr><td colspan="2">국내・외에서 받는 파생결합증권 또는 파생결합사채로부터의 이익</td></tr>
<tr><td colspan="2">외국법인으로부터 받는 배당소득</td></tr>
<tr><td colspan="2">집합투자기구로부터의 이익 (위 사모집합투자기구로부터 받는 배당소득 제외)</td></tr>
<tr><td colspan="2">「국제조세조정에 관한 법률」에 따라 배당받은 것으로 간주된 금액</td></tr>
<tr><td colspan="2">공동사업에서 발생한 소득금액 중 출자공동사업자가 손익분배비율에 따라 받는 금액</td></tr>
<tr><td colspan="2">「조세특례제한법」 제132조에 따른 최저한세액이 적용되지 아니하는 법인세의 비과세・면제・감면 또는 소득공제(「조세특례제한법」 외의 법률에 따른 비과세・면제・감면 또는 소득공제를 포함함)를 받은 법인 중 「소득세법 시행령」 제27조의 3 제1항에 따른 법인으로부터 받은 배당소득이 있는 경우에는 그 배당소</td></tr>
</table>

구분	범 위
	득의 금액에 아래 산식의 비율을 곱하여 산출한 금액 $$비율 = \frac{직전\ 2개\ 사업연도의\ 감면대상소득금액의\ 합계액 \times 감면비율}{직전\ 2개\ 사업연도의\ 총소득금액의\ 합계액}$$
	배당소득과 유사한 소득으로서 수익분배의 성격이 있는 것
	종합과세기준금액(2천만원)을 초과하지 않는 배당소득

※ 상기 표에서 배당가산하지 않는 배당소득의 의제배당에 합병관련 의제배당은 없으므로 합병관련 의제배당은 배당가산배당소득에 포함된다.

③ 연도별 배당소득 가산율

2024.1.1. 이후	2011.1.1. 이후	2009.1.1.~2010.12.31.	2006.1.1.~2008.12.31.
10%	11%	12%	15%

사) 원천징수이행상황신고서와 지급명세서의 제출

국내에서 거주자나 비거주자에게 배당소득을 지급하여 원천징수의무가 있는 자는 원천징수한 소득세를 법 제128조의 규정에 의한 기한 내에 「국세징수법」에 의한 납부서와 함께 원천징수 관할세무서·한국은행 또는 체신관서에 납부하여야 하며, 기획재정부령이 정하는 원천징수이행상황신고서를 원천징수 관할세무서장에게 제출(국세정보통신망에 의한 제출을 포함한다)하여야 한다(소령 §185 ①).

개인에게 배당소득을 국내에서 지급하는 자(소득세법 제127조 제5항 또는 제7항에 따라 소득의 지급을 대리하거나 그 지급 권한을 위임 또는 위탁받은 자 및 제150조에 따른 납세조합, 제7조 또는 「법인세법」 제9조에 따라 원천징수세액의 납세지를 본점 또는 주사무소의 소재지로 하는 자와 「부가가치세법」 제8조 제3항 후단에 따른 사업자 단위 과세 사업자를 포함한다)는 지급명세서를 그 지급일이 속하는 과세기간의 다음 연도 2월 말일까지 원천징수 관할 세무서장, 지방국세청장 또는 국세청장에게 제출하여야 한다(소법 §164 ①).

의제배당소득에 대하여는 소득세법 제164조 제1항의 규정에 의한 지급명세서에 갈음하여 기획재정부령이 정하는 이자·배당소득지급명세서를 제출할 수 있다(소령 §215 ③).

아) 피합병법인의 주주가 합병 직전 합병법인에게 주식을 양도한 경우

피합병법인이 구주식을 반납하고 합병교부금을 받는 경우 의제배당으로 과세되며, 일정조건에 해당되는 금융소득은 종합합산과세되어 누진세율을 적용받게 된다. 이 경우 피합병법인의 주주가 의제배당으로 인해 종합소득세의 고율의 세율을 적용받는 것보다, 양도소득세의 세율(20%)을 적용받는 것이 유리할 수도 있다. 다음의 심판사례는 합병으로 지급받는 합병대가에 대해 피합병법인의 주주들이 의제배당으로 과세되어 고율의 종합소득세 누진세율을 적용받는 것을 회피하고 저율의 양도소득세율을 적용받기 위해 합병 직전 피합병법인의 주식을 합병법인에게 양도한 경우에 대한 사례이다.

피합병법인의 주주가 가진 피합병법인의 주식에 대해 합병법인과 양수도 계약서를 작성하기 전에 합병법인의 대표이사와 피합병법인의 실질대표자가 두 회사를 합병하기로 한 사실이 관련판결문에서 확인되는 점, 쟁점법인의 주식에 대한 회계법인의 평가의견서 작성일과 합병법인이 이사회를 개최하여 두 회사의 합병을 목적으로 쟁점법인의 주식 전부를 인수하기로 결의한 날 및 쟁점주식의 양수도 계약일이 모두 동일한 날짜인 점, 합병법인의 이사회에서 합병을 결의하기 4일 전인 잔금일에 피합병법인의 주주들이 보유하고 있던 쟁점법인의 주식을 취득가액의 약 10배에 해당하는 금액으로 합병법인에게 양도하는 등 이는 의제배당에 따른 종합소득세 고율(38%)의 과세를 회피하고 주식양도에 따른 양도소득세 저율(20%)의 세율 적용하기 위한 것으로 보이는 점, 합병법인은 쟁점주식의 매매대금을 지급하기 전에 합병절차를 일부 진행한 것으로 보이는 점 등에 비추어 피합병법인의 주주들이 합병 직전에 합병법인에게 양도한 주식에 대한 양도소득세 신고를 부인하고 「소득세법」 제17조 제1항 제3호 및 제2항 제4호에 따른 합병시 의제배당을 적용하여 청구인들에게 종합소득세를 부과한 것은 잘못이 없는 것으로 판단된다(조심 2023서7655, 2024. 3. 25.).

♣ 합병직전에 주식을 양도하는 경우에는 양도소득세가 아닌 배당소득세로 과세함

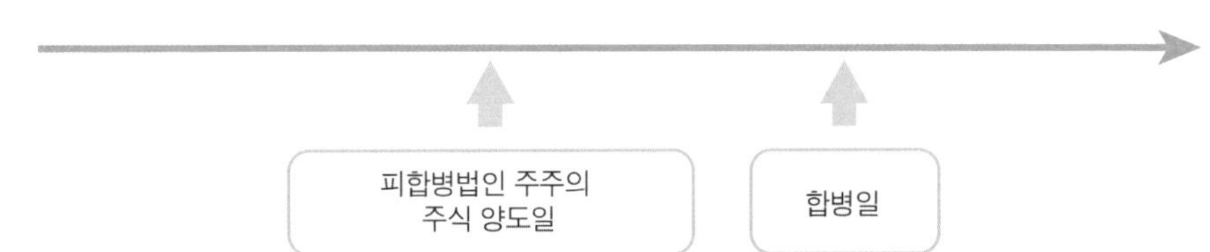

(2) 합병교부주식의 취득가액

법인주주가 합병에 따라 취득한 주식등의 취득가액은 종전의 장부가액에 의제배당액 및 분여받은이익액을 더한 금액에서 합병대가 중 금전이나 그 밖의 재산가액의 합계액을 뺀 금액이다.

합병으로 분여받은이익이 있는 경우에는 그 이익을 가산한 금액을 취득가액으로 한다(법령 §72 ⑤ 3호). 여기서 분여받은이익이란 분여받은 자가 영리법인(증여세 과세대상자가 아님)으로서 법인세법상 부당행위계산부인을 적용하여 특수관계인으로부터 분여받은 것을 말하며, 익금산입(유보)로 세무조정한 것을 말한다(법령 §11 8호).

1) 법인주주의 합병교부주식 취득가액

가) 의제배당액 발생할 경우의 취득가액

합병에 따라 취득한 주식등의 취득가액은 종전의 장부가액에 의제배당의 금액 및 분여받은이익의 금액을 더한 금액에서 합병대가 중 금전이나 그 밖의 재산가액의 합계액을 뺀 금액이다(법령 §72 ② 5호). 이는 적격합병과 비적격합병 모두 동일하게 적용된다.

상기 내용을 분개로 나타내면 다음과 같다.

(차) 합병교부주식	***	(대) 종전주식 장부가액	***
금전 또는 재산가액	***	의제배당액	***
		분여받은이익*	***

* 분여받은이익은 법령 제88조 제1항 제8호에 따라 분여받은이익을 말한다.

★ 법인주주의 합병교부주식 취득가액 =

사례

비적격합병과 불공정합병이다. 불공정합병 후의 합병신주 시가는 100,000,000원
종전주식장부가액: 50,000,000원 합병교부금 : 20,000,000원
법령 제88조 제1항 제8호에 따라 과세되는 분여받은이익액은 20,000,000원이다.
합병신주의 시가와 기업회계상의 공정가치는 동일하며, 분여받은이익에 대한 과세기준금액은 무시한다.

(회계상 분개)

(차)	매도가능증권	100,000,000	(대) 종전주식	50,000,000
	합병교부금	20,000,000	매도가능증권처분이익	70,000,000

(세무상 분개)

(차)	매도가능증권	100,000,000	(대) 종전주식	50,000,000
	합병교부금	20,000,000	분여받은이익	20,000,000
			의제배당	50,000,000

★ 세무상 합병신주 취득가액은 아래와 같다.
합병신주 취득가액 100,000,000 =
50,000,000(종전주식의 장부가액)+20,000,000(분여받은이익)+50,000,000(의제배당액) - 20,000,000(합병교부금)

(세무조정사항)
익금불산입 15(기타) 수입배당금
*수입배당금 익금불산입액 : (50×30%)

나) 부의의제배당액 발생할 경우의 취득가액

세무상 합병에 따른 부의의제배당은 아래의 그림과 같이 합병대가가 종전주식의 장부가액보다 낮을 때 발생될 수 있다. 세무조정에 의해 익금산입된 의제배당액과 피합병법인의 주주가 합병법인으로부터 받은 주식의 가액이 피합병법인의 주식을 취득하기 위해 소요된 금액에 미달하는 경우의 차액은 주식의 매각등 처분일이 속하는 사업연도의 손금에 산입한다(법인 46012-14, 1995. 1. 5.). 따라서 부의의제배당이 발생할 때에는 세무상 손금산입되지 않는다. 다만, 처분일이 속하는 사업연도에 손금에 산입한다.

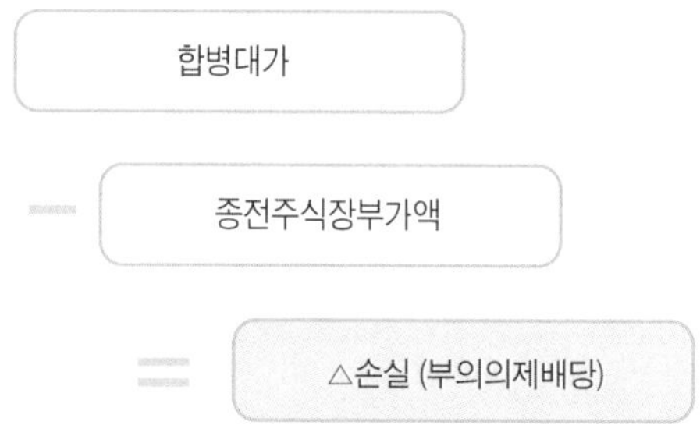

비적격합병의 경우 합병신주는 항상 시가로 평가되므로 당연히 시가로 평가된 합병교부주식이 포함된 합병대가가 종전주식의 장부가액 보다 낮을 땐 부의의제배당액이 발생할 수 있다.

사 례

비적격합병으로서 합병교부주식의 시가: 1,000,000,000
종전주식의 장부가액: 900,000,000
합병교부금: 100,000,000
과세된 분여받은이익: 300,000,000원이 있다.
합병신주의 세법상 시가는 기업회계상의 공정가치와 동일하며, 분여받은이익에 대한 과세기준금액은 무시한다.

이를 세무상 분개형태로 나타내면 다음과 같다.

(차)	합병교부주식	1,100,000,000	(대) 종전주식	900,000,000
	교부금	100,000,000	분여받은이익	300,000,000

♣ 의제배당액(△1억원) = 합병대가 8억 (10억 - 3억 + 1억) - 9억

(회계상 분개)

(차)	합병교부주식	1,000,000,000	(대) 종전주식	900,000,000
	교부금	100,000,000	투자주식처분이익	200,000,000

★ 세무상 합병교부주식 취득가액 1,100,000,000
= 종전주식 장부가액(900,000,000) + 분여받은이익(300,000,000) + 의제배당액(0)
- 교부금(100,000,000)

(세무조정)
익금산입(유보) 100,000,000 (합병교부주식)*

* 부의의제배당액 상당금액을 익금산입하여 매도가능증권의 취득가액에 가산하고 처분시 등에 손금산입한다.

사례

비적격합병으로서 합병신주의 시가가 40,000,000이며, 이는 회계상 공정가치와 동일하다.
종전주식의 장부가액이 50,000,000, 합병교부금이 20,000,000
과세되는 분여받은이익은 20,000,000원이다.

(회계상 분개)

(차)			(대)		
	매도가능증권	40,000,000		종전주식	50,000,000
	합병교부금	20,000,000		매도가능증권 처분이익	10,000,000

(세무상 분개)

(차)			(대)		
	매도가능증권	50,000,000*		매도가능증권	50,000,000
	합병교부금	20,000,000		분여받은이익	20,000,000

* 아래 박스안의 부의의제배당액 10,000,000원이 매도가능증권에 가산된 것이다.

(차)			(대)		
	매도가능증권	40,000,000		매도가능증권	50,000,000
	합병교부금	20,000,000		분여받은이익	20,000,000
	부의의제배당	10,000,000			

♣ 의제배당액은 다음과 같이 계산한다.
합병대가[(합병교부주식가액 - 분여받은이익) + 합병교부금등] - 종전주식의 장부가액
40,000,000[(40,000,000 - 20,000,000) + 20,000,000] - 50,000,000 = △10,000,000

(세무조정)
익금산입(유보) 10,000,000(매도가능증권)*
* 부의의제배당액 상당금액을 익금산입하여 매도가능증권의 취득가액에 가산하고 처분시 등에 손금산입한다.

♣ 법인주주의 세무상 합병교부주식의 취득가액
50,000,000 = 종전주식가액 50,000,000 + 분여받은이익 20,000,000 - 교부금 20,000,000

참고: 합병 외 기타 부의의제배당

피투자법인의 감자에 의해 받는 금액이 법인 주주의 종전주식 취득가액에 미달하는 경우 부의 의제배당액이 발생하고 이 부의의제배당액을 발생 당시의 출자법인의 손금으로 산입하는 것은 아니다.

• 무상감자의 경우: 주식을 발행한 법인이 결손금의 보전을 위해 무상감자를 한 경우에는 당해 주식을 소유하고 있는 법인은 소유주식 가액을 감액 처리하지 아니하며, 당해 주식

을 처분하는 사업연도의 손금으로 계상한다(통칙 19-19-35)

• 유상감자의 경우: 유상감자의 경우에는 당해 투자주식의 총 출자가액에서 감자환급액을 차감한 금액을 잔여주식의 장부가액으로 하여 1주당 장부가액만을 수정하게 되며, 그 차액을 감자시점에서 법인의 손금에 산입할 수 없다. 그러나 투자법인의 보유주식을 100% 유상감자하여 모두 소멸한 때에는 당해 차액을 법인의 손금에 산입한다.

감자로 인하여 취득하는 금전 기타 재산가액의 합계액이 당해 주식을 취득하기 위하여 실제로 지출한 금액 중 감자액에 상당하는 금액에 미달하는 경우 그 차액은 잔존주식의 취득가액에 포함된 것으로 봄(서이 46012-10275, 2002. 2. 20. 및 서이-517, 2006. 3. 20.).

합병시 취득한 자기주식의 취득가액과 처분손익의 처리

내국법인이 출자지분의 100%를 보유하고 있는 완전자회사를 흡수합병하면서 합병신주인 자기주식을 교부받은 경우 그 취득가액은 「법인세법 시행령」 제72조 제2항 제5호에 따라 종전의 장부가액에 의제배당액 및 분여받은이익의 금액을 더한 금액에서 합병대가 중 금전이나 그 밖의 재산가액의 합계액을 뺀 금액으로 하는 것이며, 당해 자기주식을 매각함으로써 생긴 매각차손익은 익금 또는 손금에 산입하는 것입니다(서면법인 2016-4353, 2016. 8. 23. 및 사전법령해석법인 2017-526, 2017. 9. 15.).

다) 의제배당과 부의의제배당의 세무상 익금산입 또는 손금불산입

① 부의의제배당의 손금불산입

"손금은 자본 또는 출자의 환급을 제외하고 법인의 순자산을 감소시키는 거래로 인하여 발생하는 손실 또는 비용의 금액으로 한다" 이는 법인세법 제19조 제1항의 내용이다. 따라서 자본의 환급과 관련된 해당 법인의 법인주주가 받은 금액 등이 종전주식의 장부가액 보다 적은 경우 부의의제배당(매도가능증권처분손실)이 발생하게 된다. 이는 매도가능증권의 처분이 아니라 자본의 환급과정에서 발생하는 손실이기도 하며, 실현되지 않은 손실이므로 법인세법상 손금의 대상이 아니다.

부의의제배당에 대한 손금산입은 당해 주식의 매각등 처분일이 속하는 사업연도의 각 사업연도의 각 사업연도 소득금액계산상 손금에 산입한다(법인 46012-14, 1995. 1. 5.).

② 의제배당의 익금산입

법인세법 제15조 제1항에서 "익금은 자본 또는 출자의 납입을 제외하고 법인의 순자산을 증가시키는 거래로 인하여 발생하는 이익 또는 수입(수익)의 금액으로 한다"라고 하고 있

다. 따라서 자본의 납입과 관련된 거래로 인한 이익은 익금산입 대상이 아니다.

그렇다면 자본거래에서 발생하는 것이고 실현되지 않은 것인 부의의제배당은 손금에 산입하지 않고 동일한 논리인 의제배당은 왜 익금산입하여 과세되는지가 의문이다. 이는 법인세법 제2관[익금의 계산], 법인세법 제16조[배당금 또는 분배금의 의제]에서 과세로 의제하기 때문이다. 즉, 그 취지나 이유를 불문하고 법인세법 제16조 제1항 제5호에서 "피합병법인의 주주등인 내국법인이 취득하는 합병대가가 그 피합병법인의 주식등을 취득하기 위하여 사용한 금액을 초과하는 금액"은 배당받은 금액으로 의제하고 있기 때문이다.

③ **정리**

그렇다면 의제배당이 자본거래와 관련된 해당 법인주주의 이익으로 의제하여 실현되지 않은 이익임에도 익금산입하고, 부의의제배당은 왜 손금산입하지 못하는가? 의제배당과는 달리 제3관[손금의 계산]에서 부의의제배당에 대해 손금으로 의제하는 규정이 없기 때문이다. 따라서 의제배당은 자본거래와 원칙 실현되지 않은 이익이지만 과세하고 부의의제배당은 의제배당과 동일한 이유로 발생하는 것이지만 손금산입되지 않는 불합리한 점이 있다.

라) 의제배당 및 분여받은이익과 합병교부주식 취득가액의 연관관계

법인주주의 합병교부주식 취득가액은 다음과 같이 계산한다(법령 §72 ② 5호).

합병에 의해 주주가 취득한 주식가액 =
구주식의 장부가액 + 법령 제88조 제1항 제8호 가목 등에 따른 분여받은이익
+ 의제배당 − 합병교부금과 기타재산

이를 세무상 분개로 나타내면 다음과 같다.

(차) 합병교부주식	***	(대) 종전주식 장부가액	***
금전 또는 재산가액	***	의제배당액	***
		분여받은이익	***

의제배당액, 분여받은이익, 종전주식의 장부가액 그리고 합병교부주식가액을 등식으로 나타내면 다음과 같다. 이는 독자들의 이해를 돕기 위한 것이다.

의제배당액 = 합병대가 − 종전주식의 장부가액(법법 §16 ① 5호)

비적격합병인 경우의 의제배당액 계산을 위해 합병대가(합병교부주식의 시가 + 교부금 등)를 풀면 다음과 같이 변환할 수 있다.

의제배당액 = 합병교부주식의 시가(− 분여받은이익) + 합병교부금 − 종전주식의 장부가액

* 의제배당액 계산을 위한 식에서 분여받은이익을 합병교부주식가액에서 차감한다는 것은 종전주식의 장부가액에 가산한다는 것과 같다. 따라서 분여받은이익을 종전주식의 장부가액에 가산하든 합병교부주식의 시가에서 차감하든 계산되는 의제배당액은 동일하다. 다만 분여받은이익은 의제배당액 계산시 합병교부주식의 시가에서 차감하므로 합병교부주식이 시가가 아니라 종전주식의 장부가액으로 평가될 때는 차감하지 않는다(법령 §14 ① 1호 라목).

합병교부주식의 시가액을 기준으로 등식을 변환하면 다음과 같다.

이는 합병교부주식의 취득가액 등식과 동일하다(법령 §72 ② 5호).

따라서, 세무상 비적격합병인 경우 [합병교부주식의 시가액 = 합병교부주식의 취득가액]이다. 하지만 실무적으로는 합병교부주식의 시가액이 먼저 결정되어야 의제배당액 등을 계산할 수 있다.

단, 부의의제배당이 발생할 경우에는 '0'으로 본다.

사 례

종전주식의 장부가액 120,000,000원, 합병교부주식액(시가)은 100,000,000원
비적격합병

(회계상 분개)

(차) 매도가능증권	100,000,000	(대) 매도가능증권(구주식)	120,000,000
처분손실	20,000,000		

(세무상 분개)

(차) 매도가능증권	120,000,000	(대) 매도가능증권(구주식)	120,000,000

(세무조정)
손금불산입(유보) 20,000,000 부의의제배당(매도가능증권)
*세무상 취득가액은 100,000,000원이 아니라 120,000,000원이 된다.

① 의제배당액 = 합병대가(100,000,000) - 종전주식의 장부가액 120,000,000 (20,000,000원의 부의의제배당 발생)
② 합병교부주식의 취득가액(120,000,000) = 종전주식의 장부가액 120,000,000 + 의제배당액(0) + 분여받은이익(0) - 교부금등(0)
* 따라서 부의의제배당이 발생할 때는 [합병교부주식의 시가 ≠ 합병교부주식의 세무상 취득가액]이 될 수 있다.

사 례

피합병법인의 종전주식 취득가액은 100,00,000 합병법인 교부주식의 시가는 150,000,000 금전으로 교부한 합병교부금은 50,000,000
적격합병이다.

(기업회계상 분개)

(차) 매도가능증권	150,000,000	(대) 구 매도가능증권	100,000,000
현금(교부금)	50,000,000	매도처분이익	100,000,000

(세무상 분개)

(차) 매도가능증권	100,000,000	(대) 구 매도가능증권	100,000,000
현금(교부금)	50,000,000	의제배당	50,000,000

(세무조정) 익금불산입 50,000,000 (△유보) 매도가능증권

① 의제배당액 50,000,000
의제배당액 계산 시 '시가 〉 취득가액'이고 주식 외 교부금 등을 지급하는 경우의 합병교부주식은 종전주식의 취득가액으로 평가함.

만약 비적격합병이라면?

세무상 분개는 다음과 같다.

(차) 매도가능증권	150,000,000	(대) 구 매도가능증권	100,000,000
현금(교부금)	50,000,000	의제배당	100,000,000

따라서 세무조정은 따로 없다.

사 례

피합병법인의 종전주식 장부가액은 100,00,000 합병법인 교부주식의 시가는 90,000,000 금전으로 교부한 합병교부금은 50,000,000원 일 경우로서 적격합병이다.
불공정합병으로 분여받은이익은 20,000,000이다.

(회계상 분개)

(차)	매도가능증권	90,000,000	(대) 구 매도가능증권	100,000,000
	현금(교부금)	50,000,000	매도가능증권처분이익	40,000,000

① 의제배당 계산을 위한 세무상 분개

(차)	매도가능증권	90,000,000	(대) 구 매도가능증권	100,000,000
	현금(교부금)	50,000,000	분여받은이익	20,000,000
			의제배당	20,000,000

② 의제배당 20,000,000 =
합병대가 (합병교부주식의 시가 90,000,000* - 분여받은이익 20,000,000) + 교부금 50,000,000 - 종전주식의 장부가액 100,000,000

* 적격합병이지만 일정 요건 충족시에는 합병교부주식을 시가로 평가한다.

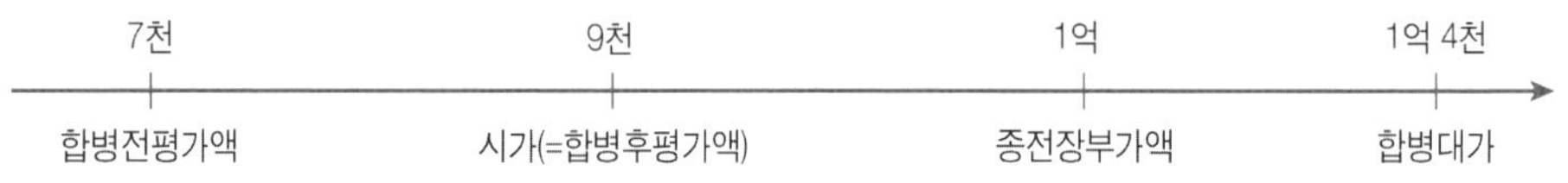

합병신주를 시가로 평가하는 경우는 적격합병과 비적격합병의 경우 모두 발생할 수 있다. 비적격합병인 경우에는 항상 시가로 평가하고, 적격합병인 경우에는 원칙 종전주식장부가액으로 평가하나, 합병신주의 시가가 종전 주식의 장부가액보다 낮은 경우로서 현금등을 교부받는 경우에 한해 시가로 평가한다.

합병교부주식가액을 적격합병일 경우와 비적격합병일 경우 그리고 취득가액 계산을 위한 합병교부주식가액과 의제배당액 계산을 위한 합병교부주식가액의 계산을 정리하면 다음과 같다.

| 합병교부주식 취득가액과 의제배당 계산시 합병교부주식가액 |

합병형태	취득가액 계산	의제배당 계산시 합병교부주식 평가액
적격합병	종전주식 장부가액 +의제배당액 +분여받은이익 －교부금등	① 원칙 : 종전주식 장부가액 ② 예외 : 시가
비적격합병		시가

| 의제배당액 계산과 합병교부주식 취득가액 |

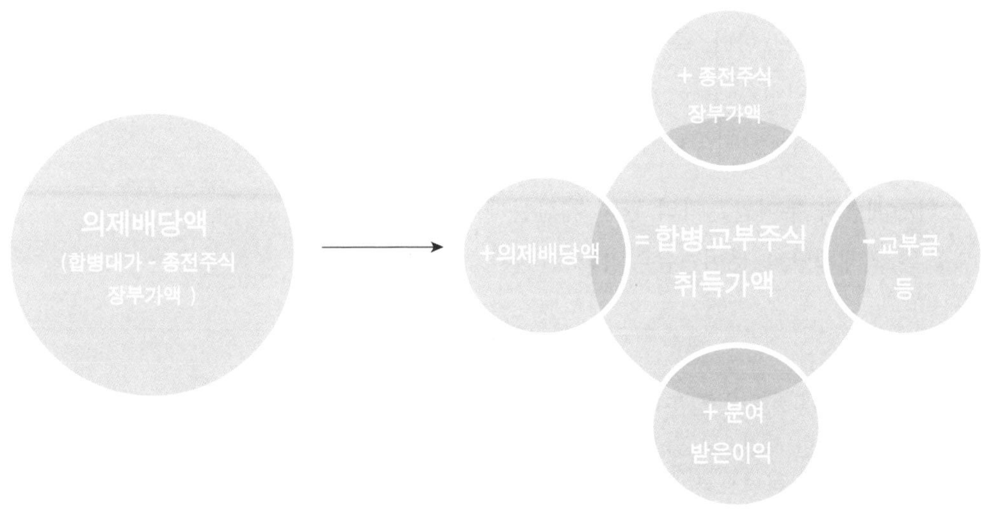

① 합병교부신주의 시가에서 분여받은이익을 차감하는 이유

분여받은이익을 왜 합병교부주식의 시가에서 차감하는 것인가? 그리고 왜 합병교부주식이 종전주식의 장부가액으로 평가될 때는 차감하지 않는 것인가? 여기에 대한 해답은 분여받은이익의 그 근원에 있다. 원칙 분여받은이익의 발생은 불공정합병으로서 합병당사법인들의 잘못된 주식평가가 그 근원이다. 따라서 일방 또는 쌍방의 잘못된 주식평가로 고가평가된 경우에는 해당법인 주주들이 이익을 분여받게 되고 저가평가된 경우에는 해당 법인의 주주들이 이익을 분여하게 된다.

결과적으로 분여받은이익은 잘못된 합병 당사법인의 평가로 인해 발생되는 것이므로 그 잘못 평가된 합병교부주식의 시가액에 포함되어 있다. 그러므로 합병교부주식을 시가로 평가하지 않고 종전주식의 장부가액으로 평가하는 경우에는 분여받은이익이 합병교부주식의 가액에 포함되지 않는다.

② **적격합병인 경우의 합병교부주식의 시가평가와 이중과세문제**

적격합병으로서 현금교부금이 있는 경우 적격합병이지만 의제배당이 발생할 수 있다. 그렇다면 적격합병인 경우로서 현금교부금을 받지만 합병신주의 시가가 종전주식의 장부가액보다 높아 시가가 아닌 종전주식의 장부가액으로 평가되는 경우에는 이중과세 문제는 없는가?

필자의 의견으로는 이중과세 문제는 없다. 그 이유는 분여받은이익은 잘못된 주식의 시가평가에 그 근원을 두고 있기 때문이다. 만일, 적격합병에 따라 합병교부주식을 종전주식의 장부가액으로 평가하더라도 현금교부금이 있어서 배당으로 과세된다면 의제배당액은 현금교부금을 한도로 한다. 즉, 배당과세의 근원은 합병교부주식이 아니라 현금교부금이다. 하지만, 분여받은이익은 그 근원을 잘못 평가된 합병교부주식에 두고 있다. 따라서 쌍방의 근원이 다르기 때문에 이중과세의 문제는 없다.

③ **의제배당과 분여받은이익 관련 계산문제**

다음은 의제배당과 분여받은이익과 관련된 사례이다.

사 례

피합병법인의 종전주식 장부가액은 100,00,000, 합병법인 교부주식의 시가는 150,000,000
금전으로 교부한 합병교부금은 50,000,000원
적격합병, 불공정합병으로 인한 분여받은이익이 20,000,000

(회계상 분개)

(차) 매도가능증권	150,000,000	(대) 구 매도가능증권	100,000,000
현금(교부금)	50,000,000	매도가능증권처분이익	100,000,000

① 의제배당 계산을 위한 세무상 분개

(차) 매도가능증권	100,000,000	(대) 구 매도가능증권	100,000,000
현금(교부금)	50,000,000	의제배당	50,000,000

① 합병교부주식 시가가 피합병법인 종전 주식 장부가액보다 높으므로 시가가 아닌 종전 장부가액으로 평가하여 의제배당액을 계산한다. 그리고 합병교부주식을 시가로 평가하지 않는 경우에는 분여받은이익은 합병교부주식의 가액에서 차감하지 않는다(법령 §14 ① 1호 나목, 라목).

② 적격합병이라도 현금교부금을 한도로 의제배당으로 과세하므로 기업회계상 매도가능 처분이익 100,000,000 중 의제배당액에 해당하는 50,000,000을 뺀 나머지 50,000,000은 익금불산입 유보로 세무조정과 소득처분한다.

(세무조정)
익금산입(유보) 20,000,000(매도가능증권, 분여받은이익)
익금불산입 50,000,000(△유보) 의제배당(매도가능증권)

② 합병교부주식의 취득가액 계산을 위한 세무상 분개

(차) 매도가능증권	120,000,000	(대) 구 매도가능증권	100,000,000
현금(교부금)	50,000,000	의제배당	50,000,000
		분여받은이익	20,000,000

세무상 합병교부주식의 취득가액 120,000,000 =
종전주식가액 100,000,000 + 의제배당액 50,000,000 + 분여받은이익 20,000,000
- 현금교부금등 50,000,000

(사례)
만약 상기 사례에서 비적격합병이라면?

① 의제배당 계산을 위한 세무상 분개

(차) 매도가능증권	150,000,000	(대) 구 매도가능증권	100,000,000
현금(교부금)	50,000,000	분여받은이익	20,000,000
		의제배당	80,000,000

① 의제배당액 80,000,000 =
합병대가 [합병교부주식가액(시가) 150,000,000 - 분여받은이익 20,000,000]
+ (교부금등) 50,000,000] - 종전주식장부가액 100,000,000

② (세무조정) 회계상 매도가능증권처분이익 100,000,000 = 세무상 의제배당 80,000,000
+ 분여받은이익 20,000,000과 동일하므로 따로 세무조정은 없다.

③ 세무상 합병교부주식의 취득가액 150,000,000 =
종전주식가액 100,000,000 + 의제배당액 80,000,000 + 분여받은이익 20,000,000
-현금교부금등 50,000,000

♣ 합병교부주식을 시가로 평가하면 분여받은이익과 의제배당의 이중과세문제 발생한다. 따라서 의제배당 계산시 합병교부주식의 시가에서 분여받은이익을 차감한다.

마) 포합주식으로 인해 자기주식 교부받은 경우 그 취득가액

내국법인이 출자지분의 100%를 보유하고 있는 완전자회사를 흡수합병하면서 합병신주인 자기주식을 교부받은 경우 그 취득가액은 종전의 장부가액에 의제배당액 및 분여받은이익을 더한 금액에서 합병대가 중 금전이나 그 밖의 재산가액의 합계액을 뺀 금액으로 하는 것이며, 당해 자기주식을 매각함으로써 생긴 매각차익과 차손은 익금과 손금에 산입하는 것이다(서면법인 2016-4353, 2016. 8. 23.). 따라서 포합주식으로 인해 자기주식을 받는다고 다른 합병교부주식과 달리 볼 것은 없다.

2) 개인주주의 합병교부주식의 취득가액

가) 의제배당 발생할 경우의 합병교부주식의 취득가액

합병으로 인하여 소멸한 법인의 개인주주가 합병 후 존속하거나 합병으로 신설되는 법인으로부터 교부받은 주식의 1주당 취득원가에 상당하는 가액은 합병 당시 해당 주주가 보유하던 피합병법인의 주식을 취득하는 데 든 총금액(합병시 의제배당으로 과세된 의제배당금액이 있는 경우에는 이를 가산하고, 합병교부금을 교부받는 경우에는 이를 차감한 금액을 말함)을 합병으로 교부받은 주식수로 나누어 계산한 가액으로 한다(소령 §163 ① 4호). 다만, 합병 후 존속 또는 신설법인의 1주당 취득가액이 합병으로 소멸한 법인이 발행한 주식의 1주당 취득가액에 미달하는 때에는 소멸한 법인이 발행한 주식의 1주당 취득가액을 1주당 양도가액에서 차감하여 1주당 양도차익을 산정하는 것이다.

따라서 개인주주의 양도차익 계산 시 합병교부주식 취득가액은 다음과 같이 정리할 수 있다.

합병교부주식 1주당 취득가액 Max [①, ②]
① (종전주식의 취득가액 + 의제배당액 − 교부금등) / 합병으로 교부받은 주식수
② 소멸한 법인이 발행한 주식의 취득가액 / 합병으로 교부받은 주식수

♣ 개인주주와 법인주주의 합병교부주식 취득가액의 차이는 다음과 같다.

개인주주의 합병교부주식 취득가액	법인주주의 합병교부주식 취득가액
종전주식 취득가액 + 의제배당액 − 합병교부금등	종전주식 취득가액 + 의제배당액 + 분여받은이익 − 합병교부금등

☞ 개인주주의 합병교부주식의 취득가액은 법인주주의 취득가액과는 달리 분여받은이익액을 소령 제163조 제1항 제4호에 따라 가산하지 않는다. 하지만 양도자산의 필요경비 계산을 위한 소령 제163조 제10항 제1호에서 상증법 제38조 규정에 따라 증여세를 과세받은 경우에는 해당 증여재산가액을 취득가액에 더하는, 즉 증여이익가산액으로 하라고 규정하고 있으므로 결국 의제배당액과 분여받은이익액이 서로 중복되지 않는 경우에 한해서, 개인주주도 법인주주와 마찬가지로 분여받은이익(단, 증여세 과세된 경우에 한한다)이 합병교부주식의 취득가액에 가산된다. 다음은 관련 법령내용이다.

소득세법 시행령 제163조 제10항 제1호[양도자산의 필요경비]

1. 「상속세 및 증여세법」 제3조의 2 제2항, 제33조부터 제39조까지, 제39조의 2, 제39조의 3, 제40조, 제41조의 2부터 제41조의 5까지, 제42조, 제42조의 2, 제42조의 3, 제45조의 3부터 제45조의 5까지의 규정에 따라 상속세나 증여세를 과세받은 경우에는 해당 상속재산가액이나 증여재산가액(같은 법 제45조의 3부터 제45조의 5까지의 규정에 따라 증여세를 과세받은 경우에는 증여의제이익을 말한다) 또는 그 증·감액을 취득가액에 더하거나 뺀다.

나) 부의의제배당 발생할 경우의 합병교부주식의 취득가액

합병 당사 법인의 개인주주에게 합병으로 인하여 아래의 그림과 같이 부의의제배당액이 발생 시 합병교부주식의 취득가액은 종전주식의 취득가액에서 부의의제배당액을 차감하는 것이 아니라 차감하지 않은 금액이다. 따라서 해당 주식을 향후 양도할 때 부의의제배당액은 손금에 산입하게 된다.

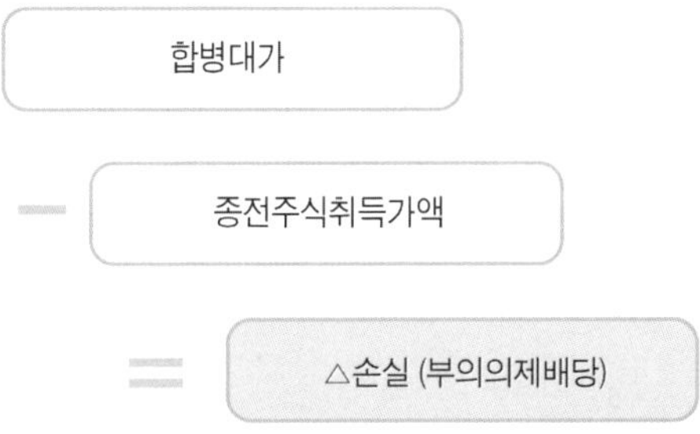

즉 합병 후 존속 또는 신설법인의 1주당 취득가액이 합병으로 소멸한 법인이 발행한 주식의 1주당 취득가액에 미달하는 때에는 소멸한 법인이 발행한 주식의 1주당 취득가액을 합병 후 양도하는 주식의 1주당 양도가액에서 "차감"하여 1주당 양도차익을 산정하는 것이다.

재재산 46014-117, 1996. 3. 12.

[제목] 합병법인 주식양도에 따른 취득가액의 산정방법

[요약] 합병으로 인하여 소멸한 법인의 주주가 합병 후 존속 또는 신설되는 법인의 주식을 양도하는 경우 1주당 취득가액은 피합병법인의 주식을 취득하는 데 소요된 금액을 합병으로 교부받은 주식수로 나누어 계산하는 것임.

1987.3.10	1994.3.31	1995.7.20
취득 (20,000주, 1억원)	합병 (2:1합병, 10,000주 교부)	양도 (5,000주, 3억원)

[질의]

합병후 양도한 주식의 취득가액은?

(갑설) 취득가액 × $\frac{\text{합병등기일 현재 기준시가}}{\text{양도당시 기준시가}}$

(을설) 피합병법인의 주식취득에 소요된 가액(1억원)
(병설) 합병등기일 현재 상속세법상 평가액

[회신]

합병으로 인하여 소멸한 법인의 주주가 합병후 존속 또는 신설되는 법인의 주식을 양도하는 경우로서 당해 주식의 1주당 양도차익을 실지거래가액에 의하여 산정하는 경우 당해 주식의 1주당 양도가액에서 차감하는 1주당 취득가액은, 피합병법인의 주식을 취득하는 데 소요된 금액(합병시 의제배당으로 과세된 의세배당 금액이 있는 경우에는 이를 가산하고, 합병교부금을 교부받는 경우에는 이를 차감한 금액을 말함)을 합병으로 교부받은 주식수로 나누어 계산하는 것임. 다만, 합병후 존속 또는 신설법인의 1주당 취득가액이 합병으로 소멸한 법인이 발행한 주식의 1주당 취득가액에 미달하는 때에는 소멸한 법인이 발행한 주식의 1주당 취득가액을 1주당 양도가액에서 차감하여 1주당 양도차익을 산정하는 것임.

(사례)

① 구주취득가액: 1억원, 구주 주식수: 20,000주
② 합병비율: 2 : 1, 교부 합병교부주식수: 10,000주
③ 합병교부주식의 1주당 취득가액(10,000원) = [구주 취득가액(1억원) + 의제배당(0)] ÷ 10,000주
④ 5,000주 양도, 양도가액: 3억원
⑤ 필요경비(5천만원) = 합병교부주식의 1주당 취득가액(10,000원) × 5,000주
⑥ 양도차익(2억5천만원) = 양도가액(3억원) - 필요경비(5천만원)

부의의제배당 손금불산입

재일 46070-180, 1997. 1. 31.

합병후 존속 또는 신설법인의 1주당 취득가액이 합병으로 소멸한 법인이 발행한 주식의 1주당 취득가액에 미달하는 때에는 소멸한 법인이 발행한 주식의 1주당 취득가액을 1주당 양도가액에서 차감하여 1주당 양도차익을 산정하는 것임.

재일 46014-1524, 1999. 8. 12.

합병으로 인하여 소멸한 법인의 주주가 합병후 존속 또는 신설되는 법인으로부터 교부받은 주식을 양도하는 경우로서 당해 주식의 양도차익을 실지거래가액에 의하여 산정하는 경우 당해 주식의 1주당 양도가액에서 차감하는 1주당 취득가액은 합병당시 주주가 보유하던 피합병인의 주식을 취득하는데 소요된 총 금액(합병시 의제배당으로 과세된 외제배당 금액이 있는 경우에는 이를 가산하고, 합병교부금을 교부받은 경우에는 이를 차감한 금액을 말함)

을 합병으로 교부받은 주식수로 나누어 계산하는 것임.
다만, 합병후 존속 또는 신설법인의 1주당 취득가액이 합병으로 소멸한 법인이 발행한 주식의 1주당 취득가액에 미달하는 때에는 소멸한 법인이 발행한 주식의 1주당 취득가액을 1주당 양도가액에서 차감하여 1주당 양도차익을 산정하는 것임.
(참고예규 : 재재산 46014-205, 2002. 12. 18.)

| 부의의제배당이 발생할 경우의 합병교부주식의 취득가액 |

합병교부주식의 취득가액 = 종전주식의 취득가액 + 부의의제배당(0)−합병교부금등

3) 법인주주의 합병교부주식 취득시기

법인이 합병함에 따라 피합병법인의 주주가 합병법인으로부터 받은 주식의 취득시기는 합병등기일을 기준으로 한다(재산 22601-94, 1992. 3. 11.).

4) 개인주주의 합병교부주식 보유기간 기산일

주식의 양도로 인한 양도소득세 계산을 위한 세율 적용 시 그 보유기간을 계산할 때, 그 기산일은 합병・분할(물적분할 제외)로 인하여 합병법인 분할신설법인 또는 분할합병의 상대방 법인으로부터 주식 등을 새로 취득한 경우에는 피합병법인・분할법인 또는 소멸한 분할합병의 상대방 법인의 주식 등을 취득한 날부터 기산한다(소법 §104 ② 3호).

♣ 개인주주의 양도세 계산을 위한 세율 적용 시 보유기간의 기산일

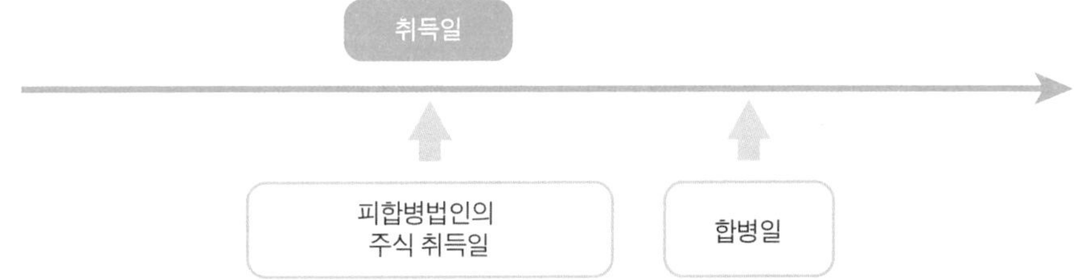

5) 개인주주의 합병 외 사유로 취득한 주식의 취득가액

가) 무상감자 후 잔여주식 양도한 경우

① 주식을 발행한 법인이 “무상감자”를 한 경우 해당 주식의 취득에 소요된 실지거래가액은 거주자의 주식 양도차익 계산시 양도가액에서 공제하는 취득가액에 포함하는 것이다(재경부 재산-1495, 2004. 11. 10.).

② 주식의 양도차익을 계산함에 있어 양도가액에서 공제할 취득가액은 "당해 자산의 취득에 소요된 실지거래가액"이므로 쟁점 양도주식이 취득 후 무상감자되었다 하더라도 주식 취득시 실지로 소요된 가액을 취득가액으로 하여 주식의 양도차익을 계산하여야 하는 것이다(국심 2004중4566, 2005. 3. 25.).

사 례

양도집행 97-163-10

• 2000.1월 : 갑은 A법인의 주식 취득(10,000주, 50,000천원)
• 2004.1월 : A법인 주식 9,000주 무상감자
• 2009.3월 : 갑의 A법인 주식 500주 양도

☞ 1주당 취득가액 : 50,000원(=50,000천원÷1,000주)

나) 유상감자 후 잔여주식 양도한 경우

주식발행법인이 "유상감자"를 한 경우 잔여주식 양도 시 그 취득가액은 당초 취득 당시 주당가액으로 산정한다(서면4팀-1993, 2005. 10. 27. 및 서면4팀-2558, 2006. 7. 28. 및 재재산-768, 2007. 6. 29.).

한편, 비상장주식의 양도에 따른 양도차익을 산정함에 있어 그 양도가액 및 취득가액은 원칙적으로 당해 자산의 양도 및 취득당시 실지거래가액에 의하는 것이며, 양도한 비상장주식의 취득시기가 분명하지 아니하는 경우에는 먼저 취득한 자산을 먼저 양도한 것으로 보는 것이다(부동산거래관리-56, 2012. 1. 26.).

다) 주식의 양도차익을 증권거래법에 의하여 반환하는 경우

「증권거래법」 제188조 제2항의 규정에 의거 주식의 양도차익을 주식발행법인에게 "반환"하는 경우, 당해 주식의 양도차익은 양도가액에서 차감하거나 필요경비로 "공제" 할 수 없는 것이다(서면4팀-1260, 2005. 7. 21.).

라) 예외적인 취득가액

법 제17조 제2항 제1호 · 제3호 · 제4호 및 제6호에 따라 해당 주식을 취득하기 위하여 소요된 금액을 계산할 때에 주주가 소유주식의 비율 등을 고려하여 기획재정부령으로 정하는 소액주주에 해당하고, 해당 주식을 보유한 주주의 수가 다수이거나 해당 주식의 빈번한 거래 등에 따라 해당 주식을 취득하기 위하여 소요된 금액의 계산이 불분명한 경우에는 액면

가액을 해당 주식의 취득에 소요된 금액으로 본다. 다만, 제3항이 적용되는 경우 및 해당 주주가 액면가액이 아닌 다른 가액을 입증하는 경우에는 그렇지 않다(소령 §27 ⑦).

(3) 합병대가와 양도가액의 비교

1) 개요

주주의 의제배당액 계산을 위한 합병대가, 그리고 피합병법인의 양도차익을 '0'으로 하는 적격합병 요건 중 하나인 지분의연속성 판단을 위한 합병대가와 피합병법인의 합병과 관련한 순자산 양도에 따른 양도차익 계산을 위한 양도가액은 차이가 있다.

♣ 양도가액과 합병대가의 비교

양도가액	합병대가 (for 의제배당액 계산)	합병대가 (for 적격합병요건 중 주식교부 · 배정요건)
* (①+②+③+④)	* (①+②)	* (①+②+③)

* 번호는 아래 양도가액 구성내용들의 번호이다.

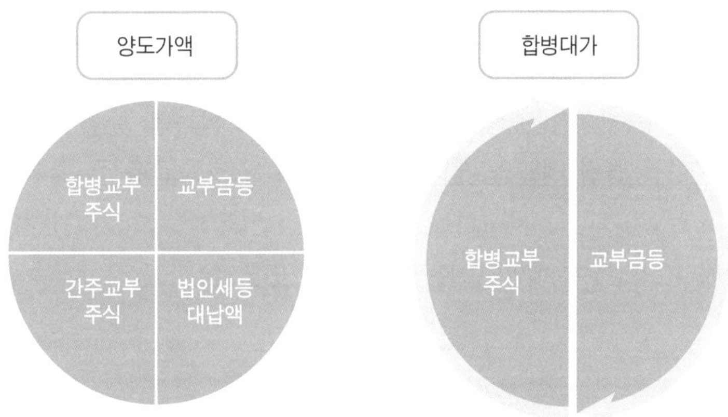

가) 양도가액

다음은 피합병법인이 합병법인으로부터 합병의 대가로 받는 양도가액이다. 이를 의제배당액 계산을 위한 합병대가와 비교해보면 아래의 [3. 간주교부액합병포합주식가액]과 [4. 합병법인이 납부하는 피합병법인의 법인세 등]이 합병대가에는 포함되지 않고 양도가액에는 포함된다.

양도가액			
① 합병교부주식가액	② 합병교부금등	③ 간주교부주식가액	④ 법인세등 대납액

나) 합병대가

합병과 관련된 합병대가는 의제배당액 계산을 위한 합병대가와 적격합병요건 중 하나인 지분의 연속성 판단 시의 합병대가가 있다. 그 구성내용은 상기의 "양도가액과 합병대가의 비교"를 참고한다.

2) 합병교부주식가액

양도가액과 합병대가 모두에 포함되는 합병교부주식가액은 피합병법인의 양도손익 계산과 피합병법인주주들의 의제배당액 계산시 상당히 중요한 부분이다. 예외적인 경우를 제외하고는 적격합병인 경우 양도가액은 피합병법인의 합병등기일 현재의 순자산 장부가액이므로 양도차익 계산을 위해서 합병교부주식가액을 따로 계산할 필요가 없다. 다만, 과세특례신청서상에 합병교부주식가액을 기재하기 위해서는 따로 평가는 필요하다.

의제배당 계산을 위한 합병교부주식가액은 비적격합병인 경우에는 무조건 시가로 평가하며, 적격합병인 경우에도 일정 조건하에서는 시가로 평가한다.

합병교부주식을 시가로 평가할 때 법인주주는 법인세법상의 시가에 따라 평가되고 개인주주는 소득세법상의 시가에 따라 평가된다. 법인세법상 시가는 법법 제52조와 법령 제89조에 의한다. 개인주주는 소령 제98조에 따라 시가로 평가되는데, 동령 동조 제3항에서 "시가의 산정에 관하여는 법령 제89조 제1항 및 제2항의 규정을 준용한다"라고 함에 따라 소득세법과 법인세법상의 합병교부주식에 대한 평가방법은 동일하다고 할 수 있다. 주식의 시가평가에 대해서는 앞부분에 아주 잘 기술되어 있다.

(4) 증권거래세

1) 피합병법인이 보유하는 주식과 자기주식에 대한 증권거래세

양도차익을 "0"으로 하는 적격합병, 적격분할 그리고 요건을 모두 갖춘 주식의 포괄적 교환·이전을 위하여 주식을 양도하는 경우에는 증권거래세를 면제한다(조특법 §117 ① 14호). 하지만 비적격합병의 경우에는 증권거래세를 과세한다.

비적격합병에 의하여 피합병법인이 보유한 비상장법인 발행주식이 합병법인에게 이전되는 경우와 피합병법인이 보유하고 있는 피합병법인의 자기주식을 합병법인에게 승계·이전하고 합병신주를 수취하는 경우 각각 「증권거래세법」 제1조에 따른 증권거래세 과세대상에 해당한다(서면법령해석부가 2015-1191, 2016. 1. 13.).

비적격합병에 의하여 피합병법인이 보유한 비상장법인 발행주식을 합병법인에게 이전하는 경우로서 해당 주권의 양도가 「증권거래세법」 제3조 제1호외의 주권등을 양도하는 경우로서 해당 주권의 양도가액을 알 수 있는 경우에는 같은 법 제7조 제1항 제2호 가목에 따른 가액이, 해당 주권의 양도가액을 알 수 없는 경우에는 같은 법 제7조 제1항 제2호 나목에 따른 가액이 해당 주권의 증권거래세 과세표준이 되는 것이다.

증권거래세법 제7조 제1항 제2호 가목, 나목

가. 주권등의 양도가액을 알 수 있는 경우 : 해당 주권등의 양도가액. 다만, 다음의 어느 하나에 해당하는 경우에는 다음에 규정하는 가액으로 한다.

1) 「소득세법」 제101조, 「법인세법」 제52조 또는 「상속세 및 증여세법」 제35조에 따라 주권등이 시가(時價)보다 낮은 가액으로 양도된 것으로 인정되는 경우(「국제조세조정에 관한 법률」 제7조가 적용되는 경우는 제외한다)에는 그 시가액

2) 「소득세법」 제126조, 「법인세법」 제92조 또는 「국제조세조정에 관한 법률」 제7조에 따라 주권등이 정상가격보다 낮은 가액으로 양도된 것으로 인정되는 경우에는 그 정상가격

나. 주권등의 양도가액을 알 수 없는 경우 : 대통령령으로 정하는 양도가액 평가방법에 따라 평가한 가액

증권거래법 시행령 제4조 제2항

② 법 제7조 제1항 제2호 나목에서 "대통령령으로 정하는 양도가액평가방법"이란 다음 각 호의 가액에 양도된 주권 등의 거래수량을 곱하여 계산하는 것을 말한다.

1. 「자본시장과 금융투자업에 관한 법률」에 따른 상장법인의 주권등을 증권시장 및 다자간매매체결회사 밖에서 양도하는 경우: 「자본시장과 금융투자업에 관한 법률」에 따른 거래소가 공표하는 양도일의 매매거래 기준가액(2013. 8. 27. 개정)
2. 삭제(2009. 2. 3.)
3. 「자본시장과 금융투자업에 관한 법률」 제283조에 따른 한국금융투자협회(이하 "금융투자협회"라 한다)가 같은 법 시행령 제178조 제1항에 따른 기준에 따라 거래되는 종목으로 지정한 주권등을 같은 항에 따른 기준 외의 방법으로 양도하는 경우: 금융투자협회가 공표하는 양도일의 매매거래 기준가액
4. 제1호 및 제3호 외의 방식으로 주권 등을 양도하는 경우: 「소득세법 시행령」 제150조의 22에 따라 계산한 가액

소득세법 시행령 제150조의 22 [주식등 기준시가의 산정]

가. 1주당 가액의 평가는 1)의 계산식에 따라 평가한 가액(이하 이 항에서 "순손익가치"라 한다)과 2)의 계산식에 따라 평가한 가액(이하 이 항에서 "순자산가치"라 한다)을 각각 3과 2의 비율로 가중평균한 가액으로 할 것. 다만, 그 가중평균한 가액이 1주당 순자산가치에 100분의 80을 곱한 금액보다 적은 경우에는 1주당 순자산가치에 100분의 80을 곱한 금액을 평가액으로 한다.

1) 양도일 또는 취득일이 속하는 사업연도의 직전 사업연도의 1주당 순손익액 ÷ 금융회사등이 보증한 3년만기 회사채의 유통수익률을 고려하여 기획재정부령으로 정하는 이자율

2) 양도일 또는 취득일이 속하는 사업연도의 직전 사업연도 종료일 현재 해당 법인의 장부가액(토지의 경우는 법 제99조 제1항 제1호 가목에 따른 기준시가를 말한다) ÷ 발행주식총수(양도일 또는 취득일이 속하는 사업연도의 직전 사업연도 종료일 현재의 발행주식 총수를 말한다)

나. 가목을 적용할 때 제2호의 주식등(이하 이 목에서 "비상장주식등"이라 한다)을 발행한 법인이 다른 비상장주식등을 발행한 법인의 발행주식총수 또는 출자총액의 100분의 10 이하의 주식 또는 출자지분을 소유하고 있는 경우에 그 다른 비상장주식등은 가목에도 불구하고 「법인세법 시행령」 제74조 제1항 제1호 마목에 따른 취득가액에 따라 평가할 것

다. 다음의 어느 하나에 해당하는 주식등: 가목 1)·2) 외의 부분에 불구하고 가목 2)의 산식에 따라 평가한 가액으로 할 것

1) 법 제87조의 23에 따른 금융투자소득과세표준 확정신고기한 이내에 청산절차가 진행 중인 법인과 사업자의 사망 등으로 인하여 사업의 계속이 곤란하다고 인정되는 법인의 주식등

2) 사업개시 전 또는 사업개시 후 1년 미만의 법인, 휴·폐업 중에 있는 법인의 주식등

3) 법인의 자산총액 중 주식등 가액의 합계액이 차지하는 비율이 100분의 80 이상인 법인의 주식등

4) 법인의 설립 시 정관에 존속기한이 확정된 법인으로서 평가기준일 현재 잔여 존속기한이 3년 이내인 법인의 주식등

2) 건설공제조합의 출자증권에 대한 증권거래세

증권거래세는 주권 또는 지분의 유상양도에 대하여 부과하며, 특별한 법률에 의하여 설립된 법인이 발행하는 출자증권은 이 법의 적용에 있어서 주권으로 보도록 되어있어 건설공제조합의 출자증권은 증권거래세 과세대상인 주권에 해당한다(소비 46430-596, 1999. 12. 4. 및 서삼 46015-11518, 2003. 9. 25.).

2. 합병차익 전입에 따른 의제배당

따로 후술한다.

3. 불공정합병에 따른 증여세 등

따로 후술한다.

Ⅵ 역합병에 따른 기업회계기준과 세법적 처리

1. K-IFRS의 내용

(1) 개요

주로 지분을 교환하여 이루어지는 사업결합의 경우에 취득자는 보통 지분을 발행하는 기업이다. 그러나 보통 '역취득'이라고 말하는 일부 사업결합에서는 지분을 발행하는 기업이 피취득자이다.(문단 B15)

역취득은 증권을 발행한 기업(법적 취득자)을 문단 B13~B18의 지침에 기초하여 회계목적상 피취득자로 식별할 때 생긴다. 지분을 취득 당한 기업(법적 피취득자)은 역취득으로 보는 거래에서 회계목적상 취득자이다. 예를 들어 역취득은 때로 비상장기업이 상장하기를 원하지만 자신의 지분이 등록되는 것은 원하지 않을 때 생긴다. 이를 위하여 비상장기업은 상장기업이 자신의 지분과 교환하여 비상장기업의 지분을 취득하도록 상장기업과 약정을 할 것이다. 이 예에서 상장기업은 지분을 발행하기 때문에 법적 취득자이고, 비상장기업은 지분을 취득 당하기 때문에 법적 피취득자이다. 그러나 문단 B13~B18의 지침을 적용한 결과 다음과 같이 식별하게 된다.

(1) 회계목적상 피취득자(회계상 피취득자)로서 상장기업

(2) 회계목적상 취득자(회계상 취득자)로서 비상장기업

거래를 역취득으로 회계처리하기 위하여 회계상 피취득자는 사업의 정의를 충족해야 하며, 영업권 인식 요구사항을 포함한 이 기준서의 모든 인식원칙과 측정원칙을 적용한다.(문단 B19)

(2) 이전대가의 측정

역취득에서 회계상 취득자는 보통 피취득자에게 대가를 발행하지 않는다. 그 대신에 회계상 피취득자가 보통 회계상 취득자의 소유주에게 자신의 지분을 발행한다. 따라서 회계상 피취득자의 지분에 대하여 회계상 취득자가 이전한 대가의 취득일 공정가치는, 법적 지배기업의 소유주가 역취득의 결과로 결합기업에 대하여 보유하는 지분과 같은 비율이 유지되도록, 법적 종속기업이 법적 지배기업의 소유주에게 교부하였어야 할 법적 종속기업 지분의 수량에 기초한다. 이러한 방식으로 산정한 지분 수량의 공정가치를 피취득자와의 교환으로 이전한 대가의 공정가치로 사용한다. (B20)

다음은 일반기업회계기준의 내용이며, 대체적으로 동일하다.

> 역취득은 증권을 발행한 기업(법적 취득자)이 회계목적상 피취득자로 식별될 때 발생한다. 지분을 취득 당한 기업(법적 피취득자)은 역취득으로 고려되는 거래에서 회계목적상 취득자이다. 한편, 거래가 역취득으로 회계처리되기 위하여 회계상 피취득자는 사업의 정의를 충족해야 하며, 역취득에 따른 회계처리에서 영업권을 인식하기 위한 요구사항을 포함한 이 장의 모든 인식원칙과 측정원칙을 적용한다.(문단 12.11)
>
> 역취득에서 회계상 취득자는 보통 피취득자에 대한 대가를 발행하지 않는다. 그 대신에 회계상 피취득자가 보통 회계상 취득자의 소유주에게 자신의 지분을 발행한다. 따라서 회계상 피취득자의 지분에 대하여 회계상 취득자가 이전한 대가의 취득일의 공정가치는, 법적 지배기업의 소유주가 역취득의 결과로 결합기업에 대하여 보유하는 지분과 동일한 비율의 소유지분이 유지되도록, 법적 종속기업이 법적 지배기업의 소유주에게 교부하였어야 할 법적 종속기업 지분의 수량에 기초한다. 이러한 방식으로 산정된 지분 수량에 대한 공정가치를 피취득자에 대한 교환으로 이전된 대가의 공정가치로 사용한다.(실 12.14)

(3) 적용사례

기준서 문단 B19~B27을 적용한 역취득 인식의 결과에 대한 예시이다.

이 사례는 20X6년 9월 30일에 법적 종속기업인 B사가 지분상품을 발행하는 법적 지배기업인 A사를 역취득하는 경우의 회계처리를 예시한다. 이 사례에서 법인세 영향에 대한 회계처리는 무시한다.

사업결합 직전 A사와 B사의 재무상태표는 다음과 같다.

(단위: 원)

	A사 (법적 지배기업, 회계상 피취득자)	B사 (법적 종속기업, 회계상 취득자)
유동자산	500	700
비유동자산	1,300(1,500)	3,000
자산총계	1,800	3,700
유동부체	300	600
비유동부채	400	1,100
부채총계	700	1,700
자본		
이익잉여금	800	1,400
발행자본		
보통주 100주	300	
보통주 60주		600
자본 총계	1,100	2,000
부채 및 자본 총계	1,800	3,700

이 사례는 다음 정보도 사용한다.

① 20X6년 9월 30일에 A사는 B사의 보통주 각 1주와 교환하여 2.5주를 발행한다. B사 주주 모두 자신들이 보유하고 있는 B사 주식을 교환한다. 따라서 A사는 B사의 보통주 60주 모두에 대해 150주를 발행한다.

② 20X6년 9월 30일에 B사의 보통주 1주의 공정가치는 40원이다. 같은 날에 A사 보통주의 공시되는 시장가격은 16원이다.

③ 20X6년 9월 30일에 A사의 비유동자산의 공정가치는 1,500원이며 이를 제외하고 20X6년 9월 30일에 A사의 식별할 수 있는 자산과 부채의 공정가치는 장부금액과 같다.

(4) 이전대가의 공정가치 계산

① A사(법적 지배기업, 회계상 피취득자)가 보통주 150주를 발행한 결과로 B사의 주주는 결합기업의 발행 주식의 60%(즉, 발행주식 250주 중 150주)를 소유한다. 그 나머지 40%는 A사의 주주가 소유한다. 만일 이 사업결합에서 B사가 A사의 보통주와 교환하여 A사의 주주에게 추가 주식을 발행하는 형식을 취했다면, B사는 결합기업에 대한 소유지분비율을 똑같이 유지하기 위해 40주를 발행해야 했을 것이다*. 그렇게

되면 B사의 주주는 B사의 발행 주식 100주 중 60주(결합기업의 60%)를 소유하게 될 것이다. 결과로 B사의 사실상 이전대가의 공정가치와 A사에 대한 연결실체의 지분은 1,600원(주당 공정가치가 40원인 40주)이다.

* A사가 발행하는 경우의 합병비율은 1: 2.5였으나, B사가 발행하는 경우에는 1: 0.4가 되며, 그 비율에 따라 발행하는 것이다.

② 사실상 이전대가의 공정가치는 가장 신뢰성 있는 측정치에 기초해야 한다. 이 사례에서 A사 주식의 공시된 시장가격은 사실상 이전대가를 측정하기 위해 B사 주식의 추정 공정가치보다 더 신뢰성 있는 근거를 제공하며, 그 대가는 A사 주식의 시장가격을 사용하여 측정한다. (주당 공정가치가 16원인 100주)

(5) 영업권의 측정

영업권은 A사가 인식한 식별할 수 있는 자산과 부채의 순금액에 대한 사실상 이전대가(A사에 대한 연결실체의 지분)의 공정가치의 초과분으로 인식하며 이는 다음과 같다.

(단위: 원)

구분		
사실상 이전대가		1,600
A사의 식별할 수 있는 자산과 부채의 인식된 순가치		
유동자산	500	
비유동자산	1,500	
유동부채	(300)	
비유동부채	(400)	(1,300)
영업권		300

2. 세법적 처리

기업회계상 역취득에 해당되어 상법상 합병법인을 피취득기업으로 상법상 피합병법인을 취득기업으로 회계처리한다고 하여도 대부분의 세법적 처리는 일반적인 합병과 동일하다. 다만, 법인세법 제60조 제2항 제1호에 따라 법인세 과세표준등의 신고시 첨부해야 하는 서류 중의 하나인 재무제표는 기업회계기준을 준용하여 작성한 것이라고 규정함으로써 합병법인이 법인세 과세표준 등의 신고시 제출하는 재무제표는 기업회계기준에 따라 회계목적상 취득자(상법상 피합병법인)를 기준으로 작성한 재무제표가 된다.

합병법인과 피합병법인에 적용되는 세법적 처리는 다음과 같다.

(1) 상법상(세법상) 피합병법인

피합병법인의 경우 피합병법인의 사업연도 개시일부터 합병등기일까지를 의제된 사업연도로 보아 법인세 과세표준 신고를 하여야 하는 것이며, 재무제표도 합병법인과 피합병법인 각각의 법인의 사업연도를 기준으로 하여 작성된 재무제표를 첨부해야 하는 것이다(서면2팀-990, 2005. 7. 4.).

만일 회계상의 합병일과 세법상의 합병일이 차이가 나는 경우로서 회계상 합병일까지의 기간에 대해 합병법인과 피합병법인의 재무제표를 합산하여 작성하여 피합병법인의 것이 분리되지 않는 경우, 세무신고용으로 기업회계기준에 따라 별도의 피합병법인의 재무상태표 등을 작성·첨부하여 신고하며, 이 경우 피합병법인의 재무상태표 등에 계상된 비용은 피합병법인의 결산상 손금으로 본다. 따라서 피합병법인의 손익계산서 등에 계상된 감가상각비, 대손충당금전입액, 퇴직급여충당금전입액 등은 피합병법인의 장부에 결산 반영된 것으로 보아 시부인하는 것이다(서면2팀-766, 2005. 6. 3.).

K-IFRS 제1103호(사업결합)에 따른 역취득에 해당하는 경우 합병법인이 법인세 과세표준 및 세액 신고 시 「법인세법」 제60조 제2항 제1호에 따라 첨부하여야 할 재무상태표 등은 상법상 합병법인의 사업연도 기간에 대하여 K-IFRS 제1103호(사업결합)에서 규정한 회계목적상 취득자(상법상 피합병법인)를 기준으로 작성한 재무상태표·포괄손익계산서 및 이익잉여금처분계산서(또는 결손금처리계산서)로서 상법규정에 의하여 합병법인의 정기 주주총회의 승인을 얻은 것을 말하는 것임(법규법인 2013-28, 2013. 8. 1.).

청산소득(현재는 양도차손익)에 대한 법인세 납세의무자는 상법상 피합병회사임

귀 질의의 경우, 「기업인수·합병 등에 관한 회계처리준칙」 문단 17의 규정에 의해 지배·종속관계가 성립하는 모회사와 자회사간 합병시 자회사가 모자회사를 흡수합병 하는 경우 「법인세법」 제80조의 청산소득에 대한 법인세 납세의무자는 상법상 해산하는 모회사가 되는 것임(서면2팀-492, 2006. 3. 15.).

역합병의 경우 기업회계기준에 따른 회계처리에 상관없이 세법에 따라 적용함

상법의 규정에 따라 신설합병으로 인하여 해산하는 내국법인의 경우 다른 피합병법인을 흡수합병하는 방식으로 회계처리하는 경우에도 사업연도 의제에 관한 법인세법 제8조 제2항의 규정 및 합병에 의한 청산소득금액 신고에 관한 같은법 제84조 제1항 제3호의 규정이 적용되는 것임.

역합병의 경우 과세기간과 제출하는 재무제표의 범위

귀 질의의 경우와 같이 매수법에 의하여 합병이 이루어진 경우 합병등기일이 속하는 사업연도의 법인세신고는 합병법인의 경우 합병법인의 사업연도개시일부터 합병등기일까지의 실적과 합병등기일 이후 사업연도종료일까지의 실적을 합산하여 신고하는 것이고, 피합병법인의 경우 피합병법인의 사업연도개시일부터 합병등기일까지를 의제된 사업연도로 보아 법인세과세표준신고를 하여야 하는 것이며, 재무제표도 각각의 법인의 사업연도를 기준으로 하여 작성된 재무제표를 첨부하여야 하는 것임(서면2팀-990, 2005. 7. 4.).

완전모자회사간 역합병의 경우 의제배당 과세여부

법인이 발행주식의 100%를 보유하고 있는 자회사와 역합병으로 보유하게 된 자기주식의 소각으로, 주식을 소각하지 아니한 잔여주주의 지분비율이 증가하는 경우 당해 잔여주주의 지분비율 증가는 법인세법 제16조의 규정에 의한 의제배당에 해당되지 아니하는 것임(서면인터넷방문상담2팀-2157, 2005. 12. 22.).

(2) 상법상(세법상) 합병법인

합병법인의 경우 합병법인의 사업연도 개시일부터 합병등기일까지의 실적과 합병등기일 이후 사업연도 종료일까지의 실적을 합산하여 신고하는 것이다(서면2팀-990, 2005. 7. 4.). 따라서, 합병법인의 사업연도 개시일부터 합병등기일까지의 합병법인의 기존사업소득금액과 합병등기일 이후 사업연도 종료일까지의 기존사업과 피합병법인의 승계사업소득금액을 합산하여 신고하는 것이다.

단, 합병법인이 과세표준신고와 함께 제출하는 재무제표는 상법상 합병법인의 사업연도를 기준으로 기업회계기준을 준용하여 작성한 재무상태표 등으로서 상법규정에 따라 정기주주총회에서 승인한 것을 말한다. 그렇다고 반드시 주주총회의 승인을 거친 재무상태표등만을 인정하는 것은 아니며, 주주총회 승인절차를 거치지 아니하고 법인세법 제60조 제1항의 신고기한 내에 법인세과세표준및세액신고서에 첨부하여 제출한 경우 당해 대차대조표 등이 기업회계기준을 준용하여 작성된 경우에도 이를 적법한 신고로 본다는 국세청의 해석도 있다.

예를 들어서, K-IFRS 제1103호(사업결합)에 따른 역취득에 해당하는 경우 합병법인이 법인세 과세표준 및 세액 신고 시 「법인세법」 제60조 제2항 제1호에 따라 첨부하여야 할 재무상태표 등은 상법상 합병법인의 사업연도 기간에 대하여 K-IFRS 제1103호(사업결합)에서 규정한 회계목적상 취득자(상법상 피합병법인)를 기준으로 작성한 재무상태표·포괄손익계산서 및 이익잉여금처분계산서(또는 결손금처리계산서)로서 상법규정에 의하여 합병법인의 정기 주주총회의 승인을 얻은 것을 말하는 것이다(법규법인 2013-28, 2013. 8. 1.).

이는 앞서 언급한대로 법인세법 제60조 제2항 제1호에 따라 법인세 과세표준 등의 신고시 제출해야 하는 재무제표는 기업회계기준을 준용하여 작성한 것이어야 하기 때문이다.

사업연도 중 합병 시 합병등기일이 속한 사업연도 법인세 신고시 제출하는 재무제표 범위

기업인수・합병등에관한회계처리준칙에 따라 매수법에 의하여 합병이 이루어진 경우 합병법인이 「법인세법」 제60조 규정에 의하여 합병등기일이 속하는 사업연도의 소득에 대한 법인세과세표준과 세액을 신고함에 있어서 같은 조 제2항 제1호의 규정에 의하여 제출하는 재무제표는 상법상 합병법인의 사업연도를 기준으로 작성한 재무제표를 말하는 것임(법인세과-643, 2009. 5. 29., 법인세과-737, 2009. 6. 26.).

기업인수・합병등에관한회계처리준칙에 따라 매수법에 의하여 합병이 이루어진 경우 합병법인이 「법인세법」 제60조 규정에 의하여 합병등기일이 속하는 사업연도의 소득에 대한 법인세과세표준과 세액을 신고함에 있어서 같은 조 제2항 제1호의 규정에 의하여 제출하는 재무제표는 상법상 합병법인의 사업연도를 기준으로 작성한 재무제표를 말한다(법인-643, 2009. 5. 29.).

K-IFRS 제1103호(사업결합)에 따른 역취득에 해당하는 경우 합병법인이 법인세 과세표준 및 세액신고시 「법인세법」 제60조 제2항 제1호에 따라 첨부하여야 할 재무상태표 등은 상법상 합병법인의 사업연도 기간에 대하여 K-IFRS 제1003호(사업결합)에서 규정한 회계목적상 취득자(상법상 피합병법인)를 기준으로 작성한 재무상태표・포괄손익계산서 및 이익잉여금처분계산서(또는 결손금처리계산서)로서 상법규정에 의하여 합병법인의 정기 주주총회의 승인을 얻은 것을 말하는 것이다(법규법인 2013-28, 2013. 8. 1.).

법인이 사업연도 중에 합병이 있는 경우 법인세법 제60조 규정에 의하여 합병등기일이 속하는 사업연도의 소득에 대한 법인세과세표준 및 세액을 신고함에 있어서 동조 제2항 제1호 규정에 의하여 제출하는 재무제표는 상법상 합병법인의 사업연도 기간에 대하여 기업회계기준을 준용하여 작성한 대차대조표・손익계산서 및 이익잉여금처분계산서(또는 결손금처리계산서)로서 상법규정에 의하여 당해 법인의 정기 주주총회의 승인을 얻은 것을 말한다(서이 46012-10307, 2003. 2. 11.)

법인이 작성한 대차대조표 손익계산서 및 이익잉여금처분계산서 등을 주주총회 승인절차를 거치지 아니하고 법인세법 제60조 제1항의 신고기한 내에 법인세과세표준및세액신고서에 첨부하여 제출한 경우 당해 대차대조표 등이 기업회계기준을 준용하여 작성된 경우에는 이를 적법한 신고로 보는 것임(서면2팀-1438, 2004. 7. 12.←법인세과-1834, 2004. 6. 30.).

법인세법상 납세의무는 상법에 의한 합병법인 또는 피합병법인을 기준으로 판단함

법인간 합병시 합병신주 교부에 의해 지분율이 변동됨에 따라 「기업인수・합병 등에 관한 회계처리준칙」(4-1)의 규정에 의하여 피합병법인을 매수회사로, 합병법인을 피매수회사로 회계처리하는 경우 법인세법상 납세의무는 상법에 의한 합병법인 또는 피합병법인을 기준으로 판단하는 것이므로 상법상 해산하는 회사가 청산소득 납세의무 있음(법인세과-2509, 2008. 9. 18., 서면2팀-758, 2006. 5. 4.).

역합병에 따라 피합병법인이 계상한 부의 영업권등은 합병법인의 임의평가로 봄

기업회계기준상 매수회사인 피합병법인이 합병법인의 자산과 부채를 공정가액으로 평가함에 따라 계상한 주식발행초과금 또는 부의 영업권은 이를 합병법인의 임의평가로 보아 세무조정하고 피합병법인의 자산·부채와 구분하여 사후관리하여야 하는 것이며, 상법상 합병법인이 피합병법인의 자산과 부채를 승계함에 있어서 상법 제459조 제1항 제3호의 규정에 의한 금액을 재계산하여 이를 합병법인의 합병차익으로 하여야 하는 것임(서이 46012-11677, 2002. 9. 6.).

역합병시 합병법인의 집대비 한도액 계산

법인간 합병 시 합병신주 교부에 의해 지분율이 변동됨에 따라 『기업인수·합병 등에 관한 회계처리준칙』(4-1)의 규정에 의하여 피합병법인을 매수회사로, 합병법인을 피매수회사로 회계처리하는 경우 법인세법상 납세의무는 상법에 의한 합병법인 또는 피합병법인을 기준으로 판단하는 것으로, 이 경우 합병법인의 합병등기일이 속하는 사업연도의 접대비 한도액 계산시 적용되는 '수입금액'은 합병법인의 당해 사업연도에서 발생한 매출액으로써 기업회계기준에 의하여 계산한 금액으로 하는 것임(서면인터넷방문상담2팀-758, 2006. 5. 4.).

완전모자회사간 역합병의 경우로서 상증법 제38조의 적용여부

피합병법인이 합병법인의 주식을 100% 소유하여 피합병법인의 대주주들이 보유하고 있는 각자의 합병전후 주식가치에 변동이 발생하지 아니하며, 당해 대주주들이 합병으로 인하여 다른 주주로부터 얻은 이익이 없는 때에는 증여세가 과세되지 아니하는 것임(서면인터넷방문상담2팀-2157, 2005. 12. 22.).

역합병의 경우 합병법인의 유보소득 기초가액

「기업인수·합병 등에 관한 회계처리 준칙」에 따른 매수법에 의하여 합병이 이루어진 경우 합병법인이 합병등기일이 속하는 사업연도의 소득에 대한 법인세의 과세표준과 세액을 신고함에 있어"자본금과 적립금 조정명세서(을)"서식의 기초가액은 당해 합병법인의 합병등기일이 속하는 사업연도의 직전 사업연도 기말잔액과 피합병법인으로부터 세무상 승계받은 유보소득으로 하는 것임(법인세과-1185, 2009. 10. 26.).

모회사가 피합병법인이 되고 자회사가 합병법인이 되는(역합병) 완전모자회사간합병 시 피합병법인으로부터 승계하는 자기주식과 관련된 자산조정계정의 처리방법

완전자회사("합병법인")가 완전모회사("피합병법인")를 합병하여, 합병대가로 신주를 발행하여 피합병법인의 주주에게 교부하고 피합병법인으로부터 승계하는 합병법인의 발행주식("자기주식")을 소각하거나 합병대가로 신주를 발행하여 교부하지 아니하고 자기주식을 교부하는 경우, 해당 자기주식에 자산조정계정 및 유보 승계액은 각각 소멸함(서면법규-591, 2014. 6. 13.).

Ⅶ 불공정합병에 따른 증여세과세와 부당행위계산부인

불공정합병이란, 합병당사법인들 중 일방의 주식등을 시가보나 높거나 낮게 평가하여 불공정한 비율로 합병하는 경우를 말하며, 낮게 평가된 법인의 주주가 상대적으로 높게 평가된 법인의 주주에게 불공정한 평가로 인해 이익이 분여 되는 것을 말한다.

특수관계에 있는 법인간의 불공정 합병(분할합병 포함)으로 인하여 이익을 분여받은 자가 개인주주인 경우에는 합병에 따른 이익의 증여(상증법 §38) 규정에 따라 증여세가 과세되고, 이익을 분여한 자가 법인주주인 경우에는 법인세법상 부당행위계산부인(법령 §88)에 적용되어 익금산입의 대상이 된다(법령 §11 8호).

한편, 영리법인에게는 증여세가 과세되지 않는다 하더라도 법인을 통하여 간접적으로 법인의 개인주주에게 재산이 사실상 무상으로 이전된 경우 개인주주에게는 증여세가 과세될 수 있다(재경부 재산 46014-95, 1999. 12. 31. 및 상증법 §45의 5).

적격합병이라고 해서 모두 공정합병이라고 할 수 없다. 따라서 적격합병이더라도 불공정합병에 따른 증여세 또는 법인세 과세대상이 될 수 있으므로 적격합병과 공정합병과는 아무런 관련이 없다.

| 적격합병요건과 불공정합병에 따른 이익분여에 따른 증여세와 부당행위계산부인 적용 요건 |

적격합병요건 (법법 §44 ②)	합병에 따른 이익의 증여세 과세요건 (상증법 §38)	부당행위계산부인의 요건 (법령 §88 ① 8호 가목)
① 사업목적합병 ② 지분의 연속성 ③ 사업의 계속성 ④ 고용승계	① 특수관계인간 합병 ② 수증자는 대주주 ③ 개인주주의 분여받은이익의 존재 ④ 불공정합병	① 특수관계인간 합병 ② 특수관계인인 주주간의 이익분여 ③ 법인주주의 분여한 이익의 존재㈜ ④ 불공정합병

상증법 제38조(합병에 따른 이익의 증여)와 법령 제88조 제1항 제8호 가목(불공정합병에 따른 부당행위계산부인)의 납세의무자등은 다음과 같다.

납세의무자	개인주주	법인주주
납세의무자	이익을 분여받은 개인주주 (이익분여한 자는 법인 · 개인주주 상관없음)	이익을 분여한 법인주주 (이익분여한 자는 법인 · 개인주주 상관없음)
관련 법령	상증법 제38조 (합병에 따른 이익의 증여)	법령 제88조 제1항 제8호 가목 (부당행위계산의 부인)

☞ 상증법상에서는 이익을 분여받은 개인주주에 대해 과세하는 것이고 법인세법상의 부당행위계산부인은 이익을 분여한 법인주주에게 과세함.

1. 개인주주에 대한 증여세 과세

특수관계에 있는 법인 간의 합병(분할합병을 포함한다)으로 소멸하거나 흡수되는 법인 또는 신설되거나 존속하는 법인의 대주주등* 이 합병으로 인하여 이익을 얻은 경우에는 그 합병등기일을 증여일로 하여 그 이익에 상당하는 금액을 그 대주주등의 증여재산가액으로 한다. 다만, 그 이익에 상당하는 금액이 과세기준금액 미만인 경우는 제외한다.

㈜ "대주주등"이란 해당 주주 등의 지분 및 그의 특수관계인의 지분을 포함하여 해당 법인의 발행주식총수 등의 100분의 1 이상을 소유하고 있거나 소유하고 있는 주식 등의 액면가액이 3억원 이상인 주주등을 말한다(상증령 §28 ②).

(1) 특수관계에 있는 법인간의 합병

1) 개요

"특수관계에 있는 법인 간의 합병"이란 합병등기일이 속하는 사업연도의 직전 사업연도 개시일(그 개시일이 서로 다른 법인이 합병한 경우에는 먼저 개시한 날을 말한다)부터 합병등기일까지의 기간 중 다음의 어느 하나에 해당하는 법인간의 합병을 말한다. 다만, 「자본시장과 금융투자업에 관한 법률」에 따른 주권상장법인이 다른 법인과 같은 법 제165조의 4 및 같은 법 시행령 제176조의 5에 따라 하는 합병은 특수관계에 있는 법인 간의 합병으로 보지 아니한다(상증령 §28 ①).

① 「법인세법 시행령」 제2조 제5항에 따른 특수관계에 있는 법인(법인세법상 특수관계에 있는 법인)

② 법인이 속한 기획재정부령으로 정하는 기업집단의 소속 기업

③ 동일인이 임원의 임면권의 행사 또는 사업방침의 결정 등을 통하여 합병당사법인(합병으로 인하여 소멸·흡수되는 법인 또는 신설·존속하는 법인을 말한다)의 경영에 대하여 영향력을 행사하고 있다고 인정되는 관계에 있는 법인

♣ 특수관계에 있는 법인의 범위

상증령 제28조 제1항에 따른 특수관계에 있는 법인은 같은 항에 규정된 기간㈜ 중 1회라도 위의 어느 하나에 해당한 사실이 있는 경우의 그 법인을 말한다(기본통칙 38-28…1).
다만, 주권상장법인이 「자본시장과 금융투자업에 관한 법률」에 따라 다른 법인과 합병할 경우에는 특수관계에 있는 법인간 합병으로 보지 아니한다(집행기준 38-28-3).

㈜ 합병등기일이 속하는 사업연도의 직전 사업연도 개시일(그 개시일이 서로 다른 법인이 합병한 경우에는 먼저 개시한 날을 말한다)부터 합병등기일까지의 기간

2) 기획재정부령으로 정하는 기업집단의 소속기업

기업집단의 소속기업이란 공정거래법 제2조 제11호와 동법 시행령 제4조 제1항 각호에 따라 사실상 사업내용을 지배하는 회사의 집단을 말한다.

동일인이 회사인 경우와 회사가 아닌 경우로 나누어 다음과 같이 회사의 집단을 규정하고 있다.

가. 동일인이 회사인 경우: 그 동일인과 그 동일인이 지배하는 하나 이상의 회사의 집단

나. 동일인이 회사가 아닌 경우: 그 동일인이 지배하는 둘 이상의 회사의 집단

따라서, 개인이 지배하는 둘 이상의 법인이 있는 경우 그 둘 이상의 법인은 기업집단에 속하게 된다. 그리고 법인이 지배하는 다른 법인이 있는 경우에는 법인과 다른 법인은 기업집단에 속하게 되고, 법인이 지배하고 있는 다른 법인이 둘 이상인 경우에는 법인과 다른 모든 법인이 기업집단에 속하게 된다.

흔히들 기업집단이라고 하면, 대기업에 속하는 기업들만 기업집단에 속한다고 생각할 수 있지만 사실상 그렇지 않다. 소기업 포함 모든 기업들이 해당 요건을 충족한다면 기업집단에 속하게 되므로 특수관계인 여부 판단 시 기업집단에 속하는지 여부는 필수적으로 체크해야 할 항목임이 분명하다.

상기에서 "사실상 그 사업내용을 지배하는 회사"란 다음의 회사를 말한다.

1. 동일인이 단독으로 또는 다음의 자(이하 "동일인관련자"라 한다)와 합하여 해당 회사의 발행주식(「상법」 제344조의 3 제1항에 따른 의결권 없는 주식은 제외한다) 총수의 100분의 30 이상을 소유하는 경우로서 **최다출자자인 회사**

   가. 동일인과 다음의 관계에 있는 사람(이하 "친족"이라 한다)
      1) 배우자
      2) 4촌 이내의 혈족
      3) 3촌 이내의 인척
      4) 동일인이 지배하는 국내 회사 발행주식총수의 100분의 1 이상을 소유하고 있는 5촌 · 6촌인 혈족이나 4 촌인 인척
      5) 동일인이 「민법」에 따라 인지한 혼인 외 출생자의 생부나 생모
   나. 동일인이 단독으로 또는 동일인관련자와 합하여 총출연금액의 100분의 30 이상을 출연한 경우로서 최다출연자이거나 동일인 및 동일인관련자 중 1인이 설립자인 비영리법인 또는 단체(법인격이 없는 사단 또는 재단으로 한정한다. 이하 같다)
   다. 동일인이 직접 또는 동일인관련자를 통해 임원의 구성이나 사업운용 등에 지배적인 영향력을 행사하고 있는 비영리법인 또는 단체
   라. 동일인이 여기 1번 또는 아래의 2번에 따라 사실상 사업내용을 지배하는 회사
   마. 동일인 및 동일인과 나목부터 라목까지의 관계에 있는 자의 사용인(법인인 경우에는 임원, 개인인 경우에는 상업사용인 및 고용계약에 따른 피고용인을 말한다)

2. 다음 각 목의 회사로서 동일인이 해당 회사의 경영에 대해 지배적인 영향력을 행사하고 있다고 인정되는 회사

가. 동일인이 다른 주요 주주와의 계약 또는 합의에 따라 대표이사를 임면한 회사 또는 임원의 100분의 50 이상을 선임하거나 선임할 수 있는 회사
나. 동일인이 직접 또는 동일인관련자를 통해 해당 회사의 조직변경 또는 신규사업에 대한 투자 등 주요 의사결정이나 업무집행에 지배적인 영향력을 행사하고 있는 회사
다. 동일인이 지배하는 회사(동일인이 회사인 경우에는 동일인을 포함한다. 이하 이 목에서 같다)와 해당 회사 간에 다음의 경우에 해당하는 인사교류가 있는 회사
  1) 동일인이 지배하는 회사와 해당 회사 간에 임원의 겸임이 있는 경우
  2) 동일인이 지배하는 회사의 임직원이 해당 회사의 임원으로 임명되었다가 동일인이 지배하는 회사로 복직하는 경우(동일인이 지배하는 회사 중 당초의 회사가 아닌 다른 회사로 복직하는 경우를 포함한다)
  3) 해당 회사의 임원이 동일인이 지배하는 회사의 임직원으로 임명되었다가 해당 회사 또는 해당 회사의 계열회사로 복직하는 경우
라. 동일인 또는 동일인관련자와 해당 회사 간에 통상적인 범위를 초과하여 자금 · 자산 · 상품 · 용역 등의 거래 또는 채무보증이 있는 회사
마. 그 밖에 해당 회사가 동일인의 기업집단의 계열회사로 인정될 수 있는 영업상의 표시행위를 하는 등 사회통념상 경제적 동일체로 인정되는 회사

상기의 내용을 요약하면 다음과 같다.

먼저 동일인관련자의 정의를 파악하는 것이 중요하며 동일인관련자를 정리하면 다음과 같다.

① 동일인
② 동일인관련자: 동일인과 다음의 ⓐ부터 ⓕ의 관계에 있는 자
  ⓐ: 친족
  ⓑ: ① 또는 ①+②가 30% 이상 출연하면서 최다출연자인 비영리법인 등
  ⓒ: ① 또는 ①+②가 30% 이상 출연하면서 ① 또는 ② 중 설립자인 비영리법인 등
  ⓓ: ①이 직접 또는 ②를 통해 지배적인 영향력을 행사하고 있는 비영리법인 등
  ⓔ: ①이 사실상 지배하는 회사
  ⓕ: ① 또는 ①과 ⓑ~ⓔ까지의 관계에 있는 법인의 임원 or 개인의 사용인

이하에서 동일인을 ①이라 하고 동일인관련자를 ②라고 하여 정리하고자 하며, 기업집단에 속하는 계열회사는 다음의 30% 이상을 소유하는 최다출자자인 회사(이하에서 '최다출

자회사'라고 한다)와 지배적인 영향력을 행사하고 있는 회사(이하에서 '지배적 영향력행사회사'라고 한다)를 말한다.

동일인이 개인인 경우에는 개인이 출자하고 있는 둘 이상의 최다출자회사(또는 지배적인 영향력행사회사)를 기업집단이라고 하며, 동일인이 법인인 경우에는 법인과 법인의 최다출자회사(또는 지배적인 영향력행사회사)를 또는 둘 이상의 최다출자회사 등이 있는 경우에는 법인과 둘 이상의 최다출자회사 등 모두를 기업집단이라고 한다.

1. 30% 이상을 소유하는 최다출자자인 회사

①이 단독으로 또는 ②와 합하여 해당 회사의 발행주식(의결권 없는 주식은 제외) 총수의 100분의 30 이상을 소유하는 경우로서 **최다출자자인 회사**

2. 지배적인 영향력을 행사하고 있는 회사

①이 지배적인 영향력을 행사하고 있는 다음의 회사

가. ①이 대표이사의 임면 또는 임원의 50% 이상의 선임 또는 선임가능한 회사

나. ①이 직접 또는 ②를 통해 지배적인 영향력을 행사하고 있는 회사

다. ①이 지배하는 회사(①이 회사인 경우에는 ① 포함. ⓐ~ⓒ도 동일함) 또는 해당 회사 간에 다음의 인사교류가 있는 회사

ⓐ ①이 지배하는 회사와 해당 회사 간에 임원의 겸임이 있는 경우

ⓑ ①이 재배하는 회사의 임직원이 해당 회사의 임원으로 임명됐다가 복직하는 등의 경우

ⓒ 해당 회사의 임원이 ①이 지배하는 회사의 임직원이 되었다가 다시 복직하는 등의 경우

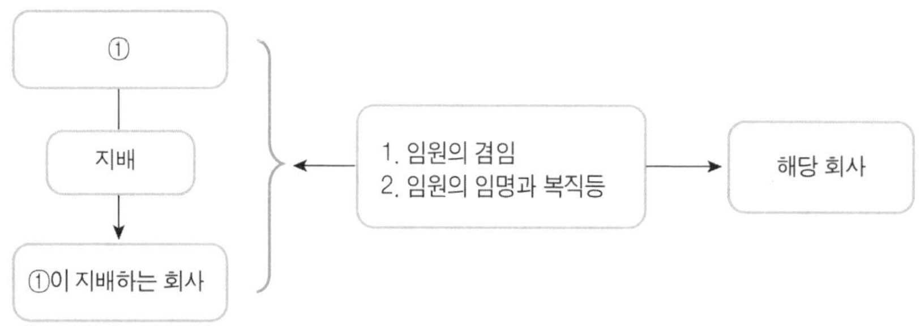

라. ① 또는 ②와 해당 회사 간 과다한 자금 · 자산 · 상품 · 용역 등의 거래 또는 채무보증이 있는 회사

마. 그 외 해당 회사가 동일인의 계열회사로 인정될 만한 사회통념상 경제적 동일체로 인정되는 회사

(2) 대주주(수증자)

특수관계에 있는 법인간 합병시 합병비율 등을 조절함으로써 합병 후의 주식가치와 합병 전의 주식가치가 서로 상이할 경우 주식가치가 감소된 주주가 주식가치가 상승된 주주에게 주식가치 감소분을 무상으로 이전한 것으로 보며 주주들의 주식가치 상승분 중 **대주주가 얻은 주식가치 상승분에 대하여만** 과세한다. 따라서 대주주가 아닌 경우에는 과세대상이 아니다(상증세 집행기준 38-28-1).

대주주는 해당 주주의 지분 및 그의 특수관계인의 지분을 포함하여 해당 법인의 발행주식총수 등의 100분의 1 이상을 소유하고 있거나 소유하고 있는 주식 등의 액면가액이 3억원 이상인 주주등을 말한다(상증세 집행기준 38-28-4).

대주주 : (특수관계인의 지분포함 지분율 1% 이상) 또는 (액면가액 3억원 이상)

(3) 분여한 이익

합병 후의 주식가치와 합병 전의 주식가치가 서로 상이할 경우 주식가치가 감소된 주주가 주식가치가 상승된 주주에게 주식가치 감소분에 해당하는 이익을 분여 한 것으로 본다.

분여 한 이익액은 합병대가를 주식으로 교부받은 경우와 주식 외 자산으로 교부받았을 때로 분류하여 산정한다. 주식으로 받았을 때는 합병 후 법인의 1주당 평가액에서 주가과대평가법인의 합병 전 1주당 평가액을 뺀 금액에 대주주가 합병으로 교부받은 주식 수를 곱하여 계산한다.

| 합병에 따른 이익의 증여 | 상증세 집행기준 38-28-2

구 분	내 용
과세요건	① 특수관계에 있는 법인간의 합병 ② 합병으로 인한 일정규모 이상의 대주주의 이익 발생
납세의무자	합병으로 인하여 이익을 얻은 대주주
증여시기	합병등기일(상증법 §38 ①)
증여세 과세가액	1) 주식으로 교부받았을 경우 대주주의 합병으로 인한 이익 = (A−B)×대주주가 합병으로 교부받은 주식수 A : 합병 후 법인의 1주당 평가액 B : 합병비율 반영한 주가과대평가법인의 합병 전 1주당 평가액 2) 주식 외의 자산으로 교부받았을 경우 대주주의 합병으로 인한 이익 = (가−나)×대주주 주식수 가 : 1주당 액면가액(단, 액면가액 〉 합병대가 → 합병대가) 나 : 합병당사법인의 1주당 평가액

♣ 대주주가 합병으로 인한 의제배당소득으로 소득세가 과세되는 경우 합병에 따른 증여이익 계산시 동 의제배당소득을 증여이익에서 차감한다.

1) 합병대가를 주식 등으로 교부받은 경우

분여받은이익액을 계산할 때 합병대가를 주식등으로 교부받는 경우에는 다음의 「가)합병 후 신설 또는 존속법인의 1주당 평가액」의 가액에서 「나)역합병비율 반영한 주가 과대평가된 법인의 1주당 평가액」의 가액을 차감한 가액에 주가가 과대평가된 합병당사법인의 대주주등이 합병으로 인하여 교부받은 신설 또는 존속하는 법인의 주식등의 수를 곱한 금액이다.

대주주의 합병으로 인한 이익 = (A−B)×대주주가 합병으로 교부받은 주식수

A : 합병 후 법인의 1주당 평가액
B : 역합병비율 반영한 주가과대평가법인의 합병 전 1주당 평가액*

*주가과대평가법인의 1주당 평가액 ×(합병전주식수 / 합병교부주식수)

단, 과세대상 이익액은 기준금액 이상인 경우에만 증여세를 과세하며, 그 기준금액은 합병 후 신설 또는 존속하는 법인의 주식등의 평가가액의 100분의 30에 상당하는 가액과 3억원 중 적은 금액이다(상증령 §28 ④ 1호).

| 역합병비율 |

① 역합병비율: (합병전 주식수 / 교부받은 주식수)
② 합병비율: (교부받은 주식수 / 합병전 주식수)

합병비율과 역합병비율 계산시 분모와 분자의 위치가 서로 바뀐다. 따라서 이 책에서 이것을 "역합병비율"이라고 명칭한다.

이는 분여받은이익을 계산할 때 "합병 후 법인의 1주당 평가액"에서 "합병 전 1주당 평가액"을 차감하여 계산하고, 이 경우 합병 후 주식수 기준으로 평가된 1주금액으로 통일하지 않으면 정확한 1주당 분여받은이익액을 계산할 수 없기 때문이다.

♣ 합병비율과 역합병비율

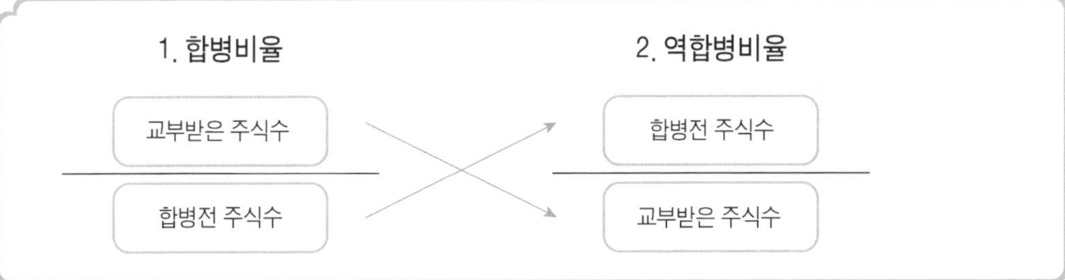

사 례

*합병회사 ㈜창용전자의 합병직전 1주당 평가액은 10,000(100,000주)
*피합병회사 ㈜장헌기계의 합병직전 1주당 평가액은 8,000(150,000주)
*합병법인의 합병직전 총평가액: 1,000,000,000
*피합병법인의 합병직전 총평가액: 1,2000,000,000
*공정합병비율은 1 : 0.8
*합병·피합병법인은 계산의 편리를 위해 둘 다 비상장기업인 것으로 한다.
*피합병법인의 주주 모두 과세대상이 되는 대주주 1인이라고 가정한다.

① 공정합병의 경우 피합병법인의 주주에게 배정되는 합병법인의 주식수: 120,000주
② 그러나, 피합병법인의 1주당 평가액을 9,000으로 세무서에 신고
③ 실제 신고 합병비율은 1 : 0.9
④ 피합병법인의 주주에게 실제로 배정되는 합병법인의 주식수는 135,000주

♣ 합병으로 인한 과세대상 이익금액을 계산하면 다음과 같다.

① 합병후 1주당 평가액 : 9,361.70원 [(1,000,000,000 + 1,200,000,000) / (100,000 + 135,000)]

* 비상장주식이므로 단순평균액으로 계산한다.

② 역합병비율 반영한 주가과대평가법인의 합병 전 1주당 평가액

8,000 × (150,000 / 135,000) = 8,888.88

* 이는「합병전 피합병법인의 시가액(12,000,000,000) / 합병후 주식수(135,000주)」와 동일하다.

☞ 분여받은이익은 (9,361.70 − 8,888.88) × 135,000 = 63,830,700원

③ 과세대상 기준금액의 계산

합병대가를 주식으로 교부받았으므로 과세기준금액은 다음과 같이 계산한다.

Min ①② [① 3억원, ② 합병 후 법인의 1주당 평가액의 30% 이상]

* 1주당 과세대상 이익금액 : 472.82 (9,361.70 − 8,888.88)

* 5.05% = 472.82 / 9,361.70

④ 과세대상 기준금액 미만이므로 증여세 과세되지 않음

가) 합병 후 신설 또는 존속법인의 1주당 평가액

합병 후 신설 또는 존속법인의 1주당 평가액은 주권상장·코스닥상장 법인(이하에서 '상장법인'이라 한다)과 그 외 법인(이하에서 '비상장법인'이라 한다)으로 분류하여 평가방법을 달리 하고 있다.

| 합병 후 신설 또는 존속법인의 1주당 평가액의 계산의 요약 |

구분	주권상장 · 코스닥상장 법인	그 외 법인
합병 후 1주당 평가액	Min [①, ②] ① 합병등기일 이후 2개월간 최종시세가액의평균액 (상증법 §63 ① 1호 가목 및 상증 통칙 38-28-4) ② 대차대조표공시일과 합병신고일 중 빠른 날의 단순평균액* 단, 비상장주식의 평가방법에 따를 경우에는 대차대조표공시일 (상증법 §63 ① 1호 나목 및 상증령 §28 ⑤ 2호 및 서일 46014-10591, 2001. 12. 10. 및 재재산 46014-68, 2002. 3. 28.)	대차대조표공시일의 단순평균액 (상증령 §28 ⑤ 본문과 ⑤ 2호 괄호안)

* 단순평균액의 계산 방법

$$1주당\ 평가액 = \frac{합병\ 직전\ 합병 \cdot 피합병법인은\ 주식가액\ 합계액^{*}}{합병\ 후\ 신설\ 또는\ 존속법인의\ 주식수}$$

| 단순평균액에서 합병 직전 합병 · 피합병법인은 주식가액 합계액의 계산 |

구 분	주권상장 · 코스닥상장 법인	그 외 법인
합병직전 주식등의 가액	Max[①, ②] (상증령 §28 ⑥) (서일 46014-10591, 2001. 12. 10.) (재재산 46014-68, 2002. 3. 28.) ① 대차대조표공시일 또는 합병신고일 중 빠른 날 이전 2개월간 종가평균액 ② 대차대조표공시일의 비상장주식 평가방법에 의한 평가액 1. 원칙: 시가(매매 · 수용 · 경매 · 공매가액도 시가로 봄) 2. 예외: 보충적 평가방법	대차대조표공시일의 비상장주식 평가방법에 의한 평가액 (상증령 §28 ⑥, §28 ⑤ 2호)

(A) 합병등기일 이후 2개월간 최종시세가액의 평균액

합병등기일로부터 2월이 되는 날까지의 기간 동안의 한국거래소 최종시세가액의 평균액으로 한다.

상증 통칙 38-28…4에서 "합병당사법인 또는 합병후 신설 · 존속하는 법인이 상장법인 또는 코스닥상장법인인 경우 그 법인의 합병 전후 1주당 평가가액은 다음의 어느 하나의 기간중 한국거래소 최종시세가액에 따른다"라고 규정하고 있다.

1. 합병전 1주당 평가가액: 「상법」 제522조의 2에 따른 대차대조표공시일과 「자본시장과 금융투자업에 관한 법률」 제119조 및 같은 법 시행령 제129조에 따라 합병신고를 한 날 중 빠른 날 이전 2월간의 기간
2. 합병 후 1주당 평가가액: 합병등기일부터 2월이 되는 날까지의 기간

단순평균액방법으로 계산시 상장주식과 비상장주식의 평가기준일
(재재산 46014-68, 2002. 3. 28.)

1. 합병후 신설 또는 존속하는 법인이 소득세법 시행령 제22조 각호의 1에 해당하는 법인으로서 합병후 신설 또는 존속하는 법인의 1주당 평가가액을 산정함에 있어 평가기준일은 상속세및증여세법 시행령 제28조 제5항 제1호의 규정(**상장주식 평가방법**)을 선택한 경우에는 합병등기일이며, 동항 제2호의 규정(**비상장주식 평가방법**)을 선택한 경우에는 대차대조표공시일(상법 제522조의 2의 규정에 의한 날을 말함. 이하 같음) 또는 합병신고일(증권거래법 제190조의 2의 규정에 의한 날을 말함. 이하 같음)중 빠른 날입니다.
2. 합병당사법인이 소득세법 시행령 제22조 각호의 1에 해당하는 법인으로서 상속세및증여세법 시행령 제28조 제3항 제1호 나목의 규정에 의한 1주당 평가가액과 동시행령 제28조 제5항의 규정에 의한 합병직전 주식가액을 산정함에 있어 평가기준일은 상속세및증여세법 제63조 제1항 제1호 가목 또는 나목의 평가방법(현재는 상장주식 평가방법)을 선택한 경우에는 **대차대조표 공시일 또는 합병신고를 한 날 중 빠른 날**이며 동조 제1항 제1호 다목(현재는 비상장주식평가방법)의 평가방법을 선택한 경우에는 **대차대조표공시일**입니다.

(B) 단순평균액

단순평균액은 상장법인의 주식과 비상장법인의 주식 모두에게 적용되는 방식이며, 다음과 같이 계산된다. 합병 직전 합병・피합병법인의 주식가액 합계액을 합병 후 주식수로 단순하게 나누어 계산하는 방식이다.

$$\text{합병후 주식평가액} = \frac{\text{합병 직전 합병・피합병법인의 주식가액 합계액}}{\text{합병 후 신설 또는 존속법인의 주식수}}$$

♣ 합병법인의 주식가치와 피합병법인의 주식가치를 단순히 평균가액으로 계산한다.

$$\frac{\text{합병법인 주식가액} + \text{피합병법인 주식가액}}{\text{합병 후 주식 수}}$$

1. 합병직전 합병 · 피합병법인은 주식가액 평가방법(상증령 §28 ⑥)

주가가 과대평가된 합병당사법인의 합병직전 주식등의 가액과 주가가 과소평가된 합병당사법인의 합병직전 주식등의 가액을 합한 가액을 합병 후 신설 또는 존속하는 법인의 주식등의 수로 나눈 가액이다.

이 경우 합병직전 주식등의 가액의 평가기준일은 「상법」 제522조의 2에 따른 대차대조표 공시일 또는 「자본시장과 금융투자업에 관한 법률」 제119조 및 같은 법 시행령 제129조에 따라 합병의 증권신고서를 제출한 합병신고를 한 날 중 빠른 날(주권상장법인등에 해당하지 아니하는 법인인 경우에는 「상법」 제522조의 2에 따른 대차대조표 공시일)로 한다(상증령 §28 ⑤ 2호).

합병직전 합병법인과 피합병법인의 주식등의 가액은 상증법 제60조[평가의 원칙등] 및 제63조[유가증권등의 평가]에 따라 평가한 가액에 따르며, 상장법인의 주식과 비상장법인의 주식에 따라 다르게 평가된다.

ⓐ 주권상장 · 코스닥상장 주식(상장주식)의 평가

다음의 ①과 ② 중 큰 금액으로 한다. 단, ①의 평가기준일은 대차대조표공시일과 합병신고일 중 빠른 날, ②의 평가기준일은 대차대조표공시일로 한다(서일 46014-10591, 2001. 12. 10.).

① 평가기준일(상증령 §28 ⑤ 2호) 이전 2개월간의 평균액

② 비상장주식 평가방법에 의한 평가액(상증법 §60 및 §63 ① 1호 나목)

ⓑ 비상장법인 주식

「합병 직전 합병 · 피합병법인은 주식가액」은 다음의 순서대로 평가한다. 단, 평가기준일은 「상법」 제522조의 2에 따른 **대차대조표 공시일**로 한다(상증령 §28 ⑤ 2호).

① 원칙 : 시가

② 시가가 불분명한 경우 : 비상장주식의 보충적 평가방법

| 비상장주식 평가방법에 의한 평가액 |

1. 원칙 : 시가

평가기준일 현재의 시가로 한다. 시가는 불특정 다수인 사이에 자유롭게 거래가 이루어지는 경우에 통상적으로 성립된다고 인정되는 가액으로 하고 매매・감정・수용・경매(「민사집행법」에 따른 경매를 말한다.) 또는 공매로서 상증령 제49조에 따라 시가로 인정되는 것을 포함한다(상증법 §60 ②). 다만, 감정평가액은 주식평가에는 적용되지 않으므로 제외한다(상증법 §60 ②).

2. 예외 : 시가를 산정하기 어려운 경우

시가를 산정하기 어려운 경우에는 해당 재산의 종류, 규모, 거래 상황 등을 고려하여 제61조부터 제65조까지에 규정된 방법으로 평가한 가액을 시가로 보며(상증법 §60 ③), 구체적으로 해당 법인의 자산 및 수익 등을 고려하여 비상장주식등의 보충적 평가방법(상증령 §54)으로 평가한다(상증법 §60 ③).

2. 평가기준일

상장주식은 다음 중 빠른날로 한다. 단, 비상장주식평가방법으로 평가시에는 대차대조표공시일로 한다. 비상장주식은 대차대조표 공시일로 한다. 한편, 증여시기는 합병등기일이다(상증령 §28 ⑤ 2호).

㉮ 상법 제522조의 2에 따른 대차대조표 공시일

㉯ 「자본시장과 금융투자업에 관한 법률」 제119조 및 같은 법 시행령 제129조에 따라 합병의 증권신고서를 제출한 합병신고를 한 날

3. 포합주식이 있는 경우

상속세및증여세법 시행령 제28조 제5항의 규정에 의하여 합병후 존속하는 비상장법인의 합병후 1주당 평가액은 합병법인과 피합병법인의 합병직전 주식가액의 합계액을 합병후 존속하는 법인의 주식수로 나누어서 계산하는 것이며, 이 경우 합병법인이 합병전에 보유한 피합병법인의 주식을 **합병과정에서 소각한 때에는** 동 소각한 주식의 가액을 합병직전 주식가액의 합계액에서 차감한 후의 가액을 합병후 존속하는 법인의 주식수로 나누어서 계산한다(재산상속 46014-488, 2001. 12. 22. 및 재재산 46014-67, 2002. 3. 28. 및 서일 46014-10591, 2003. 5. 13.).

한편, 합병시 증여의제가액을 계산하기 위하여 합병후 존속법인의 1주당가액을 평가할 때, 합병법인이 소유한 피합병법인의 주식(포합주식)에 대하여 합병신주를 교부하지 않은 경우 합병후 주식수 계산방법은, 그 교부하지 않은 주식수는 합병후 주식수에 포함되지 아니한다(제도 46014-12567, 2001. 8. 7.).

포합주식에 대한 합병신주의 미교부는 대주주에 대한 증여세 과세대상이 아님

포합주식의 신주교부없이 소각한 경우와 신주교부후 신주를 소각하는 경우 모두 상법 등에 규정한 정상적인 합병절차에 의한 자본감소에 해당하고 거래의 실질 또한 동일함에도 불구하고 유독 신주를 교부하지 않고 포합주식을 소각한 경우만 불균등감자로 인한 증여의제로 보아 소각주식발행법인의 주주도 아닌 합병법인의 대주주에게 증여세를 과세한 처분은 잘못된 것임(심사증여 1999-0329, 2000. 3. 10.).

♣ 합병 후 신설 또는 존속법인의 1주당평가액은 다음과 같이 요약 정리할 수 있다.

구 분	주권상장·코스닥상장 법인	그 외 법인
합병 후 1주당 평가액	Min[①, ②] ① 종가평균액 (합병등기일 이후 2개월간) ② 단순평균액	단순평균액

Max[①, ②] / 합병후 주식수
합병직전 합병·피합병법인 주식가액의 합계액으로서
① 종가평균액
(평가기준일 이전 2개월간)
② 비상장주식평가방법 가액

(합병직전
합병·피합병법인
주식가액의 합계액으로서)
비상장주식평가방법가액 /
합병후 주식수

상장주식의 평가는 다음과 같이 더 요약하여 계산할 수 있다.

상장주식의 합병 후 신설 또는 존속법인의 1주당 평가액 =
Max [① 평가기준일 이전 2개월간 종가평균액, ② 비상장주식평가방법 가액] / 합병 후 주식수

단, 합병등기일 이후 2개월간 종가평균액을 한도로 한다.

(사례)

기준일 이후 2개월 종가평균액	기준일 이전 2개월 종가평균액	비상장주식 평가방법가액	1주당평가액
80	70	100	80
120	90	100	100
130	120	100	120
100	80	70	80
90	100	120	90

♣ 기준일 이후 2개월 종가평균액 한도 내에서
Max [①기준일 이전 2개월 종가평균액, ②비상장주식평가방법가액]으로 한다.

나) 역합병비율 반영한 주가 과대평가된 법인의 1주당 평가액(상증령 §28 ⑥)

주가 과대평가된 법인의 1주당 평가액은 다음과 같이 계산한다.

$$B = \text{주가과대평가된 합병당사법인의 1주당 평가액} \times \frac{\text{합병전주식수}}{\text{합병교부주식수}} \text{(역합병비율)}$$

♣ 이 계산식은 (합병 전 피합병법인 총주식의 평가액 / 피합병법인이 교부받은 합병교부주식)과 같다.

(A) 주권상장 · 코스닥상장 주식(상장주식)의 평가

주가가 과대평가된 합병당사법인의 1주당 평가액은 상증법 제60조[평가의 원칙등] 및 제63조[유가증권등의 평가]에 따라 평가한 가액에 따른다. 단, 상장주식은 다음 중 큰 금액으로 평가한다(상증령 §28 ⑥).

① 평가기준일 이전 2개월간 최종시세가액의 평균액(상증법 §60, §63 ① 1호 가목)

② 비상장주식 평가방법에 의한 평가액(상증법 §60, §63 ① 1호 나목)

(B) 비상장주식의 평가

상장주식 외 주식의 평가[상증법 제60조(평가의 원칙등) 및 제63조(유가증권등의 평가)에 따라 평가한 가액]는 앞부분 단순평균액 계산시의 비상장주식 평가방법과 동일하므로 자세히 기술되어 있는 해당 내용을 참고한다.

합병당사법인이 보유한 비상장법인의 주식에 대한 최대주주 할증평가 여부

합병 시 합병전 합병당사법인의 순자산가액을 상속세및증여세법 시행령 제55조의 규정에 의하여 계산하는 경우, 합병당사법인이 보유하고 있는 다른 비상장법인의 주식가액은 같은 법 제63조 제3항에 의한 최대주주의 10%할증 평가규정을 적용하여 계산하는 것이며, 불공정합병에 따라 대주주가 분여받은 이익을 계산하는 경우 최대주주의 10%할증평가규정은 적용하지 아니한다(재삼 46014-1411, 1999. 7. 23.).

(C) **평가기준일**

상장주식의 합병 진 1주당 평가액은 「상법」 제522조의 2에 따른 대차대조표공시일과 「자본시장과 금융투자업에 관한 법률」 제119조 및 같은 법 시행령 제129조에 따라 합병신고를 한 날 중 빠른 날로 한다(상증 통칙 38-28-4). 다만, 상장주식을 비상장주식 평가방법으로 평가하는 경우에는 대차대조표공시일로 한다. 비상장법인의 평가기준일은 「상법」 제522조의 2에 따른 대차대조표 공시일이다.

| 주가 과대평가된 법인의 1주당 평가액 계산 요약 | (상증세 집행기준 38-28-5)

구 분	주권상장 · 코스닥상장 법인	그 외 법인
주가 과대 평가된 법인의 1주당가치	Max[①, ②] (상증령 §28 ⑥) (재재산 46014-68, 2002. 3. 28.) ① 최종시세 가액의 평균액 (대차대조표공시일 또는 합병신고일 중 빠른 날 **이전** 2개월간) ② 비상장주식 평가방법에 의한 평가액 (대차대조표공시일 기준) 1. 원칙 : 시가(매매 · 수용 · 경매 · 공매가액도 시가로 봄) 2. 예외 : 보충적 평가방법	비상장주식 평가방법에 의한 평가액 (대차대조표공시일 기준)

* 분할합병을 하기 위하여 분할하는 법인의 분할사업부문에 대한 합병 직전 주식등의 가액은 비상장주식의 평가방법을 준용하여 분할사업부문을 평가한 가액으로 함

* 납세자의 선택에 의하여 '1주당 최근 3년간의 순손익액의 가중평균액'을 적용하는 대신 '1주당 추정이익의 평균가액'을 적용할 수 있음(상증칙 §17의 3 ① 4호).

"「주가 과대평가된 법인의 1주당 평가액」과 단순평균액 계산시의 「합병직전 주식등의 가액」은 상증법 제60조 및 제63조에 따라 평가한 가액에 따른다"라고 상증령 제28조 제5항에 규정하고 있다. 따라서 둘의 평가방법은 사실상 같다.

| 참고 : 관련법 내용 |

상속세및증여세법 제60조 [평가의 원칙 등]

① 이 법에 따라 상속세나 증여세가 부과되는 재산의 가액은 상속개시일 또는 증여일(이하 "평가기준일"이라 한다) 현재의 시가(時價)에 따른다. 이 경우 다음 각 호의 경우에 대해서는 각각 다음 각 호의 구분에 따른 금액을 시가로 본다.

1. 「자본시장과 금융투자업에 관한 법률」에 따른 증권시장으로서 대통령령으로 정하는 증권시장에서 거래되는 주권상장법인의 주식등 중 대통령령으로 정하는 주식등(제63조 제2항에 해당하는 주식등은 제외한다)의 경우 : 제63조 제1항 제1호 가목에 규정된 평가방법으로 평가한 가액
2. 「가상자산 이용자 보호 등에 관한 법률」 제2조 제1호에 따른 가상자산의 경우 : 제65조 제2항에 규정된 평가방법으로 평가한 가액

② 제1항에 따른 시가는 불특정 다수인 사이에 자유롭게 거래가 이루어지는 경우에 통상적으로 성립된다고 인정되는 가액으로 하고 수용가격 · 공매가격 및 감정가격 등 대통령령으로 정하는 바에 따라 시가로 인정되는 것을 포함한다.

③ 제1항을 적용할 때 시가를 산정하기 어려운 경우에는 해당 재산의 종류, 규모, 거래 상황 등을 고려하여 제61조부터 제65조까지에 규정된 방법으로 평가한 가액을 시가로 본다.

④ 제1항을 적용할 때 제13조에 따라 상속재산의 가액에 가산하는 증여재산의 가액은 증여일 현재의 시가에 따른다.

| 합병대가를 주식등으로 교부받은 경우 분여받은이익의 계산 요약 |

분여받은이익액 =
[합병후 평가액 - 역합병비율 반영한 주가과대평가법인의 합병전 평가액] × 교부받은 주식수

① 합병후 평가액

1. 상장주식 : Min[① 합병등기일 이후 2개월간 평균가액, ② 단순평균액*]

*단순평균액 = 합병직전 합병 · 피합병법인의 주식가액*의 합계액 / 합병후 주식수

* 합병직전 합병 · 피합병법인의 주식가액 (상증령 §28 ⑥) =
Max[① 평가기준일 이전 2개월간 평균가액, ② 비상장주식평가방법]

상기 ①의 평가기준일 : 대차대조표공시일과 합병신고일 중 빠른 날
상기 ②의 평가기준일 : 대차대조표공시일

2. 상장주식 외 : 단순평균액*

단순평균액 = 합병직전 합병·피합병법인의 주식가액 합계액 / 합병후 주식수

*대차대조표공시일의 비상장주식의 평가방법에 따른 평가액

② **합병전 평가액**(상증령 §28 ⑥)

역합병비율 반영한 1주당평가액:

주가과대평가된 법인의 1주당평가액 × (합병전주식수 / 합병교부주식수)

1. 상징주식 :

Max〔① 평가기준일* 이전 2개월간 평균가액, ② 비상장주식평가방법〕

*상기 ①의 평가기준일 : 대차대조표공시일과 합병신고일 중 빠른 날
상기 ②의 평가기준일 : 대차대조표공시일

2. 상장주식 외 : 대차대조표공시일의 비상장주식평가방법에 따른 평가액

분여받은 이익액을 다음과 같이 계산을 더 단순화 할 수 있다.

(합병후법인의 1주당 평가액 − 역합병비율 반영한 합병전 1주당 평가액)
× 합병으로 받은 주식 수

=

$$\frac{\text{합병후법인의 총평가액} - \text{합병전법인 주식의 총평가액}}{\text{받은 주식 수}} \times \text{받은 주식 수}$$

=

합병후법인의 총평가액−합병전법인 주식의 총평가액

상기와 같이 1주당 평가액으로 계산하는 것보다 총평가액으로 계산하는 것이 더 쉽게 분여받은 이익액을 산출할 수도 있다.

사례

- 다음은 비적격합병, 불공정합병이다.
- 계산의 편리를 위해 합병법인인 영남산업과 피합병법인인 영남중공업은 비상장법인으로 가정한다.
- 의제배당 계산을 위한 합병교부주식의 소득세법상 1주당 시가는 상증법상의 합병 후 1주당 평가액과 동일하다고 가정한다.
- 피합병법인의 주주는 대주주 1인이라고 가정한다.

구 분	합병 전		비 고
	영남산업	영남중공업	
합병직전 총주식평가액	20,000,000	10,000,000	합계:30,000,000
1주당액면가액	10,000	10,000	
자본금	10,000,000	5,000,000	
발행주식총수	1,000	500	총 1,500주
1주당 취득가액		21,000	
합병직전 1주당 정상평가액	20,000	20,000	
실제신고 합병전 1주당 평가액	20,000	30,000	비정상평가에 따른 불공정합병
공정합병비율	1	1	
실제신고합병비율	1	1.5	
공정합병후 주식수	1,000	500	
실제신고 합병비율에 따른 합병후 주식수	1,000	750	총 1,750주
합병 후 존속법인의 1주당 평가액	17,143		
역합병비율 반영한 주가과대평가법인의 합병 전 1주당 평가액		13,333.33	20,000× 역합병비율(500/750)
분여받은이익		2,857,250	(17,142.85－13,333.33) ×750

1. 의제배당액과 분여받은이익은 다음과 같다.

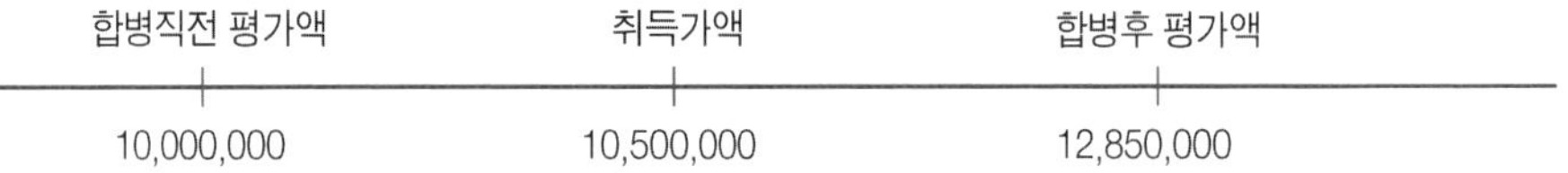

- 역합병비율 반영한 주가 과대평가법인의 합병직전 평가액 : 13,333.33 × 750 = 10,000,000
- 취득가액 : 21,000 × 500 = 10,500,000

• 합병 후 주식 평가액 : 17,143 × 750 = 12,857,250

① 의제배당액: 12,857,250 - 10,500,000 = 2,357,250
② 분여받은이익: 주식의 경우 Min [①3억원, ②30% 이상*]
*(17,143 - 13,333.33)/17,143) = 22.22% 과세기준금액 미달하므로 증여세 과세대상 아님.

과세기준금액을 무시하고 분여받은이익을 계산한다면 다음과 같다.
12,857,250 - 10,000,000 = 2,857,250. 여기서 2,357,250(12,857,250 - 10,500,000)은 의제배당으로 이미 과세되므로 다음과 같이 분여받은이익을 계산한다.
10,500,000 - 10,000,000 = 500,000

2. 적격합병인 경우의 분여받은이익은 다음과 같다. 과세기준금액은 무시한다.
적격합병인 경우 합병교부주식의 평가액은 현금등의 교부가 있고 합병교부주식의 시가가 종전주식의 취득가액보다 낮은 경우에는 시가로 평가하지만, 그렇지 않은 경우에는 종전주식의 취득가액으로 평가하므로 의제배당액은 '0원'이다. 따라서 분여받은이익액 계산 시 차감할 의제배당액은 없다. 적격합병인 경우 분여받은이익액은 다음과 같이 계산한다.
12,857,250 - 10,000,000 = 2,857,250

사 례

불공정합병이다.
① 비적격합병인 경우
불공정합병이고 비적격합병이다. 액면가액은 취득가액과 동일하며, 합병 후 주식의 평가액은 의제배당 계산을 위한 합병교부주식의 시가와 동일하다.

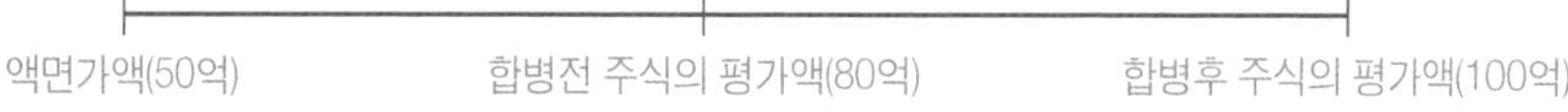

합병대가는 모두 합병교부주식이다. 이익을 분여받은자는 개인주주이며, 상증법상 합병관련 증여세 과세요건은 충족된다고 가정한다.
의제배당액 : (100억 - 50억) = 50억,
분여받은이익 : 분여받은이익은 이미 합병과 관련된 의제배당으로 <u>소득세</u> 과세되었으므로 증여재산가액에 해당하는 분여받은이익은 없다.
② 적격합병인 경우
적격합병이라면 과세되는 의제배당액은 없으므로 분여받은이익은 20억(100억 - 80억)이다.

(사례)

① 비적격합병인 경우

비적격합병이고 불공정합병이다. 액면가액은 취득가액과 동일하고 상증법상의 합병 후 주식의 평가액은 소득세법상 합병교부주식의 시가와 동일하다.

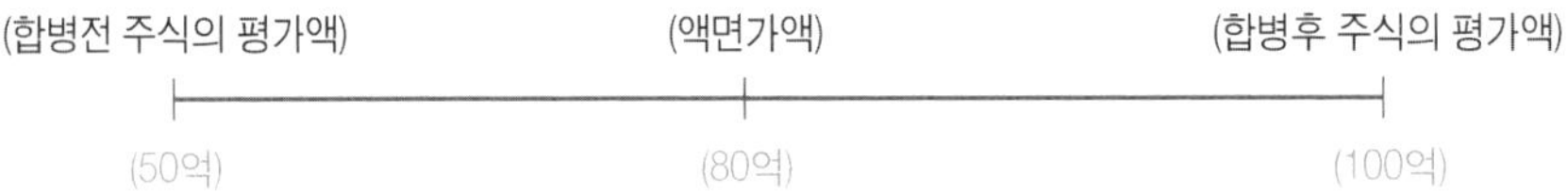

합병대가는 모두 합병교부주식이다.

의제배당액은 (100억 - 80억)=20억

분여빋은이익 : 분여받은이익은 (100억 - 50억) = 50억, 그러나 20억(100억 - 80억)은 이미 의제배당으로 과세되므로 나머지 30억(80억 - 50억)이 분여받은이익이 된다.

② 적격합병인 경우

적격합병인 경우 의제배당액이 "0"이므로 분여받은이익에서 차감되는 의제배당액이 없고 모두 분여받은이익으로 과세되므로 분여받은이익액은 50억이다.

| 합병비율에 따른 주식가치의 이전 |

① 비상장법인인 A법인과 B법인은 특수관계에 있으며, 합병 전 주식가치는 다음과 같다.

- 합병법인 A의 주식가치 : 600,000,000원
  - 발행주식수 : 20,000주, 1주당 주식가치 : @30,000원
- 피합병법인 B의 주식가치 : 300,000,000원
  - 발행주식수 : 20,000주, 1주당 주식가치 : @15,000원

② 합병비율에 따른 합병당사법인의 주식가치 비교

사례	합병비율(*)	합병 전·후 주식수				합병전 주식가치		합병후 주식가치㈜		주가과대평가법인	판 별
		합병전		합병후		A	B	A	B		
		A	B	A	B						
사례Ⅰ	1:1	20,000	20,000	20,000	20,000	6억	3억	4.5억	4.5억	B	A → B 1.5억이전
사례Ⅱ	1:0.5	20,000	20,000	20,000	10,000	6억	3억	6억	3억	없음	변동없음
사례Ⅲ	1:0.1	20,000	20,000	20,000	2,000	6억	3억	8.19억	0.81억	A	B → A 2.19억이전

* 합병비율 : 피합병법인 1주당 합병법인의 주식교부비율

$$* \text{㈜ 합병후의 1주당 가치} = \frac{\text{합병전 합병법인 주식가치} + \text{합병전 피합병법인 주식가치}}{\text{합병후 발행주식 총수}}$$

2) 합병대가를 주식등 외의 재산으로 지급받은 경우

가) 개요

분여받은이익액을 계산할 때, 합병대가를 주식등 외의 재산으로 지급받은 경우(합병당사법인의 1주당 평가가액이 액면가액에 미달하는 경우로서 그 평가가액을 초과하여 지급받은 경우에 한정한다)에는 액면가액(합병대가가 액면가액에 미달하는 경우에는 해당 합병대가를 말한다)에서 그 평가가액을 차감한 가액에 합병당사법인의 대주주등의 주식등의 수를 곱하여 계산한다(상증령 §28 ③ 2호). 이 경우 과세기준금액은 3억원이므로 3억원 이상인 경우에만 증여재산으로 과세한다.

한편, 합병대가를 주식등 외의 재산으로 지급받는 경우이므로 피합병법인의 주주에게만 해당되고 합병법인의 주주와는 관련이 없다.

| 주식등 외 재산의 지급에 대한 증여이익 과세요건(일반적 요건 외) |

① 주식 외 재산의 지급
② 합병당사법인의 1주당 평가액 〈 1주당 액면가액
③ 중복되는 의제배당은 과세 제외함
④ 피합병법인의 주주에 해당

나) 과세대상 증여이익

합병당사법인의 1주당 평가가액이 액면가액에 미달하는 경우로서 그 평가가액을 초과하여 합병대가를 주식 등 외의 재산으로 지급한 경우에는 액면가액(합병대가가 액면가액에 미달하는 경우에는 당해 합병대가)에서 그 평가가액을 차감한 가액에 합병당사법인의 대주주의 주식수를 곱한 금액이 3억원 이상인 경우의 당해 이익에 대해 증여재산으로 과세한다.

구　　분	증여요건 및 이익계산
① 합병대가 ≤ 액면가액	(1주당 합병대가 - 1주당 평가액) × 합병당사법인의 대주주의 주식수 ≥ 3억원
② 합병대가 〉 액면가액	(1주당 액면가액 - 1주당 평가액) × 합병당사법인의 대주주의 주식수 ≥ 3억원

* 상증법 집행기준 38-28-5

합병당사법인 주식평가액이 액면가에 미달함에도 그 평가금액을 초과하여 합병대가를 현금 등으로 지급받는 경우 액면가액을 취득가액으로 가정한다면, 액면가 이하의 금액에 대하여는 의제배당이 과세되지 아니하는 점을 이용하여 합병당사법인의 대주주간 변칙적인 증여의 수단으로 악용될 수 있기 때문에 액면가액과 평가가액의 차액에 대해 증여세를 과세한다. 따라서, 1주당 평가액을 초과하여 지급하는 주식 외의 현금 교부금 등에 대해 과세하는 것이다. 다만, 합병대가가 액면금액을 초과하는 경우에는 합병대가에서 액면금액을 차감한 금액에 대해 의제배당으로 과세되므로 의제배당으로 과세되지 않는 액면금액까지만 증여재산가액으로 한다.

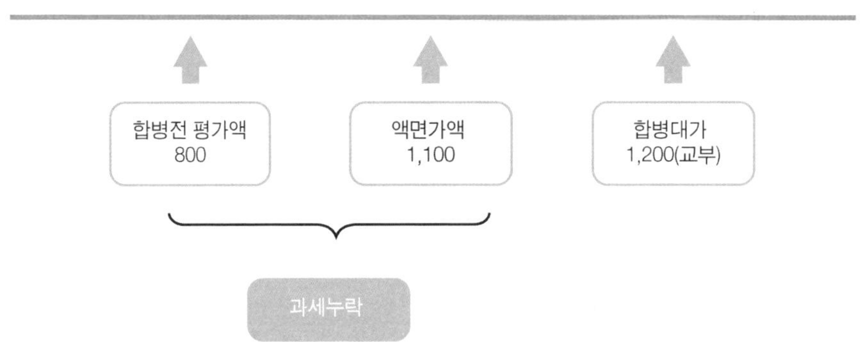

한편, 의제배당은 합병대가에서 종전주식의 취득가액을 차감한 금액에 대해서 과세한다. 여기서 취득가액이 항상 액면가액과 동일할 수는 없으므로 액면가액 미만일 수도 있다. 이 경우 취득가액과 액면가액의 차액에 해당하는 금액만큼 의제배당과 증여세가 이중으로 과세될 수 있다. 이는 의제배당은 (합병대가－종전주식 취득가액)으로 과세하고 주식 등외 재산으로 지급받은 경우의 분여받은이익에 대한 증여재산가액은 (액면가액－합병 전 평가액)으로 계산할 경우 (액면가액－종전주식 취득가액)에 상당하는 금액만큼 의제배당과 분여받은이익의 증여세과세가액으로 이중과세될 수 있기 때문이다.

상속세및증여세법 시행령 제28조 제3항 제3호의 규정에 의하여 합병대가를 주식 등외의 재산으로 지급한 경우 증여의제가액을 계산할 때, 취득가액이 액면가액보다 낮아 취득가액에서 액면가액을 차감한 차액이 소득세법 제17조 제2항 제4호의 의제배당금액으로 포함되는 경우에는 이를 차감한 금액에 대하여 증여세가 과세된다고 해석하므로(재산상속 46014－465, 2000. 4. 17.) 이중과세의 문제는 발생하지 않는다.

이는 상증법 제4조의 2 제3항과 상증법 기본통칙 38－28－2에서 상증법상 소득세로 기과세된 소득금액에 대해서는 증여재산가액에서 차감하도록 하고 있는 것과 일맥상통한다.

사 례

- 과세기준금액 3억은 무시한다.
- 계산의 편의를 위해 비상장법인으로 가정하며, 비적격합병이다.
- 장헌산업이 창용중공업을 흡수합병한다. 피합병법인의 주주는 대주주 1인으로 가정한다.
- 1주당 평가액의 소수점 이하는 반올림한다.

구 분	합병 전		비 고
	장헌산업	창용중공업	
합병 전 총주식평가액	200,000,000,000	75,000,000,000	총 275,000,000,000
1주당액면가액	200,000	200,000	
자본금	2,000,000,000	1,000,000,000	
발행주식총수	1,000,000	500,000	총 1,500,000주
(공정한) 합병직전 1주당 평가액	200,000	150,000	
(실제신고) 합병직전 1주당 평가액	200,000	259,000	비정상평가에 따른 불공정합병
공정합병비율	1	0.75	
(실제신고) 불공정합병비율	1	1.295	
공정합병 후 주식수	1,000,000	750,000	
불공정합병 후 주식수	1,000,000	647,500	총 1,647,500주
불공정합병 후 합병 법인의 1주당 평가액		166,920	소수점 반올림함
역합병비율 반영한 주가과대평가법인의 합병 전 1주당 평가액		115,830	150,000 × (500,000 / 647,500) * *역합병비율
1주당 분여받은이익		51,090	166,920 − 115,830

합병대가는 모두 현금으로 교부받으며, 합병 후 존속법인의 1주당 평가액은 의제배당 계산을 위한 합병교부주식의 시가와 동일하다.

㈜ 1주당 합병대가 (166,920 × 647,500 / 500,000) → '합병직전 주식 수' 기준의 1주당 합병대가

① 1주당 의제배당 : 216,161 − 200,000 = 16,161

② 1주당 증여과세대상금액 : 200,000 − 150,000 = 50,000

♣ 액면가액까지는 의제배당으로 과세되나 합병 전 평가액이 액면가액에 미달하는 경우에는 액면가액에서 평가액까지는 배당으로 과세되지 않게 되므로 이 부분에 대해 증여세를 과세한다.

| 사례 |

① 적격합병인 경우

(이하에서 과세기준금액과 대주주등은 무시한다)

적격합병이고 불공정합병이다. 취득가액은 액면가액과 동일하고 합병후 평가액 90억으로서 의제배당 계산을 위한 합병교부신주의 시가와 동일하다.

합병대가는 합병신주와 교부금을 아래와 같은 비율로 지급하며, 계산의 편의를 위해 대주주 1인으로 가정한다.

합병대가	합병신주(50%)	교부금(50%)
금액	55억	55억

① 의제배당액 15억* = 55억 - 40억

* 합병교부주식의 시가가 종전주식의 취득가액보다 높으므로 시가로 평가하지 않고 종전주식의 취득가액으로 평가한다. 따라서 합병신주와 관련된 의제배당액은 '0'. 적격합병이라도 실제 지급된 현금교부액에 대해서는 의제배당으로 과세한다.

구 분	합병신주에 대한 의제배당	교부금에 대한 의제배당
계산내역	40억 - 40억 = 0	55억 - 40억 = 15억

② 분여받은이익: 45억

- 주식과 관련된 분여받은이익: 30억 = 55억-25억(합병직전 평가액)
- 교부금과 관련된 분여받은이익: 15억* = 40억 - 25억(합병직전 평가액)

* (액면가액 - 평가액)에 대해 과세하고 또한 15억원은 이미 의제배당으로 과세됨.

적격합병이고 불공정합병이다.

- 합병직전 평가액 : 80억
- 액면가액 : 110억으로서 종전주식 취득가액과 동일하다.
- 합병대가는 합병신주와 교부금을 아래와 같은 비율로 지급한다.

합병대가	합병신주(50%)	교부금(50%)
금액	50억	50억

♣ 합병대가 〈 액면가액이므로, 의제배당은 과세되지 않는다.

① 의제배당액은 0원

② 증여과세대상 금액 20억 :

구 분	주식관련 증여세 과세대상금액	주식 외 관련 증여세 과세대상금액
계산내역	50억 - 40억 = 10억	50억 - 40억 = 10억

② **비적격합병인 경우**

(이하에서 과세기준금액과 대주주등은 무시한다)

비적격합병인 경우 원칙 의제배당이 발생하므로 증여세 과세대상금액과 이중과세 조정이 필요하다.

1주당 합병전 주식평가액이 800
1주당 액면가액이 1,200, 1주당 합병 후 평가액은 1,000
비적격합병이고 불공정합병이다.
종전주식의 취득가액은 액면가액과 동일하다.
피합병법인의 총주식수는 1,000주이며 합병비올은 1:1이다.
합병대가는 합병신주와 교부금을 아래와 같은 비율로 지급한다.

합병대가 종류	합병신주(50%)	교부금(50%)
합병대가액	500,000 = 1,000 × 500주	500,000 = 1,000 × 500주

1주당 평가액이 액면가액에 미달하고 [액면가액 〉 합병대가]에 해당하므로 주식외 현금등에 대한 분여받은이익액은 [합병대가 - 합병당사법인의 평가액]으로 계산된다.

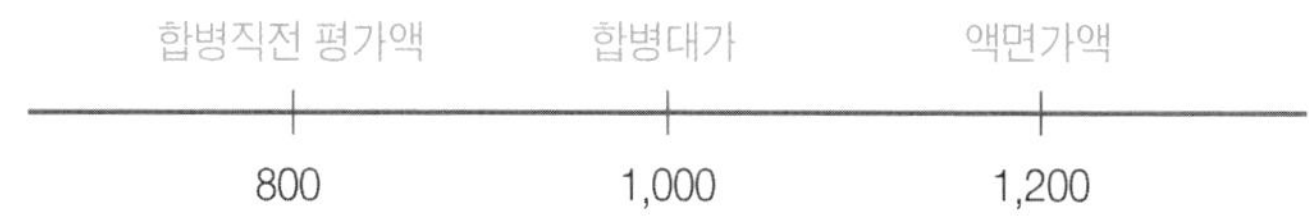

① 의제배당액은 합병대가가 액면가액보다 낮으므로 0원

② 분여받은이익

구 분	주식관련 증여세 과세대상금액	주식외 관련 증여세 과세대상금액
계산내역	100,000 = (1,000 - 800)×500주	100,000 =(1,000 - 800)×500주

1주당 합병전 주식평가액이 800
1주당 액면가액이 1,000
비적격합병이고 불공정합병이다.
종전주식의 취득가액은 액면가액과 동일하다.
피합병법인의 총주식수는 1,000주이며 합병비올은 1:1이다.
합병후 주식평가액은 1주당 1,200원이며 이것을 기준으로 주식을 60%, 교부금을 40%로 지급한다.

합병대가 종류	합병신주(60%)	교부금(40%)
합병대가액	720,000* = 1,200×600주 * (720,000 = 720원×1,000주)	480,000 = 1,200×400주

합병직전 평가액 800 — 액면가액 1,000 — 합병대가 1,200

① 의제배당액은 200,000 = (1,200 - 1,000) × 1,000주
② 분여받은이익은

합병대가 종류	합병신주(60%)	교부금(40%)
합병대가액	120,000 = (1,000-800)×600주	80,000 = (1,000-800)×400주

(4) 과세기준금액

특수관계에 있는 법인 간의 합병(분할합병을 포함한다)으로 소멸하거나 흡수되는 법인 또는 신설되거나 존속하는 법인의 대주주등이 합병으로 인하여 이익을 얻은 경우에는 그 합병등기일을 증여일로 하여 그 이익에 상당하는 금액을 그 대주주등의 증여재산가액으로 한다. 다만, 그 이익에 상당하는 금액이 기준금액 미만인 경우는 제외한다(상증법 §38 ①).

과세기준금액 계산 시 공통적으로 적용되는 내용은 다음과 같다.

① 과세기준금액 3억원 이상인 경우의 판정은 주가가 과대평가된 합병당사법인의 대주주 1인을 기준으로 하여 적용한다(상증 통칙 38-28-3).
② 합병에 따른 이익을 계산할 때 동일한 대주주가 합병당사법인의 주식 등을 동시에 소유하고 있는 상태에서 합병한 경우 그 대주주가 증여자와 수증자 모두에 해당함으로써 그 대주주 본인으로부터의 증여에 해당하는 금액은 증여재산가액에서 제외한다.

동일인이 증여자와 수증자가 동시에 되는 경우 과세기준금액의 계산

동일인이 합병법인과 피합병법인의 주식을 동시에 소유한 상태에서 합병함으로써 주가가 과소평가된 법인의 주주로서는 손해를 보고(증여자가 됨) 주가가 과대평가된 법인의 주주로서는 이익을 얻은(수증자가 됨) 경우에 이익에서 손해를 차감한 순이익에 대하여 증여세를 과세하고 있으므로 증여의제 요건 중 하나인 대주주 1인의 합병차익이 3억원인지 여부도 순이익을 기준으로 하여 판단하는 것이다(서일 46014-10427, 2002. 3. 30.).

③ 합병으로 인한 이익을 증여한 자가 대주주등이 아닌 주주등으로서 2명 이상인 경우에는 주주등 1명으로부터 이익을 얻은 것으로 본다(상증법 §38 ②).

증여세는 수증자에게 과세되는 조세이므로 원칙 수증자에게 과세되는 것이나, 만일 수인으로부터 재산을 증여받은 경우에는 증여자별로 과세단위가 성립하므로 각 증여자별로 세율을 적용하여 각각의 증여세액을 산출해야 한다(대법 2005두17058, 2006. 4. 27.). 하지만, 상증법 제38조 제2항에서 대주주등이 아닌 주주등으로서 2인 이상으로부터 합병으로 인하여 이익을 분여받는 경우에는 1인으로부터 받은 것으로 보도록 함으로서 과세기준금액 3억원은 대주주 외 증여자가 다수이더라도 상관없이 수증자 1인 기준으로 판단하겠다는 것이다.

증여자가 2인 이상인 경우 증여자를 1인으로 보는 경우 증여재산공제 방법

증여자가 2인 이상인 경우로서 증여자를 1인으로 보아 증여세를 계산하는 경우 상속세 및 증여세법 제53조의 규정에 의한 증여재산공제는 적용하지 아니함(재산상속 46014-36, 2000. 1. 11.).

④ 증여일부터 소급하여 1년 이내에 동일한 거래가 있는 경우에는 각각의 거래 등에 따른 이익을 합산하여 계산한다(상증법 §43 ②). 따라서 합병에 따른 이익을 계산할 때에는 증여일부터 소급하여 1년 이내의 동일한 거래를 합산하여 금액기준을 계산한다(상증령 §32의 4 3호). 즉, 3억원과 합병후 주식평가액의 30% 이상 여부는 1년 이내 거래를 합산하여 판단한다.

⑤ 주가가 과대평가된 2개 이상의 합병당사법인에 관한 주식을 보유하고 있던 대주주가 그 합병으로 얻은 이익의 합산액이 3억원 이상이더라도 합병당사법인별로 계산한 대주주 합병차익이 3억원에 미달하는 경우에는 그 3억원에 미달하는 합병당사법인의 대주주 합병차익에 대하여 증여세를 과세할 수 없다(대법 2011두18427, 2013. 10. 31.).

1) 합병대가를 주식으로 교부받은 경우

과세대상 기준금액을 반영한 과세대상 대주주의 이익은 다음의 가) 또는 나) 둘 중 적은 금액이다.

가) 대주주가 얻은 이익이 3억원 이상일 경우

> 대주주의 이익 = (A−B)×대주주의 합병 후 주식수 ≥ 3억원
> A : 합병 후 법인의 1주당 평가액
> B : 역합병비율반영한 주가과대평가법인의 합병 전 1주당 평가액
>
> $$\text{주가과대평가법인의 합병 전 1주당 평가액} \times \frac{\text{합병 전 주식수}}{\text{합병 후 주식수}}$$

3억원 이상인 경우의 판정은 주가가 과대평가된 합병당사법인의 대주주 1인을 기준으로 하여 적용한다(상증 통칙 38-28-3).

나) 대주주의 얻은 이익이 <u>합병 후 신설 또는 존속하는 법인의 1주당 평가액의</u> 30% 이상일 경우

$$\frac{\text{합병 후 법인의 1주당 평가액(A)} - \text{주가 과대평가법인의 합병 전 1주당 평가액} \times \text{(합병전주식수/합병후주식수)(B)}}{\text{합병 후 법인의 1주당 평가액(A)}} \geq 30\%$$

합병에 따른 이익을 계산할 때 동일한 대주주가 합병당사법인의 주식 등을 동시에 소유하고 있는 상태에서 합병한 경우 그 대주주가 증여자와 수증자 모두에 해당함으로써 그 대주주 본인으로부터의 증여에 해당하는 금액은 영 제28조 제3항에 따른 증여재산가액에서 제외한다.

2) 합병대가를 주식등 외의 재산으로 지급받은 경우

합병대가를 주식등 외의 재산으로 지급받은 경우에는 그 분여받은이익이 3억원 이상인 경우에 한해 해당 대주주등의 증여재산가액으로 한다.

과세대상 기준금액을 반영한 과세대상 대주주의 이익은 다음과 같이 계산할 수 있다.

구 분	증여요건 및 이익계산
① 합병대가 ≤ 액면가액	(1주당 합병대가 - 1주당 평가액) × 합병당사법인의 대주주의 주식수 ≥ 3억원
② 합병대가 〉 액면가액	(1주당 액면가액 - 1주당 평가액) × 합병당사법인의 대주주의 주식수 ≥ 3억원

* 상증세 집행기준 38-28-5

(5) 분여받은이익과 의제배당의 중복

1) 중복과세의 해결

합병대가를 지급한 경우 분여받은이익과 의제배당이 중복하여 과세될 수 있다. 이 경우 중복과세 문제 해결방안으로서 상증법 제38조에서 「합병에 따른 이익의 증여」 계산 시 소법 제17조 제2항 제4호에 따른 「합병에 의한 의제배당」이 포함되어 있는 경우에는 해당 의제배당금액을 차감한 후의 금액에 대해 증여세가 과세되도록 하고 있다.

증여의제가액에 의제배당금이 포함된 경우 증여세의 과세방법

합병대가를 주식 외의 재산으로 지급한 경우 증여의제가액을 계산할 때, 그 가액에 의제배당금액이 포함된 경우에는 이를 차감한 금액에 대하여 증여세가 과세되는 것임(재산상속 46014-465, 2000. 4. 17.).

2) 법인세법상의 법인주주와의 차이

법인세법상의 법인주주의 경우 의제배당 과세 시 분여받은이익이 있는 경우 합병교부주식의 시가에서 분여받은이익액을 차감한 후 계산된 의제배당액으로 과세하여 이중과세를 해결한다.

피합병법인의 주주인 법인이 합병으로 인하여 합병대가로 받은 주식 등에 대하여 법인세법 제16조 제1항 제5호의 규정에 의한 의제배당금액을 계산할 때 같은법 시행령 제14조 제1항 제1호 가목에서 "다목의 규정에 의한 주식 등의 시가"라 함은 피합병법인의 주주인 법인이 합병대가로 받은 주식의 취득 당시 같은법 제52조의 규정에 의한 시가에서 같은법 시행령 제88조 제1항 제8호의 규정에 의하여 합병당사법인의 주주로부터 분여받은이익을 차감한 금액을 말하는 것이다(서이 46012-10059, 2001. 8. 30.).

반면, 개인 주주는 상기에서 기술했듯이 의제배당금액을 증여의제가액에서 차감하여 증여세 과세한다.

(6) 증여시기

증여시기는 합병등기일이다(상증법 §38 ①). 따라서 합병비율 산정기준일과 증여시기는 다르다. 이는 실무적으로 반드시 시간차가 발생할 수밖에 없는 것을 법에서 잘 반영한 것이라고 볼 수 있다.

| 의제배당과 분여한이익에 대한 법인주주와 개인주주의 차이 |

구분	법인주주	개인주주
의제배당액 계산	[합병대가(시가) - 분여받은이익] - 종전주식의 장부가액	합병대가(시가) - 종전주식의 취득가액
분여받은이익에 대한 증여세과세	영리법인은 증여세 적용대상이 아님. 하지만 법인세시행령 제11조 제8호에 따라 익금산입 대상이며, 취득가액에 가산함. 단, 법인의 개인주주에게 제3자를 통한 간접적인 증여가 된 경우 증여세 과세될 수 있음(완전포괄주의)(재경부재산 46014-95, 1999. 12. 31.).	① 합병대가를 주식등으로 교부받는 경우 분여받은이익에 의제배당금액이 포함된 경우에는 이를 차감한다(기본통칙 38-28…2). ② 합병대가를 주식 등외의 재산으로 지급한 경우 증여의제가액을 계산할 때, 그 가액에 의제배당금액이 포함된 경우에는 이를 차감한 금액에 대하여 증여세가 과세함(재산상속 46014-465, 2000. 4. 17.).
부당행위계산부인	법인주주가 상증법을 준용한 기준금액 이상의 이익을 다른 특수관계인인 주주에게 분여한 경우 법인세법상의 부당행위계산부인을 적용받음.	적용대상이 아님.
피합병법인 주주의 합병교부주식 취득가액	종전주식가액+의제배당액+분여받은이익-현금등 기타재산가액	종전주식가액+의제배당액-현금등 기타재산가액

(7) 합산 증여세 과세와 상속세 계산시 합산되는 사전증여재산

상속세 과세가액은 상속재산의 가액에서 공과금 등을 뺀 후 사전증여재산가액(상속인은 10년, 상속인 외의 자는 5년)을 가산한 금액으로 하고 있으며(상증법 §13 ①), 재차증여할 경우 해당 증여일 전 10년 이내에 동일인으로부터 받은 증여재산가액을 합친 금액이 1천만원 이상인 경우에는 그 가액을 증여세 과세가액에 가산한다(상증법 §47 ②).

따라서 개인주주가 분여받은이익으로 인해 증여세 과세대상이 된다면, 그리고 동일인으로부터 재차증여가 발생한다면 합산과세되고, 상속세 계산시 사전증여재산으로서 합산과세된다.

(8) 증여세의 연대납세의무

증여자는 수증자가 납부할 증여세를 연대하여 납부할 의무가 있다(상증법 §4의 2 ⑧). 그러나 합병에 따른 이익의 증여는 연대납세의무의 면제에 해당한다(상증법 §38).

(9) 합병에 따른 이익의 증여가 1년 내 재발생하는 경우

증여일로부터 소급하여 1년 이내에 동일한 거래 등이 있는 경우에는 각각의 거래 등에 따른 이익을 해당 이익별로 합산하여 증여이익을 계산한다(상증법 §43 ②, 상증령 §32의 4) 따라서 합병에 따른 이익도 합산하여 과세기준금액을 계산한다.

2. 영리법인주주에 대한 부당행위계산부인

(1) 법인세법상 부당행위계산부인 유형

영리법인은 상속증여세법상의 납세의무자가 아니지만, 부당행위계산부인으로 인해 이익을 분여받는 경우 익금산입의 대상이 된다. 그리고 이익을 분여한 법인에게는 법인세법상의 부당행위계산부인 규정이 적용되는데, 이 경우 이익을 분여받은 자가 법인주주든 개인주주든 상관없다.

다음은 법인세법상의 부당행위계산의 유형들이다.

[부당행위계산의 유형] 관련 집행기준 52-88-1

① 조세의 부담을 부당히 감소시킨 것으로 인정되는 경우는 다음과 같다.

구 분	부당행위계산의 유형
고가매입 저가양도	1. 자산을 시가보다 높은 가액으로 매입 또는 현물출자받았거나 그 자산을 과대상각한 경우 2. 자산을 무상 또는 시가보다 낮은 가액으로 양도 또는 현물출자한 경우. 다만, 주식매수선택권(영 제19조 제19호의 2에 해당하는 주식매수선택권) 등의 행

구 분	부당행위계산의 유형
	사 또는 지급에 따라 주식을 양도하는 경우는 제외 3. 특수관계인인 법인 간 합병(분할합병 포함)·분할에 있어서 불공정한 비율로 합병·분할하여 합병·분할에 따른 양도손익을 감소시킨 경우(다만, 「자본시장과 금융투자업에 관한 법률」 제165조의 4에 따라 합병(분할합병을 포함)·분할하는 경우 제외)
저리대여 고리차용	4. 금전, 그 밖의 자산 또는 용역을 무상 또는 시가보다 낮은 이율·요율이나 임대료로 대부하거나 제공한 경우. 다만, 다음의 경우는 제외한다. ㉠ 주식매수선택권 등의 행사 또는 지급에 따라 금전을 제공하는 경우 ㉡ 주주 등이나 출연자가 아닌 임원(소액주주 등인 임원을 포함) 및 직원에게 사택(임차사택을 포함)을 제공하는 경우 5. 금전, 그 밖의 자산 또는 용역을 시가보다 높은 이율·요율이나 임차료로 차용하거나 제공받은 경우
자본거래	6. 다음의 어느 하나에 해당하는 자본거래로 인하여 주주 등인 법인이 특수관계인인 다른 주주 등에게 이익을 분여한 경우 ㉠ 특수관계인인 법인간의 합병(분할합병을 포함)에 있어서 주식 등을 시가보다 높거나 낮게 평가하여 불공정한 비율로 합병한 경우(단, 「자본시장과 금융투자업에 관한 법률」 제165조의 4에 따라 합병(분할합병을 포함)하는 경우는 제외) ㉡ 법인의 자본(출자액을 포함)을 증가시키는 거래에 있어서 신주(전환사채·신주인수권부사채 또는 교환사채 등을 포함)를 배정·인수받을 수 있는 권리의 전부 또는 일부를 포기(포기한 신주가 「자본시장과 금융투자업에 관한 법률」 제9조 제7항에 따른 모집방법으로 배정되는 경우를 제외)하거나 신주를 시가보다 높은 가액으로 인수하는 경우 ㉢ 법인의 감자에 있어서 주주 등의 소유주식 등의 비율에 의하지 아니하고 일부 주주 등의 주식 등을 소각하는 경우 7. 6 외의 경우로서 증자·감자, 합병(분할합병을 포함)·분할, 전환사채 등에 의한 주식의 전환·인수·교환 등 자본거래를 통하여 법인의 이익을 분여하였다고 인정되는 경우(단, 주식매수선택권 등의 행사에 따라 주식을 발행하는 경우는 제외)
기타	8. 무수익 자산을 매입 또는 현물출자받았거나 그 자산에 대한 비용을 부담한 경우 9. 불량자산을 차환하거나 불량채권을 양수한 경우 10. 출연금을 대신 부담한 경우 11. 파생상품에 근거한 권리를 행사하지 아니하거나 그 행사기간을 조정하는 등의 방법으로 이익을 분여하는 경우 12. 기타 위에 준하는 행위 또는 계산 및 그 외에 법인의 이익을 분여하였다고 인정되는 경우

법인이 합병으로 인하여 취득하는 자기주식에 대하여 배당을 하지 아니하는 때에는 조세의 부담을 부당하게 감소시킨 것으로 보지 않는다(법인세 집행기준 52-88-2).

♣ 파란색 부분이 합병과 관련된 법인세법상의 부당행위계산부인 규정이다.

(2) 합병관련 부당행위계산부인 유형

특수관계인인 법인 간 합병과 관련하여 부당행위계산부인이 적용되는 경우는 필자의 의견으로는 다음과 같이 세 가지 경우이다.

① 불공정한 합병에 따른 양도손익을 감소시킨 경우. 다만, 「자본시장과 금융투자업에 관한 법률」 제165조의 4(注)에 따라 합병(분할합병을 포함한다)하는 경우는 제외한다(법령 §88 ① 3호의 2).

(注) 자본시장과 금융투자업에 관한법률 제165조의 4, 동법 시행령 제176조의 5는 상장기업등의 합병가액 산정방식에 대한 규정이다. 증권의발행및공시에관한규정 제5~13조, 동 규정 시행세칙 제4조 내지 제8조는 비상장기업의 합병가액 산정방식에 대한 규정이다.

한편, 내국법인 간 합병에 있어서 「법인세법」 제44조 제2항 각 호의 요건(적격합병의 요건)을 모두 충족하여 피합병법인의 양도손익이 없는 것으로 한 때에는 같은 법 시행령 제88조 제1항 제3호의 2에 따른 부당행위계산부인의 규정에 해당하지 않는다(서면법인 2017-2945, 2018. 1. 12. 및 기획재정부 법인-56, 2016. 1. 21.).

필자주

불공정합병과 양도손익의 관계
불공정합병한 경우 양도손익을 감소시킬 수 있다. 그 이유는 양도가액은 [합병교부주식, 합병교부금, 간주교부주식, 법인세등의 대납액]의 합계액이다. 만일 피합병법인의 주식이 저가평되는 경우 피합병법인의 주주들이 교부받는 합병교부주식 수는 감소하게 되고 결과적으로 양도가액에 포함되는 합병교부주식가액이 감소되어 양도차익이 감소되는 결과가 되기 때문이다.

② 특수관계인인 법인간의 합병(분할합병을 포함한다)에 있어서 주식 등을 시가보다 높거나 낮게 평가하여 불공정한 비율로 합병한 경우로서 주주등(소액주주는 제외)인 법인이 특수관계인인 다른 주주 등에게 이익을 분여한 경우. 다만, 「자본시장과 금융투자업에 관한 법률」 제165조의 4에 따라 합병(분할합병을 포함한다)하는 경우는 제외한다(법령 §88 ① 8호).

자본시장과 금융투자업에 관한 법률(약칭 : 자본시장법)
제165조의 4(합병 등의 특례)
① 주권상장법인은 다음 각 호의 어느 하나에 해당하는 행위(이하 이 조에서 "합병 등"이라 한다)를 하려면 대통령령으로 정하는 요건·방법 등의 기준에 따라야 한다.
1. 다른 법인과의 합병
2. 대통령령으로 정하는 중요한 영업 또는 자산의 양수 또는 양도
3. 주식의 포괄적 교환 또는 포괄적 이전
4. 분할 또는 분할합병
② 주권상장법인은 합병 등을 하는 경우 투자자 보호 및 건전한 거래질서를 위하여 대통령령으로 정하는 바에 따라 외부의 전문평가기관(이하 이 조 및 제165조의 18에서 "외부평가기관"이라 한다)으로부터 합병 등의 가액, 그 밖에 대통령령으로 정하는 사항에 관한 평가를 받아야 한다.
③ 금융위원회는 외부평가기관의 합병 등에 관한 평가가 현저히 부실한 경우, 그 밖에 투자자 보호 또는 건전한 거래질서를 해할 우려가 있는 경우로서 대통령령으로 정하는 경우에는 제2항에 따른 평가 업무를 제한할 수 있다. 〈신설 2013. 5. 28.〉
④ 외부평가기관의 범위, 제3항에 따른 평가 업무 제한의 방법 등에 대하여는 대통령령으로 정한다.

(소액주주) (법령 §50 ②)
"소액주주등"이란 발행주식총수 또는 출자총액의 100분의 1에 미달하는 주식등을 소유한 주주등(해당 법인의 국가, 지방자치단체가 아닌 지배주주등의 특수관계인인 자는 제외한다)을 말한다.

③ 상기 ② 외의 경우로서 합병(분할합병을 포함한다) 등 자본거래를 통해 법인의 이익을 분여 하였다고 인정되는 경우. 다만, 제19조 제19호의 2 각 목 외의 부분에 해당하는 주식매수선택권등 중 주식매수선택권의 행사에 따라 주식을 발행하는 경우는 제외한다(법령 §88 ① 8호의 2).

법인세법상의 부당행위계산부인 요건(법령 §88)	
1. 양도손익 감소시킨 경우	① 특수관계 법인간 합병 ② 불공정한 비율로 합병 ③ 합병에 따른 양도손익의 감소 ④ 자본시장법에 따른 합병이 아닐 것 ⑤ 적격합병이 아닐 것

법인세법상의 부당행위계산부인 요건(법령 §88)	
2. 불공정합병을 통해 법인주주가 다른 주주에게 이익을 분여한 경우	① 특수관계 법인간 합병 ② 불공정한 비율로 합병 ③ 주주인 법인이 다른 특수관계인인 주주에게 분여한이익의 발생 ④ 자본시장법에 따른 합병이 아닐 것
3. 합병을 통해 법인의 이익을 분여한 경우	주식매수선택권의 행사에 따라 주식을 발행하는 경우는 제외

이상 세 가지 중 이하에서는 두 번째에 대해서 다루고자 한다.

특수관계인인 법인간의 합병(분할합병을 포함한다)에 있어서 주식 등을 시가보다 높거나 낮게 평가하여 불공정한 비율로 합병한 경우[「자본시장과 금융투자업에 관한 법률」 제165조의 4에 따라 합병 또는 분할합병하는 경우는 제외]로서 주주 등(소액주주등은 제외)인 법인이 특수관계인인 다른 주주 등에게 이익을 분여 한 경우 분여 한 당해 법인에게 부당행위계산부인을 적용한다(법령 §88 ① 8호 가목).

따라서 합병 또는 피합병법인의 일방이 저가평가 되어 저가평가 된 법인의 법인주주가 특수관계가 있는 타방 법인의 주주에게 이익을 분여 한 경우 부당행위계산부인 규정이 적용된다.

소득세법상의 부당행위계산부인 규정

소득세법상의 부당행위계산부인 규정을 알아야 개인주주에 대한 불공정 합병에 따른 이익의 분여와 관련된 정확한 법적용이 가능하다.

(소법 제41조)

납세지 관할 세무서장 또는 지방국세청장은 ① 배당소득(제17조 제1항 제8호에 따른 배당소득만 해당한다), ② 사업소득 또는 ③ 기타소득이 있는 거주자의 행위 또는 계산이 그 거주자와 특수관계인과의 거래로 인하여 그 소득에 대한 조세 부담을 부당하게 감소시킨 것으로 인정되는 경우에는 그 거주자의 행위 또는 계산과 관계없이 해당 과세기간의 소득금액을 계산할 수 있다.

(소법 제101조 제1항)

납세지 관할 세무서장 또는 지방국세청장은 ④ 양도소득이 있는 거주자의 행위 또는 계산이 그 거주자의 특수관계인과의 거래로 인하여 그 소득에 대한 조세 부담을 부당하게 감소시킨 것으로 인정되는 경우에는 그 거주자의 행위 또는 계산과 관계없이 해당 과세기간의 소득금액을 계산할 수 있다.

★따라서 개인주주의 경우 법인주주와는 달리 ① 일정배당소득, ② 사업소득, ③ 기타소득 그리고 ④ 양도소득에 한해서만 부당행위계산부인 규정이 적용된다.

(3) 불공정합병에 따라 주주에게 적용되는 부당행위계산부인

불공정합병을 하는 경우에는 피합병법인의 주주 또는 합병법인의 주주는 법인이냐 개인이냐에 따라 법인세법상의 부당행위계산부인규정이 적용되거나, 상증법상의 「합병에 따른 이익의 증여」로 규정이 적용된다.

소득세법상 부당행위계산부인 규정은 상기 '소득세법상의 부당행위계산부인 규정'에서 보듯 일부 배당소득, 사업소득, 기타소득과 양도소득에만 적용된다. 따라서 소득세법상의 부당행위계산부인 규정과 관련이 없는 합병과 관련된 주식의 저가 또는 고가 평가는 소득세법상 개인주주에게는 부당행위계산부인규정으로 과세되지 않는다. 단, 상증법 제38조[합병에 따른 이익의 증여]에 따라 개인주주는 증여세가 과세될 수 있다.

다음은 피합병법인의 주식이 저가 또는 고가 평가됨에 따라 피합병법인과 합병법인의 주주가 개인이냐 법인이냐에 따른 과세 가능성에 대해 요약한 것이다.

피합병법인의 주식평가 결과	피합병법인의 주주의 납세의무 여부 (부당행위계산부인** 또는 상증법 적용)		합병법인의 주주의 납세의무 여부 (부당행위계산부인** 또는 상증법 적용)	
	법인주주	개인주주	법인주주	개인주주
저가 평가*	부당행위계산부인	× (과세 안함)	×*** 익금산입(유보)	증여세 과세
고가 평가*	×*** 익금산입(유보)	증여세 과세	부당행위계산부인	× (과세 안함)

* 피합병법인의 주식가액이 저가평가 또는 고가평가 되었음을 전제로 함.
** 법인주주의 부당행위계산의 부인(법령 §88 ① 8호 가목)
*** 부당행위계산부인 규정이 적용되지 않을 뿐이지 분여받은이익에 대해 법인세법상 익금산입(유보) 된다.

개인주주는 상증법상 [합병에 따른 이익의 증여] 과세 시 <u>이익을 분여받은 개인</u>이 납세의무를 지고, 법인주주는 법인세법상 부당행위계산부인 규정의 적용 시 <u>이익을 분여한 법인</u>이 납세의무를 진다. 하지만 개인 · 법인 어느 쪽이든 상대방은 개인이 되던 아니면 법인이 되던 어느 쪽이든 상관없다.

개인주주로부터 이익을 분여받는 경우에도 익금산입(유보)으로 세무조정함

상기 그림에서 이익을 분여받은 법인주주는 익금산입으로 세무조정되고 '유보'로 소득처분되어 합병교부주식의 취득가액에 가산된다. 법령 제88조 제1항 제8호에 따르면 "주주등인 법인이 특수관계인인 다른 주주 등에게 이익을 분여 한 경우에 한해 부당행위계산부인이 적용된다"라고 규정하고 있다. 즉, 법인주주가 이익을 분여 한 경우에 한하여 이익을 분여 한 법인주주가 익금산입하고 기타사외유출로 소득처분한다는 것이다.

한편, 이익을 분여받은 법인주주는 어떤가? 이익을 분여받은 법인주주 또한 이익을 분여 한 주주가 법인인 경우에 한해서 익금산입으로 세무조정하고 유보로 소득처분하는 것인지? 최근의 대법원판례(대법원 2024. 6. 13. 선고 2023두39809)에 따르면 다음과 같은 이유로 법인주주뿐만 아니라 개인주주도도 포함한다고 해석하고 있다.

1) 이 사건 규정은 '법령 제88조 ① 제8호의 2에 따른 자본거래로 인하여 특수관계인으로부터 분여받은 이익' 을 수익의 하나로 규정하면서 이익을 분여 한 '특수관계인' 을 '주주등인 법인' 과 같이 법인 주주로 한정하고 있지 않다.
2) 이 사건 규정의 '법령 제88조 ① 제8호의 2에 따른 자본거래' 는, 제8호의 2의 '제8호 외의 경우로서 증자·감자, 합병·분할, 「상속세 및 증여세법」 제40조 제1항에 따른 전환사채 등에 의한 주식의 전환·인수·교환 등 법인의 자본을 증가시키거나 감소시키는 거래' 와 대응되므로, 이 사건 규정은 제8호의 2에서 규정한 자본거래의 유형만 인용한 것으로 해석함이 자연스럽다.
3) 당초 구 법인세법 시행령 제11조 제9호(현재는 제8호)는 수익의 하나로 '제88조 제1항 제8호의 규정에 의하여 특수관계자로부터 분여받은 이익' 을 규정하였는데, 법인세법 시행령이 2000. 12. 29. 대통령령 제17033호로 개정되면서 위 규정은 '제88조 제1항 제8호 각 목의 규정에 의한 자본거래로 인하여 특수관계자로부터 분여받은 이익'으로 개정되었다. 그 취지는 자본거래의 유형만을 인용함으로써 이익 분여자가 개인 주주인 경우에도 그 분여받은 이익이 수익에 포함된다는 것을 명확히 하려는 데 있다.
4) 이 사건 규정은 일정한 유형의 자본거래로 인하여 특수관계인으로부터 분여받은 이익을 법인세 과세대상으로 포착하여 과세하는 규정으로, 이익 분여자가 법인 주주인지 개인 주주인지에 따라 과세 여부가 달라진다고 보기 어렵다.

(4) 상속증여세법의 준용(법령 제89조 제6항)

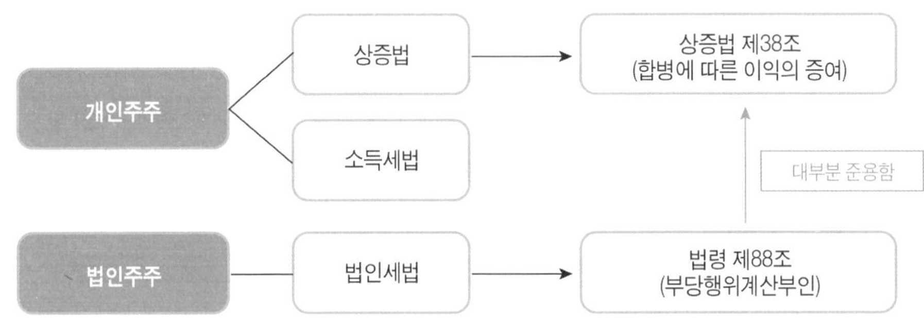

특수관계인 법인간의 합병에 의해 특수관계인에게 이익을 분여하여 부당행위계산부인이 적용되어 익금에 산입되는 경우(법법 §52 ①) 그 익금에 산입할 금액의 계산에 관하여 [상증법 제38조]와 [상증령 제28조 제3항부터 제7항까지]를 준용하여 계산한다(법령 §89 ⑥).

일반적인 법인세법상 부당행위계산부인은 시가와 거래가액의 차액이 3억원 이상이거나 시가의 100분의 5에 상당하는 금액 이상인 경우에 한하여 적용한다. 하지만 특수관계인인 법인간의 합병으로 인한 부당행위계산 부인규정 적용으로 익금에 산입할 금액의 계산에 관하여는 상증법 제38조와 상증법 시행령 제28조 제3항부터 제7항까지의 규정을 준용한다(법령 §89 ⑥).

따라서 법인세법상의 계산방법이 아니라 상증법상에 따른 계산방법과 기준금액에 따라 적용된다. 이는 법령 제89조 제6항에서 "법령 제88조 제1항 제8호 및 제8호의 2의 규정에서 특수관계인에게 이익을 분여한 경우 제5항의 규정에 의하여 익금에 산입할 금액의 계산에 관하여는 "상증법 제38조와 같은법 시행령 제28조 제3항부터 제7항까지의 규정을 준용한다"라고 규정하고 있기 때문이다.

그러나, "익금에 산입할 금액의 계산에 관하여" 한해서 상증법의 내용을 준용하는 것이지 익금에 산입할 금액의 계산과 관련 없는 과세요건, 납세의무자와 증여시기 등은 준용되지 않는 것이므로 주의가 필요하다.

또한 법령 제89조 제6항에서 상증법에서의 "["대주주" 및 "특수관계인"]은 법인세법 시행령에 의한 "특수관계인"으로 보고, 상증법에서의 ["이익" 및 "대통령령으로 정하는 이익"]은 법인세법 시행령에서 "특수관계인에게 분여한이익"으로 본다"라고 규정하고 있으므로 법 해석시 이 부분을 잘 적용하여 행해야 한다.

(법령 제89조 제6항)

제88조 제1항 제8호 및 제8호의 2의 규정에 의하여 특수관계인에게 이익을 분여한 경우 제5항의 규정에 의하여 익금에 산입할 금액의 계산에 관하여는 그 유형에 따라 「상속세 및 증여세법」 제38조 · 제39조 · 제39조의 2 · 제39조의 3 · 제40조 · 제42조의 2와 같은 법 시행령 제28조 제3항부터 제7항까지, 제29조 제2항, 제29조의 2 제1항 · 제2항, 제29조의 3 제1항, 제30조 제5항 및 제32조의 2의 규정을 준용한다. **이 경우 "대주주" 및 "특수관계인"은 이 영에 의한 "특수관계인(주)"으로 보고, "이익" 및 "대통령령으로 정하는 이익"은 "특수관계인에게 분여한 이익"으로 본다.**

㈜ (법인세법상 특수관계인: 법령 §2 ⑧)

| 합병에 따른 이익의 증여와 부당행위계산부인의 적용요건 차이 |

합병에 따른 이익의 증여 (상증법 §38)	부당행위계산부인의 요건 (법령 §88 ① 8호 가목)
① 특수관계법인간 합병* ② 수증자는 대주주 ③ 개인주주의 분여받은이익의 존재 ④ 불공정합병	① 특수관계법인간 합병 ② 특수관계인인 주주간의 이익** ③ 법인주주의 분여한 이익의 존재 ④ 불공정합병***

* 「자본시장과 금융투자업에 관한 법률」에 따른 주권상장법인이 다른 법인과 같은 법 제165조의 4 및 같은 법 시행령 제176조의 5에 따라 하는 합병은 특수관계에 있는 법인 간의 합병으로 보지 아니한다.
** 법인주주(소액주주인 경우에는 제외)의 분여한 이익이 존재해야 한다.
*** 「자본시장과 금융투자업에 관한 법률」 제165조의 4에 따라 합병(분할합병을 포함한다)하는 경우는 불공정합병으로 보지 않는다.

| 법인세법상의 부당행위계산부인과 상증법상 합병에 따른 이익의 증여와의 차이 |

구 분		차이 (부당행위계산부인 기준)
개인주주 (상증법 제38조)	법인주주 (법령 제88조)	
① 특수관계인인 법인간 합병	① 특수관계인인 법인 간 합병	① 개인주주는 상증법에 따른 특수관계인, 법인주주는 법인세법에 따른 특수관계인이 적용됨
② 수증자가 대주주	② 법인주주(소액주주 제외)가 특수관계인인 다른 주주에게 이익분여	② 상증법에 따른 증여세 과세 시 이익을 분여받은 자가 대주주여야 하지만 법인세법에 따른 부당행위계산부인 적용시에는 대주주일 필요 없으나 이익을 분여한 자와 이익을 분여받은 자간 특수관계인이어야 함

상증법상의 합병에 따른 이익의 증여에서 수증자가 대주주인 경우에 한해 증여세 과세 적용한다. 반면 법인세법상의 부당행위계산부인 적용시 대주주 요건이 필요하지 않는다. 다만, 소액주주가 이익을 분여한 경우에는 적용 제외한다.

♣ 대주주와 소액주주를 요약하면 다음과 같다.

상증법상의 대주주 (합병에 따른 이익의 증여)	부당행위계산부인의 소액주주
(특수관계인의 지분포함 지분율 1% 이상) 또는 (액면가액 3억원 이상)	특수관계인의 지분포함 지분율 1% 미만 (지배주주와 특수관계인은 제외)

법인세법상 부당행위계산부인 규정 적용 시, 상증법을 준용하는 규정들은 다음과 같다(상증법 §38 및 상증령 §28 ③~⑦).

상증령 제28조 제3항부터 제7항*	내 용
제3항	분여받은이익액의 계산
제4항	과세기준 금액
제5항	신설 또는 존속하는 법인의 1주당 평가가액 계산방법
제6항	주가가 과대평가된 합병당사법인의 1주당 평가액과 합병직전 주식등의 가액 계산방법
제7항	분할사업부문에 대한 합병직전 주식등의 가액 계산방법

* 제88조 제1항 제8호 및 제8호의 2의 규정에 의하여 특수관계인에게 이익을 분여한 경우 제5항의 규정에 의하여 익금에 산입할 금액의 계산에 관하여는 그 유형에 따라 「상속세 및 증여세법」 시행령 제28조 제3항부터 제7항까지의 규정을 준용한다(법령 §89 ⑥).

1) 분여한 이익의 계산

분여한 이익의 계산은 다음과 같으며, 더 구체적인 내용은 앞쪽 상증법상의 분여한 이익 부분에 더 잘 기술되어 있다.

① 합병대가를 주식등으로 교부한 경우

다음의 가에서 나의 가액을 차감한 가액에 주가가 과대평가된 합병당사법인의 특수관계인이 합병으로 인하여 교부받은 신설 또는 존속하는 법인의 주식등의 수를 곱한 금액이 분여한이익이다.

가. 합병 후 신설 또는 존속하는 법인의 1주당 평가가액

나. 주가가 과대평가된 합병당사법인의 1주당 평가가액×(주가가 과대평가된 합병당사법인의 합병전 주식등의 수 ÷ 주가가 과대평가된 합병당사법인의 주주등이 합병으로 인하여 교부받은 신설 또는 존속하는 법인의 주식등의 수)

② 합병대가를 주식등 외의 재산으로 지급한 경우

합병당사법인의 1주당 평가가액이 액면가액에 미달하는 경우로서 그 평가가액을 초과하여 지급받은 경우에 한정하여 적용하며, 액면가액(합병대가가 액면가액에 미달하는 경우에는 해당 합병대가를 말한다)에서 그 평가가액을 차감한 가액에 합병당사법인의 특수관계인의 주식등의 수를 곱한 금액이 분여한 이익이다.

합병당사법인들의 주식을 동시에 소유한 경우로서 불공정합병이 발생한 경우 통산함

합병당사법인들의 주식을 함께 보유하고 있는 법인에 대해서는 주가가 과소평가된 합병당사법인의 주주로서 입은 손실과 주가가 과대평가된 합병당사법인의 주주로서 얻은 이익을 통산하여 실질적으로 분여하거나 분여받은 이익이 있는지 밝힌 다음 그 결과에 따라 이 사건 부당행위계산부인 규정과 이 사건 익금 규정 중 어느 하나를 적용하여야 한다. 이와 달리 주가가 과소평가된 합병당사법인의 주주로서 분여한 이익에 대해서는 이 사건 부당행위계산부인 규정을, 주가가 과대평가된 합병당사법인의 주주로서 분여받은 이익에 대해서는 이 사건 익금 규정을 각각 적용하여 각 이익 상당액을 모두 익금에 산입하는 것은 허용될 수 없다(대법 2018두59182, 2022. 12. 29.).

법령 제89조에 따른 주식의 평가(법인세법상 주식의 평가)

1. 원칙 : 시가

특수관계인 외의 불특정다수인과 계속적으로 거래한 가격 또는 특수관계인이 아닌 제3자간에 일반적으로 거래된 가격이 있는 경우에는 그 가격에 따른다(상증령 §89 ①).

다만, 상장법인 주식의 시가는 그 거래일의 거래소 최종시세가액(거래소 휴장 중에 거래한 경우에는 그 거래일의 직전 최종시세가액)으로 하며, 기획재정부령으로 정하는 바에 따라 사실상 경영권의 이전이 수반되는 경우(해당 주식이 「상속세 및 증여세법 시행령」 제53조 제8항 각 호의 어느 하나에 해당하는 주식인 경우는 제외한다)에는 그 가액의 100분의 20을 가산한다(법령 §89 ①).

① 「자본시장과 금융투자업에 관한 법률」 제8조의 2 제4항 제1호에 따른 증권시장 외에서 거래하는 방법
② 대량매매 등 기획재정부령으로 정하는 방법

2. 시가가 불분명한 경우

시가가 불분명 한 경우에는 법령 제89조 제2항 제2호에 따라 「상속세 및 증여세법」 제38조(합병에 따른 이익의 증여)·제39조·제39조의 2·제39조의 3, 제61조부터 제66조까지의 규정을 준용하여 평가한 가액으로 하도록 한다. 이 경우 「상속세 및 증여세법」 제63조 제1항 제1호 나목 및 같은 법 시행령 제54조에 따라 비상장주식을 평가할 때 해당 비상장주식을 발행한 법인이 보유한 주식(주권상장법인이 발행한 주식으로 한정한다)의 평가금액은 평가기준일의 거래소 최종시세가액으로 하며, 「상속세 및 증여세법」 제63조 제2항 제1호·제2호 및 같은 법 시행령 제57조 제1항·제2항을 준용할 때 "직전 6개월(증여세가 부과되는 주식등의 경우에는 3개월로 한다)"은 각각 "직전 6개월"로 본다.

따라서 특수관계인 법인간의 불공정합병인 경우에는 상증법 제38조(합병에 따른 이익의 증여)의 규정을 준용한 가액을 시가로 보며, 그 외의 경우에는 상증법 제61조부터 제66조까지의 규정 중 제63조(유가증권 등의 평가)를 준용하여 평가한 가액으로 한다.

2) 과세대상이 되는 기준금액

분여받은이익에 상당하는 금액이 기준금액 미만인 경우는 과세 제외한다.

① 합병대가를 주식등으로 교부받은 경우: Min[30%, 3억원]

합병 후 신설 또는 존속하는 법인의 주식등의 평가가액의 100분의 30에 상당하는 가액과 3억원 중 적은 금액

② 합병대가를 주식등 외의 재산으로 지급받은 경우 : 3억원 이상

3억원 미만인 경우에는 과세제외한다(상증령 §28 ④ 2호). 합병에 따른 이익을 계산할 때 그 증여일부터 소급하여 1년 이내에 동일한 거래 등이 있는 경우에는 각각의 거래 능에 따른 이익(시가와 대가의 차액을 말한다)을 해당 이익별로 합산하여 각각의 금액기준을 계산한다(상증법 §43 ②).

3) 법인세법과 상증법상의 특수관계인의 차이

합병과 관련된 부당행위계산부인의 적용을 위해서는 특수관계인인 법인간의 합병(분할합병 포함)이어야 하며, 법인주주가 특수관계인인 다른 주주에게 이익을 분여한 경우여야 한다(법령 §88 ① 8호 본문 및 법령 §88 ① 8호 가목). "특수관계인간의 합병"에서 "특수관계인"이 상증법상의 특수관계인이냐, 법인세법상의 특수관계인이냐는 현재 논란의 대상이지만, 필자는 법인세법상의 특수관계인의 범위를 따른다는 의견이다.

① 합병당사 법인은 특수관계인

개인주주의 분여받은이익에 대한 증여세 과세와 법인주주가 분여한이익에 대해 부당행위계산부인 적용은 공통적으로 특수관계인인 법인간의 합병이 요건이다. 즉, 합병당사법인간은 반드시 특수관계인이어야 한다.

② 합병당사법인의 주주간 특수관계인

개인주주의 분여받은이익(증여세과세가액)을 과세할 때는 반드시 주주간 특수관계인일 필요는 없다. 하지만 법인주주의 분여한 이익을 계산할 때는 반드시 주주간 특수관계인이어야 부당행위계산부인이 적용된다. 다만, 이익을 분여한 법인주주가 소액주주(지배주주와 특수관계인의 제외)인 경우에는 적용 제외한다.

③ 준용하는 상증법 규정의 변경내용

법령 제89조 제6항에서 [특수관계인에게 이익을 분여한 경우 제5항의 규정에 의하여 익

금에 산입할 금액의 계산에 관하여는 상증법 제38조 등을 준용하라고 하고 있고, 이 경우 "대주주" 및 "특수관계인"은 이 영에 의한 "특수관계인"으로 보고, "이익" 및 "대통령령으로 정하는 이익"은 "특수관계인에게 분여한 이익"으로 본다]라고 규정하고 있다. 아래의 상증세 집행기준 38-28-2를 법령 제89조 제6항에 맞추어 변경하면 다음과 같다.

| 변경 전 |

구 분	내 용
증여세 과세가액	1) 주식으로 교부받았을 경우 대주주의 합병으로 인한 이익 = (A−B)×대주주가 합병으로 교부받은 주식수 A : 합병 후 법인의 1주당 평가액 B : 합병비율 반영한 주가과대평가법인의 합병 전 1주당 평가액 2) 주식 외의 자산으로 교부받았을 경우 대주주의 합병으로 인한 이익 = (가−나)×대주주 주식수 가 : 1주당 액면가액(단, 액면가액〉합병대가 → 합병대가) 나 : 합병당사법인의 1주당 평가액

| 변경 후 |

구 분	내 용
법인세법상 부당행위 계산부인	1) 주식으로 교부받았을 경우 특수관계인의 합병으로 인한 특수관계인에게 분여한 이익 = (A−B)× 특수관계인이 합병으로 교부받은 주식수 A : 합병 후 법인의 1주당 평가액 B : 합병비율 반영한 주가과대평가법인의 합병 전 1주당 평가액 2) 주식 외의 자산으로 교부받았을 경우 특수관계인의 합병으로 인한 특수관계인에게 분여한 이익 = (가−나)×특수관계인 주식수 가 : 1주당 액면가액(단, 액면가액〉합병대가 → 합병대가) 나 : 합병당사법인의 1주당 평가액

♣ 파란색 부분이 변경된 부분이다.

따라서 상기에 따라 변경해서 적용하면 되고, 다만 특수관계인에 대한 정의가 상증법사에 따른 특수관계인이 아니라 법인세법상에 따른 특수관계인으로 적용하면 될 것이다. 다시 말하자면, 법령 제89조 제6항에 따라 [익금에 산입할 금액의 계산에 관하여] 한해서만 상증법을 준용하는 것이지, 상증법상의 과세요건, 납세의무자와 증여시기 등을 준용하는 것은 아니다라는 것이다.

이는 **특수관계인**인 법인간 합병 그리고 **특수관계인**인 주주간의 이익분여 둘 다 상증법상의 특수관계인이 아니라 법인세법상의 특수관계인을 기준으로 한다는 것이다. 하지만 특수관계인인 법인간의 합병에서 혹자는 법인세법상의 특수관계인이 아니라 상증법상의 특수관계인의 범위를 따라야 한다고 하기도 한다.

필자주

상증법 내용의 준용범위

법인세법 시행령 제88조 제1항 제8호의 가목에서 특수관계 주주간 불공정합병으로 인해 법인주주가 이익을 분여한 경우 부당행위계산 부인한다라고 하고있다. 법령 제89조 제6항에서는 "특수관계인에게 이익을 분여한 경우로서 익금에 산입할 금액의 계산에 관하여는 상증법 제38조 등을 준용하라"고 하고 있고, 이 경우 "대주주" 및 "특수관계인"은 이 영에 의한 "특수관계인"으로 보고, "이익" 및 "대통령령으로 정하는 이익"은 "특수관계인에게 분여한 이익"으로 본다]라고 규정하고 있다.

여기서, 상증법등의 내용을 어디까지 준용할 것인가가 논점이다. 혹자는 법령 제89조 제6항에서 상증법 제38조 등을 준용하라라고 했고, 상증법 제38조에서는 "특수관계인간에 있는 법인간의 합병으로 ~~"라고 하므로 법인세법상의 특수관계인이 아니라, 상증법에서 규정하는 특수관계인간의 합병이 과세요건이라고 한다.

(상증법 제38조 제1항)

대통령령으로 정하는 특수관계에 있는 법인 간의 합병(분할합병을 포함한다. 이하 이 조에서 같다)으로 소멸하거나 흡수되는 법인 또는 신설되거나 존속하는 법인의 대통령령으로 정하는 대주주등(이하 이 조 및 제39조의 2에서 "대주주등"이라 한다)이 합병으로 인하여 이익을 얻은 경우에는 그 합병등기일을 증여일로 하여 그 이익에 상당하는 금액을 그 대주주등의 증여재산가액으로 한다. 다만, 그 이익에 상당하는 금액이 대통령령으로 정하는 기준금액 미만인 경우는 제외한다.

하지만, 필자의 생각은 다르다. 법령 제89조 제6항에서 "익금에 산입한 금액의 계산에 관하여 준용하라"고 하고 있으므로, 다른 과세요건, 납세의무자, 증여시기 등은 준용의 대상이 아니라고 본다. 또한 법령 제89조 제6항에 준용하는 상증법과 상증법 시행령을 명시해 두었는데, 상증령 제28조 제3항부터 제7항까지 준용하라고 정확하게 명시하고 있다. 상증법상의 특수관계인 범위는 상증령 제28조 제1항에 명시되어있으므로 준용범위에서 빠져있다.

결론적으로, 법령 제88조 제1항 제8호 가목의 부당행위계산부인의 적용시 특수관계인은 법인세법 시행령 제2조 제8항에서 규정하는 특수관계인의 범위를 따른다는 것이 필자의 의견이다.

(a) 법인세법상 특수관계인

법인세법상 특수관계인이란 법인과 다음의 관계에 있는 자를 말하며, 그 특수관계인 여부는 쌍방관계를 기준으로 판단한다. 즉 어느 한 쪽을 기준으로 하여 특수관계인에 해당하면 다른 쪽을 기준으로 하여도 특수관계인에 해당한다.

다음의 대략적인 법인세법상의 특수관계자 범위를 나타낸 것이다.

구 분	특수관계자 범위
영향력 행사자	1. 임원의 임면권 행사, 사업방침의 결정 등 해당 법인의 경영에 대하여 사실상 영향력을 행사하고 있다고 인정되는 자(상법의 규정에 의하여 이사로 보는 자를 포함)와 그 친족
주주등	2. 주주 등(소액주주** 등을 제외함)과 그 친족
임원/직원/생계 유지자	3. 법인의 임원 · 직원 또는 주주 등의 직원(주주 등이 영리법인인 경우에는 그 임원을, 비영리법인인 경우에는 그 이사 및 설립자를 말함)이나 직원 외의 자로서 법인 또는 주주 등의 금전 기타 자산에 의하여 생계를 유지하는 자와 이들과 생계를 함께 하는 친족
지배적인 영향력 행사자	4. 해당 법인이 직접 또는 그와 1부터 3까지에 해당하는 자를 통하여 경영에 지배적인 영향력을 행사하고 있는 법인* 5. 해당 법인이 직접 또는 그와 1부터 4까지에 해당하는 자를 통하여 경영에 지배적인 영향력을 행사하고 있는 법인*
2차출자 법인	6. 해당 법인에 30% 이상을 출자하고 있는 법인에 30% 이상을 출자하고 있는 법인이나 개인
기타	7. 해당 법인이 「독점규제 및 공정거래에 관한 법률」에 의한 기업집단에 속하는 법인인 경우 그 기업집단에 소속된 다른 계열회사 및 그 계열회사의 임원

* 상기 표에서 경영에 지배적인 영향력을 행사하고 있는 법인은 다음의 법인을 말한다.

1. 영리법인의 경우
   가. 법인의 발행주식총수 또는 출자총액의 30% 이상을 출자한 경우
   나. 임원의 임면권의 행사, 사업방침의 결정 등 법인의 경영에 대하여 사실상 영향력을 행사하고 있다고 인정되는 경우

2. 비영리법인의 경우
   가. 법인의 이사의 과반수를 차지하는 경우
   나. 법인의 출연재산(설립을 위한 출연재산만 해당)의 30% 이상을 출연하고 그 중 1인이 설립자인 경우

** 소액주주 등은 발행주식총수 또는 출자총액의 1%에 미달하는 주식 또는 출자지분을 소유하는 주주(지배주주의 특수관계자는 제외) (법령 §50 ②)

♣ 생계유지자와 생계를 함께하는 친족의 범위는 다음과 같다.

구 분	범 위
생계유지자	해당 주주 등에게 급부로 받는 금전·기타의 재산수입과 급부로 받는 금전·기타의 재산운용에 의하여 생기는 수입을 일상생활비의 주된 원천으로 하고 있는 자
생계를 함께하는 친족	주주 등 또는 생계를 유지하는 자와 일상생활을 공동으로 영위하는 친족

여기서 주의할 점은 기업집단에 소속된 다른 계열회사 및 그 계열회사의 임원이다. 먼저 기업집단이 무엇인지 정확하게 파악을 해야 계열회사 등의 임원을 구분할 수 있기 때문이다. 여기서 "계열회사"란 둘 이상의 회사가 동일한 기업집단에 속하는 경우에 이들 각각의 회사를 서로 상대방의 계열회사라 한다(공정거래법 시행령 §2 12호).

기업집단의 소속기업이란 공정거래법 제2조 제11호와 동법 시행령 제4조 제1항 각호에 따라 사실상 사업내용을 지배하는 회사의 집단을 말한다.
동일인이 회사인 경우와 회사가 아닌 경우로 나누어 다음과 같이 회사의 집단을 규정하고 있다.

가. 동일인이 회사인 경우: 그 동일인과 그 동일인이 지배하는 하나 이상의 회사의 집단
나. 동일인이 회사가 아닌 경우: 그 동일인이 지배하는 둘 이상의 회사의 집단

따라서, 개인이 지배하는 둘 이상의 법인이 있는 경우 그 둘 이상의 법인은 기업집단에 속하게 된다. 그리고 법인이 지배하는 다른 법인이 있는 경우에는 법인과 다른 법인은 기업집단에 속하게 되고, 법인이 지배하고 있는 다른 법인이 둘 이상인 경우에는 법인과 다른 모든 법인이 기업집단에 속하게 된다.

흔히들 기업집단이라고 하면, 대기업에 속하는 기업들만 기업집단에 속한다고 생각할 수 있지만 사실상 그렇지 않다. 소기업 포함 모든 기업들이 해당 요건을 충족한다면 기업집단에 속하게 되므로 특수관계인 여부 판단 시 기업집단에 속하는지 여부는 필수적으로 체크해야 할 항목임이 분명하다.

상기에서 "사실상 그 사업내용을 지배하는 회사"란 다음의 회사를 말한다.

1. 동일인이 단독으로 또는 다음의 자(이하 "동일인관련자"라 한다)와 합하여 해당 회사의 발행주식(「상법」 제344조의 3 제1항에 따른 의결권 없는 주식은 제외한다) 총수의 100분의 30 이상을 소유하는 경우로서 <u>**최다출자자인 회사**</u>
   가. 동일인과 다음의 관계에 있는 사람(이하 "친족"이라 한다)
      1) 배우자
      2) 4촌 이내의 혈족
      3) 3촌 이내의 인척
      4) 동일인이 지배하는 국내 회사 발행주식총수의 100분의 1 이상을 소유하고 있는 5촌 · 6촌인 혈족이나 4 촌인 인척
      5) 동일인이 「민법」에 따라 인지한 혼인 외 출생자의 생부나 생모
   나. 동일인이 단독으로 또는 동일인관련자와 합하여 총출연금액의 100분의 30 이상을 출연한 경우로서 최다출연자이거나 동일인 및 동일인관련자 중 1인이 설립자인 비영리법인 또는 단체(법인격이 없는 사단 또는 재단으로 한정한다. 이하 같다)
   다. 동일인이 직접 또는 동일인관련자를 통해 임원의 구성이나 사업운용 등에 지배적인 영향력을 행사하고 있는 비영리법인 또는 단체
   라. 동일인이 여기 1번 또는 아래의 2번에 따라 사실상 사업내용을 지배하는 회사
   마. 동일인 및 동일인과 나목부터 라목까지의 관계에 있는 자의 사용인(법인인 경우에는 임원, 개인인 경우에는 상업사용인 및 고용계약에 따른 피고용인을 말한다)
2. 다음 각 목의 회사로서 동일인이 해당 회사의 경영에 대해 지배적인 영향력을 행사하고 있다고 인정되는 회사
   가. 동일인이 다른 주요 주주와의 계약 또는 합의에 따라 대표이사를 임면한 회사 또는 임원의 100분의 50 이상을 선임하거나 선임할 수 있는 회사
   나. 동일인이 직접 또는 동일인관련자를 통해 해당 회사의 조직변경 또는 신규사업에 대한 투자 등 주요 의사결정이나 업무집행에 지배적인 영향력을 행사하고 있는 회사
   다. 동일인이 지배하는 회사(동일인이 회사인 경우에는 동일인을 포함한다. 이하 이 목에서 같다)와 해당 회사 간에 다음의 경우에 해당하는 인사교류가 있는 회사
      1) 동일인이 지배하는 회사와 해당 회사 간에 임원의 겸임이 있는 경우
      2) 동일인이 지배하는 회사의 임직원이 해당 회사의 임원으로 임명되었다가 동일인이 지배하는 회사로 복직하는 경우(동일인이 지배하는 회사 중 당초의 회사가 아닌 다른 회사로 복직하는 경우를 포함한다)

3) 해당 회사의 임원이 동일인이 지배하는 회사의 임직원으로 임명되었다가 해당 회사 또는 해당 회사의 계열회사로 복직하는 경우

라. 동일인 또는 동일인관련자와 해당 회사 간에 통상적인 범위를 초과하여 자금 · 자산 · 상품 · 용역 등의 거래 또는 채무보증이 있는 회사

마. 그 밖에 해당 회사가 동일인의 기업집단의 계열회사로 인정될 수 있는 영업상의 표시행위를 하는 등 사회통념상 경제적 동일체로 인정되는 회사

상기의 내용을 요약하면 다음과 같다.

먼저 동일인관련자의 정의를 파악하는 것이 중요하며 동일인관련자를 정리하면 다음과 같다.

① 동일인
② 동일인관련자: 동일인과 다음의 ⓐ부터 ⓕ의 관계에 있는 자
ⓐ: 친족
ⓑ: ① 또는 ①+②가 30% 이상 출연하면서 최다출연자인 비영리법인 등
ⓒ: ① 또는 ①+②가 30% 이상 출연하면서 ① 또는 ② 중 설립자인 비영리법인 등
ⓓ: ①이 직접 또는 ②를 통해 지배적인 영향력을 행사하고 있는 비영리법인 등
ⓔ: ①이 사실상 지배하는 회사
ⓕ: ① 또는 ①과 ⓑ~ⓔ까지의 관계에 있는 법인의 임원 or 개인의 사용인

이하에서 동일인을 ①이라 하고 동일인관련자를 ②라고 하여 정리하고자 하며, 기업집단에 속하는 계열회사는 다음의 30% 이상을 소유하는 최다출자자인 회사(이하에서 '최다출자회사라고 한다)와 지배적인 영향력을 행사하고 있는 회사(이하에서 '지배적 영향력행사회사'라고 한다)를 말한다.

동일인이 개인인 경우에는 개인이 출자하고 있는 둘 이상의 최다출자회사(또는 지배적인 영향력행사회사)를 기업집단이라고 하며, 동일인이 법인인 경우에는 법인과 법인의 최다출자회사(또는 지배적인 영향력행사회사)를 또는 둘 이상의 최다출자회사 등이 있는 경우에는 법인과 둘 이상의 최다출자회사 등 모두를 기업집단이라고 한다.

1. 30% 이상을 소유하는 최다출자자인 회사

①이 단독으로 또는 ②와 합하여 해당 회사의 발행주식(의결권 없는 주식은 제외) 총수의 100분의 30 이상을 소유하는 경우로서 **최다출자자인** 회사

2. 지배적인 영향력을 행사하고 있는 회사

①이 지배적인 영향력을 행사하고 있는 다음의 회사

가. ①이 대표이사의 임면 또는 임원의 50% 이상의 선임 또는 선임가능한 회사

나. ①이 직접 또는 ②를 통해 지배적인 영향력을 행사하고 있는 회사

다. ①이 지배하는 회사(①이 회사인 경우에는 ①포함. ⓐ~ⓒ도 동일함) 또는 해당 회사 간에 다음의 인사교류가 있는 회사

ⓐ ①이 지배하는 회사와 해당 회사 간에 임원의 겸임이 있는 경우

ⓑ ①이 재배하는 회사의 임직원이 해당 회사의 임원으로 임명됐다가 복직하는 등의 경우

ⓒ 해당 회사의 임원이 ①이 지배하는 회사의 임직원이 되었다가 다시 복직하는 등의 경우

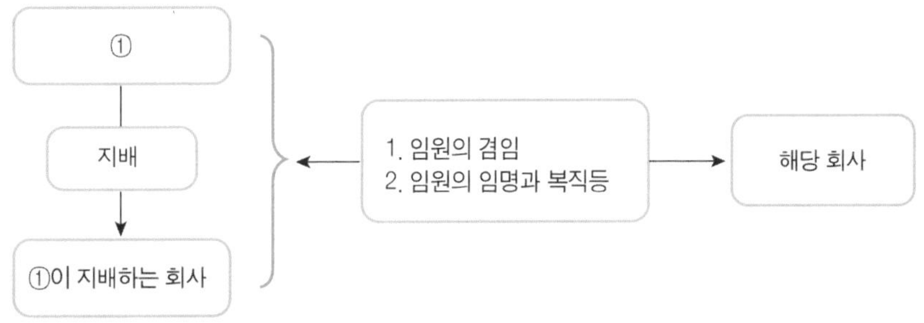

라. ① 또는 ②와 해당 회사 간 과다한 자금 · 자산 · 상품 · 용역 등의 거래 또는 채무보증이 있는 회사

마. 그 외 해당 회사가 동일인의 계열회사로 인정될 만한 사회통념상 경제적 동일체로 인정되는 회사

| 법인세법상의 특수관계인 범위 개요도(법인세 집행기준 2-2-1) |

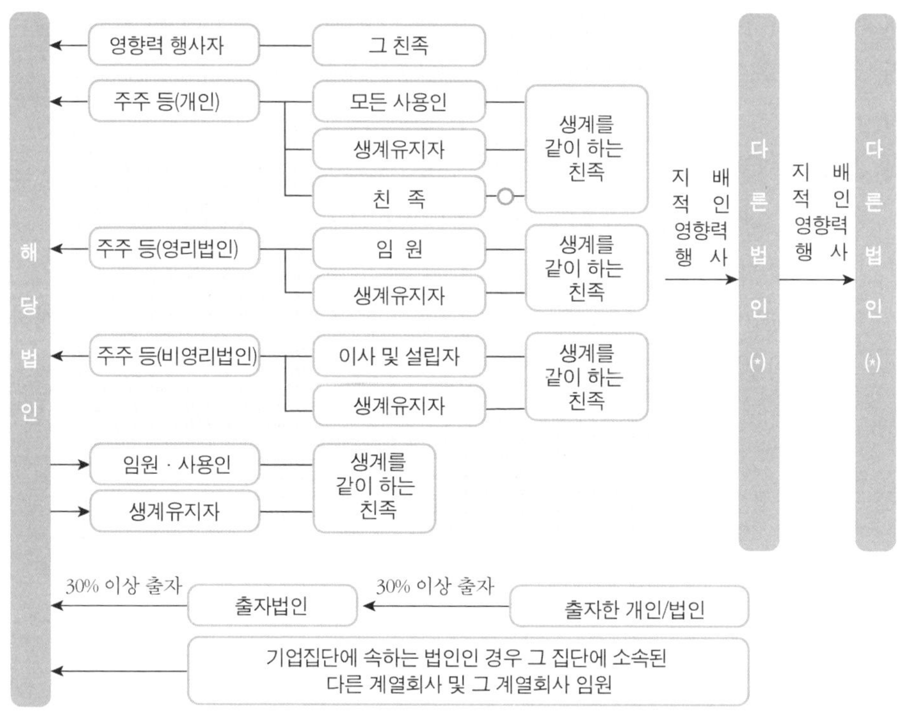

(*) 다른 법인에는 영리법인과 비영리법인을 포함

☞ 법인세법상 특수관계인은 법령 제2조 제8항에서 규정하고 있다. 이는 집행기준의 특수관계인 범위 개요도와는 조금의 차이가 있는데, ○부분은 집행기준에만 있고 법령 제2조 제8항 제3호에는 없는 부분이다. 따라서 집행기준의 수정이 필요하다.

ⓑ **상증법상 특수관계인**

본인과의 특수관계를 나타내는 아래의 상증법상의 특수관계인 개요도는 대략 다음과 같이 요약할 수 있다. 다음은 본인과의 특수관계인에 해당하는 자들이다.

첫번째: ①*부터 ③*까지의 자

두번째: 본인, 첫번째 또는 공동으로 설립하거나 이사의 과반인 비영리법인

세번째: ③*의 임원 또는 퇴직임원이 이사장인 비영리법인

네번째: 본인, 첫번째부터 세번째까지 중의 자 또는 공동으로 30% 이상 출자하는 법인

다섯번째: 본인, 첫번째부터 네번째 중의 자 또는 공동으로 50% 이상 출자하는 법인

여섯번째: 본인, 첫번째부터 다섯번째 중의 자 또는 공동으로 50% 출자하는 법인

일곱번째: 본인, 첫번째부터 여섯번째 중의 자 또는 공동으로 출연하거나 이사의 과반수를 차지하는 비영리법인

* 상기 ①과 ③은 위 개요도에 있는 번호와 동일하다.

본인과 다음에 해당하는 자

① 국기령상의 친족(주1) 및 직계비속의 배우자의 2촌 이내의 혈족과 그 배우자

② 본인의 사용인(본인이 출자에 의해 지배하고 있는 법인(주2)의 사용인 포함)이나 본인의 사용인 외의 자로서 본인의 재산으로 생계를 유지하는 자

③ 다음 어느 하나에 해당하는 자

ⓐ 본인이 개인: 본인 또는 본인과 친족등이 사실상 영향력 행사하는 기업집단의 소속기업 (해당 기업의 **임원**과 **퇴직임원** 포함)

ⓑ 본인이 법인: 본인이 소속된 일정 기업집단의 소속기업(해당 기업의 **임원**과 **퇴직임원** 포함)과 해당 기업의 **경영에 관하여 사실상 영향력 행사하는 자 및 그와 ①에 해당하는 자**

④ 본인, ①~③의 자 또는 본인과 ①~③의 자가 공동으로 재산을 출연하여 설립하거나 이사의 과반수인 비영리법인

⑤ 위 ③에 해당하는 기업의 임원 또는 퇴직임원이 이사장인 비영리법인

⑥ 본인, ①~⑤의 자 또는 본인과 ①~⑤의 자가 공동으로 발행주식의 총수 또는 출자총액의 30% 이상 출자하고 있는 법인

⑦ 본인, ①~⑥의 자 또는 본인과 ①~⑥의 자가 공동으로 발행주식의 총수 또는 출자총액의 50% 이상 출자하고 있는 법인

⑧ 본인, ①~⑦의 자 또는 본인과 ①~⑦의 자가 공동으로 재산을 출연하여 설립하거나 이사의 과반수를 차지하는 비영리법인

* [독점규제 및 공정거래에 관한 법률 제2조 제11호] "기업집단"이라 함은 동일인이 다음 각목의 구분에 따라 대통령령이 정하는 기준에 의하여 사실상 그 사업내용을 지배하는 회사의 집단을 말하며, 「(b)법인세법상 특수관계인」 부분을 참고한다.
  가. 동일인이 회사인 경우 그 동일인과 그 동일인이 지배하는 하나 이상의 회사의 집단
  나. 동일인이 회사가 아닌 경우 그 동일인이 지배하는 그 이상의 회사의 집단

♣ "기업집단"은 법인세법상의 기업집단과 동일하므로 법인세법상 특수관계인 부분을 참고로 한다.

(주1) 국기령상의 친족
1. 4촌 이내의 혈족
2. 3촌 이내의 인척
3. 배우자(사실상의 혼인관계에 있는 자를 포함한다)
4. 친생자로서 다른 사람에게 친양자 입양된 자 및 그 배우자·직계비속
5. 본인이 「민법」에 따라 인지한 혼인 외 출생자의 생부나 생모(본인의 금전이나 그 밖의 재산으로 생계를 유지하는 사람 또는 생계를 함께하는 사람으로 한정한다)

(주2) 출자에 의해 지배하고 있는 법인이란 ⑥, ⑦, ⑧에 해당하는 법인을 말한다(상증령 §2의 2 ③).

(5) 부당행위계산부인 적용의 효과

1) 부인금액의 익금산입과 이익을 분여받은 자에 대한 과세

법인의 행위 또는 계산이 부당행위계산부인의 요건을 충족하면 해당 법인이 취한 행위 및 계산은 부인되며, 해당 법인이 부당하게 계상한 금액과 세법에 의하여 적법하게 계산한 금액과의 차액을 법인의 각 사업연도 소득금액계산상 익금에 산입한다. 단, 특수관계인 법인간 불공정합병으로 인해 분여한이익이 있는 경우에는 상증법을 준용하여 계산한 금액을 익금에 산입한다(법령 §89 ⑥).

법령 제11조 제8호에 따라 특수관계인인 법인간의 합병(분할합병을 포함한다)에 있어서 주식 등을 시가보다 높거나 낮게 평가하여 불공정한 비율로 합병한 경우(다만, 「자본시장과 금융투자업에 관한 법률」 제165조의 4에 따라 합병(분할합병을 포함한다)하는 경우는 제외한다)에 따른 자본거래로 인하여 특수관계인으로부터 분여받은이익은 익금에 산입한다.

법규정	법인이 이익을 분여한 경우	법인이 이익을 분여받은 경우
법령 §88 ① 8호 또는 8호의 2에 따른 익금산입 여부 (부당행위계산부인)	익금산입	×
법령 §11 8호에 따른 익금산입 여부	×	익금산입

※ 단, 다른 적용조건들은 무시한다.

2) 부인금액의 소득처분과 분여이익의 귀속시기

① 소득처분

1. 분여한이익이 개인주주에게 귀속되는 경우

특수관계인 법인간의 불공정합병에 따라 법인세법상 부당행위계산부인 규정을 적용받아 익금에 산입한 금액으로서 그 귀속자가 개인주주인 경우로서 상증법상 증여세가 과세되는

경우에는 기타사외유출로 소득처분한다(법령 §106 ① 3호 자목).

2. 분여한이익이 법인주주에게 귀속되는 경우

법인세법상의 부당행위계산부인의 적용에 따라 불공정합병으로 인한 특수관계인으로부터 분여받은이익은 수익에 포함한다(법령 §11 8호). 따라서 해당액은 익금산입(유보)으로 세무조정하여 해당 주식의 세무상 취득가액에 가산된다(법령 §72 ⑤ 3호).

3. 이익을 분여한 법인주주의 소득처분

법인이 자본거래를 함으로써 특수관계자인 다른 법인에게 이익을 분여한 경우, 법인의 각 사업연도의 소득금액 계산에 있어서 익금에 산입하여 기타사외유출로 처분하는 것이며, 특수관계자인 법인이 분여받은 이익의 금액은 익금에 산입하는 것임(법인 46012-487, 1999. 2. 6.).

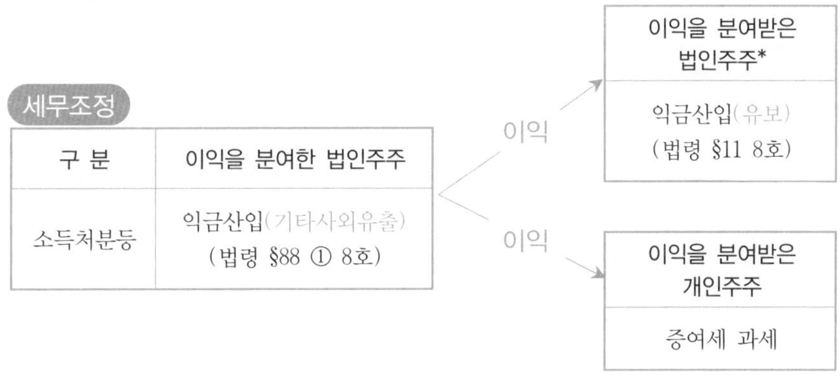

② 분여이익의 귀속시기

일반자산의 고가매입과는 달리 불공정합병으로 인한 분여이익에 대하여는 분여시점(합병등기일이 속하는 사업연도)에 익금에 산입한다(재법인 46012-168, 2000. 10. 26.).

3) 부당행위계산부인과 취득가액

저가평가된 주식의 주주는 상대법인 주주에게 이익을 분여하게 되고, 상대법인 주주가 법인인 경우 익금산입(유보소득처분)되어 주식의 취득가액에 가산된다.

개인주주의 경우

합병교부주식의 취득가액은 [종전주식의 취득가액 + 의제배당 - 교부금등]이다(소법 §163 ② 4호). 따라서 법인주주와 달리 분여받은이익은 취득가액에 가산되지 않는다. 하지만 양도자산의 필요경비 계산시 상증법 제38조(합병에 따른 이익의 증여)에 따라 증여세를 과세받은 경우에는 해당 증여재산가액 또는 그 증·감액을 취득가액에 더하거나 빼도록 하고 있다(소령 §163 ⑩ 1호).

법인주주가 합병에 따라 취득한 합병교부주식의 취득가액 계산은 다음과 같다.

합병교부주식의 취득가액 =
종전주식의 장부가액 + 의제배당 + 법인세법상 부당행위계산부인에 따라 분여받은이익 - 교부금

이를 분개로 나타내면 다음과 같다.

(차) 합병교부주식	***	(대) 종전주식의 장부가액	***
교부금등	***	의제배당액	***
		분여받은이익	***

(6) 부당행위계산의 판정시기와 합병당사법인의 주식가치 평가기준일

1) 부당행위계산의 판정시기와 특수관계인인 법인의 판정기간

조세의 부담을 부당하게 감소시킨 것으로 인정되는 행위당시를 기준으로 하여 당해 법인과 특수관계인 간의 거래(특수관계인 외의 자를 통하여 이루어진 거래를 포함한다)에 대하여 부당행위계산부인 규정을 적용한다.

다만, 불공정합병의 경우로서 주주가 다른 특수관계인인 주주에게 이익을 분여한 경우(법령 §88 ① 8호 가목)에 있어서 특수관계인인 법인의 판정은 합병등기일이 속하는 사업연도의 직전사업연도의 개시일(그 개시일이 서로 다른 법인이 합병한 경우에는 먼저 개시한 날을 말한다)부터 합병등기일까지의 기간에 의한다(법령 §88 ②).

[부당행위계산의 판정 기준시기] 관련 집행기준 52-88-5

① 부당행위계산의 판정기준시점은 다음과 같다.

구 분	기준시점
일반적인 경우	그 행위당시를 기준으로 하여 해당 법인과 특수관계인간의 거래(특수관계인 외의 자를 통하여 이루어진 거래를 포함)에 대하여 적용함
불공정합병의 경우	합병등기일이 속하는 사업연도의 직전사업연도의 개시일(그 개시일이 서로 다른 법인이 합병한 경우에는 먼저 개시한 날)부터 합병등기일까지의 기간에 의함

② 법인이 특수관계인과 임대차 거래를 함에 있어서 부당행위계산의 유형에 해당하는지 여부는 임대차 계약일을 기준으로 판단하는 것이며, 임대료의 시가는 임대차계약 체결 시점에서 영 제89조 제1항, 제2항 및 제4항을 순차적으로 적용하여 산출한 가액으로 한다.

③ 법인이 특수관계인에게 양도하는 주식의 거래가액이 해당 주식의 매매계약일 현재 확정된 경우 해당 거래가 부당행위의 유형에 해당하는지 여부는 매매계약일 현재를 기준으로 판단한다.

필자주

법령 제88조 제2항에서 부당행위계산의 판정시기는 "행위당시"를 기준으로 하고 있다. 여기에 대해 불공정합병의 경우라고 예외를 두지 않는다. 그리고 많은 대법원 판례에서도 법인의 부당행위계산부인규정은 그 행위당시를 기준으로 적용하도록 판시하고 있다.

다만 집행기준 52-88-5에서는 부당행위계산의 판정기준시점을 일반적인 경우와 불공정합병의 경우로 분리하여, 불공정합병의 경우는 법령 제88조 제2항에 따른 특수관계인인 법인의 판정기간과 동일한 합병등기일이 속하는 사업연도의 직전사업연도의 개시일(그 개시일이 서로 다른 법인이 합병한 경우에는 먼저 개시한 날)부터 합병등기일까지의 기간으로 규정하고 있어 법인세법 시행령 그리고 대법원 판례와 그 내용이 일치하지 않는다.

다음은 법인세법상의 부당행위계산의 판정시기와 합병비율 계산을 위한 합병당사법인들의 주식 평가기준일에 관한 심판청구 사례다.

합병과 관련한 부당행위계산의 판정시기, 반드시 행위당시여야 하나?

합병당사법인들은 2017. 9. 30.을 평가기준일로 하여 「상속세 및 증여세법」에 따른 보충적 평가방법에 따라 양사의 1주당 주식가치를 각 OOO원과 OOO원으로 산정하여 합병비율을

1:0.0849494로 정하였고, 2017. 11. 3. 합병계약을 체결하였다. 합병등기일은 2017. 12. 31.인 경우 로서 합병평가기준일 이후 피합병법인 자산가치의 중대한 변화에도 불구하고 합병등기일 전까지 재평가하여 합병비율을 재조정하지 않았다 하더라도 불공정합병으로 보기는 어렵다.

그 이유는 법령 제88조 제1항 제8호 가목은 특수관계인인 법인과의 합병에 있어서 주식 등을 시가보다 높거나 낮게 평가하여 불공정한 비율로 합병한 경우에 해당 주주 등인 법인에 부당행위계산부인 규정을 적용하도록 정하였고, 같은 조 제2항에 따르면, 제1항의 규정은 그 행위 당시를 기준으로 하여 적용하는 것이며, 대법원은 부당행위계산 해당 여부를 그 대금을 확정짓는 거래 당시를 기준으로 판단하도록 일관되게 판시(2010. 5. 13. 선고 2007두14978 판결 등 참고)하고 있는바, 쟁점합병법인 등은 쟁점합병의 계약(2017. 11. 3.) 당시 「상속세 및 증여세법」상의 보충적 평가액(평가기준일 : 2017.9.30.)을 기준으로 합병비율을 산정하였으므로 쟁점합병을 불공정합병으로 보기는 어려운 것으로 판단된다(조심 2021서1493, 2022. 9. 6, 법인세).

★정리하면 다음과 같다.

① 법인세법상 부당행위계산의 판정시기는 원칙 행위당시를 기준으로 한다. 합병의 경우 계약서 체결일이다. 이는 법령 제88조 제2항과 일치한다. 그러나 법인세 집행기준 52-88-5와는 상기에서 논했듯이 그 내용이 조금 다르다)

② 「상법」 제523조에 합병계약서에는 합병으로 인하여 발행할 주식의 종류와 수, 합병비율, 합병대가의 종류 및 합병기일을 필수적으로 기재하도록 규정하고 있으므로 합병비율 계산을 위한 평가기준일은 현실적으로 합병계약서 체결일 이전 또는 합병계약서 체결일의 추정 재무제표가 될 수 밖에 없다. 따라서, 합병계약서 작성 전 적당한 시기의 평가기준일에 따라 합병비율을 정하고 그 합병비율대로 합병계약서를 작성했다면 불공정합병으로 보기 어렵다.

③ 다만, 특수관계인인 법인의 판정시기는 합병등기일이 속하는 사업연도의 직전사업연도의 개시일(그 개시일이 서로 다른 법인이 합병한 경우에는 먼저 개시한 날을 말한다)부터 합병등기일까지의 기간으로 한다(법령 §88 ②).

2) 분여하는이익액 계산을 위한 주식 평가기준일

법령 제89조 제6항에 따라 특수관계인 법인간의 합병에 의해 특수관계인에게 이익을 분여하여 부당행위계산부인이 적용되어 익금에 산입되는 경우(법법 §52 ①) 그 익금에 산입할 금액의 계산에 관하여 [상증법 제38조]와 [상증령 제28조 제3항부터 제7항까지]를 준용하여 계산한다. 따라서 평가기준일이 규정된 상증령 제28조 제5항은 준용범위에 포함되므로 개인주주등에 대해 부과되는 증여세 계산시의 평가기준일과 동일하다.

평가기준일은 상장주식(주권상장법인과 코스닥상장법인을 말한다)과 비상장주식에 따라 평가기준일이 다르고, 합병 후 신설 또는 존속하는 법인의 1주당 평가가방법과 주가가 과대평가된 합병당사법인의 1주당 평가방법이 각각 다르다.

가) 합병 후 신설 또는 존속하는 법인의 1주당 평가가액

합병후 주식평가의 기준일은 상증령 제28조 제5항에서 명확하게 규정하고 있고 그 내용은 다음과 같다.

| 합병 후 신설 또는 존속법인의 1주당 평가액의 계산의 요약 |

구 분	주권상장 · 코스닥상장 법인	그 외 법인
합병 후 1주당 평가액	Min [①, ②] ① 합병등기일 이후 2개월간 최종시세가액의 평균액 (상증법 §63 ① 1호 가목 및 상증 통칙 38-28-4) ② 단순평균액 대차대조표공시일과 합병신고일 중 빠른 날. 단 비상장주식의 평가방법에 따를 경우에는 대차대조표공시일 기준 (상증법 §63 ① 1호 나목, 상증령 §28 ⑤ 2호 및 서일 46014-10591, 2001. 12. 10. 및 재재산 46014-68, 2002. 3. 28.)	단순평균액 대차대조표공시일 기준 (상증령 §28 ⑤ 본문과 ⑤ 2호 괄호안)

나) 주가가 과대평가된 합병당사법인의 1주당 평가액

다음은 주가가 과대평가된 합병당사법인의 1주당 평가액의 평가기준일이다.

구 분	주권상장 · 코스닥상장 법인	그 외 법인
주가 과대평가법인 합병 전 1주당가치	Max[①, ②] ① 다음 중 빠른 날 이전 2개월간 최종시세 가액의 평균액 ㉮ 합병대차대조표 공시일 ㉯ 금융감독위원회 합병신고일 ② 비상장주식 평가방법에 의한 평가액 1. 원칙 : 시가(매매 · 수용 · 경매 · 공매가액도 시가로 봄) 2. 예외 : 보충적 평가방법	합병대차대조표 공시일의 비상장주식 평가방법에 의한 평가액

(상증세 집행기준 38-28-5)

1. 비상장법인인 간의 합병 시 합병 직전 주식가액의 평가기준일

비상장법인인 간의 합병 시 합병 직전 주식가액의 평가기준일 산정은 「상속세 및 증여세법 시행령」 제28조 제5항 제2호의 규정에 의하여 대차대조표 공시일로 하는 것임(법인세과-131, 2014. 3. 25.).

2. 재무제표를 비치하지 않는 등 대차대조표 공시일을 알수 없는 경우의 주식가액의 평가기준일

(가) ① 합병법인 및 피합병법인은 합병을 위한 주주총회 회일의 2주 전인 2017. 11. 8. 각 회사의 최종 대차대조표와 손익계산서 등을 실제로 본점에 비치한 사실이 확인되지 아니하고, 달리 실제 대차대조표 공시일을 확인할 수 있는 자료도 제출하고 있지 아니한 점,

② 전자공시시스템에 2017. 11. 3. 회사합병결정 공시에서도 대차대조표는 확인되지 아니하고, 최근 사업연도 재무내용에 '합병회사의 최근 사업연도 재무내용은 2016년말 재무제표 기준임'이라고 기재한 점 등에 비추어 보았을 때 합병관련 대차대조표의 공시일을 알 수 없는 경우에 해당하는 것으로 보인다.

(나) ① 합병관련 대차대조표의 공시일을 알 수 없는 경우 객관적이고 합리적인 방법으로 평가기준일을 정해야 하는 점(서울고등법원 2010. 12. 9. 선고 2010누18934 판결 참조),

② 상법 제522조의 2 제1항에 따르면 대차대조표의 공시의무기간이 주주총회 회일의 2주 전부터 합병을 한 날 이후 6월이 경과하는 날까지이고, 피합병법인은 2017. 11. 22. 합병승인주주총회를 거쳐 2018. 1. 8. 합병등기를 마침으로써 상법이 정한 대차대조표의 공시의무기간에 합병등기일(2017. 12. 31.)이 포함되어 있으며, 대차대조표의 공시의무가 발생하는 첫날로서 주주총회 회일의 2주 전이 되는 날만을 평가기준일로 보아야 할 이유가 없는 점,

③ 합병법인 및 피합병법인이 전자공시시스템에 재무제표를 공시한 것은 유일하게 2017년 사업연도 감사보고서로 작성기준일이 2017. 12. 31.이고, 2017. 12. 31.은 합병법인과 피합병법인의 합병기일로 최종적으로 각자의 재무제표를 구분하여 생산할 수 있는 날이기도 한 점 등에 비추어 보았을 때 쟁점합병관련 대차대조표 공시일은 2017. 12. 31.로 봄이 타당한 것으로 보인다(적부 2020-81, 2020. 9. 23.).

(7) 부당행위계산부인의 적용제외

불공정합병인 경우 합병으로 인해 양도손익을 감소(법령 §88 ① 3호의 2)시킬 수 있고, 불공정합병으로 인해 주주간 이익을 분여(법령 §88 ① 8호 가목)할 수도 있다. 이 경우 법인세법상 부당행위계산부인 규정을 적용하여 세무조정한다. 하지만 다음에 해당하는 경우에는 부당행위계산부인 규정을 적용하지 않는다.

① 적격합병인 경우 양도손익에 대한 부당행위계산부인 적용 예외

불공정합병한 경우 양도손익을 감소시킬 수 있다. 그 이유는 양도가액은 [합병교부주식, 합병교부금, 간주교부주식, 법인세등의 대납액]의 합계액이며, 만일 피합병법인이 저가평가되는 경우 교부받는 합병교부주식 수는 감소할 것이고 합병교부주식가액의 감소는 양도가액의 감소와 동일하므로 결과적으로 양도차익이 감소되기 때문이다.

하지만, 적격합병 요건을 만족하는 경우에는 양도손익이 없는 것으로 하므로 불공정합병에 따라 양도손익이 감소하더라도 어차피 양도차익은 0원으로 보는 것이므로 양도손익의 감소에 따른 부당행위계산부인 규정을 적용하지 않는다(서면법인 2017-2945, 2018. 1. 12.).

따라서 불공정합병하더라도 적격합병하는 경우에는 법인세법상 양도손익에 따른 부당행위계산부인 규정이 적용되지 않으므로 상증법상 증여세가 과세되지 않는다면 적절하게 이용하는 것도 절세의 한 방법일 것이다.

② 합병으로 취득한 자기주식에 대해 배당을 하지 않을 때

법인이 합병으로 인하여 취득하는 자기주식에 대하여 배당을 하지 아니한 때에는 조세의 부담을 부당하게 감소시킨 것으로 인정되지 않는다(법기통 52-88-3.).

③ 완전모자회사간 합병시 합병교부주식을 교부하지 않을 때

지배회사가 종속회사의 주식을 100% 소유하고 있는 상태에서 종속회사를 흡수합병하면서 합병 전에 취득한 포합주식에 대하여 합병대가로 주식 등을 교부하지 않는 경우에는 부당행위계산부인을 적용하지 아니한다(집행기준 52-88-4 및 법인 46012-1145, 2000. 5. 13.).

④ 주식매수청구권 행사로 저가매입하여 소각하는 경우

합병에 반대하는 법인주주로부터 자기주식을 저가로 매입, 소각 시 저가양도 자체는 부당행위계산의 유형에 해당되지 아니하나, 법인주주가 주식을 저가로 양도함으로써 법인주주와 특수관계에 있는 다른 주주에게 이익을 분여한 것으로 인정되는 때에는 부당행위계산의 유형에 해당한다(법규법인 2014-241, 2014. 7. 29.).

⑤ 완전모자회사간 합병 시 불공정비율로 합병한 경우

내국법인이 발행주식의 100%를 보유한 완전자회사를 흡수합병하면서 합병신주인 자기주식을 교부받은 경우 「법인세법 시행령」 제88조 제1항 제8호 가목에 따른 부당행위계산의 유형에 해당하지 않는다(기준-2015-법령해석법인-0264 및 법령해석과-152, 2016. 1. 18.). 이는 완

전모회사가 자회사의 지분을 100% 소유하고 있으므로 다른 주주에게 이익을 분여 할 수가 없기 때문이다.

⑥ 완전자회사인 비상장법인간 합병시 부당행위계산부인(이익분여) 적용 여부

완전자회사인 비상장법인간 흡수합병 시 「법인세법」시행령 제88조 제1항 제8호 가목의 규정이 적용되지 아니하는 것이다(서면법인 2023-161, 2023. 8. 3.). 완전자회사간 합병의 경우 주주는 완전모회사뿐이므로 다른 주주에게 이익을 분여할 여지가 없으므로 당연히 법령 제88조 제1항 제8호 가목의 규정이 적용되지 않는 것이다.

⑦ 완전자회사간 합병시 부당행위계산부인(저가 양도) 적용 여부

외국법인이 각각 100% 출자한 내국법인인 완전자회사간 합병에 있어서 「법인세법」 제44조 제2항 각 호(적격합병요건)의 요건을 모두 충족하여 피합병법인의 양도손익이 없는 것으로 한 때에는 같은 법 시행령 제88조 제1항 제3호의 2(부당행위계산부인)에 해당하지 아니하는 것입니다(기획재정부 법인-56, 2016. 1. 21.).

완전모자회사간 합병 또는 완전자회사간 합병의 경우 적격합병에 해당하므로 일반적인 적격합병의 경우와 마찬가지로 양도손익에 대한 부당행위계산부인 규정이 적용되지 않는 것이다.

⑧ 합병등기일 전에 피합병법인의 주식 100%를 보유한 합병법인이 피합병법인을 흡수합병하면서 합병신주를 발행하지 아니하는 경우 부당행위계산의 부인 규정 적용 여부

합병등기일 전에 피합병법인의 주식 100%를 보유한 합병법인이 피합병법인을 흡수합병하면서 합병신주를 발행치 아니한 경우는 합병신주를 발행한 후 소각하는 것과 그 결과는 실질적으로 동일하므로 법인세법 제44조 제1항의 요건을 갖춘 것으로 보는 것이다.

지배회사가 종속회사의 주식을 100% 소유하고 있는 상태에서 지배회사가 종속회사를 흡수합병하면서 합병전에 취득한 종속회사의 주식에 대하여 합병대가로 주식등을 교부하지 않는 경우 법인세법 제52조 및 같은법 시행령 제88조 제1항 제8호 가목에서 규정하는 조세의 부담을 부당히 감소시킨 것으로 인정되는 경우에 해당되지 않는다.

(서면2팀-1516, 2004. 7. 20.) 질의회신사례 (재법인 46012-67, 2001. 3. 24. 및 재법인 46012-32, 2002. 2. 22. 및 서일 46014-10564, 2001. 12. 4.)

(8) 불공정합병과 포합주식 및 자기주식

합병법인이 보유하는 포합주식과 피합병법인이 보유하는 자기주식에 대해 합병교부주식

을 교부하는 경우 합병법인은 자기주식을 취득하게 된다.

1) 포합주식 및 피합병법인의 자기주식과 부당행위계산부인

합병으로 인하여 합병교부주식을 교부 시 합병법인의 자기주식 취득이 발생할 수 있는 경우는 다음의 경우 등이다.

① 피합병법인이 자기주식을 소유한 경우
② 합병법인이 피합병법인의 주식을 소유한 경우(포합주식)
③ 피합병법인이 합병법인의 주식을 소유한 경우

상기 ①은 합병법인이 피합병법인이 소유하던 자기주식(피합병법인 주식)에 합병대가로 합병법인의 신주를 교부함에 따라 자기주식(합병법인 주식)을 승계하게 된다. 해당 자기주식은 피합병법인으로부터 승계받는 자산에 해당하므로 「법인세법」 제113조 제3항에 따라 구분경리하는 경우, 해당 자기주식을 처분하여 발생하는 양도손익은 피합병법인으로부터 승계받은 사업부문에서 발생한 익금과 손금으로 본다(서면법령해석법인 2014-22120, 2015. 7. 28.).

②는 포합주식으로서 합병교부주식을 교부하면 합병법인은 자기주식을 소유하게 된다.

③은 피합병법인의 자산을 승계받게 되므로 피합병법인이 합병 전에 보유한 합병법인의 주식을 합병법인이 승계받게 되므로 합병 후 합병법인은 자기주식을 소유하게 된다.

만약, 피합병법인이 과소평가된 불공정합병인 경우로서 포합주식에 합병교부신주가 교부된다면, 피합병법인의 과소평가로 인해 공정합병의 경우보다 적은 합병신주가 교부된다.

포합주식에 대하여 합병신주가 과소 배정된 결과, 합병 후 합병법인이 보유한 자기주식 수는 공정한 합병비율이 적용되었을 경우에 비하여 적어지며, 합병법인의 자기주식 총가치 또한 적어진다. 포합주식에 대하여 배정된 합병신주는, 법인세법상 자산에 해당하고, 이를 처분할 경우 자본거래가 아니라 손익거래에 해당하므로(대법원 1992. 9. 8. 선고 91누13670 판결 참조) 포합주식에 대해 합병신주를 과소 배정할 경우 미래 수익이 절감될 소지가 있다.

이에 대한 최근 대법원판례를 하나 소개하고자 한다.
포합주식에 대하여 합병신주를 배정받아 이를 자기주식으로 상당한 기간 보유하였다면(합병일: 2010.4.27 자기주식 감자일: 2010.12.27), 이에 대하여 합병신주를 배정받지 않거나 합병신주를 배정받아 합병과 동시에 이를 소각한 경우와 동일하게 취급할 수 없다.

따라서, 법인세법 시행령 제88조 제1항 제8호 (가)목, 제89조 제6항은 합병시 자기주식이 발생하는 경우에 대한 예외규정을 두고 있지 않은 데다가 자기주식의 양도성과 자산성을 고려하면 원칙적으로 회사 소유의 자기주식을 주주 소유의 일반 주식과 달리 취급할 이유가 없고, 합병으로 인하여 포합주식과 피합병법인의 자기주식이 합병법인의 자기주식으로 바뀌면서 그 가치가 줄어들었다면 그에 상응하는 만큼 합병법인의 주주들이 보유한 합병 후인 합병법인의 주식가치는 증가한 것으로 볼 수 있으므로 포합주식과 피합병법인의 자기주식에 과소 배정된 합병신주만큼 합병법인의 주주에게 이익이 분여 된 것으로 보아야 한다(대법원 2021. 9. 30. 선고 2017두66244 판결).

상기 대법원판례에 따르면, 포합주식 또는 피합병법인이 보유하는 자기주식에 합병신주를 교부하는 경우로서 불공정합병에 해당하여 포합주식에 대해 그리고 피합병법인이 보유한 자기주식에 대해 합병신주가 과소 배정되었다면 피합병법인의 주주가 합병법인의 주주에게 이익을 분여한 것으로 보아 법령 제88조 ① 8호 가목의 부당행위계산부인규정이 적용될 수 있다는 의미로 해석된다.

한편, 포합주식에 대해 자기주식을 교부받아 바로 소각한다면, 포합주식에 대해 합병신주를 교부받지 않는 것과 동일할 것이다. 따라서 대법원은 합병신주를 배정받아 이를 자기주식으로 상당한 기간 보유한 것을 전제로 하여 해당 사건을 판결했는데 여기서 "상당한 기간"이라는 의미는 필자의 의견으로는 누가 보더라도 당장 소각하지 않은 경우 외의 경우로 봐야 한다는 것이다. 이는 합병교부주식을 교부하지 않고 소멸시키는 것과 합병교부주식을 교부 후 바로 소각하는 것이 같은 것일 뿐이지 합병교부주식을 교부 후 일정기간 보유 후 소각시키는 것과는 동일하지 않기 때문이다.

2) 합병시 취득한 자기주식의 매각에 대한 손익거래 여부

현행 법인세법에서는 자기주식의 처분으로 발생하는 손익은 익금 또는 손금산입 대상이다. 자기주식을 상기의 합병으로 인한 자기주식 취득방법 중 어떤 방식으로 취득했던 상관없다.

다만, 합병법인이 피합병법인의 주주에게 합병대가로 합병법인이 보유하고 있는 자기주식을 교부하는 거래는 자본거래에 해당하므로 합병대가로 지급한 자기주식의 시가와 장부가액과의 차이는 합병법인의 각 사업연도 소득금액 계산시 익금에 산입하지 아니한다(사전-2022-법규법인-0106, 2022. 3. 29.).

3. 합병비율

세법에서 합병비율을 어떻게 산정하라는 규정은 없다. 그러나 합병당사법인들 중 일방법인의 주식을 저가 또는 고가 평가하여 불공정합병하는 경우, 법인세법상 「부당행위계산부인규정」의 적용 또는 상증법상 「합병에 따른 이익의 증여 규정」 적용에 따라 각종 세금이 부과될 수 있다. 단, 「자본시장과 금융투자업에 관한 법률」에 따른 주권상장법인이 다른 법인과 동법 제165조의 4 및 동법 시행령 제176조의 5에 따라 하는 합병은 상증법상의 특수관계에 있는 법인 간의 합병으로 보지 아니하며, 「자본시장과 금융투자업에 관한 법률」 제165조의 4에 따라 합병(분할합병을 포함한다)하는 경우는 법인세법상의 불공정합병으로 보지 않는다. 따라서 자본시장법에 따른 합병이 아니라면, 세법에서 정한 공정합병비율이 곧 적정한 합병비율이라고 해도 과언이 아니다.

다음은 자본시장법에서 규정하는 합병가액 산정방법에 대한 내용이다.

♣ 상장법인과 계열회사간 또는 상장SPAC와 다른 법인간 합병시 합병가액 산정방법

구 분	합병가액	
1. 상장법인간 합병 시의 각 상장법인의 합병가액*	다음의 산술평균액(기준시가)의 ±10%(SPAC는 ±30%) ① 최근 1개월간 평균종가 ② 최근 1주일간 평균종가 ③ 최근일의 종가	
2. 상장법인(코넥스 제외)과 비상장법인간 합병 시의 각 합병가액	상장법인의 합병가액	Max [①, ②] ① 기준시가의 ±10%(SPAC는 ±30%) ② 자산가치
	비상장법인의 합병가액**	자산가치와 수익가치의 가중산술평균액

* 기준시가 또는 자산가치를 산정할 수 없는 경우에는 자산가치와 수익가치를 가중산술평균한 가액으로 한다. 또한, 앞서 "외부평가기관의 평가를 받아야 하는 경우" 표에서 기술하였듯이 자산가치와 수익가치를 가중산술평균한 가액이 합병가액이 되는 경우에는 외부평가기관의 평가를 받아야 한다(제1항 단서).

** 자산가치와 수익가치를 가중산술평균한 가액을 합병가액으로 하는 경우에는 상대가치를 비교하여 공시하여야 한다(제2항). 자산가치, 수익가치 그리고 상대가치는 [증권의 발행 및 공시 등에 관한 규정 시행세칙] 제5조, 제6조, 제7조에서 규정하고 있다.

※ 자본시장법에서는 상장법인과 비계열사간 그리고 비상장법인과 비상장법인간 합병에 대한 합병가액 산정방법을 정하고 있지는 않다.

♣ 요건 충족한 상장SPAC와 다른 법인이 합병하는 경우의 합병가액(단, 합병법인은 상장법인)

구분	합병가액	
상장SPAC의 합병가액	다음의 산술평균액(기준시가)의 ±30% ① 최근 1개월간 평균종가 ② 최근 1주일간 평균종가 ③ 최근일의 종가	
다른 법인의 합병가액	상장법인인 경우	기준시가의 ±10% * 단, 기준시가를 계산할 수 없을 시 자산가치와 수익가치의 가중산술평균액
	비상장법인인 경우	SPAC와의 협의가액

시가가 잘 형성되어 있는 상장주식과는 달리 비상장주식의 경우에는 시가가 잘 형성되어 있지 않으므로 대부분 세법에 따른 보충적평가방법에 따라 평가한다. 다음은 보충적평가방법에 따라 평가할 때의 주의할 사항 몇 가지이다.

(1) 비상장주식평가 시 부동산에 대한 감정가액

비상장주식평가 시 부동산에 대한 감정가액을 시가로 인정받을 수 있다. 감정은 둘 이상의 감정기관(소법 제99조 제1항 제1호에 따른 부동산 중 기준시가 10억원 이하의 것은 하나 이상의 감정기관)에 감정을 의뢰해야 한다. 그리고 원칙 소급감정은 인정되지 않는다. 이하에서는 조세심판원의 비상장주식평가 시 부동산 감정에 대한 의견과 대법원의 판결내용이다.

1. 조세심판원(조심 2013서4278, 2014. 4. 25.)

평가기준일로부터 3년 4개월이 경과한 후 소급하여 감정한 평가가액을 합병 당시 시가로 인정하기 어렵고 청구인이 매매사례가액 등 합병 당시 시가로 볼 수 있는 가액도 제시하지 못하고 있으므로 (주)ㅇㅇ과 (주)ㅇㅇ의 주식을 상증법상 보충적 평가방법에 따라 평가하는 것이 타당함. 즉, **하나의 감정기관이 감정한 감정가액을 인정하지 않으며 또한 소급감정가액도 인정하지 않는다.**

2. 대법원(대법 2017두66244, 2021. 9. 30.) (서울행법 2014구합63664, 2016. 11. 18.)

피고들은 2 이상의 감정기관이 감정한 감정가액의 평균액이 아니라는 이유로 SY회계법인이 원고 SK과 에ST의 주식을 평가하는데 사용한 토지, 건물가액을 부인하였고, 달리 NR

감정가액이 객관적 · 합리적인 방법으로 평가된 것이 아니라고 볼 사정이 없음에도 개별공시지가 등 상증세법 제61조 소정의 보충적 평가방법을 사용하여 토지, 건물가액을 평가한 후 이를 기초로 원고 SK과 에ST의 주식가치를 재평가하였다. 그런데 NR 감정가액은 이 사건 합병 직전 이루어진 감정평가 결과에 따른 것으로, 비교표준지의 선정, 지역요인 · 개별요인 · 개별요인의 보정의 과정을 거쳐 토지가액을 평가하고, 재 조달원가의 산정과 감가수정의 방법 또는 거래사례를 비교하는 등의 방법으로 건물가액을 평가하여, 객관성 및 합리성을 갖추고 있으므로 상증세법 제60조 제2항에서 말하는 시가로 볼 수 있다. 즉, **하나의 감정기관이 감정한 감정가액을 인정한다.**

(2) 합병 후 경정청구로 인해 발생한 미지급법인세가 감액경정되는 경우

합병 당시 기재된 미지급법인세가 합병 후 경정청구에 의해 감액경정되는 경우, 합병 전의 순자산이 과소평가되어 비상장주식이 평가된 것으로 보는 것이므로 합병 당시 미지급법인세가 있고 합병 후 경정청구로 인해 그 미지급법인세가 감액될 소지가 큰 경우에는 당초의 합병비율 산정 시 평가한 비상장주식의 평가가 과소평가된 결과에 이를 수 있다는 것을 반드시 감안하여 비상장주식을 평가해야 할 것이다.

| 관련 예규 |

(합병일: 2010. 4. 27., 경정청구일: 2011. 12. 9.)

SK는 2010. 2. 28.자 대차대조표에 기재된 미지급법인세 계정 잔액 2,595,022,208원을 원고 SK의 순자산가액 평가에 반영하였는데, 이는 앞서 본 2009 사업연도 법인세 감액 경정결정이 반영되지 않은 금액으로, 2009사업연도 법인세 총결정세액 2,822,125,385원과 이에 대한 지방소득세 282,212,538원을더한 금액에서 중간예납세액 및 원천납부세액 511,610,860원을 빼고, 여기에 원고 SK이 부담하던 농어촌특별세 2,295,144원을 더한 금액으로 보인다.

그런데 앞서 본 바와 같이 원고 SK의 2009 사업연도 법인세는 아래 표 기재와 같이 감액경정 되었는바, 이 경우 원고가 이용한 미지급법인세 계정 잔액도 감액된 법인세만큼 감액되어야 한다.
원고 SK의 정당한 미지급법인세 계정 잔액은 원고 SK이 실제 납부할 의무가 있는 법인세 등이어야 하므로, 중간예납세액과 원천납부세액을 제외한 자진납부세액 788,801,933원과 이에 대한 지방소득세 78,880,193원을 합한 867,682,126원만 정당한 미지급법인세 계정 잔액에 해당한다. 따라서 피고들은 129,077,411원(996,759,537원 - 867,682,126원)만큼 원고 SK의 미지급법인세 잔액을 과대평가하였는바, 이 부분 원고들 주장은 이유 있다. 대법원(대법 2017두66244, 2021. 9. 30.) (서울행법 2014구합63664, 2016. 11. 18.) (조심 2013서4278)

(3) 피합병법인이 보유한 합병법인의 주식에 대한 최대주주 할증평가 여부

합병비율 산정 시 주식 등의 시가가 불분명한 경우에는 상증법에 따른 보충적평가방법을 적용하며, 피합병법인이 보유한 합병법인의 주식과 관련하여 상증법 제38조(합병에 따른 이익의 증여)의 규정을 적용함에 있어 피합병법인이 보유한 합병법인의 주식에 대하여는 할증평가 규정을 적용하지 않는다(법인-612, 2011. 8. 25.) (재재산-23, 2007. 1. 5.).

(4) 합병당사법인이 보유한 비상장법인의 주식에 대한 최대주주 할증평가 여부

합병 시 합병전 합병당사법인의 순자산가액을 상속세및증여세법시행령 제55조(순자산가액의 계산방법)의 규정에 의하여 계산하는 경우, 합병당사법인이 보유하고 있는 다른 비상장법인의 주식가액은 같은법 제63조 제3항에 의한 최대주주의 10%(현재는 20%) 할증평가규정을 적용하여 계산한다. 다만, 불공정합병에 따라 대주주가 분여받은 이익을 계산하는 경우 최대주주의 10%할증평가규정은 적용하지 않는다(재삼 46014-1411, 1999. 7. 23.).

한편, 합병당사법인의 순자산가액을 상증령 제55조에 따라 계산하더라도 상증령 제53조에서 정하는 중소기업, 중견기업 및 평가기준일이 속하는 사업연도 전 3년 이내의 사업연도부터 계속하여 「법인세법」 제14조 제2항에 따른 결손금이 있는 법인의 주식등 등 상증령 제53조에서 정하는 주식등은 할증평가 하지 않는다. (상증법 §63 ③) (재산-466, 2010. 6. 30.)

비상장법인의 순자산가액 평가시 2차 출자법인의 주식에 대한 최대주주 할증평가 여부
비상장법인의 순자산가액을 계산할 때, 평가대상법인이 최대주주로서 보유한 1차 출자 법인의 주식은 할증 평가하나, 1차 출자법인의 순자산가액을 계산할 때, 1차 출자법인이 최대주주로서 보유하고 있는 2차 출자 법인의 주식은 할증평가 안함(서면4팀-4057, 2006. 12. 13.)

4. 불공정합병시 의제배당과 분여받은이익의 계산순서

불공정합병시 분여받은이익에 대해 법인주주 또는 개인주주에 따라 법인세 또는 증여세가 과세될 수 있다. 그리고 비적격합병인 경우와 적격합병으로서 현금교부금등이 있는 경우 의제배당이 발생될 수 있다. 불공정합병으로 인해 합병교부신주를 시가등으로 평가하는 경우 분여받은이익에 대한 과세와 의제배당에 대한 과세로 인해 이중과세 문제가 발생할 수 있다. 이러한 이중과세 문제를 회피하기 위해 의제배당과 분여받은이익 중 무엇부터 계산하는 것이 좋을까?

(1) 법인주주의 경우

법인주주의 경우 의제배당액은 합병대가에서 종전주식의 장부가액을 차감하여 계산하고 합병대가는 합병교부주식과 현금등의 교부가액의 합계액이다. 만약 분여받은이익이 있는 경우에는 합병교부주식가액에서 분여받은이익을 차감하여 의제배당액을 계산한다. 따라서 법인세법상 과세되는 분여받은이익이 있는 경우에는 분여받은이익을 먼저 계산한 후 의제배당액을 계산해야 이중 일을 하지 않아도 될 것이다.

(2) 개인주주의 경우

반면 개인주주의 경우에는 상증법상의 분여받은이익을 계산할 때 의제배당으로 과세된 금액이 포함되어 있는 경우에는 해당 의제배당액을 차감한 후의 것을 분여받은이익으로 과세한다. 따라서 개인주주의 경우에는 과세되는 의제배당액을 먼저 계산한 후 상증법상의 분여받은이익액을 계산해야 할 것이다.

Ⅷ 합병차익의 자본전입에 따른 의제배당

1. 합병차익의 정의

합병차익은 회계적 용여가 아닌 세법적 용어다. "염가매수차익"이 유사한 회계적 용어지만, 합병차익과 염가매수차익은 그 구체적인 내용이 다르다. 합병차익은 여러 가지 구성요소로 이루어진다. 만일, 합병차익을 자본전입한다면, 의제배당으로 과세되는 것인지? 여기에 대한 답은 합병차익의 구성요소 중에서 이익잉여금과 자본전입시 의제배당으로 과세되는 자본잉여금 등을 자본전입하는 경우에 한해 의제배당으로 과세된다는 것이다.
단, 비적격합병의 경우 합병시 이미 의제배당으로 과세되기 때문에 합병차익을 자본전입하더라도 의제배당으로 과세되지 않는다. 따라서 적격합병인 경우에만 합병차익을 자본전입 시 의제배당으로 과세되는 것이다.

합병차익의 자본전입 시 의제배당으로 과세되는 취지는 피합병법인이 합병 전 보유하던 이익잉여금과 의제배당 과세대상 자본잉여금 등을 피합병법인이 자본전입 할 경우 의제배당으로 과세되나, 합병 후 승계한 합병법인이 자본전입할 경우 의제배당으로 과세하지 않는다면 이는 과세형평의 문제가 발생될 여지가 있다. 따라서 당초 피합병법인이 자본전입할 경우 과세될 재원을 승계한 합병법인이 자본전입하는 경우에도 의제배당으로 과세하는 것이다.

> **법인세법 제17조 제1항 제5호 [자본거래로 인한 수익의 익금불산입]**
> 합병차익 : 「상법」 제174조에 따른 합병의 경우로서 소멸된 회사로부터 승계한 재산의 가액이 그 회사로부터 승계한 채무액, 그 회사의 주주에게 지급한 금액과 합병 후 존속하는 회사의 자본금증가액 또는 합병에 따라 설립된 회사의 자본금을 초과한 경우의 그 초과금액. 다만, 소멸된 회사로부터 승계한 재산가액이 그 회사로부터 승계한 채무액, 그 회사의 주주에게 지급한 금액과 주식가액을 초과하는 경우로서 이 법에서 익금으로 규정한 금액은 제외한다.

합병차익 = 피합병법인으로부터 승계한 순자산가액－(존속법인의 자본금증가액 또는 신설법인의 자본금(注) + 합병교부금등)

(注) 자본금증가액은 피합병법인에게 지급하는 합병법인 주식의 액면가액을 말한다. 따라서 주식발행초과금은 제외된 금액이다. 즉, 합병교부금등을 제외한다면, 승계한 순자산증가액에서 자본금을 제외한 금액이 합병차익이 된다.

이를 분개로 나타내면 다음과 같다.

(차) 자산(시가)	***	(대) 부채(시가)	***
		자본금	***
		교부금	***
		합병차익	***

상기 분개에서 합병차익은 [순자산시가(자산－부채)－(합병법인의 합병관련 자본금 + 교부금)]이다.

따라서 합병차익의 구성요소는 대략 다음과 같다.

① 자산조정계정(시가와 장부가액의 차액)
② 합병감자차익
③ (피합병법인이 보유했었던) "의제배당 대상이 아닌 자본잉여금"
④ (피합병법인이 보유했었던) "의제배당대상 자본잉여금"
⑤ (피합병법인이 보유했었던) 이익잉여금

♣ 상기의 합병차익 구성요소 중 ①, ④, ⑤의 자본전입시 의제배당 대상이 된다.

2. 자본전입 시 배당으로 의제되는 합병차익

적격합병(완전모자회사간합병과 완전자회사간합병 포함)으로 인하여 발생한 합병차익 중 다음에 해당하는 금액(주식회사 외의 법인인 경우에는 이를 준용하여 계산한 금액을 말한다)의 합계액을 자본에 전입함으로써 주주 등이 취득하는 주식은 의제배당에 해당한다. 이 경우 합병차익을 한도로 한다(법령 §12 ① 3호).

가. 합병등기일 현재 합병법인이 승계한 재산의 가액이 그 재산의 피합병법인 장부가액(세무조정사항이 있는 경우에는 그 세무조정사항 중 익금불산입액은 더하고 손금불산입액은 뺀 가액으로 한다)을 초과하는 경우 그 초과하는 금액(자산조정계정)

나. 피합병법인의 "의제배당대상 자본잉여금"에 상당하는 금액

다. 피합병법인의 이익잉여금에 상당하는 금액

법인이 적격합병 또는 적격분할로 인하여 발생한 합병·분할차익 중 다음에 해당하는 금액의 합계액을 자본에 전입함으로써 주주 등이 취득하는 주식은 의제배당에 해당한다.

합병차익 중 의제배당대상 Min[(①+②+③), (합병차익)]	분할차익 중 의제배당대상 Min[(①+②), (분할차익)]
① 자산조정계정(승계가액－장부가액)	① 자산조정계정(승계가액－장부가액)
② 피합병법인 자본잉여금 중 의제배당 대상인 것	② 분할법인 감자차손
③ 피합병법인 이익잉여금	
자본전입 순서 : 합병차익 또는 분할차익의 일부를 자본에 전입하는 경우 의제배당대상 외의 금액을 먼저 전입하는 것으로 한다.	

* 관련 집행기준 : 16－0－6 [합병·분할차익의 자본전입시 의제배당액 계산방법]

상기 금액을 자본전입함으로써 주주 등이 취득하는 주식은 의제배당에 해당한다. 단, 합병차익 또는 분할차익을 한도로 한다.

사 례

적격합병으로서 합병법인의 합병관련 합병 당시의 승계내역은 다음과 같다.

자산 200 (장부가액 150)
부채 100
합병교부주식 70 (액면가액은 20)
합병교부금 30인 경우 합병차익액은?

이를 분개로 나타내면 다음과 같다.

(차) 자산	200	(대) 부채	100
		자본금	20
		합병교부금	30
		합병차익	50

계 :	200	계 :	200

즉 합병차익 50＝자산 200 － (부채 100 ＋ 합병교부금 30 ＋ 자본금 20)

(1) 자본잉여금 중 의제배당 대상인 것

다음의 자본잉여금의 자본전입은 법인세법 및 소득세법에서 자본거래로 인정하는 것(상법 제458조 제1항에 따른 자본준비금과 재산재평가법에 따른 재평가적립금)으로서 자본전입에 의하여 주주 등인 내국법인이 받게 되는 무상주에 대하여 배당으로 의제하지 않는 반면, 그 이외의 자본잉여금은 발생원천이 법인세법상의 익금이므로 자본전입 시에 받게 되는 무상주를 이익의 배당과 동일한 경제적 효과가 있는 것으로 보아 배당금으로 의제한다(법법 §16 ① 2호). 따라서 피합병법인이 보유하던 자본잉여금을 합병법인이 승계한 것에 대해서도 동일하게 적용된다.

1) 상법 제459조 제1항에 따른 자본준비금

「상법」 제459조 제1항에 따른 자본준비금으로서 다음에 해당하는 것은 배당으로 의제 되지 않는다(법법 §16 ① 2호 가목).

1. 주식발행액면초과액: (단, 채무의 출자전환으로 인한 주식발행초과금은 제외)
2. 주식의 포괄적 교환차익:
3. 주식의 포괄적 이전차익(移轉差益) :
4. 감자차익(減資差益) :
5. 합병차익: (단, 법인세법에서 익금으로 규정한 금액은 제외)
6. 분할차익: (단, 분할 또는 분할합병으로 설립된 회사 또는 존속하는 회사에 출자된 재산의 가액이 출자한 회사로부터 승계한 채무액, 출자한 회사의 주주에게 지급한 금액과 주식가액을 초과하는 경우로서 법인세법에서 익금으로 규정한 금액은 제외한다)

2) 재평가적립금

자산재평가법에 따른 재평가적립금(같은법 제13조 제1항 제1호에 따른 토지의 재평가차액에 상당하는 금액은 제외한다)(법법 §16 ① 2호 나목)

(2) 자본잉여금 중 자기주식소각이익

자기주식소각이익은 원칙 자본거래에 해당되어 자본전입 시 배당으로 의제되지 않는다. 즉, 소각 당시 시가가 취득가액을 초과하지 아니하는 경우로서 소각일부터 2년이 지난 후 자본에 전입하는 금액은 배당으로 의제되지 않는다(법령 §12 ① 2호). 하지만, 그 외의 자기주식소각이익을 자본전입 시에는 배당으로 의제된다. 이는 피합병법인이 보유하던 자기주식소각이익을 합병법인이 승계하여 자본전입하는 경우에도 동일하게 적용된다. 다음은 자기주식소각이익의 자본전입 시 배당으로 의제되는 경우이다.

1) 자기주식소각이익을 2년 이내에 자본전입하는 경우

자기주식소각이익은 감자차익으로서 자본거래에 해당하지만, 자기주식소각이익을 2년 이내에 자본전입하는 경우에는 조세 정책적으로 배당으로 의제하여 과세한다.

2) 소각시점 시가가 취득가액을 초과하는 경우

자기주식 소각시점의 시가가 취득가액을 초과하는 경우, 해당 자기주식소각이익의 자본전입은 기간제한 없이 배당으로 의제한다. 이는 법인이 자기주식을 처분하여 그 이익(자기주식처분이익)을 주주에게 배당할 수 있음에도 불구하고 자기주식을 소각하여 소각이익을 자본전입함으로써 과세를 회피하는 것을 방지하기 위한 것이다.

사 례

적격합병이다.
합병차익의 구성내용을 예를 들어 설명한다.

㈜하람은 ㈜태한을 흡수합병한다. 합병 당시 ㈜태한의 재무상태표는 다음과 같다.

㈜태한의 재무상태표

차변		대변	
자산	300	부채	80
(시가 : 500)		자본금	100
		자본잉여금	80
		이익잉여금	40
		(이익준비금 10 포함)	

※ 자본잉여금 중 50은 의제배당 대상 잉여금이 아니고, 30은 의제배당 대상 잉여금이다.

㈜태한의 주주들은 합병으로 인해 합병교부주식(시가 250, 액면가액 60)과 현금 50을 교

부받았다.

합병 당시 ㈜하람의 회계상 분개

(차) 자산	500	(대)	부채	80
			자본금	60
			주발초	190
			교부금	50
			염가매수차익	120

① 합병차익 계산을 위한 분개는 다음과 같다.

(차) 자산	500	(대)	부채	80
			자본금	60
			교부금	50
			합병차익	310

② 자본전입시 의제배당 과세대상 합병차익

1. 자산조정계정 200
2. 과세대상 자본잉여금 30
3. 이익잉여금 40

270

③ 의제배당 대상 합병차익

Min[270, 310*], 자본전입시 의제배당 대상금액은 270이다.

* 합병차익

(사례)

적격합병이다.

합병차익의 구성내용을 예를 들어 설명한다.

㈜하람은 ㈜태한을 흡수합병한다. 합병 당시 ㈜태한의 재무상태표는 다음과 같다.

㈜태한의 재무상태표

차변		대변	
자산	300	부채	80
(시가 : 500)		자본금	100
		자본잉여금	80
		이익잉여금	40
		(이익준비금 10 포함)	

※ 자본잉여금 중 50은 의제배당 대상 잉여금이 아니고, 30은 의제배당 대상 잉여금이다.

㈜태한의 주주들은 합병으로 인해 합병교부주식(시가 250, 액면가액 120)과 현금 50을 교부받았다.

합병 당시 ㈜하람의 회계상 분개

(차) 자산	500	(대)	부채	80
			자본금	120
			자본잉여금	130
			교부금	50
			염가매수차익	120

① 합병차익 계산을 위한 세무상 분개는 다음과 같다.

(차) 자산	500	(대)	부채	80
			자본금	120
			교부금	50
			합병차익	250

② 자본전입시 의제배당 과세대상 합병차익

1. 자산조정계정	200
2. 과세대상 자본잉여금	30
3. 이익잉여금	40
	270

Min [250, 270], 자본전입시 배당으로 의제되는 금액은 250

(3) 피합병법인의 이익준비금 또는 법정준비금의 예외적용

합병차익의 자본전입으로 인한 의제배당 적용시 피합병법인의 이익준비금 또는 법정준비금을 합병법인이 승계하더라도 그 승계가 없는 것으로 보아 이를 계산한다(법령 §12 ③). 따라서 다른 잉여금들과 동일하게 적용하여 계산하면 된다. 즉, 어떤 계정과목을 사용하여 승계했는지와 상관없이 의제배당 대상 잉여금인 경우에는 자본전입시 의제배당으로 과세되고, 의제배당 대상이 아닌 잉여금인 경우에는 의제배당으로 과세되지 않는다.

Ⅸ 주식의 포괄적 교환 · 이전에 대한 과세특례

내국법인이 다음 각 호의 요건을 모두 갖추어 「상법」 제360조의 2에 따른 주식의 포괄적 교환 또는 같은 법 제360조의 15에 따른 주식의 포괄적 이전(이하 이 조에서 "주식의 포괄적 교환등"이라 한다)에 따라 주식의 포괄적 교환등의 상대방 법인의 완전자회사로 되는 경우 그 주식의 포괄적 교환등으로 발생한 완전자회사 주주의 주식양도차익에 상당하는 금액에 대한 양도소득세, 금융투자소득세 또는 법인세에 대해서는 대통령령으로 정하는 바에 따라 완전자회사의 주주가 완전모회사 또는 그 완전모회사의 주식을 처분할 때까지 과세를 이연받을 수 있다(조특법 §38 ①). 이를 적용받으려는 완전자회사의 주주는 주식의 포괄적 교환 · 이전일이 속하는 과세연도의 과세표준 신고를 할 때 완전모회사와 함께 기획재정부령으로 정하는 주식의 포괄적 교환등 과세특례신청서를 납세지 관할 세무서장에게 제출하여야 한다(조특령 §35의 2 ⑭).

1. 상법상의 주식의 포괄적 교환 · 이전

(1) 주식의 포괄적 교환

회사는 주식의 포괄적 교환에 의하여 다른 회사의 발행주식의 총수를 소유하는 회사(이하 "완전모회사"라 한다)가 될 수 있다. 이 경우 그 다른 회사를 "완전자회사"라 한다.

주식의 포괄적 교환(주식교환)에 의하여 완전자회사가 되는 회사의 주주가 가지는 그 회사의 주식은 주식을 교환하는 날에 주식교환에 의하여 완전모회사가 되는 회사에 이전하고, 그 완전자회사가 되는 회사의 주주는 그 완전모회사가 되는 회사가 주식교환을 위하여 발행하는 신주의 배정을 받거나 그 회사 자기주식의 이전을 받음으로써 그 회사의 주주가 된다(상법 §360의 2).

(2) 주식의 포괄적 이전

회사는 주식의 포괄적 이전(주식이전)에 의하여 완전모회사를 설립하고 완전자회사가 될 수 있다.

주식이전에 의하여 완전자회사가 되는 회사의 주주가 소유하는 그 회사의 주식은 주식이전에 의하여 설립하는 완전모회사에 이전하고, 그 완전자회사가 되는 회사의 주주는 그 완전모회사가 주식이전을 위하여 발행하는 주식의 배정을 받음으로써 그 완전모회사의 주주가 된다(상법 §360의 15).

2. 과세특례 적용요건

상법에 따라 주식의 포괄적 교환・이전을 하는 경우 양도차익이 발생할 경우 관련 법인세 또는 소득세를 납부해야 한다. 하지만 후술하는 요건을 모두 갖춘 경우에 해당 주식을 처분할 때까지 과세를 이연받을 수 있다(조특법 §38 ①).

과세특례를 적용받지 못하는 경우 상법에 따른 주식의 포괄적 교환・이전에 따라 완전모회사와 완전자회사가 되는 경우 완전자회사의 주식의 양도가액은 주주에 따라 다음과 같다.

(1) 개인주주인 경우

「상법」 제360조의 2에 따라 상장법인간 체결된 포괄적 주식교환계약에 의하여 완전모회사와 완전자회사가 주식을 포괄적으로 교환하는 경우 완전자회사의 거주자 개인주주가 양도하는 상장주식의 실지거래가액은 주식교환계약서에 표시된 실지거래가액에 의하는 것이다.

다만, 주식교환계약서에 표시된 실지거래가액이 「소득세법 시행령」 제176조의 2에 해당하여 실지거래가액으로 인정 또는 확인할 수 없는 경우에는 「소득세법」 제114조 제7항에 따라 산정한 가액으로 한다(법규재산 2013-123, 2013. 4. 18. 및 법규국조 2013-110, 2013. 6. 28.).

(2) 법인주주의 경우

내국법인이 「상법」 제360조의 2에 따른 주식의 포괄적 교환에 따라 보유하고 있는 자기주식을 완전모회사가 되는 법인에 이전하고 완전모회사의 주식을 교부받아 완전자회사가 되는 경우 완전자회사가 되는 내국법인이 이전하는 자기주식의 양도가액은 「법인세법 시행령」 제72조 제2항 제6호에 따라 교환일의 완전모회사가 되는 법인의 발행주식의 시가로 한다(법규법인 2013-99, 2013. 6. 21. 및 법규국조 2013-110, 2013. 6. 28.).

다음은 과세특례적용을 위한 요건이다. 모두를 충족할 경우 과세특례를 적용받을 수 있다.

1) 계속사업법인

주식의 포괄적 교환・이전일 현재 1년 이상 계속하여 사업을 하던 내국법인 간의 주식의 포괄적 교환등일 것. 다만, 주식의 포괄적 이전으로 신설되는 완전모회사는 제외한다.

2) 지분의 연속성

완전자회사의 주주㈜가 완전모회사로부터 교환・이전대가를 받은 경우 그 교환・이전대가의 총합계액 중 완전모회사 주식의 가액이 100분의 80 이상이거나 그 완전모회사의 완전모회사 주식의 가액이 100분의 80 이상으로서 그 주식이 대통령령으로 정하는 바에 따라 배정되고, 완전모회사 및 대통령령으로 정하는 완전자회사의 주주가 주식의 포괄적 교환등으로 취득한 주식을 교환·이전일이 속하는 사업연도의 종료일까지 보유할 것

> ㈜ 완전자회사의 주주
>
> 완전자회사의 「법인세법 시행령」 제43조 제3항에 따른 지배주주등(그와 같은 조 제8항에 따른 특수관계에 있는 자를 포함한다) 중 다음 각 호의 어느 하나에 해당하는 자를 제외한 주주를 말한다(조특령 §35의 2 ⑥).
>
> 1. 「법인세법 시행령」 제43조 제8항 제1호 가목의 친족 중 4촌인 혈족
> 2. 주식의 포괄적 교환·이전일 현재 완전자회사에 대한 지분비율이 100분의 1 미만이면서 시가로 평가한 그 지분가액이 10억원 미만인 자

다만, 완전모회사 및 제6항에 따른 주주가 「법인세법 시행령」 제80조의 2 제1항 제1호 각 목의 어느 하나에 해당하는 경우에는 부득이한 사유가 있는 경우로 보아 주식을 보유하는 것으로 본다(조특령 §35의 2 ⑬).

가) 주식의 교부비율

완전자회사의 주주가 완전모회사로부터 교환·이전대가를 받은 경우 그 교환·이전대가의 총합계액 중 완전모회사 주식의 가액이 100분의 80 이상이거나 그 완전모회사의 완전모회사 주식의 가액이 100분의 80 이상이어야 한다.

교환·이전대가의 총합계액 중 주식의 가액이 100분의 80 이상 인지를 판정할 때 완전모회사가 주식의 포괄적 교환·이전일 전 2년 내에 취득한 완전자회사의 주식이 있는 경우에는 다음의 금액을 금전으로 교부한 것으로 보아 교환·이전대가의 총합계액에 더한다(조특령 §35의 2 ⑤).

① 완전모회사가 주식의 포괄적 교환·이전일 현재 완전자회사의 「법인세법 시행령」 제43조 제7항에 따른 지배주주가 아닌 경우: 완전모회사가 주식의 포괄적 교환·이전일 전 2년 이내에 취득한 완전자회사의 주식이 완전자회사의 발행주식총수의 100분의 20을 초과하는 경우 그 초과하는 주식의 취득가액

② 완전모회사가 주식의 포괄적 교환·이전일 현재 완전자회사의 「법인세법 시행령」 제43조 제7항에 따른 지배주주인 경우: 주식의 포괄적 교환·이전일 전 2년 이내에 취

득한 주식의 취득가액)

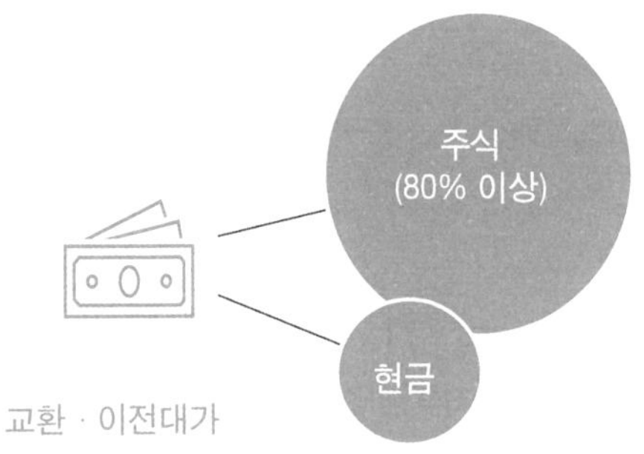

♣ 교환 · 이전대가의 총합계액 중 주식의 가액이 80% 이상이어야 한다.

나) 주식의 배정비율

완전자회사의 주주에게 교환 · 이전대가로 받은 완전모회사등주식을 교부할 때에는 지배주주㈜에게 다음 계산식에 따른 금액 이상의 완전모회사등주식을 교부하여야 한다(조특령 §35의 2 ⑦).

> 완전모회사가 교환 · 이전대가로 지급한 완전모회사등주식의 총합계액
> × 해당 주주의 완전자회사에 대한 지분비율

♣ 주식의 배정비율은 다음 금액 이상

㈜ 지배주주

이는 앞의 완전자회사의 주주와 동일하다(조특령 §35의 2 ⑦).

완전자회사의 「법인세법 시행령」 제43조 제3항에 따른 지배주주등(그와 같은 조 제8항에 따른 특수관계에 있는 자를 포함한다) 중 다음 각 호의 어느 하나에 해당하는 자를 제외한 주주를 말한다(조특령 §35의 2 ⑥).

1. 「법인세법 시행령」 제43조 제8항 제1호 가목의 친족 중 4촌인 혈족
2. 주식의 포괄적 교환 · 이전일 현재 완전자회사에 대한 지분비율이 100분의 1 미만이면서 시가로 평가한 그 지분가액이 10억원 미만인 자

(3) 사업의 계속성

완전자회사가 교환·이전일이 속하는 사업연도의 종료일까지 사업을 계속할 것. 다만, 완전자회사가 「법인세법 시행령」 제80조의 2 제1항 제2호 각 목의 어느 하나에 해당하는 경우에는 부득이한 사유가 있는 경우로 보아 사업을 계속하는 것으로 본다(조특령 §35의 2 ⑬).

완전자회사의 사업의 계속 및 폐지 여부를 판정할 때 완전자회사가 주식의 포괄적 교환·이전일 현재 보유하는 고정자산가액의 2분의 1 이상을 처분하거나 사업에 사용하지 아니하는 경우에는 사업을 폐지한 것으로 본다(조특령 §35의 2 ⑧).

3. 과세특례적용에 따른 손금산입

(1) 법인주주의 압축기장충당금 계상

완전자회사(내국법인에 한함)의 주주인 법인(내국법인 및 「법인세법」 제91조 제1항에 따른 외국법인에 한정한다.)이 보유주식을 법 제38조 제1항에 따라 다른 완전모회사(내국법인에 한함)에 주식의 포괄적 교환 또는 주식의 포괄적 이전(이하 "주식의 포괄적 교환등"이라 한다)을 하고 과세를 이연받는 경우에는 1에서 2의 금액을 뺀 금액에 상당하는 금액을 주식의 포괄적 교환·이전일이 속하는 사업연도의 소득금액을 계산할 때 손금에 산입할 수 있다. 이 경우 손금에 산입하는 금액은 주식의 포괄적 교환등으로 취득한 완전모회사 또는 그 완전모회사의 완전모회사 주식의 압축기장충당금으로 계상하여야 한다(조특령 §35의 2 ①).

1. 주식의 포괄적 교환등으로 취득한 완전모회사 주식(교환·이전대가의 총합계액 중 완전모회사의 완전모회사 주식의 가액이 100분의 80 이상인 경우에는 완전모회사의 주식을 말한다. 이하 "완전모회사등주식"이라 한다)의 가액, 금전, 그 밖의 재산가액의 합계액(이하 "교환·이전대가"라 한다)에서 주식의 포괄적 교환등으로 양도한 완전자회사의 주식의 취득가액을 뺀 금액
2. 상기 1의 금액과 교환·이전대가로 받은 완전모회사등주식 외의 금전, 그 밖의 재산가액의 합계액 중 작은 금액

손금산입액 = 양도차익－금전등의 합계액

(2) 거주자 등의 양도소득세등의 과세

단, 완전자회사의 주주인 거주자, 비거주자 또는 「법인세법」 제91조 제1항에 해당하지 아니하는 외국법인(이하에서 "거주자등"이라 한다)이 보유주식을 완전모회사에 주식의 포괄적 교환 등을 하고 과세를 이연받는 경우에는 1과 2의 금액 중 작은 금액을 양도소득 또는 금융투자소득으로 보아 양도소득세 또는 금융투자소득세(이하 "양도소득세등"이라 한다)를 과세한다(조특령 §35의 2 ③).

1. 교환・이전대가에서 주식의 포괄적 교환 등으로 양도한 완전자회사 주식의 취득가액을 뺀 금액
2. 교환이전대가로 받은 완전모회사등주식 외의 금전, 그 밖의 재산가액의 합계액

요약하면 다음과 같다.

Min〔①,②〕
① 양도차익(교환・이전대가 – 주식의 취득가액)
② 금전등의 합계액

4. 주식의 처분시 익금산입

(1) 법인주주의 경우

상기에 따라 법인주주가 계상한 압축기장충당금은 해당 법인이 완전모회사등주식을 처분하는 사업연도에 다음 계산식에 따른 금액을 익금에 산입하되, 자기주식으로 소각되는 경우에는 익금에 산입하지 아니하고 소멸하는 것으로 한다. 이 경우 주식의 포괄적 교환 등 외의 다른 방법으로 취득한 완전모회사등주식이 있으면 주식의 포괄적 교환 등으로 취득한 주식을 먼저 양도한 것으로 본다.

$$\text{압축기장충당금} \times \frac{\text{처분한 주식 수}}{\text{주식의 포괄적 교환 등으로 취득한 주식 수}}$$

(2) 거주자 등의 경우

다만, 완전자회사의 주주인 거주자등이 완전모회사에 주식의 포괄적교환 등을 하고 과세

특례 적용을 받은 후, 취득한 완전모회사등주식의 전부 또는 일부를 양도하는 때에는 다음 계산식에 따른 금액을 취득가액으로 보아 양도소득세 또는 금융투자소득세를 과세한다. 이 경우 주식의 포괄적 교환 등 외의 다른 방법으로 취득한 완전모회사등주식이 있으면 주식의 포괄적 교환 등으로 취득한 주식을 먼저 양도한 것으로 본다(조특령 §35의 2 ④).

$$\left(\begin{array}{l}\text{완전자회사 주식의 취득가액} \\ +\ \text{과세받은 양도소득 또는 금융소득} \\ -\ \text{교환·이전 대가로 받은 금전 등}\end{array}\right) \times \frac{\text{처분한 주식 수}}{\text{주식의 포괄적 교환 등으로 취득한 주식 수}}$$

5. 사후관리

완전자회사의 주주가 과세특례를 적용받음에 따라 과세를 이연받은 경우 완전모회사는 완전자회사 주식을 시가(법법 §52 ②)로 취득하고, 이후 주식의 포괄적 교환·이전일이 속하는 사업연도의 다음 사업연도 개시일부터 2년 이내에 다음의 어느 하나의 사유가 발생하는 경우 완전모회사는 해당 사유의 발생 사실을 발생일부터 1개월 이내에 완전자회사의 주주에게 알려야 하며, 완전자회사의 주주는 과세특례 적용에 따라 과세를 이연받은 양도소득세, 금융투자소득세 또는 법인세를 납부하여야 한다(조특법 §38 ②).

(1) 사후관리 사유

1) 사업의 폐지

완전자회사가 사업을 폐지하는 경우에는 사후관리사유를 위반한 것으로 본다. 다만, 완전자회사가 다음의 어느 하나에 해당하는 경우에는 부득이한 사유가 있는 경우로 보아 사업을 계속하는 것으로 본다(조특령 §35의 2 ⑬).

가. 완전자회사가 파산함에 따라 승계받은 자산을 처분한 경우

나. 완전자회사가 적격합병, 적격분할, 적격물적분할 또는 적격현물출자(적격구조조정)에 따라 사업을 폐지한 경우

다. 완전자회사가 「조세특례제한법 시행령」 제34조 제6항 제1호에 따른 기업개선계획의 이행을 위한 약정 또는 같은 항 제2호에 따른 기업개선계획의 이행을 위한 특별약정에 따라 승계받은 자산을 처분한 경우

라. 완전자회사가 「채무자 회생 및 파산에 관한 법률」에 따른 회생절차에 따라 법원의 허가를 받아 승계받은 자산을 처분한 경우

완전자회사의 사업의 계속 및 폐지 여부를 판정할 때 완전자회사가 주식의 포괄적 교환・이전일 현재 보유하는 고정자산가액의 2분의 1 이상을 처분하거나 사업에 사용하지 아니하는 경우에는 사업을 폐지한 것으로 본다(조특령 §35의 2 ⑧).

2) 지분의 연속성 불이행

완전모회사 또는 대통령령으로 정하는 완전자회사의 주주가 주식의 포괄적 교환 등으로 취득한 주식을 처분하는 경우에는 사후관리사유를 위반한 것으로 본다. 다만, 완전모회사 및 제6항에 따른 주주가 다음의 어느 하나에 해당하는 경우에는 부득이한 사유가 있는 경우로 보아 주식을 보유하는 것으로 본다(조특령 §35의 2 ⑬).

가. 해당 주주등이 교부받은 주식등을 서로 간에 처분하는 것은 해당 주주등이 그 주식등을 처분한 것으로 보지 않고, 해당 주주등이 합병법인 주식등을 처분하는 경우에는 합병법인이 선택한 주식등을 처분하는 것으로 본다.
나. 해당 주주등이 사망하거나 파산하여 주식등을 처분한 경우(2012. 2. 2. 개정)
다. 해당 주주등이 적격합병, 적격분할, 적격물적분할 또는 적격현물출자(적격구조조정)에 따라 주식등을 처분한 경우
라. 해당 주주등이 「조세특례제한법」 제38조・제38조의 2 또는 제121조의 30에 따라 주식등을 현물출자 또는 교환・이전하고 과세를 이연받으면서 주식등을 처분한 경우
마. 해당 주주등이 「채무자 회생 및 파산에 관한 법률」에 따른 회생절차에 따라 법원의 허가를 받아 주식등을 처분하는 경우
바. 해당 주주등이 「조세특례제한법 시행령」 제34조 제6항 제1호에 따른 기업개선계획의 이행을 위한 약정 또는 같은 항 제2호에 따른 기업개선계획의 이행을 위한 특별약정에 따라 주식등을 처분하는 경우
사. 해당 주주등이 법령상 의무를 이행하기 위하여 주식등을 처분하는 경우

(2) 사후관리위반에 따른 납부

완전자회사의 주주는 주식의 포괄적 교환・이전일이 속하는 사업연도의 다음 사업연도 개시일부터 2년 이내에 사후관리에 해당하는 어느 사유가 발생하는 경우 다음의 구분에 따라 과세를 이연받은 양도소득세, 금융투자소득세 또는 법인세를 납부하여야 한다(소특령 §35의 2 ⑫).

1) 완전자회사의 주주가 거주자 등인 경우

해당 사유가 발생한 날이 속하는 반기의 말일부터 2개월 이내에 과세특례 적용에 따라 이연받은 세액(이연받은 세액 중 이미 납부한 부분과 거주자등이 과세특례 적용시 과세받은 양도소득세등의 납부세액은 제외한다)을 납부한다. 이 경우 완전모회사등주식을 양도하는 경우에는 그 주식의 취득가액을 주식의 포괄적 교환・이전을 현재 완전모회사등주식의 시가로 한다.

2) 완전자회사의 주주가 법인인 경우

해당 사유가 발생한 날이 속하는 사업연도의 소득금액을 계산할 때 과세특례 적용에 따라 압축기장충당금으로 손금에 산입한 금액 중 완전모회사의 주식을 처분함에 따라 익금에 산입하고 남은 금액을 익금에 산입한다.

X 》 합병과 관련된 지방세

1. 취득세

합병과 관련된 취득세의 과세표준과 세율 등은 다음과 같다.

(1) 과세표준

법인의 합병・분할 및 조직변경을 원인으로 취득하는 경우의 과세표준에 해당하는 취득당시가액은 시가인정액으로 한다. 다만 시가인정액을 산정하기 어려운 경우에는 시가표준액으로 한다(지법 §10의 5 ③ 2호 및 지령 §18의 4 ① 2호).

♣ 지방세법상 시가인정액

시가인정액이란 불특정 다수인 사이에 자유롭게 거래가 이루어지는 경우 통상적으로 성립된다고 인정되는 가액(매매사례가액, 감정가액, 공매가액 등 대통령령으로 정하는 바에 따라 시가로 인정되는 가액을 말한다(지법 §10의 2 ①).

(지령 제14조 제1항)
"매매사례가액, 감정가액, 공매가액 등 대통령령으로 정하는 바에 따라 시가로 인정되는 가액"(이하 "시가인정액"이라 한다)이란 취득일 전 6개월부터 취득일 후 3개월 이내의 기간(이하 "평가기간"이라 한다)에 취득 대상이 된 법 제7조 제1항에 따른 부동산 등에 대하여 매매, 감정, 경매(「민사집행법」에 따른 경매를 말한다.) 또는 공매(이하에서 "매매등"이라 한다)한 사실이 있는 경우의 가액으로서 다음의 구분에 따라 해당 호에서 정하는 가액을 말한다.

1. 취득한 부동산등의 매매사실이 있는 경우: 그 거래가액. 다만, 「소득세법」 제101조 제1항 또는 「법인세법」에 따른 특수관계인(이하 "특수관계인"이라 한다)과의 거래 등으로 그 거래가액이 객관적으로 부당하다고 인정되는 경우는 제외한다.
2. 취득한 부동산등에 대하여 둘 이상의 감정기관이 평가한 감정가액이 있는 경우: 그 감정가액의 평균액. 다만, 다음의 가액은 제외하며, 해당 감정가액이 법 제4조에 따른 시가표준액에 미달하는 경우나 시가표준액 이상인 경우에도 「지방세기본법」 제147조 제1항에 따른 지방세심의위원회(이하 "지방세심의위원회"라 한다)의 심의를 거쳐 감정평가 목적 등을 고려하여 해당 감정가액이 부적정하다고 인정되는 경우에는 지방자치단체의 장이 다른 감정기관에 의뢰하여 감정한 가액으로 하며, 그 가액이 납세자가 제시한 감정가액보다 낮은 경우에는 납세자가 제시한 감정가액으로 한다.
   가. 일정한 조건이 충족될 것을 전제로 해당 부동산등을 평가하는 등 취득세의 납부 목적에 적합하지 않은 감정가액
   나. 취득일 현재 해당 부동산등의 원형대로 감정하지 않은 경우 그 감정가액
3. 취득한 부동산등의 경매 또는 공매 사실이 있는 경우: 그 경매가액 또는 공매가액

감정가액을 과세표준으로 신고하려는 경우에는 둘 이상의 감정기관에 감정을 의뢰하고 그 결과를 첨부하여야 한다. 그러나, 시가표준액이 10억원 이하인 부동산 등이거나 법인 합병·분할 및 조직 변경을 원인으로 취득하는 부동산등은 하나의 감정기관으로 한다(지법 §10의 2 ③ 및 지령 §14의 3 ①).

(2) 부동산 취득세율

1) 비적격합병인 경우의 세율

법인이 합병 또는 분할에 따라 부동산을 취득하는 경우에는 다음의 세율을 적용한다(지법 §11 ⑤).

가. 농지 : 1천분의 30
나. 농지 외의 것 : 1천분의 40

2) 적격합병인 경우의 특례세율

적격합병에 해당하는 취득에 대한 취득세는 지법 제11조[부동산 취득의 세율] 및 지법

제12조[부동산 외 취득의 세율]에 따른 세율에서 중과기준세율(2%, 지법 §6 19호)을 뺀 세율로 산출한 금액을 그 세액으로 하되, 제11조 제1항 제8호에 따른 주택의 취득에 대한 취득세는 해당 세율에 100분의 50을 곱한 세율을 적용하여 산출한 금액을 그 세액으로 한다. 다만, 취득물건이 제13조 제2항[과밀억제권역 안 취득 등 중과]에 해당하는 경우에는 지법 제15조 제1항 각 호 외의 부분 본문의 계산방법으로 산출한 세율의 100분의 300을 적용한다(지법 §15 ①).

(3) 세율의 특례(지법 §15)

법인세법상 적격합병에 해당하는 법인의 합병으로 인한 취득에 대한 취득세는 제11조(부동산 취득세율) 및 제12조(부동산 외 취득세율)에 따른 세율에서 중과기준세율㈜을 뺀 세율로 산출한 금액을 그 세액으로 하되, 제11조 제1항 제8호에 따른 주택의 취득에 대한 취득세는 해당 세율에 100분의 50을 곱한 세율을 적용하여 산출한 금액을 그 세액으로 한다. 다만, 대도시에서 법인을 설립하거나 지점 또는 분사무소를 설치하는 경우 등에 해당하는 경우에는 중과한다.

㈜ "중과기준세율"이란 제11조(부동산 취득의 세율) 및 제12조(부동산 외 취득의 세율)에 따른 세율에 가감하거나 제15조 제2항에 따른 세율의 특례 적용기준이 되는 세율로서 1천분의 20을 말한다(지법 §6 19호).

다만, 다음과 같이 법인의 합병으로 인하여 취득한 과세물건이 합병 후에 제16조에 따른 과세물건에 해당하게 되는 경우 또는 합병등기일부터 3년 이내에 「법인세법」 제44조의 3 제3항 각 호(사후관리 사유)의 어느 하나에 해당하는 사유가 발생하는 경우(같은 항 각 호 외의 부분 단서에 해당하는 경우는 제외한다)에는 그러하지 아니하다.

① 합병 후 5년 이내에 과밀억제권역 안 취득 등 중과에 해당되는 경우
② 합병등기일부터 3년 이내에 적격합병 사후관리사유를 위반하는 경우

(지법 제11조 제1항 제8호)

제7호 나목에도 불구하고 유상거래를 원인으로 주택을 취득하는 경우에는 다음 각 목의 구분에 따른 세율을 적용한다. 이 경우 지분으로 취득한 주택의 취득당시가액(제10조의 3 및 제10조의 5 제3항에서 정하는 취득당시가액으로 한정한다. 이하 이 호에서 같다)은 다음 계산식에 따라 산출한 전체 주택의 취득당시가액으로 한다.

$$\text{전체 주택의 취득당시가액} = \text{취득 지분의 취득당시가액} \times \frac{\text{전체 주택의 시가표준액}}{\text{취득 지분의 시가표준액}}$$

가. 취득당시가액이 6억원 이하인 주택 : 1천분의 10

나. 취득당시가액이 6억원을 초과하고 9억원 이하인 주택 : 다음 계산식에 따라 산출한 세율. 이 경우 소수점 이하 다섯째자리에서 반올림하여 소수점 넷째자리까지 계산한다.

$$(\text{해당 주택의 취득당시가액} \times \frac{2}{3\text{억원}} - 3) \times \frac{1}{100}$$

다. 취득당시가액이 9억원을 초과하는 주택 : 1천분의 30

(지법 제16조)

① 토지나 건축물을 취득한 후 5년 이내에 해당 토지나 건축물이 다음 각 호의 어느 하나에 해당하게 된 경우에는 해당 각 호에서 인용한 조항에 규정된 세율을 적용하여 취득세를 추징한다.

1. 제13조 제1항에 따른 본점이나 주사무소의 사업용 부동산(본점 또는 주사무소용 건축물을 신축하거나 증축하는 경우와 그 부속토지만 해당한다)
2. 제13조 제1항에 따른 공장의 신설용 또는 증설용 부동산
3. 제13조 제5항에 따른 골프장, 고급주택 또는 고급오락장

② 고급주택, 골프장 또는 고급오락장용 건축물을 증축·개축 또는 개수한 경우와 일반건축물을 증축·개축 또는 개수하여 고급주택 또는 고급오락장이 된 경우에 그 증가되는 건축물의 가액에 대하여 적용할 취득세의 세율은 제13조 제5항에 따른 세율로 한다.

③ 제13조 제1항에 따른 공장 신설 또는 증설의 경우에 사업용 과세물건의 소유자와 공장을 신설하거나 증설한 자가 다를 때에는 그 사업용 과세물건의 소유자가 공장을 신설하거나 증설한 것으로 보아 같은 항의 세율을 적용한다. 다만, 취득일부터 공장 신설 또는 증설을 시작한 날까지의 기간이 5년이 지난 사업용 과세물건은 제외한다.

④ 취득한 부동산이 대통령령으로 정하는 기간에 제13조 제2항에 따른 과세대상이 되는 경우에는 같은 항의 세율을 적용하여 취득세를 추징한다.

⑤ 같은 취득물건에 대하여 둘 이상의 세율이 해당되는 경우에는 그중 높은 세율을 적용한다.

⑥ 취득한 부동산이 다음 각 호의 어느 하나에 해당하는 경우에는 제5항에도 불구하고 다음 각 호의 세율을 적용하여 취득세를 추징한다.

1. 제1항 제1호 또는 제2호와 제4항이 동시에 적용되는 경우 : 제13조 제6항의 세율
2. 제1항 제3호와 제13조의 2 제1항 또는 같은 조 제2항이 동시에 적용되는 경우 : 제13조의 2 제3항의 세율

(4) 대도시 부동산 취득의 중과세 범위와 적용기준

대도시에서 법인을 설립[대통령령으로 정하는 휴면법인을 인수하는 경우를 포함한다]하거나 지점 또는 분사무소를 설치하는 경우 및 법인의 본점・주사무소・지점 또는 분사무소를 대도시 밖에서 대도시로 전입(「수도권정비계획법」 제2조에 따른 수도권의 경우에는 서울특별시 외의 지역에서 서울특별시로의 전입도 대도시로의 전입으로 본다)함에 따라 대도시의 부동산을 취득(그 설립・설치・전입 이후의 부동산 취득을 포함한다)하는 경우에는 중과세한다(지법 §13 ② 1호).

단, 이를 적용할 때 대도시에서 설립 후 5년이 경과한 법인(이하에서 "기존법인"이라 한다)이 다른 기존법인과 합병하는 경우에는 중과세 대상으로 보지 아니하며, 기존법인이 대도시에서 설립 후 5년이 경과되지 아니한 법인과 합병하여 기존법인 외의 법인이 합병 후 존속하는 법인이 되거나 새로운 법인을 신설하는 경우에는 합병 당시 기존법인에 대한 자산비율에 해당하는 부분을 중과세 대상으로 보지 아니한다. 이 경우 자산비율은 자산을 평가하는 때에는 평가액을 기준으로 계산한 비율로 하고, 자산을 평가하지 아니하는 때에는 합병 당시의 장부가액을 기준으로 계산한 비율로 한다(지령 §27 ⑤).

(5) 기업 합병・분할등에 대한 감면

법인세법상의 적격합병에 해당하는 합병으로서 합병에 따라 양수(讓受)하는 사업용 재산을 2024년 12월 31일까지 취득하는 경우에는 「지방세법」 제15조 제1항에 따라 산출한 취득세의 100분의 50(법인으로서 「중소기업기본법」에 따른 중소기업 간 합병 및 법인이 대통령령으로 정하는 기술혁신형사업법인과 합병을 하는 경우에는 취득세의 100분의 60)을 경감하되, 해당 재산이 「지방세법」 제15조 제1항 제3호 단서에 해당하는 경우에는 다음에서 정하는 금액을 빼고 산출한 취득세를 경감한다. 다만, 합병등기일부터 3년 이내에 법인세법상의 사후관리위반사유의 어느 하나에 해당하는 경우(법법 제44조의 3 제3항 각호 외의 부분 단서, 즉 부득이한 사유에 해당하는 경우는 제외한다)에는 경감된 취득세를 추징한다(지특법 §57의 2 ①).

1. 「지방세법」 제13조 제1항에 따른 취득 재산에 대해서는 같은 조에 따른 중과기준세율의 100분의 300을 적용하여 산정한 금액
2. 「지방세법」 제13조 제5항에 따른 취득 재산에 대해서는 중과기준세율의 100분의 500을 적용하여 산정한 금액

상기의 감면 적용시 법인세법상의 적격합병 요건에 해당하여 양도손익이 없는 것으로 한

합병의 경우에는 농어촌특별세를 비과세한다(농특령 §4 ⑦ 5호).

3년 이내 사후관리사유 발생시 감면된 취득세를 추징하나, 부득이한사유 발생하는 경우는 제외함

쟁점감면규정의 단서에 합병등기일부터 3년 이내에 「법인세법」 제44조의 3 제3항 각 호의 어느 하나에 해당하는 사유가 발생하는 경우 경감된 취득세를 추징하나, 쟁점 사후관리규정에서 내국법인이 발행주식총수를 소유하고 있는 다른 법인을 적격합병을 하는 경우 추징 사유에서 제외한다고 규정하고 있으므로 쟁점사후관리규정의 각 호가 발생하였다 하여 기 감면한 취득세를 추징할 수는 없다(조심 2022지1342, 2023. 10. 25. 결정 참조) 할 것임(조심 2023지3474, 2024. 4. 15.).

(6) 취득세의 면제

다음에서 정하는 법인이 「법인세법」 제44조 제2항(적격합병)에 따른 합병으로 양수받은 재산에 대해서는 취득세를 2024년 12월 31일까지 면제한다.

1. 「농업협동조합법」, 「수산업협동조합법」 및 「산림조합법」에 따라 설립된 조합 간의 합병
2. 「새마을금고법」에 따라 설립된 새마을금고 간의 합병
3. 「신용협동조합법」에 따라 설립된 신용협동조합 간의 합병

(7) 합병에 의한 과점주주 취득세

법인합병으로 인해 증가하는 지분에 대한 과점주주 취득세 부과에 대해서는 따로 비과세나 감면 등의 규정이 없으므로 취득세를 납부해야 한다. 따라서, 합병 전 합병법인의 지분율이 60%에서 80%로 증가했다면 20%에 대한 취득세 납세의무가 명의개서일에 성립되는 것이다.

합병에 의해 과점주주가 되는 경우에도 취득세 납부의무 있다(조심 2017지316, 2017. 6. 8.)

합병일(2014.9.1.) 이전까지 청구인들은 피합병법인의 과점주주였을 뿐 이 건 법인의 과점주주에는 해당하지 않은 점, 청구인 ○○○이 2014. 9. 1. 이 건 법인의 발행주식 1,016,469주를 취득함에 따라 최초로 청구인들이 이 건 법인의 과점주주가 된 사실은 다툼이 없는 점, 과점주주는 해당 법인의 재산을 사실상 처분하거나 관리 운영할 수 있으므로 과점주주가 되는 경우 해당 법인의 재산을 취득한 것으로 보아 취득세를 부과하는 것인 점, 합병의 경우 존속법인이 원칙적으로 피합병법인의 재산에 대하여 취득세 등을 부담하는 바 존속법인이 누구냐에 따라 납부하여야 하는 취득세 등이 달라지므로 존속법인에 관계 없이 합병에 따른 경제적 실질이 동일하다고 볼 수 없는 점, 법인의 합병과 합병으로 인하여 그 주주가 과점주주에 따른 취득세 납세의무를 부담하는 것은 별개의 거래(취득)로서 서로 관계가 없는 점 등

에 비추어 이 건 취득세 등이 실질과세의 원칙에 위배된다는 청구인들의 주장은 받아들이기 어렵다.
법인과 피합병법인이 사실상 관계회사에 해당된다고 하더라도 별개의 법인이고 청구인들은 해당 법인의 주주로서 그 지분에 따라 권한을 행사하므로 이 건 법인과 피합병법인의 지분율을 평균하여 이 건 법인의 지분율로 삼을 수는 없는 점, 청구인들은 피합병법인의 과점주주 일뿐 이 건 합병 등기일(2014. 9. 1.) 이전에는 이 건 법인의 과점주주가 아니었고 이 건 합병을 통하여 최초로 이 건 법인의 과점주주가 되었으므로 여기에 「지방세법 시행령」 제11조 제2항의 규정을 적용할 수는 없는 점 등에 비추어 처분청이 청구인들에게 이 건 취득세 등을 부과한 처분은 달리 잘못이 없다고 판단된다.

합병으로 지분율 감소 후 다시 증가하더라도 과점주주 취득세 납부의무 없다

합병회사의 지분을 100% 보유하였다가 합병 후 100분의 30으로 감소되었다가 다시 100분의 60으로 과점주주가 된 주주의 경우, 다시 과점주주가 되기 5년 이내에 합병회사의 지분을 100% 소유하고 있었으므로, 다른 주주로부터 주식지분 100분의 30을 양수받아 100분의 60 지분을 보유하더라도 합병회사에 대하여 해당 주주가 가지고 있던 주식의 최고비율보다 증가하지 않았으므로 취득세 납세의무가 없다고 할 것이며 이에 따라 농어촌특별세 및 지방교육세에 대한 납세의무도 없다(서울세제-5846, 2013. 5. 13.).

2. 등록면허세

(1) 등록에 대한 등록면허세

1) 세율

법인 등기 시 등록면허세는 과세표준에 다음과 같은 세율을 적용하여 계산한 금액을 그 세액으로 한다(지법 §28 ① 6호).

가. 영리법인의 합병으로 인한 존속법인

① 설립과 납입 : 납입한 주식금액이나 출자금액 또는 현금 외의 출자가액의 1천분의 4 (세액이 11만2천5백원 미만인 때에는 11만2천5백원으로 한다)

② 자본증가 또는 출자증가: 납입한 금액 또는 현금 외의 출자가액의 1천분의 4

나. 비영리법인의 합병으로 인한 존속법인

① 설립과 납입: 납입한 출자총액 또는 재산가액의 1천분의 2

② 출자총액 또는 재산총액의 증가: 납입한 출자 또는 재산가액의 1천분의 2

2) 중과세율

다음의 어느 하나에 해당하는 등기를 할 때에는 그 세율을 해당 세율의 3배로 한다. 다만, 대도시에 설치가 불가피하다고 인정되는 업종으로서 대통령령으로 정하는 업종에 대해서는 그러하지 아니하다(지법 §28 ②).

1. 대도시에서 법인을 설립(설립 후 또는 휴면법인을 인수한 후 5년 이내에 자본 또는 출자액을 증가하는 경우를 포함한다)하거나 지점이나 분사무소를 설치함에 따른 등기
2. 대도시 밖에 있는 법인의 본점이나 주사무소를 대도시로 전입(전입 후 5년 이내에 자본 또는 출자액이 증가하는 경우를 포함한다)함에 따른 등기. 이 경우 전입은 법인의 설립으로 보아 세율을 적용한다.

단, 이를 적용할 때 대도시에서 설립 후 5년이 경과한 법인이 다른 기존법인과 합병하는 경우에는 중과세 대상으로 보지 아니하며, 기존법인이 대도시에서 설립 후 5년이 경과되지 아니한 법인과 합병하여 기존법인 외의 법인이 합병 후 존속하는 법인이 되거나 새로운 법인을 신설하는 경우에는 합병 당시 기존법인에 대한 자산비율에 해당하는 부분을 중과세 대상으로 보지 아니한다. 이 경우 자산비율은 자산을 평가하는 때에는 평가액을 기준으로 계산한 비율로 하고, 자산을 평가하지 아니하는 때에는 합병 당시의 장부가액을 기준으로 계산한 비율로 한다(지령 §45 ③).

3) 등록면허세의 감면

다음에서 정하는 법인이 합병으로 양수받아 3년 이내에 등기하는 재산에 대해서는 2024년 12월 31일까지 등록면허세의 100분의 50을 경감한다(지특법 §57의 2 ②).

1. 「농업협동조합법」, 「수산업협동조합법」 및 「산림조합법」에 따라 설립된 조합 간의 합병
2. 「새마을금고법」에 따라 설립된 새마을금고 간의 합병
3. 「신용협동조합법」에 따라 설립된 신용협동조합 간의 합병

(2) 면허에 대한 등록면허세

합병으로 인하여 소멸한 법인이 납부한 등록면허세는 합병 후 존속하는 법인 또는 합병으로 인하여 설립된 법인이 납부한 것으로 본다(지법 §36).

제 4 편

분할관련 기업회계기준과 상법

I 분할과 일반기업회계기준

분할이란 분할회사가 일부 자산, 부채를 1개 또는 수개의 분할신설법인에게 포괄이전하는 것을 말한다. 이에 대하여 상법에서 규정하고 있다. 그리고 분할합병이란 분할회사가 일부 자산, 부채를 포괄이전하여 1개 또는 수개의 존속중인 다른 회사와 합병하는 것을 말한다.

분할은 인적분할과 물적분할로 구분된다. 인적분할이란 분할 등으로 인하여 발행되는 주식의 총수를 분할회사의 주주들에게 배분하는 것을 말하며 분할회사가 직접 소유하는 것을 물적분할이라 한다.

인적분할에는 분할회사의 주주에게 감자의 절차 없이 분할신설회사의 주식을 배당금의 형태로 지급하는 경우와 감자의 대가로 분할신설법인의 주식을 교부하여 주는 경우로 구분된다.

분할(포괄적 이전)

1. 일반기업회계기준상 분할의 회계처리

K-IFRS에서는 분할의 회계처리에 대한 기준을 명시적으로 제공하고 있지 않다. 따라서 다음은 일반기업회계기준의 내용이다.

(1) 분할의 정의(제32장 문단 8)

분할은 기업이 새로운 기업을 설립하여 자산의 사업의 전부 또는 일부를 새로운 기업에 이전하고, 그 대가로 새로운 기업이 발행한 주식의 총수를 직접 소유하거나(물적분할) 자신의 주주에게 배분하는 거래(인적분할)를 말한다.

(2) 회계처리 방법

기업은 자신의 사업 전부나 일부 사업을 분할하여 새로운 기업에 이전할 때 자신의 장부금액으로 이전한다. 새로운 기업은 이전받은 사업에 대하여 분할한 기업의 장부금액으로 인식하고, 이전대가로 발행한 주식의 액면금액과의 차이는 적절한 자본 항목으로 반영한다(문단 32.15).

기업이 분할대가로 새로운 기업이 발행한 주식의 총수를 수령하여 자신의 주주에게 배분하는 경우 제15장 '자본'에서 감자의 회계처리를 준용한다(문단 32.16).

(제32장 동일지배거래)
기업이 분할대가로 새로운 기업이 발행한 주식의 총수를 수령하여 자신의 주주에게 배분하는 경우 제15장 '자본'에서 감자의 회계처리를 준용한다. (문단 32.16)

(제15장 자본)
분할기업의 자본을 감소시키는 형태로 분할신설기업을 설립하고 분할신설기업의 주식을 분할기업의 주주에게 배분하는 경우에 분할기업은 감소된 순자산금액이 감소되는 주식의 액면금액보다 작은 경우에는 그 차액을 감자차익으로 하여 자본잉여금으로 회계처리한다. 감소된 순자산금액이 감소되는 주식의 액면금액보다 큰 경우에는 그 차액을 감자차익의 범위 내에서 상계처리하고, 미상계된 잔액이 있는 경우에는 자본조정의 감자차손으로 회계처리한다. 이익잉여금(결손금) 처분(처리)으로 상각되지 않은 감자차손은 향후 발생하는 감자차익과 우선적으로 상계한다. 다만, 법령 등에 따라 승계가 허용된 이익준비금 또는 기타 법정준비금을 분할신설기업에 이전한 경우 동일 유형별로 즉, 자본잉여금을 이전한 경우에는 기타자본잉여금으로, 이익준비금을 이전한 경우에는 이익잉여금으로 대체한다. (일반기업회계기준 전문 15.13)

과거 분할에 관한 회계처리는 분할을 물적분할과 인적분할로 구분하여 물적분할의 경우 공정가치법, 인적분할의 경우 분할신설기업이 주식을 발행하여 주주에게 지분율에 비례하여 배분하는 경우(공정분할)는 장부금액법으로 회계처리 하도록 요구하였었다. 그러나 한국채택국제회계기준에서는 동일지배 분할의 회계처리에 대한 기준을 명시적으로 제공하고 있지 않음에 따라 한국채택국제회계기준을 적용하는 기업들은 동일지배 분할 회계처리에 대하여 거의 대부분 장부금액법을 사용하고 있다(결 32.21).

회계기준위원회는 경제적 실체의 변화가 없는 거래인 물적분할과 불비례적 인적분할을 공정가치로 회계처리 하도록 요구하면, 동일하게 경제적 실체의 변화가 없는 거래인 비례적 인적분할의 회계처리 규정과 일관되지 않는다는 점에 주목하였다. 또한 이러한 공정가치 회계처리가 한국채택국제회계기준을 적용하는 기업들의 대부분이 적용하는 장부금액법과 상이하여 일반기업회계기준을 적용하는 기업의 실무상 부담을 가중시킬 수 있다고 보았다. 회계기준위원회는 이를 해소하기 위해 분할의 법적 형식(물적분할, 인적분할)에 따라 회계처리를 달리 하지 않기로 하였다. 즉 기업이 자신의 사업 전부나 일부 사업을 분할하여 새로운 기업에게 이전할 때 자신의 **장부금액으로 이전**하도록 하였으며, 새로운 기업에게는 이전받은 사업을 분할한 기업의 **장부금액으로 인식**하도록 하였다(결 32.22).

법인세법상 분할신설법인등의 취득가액

합병 · 분할 또는 현물출자에 따라 취득한 자산의 경우 다음의 구분에 따른 금액을 취득가액으로 한다(법령 §72 ② 3호).

① 적격합병 또는 적격분할(물적분할은 제외)의 경우 : 장부가액

② 비적격합병 또는 비적격분할의 경우 : 해당 자산의 시가

③ 적격물적분할 또는 비적격물적분할 : 해당 자산의 시가

(3) 장부금액법

장부금액법은 연결재무제표상의 장부금액을 승계하도록 하는 과거 기업회계기준과 일관된다. 또한 종속기업이 지배기업 또는 다른 종속기업과의 거래에 대해 장부금액법을 적용하는 것은 지배기업의 회계처리와 일관성을 가지며, 동일지배하의 거래와 제3자간의 거래의 차이를 명확하게 보여줄 수 있다(결 32.13).

반면, 장부금액법에서는 하위 보고실체의 개념을 배제하므로 지배기업의 기존 주주의 입장에게 유용한 정보가 제공될 수 있으나 하위 보고실체기업인 종속기업의 투자자 또는 잠재적 투자자에게 적절한 정보를 제공하지 못할 가능성이 있다. 그 이유는 정보제공자가 작성하는 정보가 모든 정보이용자를 만족시키지 못하기 때문이다(결 32.14).

2. 사례

(1) 사례 1 (물적분할)

P사는 순자산의 장부금액이 100원이고, 공정가치가 110원인 b사업을 신설기업인 S사에게 이전하고 그 대가로 액면금액이 80원인 S사 주식을 받아 보유하고 있다.

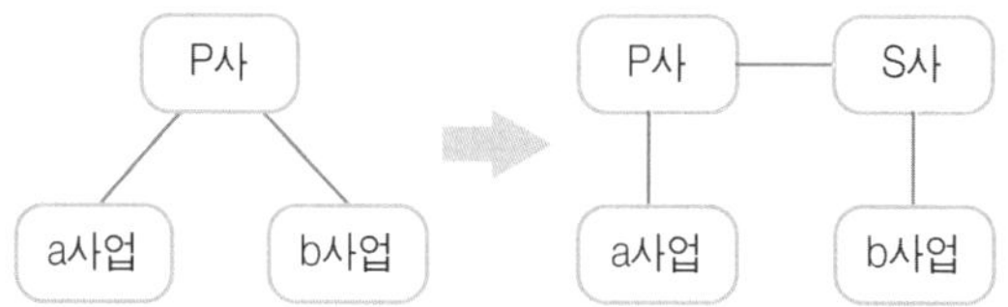

1) 지배기업 P사의 회계처리

(차)	S주식	100	(대) 순자산	100

2) 종속기업 S사의 회계처리

(차)	순자산	100	(대) 자본금	80
			주식발행초과금	20

☞ 지배기업 P사의 분할 전 자본총계와 분할 후 자본총계는 달라지지 않는다.

법인세법상과의 차이

상기 사례에서의 회계상의 공정가치는 법인세법상의 시가와 동일하며, 분할대가로 분할교부주식만 교부하였다.

1. 지배기업 P사의 세무상 분개

(차)	S주식(순자산의시가)	110	(대) 순자산	100
			양도차익	10㈜

☞ ㈜ 적격물적분할의 경우 압축기장충당금을 계상하여 손금산입 함으로써 과세이연 가능하다.

2. 종속기업 S사의 세무상 분개

(차)	순자산(시가)	110	(대) 자본금	80
			주식발행초과금	30

※ 법인세법상 비적격물적분할의 경우 S주식의 평가액은 순자산의 시가이다. 따라서 순자산의 시가와 순자산의 장부가액과의 차액이 분할법인이 승계하는 순자산의 양도차익이 된다. 한편, 분할신설기업은 적격물적분할 또는 비적격물적분할과 관계없이 법인세법상의 시가액이 취득가액이 된다.

(2) 사례 2 (인적분할)

P사는 순자산의 장부금액이 100원이고, 공정가치가 110원인 b사업을 신설기업인 S사에게 이전하고 그 대가로 액면가액이 80원인 S사 주식을 받았다. P사는 S사 주식을 자신의 주주에게 즉시 지분율에 따라 배분하였다. 감자 전 자본금은 200원이었으며, 감자 후 자본금은 120원이다.

1) P사의 회계처리

(차) 자본금	80	(대) 순자산	100
감자차손	20		

기업이 분할대가로 새로운 기업이 발행한 주식의 총수를 수령하여 자신의 주주에게 배분하는 경우 제15장 '자본'에서 감자의 회계처리를 준용한다(32.16).

상기 분개는 다음의 분개가 생략된 것이다.

(차) S주식	100	(대) 순자산	100

2) S사의 회계처리

(차) 순자산	100	(대) 자본금	80
		자본잉여금	20

법인세법과의 차이

상기 사례에서의 회계상의 공정가치는 법인세법상의 시가와 동일하며, S사가 교부한 분할교부주식의 시가는 120원, 분할교부주식 외 지급한 분할대가는 없다.

1. 분할법인 P사의 세무상 분개

(차) S주식	120	(대) 순자산	100
		양도차익	20㈜

㈜ 적격분할인 경우 양도차익이 "0"이 되게 하여 과세이연할 수 있다. 단, 분할신설법인등은 "자산조정계정"을 계상하여 사후관리한다.

2. 분할신설법인 S사의 세무상 분개

(차) 순자산(시가)	110	(대) 자본금	80
분할매수차손	10㈜	주식발행초과금	40

㈜ 분할매수차손은 세법상 자산성이 인정되는 경우에는 영업권으로 계상하여 5년간 균등 손금산입가능하다. 단, 적격분할인 경우에는 세무상 분할매수차손(영업권) 또는 분할매수차익은 발생하지 않는다. 따라서 적격분할인 경우 계상되는 자산은 시가가 아니라 장부가액이다.

※ 법인세법상 인적분할에 따라 분할법인이 분할신설법인으로부터 분할과 관련하여 받는 양도가액은 다음과 같다.

1. 적격분할의 경우: 분할법인등의 분할등기일 현재의 순자산장부가액
2. 비적격분할의 경우: 다음의 금액을 모두 더한 금액
   ① 분할신설법인등의 주식가액
   ② 금전이나 그 밖의 재산가액
   ③ 분할합병의 경우로서 분할합병포합주식에 대한 분할합병 간주교부주식가액
   ④ 분할신설법인등이 대납하는 법인세 및 법인세의 부가세와 법인지방소득세

Ⅱ 분할과 상법

제530조의 2(회사의 분할·분할합병) ① 회사는 분할에 의하여 1개 또는 수개의 회사를 설립할 수 있다.

② 회사는 분할에 의하여 1개 또는 수개의 존립 중의 회사와 합병(이하 "分割合併"이라 한다)할 수 있다.

③ 회사는 분할에 의하여 1개 또는 수개의 회사를 설립함과 동시에 분할합병할 수 있다.

④ 해산후의 회사는 존립중의 회사를 존속하는 회사로 하거나 새로 회사를 설립하는 경우에 한하여 분할 또는 분할합병할 수 있다.

제530조의 3(분할계획서·분할합병계약서의 승인) ① 회사가 분할 또는 분할합병을 하는 때에는 분할계획서 또는 분할합병계약서를 작성하여 주주총회의 승인을 얻어야 한다.

② 제1항의 승인결의는 제434조의 규정에 의하여야 한다.

③ 제2항의 결의에 관하여는 제344조의 3 제1항에 따라 의결권이 배제되는 주주도 의결권이 있다.

④ 분할계획 또는 분할합병계약의 요령은 제363조에 정한 통지에 기재하여야 한다.

⑤ 삭제

⑥ 회사의 분할 또는 분할합병으로 인하여 분할 또는 분할합병에 관련되는 각 회사의 주주의 부담이 가중되는 경우에는 제1항 및 제436조의 결의 외에 그 주주 전원의 동의가 있어야 한다.

제530조의 4(분할에 의한 회사의 설립) 제530조의 2에 따른 회사의 설립에 관하여는 이 장 제1절의 회사설립에 관한 규정을 준용한다. 다만, 분할되는 회사(이하 "분할회사"라 한다)의 출자만으로 회사가 설립되는 경우에는 제299조를 적용하지 아니한다.

제530조의 5(분할계획서의 기재사항) ① 분할에 의하여 회사를 설립하는 경우에는 분할계획서에 다음 각 호의 사항을 기재하여야 한다.

1. 분할에 의하여 설립되는 회사(이하 "단순분할신설회사"라 한다)의 상호, 목적, 본점의 소재지 및 공고의 방법
2. 단순분할신설회사가 발행할 주식의 총수 및 액면주식·무액면주식의 구분
3. 단순분할신설회사가 분할 당시에 발행하는 주식의 총수, 종류 및 종류주식의 수, 액면주식·무액면주식의 구분

4. 분할회사의 주주에 대한 단순분할신설회사의 주식의 배정에 관한 사항 및 배정에 따른 주식의 병합 또는 분할을 하는 경우에는 그에 관한 사항
5. 분할회사의 주주에게 제4호에도 불구하고 금전이나 그 밖의 재산을 제공하는 경우에는 그 내용 및 배정에 관한 사항
6. 단순분할신설회사의 자본금과 준비금에 관한 사항
7. 단순분할신설회사에 이전될 재산과 그 가액
8. 제530조의 9 제2항의 정함이 있는 경우에는 그 내용
8의 2. 분할을 할 날
9. 단순분할신설회사의 이사와 감사를 정한 경우에는 그 성명과 주민등록번호
10. 단순분할신설회사의 정관에 기재할 그 밖의 사항

② 분할 후 회사가 존속하는 경우에는 존속하는 회사에 관하여 분할계획서에 다음 각호의 사항을 기재하여야 한다.
1. 감소할 자본금과 준비금의 액
2. 자본감소의 방법
3. 분할로 인하여 이전할 재산과 그 가액
4. 분할후의 발행주식의 총수
5. 회사가 발행할 주식의 총수를 감소하는 경우에는 그 감소할 주식의 총수, 종류 및 종류별 주식의 수
6. 정관변경을 가져오게 하는 그 밖의 사항

제530조의 6(분할합병계약서의 기재사항 및 분할합병대가가 모회사주식인 경우의 특칙)

① 분할회사의 일부가 다른 회사와 합병하여 그 다른 회사(이하 "분할합병의 상대방 회사"라 한다)가 존속하는 경우에는 분할합병계약서에 다음 각 호의 사항을 기재하여야 한다.
1. 분할합병의 상대방 회사로서 존속하는 회사(이하 "분할승계회사"라 한다)가 분할합병으로 인하여 발행할 주식의 총수를 증가하는 경우에는 증가할 주식의 총수, 종류 및 종류별 주식의 수
2. 분할승계회사가 분할합병을 하면서 신주를 발행하거나 자기주식을 이전하는 경우에는 그 발행하는 신주 또는 이전하는 자기주식의 총수, 종류 및 종류별 주식의 수
3. 분할승계회사가 분할합병을 하면서 신주를 발행하거나 자기주식을 이전하는 경우에는 분할회사의 주주에 대한 분할승계회사의 신주의 배정 또는 자기주식의 이전에 관한 사항 및 주식의 병합 또는 분할을 하는 경우에는 그에 관한 사항
4. 분할승계회사가 분할회사의 주주에게 제3호에도 불구하고 그 대가의 전부 또는 일부

로서 금전이나 그 밖의 재산을 제공하는 경우에는 그 내용 및 배정에 관한 사항

5. 분할승계회사의 자본금 또는 준비금이 증가하는 경우에는 증가할 자본금 또는 준비금에 관한 사항
6. 분할회사가 분할승계회사에 이전할 재산과 그 가액
7. 제530조의 9 제3항의 정함이 있는 경우에는 그 내용
8. 각 회사에서 제530조의 3 제2항의 결의를 할 주주총회의 기일
9. 분할합병을 할 날
10. 분할승계회사의 이사와 감사를 정한 경우에는 그 성명과 주민등록번호
11. 분할승계회사의 정관변경을 가져오게 하누 그 밖의 사항

② 분할회사의 일부가 다른 분할회사의 일부 또는 다른 회사와 분할합병을 하여 회사를 설립하는 경우에는 분할합병계약서에 다음 각 호의 사항을 기재하여야 한다.

1. 제530조의 5 제1항 제1호·제2호·제6호·제7호·제8호·제8호의 2·제9호·제10호에 규정된 사항
2. 분할합병을 하여 설립되는 회사(이하 "분할합병신설회사"라 한다)가 분할합병을 하면서 발행하는 주식의 총수, 종류 및 종류별 주식의 수
3. 각 회사의 주주에 대한 주식의 배정에 관한 사항과 배정에 따른 주식의 병합 또는 분할을 하는 경우에는 그 규정
4. 각 회사가 분할합병신설회사에 이전할 재산과 그 가액
5. 각 회사의 주주에게 지급할 금액을 정한 때에는 그 규정
6. 각 회사에서 제530조의 3 제2항의 결의를 할 주주총회의 기일
7. 분할합병을 할 날

③ 제530조의 5의 규정은 제1항 및 제2항의 경우에 각 회사의 분할합병을 하지 아니하는 부분의 기재에 관하여 이를 준용한다.

④ 제342조의 2 제1항에도 불구하고 제1항 제4호에 따라 분할회사의 주주에게 제공하는 재산이 분할승계회사의 모회사 주식을 포함하는 경우에는 분할승계회사는 그 지급을 위하여 모회사 주식을 취득할 수 있다.

⑤ 분할승계회사는 제4항에 따라 취득한 모회사의 주식을 분할합병 후에도 계속 보유하고 있는 경우 분할합병의 효력이 발생하는 날부터 6개월 이내에 그 주식을 처분하여야 한다.

제530조의 7(분할대차대조표 등의 공시) ① 분할회사의 이사는 제530조의 3 제1항에 따른 주주총회 회일의 2주 전부터 분할의 등기를 한 날 또는 분할합병을 한 날 이후 6개월 간

다음 각 호의 서류를 본점에 비치하여야 한다.

1. 분할계획서 또는 분할합병계약서
2. 분할되는 부분의 대차대조표
3. 분할합병의 경우 분할합병의 상대방 회사의 대차대조표
4. 분할 또는 분할합병을 하면서 신주가 발행되거나 자기주식이 이전되는 경우에는 분할회사의 주주에 대한 신주의 배정 또는 자기주식의 이전에 관하여 그 이유를 기재한 서면

② 제530조의 6 제1항의 분할승계회사의 이사는 분할합병을 승인하는 주주총회 회일의 2주 전부터 분할합병의 등기를 한 후 6개월 간 다음 각 호의 서류를 본점에 비치하여야 한다. 〈개정 2015. 12. 1.〉

1. 분할합병계약서
2. 분할회사의 분할되는 부분의 대차대조표
3. 분할합병을 하면서 신주를 발행하거나 자기주식을 이전하는 경우에는 분할회사의 주주에 대한 신주의 배정 또는 자기주식의 이전에 관하여 그 이유를 기재한 서면

③ 제522조의 2 제2항의 규정은 제1항 및 제2항의 서류에 관하여 이를 준용한다.

제530조의 8 삭제

제530조의 9(분할 및 분할합병 후의 회사의 책임) ① 분할회사, 단순분할신설회사, 분할승계회사 또는 분할합병신설회사는 분할 또는 분할합병 전의 분할회사 채무에 관하여 연대하여 변제할 책임이 있다.

② 제1항에도 불구하고 분할회사가 제530조의 3 제2항에 따른 결의로 분할에 의하여 회사를 설립하는 경우에는 단순분할신설회사는 분할회사의 채무 중에서 분할계획서에 승계하기로 정한 채무에 대한 책임만을 부담하는 것으로 정할 수 있다. 이 경우 분할회사가 분할 후에 존속하는 경우에는 단순분할신설회사가 부담하지 아니하는 채무에 대한 책임만을 부담한다.

③ 분할합병의 경우에 분할회사는 제530조의 3 제2항에 따른 결의로 분할합병에 따른 출자를 받는 분할승계회사 또는 분할합병신설회사가 분할회사의 채무 중에서 분할합병계약서에 승계하기로 정한 채무에 대한 책임만을 부담하는 것으로 정할 수 있다. 이 경우 제2항 후단을 준용한다.

④ 제2항의 경우에는 제439조 제3항 및 제527조의 5를 준용한다.

제530조의 10(분할 또는 분할합병의 효과) 단순분할신설회사, 분할승계회사 또는 분할합병신설회사는 분할회사의 권리와 의무를 분할계획서 또는 분할합병계약서에서 정하는 바에 따라 승계한다.

| 관련 세법 |

분할전 분할사업부문에 대해 분할 이후 발생한 익금과 손금의 귀속
물적분할로 설립된 분할신설법인은 「상법」 제530조의 10에 따라 분할계획서에 정하는 바에 의하여 분할법인의 권리와 의무를 승계하는 것임(법인-157, 2011. 2. 25.).

분할등기일 이후 발생한 수익 및 비용의 귀속
물적분할로 설립되는 분할신설법인이 분할법인으로부터 분할하는 사업부문의 자산·부채에 대한 모든 권리와 의무를 상법 제530조의 10에 따라 승계한 경우 분할등기일 이후 분할사업부문의 자산에서 발생하는 공과금의 환급액과 지방세 부과액은 분할신설법인의 익금 및 손금에 해당하는 것임(법인-1156, 2010. 12. 15.).

분할신설법인이 기존영어 관련 채권을 승계한 경우 상각채권추심이익의 귀속
법인이 상법상 인적분할방식으로 분할하면서 분할등기일 이전에 대손처리한 채권의 추심이 미확정되어 당해 채권을 장부가액으로 승계한 후 분할신설법인이 이를 회수한 경우 상각채권추심이익이 어디에 귀속되는지는 상법 제530조의 10 규정에 따라 판단하는 것임(법인46012-424, 2002. 8. 6.).

♣수익 · 비용 및 자산 · 부채의 귀속

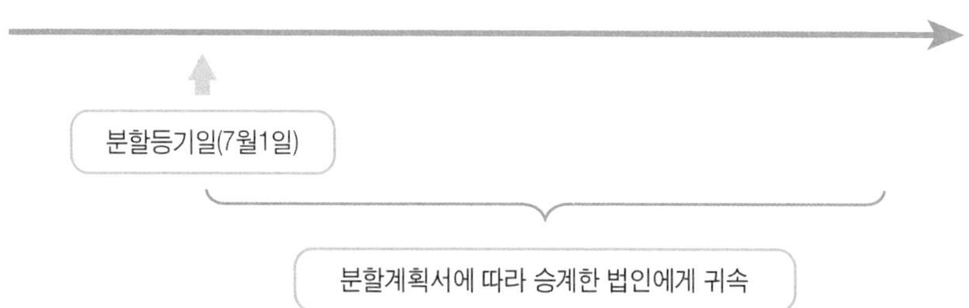

제530조의 11(준용규정) ① 분할 또는 분할합병의 경우에는 제234조(합병의 효력발생), 제237조부터 제240조까지, 제329조의 2(주식의 분할), 제440조(주식병합의 절차), 제441조(동전), 제442조(신주권의 교부), 제443조(단주의 처리), 제526조(흡수합병의 보고총회), 제527조(신설합병의 창립총회), 제527조의 6(합병에 관한 서류의 사후공시), 제528조(합병의 등기) 및 제529조(합병무효의 소)를 준용한다. 다만, 제527조의 설립위원은 대표이사로 한다. 〈개정 2011. 4. 14., 2014. 5. 20.〉

② 제374조 제2항, 제439조 제3항, 제522조의 3, 제527조의 2, 제527조의 3 및 제527조의 5의 규정은 분할합병의 경우에 이를 준용한다. 〈개정 1999. 12. 31.〉

제530조의 12(물적 분할) 이 절의 규정은 분할되는 회사가 분할 또는 분할합병으로 인하여 설립되는 회사의 주식의 총수를 취득하는 경우에 이를 준용한다.

제 5 편 분할과 세무

인적분할

I 분할이란

분할이란 회사가 회사의 재산, 사원 등 일부분을 분리하여 다른 회사에 출자하거나 새로 회사를 설립함으로써 한 회사를 복수의 회사로 만드는 것을 말한다.

II 분할의 종류와 유형

(1) 분할의 종류

분할의 종류는 다음과 같다. 여기서 법인세법에서 말하는 "분할법인등"과 "분할신설법인등"의 정의를 정확히 파악해야 법인세법에서 규정하는 내용들을 더 잘 파악할 수 있다.

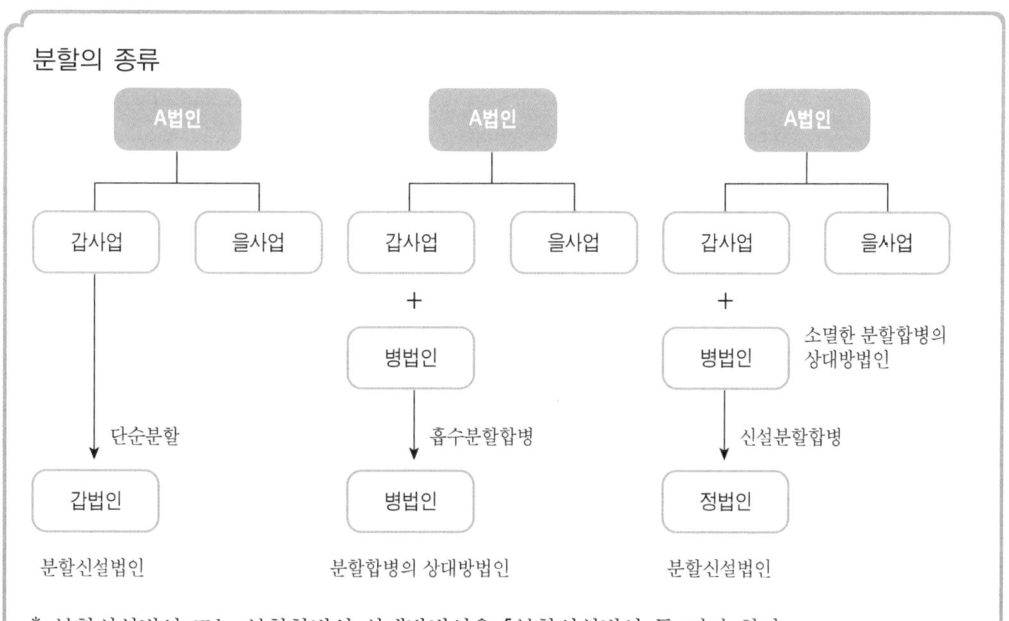

* 단순분할은 분할법인이 분할 후 존속하는 '존속분할'과 분할법인이 분할 후 소멸하는 '소멸분할'이 있다.

(2) 분할의 유형과 업무처리 절차

분할의 유형은 다음과 같이 인적분할과 물적분할로 분류할 수 있다.

1. 인적분할 : 분할대가를 분할법인(또는 소멸한 분할합병의 상대방법인)의 주주가 교부받는 경우의 분할

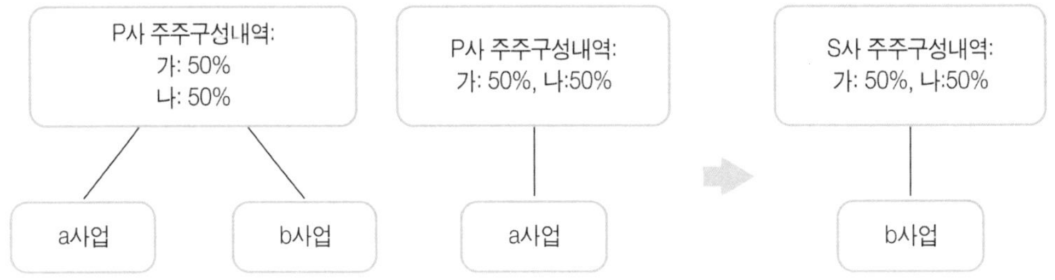

※ 분할신설법인 S사의 주식을 분할법인 P사의 주주가 받음

2. 물적분할: 분할대가를 분할법인이 전부 교부받는 분할

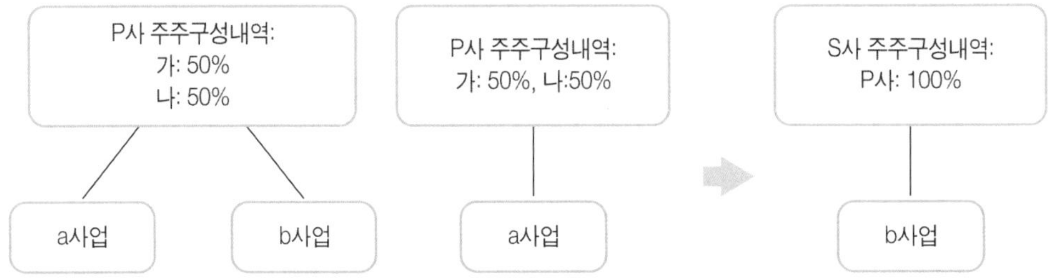

※ 분할신설법인 S사의 주식을 분할법인 P사가 받음. 따라서 S사는 P사의 완전자회사가 된다.

법인이 분할하는 경우의 업무처리 절차는 다음과 같다.

구분	업무 내용
사전 준비절차	법률, 회계, 조세 문제 사전 검토
	적격분할요건과 의제배당 검토
	자산·부채 평가(감정평가) 필요성 검토
	자산·부채의 분류 및 대차대조표공시일·분할등기일까지의 추정 재무제표 작성
	분할비율 산정(재무상태표상 순자산가액 기준)

<table>
<tr><th colspan="2">구분</th><th>업무 내용</th></tr>
<tr><td colspan="2" rowspan="2"></td><td>분할신설법인이 승계 또는 보증할 채무와 필요시 채권자의 동의 여부 확인</td></tr>
<tr><td>분할계획서 또는 분할합병계획서 준비(상법 §530의 3 ①)</td></tr>
<tr><td rowspan="2">D-32</td><td rowspan="2">이사회 개최</td><td>-분할에 관한 이사회 승인</td></tr>
<tr><td>-주총소집을 위한 이사회결의(상법 §362)</td></tr>
<tr><td>D-31</td><td>주주명부 폐쇄</td><td>주주 명부 폐쇄 기준일 공고(상법 §354)
-명부 확정 기준일 2주 전 공고</td></tr>
<tr><td>D-16</td><td>주주명부 확정</td><td>주주명부 확정 기준일(상법 §354)
-주주총회를 위한 권리 주주확정</td></tr>
<tr><td rowspan="2">D-15</td><td rowspan="2">분할주주총회 준비</td><td>분할주주총회 소집공고 및 통지(상법 §363, §530의 3)
-주총 2주 전 공고 및 통지</td></tr>
<tr><td>분할계획서, 분할되는 부분의 대차대조표 등 비치 공시(상법 §530의 7)
-주총 2주 전~분할등기일부터 6개월</td></tr>
<tr><td>D-day</td><td>주주총회 개최</td><td>분할계획서에 대한 주주총회의 승인(상법 §530의 3)
-주총 특별결의</td></tr>
<tr><td rowspan="4">D+1</td><td rowspan="2">채권자 보호 절차</td><td>채권자 이의 제출 공고 및 회고(상법 §527의 5)</td></tr>
<tr><td>-주총일로부터 2주 이내 공고</td></tr>
<tr><td rowspan="2">주식의 병합</td><td>분할회사의 구주권 제출 공고(상법 §440)</td></tr>
<tr><td>-주총일로부터 2주 이내 공고</td></tr>
<tr><td rowspan="4">D+32</td><td rowspan="2">채권자 보호 절차*</td><td>채권자 이의 제출 기간 만료(상법 §527의 5)</td></tr>
<tr><td>-공고 기간 1월 이상</td></tr>
<tr><td rowspan="2">주식의 병합</td><td>구주권 제출 기간 만료(상법 §440)</td></tr>
<tr><td>-공고 기간 1월 이상</td></tr>
<tr><td>D+33</td><td>분할기일</td><td>실질적인 분할일</td></tr>
<tr><td>D+34</td><td>이사회 개최</td><td>분할보고주주총회 및 창립총회 개최를 갈음하기 위한 이사회결의(상법 §530의 11, §526, §527)
-분할보고주주총회 및 창립총회 대체</td></tr>
<tr><td>D+35</td><td>분할 보고총회</td><td>분할보고총회(분할법인)
이사회결의에 대한 공고로 갈음할 수 있음(상법 §526)</td></tr>
<tr><td>D+35</td><td>창립총회</td><td>창립총회(신설법인)
이사회결의에 대한 공고로 갈음할 수 있음(상법 §527)</td></tr>
</table>

구분		업무 내용
D+36	분할등기	분할등기(상법 §530의 11, §528, 상업등기법 §62~§64, 상업등기규칙 §148, §149)
		변경등기: 분할법인
		신설등기: 분할신설법인
		-본점: 보고총회종결일 또는 보고에 갈음하는 공고일로부터 2주 내
		-지점: 보고총회종결일 또는 보고에 갈음하는 공고일로부터 3주 내

* 분할의 경우 원칙 채권자보호절차가 필요 없고(상법 §539의 9 ①), 예외적으로 단순분할신설회사가 분할회사의 채무 중에서 분할계획서에 승계하기로 정한 채무에 대한 책임만을 부담하는 것으로 정한 때(상법 §539의 9 ②)에는 채권자보호절차가 필요하다(상법 §539의 9 ④).

(3) 인적분할시 과세체계

인적분할시 분할당사자들에게 쟁점이 되는 과세 이슈를 적격분할과 비적격분할로 나누면 다음과 같다.

| 분할 당사자별로 적격분할 또는 비적격분할에 따른 과세체계 |

합병 당사자 및 과세대상 소득		적격분할	비적격분할
분할법인의 주주	의제배당 과세	① 원칙 : 의제배당액 = 0 ② 예외 : 1과 2 충족하는 경우 3과세 1. 주식외 재산의 분할대가 지급 2. 종전주식의 장부가액 〉교부주식의 시가 3. 의제배당액 = Min [현금등, (분할대가-종전주식취득가액)]	과세함 (분할대가-종전주식취득가액)
분할법인	양도차익	과세이연함	과세함 (양도가액-순자산의 장부가액)
	토지등 양도소득에 대한 법인세 추가납부	적격분할·적격합병·적격물적분할·적격현물출자의 경우는 과세 안함(단, 미등기양도는 과세함) (법법 §55의 2 ④ 3호 및 법령 §92의 2 ④ 2호)	과세함 (단, 토지를 취득한 날부터 3년 이내에 법인의 합병 또는 분할로 인하여 양도되는 토지는 과세 안함)(법령 §92의 11 ③ 1호)

<table>
<tr><th colspan="2">합병 당사자 및 과세대상 소득</th><th>적격분할</th><th>비적격분할</th></tr>
<tr><td></td><td>부당행위계산부인 적용</td><td colspan="2">특수관계인인 법인 간 합병(분할합병을 포함한다)·분할에 있어서 불공정한 비율로 합병·분할하여 합병·분할에 따른 양도손익을 감소시킨 경우. 다만, 「자본시장과 금융투자업에 관한 법률」 제165조의 4에 따라 합병(분할합병을 포함한다)·분할하는 경우는 제외한다(법령 §88 ① 3호의 2).</td></tr>
<tr><td rowspan="8">분할신설법인</td><td>분할매수차손익</td><td>발생하지 않음</td><td>① 분할매수차익 :
5년간 균등 익금산입
② 분할매수치손 원칙 :
손금불산입
예외 : 자산성이 인정되는 경우 5년간 균등 손금산입함
(분할매수차손익=
순자산의시가－양도가액)</td></tr>
<tr><td>자산조정계정</td><td>계상하여 사후관리됨</td><td>계상 안함</td></tr>
<tr><td>자산조정계정</td><td>시가 계상</td><td>시가 계상</td></tr>
<tr><td>자산승계</td><td>장부가액 승계*
*시가로 계상한 것을 자산조정계정의 설정으로 장부가액 승계되도록 한다.</td><td>시가 승계</td></tr>
<tr><td>결손금</td><td>승계 가능</td><td>승계 불가</td></tr>
<tr><td>공제·감면세액</td><td>승계 가능</td><td>승계 불가</td></tr>
<tr><td>세무조정사항</td><td>모두 승계 가능</td><td>퇴직급여충당금·대손충당금 관련사항만 승계 가능</td></tr>
<tr><td>부당행위계산부인 적용</td><td colspan="2">특수관계인인 법인 간 합병(분할합병을 포함한다)·분할에 있어서 불공정한 비율로 합병·분할하여 합병·분할에 따른 양도손익을 감소시킨 경우. 다만, 「자본시장과 금융투자업에 관한 법률」 제165조의 4에 따라 합병(분할합병을 포함한다)·분할하는 경우는 제외한다(법령 §88 ① 3호의 2).</td></tr>
<tr><td>분할신설법인의 주주</td><td>분할차익의 자본전입에 따른 의제배당</td><td>분할차익 중 과세대상
① 자산조정계정
② 분할법인 감자차손</td><td>과세대상 아님
* 이미 의제배당으로 과세되므로 분할차익을 자본전입하더라도 다시 과세 안함</td></tr>
</table>

❖ 분할 시 분할당사자별 과세체계를 비교하면 다음과 같다(집행기준 44－0－2 수정).

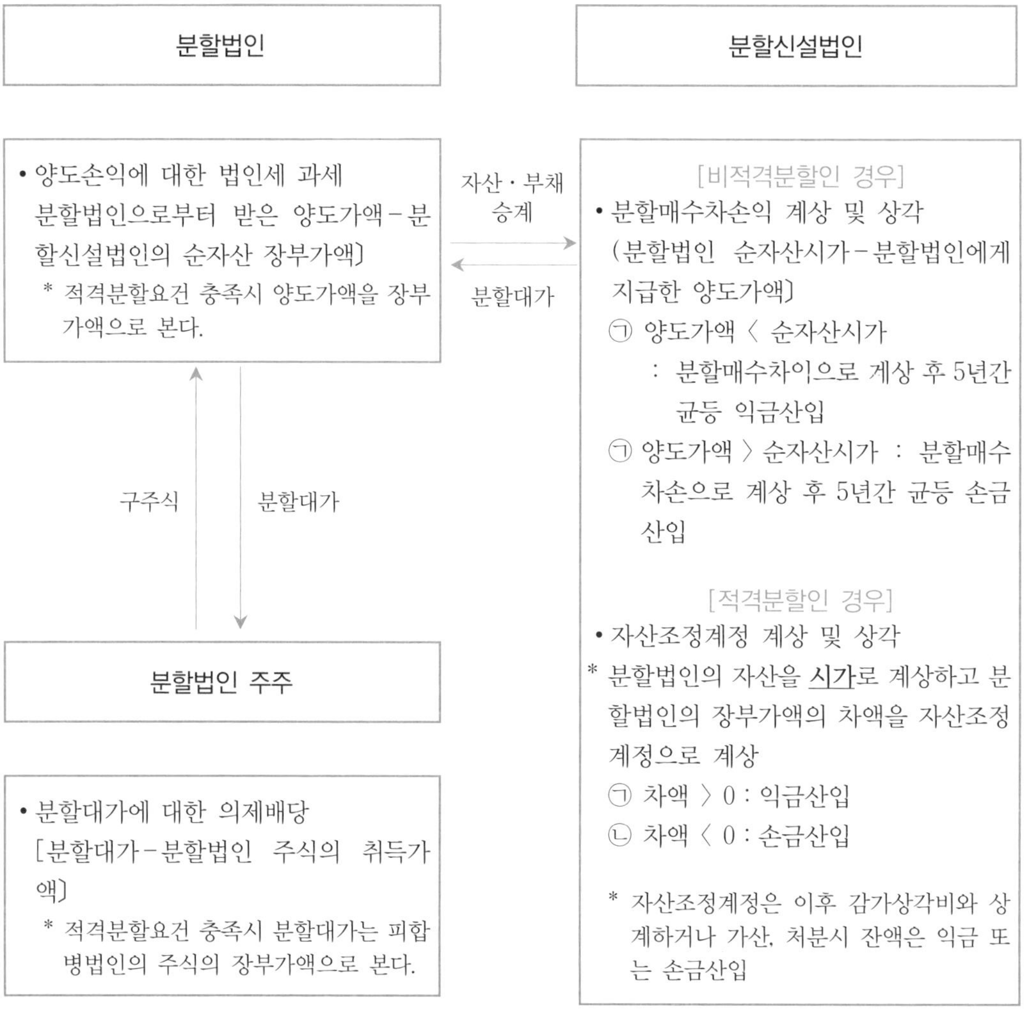

분할법인

- 양도손익에 대한 법인세 과세
  분할법인으로부터 받은 양도가액－분할신설법인의 순자산 장부가액〕
  * 적격분할요건 충족시 양도가액을 장부가액으로 본다.

자산・부채 승계 → / ← 분할대가

구주식 ↑ / 분할대가 ↓

분할법인 주주

- 분할대가에 대한 의제배당
  [분할대가－분할법인 주식의 취득가액〕
  * 적격분할요건 충족시 분할대가는 피합병법인의 주식의 장부가액으로 본다.

분할신설법인

[비적격분할인 경우]

- 분할매수차손익 계상 및 상각
  (분할법인 순자산시가－분할법인에게 지급한 양도가액〕
  ㉠ 양도가액 〈 순자산시가
  : 분할매수차익으로 계상 후 5년간 균등 익금산입
  ㉠ 양도가액 〉순자산시가 : 분할매수차손으로 계상 후 5년간 균등 손금산입

[적격분할인 경우]

- 자산조정계정 계상 및 상각

* 분할법인의 자산을 <u>시가</u>로 계상하고 분할법인의 장부가액의 차액을 자산조정계정으로 계상

㉠ 차액 〉0 : 익금산입

㉡ 차액 〈 0 : 손금산입

* 자산조정계정은 이후 감가상각비와 상계하거나 가산, 처분시 잔액은 익금 또는 손금산입

분할법인으로부터 분할 한 분할신설법인은 분할법인으로부터 자산과 부채를 승계받고 분할법인에게 양도가액을 지급한다. 양도가액을 지급받은 분할법인은 분할대가를 분할법인의 주주들에게 지급한다. 여기서 분할법인이 지급받은 양도가액이 순자산의 장부가액보다 크면 양도차익이 발생하게 되고 발생된 양도차익은 과세된다. 분할법인의 주주들은 지급받은 분할대가가 소멸하는 주식의 취득가액보다 큰 경우에는 의제배당으로 과세된다. 다만, 그럼에도 불구하고 적격분할 요건을 충족하는 경우에는 모두 과세이연된다.

분할신설법인의 경우 아래와 같이 분할매수차손익 발생하게 되며, 이는 5년간 균등 익금 또는 손금산입(자산성이 있는 경우에 한함) 된다. 다만, 적격분할 요건을 충족하는 경우에

는 장부가액으로 승계하게 되므로 분할매수차손익은 발생하지 않게 된다.

위 그림을 분할법인의 양도차익과 분할신설법인의 분할매수차익 그리고 자산조정계정에 대한 등식으로 표시하면 다음과 같다.

1. 분할법인의 양도차익	양도가액(②) – 분할법인 순자산의 장부가액*(①)
2. 분할신설법인의 분할매수차익	순자산의 시가(위③) – 양도가액(②)
3. 자산조정계정(시가 – 장부가액)	1. 분할법인의 양도차익 + 2. 분할신설법인의 분할매수차익

* 장부가액은 세무상 장부가액을 말한다.

따라서, 양도가액에서 순자산장부가액을 차감한 것이 분할법인의 양도차익이며, 순자산 시가에서 양도가액을 차감한 것이 분할신설법인의 분할매수차익이다. 그리고 분할법인의 양도차익과 분할신설법인의 분할매수차익을 더한 것이 결국 자산조정계정이 된다.

(4) 인적분할시 세법상 자산 및 부채의 계상액 및 승계액

인적분할을 하는 경우 기업회계기준에 따라 장부금액으로 계상한다. 세법에서는 장부에 계상하는 금액과 실제 세법적으로 적용받는 승계액을 따로 명시하고 있는데, 적격분할과 비적격불할로 나누어 다음과 같이 계상, 그리고 승계하도록 하고 있다.

★ 적격분할과 비적격분할에 따른 세법상 자산 및 부채의 계상액과 승계액

구 분	적격분할	비적격분할
방 법	시가 계상 장부가액 승계	시가 계상 시가 승계

Ⅲ 소멸인적분할시 분할법인등에 대한 과세

내국법인이 인적분할로 해산하는 경우(소멸분할)에는 그 법인의 자산을 분할신설법인등(분할신설법인 또는 분할합병의 상대방 법인)에 양도한 것으로 본다. 이 경우 그 양도에 따라 발생하는 양도손익(다음 ①의 가액에서 ②의 가액을 뺀 금액을 말한다)은 분할법인등(분할법인 또는 소멸한 분할합병의 상대방 법인)이 분할등기일이 속하는 사업연도의 소득금액을 계산할 때 익금 또는 손금에 산입한다.

① 분할법인등이 분할신설법인등으로부터 받은 양도가액

② 분할법인등의 분할등기일 현재의 순자산 장부가액

다만, 적격분할의 요건을 충족하는 경우에는 양도가액을 분할법인등의 분할등기일 현재의 순자산 장부가액으로 보아 양도손익이 없는 것으로 할 수 있다(법법 §46 ②). 다만, 이는 선택사항으로서 적격분할의 요건을 충족했음에도 불구하고 과세특례신청서를 제출하지 않는 경우에는 양도손익에 대한 세액을 납부해야 한다.

분할법인등에 대한 과세는 적격분할과 비적격분할인 경우를 비교하면서 기술하도록 한다.

1. 분할에 따른 양도손익의 계산

양도손익은 분할법인등이 분할신설법인등으로부터 받은 양도가액에서 분할법인등의 분할등기일 현재의 순자산 장부가액을 차감한 금액이다(법법 §46 ①).

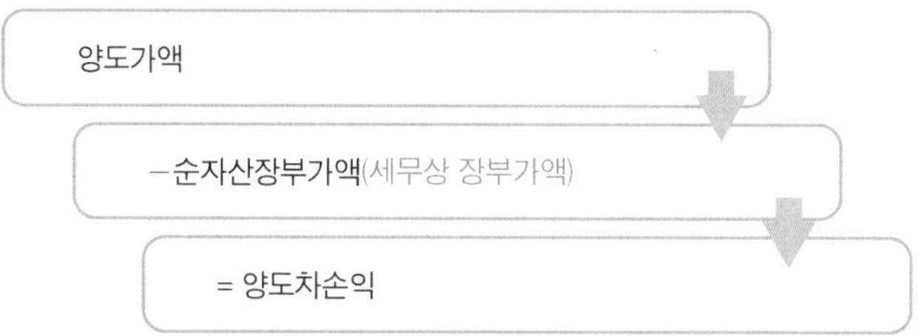

1. 소멸인적분할의 경우(법법 §46 ①)

양도손익 ＝ 양도가액－분할법인등의 분할등기일 현재의 순자산 장부가액

2. 존속인적분할의 경우(법법 §46의 5 ①)

양도손익 = 양도가액 − 분할법인등의 분할한 사업부문의 분할등기일 현재의 순자산장부가액

소멸인적분할의 경우에는 분할법인이 소멸하게 되므로 분할법인의 모든 자산과 부채를 양도하는 반면 존속인적분할의 경우에는 분할법인의 일부 사업부문만 양도하게 되므로 그 양도하는 사업부문에 대한 양도가액에서 순자산장부가액을 차감하여 양도손익을 계산한다.

(1) 양도가액

양도가액은 다음의 금액으로 한다.

1. 적격분할의 경우: 분할법인등의 분할등기일 현재의 순자산장부가액

적격분할의 경우 양도가액은 순자산장부가액으로 한다. 따라서 다음과 같이 양도손익은 '0'이 된다.

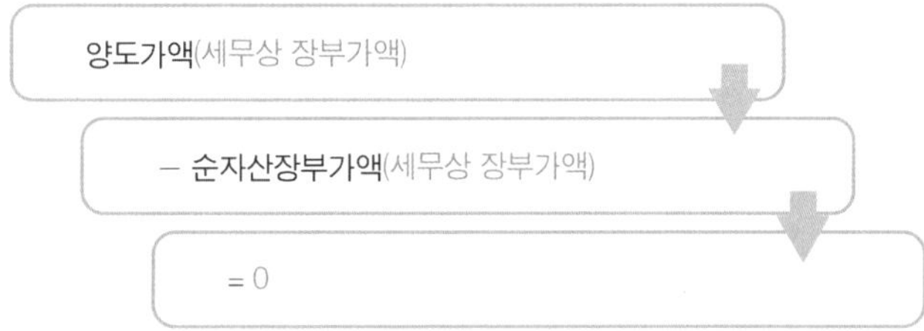

2. 비적격분할의 경우: 다음의 금액을 모두 더한 금액

① 분할신설법인등이 분할로 인하여 분할법인의 주주에 지급한 분할신설법인등의 주식(분할합병의 경우에는 분할등기일 현재 분할합병의 상대방 법인의 발행주식총수 또는 출자총액을 소유하고 있는 내국법인의 주식을 포함한다)의 가액

② 금전이나 그 밖의 재산가액의 합계액

③ 분할합병의 경우 분할합병의 상대방법인이 분할등기일 전 취득한 분할법인의 주식[신설분할합병 또는 3 이상의 법인이 분할합병하는 경우에는 분할등기일 전 분할법인이 취득한 다른 분할법인의 주식(분할합병으로 분할합병의 상대방법인이 승계하는 것에 한정한다), 분할등기일 전 분할합병의 상대방법인이 취득한 소멸한 분할합병의 상대방법인의 주식 또는 분할등기일 전 소멸한 분할합병의 상대방법인이 취득한 분할법인의 주식과 다른 소멸한 분할합병의 상대방법인의 주식을 포함한다. 이하 "분할합병포합주식"이라 한다]이 있는 경우에는 그 주식에 대하여 분할신설법인등의 주식

(이하 "분할합병교부주식"이라 한다)을 교부하지 아니하더라도 그 지분비율에 따라 분할합병교부주식을 교부한 것으로 보아 분할합병의 상대방법인의 주식의 가액

④ 분할신설법인등이 납부하는 분할법인의 법인세 및 그 법인세(감면세액을 포함한다)에 부과되는 국세와 「지방세법」 제88조 제2항에 따른 법인지방소득세의 합계액

♣ 비적격분할의 양도가액 요약

1. 분할교부주식 등의 가액
2. 금전이나 그 밖의 재산가액의 합계액
3. (분할합병인 경우) 분할합병포합주식에 대해 분할합병교부주식을 교부하지 않더라도 그 지분비율에 따라 분할합병교부주식을 교부한 것으로 보아 가액에 가산
4. 분할신설법인 등이 납부하는 분할법인의 법인세 및 그 법인세에 부과되는 국세 및 지방세

이를 분개로 나타내면 다음과 같다.

(차) 부채	***	(대) 자산	***	
분할교부주식	***	양도차익	***	
분할교부금	***			
법인세 비용	***			
간주교부주식가액	***(단, 분할합병의 경우에만 적용)			

| 단순분할인 경우의 양도가액 |

단순분할인 경우 양도가액		
① 분할교부주식가액	② 분할교부금등	③ 분할신설법인등이 대납하는 법인세등

* 간주교부주식가액은 분할합병을 하는 경우에 한해서 양도가액에 포함됨

다만, 분할의 경우 적격분할과 비적격분할로 나누어 분할법인의 양도가액을 각각 다르게 계산한다. 즉, 양도가액 계산 시 적격분할인 경우에는 분할교부주식가액을 '시가'로 평가하지 않고 비적격분할인 경우에만 시가로 평가된 분할교부주식의 평가액을 양도가액에 포함한다.

하지만, 적격분할인 경우 분할과세특례신청서상에 시가로 평가된 분할교부주식가액을 기재해야 하므로 실제로는 적격분할인 경우에도 분할교부주식의 시가평가가 필요하게 된다.

분할의 경우 분할교부주식의 평가는 원칙적으로 시가로 평가하고 시가가 불분명한 경우에는 법령 제89조에 따라 평가한다. 다음은 분할교부주식의 평가방법이다.

1. 원칙: 시가

특수관계인 외의 불특정다수인과 계속적으로 거래한 가격 또는 특수관계인이 아닌 제3자간에 일반적으로 거래된 가격이 있는 경우에는 그 가격에 따른다(법령 §89 ①).

다만, 주권상장법인이 발행한 주식을 다음의 어느 하나에 해당하는 방법으로 거래한 경우 해당 주식의 시가는 그 거래일의 「자본시장과 금융투자업에 관한 법률」 제8조의 2 제2항에 따른 거래소 최종시세가액(거래소 휴장 중에 거래한 경우에는 그 거래일의 직전 최종시세가액)으로 하며, 기획재정부령으로 정하는 바에 따라 사실상 경영권의 이전이 수반되는 경우(해당 주식이 「상속세 및 증여세법 시행령」 제53조 제8항 각 호의 어느 하나에 해당하는 주식인 경우는 제외한다)에는 그 가액의 100분의 20을 가산한다(법령 §89 ①).

1. 「자본시장과 금융투자업에 관한 법률」 제8조의 2 제4항 제1호에 따른 증권시장 외에서 거래하는 방법
2. 대량매매 등 기획재정부령으로 정하는 방법

2. 시가가 불분명한 경우

시가가 불분명 한 경우에는 **법령 제89조 제2항 제2호에 따라** 상증령 제63조(유가증권의 평가)의 규정을 준용하여 평가한 가액으로 하도록 한다(법령 §89 ② 2호).

분할교부주식이 비상장주식인 경우로서 비상장주식(분할신설법인의 분할교부주식)에 대한 시가가 불분명하여 보충적평가방법으로 평가하는 경우에는 원칙적으로 순손익가치와 순자산가치를 3 : 2로 가중평균한 가액으로 평가하고(상증령 §28 ⑦), 예외적으로 순자산가치만으로 평가한다.

① 순손익가치와 순자산가치의 가중평균액

비상장주식(분할신설법인의 분할교부주식)에 대한 시가가 불분명하여 보충적평가방법으로 평가하는 경우 원칙 순손익가치와 순자산가치를 3 : 2로 가중평균한 가액으로 평가한다(상증령 §28 ⑦).

다만, 순손익가치를 계산할 때 적격분할·적격물적분할 및 비적격분할·비적격물적분할에 따라 분할신설법인의 사업기간 개시일을 달리 본다. 비적격분할과 비적격물적분할의 경우에는 사업개시일을 분할신설법인의 사업개시일로 보므로 당연히 사업개시 후 3년 미만의 법인에 해당하여 순자산가치로만 평가한다(조심 2022서7311, 2022. 12. 15.). 하지만 적격분할과 적격물적분할의 경우에는 사업개시일을 분할 전 동일 사업부분의 사업개시일부터 기산하므로 3년 미만의 법인에 해당하는지 여부는 따져봐야 할 것이다.

만약 3년 미만이 아니라면 순손익가치와 순자산가치를 가중평균한 가액으로 평가한다.

② 각사업연도 종료일 현재의 발행주식총수는 분할 후의 주식수에 의함(비상장주식)

그리고 사업영위기간이 3년 이상인 비상장법인이 평가기준일이 속하는 사업연도에 「법인세법」 제46조 제1항의 규정에 의한 인적분할을 한 경우로서 분할존속법인과 분할신설법인의 1주당 순손익가치를 「상속세 및 증여세법 시행령」 제56조 제1항 제1호의 규정에 의한 1주당 최근 3년간의 순손익액의 가중평균액으로 계산할 때, 분할존속법인과 분할신설법인의 최근 3년간의 순손익액이 각각 구분이 되는 경우에는 그 구분된 순손익액을 기준으로 계산하는 것이며, 각 사업연도 종료일 현재의 발행주식총수는 분할후의 분할존속법인과 분할신설법인의 주식수에 의하는 것이다(서면4팀-273, 2007. 1. 19.).

♣ 비상장주식 평가 시 적격분할 및 적격물적분할 또는 비적격분할 등에 따른 분할신설법인의 사업개시일

적격분할 · 적격물적분할	비적격분할 · 비적격물적분할
분할 전 동일 사업부문의 사업개시일	분할신설법인의 사업개시일

♣ 적격분할 및 적격물적분할과 비적격분할 등의 경우 분할신설법인의 비상장주식의 보충적평가 방법

적격분할 등으로서 사업개시일이 3년 이상인 경우	적격분할 등으로서 사업개시일이 3년 미만인 경우와 비적격분할 · 비적격물적분할인 경우
순손익가치와 순자산가치의 가중평균으로 평가	순자산가치로만 평가

적격분할의 경우 양도가액은 다음과 같이 순자산장부가액이다. 따라서 양도손익은 '0'이 된다.

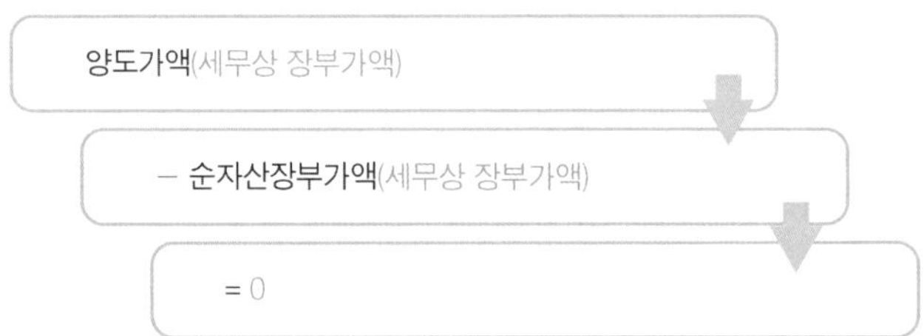

적격분할 등의 경우로서 비상장주식평가를 할 때 "분할 전 동일 사업부부분의 사업개시일"을 사업개시일로 보아 사업개시일이 3년 미만인지 여부를 따진다. 만일 3년 이상이라면 분할신설법인 순손익액 계산을 위해서는 분할 전 사업부문별로 순손익액이 구분되어야 한

다. 만일 분할 전 순손익액이 사업부문별로 구분되지 아니한 때에는 「상속세 및 증여세법 시행규칙」 제10조의 2 제1항의 규정을 준용하여 순자산가액비율로 안분계산하는 것이며, 이때 '순자산가액'이라 함은 「상속세 및 증여세법 시행령」 제55조 규정에 의한 순자산가액을 말하는 것이다(재산-611, 2010. 8. 18.). **하지만 상기 예규의 기준이 되는 상증법 시행규칙 제10조의 2 제1항은 예규 생산 후인 2016. 12. 31일자로 삭제되었기에 해당 사유로 인해 현재도 유효한 예규인지는 불확실하다.**

♣ 비적격분할 시 분할교부주식 평가방법

구분	상장주식의 평가*	비상장주식의 평가
원칙	시가(분할등기일의 종가) (거래소 휴장 중에 거래한 경우에는 그 거래일의 직전 최종시세가액)	시가
예외	1. 다음의 경우 거래소 최종시세가액 ① 증권시장 외에서 거래하는 경우 ② 대량매매 등의 경우 2. 경영권 이전이 수반되는 경우: 20% 가산함	보충적평가방법 ① 원칙: 순손익가치와 순자산가치의 가중평균액 ② 예외: 순자산가치만으로 평가 (보유한 상장주식은 평가기준일 종가로 평가)
근거규정	법령 제89조 ①	법령 제89조 ①, ②

* 상장주식은 대부분 시가가 형성되어 있으므로 보충적평가방법은 논하지 않는다.

적격분할등인 경우와 비적격분할인 경우의 비상장주식 보충적평가방법

1) 2017.2.7. 대통령령 제27835호로 상증세법 시행령을 개정하면서 제54조 제4항 제2호 후문에 「법인세법」 제46조의 3, 제46조의 5 및 제47조의 요건을 갖춘 적격분할 또는 적격물적분할로 신설된 법인의 사업개시일은 분할 전 동일 사업부분의 사업개시일부터 기산한다㈜는 규정을 신설하였는바, 위 규정은 분할로 설립된 신설법인의 사업개시일을 보다 명확히 규정하기 위한 것으로, 비록 위 규정 개정 전에 분할로 신설된 법인의 사업개시일에 대한 명문 규정이 없었더라도 위 규정의 내용을 따르는 것이 합리적이라 하겠다(조심 2017서708, 2017. 9. 21.).
2) 분할신설법인의 경우 비적격 인적분할로 설립된 법인에 해당하여 분할 전 동일 사업부분의 사업개시일부터 기산하는 **상증세법 시행령 제54조 제4항 제2호 후문 규정의 적용대상에 해당하지 아니하는바**, 쟁점주식 평가기준일 당시 분할신설법인은 사업개시일부터 3년 미만의 법인에 해당하여 순자산가치로만 평가하는 것이 타당하다(조심 2021인2790, 2022. 10. 19.).

적격분할 또는 적격물적분할로 신설된 법인의 비상장법인의 주식평가

「법인세법」 제46조의 3, 제46조의 5 및 제47조의 요건을 갖춘 적격분할 또는 적격물적분할로 신설된 법인의 사업기간은 분할 전 동일 사업부분의 사업개시일부터 기산하는 것이다(서면상속증여 2019-1195, 2019. 4. 25.).

> (상증령 §54 ④ 2호)
> 비상장주식을 평가할 때 사업개시 후 3년 미만의 법인은 순자산가치에 따라 평가한다. 다만, 「법인세법」 제46조의 3(**소멸분할의 적격분할**), 제46조의 5(**존속분할의 적격분할**) 및 제47조(**적격물적분할**)의 요건을 갖춘 적격분할 또는 적격물적분할로 신설된 법인의 사업기간은 분할 전 동일 사업부분의 사업개시일부터 기산한다.

분할에 따른 양도가액 산정 시 장부에 계상되지 않은 발전사업권의 감정가액 또는 상증법에 따른 평가액은 순자산시가에 포함되지 않음

분할신설법인이 분할법인으로부터 「전기사업법」 제7조에 따른 전기사업의 허가를 받은 사업권(이하 "발전사업권")등을 인적분할을 통해 승계한 경우로서 분할매수차손을 산정하는 경우 해당 발전사업권의 평가액(「상속세 및 증여세법 시행령」 제49조 제1항에 따른 감정가격을 말함)은 「법인세법 시행령」 제82조의 3 제3항에 따른 순자산시가에 포함되지 않는 것임(서면법규법인 2022-2992, 2023. 10. 20.).

인적분할과 물적분할 시 분할법인과 분할신설법인의 최근 3년간의 순손익액이 구분되는 경우 구분된 순손익액을 기준으로 순손익가치를 산정함

인적분할 및 물적분할을 한 분할존속법인과 분할신설법인의 1주당 순손익가치를 산정함에 있어 분할존속법인과 분할신설법인의 최근 3년간의 순손익액이 각각 구분이 되는 경우에는 그 구분된 순손익액을 기준으로 순손익가치를 산정함(재산-592, 2009. 10. 30.).

인적분할시 분할신설법인이 교부한 주식의 평가

「법인세법」 제46조 제1항 제1호(2009.12.31. 법률 제9898호로 개정된 것)에 의한 양도가액을 산정함에 있어 같은 법 시행령 제82조 제1항 제2호의 분할신설법인이 분할로 인하여 분할법인의 주주에게 지급한 분할신설법인의 주식의 가액은 같은 영 제89조의 시가에 의하여 계산하는 것임(법인-825, 2010. 8. 30.).

비상장주식 평가 시 적격분할 또는 적격물적분할로 신설된 법인의 사업기간

비상장주식평가 시 사업개시 전의 법인, **사업개시 후 3년 미만의 법인** 또는 휴업・폐업 중인 법인의 주식등은 순자산가치만으로 평가한다. 이 경우 「법인세법」 제46조의 3, 제46조의 5 및 제47조의 요건을 갖춘 **적격분할 또는 적격물적분할**로 신설된 법인의 사업기간은 분할 전 동일 사업부분의 사업개시일부터 기산한다(상증령 §54 ④ 2호).

비상장주식평가 시 비적격인적분할로 설립된 분할신설법인은 사업개시 3년 미만으로서 순자산가치로만 평가함

비적격 인적분할로 설립된 분할신설법인이 발행한 쟁점주식은 위 개정사항과 관련 없이 동 개정이 있기 전 상증세법 시행령 제54조 제4항 제2호의 자산에 해당하는 점 등에 비추어 분할신설법인의 비적격 인적분할과 관련하여 청구인들의 의제배당에 따른 배당소득을 계산함에 있어 쟁점주식을 상증세법 제63조 제1항 제1호 다목 및 같은 법 시행령 제54조 제4항 제2호에 따라 분할신설법인의 순자산가치로만 평가하는 것이 타당하다 하겠음(조심 2022서7311, 2022. 12. 15.).

순손익액계산에 있어 각사업연도 소득금액이 변동된 경우

영 제56조 제4항에 따라 순손익액을 계산할 때 그 법인에 대한 법인세 경정으로 주식평가액에 변동이 생긴 때에는 법 제76조 제4항에 따라 상속세 및 증여세의 과세표준과 세액을 경정하여야 한다(상증법 기본통칙 63-56…10). 따라서 비상장주식평가를 다시 해야 한다.

분할전 순손익액에는 분할한 투자주식과 관련한 분할전 투자주식처분손익도 포함됨

분할신설법인의 사업영위기간이 분할등기일 이전 분할법인의 사업개시일부터 기산하는 경우 분할신설법인의 분할전 순손익액에는 당해 분할한 투자주식과 관련한 분할전 투자주식(상환우선주)처분손익도 포함되는 것임(기획재정부 재산-116, 2009. 1. 21.).

완전모회사가 완전자회사의 일부사업부문을 흡수분할합병하는 경우로서 분할합병대가를 지급하지 않는 경우의 양도가액(자산 및 부채의 포괄적승계가 되지 않아 비적격분할합병에 해당하는 경우)

내국법인(이하 'A법인')이 다른 내국법인(이하 'B법인')의 발행주식 총수를 보유하던 중 B법인의 사업부분을 비적격분할합병 시 분할합병대가를 지급하지 않은 경우에는 B법인으로부터 **승계받은 사업부문의 순자산 시가**에 해당하는 가액만큼 A법인이 분할합병교부주식을 교부한 것으로 보아 「법인세법」 제46조의 5 제1항 제1호에 따른 **양도가액**을 산정하는 것입니다(사전법규법인 2021-1665, 2022. 3. 8.).

(2) 순자산장부가액

순자산장부가액은 분할등기일 현재의 자산의 장부가액 총액에서 부채의 장부가액 총액을 뺀 가액(법법 §44 ① 2호)이다. 순자산장부가액은 적격분할, 비적격분할과 관계없이 원칙적으로 동일하다.

분할법인등의 순자산장부가액을 계산할 때 「국세기본법」에 따라 환급되는 법인세액이 있는 경우에는 이에 상당하는 금액을 분할법인등의 분할등기일 현재의 순자산장부가액에 더한다(법령 §82 ②).

순자산장부가액 = 자산의 장부가액－부채의 장부가액 + 법인세 환급액

법인세법에서 별도의 언급이 없는 한 장부가액은 회계상 장부가액에서 세무 조정사항(유보)을 가감한 세무상 장부가액을 의미하는 것이므로(재법인－88, 2014. 2. 19. 등 다수) 분할법인의 양도가액에서 차감하는 순자산장부가액은 회계상 장부가액이 아니라 세무상 장부가액으로 보아야 한다. 한편, 각 사업연도에 납부하였거나 납부할 법인세는 법인세 과세표준 계산 시 손금에 산입하지 아니하는 것으로(법법 §21 1호) 회계상 계상한 법인세는 손금불산입하고 기타사외유출 처분되므로 이에 대응하는 미지급법인세도 세무상 부채에 해당하지 않는다(사전법령해석법인 2015－264, 2015. 10. 5.). 따라서 미지급법인세는 부채에서 차감하여 순자산장부가액을 계산한다.

♣ 순자산장부가액 계산시 법인세

구 분	법인세 환급액	미지급법인세
순자산장부가액에 가감 여부	자산에 가산함	부채에서 차감함

분할과 관련된 분할법인의 양도차익은 다음과 같이 계산한다.

양도차익 = 양도가액 － 세무상 순자산장부가액

여기서 세무상 장부가액은 다음과 같이 관련 유보가 반영된 세무상 장부가액이다.

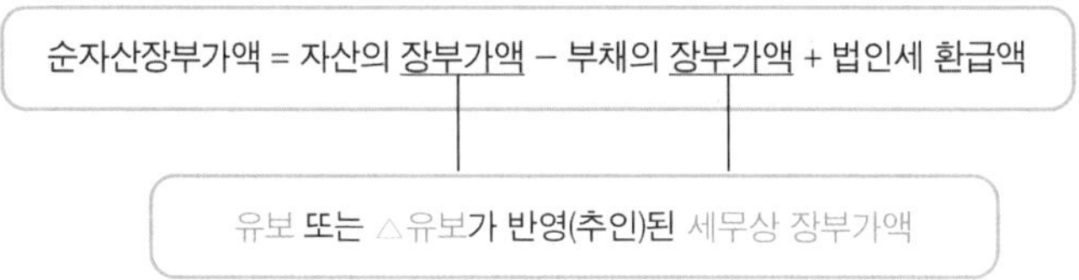

다만 예외적으로 적격분할과 비적격분할에 따른 합병 시 유보의 처리는 다음과 같이 다르다.

| 적격분할 또는 비적격분할에 따른 세무조정사항(유보)의 승계 |

구 분	적격분할	비적격분할
세무조정사항 승계 여부	모두 승계	퇴직급여충당금, 대손충당금에 한해 승계

따라서 양도차익 계산을 위한 세무상 순자산장부가액은 비적격분할의 경우에는 유보 중 퇴직급여충당금과 대손충당금관련 유보금액 외 모든 유보는 분할등기일이 속한 분할법인의 각사업연도소득금액에 추인 되지만, 적격분할의 경우에는 모든 유보를 분할신설법인에 승계하므로 분할등기일이 속하는 분할법인의 각사업연도소득금액 계산 시 관련 유보가 추인 되지 않는다.

(3) 분할과세특례신청서 제출

과세특례를 적용받으려는 분할법인 등은 법 제60조에 따른 과세표준 신고를 할 때 분할신설법인 등과 함께 기획재정부령으로 정하는 분할과세특례신청서를 납세지 관할 세무서장에게 제출하여야 한다. 이 경우 분할신설법인등은 제82조의 4 제10항에 따른 자산조정계정에 관한 명세서를 분할법인등의 납세지 관할 세무서장에게 함께 제출하여야 하는데, 자산조정계정에 관한 명세서는 합병시 합병법인이 제출하는 것과 동일한 양식의 것이다.

| 분할법인에 대한 과세 |

구 분	내 용
과세대상	자산의 양도손익에 대한 법인세
소득금액 계산	양도가액 - 분할법인 등의 분할등기일 현재 순자산장부가액
과세특례	적격분할의 경우에는 분할법인 등이 분할신설법인 등으로부터 받은 양도가액을 분할법인등의 분할등기일 현재의 순자산장부가액으로 보아 양도손익이 없는 것으로 할 수 있다.

사 례

분할법인의 제조부문을 분할한다. 분할교부주식의 시가는 100억(액면가액은 30억)이며, 분할과 관련된 양도가액은 분할교부주식이 유일하다. 분할등기일은 20**. 1. 15.이다.

분할법인의 B/S이다.

자산		부채 및 자본	
제조부문	100억원(시가 : 200억원)	제조부문 부채	50억원
도매부문	50억원(시가 : 80억원)	도매부문 부채	20억원
		자본금	40억원
		자본잉여금	20억원
		이익잉여금	20억원
계	150억원	계	150억원

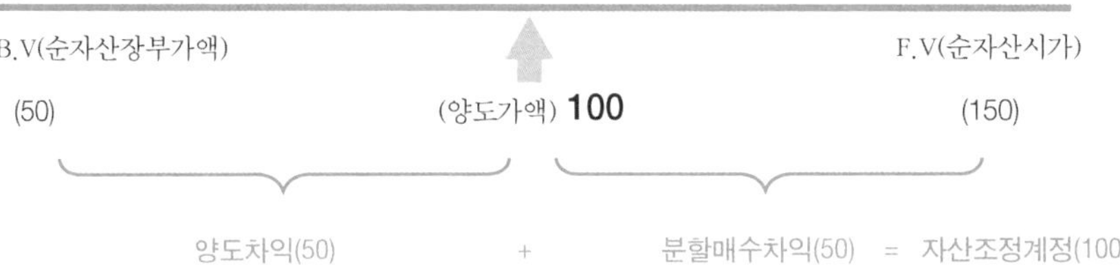

1. 비적격분할인 경우

① 분할법인의 회계상 분개(장부가액법)

(차)	부채	50억원	(대)	자산	100억원
	분할교부주식	50억원			

② 분할법인의 세무상 분개

(차)	부채	50억원	(대)	자산	100억원
	분할교부주식	100억원		양도차익	50억원

(세무조정) 익금산입(유보) 50억원(분할교부주식)

③ 분할신설법인의 회계상 분개(장부금액법)

(차)	자산	100억원	(대)	부채	50억원
				자본금	30억원
				주식발행초과금	20억원

④ 분할신설법인의 세무상 분개

(차)	자산	200억원	(대)	부채	50억원
				자본금	30억원
				주식발행초과금	70억원
				분할매수차익	50억원

(세무조정) 익금산입(유보) 100억원(자산), 손금산입(기타) 100억원(주식발생초과금)
익금산입(기타) 10억원(분할매수차익)(주)

(주) 5년간 균등 익금산입한다(50억×12월/60월).

* 비적격분할인 경우 자산 및 부채는 '시가계상' '시가승계' 한다.

*기업회계기준에 따라 유형자산가액을 장부가액으로 계상함에 따라 계상된 장부가액이 세법이 요구하는 시가 계상액에 미달하는 경우 법령 제19조 제5호의 2에 따라 그 차액에 상당하는 감가상각비를 신고조정으로 추가 손금에 산입할 수 있다. (뒷부분의 감가상각비를 참고한다)

2. 적격분할인 경우

① 분할법인은 적격분할인 경우 양도차익은 '0'

② 분할신설법인의 세무상 분개

(차)	자산	100억원	(대)	부채	50억원
				자본금	30억원
				주식발행초과금	20억원

(세무조정) 익금산입(유보) 100억원(자산), 손금산입(△유보) 100억원(자산조정계정)*

* 과세특례신청을 위해서는 자산조정계정의 손금산입이 필요하고, 세법에서 시가로 계상하도록 요구하므로 시가에

맞게 자산가액을 익금산입(유보)으로 세무조정한 후 자산조정계정(△유보)을 설정하여 손금산입한다. 세무조정상의 유보와 △유보는 감가상각 또는 처분 시 반대세무조정을 통하여 손금산입 또는 익금산입하게 된다.

* 적격분할의 경우 자산 및 부채는 '시가계상' '장부가액승계' 한다.

③ 분할신설법인의 회계상 분개(세법에 따른 시가 계상)

(차) 자산	200억원	(대)	부채	50억원
			자본금	30억원
			주식발행초과금	70억원
			분할매수차익	50억원*

* 자산을 시가로 장부에 계상한다면, 합병의 경우와 동일하게 세무조정하면 된다. 즉, 순자산의 시가에서 순자산의 장부가액을 차감한 금액만큼 익금산입하고 동 금액을 손금산입하여 자산조정계정으로 설정한다.

(세무조정)

익금산입(기타) 50억(주식발행초과금)

손금산입(△유보) 100억(자산조정계정),

■ 법인세법 시행규칙 [별지 제42호의 2 서식] (2013. 2. 23. 개정)

분할과세특례 신청서

사업연도	. . . ~ . . .	
분할법인 (신고법인)	①법 인 명	②사업자등록번호
	③대표자성명	④생년월일
	⑤본점소재지 (전화번호:)	
분할신설법인	⑥법 인 명	⑦사업자등록번호
	⑧대표자성명	⑨생년월일
	⑩본점소재지 (전화번호:)	
	⑪분할등기일	
양 도 가 액	⑫분할로 받은 주식의 출자가액	
	⑬분할로 받은 주식 외의 금전이나 그 밖의 재산가액	
	⑭분할 전 취득한 분할법인의 주식에 대한 분할신주 교부간주액	
	⑮분할신설법인등이 납부하는 분할법인의 법인세 및 그 법인세에 부과되는 국세와 「지방세법」 제85조 제4호에 따른 법인세분	
	⑯기타	
	⑰합 계 (⑫+⑬+⑭+⑮+⑯)	
순자산 장부가액	⑱자산의 장부가액	
	⑲부채의 장부가액	
	⑳순자산장부가액(⑱−⑲)	
㉑양도손익(⑰−⑳)		

「법인세법 시행령」 [ ] 제82조 제3항 / [ ] 제83조의 2 제3항 에 따른 분할과세특례 신청서를 제출합니다.

년 월 일

분할법인 (서명 또는 인)

분할신설법인 (서명 또는 인)

세무서장 귀하

작 성 방 법
양도가액은 「법인세법 시행령」 제82조 제1항 제2호 또는 제83조의 2 제1항 제2호에 따라 계산한 금액을 적습니다.

210mm×297mm[백상지 80g/㎡ 또는 중질지 80g/㎡]

■ 법인세법 시행규칙 [별지 제46호 서식(갑)] (2013. 2. 23. 개정)

사 업 연 도	. . . ~ . . .	자산조정계정명세서(갑)	법 인 명	
			사업자등록번호	

1. 합병등기일 또는 분할등기일의 자산

① 자산명	② 시가	③ 세무상 장부가액	④ 세무조정사항	⑤ 자산조정계정 [②-(③+④)]
계				

2. 합병등기일 또는 분할등기일의 부채

⑥ 부채명	⑦ 시가	⑧ 세무상 장부가액	⑨ 세무조정사항	⑩ 자산조정계정 [⑦-(⑧+⑨)]
계				

작 성 방 법

1. 세무조정사항(④)란은 자산과 관련된 세무조정사항이 있는 경우에 익금불산입액은 (+)의 금액을, 손금불산입액은 (-)의 금액을 적습니다.
2. 자산조정계정(⑤)란은 장부가액(③)에서 세무조정사항(④)을 가감한 금액을 시가(②)로부터 차감하여 적습니다. 부채의 자산조정계정(⑩)도 자산과 동일한 방식으로 계산하여 적습니다.

210mm×297mm[백상지 80g/㎡ 또는 중질지 80g/㎡]

2. 과세특례적용과 적격분할의 요건

다음의 요건을 모두 갖춘 적격분할의 경우에는 양도가액을 분할법인등의 분할등기일 현재의 순자산 장부가액으로 보아 양도손익이 없는 것으로 할 수 있다(법법 §46 ②, ③).

적격분할의 요건			
① 사업목적	② 지분의 연속성	③ 사업의 계속성	④ 고용승계

다만, 상기의 적격분할의 요건 중 [② 지분의 연속성, ③ 사업의 계속성, ④ 고용승계]의 요건을 갖추지 못했지만, 각각의 요건에 대해 각각의 부득이한 사유가 있는 경우에는 적격분할로 보아 양도손익이 없는 것으로 할 수 있다.

적격분할의 요건을 충족하여 과세특례를 적용받는 것은 선택사항으로서 적격분할요건을 충족했음에도 불구하고 과세특례신청서를 제출하지 않는 경우에는 양도손익에 대해 법인세를 납부해야 한다.

| 적격분할의 요건과 부득이한 사유 |

	사업목적	지분의 연속성	사업의 계속성	고용승계
적격분할 요건	○	○	○	○
부득이한 사유 발생	×	○	○	○
사후관리 대상	×	○	○	○

* ○ 표시된 부분은 관련하여 부득이한 사유 발생시 요건 충족하지 않아도 적격분할로 인한 과세특례 적용 가능하다. 따라서 사업목적 요건은 부득이한 사유가 없으므로 무조건 충족해야 한다.

| 분할시 과세특례 적용요건 요약 |

구 분	적격분할 요건
사업목적	① 분할등기일 현재 5년 이상 사업을 계속하던 내국법인이 분할하는 것일 것(분할합병의 경우에는 소멸한 분할합병의 상대방법인이 분할등기일 현재 1년 이상 사업을 계속하던 내국법인일 것) ㉠ 분리하여 사업이 가능한 독립된 사업부문을 분할하는 것일 것 ㉡ 분할하는 사업부문의 자산 및 부채가 포괄적으로 승계될 것(단, 공동으로 사용하던 자산, 채무자의 변경이 불가능한 부채 등 분할하기 어려운 자산과 부채 등의 경우에는 제외) ㉢ 분할법인(소멸한 분할합병의 상대방법인을 포함)만의 출자에 의하여 분할하는 것일 것 ② 부동산임대업 등으로서 다음에 해당하는 사업부문은 제외

구 분	적격분할 요건
	1. 승계한 자산총액 중 부동산임대업에 사용된 자산가액이 50% 이상인 사업부문 2. 승계한 사업용자산가액 중 부동산등이 80% 이상인 사업부문
지분의 연속성	③ 분할법인 등의 주주가 분할신설법인 등으로부터 받은 분할대가의 전액(분할합병의 경우에는 80% 이상)이 주식으로서 그 주식이 분할법인 등의 주주가 소유하던 주식의 비율에 따라 배정되고 분할법인 등의 지배주주 등이 분할등기일이 속하는 사업연도의 종료일까지 그 주식을 보유할 것
사업의 계속성	④ 분할신설법인 등이 분할등기일이 속하는 사업연도의 종료일까지 분할법인 등으로부터 승계받은 사업을 계속할 것
고용승계	⑤ 분할등기일 1개월 전 당시 분할하는 사업부문에 종사하는 일정 근로자 중 분할신설 법인 등이 승계한 근로자의 비율이 100분의 80 이상이고, 분할등기일이 속하는 사업연도의 종료일까지 그 비율을 유지할 것

(1) 사업목적분할

분할등기일 현재 5년 이상 사업을 계속하던 내국법인이 다음의 요건을 모두 갖추어 분할하는 경우 (분할합병의 경우에는 소멸한 분할합병의 상대방법인 및 분할합병의 상대방법인이 분할등기일 현재 1년 이상 사업을 계속하던 내국법인일 것)여야 한다(법법 §46 ②). 여기서 주의할 점은 아래의 모든 요건을 모두 충족해야 한다는 것이다. 즉, 분리하여 사업이 가능한 독립된 사업부문의 분할이라면 그 독립된 사업부문과 관련된 자산 및 부채가 포괄적으로 승계되어야 하며, 해당 사업부문이 부동산임대업을 주업으로 하는 사업 등이 아니어야 한다는 것이다.

① 분리하여 사업이 가능한 독립된 사업부문을 분할하는 것일 것
② 분할하는 사업부문의 자산 및 부채가 포괄적으로 승계될 것. 다만, 공동으로 사용하던 자산, 채무자의 변경이 불가능한 부채 등 분할하기 어려운 자산과 부채 등으로서 후술에서 정하는 것은 제외한다.
③ 분할법인 등만의 출자에 의하여 분할하는 것일 것
④ 부동산임대업을 주업으로 하는 사업부문 등을 분할하는 경우가 아닐 것.

한편, 분할법인이 분할하는 사업부문의 사업을 5년 이상 영위하지 아니한 경우에도 분할법인이 분할등기일 현재 5년 이상 계속하여 사업을 영위한 내국법인에 해당되는 경우에는 요건을 갖춘 것으로 보는 것이다(서면법인 2022-4405, 2023. 5. 4.).

"5년 이상 사업을 계속하던"의 의미는 소급 5년 이상 사업의 중단이 없어야 함

분할등기일 현재 5년 이상 사업을 계속하던 내국법인이란 "분할등기일로부터 소급하여 5년 이상 휴업 등 사업을 중단한 바 없이 법인등기부상의 목적사업을 영위한 경우"를 말하는 것으로, 목적사업을 중단 없이 영위하였는지 여부는 사실판단할 사항임.

신축공사 중단 중이라도 실질적인 영업을 계속하는 경우에는 사업을 계속한 것으로 봄

상가 건물을 신축하여 분양 및 임대업을 영위하는 내국법인이 「법인세법」 제46조 제1항 제1호에 규정된 "분할등기일 현재 5년 이상 계속하여 사업을 영위한 내국법인"에 해당되는지 여부는 분할등기일로부터 소급하여 5년 동안 사실상 휴업이나 폐업 등 사업을 중단하지 아니하고 법인등기부상의 목적사업을 영위한 경우를 말하는 것으로,

시공사의 폐업 등으로 상가 건물의 신축공사가 중단된 기간에도 신축공사 재개를 위한 공사현장관리, 설계변경검토, 분양마케팅 등 실질적인 영업을 계속하고, 세법에 규정된 법인세·원천제세 및 부가가치세 신고 등 제반 의무와 「주식회사의 외부감사에 관한 법률」에 의한 회계감사를 이행한 경우에는 사업을 계속한 것으로 보는 것이나, 귀 질의가 이에 해당되는지 여부는 사실관계에 따라 판단할 사항임(법인-860, 2009. 7. 29.).

피합병법인을 흡수합병 후 해당 승계사업부문을 분할하는 경우 사업영위기간은 합병 전 승계사업부문의 사업영위기간을 포함함

「법인세법」 제44조 제2항 각 호의 요건을 갖추어 피합병법인을 흡수합병한 내국법인이 피합병법인으로부터 승계받은 사업을 분할하는 경우, 같은 법 제46조 제2항 제1호에 따른 '분할등기일 현재 5년 이상 사업을 계속하던 내국법인' 여부를 판단함에 있어 그 사업영위기간은 흡수합병 전 해당 사업부문을 영위하던 <u>피합병법인의 사업기간</u>을 포함하여 계산하는 것임(서면법령해석법인 2019-3385, 2020. 3. 30.).

조직변경한 분할법인의 사업영위기간은 조직변경 전 사업기간을 포함함

상법 등의 규정에 의해 조직변경(유한회사 → 주식회사)한 내국법인이 분할하는 경우 「법인세법」 제46조 제2항 제1호의 규정에 의한 분할등기일 현재 5년 이상 계속하여 사업을 영위하였는지의 여부를 판단함에 있어 그 사업영위 기간은 조직변경 전 사업기간을 포함하여 계산하는 것입니다(법인-606, 2013. 10. 31.).

분할합병 후 분할하는 경우 분할합병 전 분할법인의 사업기간을 포함함

내국법인이 법인세법 제46조 제1항 제1호의 규정에 의한 '분할등기일 현재 5년 이상 계속하여 사업을 영위하였는지의 여부'를 판단함에 있어 분할합병으로 인하여 승계받은 사업부문만을 분리하여 다시 분할하는 경우 그 사업영위기간은 분할합병전 분할법인의 사업기간을 포함하여 계산하는 것이나, 기타의 사업부문 등을 분할하는 경우에는 그러하지 아니하는 것임.

사업목적성 요건 판단 시 법인전환 전 개인사업자로 영위한 사업기간을 포함하는지 여부

「법인세법」 제46조 제2항의 적격분할요건 중 사업목적성 요건 적용 시 법인전환 전 개인사업 기간은 포함하지 않는 것임(서면법인 2023-2346, 2024. 3. 26.).

물적분할 후 인적분할하는 경우 사업영위기간의 계산

물적분할로 설립된 신설법인이 인적분할하는 경우, 신설법인의 사업기간요건(법§46②(1)을 판정함에 있어, 당초 물적분할의 적격여부와 관계없이 물적분할 전 분할법인의 사업영위기간을 합산함이 타당함(사전법규법인 2023-606, 2023. 10. 20.).

2차 인적분할의 분할등기일 현재 5년 이상 사업을 계속하던 내국법인인지 여부는 1차 인적분할 전 분할법인의 사업기간을 포함하여 판단하는 것임

「법인세법」 제46조 제2항에 따른 "적격분할"의 요건충족 여부를 판단하는데 있어, 내국법인(A)이 비적격 인적분할(1차 인적분할)을 통해 분할신설법인(B)을 설립한 후 분할신설법인(B)이 분할법인(A)으로부터 승계받은 사업부문 중 일부를 다시 인적분할(2차 인적분할)하는 경우 분할신설법인(B)이 「법인세법」 제46조 제2항 제1호에서 규정하고 있는"분할등기일 현재 5년 이상 사업을 계속하던 내국법인"에 해당하는지 여부는 1차 인적분할 전 분할법인(A)의 사업기간을 포함하여 판단하는 것입니다(서면법인 2023-935, 2023. 7. 4.).

1) 독립된 사업부문의 분할

분할이란 회사가 경영중인 여러 사업부문 중 어느 사업부문을 분리하는 것이다. 따라서 분할하는 사업부문은 분리하여 사업이 가능한 독립된 사업부문이어야 한다(법법 §46 ② 1호 가목). 다만, 자산·부채의 포괄적승계가 이루어졌음에도 불구하고 분리가능한 독립사업부문의 분할로 보지 않는 경우가 있을 수 있고, 주식 등만을 승계하는 경우에도 예외적으로 독립사업부문의 분할로 인정하는 경우도 있으니, 정확한 검토가 요구된다.

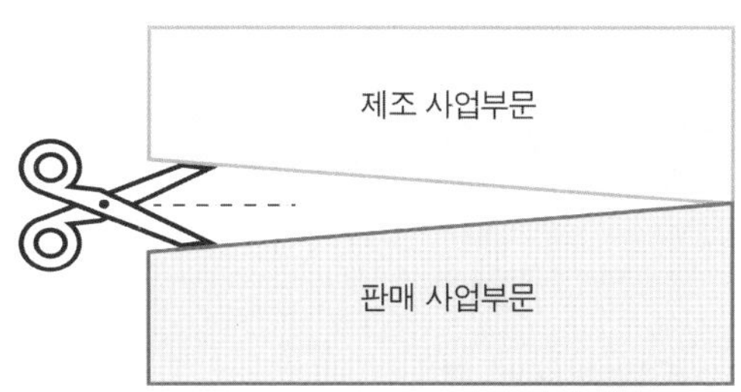

① 분할존속법인은 제외

분리하여 사업이 가능한 독립된 사업부문의 요건은, 기능적 관점에서 분할 이후 기존의 사업활동을 독립하여 영위할 수 있는 사업부문이 분할되어야 함을 뜻하고, 독립된 사업활동이 불가능한 개별 자산만을 이전하여 사실상 양도차익을 실현한 것에 불과한 경우와 구별하기 위함으로 <u>독립적으로 사업이 가능하다면 단일 사업부문의 일부를 분할하는 것도 가능</u>한 것이고 그 문언상 분할 대상이 분리하여 사업이 가능한 독립된 사업부문이기만 하면

요건에 해당하는 것이다.(적부 2021-171, 2022. 4. 20. 및 대법원 2016두40986, 2018. 6. 28.) .

또한 분할대상 사업부문의 물적·인적조직이 분할 전과 동일성을 유지하면서 독립적으로 사업수행이 가능한 경우 독립된 사업부문의 분할의 요건을 갖춘 것으로 보는 것이며, 그리고 해당 요건의 판단시 분할존속법인의 요건 충족 여부는 판단기준에 해당하지 않는다(서면법인 2017-2697, 2018. 6. 21.).

그 사례로 분할법인이 학원사업부의 독립적 운영을 통해 운영의 효율성을 증대할 목적으로 학원 사업부문 전부를 물적분할하고, 분할(존속)법인에는 상장주식 매매와 관련된 사업부만 남길 계획으로서 분할신설법인(학원사업부)은 학원사업부와 관련된 유무형 자산 일체를 분할법인으로부터 승계받을 것이며 분할법인은 기존 사업장의 일부(출입구가 별도로 되어 있는 사무공간)에 대하여 새로운 임대차계약을 체결하고 주식매매를 위한 별도의 인력을 둘 계획인 경우에도 분할대상 사업부문의 물적·인적조직이 분할 전과 동일성을 유지하면서 독립적으로 사업수행이 가능한 경우 독립된 사업부문의 분할의 요건을 갖춘 것으로 보는 것으로서 분할존속법인의 요건 충족 여부는 판단기준에 해당하지 않는다는 것이다.

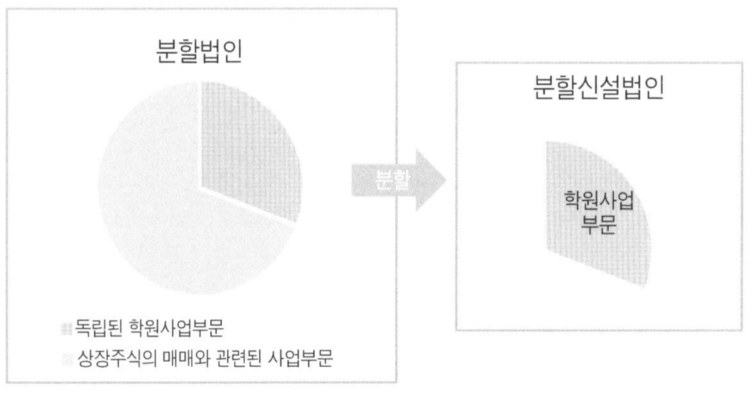

② 사업준비기간 중의 사업업부문의 분할

사업준비기간 중의 사업부문의 분할이 독립된 사업부문의 분할인지에 대해서, 국세청에서는 사업개시 전에 공장건설, 연구개발, 기술도입 등의 단계는 사업을 영위하기 위한 필수불가결한 사업준비 활동이므로 해당 활동이 분할법인 내에서 물적·인적조직을 갖추고 영위하던 활동이고, 그 동일성을 유지하면서 분리되어, 분할 후에 독립적으로 사업이 가능한 경우에는 '분리하여 사업이 가능한 독립된 사업부문으로 보고 있다.

그 예로서 공사 진행 중인 골프장 사업부문을 인적분할 하는 경우' 및 '공사 진행 중인 공장과 관련된 제조사업부문을 물적분할하는 경우' 등을 독립된 사업의 분할로 해석하였다.

(법인세과-37, 2011. 1. 13. 및 법규법인 2014-244, 2014. 7. 22.) 그 구체적인 해석의 내용은 이러하다.

분할계획서상 □□를 제조하기 위한 공장 및 기계장비 등 물적설비와 □□ 사업부 임직원 등 인적자원 및 모든 권리와 의무(자산 · 부채 포함)를 분할신설법인에 포괄적으로 승계시키는 것으로 확인되는 바 본건 분할대상사업부문은 분할이전부터 물적 · 인적조직을 갖추고 영위하던 활동이고 물적 · 인적조직 등이 포괄적으로 승계됨에 따라 동일성이 유지되며 분할신설법인이 '□□' 사업부문을 통해 독립적인 사업을 영위할 수 있을 것이므로 본건 물적분할은 '분리하여 사업이 가능한 독립된 사업부문의 분할'에 해당하는 것이라고 해석하고 있다(사전법령해석법인 2015-89, 2015. 8. 10. 국세청 해석사례집 내용).

③ 현재가 아닌 향후 독립된 사업의 가능 여부

분할사업 또는 분할재산만으로 별도로 물적 또는 인적자원을 갖추어 향후 사업을 지속적으로 영위할 수 있는지 여부가 중요하며 실제 법문 상 현재 사업부문의 존재 여부가 아닌 향후 독립된 사업이 가능한지 여부가 적격분할 여부를 판단하는 요건으로 보인다(조심 2015부456, 2015. 4. 13.).

물적 · 인적조직을 갖추고 독립적 사업수행이 가능한 경우 독립된 사업부문에 해당함

인적분할하여 분할신설법인을 설립하는 경우 해당 분할신설법인이 분할법인과는 별도로 물적 · 인적 조직을 갖추고 독립적으로 사업수행이 가능한 경우에는 「법인세법」 제46조 제2항 제1호 가목의 "분리하여 사업이 가능한 독립된 사업부문을 분할하는 것"에 해당함(사전법령해석법인 2021-672, 2021. 6. 21.).

하나의 업종을 운영하더라도 다수의 브랜드 중 일부 분할하더라도 독립된 사업이 가능하다면 독립된 사업부문으로 봄

분할등기일 현재 5년 이상 사업을 계속하던 내국법인이 운영하던 다수의 의류브랜드 사업부 중 분리 가능한 의류브랜드 사업부를 인적분할하는 경우로서 그 분할하는 의류브랜드 사업부만으로 독립된 사업이 가능한 경우에는 「법인세법」 제46조 제2항 제1호 가목(독립된 사업부문의 분할)의 요건을 갖춘 것으로 보는 것이나, 그 분할하는 사업부문이 같은 법 시행령 제82조의 2 제2항 각 호의 어느 하나(①부동산입대업, ②부동산 과다보유 사업부문)에 해당하는 사업부문인 경우에는 분리하여 사업이 가능한 독립된 사업부문을 분할하는 것으로 보지 아니하는 것임(서면법인 2017-2112, 2018. 1. 29.).

분할신설법인이 분할법인에 외주용역을 공급하는 경우에도 분할신설법인이 별도로 독립된 사업이 가능한 경우에는 요건을 갖춘 것으로 봄

「법인세법」 제46조 제2항의 "적격분할" 여부를 판단함에 있어서 자동차 부품을 생산하는 내국법인이 복수 개의 공장 중 하나의 공장을 분할한 후 분할법인의 발주요청에 따라 분할신설법인이 생산한 제품을 분할법인에 공급하는 경우에도 분할신설법인이 분할법인과는 별도로 독립된 사업이 가능한 경우에는 「법인세법」 제46조 제2항 제1호 가목의 "독립된 사업부문 요건"을 갖춘 것으로 보는 것입니다(서면법인 2023-2989, 2024. 1. 24.).

분할법인의 대표이사가 분할신설법인의 대표이사를 겸직하는 경우

분할법인의 대표이사가 분할신설법인의 대표이사를 겸직하는 경우에도 분할신설법인이 분할법인과는 별도로 독립된 사업이 가능한 경우에는 「법인세법」 제46조 제2항 제1호 가목의 "독립된 사업부문 요건"을 갖춘 것으로 보는 것입니다(서면법인 2023-2989, 2024. 1. 24.).

복수 개의 공장 중 하나의 공장을 인적분할하여 분할신설법인이 생산한 제품을 분할법인에게 전량 판매하는 경우의 독립된 사업부문의 분할 여부

(사실관계)

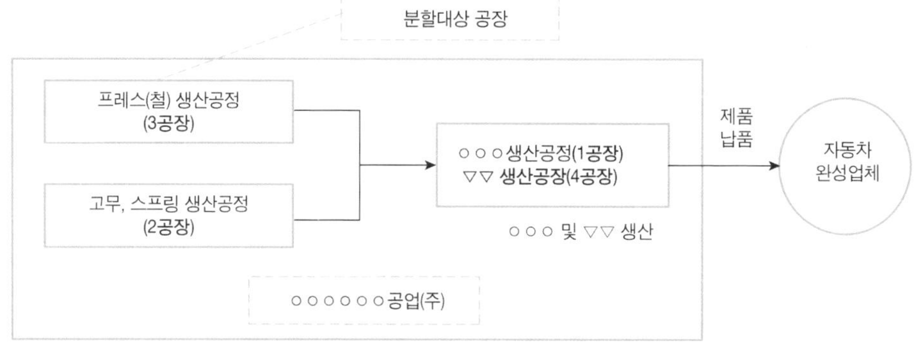

○ 회사는 1공장(○○○ 생산공장), 4공장(▽▽ 생산공장) 및 2공장(고무생산)을 분할존속법인으로 하고, 3공장(프레스(철) 생산공장)을 분할신설법인으로 하는 인적분할을 할 예정이며
  - 분할신설법인은 분할법인 외의 타사로부터 원재료를 구입하여 제조한 생산물 전부를 분할존속법인에 납품하여야 하므로 분할존속법인 외 타사에 매출은 하지 아니함
  - 분할신설법인은 업무를 수행할 경영지원팀(인사, 재무, 총무, 구매, 영업 등)을 구성하고, 제3공장의 구축물, 기계장치, 차량운반구, 공구와 기구 및 건설중인 자산 등 자산과 부채 전부와 제3공장의 임직원 전원을 분할법인으로부터 승계받을 예정임

(질의내용)

○ 자동차 부품을 생산하는 회사가 생산공정 중 특정공정(프레스)의 공장을 인적분할하여 생산된 제품을 분할법인에 전량 판매하는 경우, 「법인세법」 제46조 제2항 제1호 가목의 '분리하여 사업이 가능한 독립된 사업부문을 분할하는 것'의 요건을 충족하는 것인지 여부

[회신]

자동차 부품을 생산하는 내국법인이 복수 개의 공장 중 하나의 공장을 인적분할하여 분할신설법인이 생산한 제품을 분할법인에게 전량 판매하는 경우에도 분할신설법인이 분할법인과는 별도의 인적·물적 자원을 갖추고 독립적으로 사업이 가능한 경우에는 법인세법 제46조

제2항 제1호 가목(분리하여 사업이 가능한 독립된 사업부문을 분할하는 것일 것)의 요건을 갖춘 것으로 보는 것임(서면법규-924, 2014. 8. 25.).

분리하여 사업이 가능한 독립된 사업부문의 분할 해당여부

내국법인이 부동산개발사업을 운영하던 중 일부의 분양현장에 대하여 인적분할하여 새로운 법인을 설립하는 경우 그 분할되는 분양현장별 부동산개발사업이 분리하여 사업이 가능한 독립된 사업부문에 해당되는 때에는 분리하여 사업이 가능한 독립된 사업부문의 분할에 해당되는 것임(법인-1075, 2009. 9. 30.).

공사 진행 중인 공장(건설중 자산)을 물적분할하는 경우 분리하여 사업이 가능한 독립된 사업부문의 분할 해당 여부

분할등기일 현재 공사 진행 중인 공장과 관련된 제조사업부문을 물적분할하는 경우로서 해당 제조사업부문의 물적·인적조직이 분할전과 동일성을 유지하면서 독립적으로 사업수행이 가능한 경우에는 분리하여 사업이 가능한 독립된 사업부문의 분할에 해당(법규법인 2014-244, 2014. 7. 22.).

독립된 사업부문의 판단은 사실판단 사항임

다수의 사업부문을 운영하던 중 일부 사업부문을 인적분할하는 경우, 분할하는 사업부문의 자산 및 부채를 포괄적으로 승계하여 그 자체만으로 독립된 사업이 가능한 경우에는 독립된 사업부문 분할요건을 충족한 것으로 보는 것이나 이 경우 자산 및 부채가 포괄적으로 승계되었는지 여부는 사실판단할 사항임(서면법인 2015-22425, 2015. 2. 27.).

한편, 부동산임대업을 주업으로 하거나 부동산 보유비율이 너무 높은 사업부문은 분리하여 사업이 가능한 독립된 사업부문으로 보지 아니하고 주식등과 그와 관련된 자산·부채만으로 구성된 사업부문이라 할지라도 세법에서 정한 요건을 충족하는 경우에는 분리하여 사업이 가능한 독립된 사업부문을 분할하는 것으로 본다(법령 §82의 2 ③).

가) 부동산임대업을 주업으로 하거나 부동산 보유비율이 너무 높은 사업부문

A) 부동산임대업을 주업으로 하는 사업부문

부동산임대업을 주업으로 하는 사업부문 등을 분할하는 경우에는 적격분할로 보지 아니한다(법법 §46 ③) (법령 §82의 2 ②) 부동산임대업을 주업으로 하는 사업부문이란 분할하는 사업부문(분할법인으로부터 승계하는 부문을 말한다)이 승계하는 자산총액 중 부동산임대업에 사용된 자산가액이 100분의 50 이상인 사업부문을 말한다.

이 경우 하나의 분할신설법인등(분할신설법인 또는 분할합병의 상대방법인을 말한다. 이하 같다)이 여러 사업부문을 승계하였을 때에는 분할신설법인등이 승계한 모든 사업부문의 자산가액을 더하여 계산하고(법칙 §41 ①) 자산총액 중 부동산임대업에 사용된 자산가액이 100분의 50 이상 해당 여부는 분할등기일 현재 세무상 장부가액을 기준으로 판단하는 것이다(서면법인 2019-1735, 2020. 10. 26.).

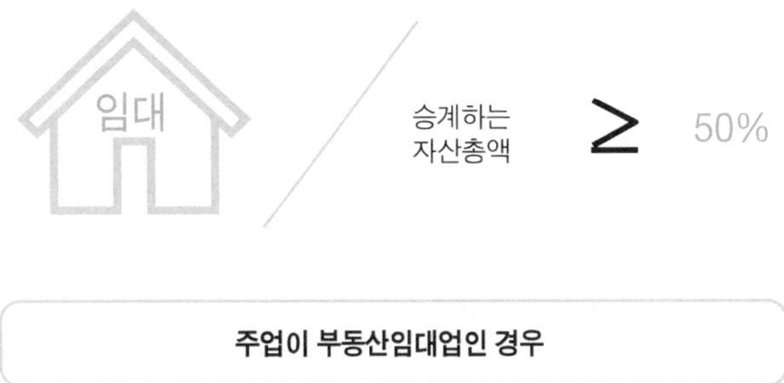

주업이 부동산임대업인 경우

$$\frac{\text{부동산임대업에 사용된 자산가액*}}{\text{분할하는 사업부문이 승계하는 자산총액*}} \geq 50\%$$

* 자산가액은 세무상 장부가액이며(서면법인 2019-1735, 2020. 10. 26.), 자산총액은 유형자산, 무형자산, 투자자산의 합계액이다(서면법령해석법인 2019-2287, 2020. 10. 21.).

부동산임대업 사용자산 여부의 판정시점과 자산가액

내국법인이 인적분할함에 있어 「법인세법 시행규칙」 제41조 제1항 규정에 의거 승계하는 자산총액 중 부동산임대업에 사용된 자산가액이 100분의 50 이상 해당 여부는 분할등기일 현재 유형자산, 무형자산, 투자자산의 세무상 장부가액을 기준으로 판단한다(서면법인 2019-1735, 2020. 10. 26. 및 서면법인 2022-4423, 2022. 11. 21.).

일시적 부동산임대하는 것은 부동산임대업을 주업으로 하는 사업부문으로 볼 수 없음

분할법인이 분양목적으로 신축한 상가 중 미분양된 상가를 일시적으로 임대하다 분할신설법인에 이전하는 경우는 「법인세법 시행령」 제82조의 2 제2항 제1호 및 같은 법 시행규칙 제41조 제1항에 따른 부동산임대업을 주업으로 하는 사업부문으로 볼 수 없으므로 해당 분할은 '분리하여 사업이 가능한 독립된 사업부문을 분할하는 경우'에 해당한다(서면법규-1294, 2014. 12. 9.).

다만, 일시적 임대에 해당하는지 여부는 당초 사업자등록신청 시 업종, 신축목적, 분양광고 등 분양 노력 여부, 임대기간 중 매도에 대한 조건·약정, 이용현황 등을 종합적으로 고려하여 사실판단할 사항이다.

부동산임대업과 다른 업종을 영위하는 법인이 다른 업종을 분할하는 경우에는 부동산임대업을 주업으로 하는 사업부문에 해당하지 않음.

'부동산임대 사업'과 '부동산개발 및 공급 사업'을 영위하던 내국법인이 인적분할에 따라 부동산개발 및 공급 사업부문을 분할하여 분할신설법인에게 이전하고, 분할법인은 부동산임

대 사업부문을 계속 영위하는 경우, 해당 분할은 「법인세법 시행령」 제82조의 2 제2항 제1호의 '분리하여 사업이 가능한 독립된 사업부문을 분할하는 것으로 보지 아니하는 경우에 해당하지 아니하는 것임(서면법규-786, 2014. 7. 24.).

B) 부동산 보유비율이 너무 높은 사업부문

① 개요

부동산 보유비율이 너무 높은 사업부문이란 분할법인으로부터 승계한 사업용 자산가액㈜ 중 「소득세법」 제94조 제1항 제1호 및 제2호에 따른 자산이 100분의 80 이상인 사업부문을 말한다. 단, 분할일 현재 3년 이상 계속하여 사업을 경영한 사업부문이 직접 사용한 자산(부동산 임대업에 사용되는 자산은 제외)으로서 「소득세법」 제94조 제1항 제1호 및 제2호에 해당하는 자산은 제외하고 계산한다. 그리고 여러 사업부문을 승계하였을 때에는 분할신설법인등이 승계한 모든 사업부문의 자산가액을 더하여 계산한다(서면법인 2018-2917, 2018. 12. 13.).

㈜ "분할법인으로부터 승계한 사업용 자산가액"에는 분할법인으로부터 승계한 주식등의 가액이 포함된다(서면법인 2022-1602, 2022. 5. 11.).

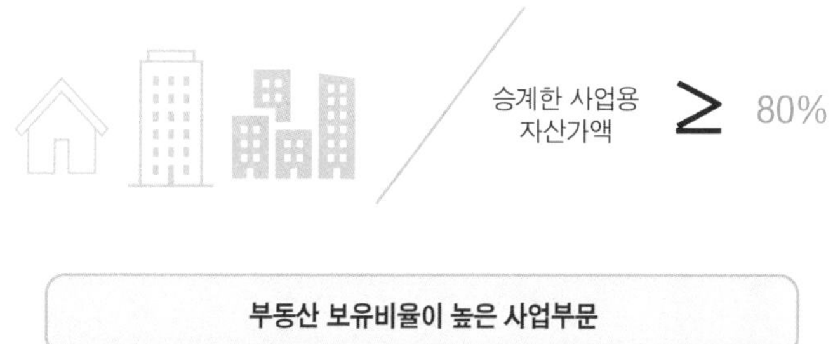

부동산 보유비율이 높은 사업부문

(소득세법 제94조 제1항 제1호, 제2호)

1호: 토지, 건물(건물에 부속된 시설물과 구축물을 포함한다)

2호: 부동산을 취득할 수 있는 권리, 지상권, 전세권과 등기된 부동산임차권, 기타자산, 신탁의 이익을 받을 권리)

부동산을 취득할 수 있는 권리의 예시(소득세법 기본통칙: 94-0…1)

법 제94조 제1항 제2호 가목에서 "부동산을 취득할 수 있는 권리"라 함은 법 제98조에서 규정하는 취득시기가 도래하기 전에 당해 부동산을 취득할 수 있는 권리를 말하는 것으로 그 예시는 다음과 같다.

1. 건물이 완성되는 때에 그 건물과 이에 부수되는 토지를 취득할 수 있는 권리(아파트당첨권 등)
2. 지방자치단체 한국토지주택공사가 발행하는 토지상환채권 및 주택상환사채

3. 부동산매매계약을 체결한 자가 계약금만 지급한 상태에서 양도하는 권리

토지의 일부로 보는 정착물(소득세법 집행기준: 94-0-6)

교량, 돌담, 도로의 포장 등 종속정착물, 경작・재배되는 각종의 농작물, 「입목에 관한 법률」에 따라 소유권 등기한 입목 외의 입목은 토지의 일부로 본다.

* 다음은 소득세법 제94조 ① 제4호 다목의 부동산과다보유법인의 주식 판정관련 예규로서 분할과 관련된 직접적인 예규는 아니지만, 건물의 정의와 관련된 것이므로 상당히 유의미한 예규라고 판단한다.

부동산과다보유법인의 주식 판정 시 건설중인 자산의 평가방법

법인의 장부가액 중 "건설중인 자산"의 금액은 「소득세법」 제94조 제1항 제1호 및 제2호의 사산가액에 포함되지 아니하는 것임(부동산거래관리-573, 2012. 10. 25.).

기타자산 여부 판정 시 건설중인 자산이 토지 및 건물로 포함되는 시점

"기타자산" 해당여부 판정 시 장부상 "건설중인자산" 금액이 토지 및 건물의 자산에 포함되는 시점은 준공일(사용검사필증교부일), 임시사용승인일, 실제 사용개시일 중 가장 빠른 날이 되는 것임(서면4팀-938, 2007. 3. 21.).

$$\frac{\text{토지, 건물, 부동산을 취득할 수 있는 권리 등}}{\text{분할법인으로부터 승계한 사업용 자산가액*}} \geq 80\%$$

* 자산가액은 유형자산, 무형자산, 투자자산의 세무상 장부가액이며, 3년 이상 사업에 계속 사용한 자산은 제외한다(서면법령해석법인 2019-2287, 2020. 10. 21.).

"부동산 보유비율이 높은 사업부문"의 경우란 토지, 건물 그리고 부동산을 취득할 수 있는 권리 등의 비율이 80% 이상인 경우이다. 여기서 80% 이상의 기준이 되는 것은 분할법인으로부터 승계한 사업용 자산가액이며, 자산가액은 **유형・무형・투자자산의 세무상 장부가액**을 말한다.

그렇다면 건설중인자산은 어떻게 되는가? 필자의 의견으로는 건물에는 '건설중인 자산'은 건물에 포함되지 않으나, 유형자산에는 '건설중인 자산'이 포함된다는 것이다. 그 근거는 다음의 일반기업회계기준이며, 건설중인자산은 일반기업회계기준에 따르면 유형자산으로 분류는 되지만 이는 본 계정이 아닌 상태로서 별도 분류 항목에 해당하고, 이후 건설이 완료되면 해당 계정인 건물 등으로 분류되기 때문이다.

일반기업회계기준에 따르면 유형자산에 대해 다음과 같이 정의하고 있다.

유형자산은 재화의 생산이나 용역의 제공, 타인에 대한 임대, 또는 자체적으로 사용할 목적으로 보유하고 있으며, 물리적 형태가 있는 비화폐성자산으로서 토지, 건물, 기계장치 등을 포함한다.(실2.32)

유형자산 중 별도 표시하는 분류 항목의 예는 다음과 같다. (실2.33)
(1) 토지
(2) 설비자산
(3) 건설중인자산
(4) 기타

② 3년 이상 경영한 사업부문이 직접 사용한 자산

3년 이상 경영한 사업부문이 직접 사용한 자산가액은 승계한 사업용 자산가액 중 부동산등의 비율이 80% 이상인지 여부를 판단할 때 부동산등의 가액에서 차감하여 산정한다. 그렇다면 여기서 "3년 이상 계속"의 의미는 무엇인가?

법칙 제41조 제2항의 "분할일 현재 3년 이상 계속하여 사업을 경영한 사업부문이 직접 사용한 자산"에서 "3년 이상 계속하여"는 "사업을 경영한 사업부문"을 수식하고 있으므로 부동산 과다승계 여부 판단에서 제외하는 사업용 고정자산은 분할사업부문이 분할일 현재 3년 이상 계속하여 직접 사용한 자산을 의미하는 것이 아니라, 해당 사업용 고정자산을 직접 사용한 분할사업부문이 "분할일 현재 3년 이상 계속 하여 사업을 경영한 사업부문"이어야 한다는 의미이다. 이 때 사업영위기간은 해당 사업부문의 「부가가치세법 시행령」 제6조에 따른 사업개시일부터 기산하여 계산하는 것이다(서면법령해석법인 2015-1087, 2015. 11. 4.).

국세청은 이러한 취지로 "분할일 현재 3년 이상 계속하여 사업을 경영한 사업 부문이 직접 사용한 자산"은 "① 분할일부터 소급하여 3년 이상 중단 없이 계속하여 사업을 경영한 사업부문이 ② 분할일 현재 직접 사용한 자산"을 의미하는 것으로 반복하여 해석하고 있다(서면-2015-법령해석법인-1087, 2015. 11. 4. 등).

예시로서 A법인의 금속부문이 여러 제조공장을 보유하면서 20년 이상 사업을 계속 영위한 사업부문으로서 금속부문이 새로운 공장(D공장)을 건설한 후 분할하는 경우, A법인의 금속부문은 3년 이상 중단 없이 계속하여 사업을 경영한 사업부문에 해당하므로 금속부문이 보유하고 있는 ① 신설공장(D공장) 및 ② 건설 중인 공장(E공장)의 토지는 분할일 현재 사업에 사용된 기간이 3년 미만이라고 하더라도 '분할일 현재 3년 이상 계속하여 사업을 경영한 사업부문이 직접 사용한 자산요건을 충족하는 것이다(사전법령해석법인 2019-77, 2019. 4. 16.).

* 부동산 보유비율이 80% 이상 여부 판단 시 부동산 등의 가액은 다음과 같이 계산한다.

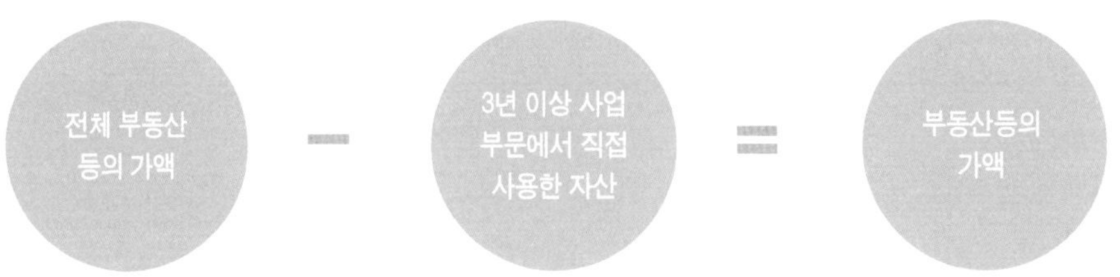

사 례

분할법인으로부터 승계한 사업용 자산가액 내역은 다음과 같다.

1. 건물과 부속토지 : 80억원
2. 지상권 : 2억원
3. 기계장치등 : 18억원

(건물과 부수토지는 부동산임대업에 사용되는 것이 아니며, 그 중 20억원에 해당하는 것은 3년 이상 경영한 사업부문이 직접 사용한 자산가액이다.)

토지, 건물과 부동산을 취득할 수 있는 권리가액이 차지하는 비율을 계산하면 다음과 같다.

① 62(82-20) / 80(100-20) = 77.5%

* 토지, 건물과 부동산상의 권리가액 : 82억원

* 3년 이상 경영한 사업부문이 직접 사용한 자산의 가액은 분할하는 사업부문이 승계한 사업용 자산가액과 토지, 건물과 부동산에 관한 권리에 따른 자산에서 함께 차감한다. 즉, 분모와 분자에서 함께 차감하여 계산한다(서면법인 2022-4423, 2022. 11. 21.).

② 따라서 80% 이하이므로 부동산임대업등을 주업으로 하는 사업부문에 해당하지 않음.

나) 주식등과 그와 관련된 자산·부채만으로 구성된 사업부문의 분할

주식등과 그와 관련된 자산·부채만으로 구성된 사업부문의 분할은 원칙 분리가능한 독립된 사업부문으로 보지 않는다. 다만, 분할하는 사업부문이 다음의 어느 하나에 해당하는 사업부문인 경우로 한정하여 분리하여 사업이 가능한 독립된 사업부문을 분할하는 것으로 본다(법령 §82의 2 ③).

A) 지배목적 보유 주식등과 그와 관련된 자산 · 부채만으로 구성된 사업부문

분할법인이 분할등기일 전일 현재 보유한 모든 지배목적으로 보유하는 주식등과 그와 관련된 자산 · 부채만으로 구성된 사업부문을 분할시 분리하여 사업이 가능한 독립된 사업부문을 분할하는 것으로 본다.

"지배목적으로 보유하는 주식등"이란 분할법인이 지배주주등(1% 이상으로서 특수관계인 합계 최대주주인 경우)으로서 3년 이상 보유한 주식 또는 출자지분을 말한다. 다만, 분할 후 분할법인이 존속하는 경우에는 해당 주식등에서 제8항 제1호, 제2호 및 제4호에 해당하는 주식등은 제외할 수 있다(법칙 §41 ③ 및 서면법인 2022-2981, 2022. 11. 22.).

(제8항 제1호, 제2호 및 제4호)

1. 분할존속법인이 분할등기일 전일 현재 법령상 의무로 보유하거나 인허가를 받기 위하여 보유한 주식등
2. 분할존속법인이 100분의 30 이상을 매출하거나 매입하는 법인의 주식등과 분할하는 사업부문에 100분의 30 이상을 매출 또는 매입하는 법인의 주식등. 이 경우 매출 또는 매입 비율은 분할등기일이 속하는 사업연도의 직전 3개 사업연도별 매출 또는 매입 비율을 평균하여 계산한다.
4. 분할존속법인과 한국표준산업분류에 따른 세분류 상 동일사업을 영위하는 법인의 주식등

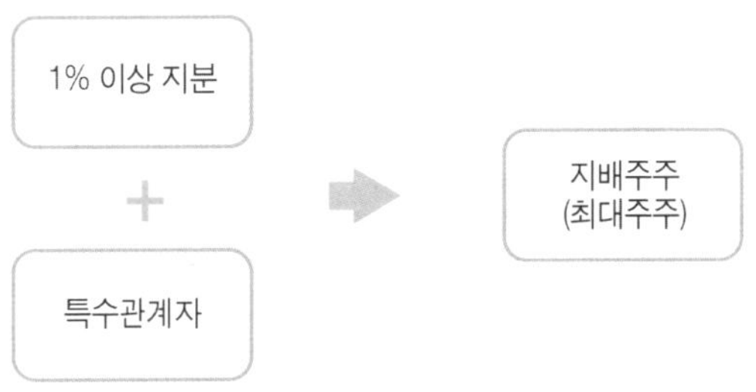

흡수합병된 피합병법인이 보유하던 지배목적 보유주식등을 분할하는 경우 피합병법인이 지배주주등으로서 보유한 기간을 포함함

분할법인이 합병을 통해 피합병법인의 지배주주 등이 보유한 주식투자 사업부문을 승계하고 해당 사업부문을 다시 인적분할하는 경우 「법인세법 시행령」 제82조의 2 제3항 제1호 및 같은 법 시행규칙 제41조 제3항의 지배목적 보유주식 등의 보유기간(3년 이상)에는 피합병법인이 지배주주등으로서 보유한 기간을 포함하는 것임(서면법인 2019-1242, 2019. 7. 3.).

지배주주는 1% 이상으로서 특수관계인 합계 최대주주인 경우임

법인이 보유한 다른 법인의 발행주식총수의 100분의 1 미만의 주식은 「법인세법 시행령」 제82조의 2 제3항 제1호에 따른 '지배목적 보유주식'에 해당하지 않는 것임(서면법령해석법인 2014-22119, 2015. 2. 24.).

지배목적으로 보유하는 주식등과 그와 관련된 자산·부채 해당 여부

○ A법인은 기업투자업 등을 영위하고 있는 내국법인으로 「법인세법 시행령」 제82조의 2 제3항 제1호에 따른 지배목적 보유주식과 해당 주식발행법인에 대한 자산을 아래와 같이 보유하고 있음.

주식 발행법인	취득 연도	취득 금액	지분율	관련자산	
				계정과목	금액
B법인	2012	21,785	100%	외화매출채권	32,928
				미수수익	5,003
C법인	2014	27,500	94.7%	미수배당금	12,400
D법인	2013	10	100%		

- B법인에 대한 외화매출채권은 B법인의 유전 개발사업 수행 등에 필요한 재원마련을 위하여 A법인이 대출한 금액이며, 미수수익은 해당 대출채권에 대한 미수이자임.
- C법인에 대한 미수배당금은 유동화전문회사인 C법인이 「법인세법」 제51조의 2에 따른 소득공제를 적용받기 위하여 매년 배당을 결의함에 따라 A법인이 2014년부터 2018년까지 계상한 금액임.

분할법인이 「법인세법 시행령」 제82조의 2 제3항 제1호에 따른 모든 지배목적 보유주식과 함께 해당 주식 발행법인에 대한 외화대출채권(미수이자 포함) 및 미수배당금을 분할하여 분할신설법인을 설립하는 경우, 미수배당금은 지배목적 보유주식과 관련된 자산에 해당하나, 외화대출채권(미수이자 포함)은 지배목적 보유주식과 관련된 자산에 해당하지 않는 것임(사전법령해석법인 2020-751, 2020. 9. 4.).

(대여금과 관련 미수이자는 지배목적으로 보유하는 주식과 관련된 자산에 해당하지 아니하나, 지배목적으로 보유하는 주식에 대한 미수배당금은 주식과 관련된 자산으로 해석한 것으로 보이며, 상표권은 지배주주등으로서 보유하는 주식등과는 전혀 관련없는 자산이다)

상표권은 지배목적 보유주식과 관련된 자산이 아님

내국법인이 보유하고 있는 상표권은 「법인세법 시행령」 제82조의 2 제3항 제2호에 따른 분할하는 사업부문이 지배주주등으로서 보유하는 주식등과 그와 관련된 자산에 해당하지 않는다(사전법령해석법인 2020-1117, 2021. 1. 28.).

내국법인이 인적분할을 통해 지주회사를 신규 설립하는 경우 「법인세법 시행령」 제82조의 2 제3항 제2호의 규정은 분할하는 사업부문(분할신설법인)을 기준으로 적용하는 것임

내국법인이 인적분할을 통해 지주회사를 신규 설립하는 경우 「법인세법 시행령」 제82조의 2 제3항 제2호의 규정은 분할하는 사업부문(분할신설법인)을 기준으로 적용하는 것이며, 분할하는 사업부문이 「독점규제 및 공정거래에 관한 법률」에 따른 지주회사로 설립되고 지배

주주등으로서 보유하는 주식등과 그와 관련된 자산·부채만을 승계하는 경우에는 「법인세법」 제46조 제2항 제1호 가목에 따라 분리하여 사업이 가능한 독립된 사업부문을 분할하는 것으로 보는 것입니다(서면법인 2022-4416, 2023. 4. 12.).

B) 지주회사를 설립하는 사업부문

「독점규제 및 공정거래에 관한 법률」 및 「금융지주회사법」에 따른 지주회사(이하 "지주회사"라 한다)를 설립하는 사업부문(분할합병하는 경우로서 다음의 가와 나 중 어느 하나에 해당하는 경우에는 지주회사를 설립할 수 있는 사업부문을 포함한다). 다만, 분할하는 사업부문이 지배주주등으로서 보유하는 주식등과 그와 관련된 자산·부채만을 승계하는 경우로 한정한다.

가. 분할합병의 상대방법인이 분할합병을 통하여 지주회사로 전환되는 경우

나. 분할합병의 상대방법인이 분할등기일 현재 지주회사인 경우

상기를 적용시 다음과 같은 세무적인 이슈가 있다.

① 지배주주등으로서 보유하는 주식등 외 매도가능증권을 승계하는 경우

만일, 분할하는 사업부문이 지배목적으로 보유하는 주식등과 그와 관련된 자산·부채 외 매도가능증권인 주식을 승계한 경우, 이들 주식들은 법령 제82조의 2 제3항 제2호 단서에서 규정하는 지배주주등으로서 보유하는 주식등과 그와 관련된 자산·부채만을 승계하는 경우에는 해당하지 않는다.

따라서, '지배주주등으로서 보유하는 주식등과 그와 관련된 자산·부채만을 승계하는 경우로 한정한다'는 제한요건을 충족하지 못하게 된다(적부2021-171, 2022. 4. 20.).

② 지주회사설립 시점

법인세법상 분할시점 당시 지주회사를 설립해야 한다는 법문은 보이지 않고, 후단에 "분할하는 사업부문이~"라고만 규정하고 있어 법령 제82조의 2 제3항 제2호에서 의미하는 '공정거래법 등에 따른 지주회사를 설립'한다는 것은 '분할 후에 현물출자·공개매수 등을 통해 지주회사 성립요건을 충족하고, 해당 사업연도 종료일 현재 지주회사로 신고한 경우는 동 규정의 지주회사로 전환하는 경우에 해당하는 것'이라고 해석하고 있는 국세청 해석례(법규법인 2014-493, 2014. 12. 9.) 등을 고려할 때, 분할등기일 현재 지주회사요건을 반드시 갖추어야 하는 것은 아니다(적부 2021-171, 2022. 4. 20.).

③ 주식등과 함께 현금을 승계하는 경우

'내국법인이 「독점규제 및 공정거래에 관한 법률」에 따른 지주회사를 설립하는 사업

부문을 인적분할하면서 분할하는 사업부문이 지배주주등으로서 보유하는 주식등과 그와 관련된 자산·부채를 포괄적으로 승계하면서 지주회사의 설립 및 운영에 반드시 필요한 현금(단주매입 자금 포함)과 사무실을 함께 승계하는 경우에는 적격분할 요건 중 「법인세법」 제46조 제2항 제1호 가목의 '분리하여 사업이 가능한 독립된 사업부문을 분할하는 것일 것' 및 같은 호 나목의 '분할하는 사업부문의 자산 및 부채가 포괄적으로 승계될 것'의 요건을 충족한다(서면법령해석법인 2021-1775, 2021. 4. 29.).

지주회사 설립·운영을 위한 현금, 사무실, 미수금 등도 지배주주의 주식과 관련된 자산·부채임(사전법규법인 2022-1165, 2022. 12. 13. 및 서면법령해석법인 2021-1775, 2021. 4. 29.)

내국법인이 「독점규제 및 공정거래에 관한 법률」에 따른 지주회사를 설립하는 사업부문을 인적분할할 때, 분할하는 사업부문이 지배주주등으로서 보유하는 주식등과 지주회사의 설립·운영에 필요한 현금, 사무실, 미수금 등 지주회사를 설립하는 사업부문과 관련된 자산·부채를 승계하는 경우 적격분할 요건 중 「법인세법」 제46조 제2항 제1호 가목의 '분리하여 사업이 가능한 독립된 사업부문을 분할하는 것일 것' 및 같은 호 나목의 '분할하는 사업부문의 자산 및 부채가 포괄적으로 승계될 것'의 요건을 충족하는 것이며,

<주식 외 승계 자산 및 부채 세부 내용>

구 분	내 용
현금	지주회사 설립 및 운영·분할신주 배정 시 발생하는 단주 취득·공정거래법상 행위제한 요건 충족을 위한 지분매입·신규사업 투자·기업인수 등에 필요할 것으로 예상되는 현금
미수금	분할대상사업부문이 타 법인에 용역을 제공하고 발생한 채권
토지 및 건물	분할대상사업부문이 사용하고 있는 사무실 건물 및 부속토지
이관 인원 관련 자산·부채	분할대상사업부문 소속 임직원 관련 자산 및 부채(이관 인원에 대한 주택자금 대출·연차수당충당부채·퇴직급여충당부채·장기근속충당 부채)

분할신설법인이 지주회사를 설립하는 사업부문과 관련된 자산·부채를 승계하였는지 여부는 분할신설법인의 사업내용, 자산·부채의 사용 현황, 운용계획 등을 종합적으로 고려하여 사실판단할 사항임.

분할 전 영업수익 등으로 차입금을 상환한 경우 해당 차입금이 승계대상 부채에 해당하는지 여부

○ 신청법인은 지배주주등으로서 보유중인 A·B주식 전부 및 그와 관련된 자산·부채만으로 구성된 사업부문을 분할하고, 분할신설법인은 공정거래법에 따른 지주회사로 설립될 예정임

○ 신청법인은 인적분할 시, A・B주식과 관련하여 신설법인에 승계시킬 예정인 자산・부채의 세부내역은 아래와 같음

승계대상 자산・부채	세부내용
현금	인건비, 용역 수수료 등 지주회사 사업운영을 위하여 필요한 운영현금
사용권자산(임차사무실)	분할하는 사업부문이 사용하는 임차사무실(신청법인의 임차인으로서의 지위를 분할신설법인에 승계)
지주회사 사업에서 사용하는 기타 자산・부채	PC, 모니터, 태블릿 PC 등 사무용 비품, 승계인력 관련 퇴직급여충당금, 미지급연차수당 등

(질의내용)

○ 분할사업부문이 지배주주등으로서 보유하는 주식(이하 '쟁점주식')과 그와 관련된 자산・부채(이하 '승계대상 부채')만을 승계시키는 분할을 통해 공정거래법상 지주회사를 설립하는 경우로서 당초 쟁점주식을 취득하기 위해 발생한 차입금을 분할 전에 모두 상환함으로써 해당 차입금이 분할신설법인에 승계되지 아니한 경우, 법인법 §46 ② (1) 가목 및 나목의 요건을 충족하는지 여부

(회신)

내국법인이 「독점규제 및 공정거래에 관한 법률」에 따른 지주회사를 설립하는 사업부문을 분할하는 경우로서 분할하는 사업부문이 지배주주등으로서 보유하는 주식등(이하 '쟁점주식')과 그와 관련된 자산・부채만을 승계하는 경우에는 「법인세법 시행령」 제82조의 2 제3항 제2호 및 같은 조 제5항 단서에 따라 「법인세법」 제46조 제2항 제1호 가목 및 나목을 충족한 것으로 보는 것이며

이 경우, 해당 내국법인이 "쟁점주식을 취득하기 위하여 발생한 차입금"을 분할등기일 전에 영업수익 등으로 전액 상환(새로운 차입금으로 차환한 것이 아닌 경우)함으로써 당초 차입금이 분할신설법인에 승계되지 아니한 경우 「법인세법」 제46조 제2항 제1호 가목 및 나목의 요건을 충족한 것으로 보는 것임(사전법규법인 2024-459, 2024. 9. 30.).

C) 외국법인이 발행한 주식 등만을 승계받는 분할사업부문

분할하는 사업부문이 다음의 요건을 모두 갖춘 내국법인을 설립하는 경우를 말한다. 다만, 분할하는 사업부문이 지배주주등으로서 보유하는 주식등과 그와 관련된 자산・부채만을 승계하는 경우로 한정한다(법칙 §41 ④).

① 해당 내국법인은 외국법인이 발행한 주식등 외의 다른 주식등을 보유하지 아니할 것

② 해당 내국법인이 보유한 외국법인 주식등 가액의 합계액이 해당 내국법인 자산총액의 100분의 50 이상일 것. 이 경우 외국법인 주식등 가액의 합계액 및 내국법인 자산총액은 분할등기일 현재 재무상태표상의 금액을 기준으로 계산한다.

③ 분할등기일이 속하는 사업연도의 다음 사업연도 개시일부터 2년 이내에 「자본시장과 금융투자업에 관한 법률 시행령」 제176조의 9 제1항에 따른 유가증권시장 또는 대통령령 제24697호 자본시장과 금융투자업에 관한 법률 시행령 일부개정령 부칙 8조에 따른 코스닥시장에 해당 내국법인의 주권을 상장할 것(법칙 §41 ④)

2) 분할하는 사업부문의 자산 및 부채의 포괄적 승계

'분할하는 사업부문의 자산 및 부채가 포괄적으로 승계될 것'이라는 요건은 독립된 사업부문 요건을 보완하는 것으로서, 해당 사업활동에 필요한 자산·부채가 분할신설법인에 한꺼번에 이전되어야 함을 뜻한다(대법 2016두40986, 2018. 6. 28.). 즉, 분리하여 사업이 가능한 독립된 사업부문의 요건을 충족하는 경우 그 해당 사업부문의 자산 및 부채가 포괄적으로 승계되어야 한다. 여기서 어떤 것이 분할하는 사업부문의 자산 및 부채인지 여부는 분할계획·목적과 경위 및 사업관련성 등을 종합적으로 고려하여 사실판단할 사항이므로(서면법인 2019-2803, 2020. 6. 29.), 단편 일률적인 판단이 아닌 종합적인 판단으로 관련 자산 및 부채가 분할하는 사업부문의 자산 및 부채인지 여부를 결정해야 한다.

예를 들어 학원사업부문과 그 밖의 사업을 영위하는 내국법인이 학원사업부문을 분할하는 경우로서 분할하기 전 학원용 건물을 임차하여 사용하는 조건으로 특수관계 없는 임대인에게 대여한 금액은 「법인세법」 제46조 제2항 제1호 나목의 "분할하는 사업부문의 자산"에 해당하는 것이나, 명백히 학원사업부문과 관련 없는 자금융통 목적의 대여금액으로 볼 수 있는 경우에는 "분할하는 사업부문의 자산"에 해당하지 않는다(사전법령해석법인 2014-21585, 2015. 2. 6.). 이 경우 대여금이 분할하는 사업의 자산인지 여부를 판단할 때 자금 차입자와의 관계·자금 대여 경위·목적 등을 종합적으로 고려하여야 할 것이다.

한편, 공동으로 사용하던 자산, 채무자의 변경이 불가능한 부채 등 분할하기 어려운 자산과 부채 등은 포괄적 승계 대상에서 제외한다. 따라서 공동 자산·부채를 승계하던, 하지 않던 포괄적 승계 해당 여부에는 영향을 미치지 않는다.

♣ 공동 자산·부채의 승계·미승계가 포괄적 승계에 미치는 영향

공동 자산·부채의 승계 여부	포괄적 승계 해당 여부
승계함	포괄적 승계에 해당함
승계 안함	

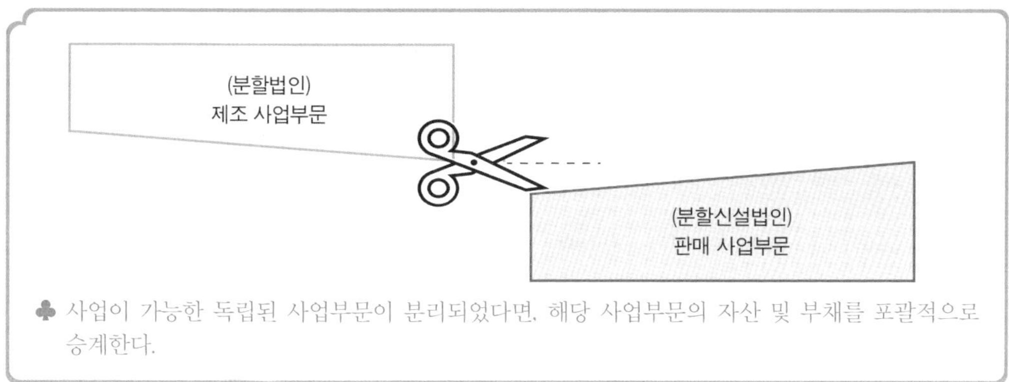

♣ 사업이 가능한 독립된 사업부문이 분리되었다면, 해당 사업부문의 자산 및 부채를 포괄적으로 승계한다.

가) 분할이 어려운 자산과 부채

분할하는 사업부문의 자산 및 부채를 포괄적으로 승계해야 하나, 공동으로 사용하던 자산・부채등 그 분할이 어려운 것은 승계하지 않아도 포괄적으로 승계한 것으로 본다. 다음은 승계 예외대상 자산 및 부채들이다(법령 §82의 2 ④). 따라서 아래에 명시되어 있는 것은 분할법인으로부터 분할하지 않아도 포괄적 승계에 해당한다. 예를 들어 채무자 변경이 가능한 분할하는 사업부문과 관련된 지급어음을 승계하지 않아도 포괄적 승계에 해당한다(서면법인 2017-1785, 2018. 6. 21.). 이는 실제적으로 분할하기 어려움을 요하는 것이 아니라 아래에 명시되어 있는 것이면 분할하지 않아도 포괄적 승계에 해당한다.

A) <u>자산</u>

가. 변전시설・폐수처리시설・전력시설・용수시설・증기시설

나. 사무실・창고・식당・연수원・사택・사내교육시설

다. 물리적으로 분할이 불가능한 공동의 생산시설, 사업지원시설과 그 부속토지 및 자산

라. 공동으로 사용하는 상표권(법칙 §41 ⑥)㈜

㈜ 분할법인의 고유브랜드 등 무형의 권리(상표권이나 실용신안권 등)가 분할되는 사업부문과 기타의 사업부문에 공동으로 사용되어 분할하기 어려운 경우에는 분할신설법인의 포괄승계대상 자산에서 제외됨(법인-2522, 2008. 9. 18. 및 사전-2019-법령해석법인-0579, 2019. 10. 29.).

분할 사업부문과 무관한 공동자산 · 부채의 승계 시 포괄승계에 해당되는지 여부

분할등기일 현재 5년 이상 사업을 계속하던 내국법인이 「법인세법」 제46조 제2항 제1호 나목의 요건을 갖추어 인적분할하면서 공동자산 · 부채를 승계하는 경우 포괄적 승계에 해당됨(서면법인 2020-2941, 2021. 1. 29. 및 서면2팀 -1924, 2007. 10. 25.).

사업용 부동산을 승계하지 않는 경우에는 포괄적 승계가 아님

별도로 구획된 부동산에서 각각 제조업과 부동산임대업을 영위하는 법인이 제조업 부문을 분할하여 분할신설법인으로 하는 경우 제조업을 영위하는 분할신설법인이 종전 사용하던 부동산을 승계하지 아니하고 부동산임대업을 영위하는 분할법인으로부터 임차하여 사용하는 때에는 「분할하는 사업부문의 자산 및 부채가 포괄적으로 승계될것」의 요건을 갖춘 것에 해당하지 않음(서면법령해석법인 2012-11563, 2015. 9. 17. 및 기획재정부 법인-822, 2015. 9. 16. 및 사전법규법인 2022-994, 2022. 11. 22.).

하나의 업종을 운영 중 그 일부 브랜드를 포괄적으로 승계한다면 포괄승계요건 충족함

분할등기일 현재 5년 이상 사업을 계속하던 내국법인이 운영하던 다수의 의류브랜드 사업부에서 인적분할하는 사업부가 자산 및 부채를 포괄적으로 승계받고, 「법인세법 시행령」 제82조의 2에서 규정하는 자산 및 부채의 포괄적 승계 요건을 충족하는 경우에는 같은 법 제46조 제2항 제1호 나목에서 규정하는 자산 및 부채의 포괄적 승계 요건을 충족하는 것으로 보는 것임(서면법인 2017-2112, 2018. 1. 29.).

사용되던 토지를 분필하지 않고 공유지분의 방식으로 승계하는 경우 포괄적승계 여부

분할사업부문에 사용되던 토지를 별도 필지로 분필하지 않고 「구분소유적 공동소유의 방식」으로 분할신설법인에 이전하는 경우, 포괄승계요건(법 §46 ② (1) 나)은 충족하는 것으로 보는 것이 타당함(사전법규법인 2023-606, 10. 20.).

B) 부채

가. 지급어음

나. 차입조건상 차입자의 명의변경이 제한된 차입금

다. 분할로 인하여 약정상 차입자의 차입조건이 불리하게 변경되는 차입금

라. 분할하는 사업부문에 직접 사용되지 아니한 공동의 차입금

마. 상기의 부채와 유사한 부채로서 기획재정부령으로 정하는 부채(관련 내용 현재 없음)

차입금의 사용목적을 분할 전에 특정하여 공시하는 경우에는 공동의 차입금이 아님

내국법인이 분할하기 전 회사채를 발행하면서 증권신고서상 자금의 사용목적을 특정하여 공시하고 조달된 자금을 분할하는 사업부문에만 직접 사용한 경우에는 법인세법 시행령(2014. 2. 21. 대통령령 제25194호로 개정되기 전의 것) 제82조의 2 제2항 제2호 라목(현재는 4항 2호 라목) '분할되는 사업부문에 직접 사용되지 아니한 공동의 차입금'에 해당하지 않는

것이나, 조달된 자금을 회사채 발행 당시 증권신고서상 사용목적뿐만 아니라 존속사업부문에도 사용하는 등 분할사업부문과 존속사업부문에 공동으로 사용하여 분할하기 어려운 경우에는 같은 규정의 '공동의 차입금'에 해당하는 것임(서면법규-1085, 2014. 10. 14.).

채무자 변경이 가능한 지급어음을 미승계하는 경우에도 포괄적승계에 해당함

분할하는 사업부문과 관련된 지급어음을 승계하지 않아도 같은 법 제46조 제2항 제1호 가목 단서에 따라 자산·부채를 포괄적으로 승계한 것으로 보는 것임(서면법인 2017-1785, 2018. 6. 21.).

(이는 법령 제82조의 2 제4항 제2호 가목에 부채에서 제외되는 것으로 명시되어 있기 때문이다)

공동차입금 해당 여부는 그 실제 사용용도에 따라 판단함

「법인세법 시행령」 제82조의 2 제4항 제2호 라목의 "분할하는 사업부문에 직접 사용되지 아니한 공동의 차입금"에 해당되는지 여부는 당해 차입으로 조달된 자금의 실제 사용 용도에 따라 판단할 사항으로서, 실제 그 자금이 분할사업부문과 존속사업부문에서 공동으로 관리·사용된 것으로 확인되는 경우에는 같은 규정의 공동의 차입금에 해당하여 분할신설법인에 포괄적으로 승계되어야 하는 부채에서 제외할 수 있는 것임(서면법인 2023-2989, 2024. 1. 24.).

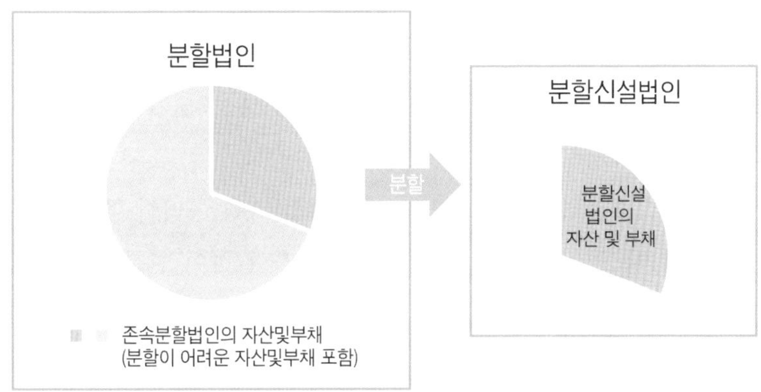

C) 20% 이하로 승계하지 않는 자산·부채

분할하는 사업부문이 승계하여야 하는 자산·부채로서 분할 당시 시가로 평가한 총자산가액 및 총부채가액의 각각 100분의 20 이하인 자산·부채를 승계하지 않더라도 포괄승계로 본다. 이 경우 분할하는 사업부문이 승계하여야 하는 자산·부채, 총자산가액 및 총부채가액의 계산방법은 다음에서 정하는 바에 따라 계산한다. 단, 주식 등과 앞의 공동으로 사용하던 자산, 부채 등 분할하기 어려운 A) 자산 및 B) 부채는 자산·부채, 총자산가액 및 총부채가액에서 제외한다.

① 20% 이하 자산·부채가 해당 사업부문의 직접 관련 자산인 경우

총자산가액 및 총부채가액의 20% 이하를 승계하지 않더라도 예외적으로 포괄승계에 해당하며, 이는 해당 자산·부채가 분할하기 어려운 자산·부채에 해당하지 아니하는 경우에도 적용이 가능하다(사전법규법인 2022-994, 2022. 11. 22.).

예를 들어, 내국법인이 사업부문을 인적분할하면서 각 사업부문이 공동으로 사용하던 부지가 "물리적으로 분할이 불가능한 공동의 생산시설, 사업지원시설과 그 부속토지 및 자산에 해당하지 않는 경우 그 부지 및 분할하는 사업부문이 사용하던 전용부지를 분할신설법인에 승계하지 않는 경우에는 「법인세법」 제46조 제2항 제1호 나목의 요건 (분할하는 사업부문의 자산 및 부채가 포괄적으로 승계될 것)을 갖춘 것에 해당하지 않는다. 단, 내국법인이 사업부문을 인적분할하면서 분할하는 사업부문이 사용하던 전용부지 및 각 사업부문이 공동으로 사용하던 부지를 제외하고 승계하는 것이 20% 이하의 자산·부채에 해당하는 경우에는 포괄승계의 요건을 갖춘 것에 해당한다(서면법령해석법인 2020-4381, 2021. 8. 26.).

② 자산·부채, 총자산가액 및 총부채가액의 계산방법

1. 분할하는 사업부문과 존속하는 사업부문이 공동으로 사용하는 자산·부채의 경우에는 각 사업부문별 사용비율로 안분하여 총자산가액 및 총부채가액을 계산한다. 이 경우 하나의 분할신설법인등이 여러 사업부문을 승계하였을 때에는 분할신설법인등이 승계한 모든 사업부문의 자산·부채 가액을 더하여 계산한다(법칙 §41 ⑦).
2. 사용비율이 분명하지 아니한 경우에는 각 사업부문에만 속하는 자산·부채의 가액과 사용비율로 안분한 공동사용 자산·부채의 가액을 더한 총액의 비율을 말한다. 즉, 공동사용 자산·부채는 다음의 사용비율을 곱하여 안분 된 금액을 더하여 각 사업부문의 자산·부채 및 총자산가액, 총부채가액을 계산한다.

ⓐ 원칙 : 각 사업부문 사용비율

ⓑ 예외(사용비율이 분명하지 아니한 경우) : 다음과 같이 계산된 비율

$$\frac{\text{(각 사업부문에만 속한 자산·부채가액 + 공동사용 자산·부채가액} \times \text{사용비율)}}{\text{존속사업부문과 분할사업부문의 총자산·총부채가액}}$$

* 승계하지 않는 자산 및 부채가액의 20% 이하는 각각 총자산가액 및 총부채가액의 20% 이하로 판단한다.

사 례

㈜장헌은 전자 사업부문과 기계 사업부문을 운영 중이며, 이 중 기계 사업부문을 분할하고자 한다.
기계사업부문의 자산 중 공동사용하여 분할하기 어려운 자산을 제외하고 38.2억원에 해당하는 자산을 분할신설법인이 승계하지 않기로 했다. 해당자산은 공동으로 사용하여 분할하기 어려운 자산은 아니다.

전자 사업부문의 자산가액 200억
기계 사업부문의 자산가액 150억
공동으로 사용되는 자산가액 105억
(공동으로 사용하여 분할하기 어려운 자산 변전시설 2억원, 연수원 2억원, 사무실 1억원 포함)
자산가액은 모두 시가이다. 각 사업부문의 사용비율은 전자사업부문이 60%, 기계사업부문이 40%이다.

1. 각 사업부문별 사용비율이 분명할 때
   ① 공동사용자산 100 × 60% = 60억(전자사업부문)
   40억(기계사업부문)으로 안분한다.
   ② 기계사업부문의 총자산가액(190억) = 150 + 40
   ③ 190억 × 20% = 38억원
   ④ 38.2억원을 승계하지 않아 20% 이하에 해당하지 않으므로 포괄적승계에 해당하지 않음.

2. 각 사업부문별 사용비율이 분명하지 않을 때
   기계사업부문의 비율 =

$$\frac{150 + 40(100\times40\%)}{450(455-2-2-1)} = 42.2222\%$$

   ① 공동사용자산 100억 × 42.2222% ≒ 4,222,220,000원(기계사업부문)
   5,777,780,000원(전자사업부문)으로 안분한다.
   ② 기계사업부문의 총자산가액(19,222,220,000원) = 150억 + 4,222,220,000
   ③ 기계사업부문 총자산가액의 20%는 19,222,220,000×20% = 3,844,444,000원

④ 3,844,444,000원 〉 38.2억원으로 20% 이하이므로 포괄적승계에 해당함.

분할사업부문의 순자산 시가 산정 방법

분할합병의 상대방 법인이 비적격분할합병으로 인하여 분할법인으로부터 승계받는 분할사업부문의 순자산의 시가는 분할합병등기일 현재 개별 자산·부채별로 「법인세법 시행령」 제89조에 따라 평가한 자산총액에서 부채총액을 뺀 금액을 말함(사전법령해석법인 2021-1015, 2021. 8. 9.).

D) 법률 규정상 승계하지 못하는 경우

분할하는 사업부문에서 직접 사용하던 부동산을 관련 법률 규정상 분할신설법인으로 이전하지 못한 경우 분할하기 어려운 자산에 해당하지 않는다.

예를 들어 내국법인이 수입 및 도매업 사업부문을 인적분할하여 분할신설법인을 설립할 때, 분할하는 사업부문에서 사용하던 창고가 「산업집적활성화 및 공장설립에 관한 법률」에 따라 분할법인에서 분할신설법인으로 소유권 이전이 불가능하여 분할신설법인이 동 창고를 승계하지 아니하고 분할 후 분할법인으로부터 임차하여 사용하는 경우 「법인세법 시행령」 제82조의 2 제4항에 따른 분할하기 어려운 자산에 해당하지 아니한다(기획재정부 법인-84, 2017. 2. 2.).

E) 분할사업부문의 자산·부채 일부를 승계하지 않는 경우

포괄승계에서 제외되는 자산 및 부채의 범위는 엄격하게 해석되어야 하는 것이다. 국세청은 "법인이 인적분할을 함에 있어서 분할하는 사업부문의 자산 및 부채에서 일부 자산을 제외하고 승계한 경우에도 분리하여 사업이 가능한 때에는 포괄승계요건을 갖추어 분할하는 것으로 본다(서이 46012-12181, 2003. 12. 24.)"라고 해석한 기존의 예규를 2015년 11월 세법해석사례 정비에 따라 2015년 12월에 삭제하고, "별도로 구획된 부동산에서 각각 제조업과 부동산임대업을 영위하는 법인이 제조업 부문을 분할하여 분할신설법인으로 하는 경우 제조업을 영위하는 분할신설법인이 종전 사용하던 부동산을 승계하지 아니하고 부동산임대업을 영위하는 분할법인으로부터 임차하여 사용하는 때에는 「법인세법」 제46조 제2항 제1호 나목의 요건을 갖춘 것에 해당하지 아니한다"고 해석한 기획재정부 법인-822, 2015. 9. 16.의 해석사례를 유지시켰다. 따라서 제조 사업부문을 분할하면서 제조업에 사용하던 부동산을 승계하지 않고 분할 후 임차하여 사용하는 경우에는 자산 및 부채의 포괄적 승계에 해당하지 않는다.

다만 아래와 같이 공동으로 사용하는 자산 등에 해당하는 경우에는 포괄승계 대상에서 제외할 수 있다.

① 현금자산(현금 · 제예금 · 유가증권 · 받을어음 등)과 지급어음이 분할사업부문과 존속사업부문에 공동으로 사용하던 자산 · 부채에 해당되어 분할하기 어려운 경우에는 포괄승계 대상에서 제외되는 것이다(법인-1767, 2008. 7. 28.).

② 분할 전후의 사업부문에서 공동으로 사용하던 부동산으로서 분할하는 사업부문의 차입금에 담보로 제공된 사무실 및 부수토지를 제외하고 분할하는 사업부문의 자산과 부채를 포괄적으로 승계하는 경우에는 포괄승계요건을 충족한 것으로 보는 것이다(법인-40, 2010. 1. 12.).

③ 내국법인이 인적 또는 물적분할함에 있어 분할법인의 부설연구소가 존속사업부문과 분할사업부문에 공동으로 사용됨으로 인하여 물리적으로 분할이 불가능한 경우 당해 부설연구소는 포괄승계의 예외가 인정되는 자산에 해당한다(법인-538, 2010. 6. 10.).

F) 분할사업부문 외 자산 · 부채를 승계하는 경우

국세청은 기존 예규(서이 46012-10148, 2003. 1. 22.)에서 "분할법인이 분할신설법인에게 자산 및 부채를 승계함에 있어서 분할하는 사업부문의 자산 및 부채 외에 분할법인의 부채를 일부 포함하여 승계한 경우에도 포괄적승계 요건을 갖추어 분할하는 것으로 본다"라고 해석했으나, 2015년 11월 세법해석사례 정비에 따라 동 해석을 삭제하였다. 따라서 분할하는 사업부문 외 자산 또는 부채를 승계하는 경우에는 포괄적승계 요건을 충족하지 못하게 되는 것이다.

G) 분할사업부문의 매출처 유지

법인이 인적분할의 방법으로 특정사업부문을 분할하여 법인을 신설함에 있어 분할 전 동 사업부문의 매출처와의 거래유지관계는 '분할하는 사업부문의 자산'에 포함되지 아니한다(서이 46012-11736, 2002. 9. 17.).

H) 현금성자산의 승계

국세청 해석례에서 '현금성자산을 승계하는 경우' 법인세법 제46조 제2항 제1호 가목의 〈분리하여 사업이 가능한 독립된 사업부문을 분할하는 것일 것〉 및 나목의 〈분할하는 사업부문의 자산 및 부채가 포괄적으로 승계될 것〉에 해당한다(서면-2020-법령해석법인-2076, 2020. 12. 24.)라고 해석하고 있는 점 등을 고려할 때, 현금성 자산은 해당 사업부문의 본질적인 자산이라고 볼 수 없고, 특정 사업단위에 귀속되어야 하는 것도 아니다(적부 2021-171, 2022. 4. 20.).

예를 들어서, 주식 등을 승계하면서 현금성자산을 같이 승계하는 경우에는 주식등과 그와 관련된 자산·부채만으로 구성된 사업부문의 분할에 해당된다. 그리고 임직원 대여금 및 퇴직급여 충당금, 이연법인세 부채 역시 해당 사업과 관련된 자산·부채라고 볼 수 있으므로 승계하더라도 주식등과 그와 관련된 자산·부채만으로 구성된 사업부문의 분할에 해당된다.

① 현금성자산의 해당 사업부문과 직접 관련된 자산 여부

현금·채권·채무 등 현금성 자산의 경우, 현금화가 용이하며 사업부문의 본질적 자산을 형성한다고 보기 어렵다는 점에서 반드시 특정한 사업단위에 귀속되어야 하는 것은 아닌데, 법원에서도 전환사채와 같이 운영자금을 조달하고 양도거래를 원활하게 하기 위한 '현금성 자산'의 경우 반드시 특정 사업부문에 승계되지 않아도 '적격분할 요건'을 만족하는데 영향이 없다고 판단하고 있다(서울행정법원 2017구합86804, 2018. 11. 1. 및 적부 2021-171, 2022. 4. 20.).

분할시 내국법인이 보유하던 '현금및현금성자산'의 일부만을 분할신설법인에게 승계하는 경우로서 분할하는 사업부문을 영위하는데 필요한 '현금및현금성자산'을 분할신설법인이 승계하는 경우 '분할하는 사업부문의 자산 및 부채가 포괄적으로 승계될 것'의 요건을 갖춘 것으로 봄(사전법규법인 2022-960, 2022. 11. 24.).

② 현금성 자산의 종류

주식 이외의 자산(단기매매증권·이자, 미수금· 관계사 대여금·펀드 투자금, 특전금전신탁, 전자단기사채, 임직원대여금, 퇴직급여충당금, 이연법인세부채 등) 중 단기매매증권·이자 미수금·관계사 대여금·펀드 투자금, 채권(특정금전신탁)·전자단기사채 등의 경우 운영자금 조달을 위한 '현금성 자산'이라고 볼 수 있으며, 임직원 대여금, 퇴직급여 충당금 및 이연법인세 부채 등의 경우 '사업'과 직접적으로 관련 있는 자산 및 부채라고 볼 수 있다(적부 2021-171, 2022. 4. 20. 및 서면법인 2017-1785, 2018. 6. 21.).

현금성 자산·부채	사업관련 자산·부채
단기매매증권·이자 미수금·관계사 대여금·펀드 투자금, 채권(특정금전신탁)·전자단기사채 등	임직원 대여금, 퇴직급여 충당금 및 이연법인세 부채 등

하지만, 분할하는 사업부문의 자산 및 부채가 포괄적승계 여부는 분할계획·목적과 경위 및 사업관련성 등을 종합적으로 고려하여 사실판단할 사항이므로(서면법인 2019-2803, 2020.

6. 29.). '대여금'이라고 해서 모두 현금성 자산이라고 판단할 수는 없다.

앞서 예를 들었지만, 학원사업부문과 그 밖의 사업을 영위하는 내국법인이 학원사업부문을 분할하는 경우로서 분할하기 전 학원용 건물을 임차하여 사용하는 조건으로 특수관계 없는 임대인에게 대여한 금액은 「법인세법」 제46조 제2항 제1호 나목의 "분할하는 사업부문의 자산"에 해당하게 된다.

유기적으로 연결되어 분리할 수 없는 경우로서 분할 후 배타적으로 사용할 수 있는 경우에는 포괄적양도로 봄

은행업과 신용카드업을 겸영하는 금융회사가 신용카드업을 인적분할 함에 있어서, 메인프레임 컴퓨터가 공동으로 사용되는 자산으로 단위 컴퓨터가 유기적으로 연결되어 있는 하나의 시스템으로서 물리적으로 분리가 곤란하고 신용카드 사업부문에 독자적으로 사용하기 위해서는 새로운 하드웨어 및 소프트웨어를 추가하여 시스템을 구축하여야 함에 따라 막대한 비용이 발생되고 해당 메인프레임컴퓨터 시스템이 하나의 단위로 금융리스계약이 체결되어 있어 계약자 변경 및 분할이전이 불가능하여 분할신설법인이 신규계약을 할 때에는 기존 계약에 비해 현저하게 불리한 조건으로 계약하게 되어 메인프레임컴퓨터 시스템을 분할신설법인에게 승계하지 않고 서비스제공계약서 등을 통하여 해당 장치를 계속하여 배타적으로 사용하도록 함으로써 분할 후에도 독립적으로 사업을 영위할 수 있는 때에는 법인세법 시행규칙 제41조의 2에 해당하여 법인세법 시행령 제82조의 2 제2항 제2호의 요건(적격분할요건)에 충족되는 것이나, 해당 메인프레임컴퓨터 시스템이 이에 해당하는지는 사실판단하시기 바람(법규법인 2011-30, 2011. 2. 25.).

자산·부채가 포괄적으로 승계된 분할 해당 여부

분할존속법인이 「독점규제 및 공정거래에 관한 법률」에 따른 지주회사로 전환하는 경우로서 분할하는 사업부문이 분할등기일 전일 현재 사업과 관련하여 보유하는 「법인세법 시행규칙」 제41조 제8항 제3호 각목의 요건을 갖춘 주식 또는 출자지분을 승계하는 경우에는 「법인세법 시행령」 제82조의 2 제5항 단서 규정에 따라 분할하는 사업부문의 자산·부채가 포괄적으로 승계된 것으로 보는 것임(서면법인 2017-1774, 2017. 7. 21.).

현금성자산의 일부를 승계하더라도 포괄적승계에 해당함

분할 시 내국법인이 보유하던 '현금및현금성자산'의 일부만을 분할신설법인에게 승계하는 경우로서 분할하는 사업부문을 영위하는데 필요한 '현금 및 현금성자산'을 분할신설법인이 승계하는 경우 '분할하는 사업부문의 자산 및 부채가 포괄적으로 승계될 것'의 요건을 갖춘 것으로 보는 것임(사전법규법인 2022-960, 2022. 11. 24.).

분할법인의 관계회사와 타인에 대한 대여금을 승계하는 경우에도 포괄적 승계에 해당함

분할 전 회사의 재무제표상 대여금은 관계회사A 100억원, 관계회사B 100억원, 타인 100억원이 각각 존재하며 분할법인이 분할신설법인에게 자산·부채를 승계함에 있어서 분할하는

사업부문의 자산 외의 자산인 분할법인의 해당 대여금을 포함하여 승계하는 경우에도 「법인세법」 제46조 제2항 제1호 가목에서 규정하는 자산・부채의 포괄적 승계로 보는 것임(서면법인 2017-1785, 2018. 6. 21.).

(필자주)
원칙 분할회사의 사업과 관련된 자산・부채를 포함하여 분할하는 경우에는 포괄적 승계로 보지 않는 것이나, 관계사 대여금과 타인에 대한 대여금은 사업관련 자산・부채가 아닌 현금성 자산・부채에 해당하기 때문에 승계여부와 관련 없이 포괄적 승계에 해당하는 것으로 추측함.

부동산을 승계하지 않는 경우 포괄승계에 해당하지 않음
별도로 구획된 부동산에서 각각 제조업과 부동산임대업을 영위하는 법인이 제조업 부문을 분할하여 분할신설법인으로 하는 경우 제조업을 영위하는 분할신설법인이 종전 사용하던 부동산을 승계하지 아니하고 부동산임대업을 영위하는 분할법인으로부터 임차하여 사용하는 때에는 「법인세법」 제46조 제2항 제1호 나목의 요건을 갖춘 것에 해당하지 아니하는 것이며, 이에 해당하는지 여부는 사실판단할 사항임(기획재정부 법인-822, 2015. 9. 16.).

나) 분할하는 사업부문이 주식등을 승계하는 경우

분할하는 사업부문이 주식등을 승계하는 경우에는 적격분할요건 중 '분할하는 사업부문의 자산・부채의 포괄적 승계' 요건을 만족하지 못한다(법령 §82의 2 ⑤).

다만, 앞의 "1) 독립된 사업부문의 분할"의 "나) 주식등과 그와 관련된 자산, 부채만으로 구성된 사업부문의 분할"에 따라 주식등을 승계하는 경우(이하에서 '독립된 사업부문의 분할로 보는 주식사업부문의 분할'이라고 한다) 또는 이와 유사한 경우로서 아래에서 정하는 주식의 경우(이하에서 '주식승계의 예외'라 한다)에는 분할하는 사업부문이 주식등을 승계하는 경우임에도 분할하는 사업부문의 자산・부채가 포괄적으로 승계된 것으로 보는 경우이다(법칙 §41 ⑧).

1. 분할하는 사업부문이 분할등기일 전일 현재 법령상 의무로 보유하거나 인허가를 받기 위하여 보유한 주식등
2. 분할하는 사업부문이 100분의 30 이상을 매출하거나 매입하는 법인의 주식등과 분할하는 사업부문에 100분의 30 이상을 매출 또는 매입하는 법인의 주식등. 이 경우 매출 또는 매입 비율은 분할등기일이 속하는 사업연도의 직전 3개 사업연도별 매출 또는 매입 비율을 평균하여 계산한다.

따라서, 분할하는 사업부문과 관련된 주식일지라도 상기 이외의 사유로 주식을 승계받는 경우에는 적격분할로 보지 아니한다.

예로서, 은행업무 · 신탁업무 · 외국환 업무를 영위하고 있는 00은행(이하 은행)은 20xx. xx. xx. 자회사였던 00신용카드를 흡수합병 한 후 신용카드 업무를 추가하여 사업을 영위하였으며 합병 전 00신용카드는 zz신용카드결제와 zz사이버결제의 주식을 취득하였고 은행은 00신용카드를 합병하는 과정에서 위 zz신용카드결제 등의 주식을 승계하였다. 이후 은행은 신용카드 사업과 관련된 모든 자산(카드사업관련 주식과 배드뱅크관련 주식 포함)과 부채를 분리하여 분할신설회사에 승계하는 인적분할을 단행하고, 이는 ①'독립된 사업부문의 분할로 보는 주식사업의 분할'에 해당되지 않고 또한 ②'주식승계의 예외'가 아님에도 주식을 승계하는 경우에 해당하여 적격분할의 요건을 충족하지 못하게 된다.

매출 또는 매입의 30% 이상 산정방법

매출 또는 매입은 법인세법 세43조에 따라 법인세법 및 조세특례제한법에서 달리 규정하고 있는 경우를 제외하고는 기업회계기준 또는 관행에 따르도록 규정하고 있으므로 기업회계기준에 따른 매출 또는 매입이다.

그리고 30% 이상의 판단은 쌍방 중 일방만 해당하면 되므로 쌍방이 동일한 매출 또는 매입에 대해 그 계상액이 다르다 하더라도 일방이 기업회계기준에 따라 정확하게 계상한 금액이 30% 이상에 해당된다면 적용대상에 해당한다.

다시 말하자면, 적격분할 시 분할하는 사업부문의 주식승계를 인정한 「법인세법 시행규칙」 제41조 제8항의 규정 중 제2호를 적용함에 있어 100분의 30 이상을 매출하거나 매입하는지는 분할하는 사업부문의 입장과 승계하는 주식을 발행한 법인의 입장에서 각각 판단하는 것이다.

이때 분할하는 사업부문과 승계하는 주식을 발행한 법인의 기업회계기준 상 매출·매입에 관한 회계처리 방법이 다른 경우에는 각자의 회계처리 방법에 따라 100분의 30 이상을 매출하거나 매입하는지 여부를 판단하는 것임(서면법인 2022-4413, 2023. 1. 30.).

3. 분할존속법인이 「독점규제 및 공정거래에 관한 법률」 및 「금융지주회사법」에 따른 지주회사로 전환하는 경우로서 분할하는 사업부문이 분할등기일 전일 현재 사업과 관련하여 보유하는 다음의 어느 하나에 해당하는 주식등
   가. 분할하는 사업부문이 지배주주 등으로서 보유하는 주식등
   나. 분할하는 사업부문이 법 제57조 제5항에 따른 외국자회사의 주식등을 보유하는 경우로서 해당 외국자회사의 주식등을 보유한 내국법인 및 거주자인 주주 또는 출자자 중에서 가장 많이 보유한 경우의 해당 분할하는 사업부문이 보유한 주식등

4. 분할하는 사업부문과 한국표준산업분류에 따른 세분류 상 동일사업을 영위하는 법인의 주식 등으로서 다음의 어느 하나에 해당하는 경우

가. 분할하는 사업부문 또는 승계하는 주식등의 발행법인의 사업용 자산가액 중 세분류상 동일사업에 사용하는 사업용 자산가액의 비율㈜이 각각 100분의 70을 초과하는 경우(법칙 §41 ⑨)

㈜ 사업용 자산가액의 비율을 계산할 때 건설중인 자산은 사업용 자산의 범위에 포함한다(서면법령해석법인 2020-4377, 2020. 12. 18.).

나. 분할하는 사업부문 또는 승계하는 주식등의 발행법인의 매출액 중 세분류상 동일사업에서 발생하는 매출액의 비율이 각각 100분의 70을 초과하는 경우

다. 분할하는 사업부문과 승계하는 주식등의 발행법인이 2 이상의 같은 세분류에 해당하는 사업이 있는 경우에는 불할 하는 사업부문과 승계하는 주식등의 발행법인별로 각각 같은 세분류의 사업용 자산가액의 비율 또는 매출액의 비율을 합산하여 사업용 자산가액 또는 매출액 중 100분의 70을 초과하는지 여부를 판단하는 것이다(서면법인 2022-1602, 2022. 5. 11.).

주식을 승계함에도 불구하고 포괄적 승계에 해당하는 경우	
①독립된 사업부문의 분할로 보는 주식사업의 분할	②주식승계의 예외에 해당하는 경우

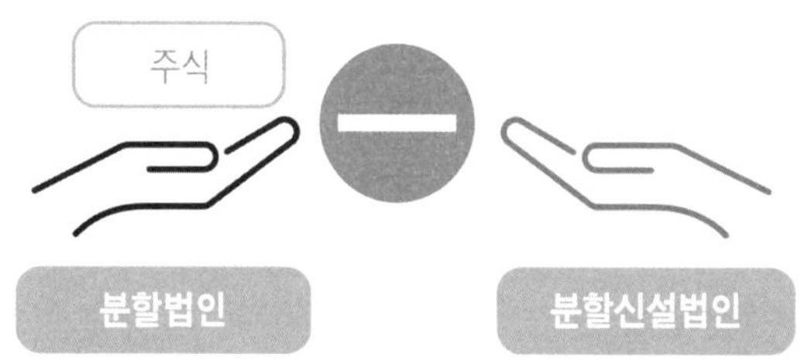

필자주

자산의 분류와 구분은 어떻게 하는 것인지?

「법인세법 시행규칙」 제41조 제9항 제1호를 적용함에 있어 '승계하는 주식등의 발행법인의 사업용 자산가액 중 세분류상 동일사업에 사용하는 사업용 자산가액의 비율'을 계산할 때 건설중인 자산은 사업용 자산의 범위에 포함하는 것이다(서면법령해석법인 2020-4377, 2020. 12. 18.).

> 법인세법 시행규칙 제41조
>
> ⑨ 제8항 제4호(분할하는 사업부문과 동일사업을 영위하는 법인의 주식)를 적용할 때 다음 각 호의 어느 하나에 해당하는 경우에는 동일사업을 영위하는 것으로 본다.
>
> 1. 분할하는 사업부문 또는 승계하는 주식등의 발행법인의 사업용 자산가액 중 세분류상 동일사업에 사용하는 사업용 자산가액의 비율이 각각 100분의 70을 초과하는 경우

국세청은 상기의 법규정을 적용할 때 "건설중인 자산을 사업용 자산가액에 포함하여야 한다"라고 해석한다. 해당 해석을 생산하면서 관련법령으로 법인세법 제43조[기업회계기준과 관행의 적용]와 법인세법 제79조[기업회계기준과 관행의 범위]를 포함시켰다. 즉, 건설중인 자산을 사업용 자산가액에 포함시키는 그 근거 법령이 되는 것이다.

합병·분할과 관련하여 유형자산·무형자산 및 투자자산 등 자산의 분류와 관련된 것들이 많다. 그와 관련하여 세법에서 특별히 규정하고 있는 것 외의 자산 분류와 구분은 기업회계기준과 관행에 따라 적용되어야 할 것이라는 것이 필자의 의견이다.

3) 분할법인 등만의 출자

법인 설립 시 개인이나 다른 법인과의 공동출자에 의하여 법인설립이 가능하나 과세특례가 인정되는 분할은 구조조정 목적의 사업부문 분할에 대한 지원이므로 분할법인 등만의 출자에 의한 분할만을 그 대상으로 한다. 그러므로 타인의 출자가 있을 경우 적격분할의 요건을 충족하지 못하게 된다.

따라서 분할법인 또는 소멸한 분할합병의 상대방법인만의 출자에 의하여 분할하거나 분할합병을 하여야 한다(법법 §46 ② 1호 다목).

분할합병의 경우 구체적으로 분할법인들만의 출자 또는 분할법인과 소멸한 분할합병의 상대방법인의 출자에 의하여 새로운 법인을 설립하거나 분할법인만의 출자에 의하여 분할합병을 해야 한다.

(2) 지분의 연속성

분할법인등의 주주가 분할신설법인등으로부터 받은 분할대가의 전액이 주식인 경우(분할합병의 경우에는 분할대가의 100분의 80 이상이 분할신설법인등의 주식인 경우 또는 분할대가의 100분의 80 이상이 분할합병의 상대방 법인의 발행주식총수 또는 출자총액을 소유하고 있는 내국법인의 주식인 경우를 말한다)로서 그 주식이 분할법인등의 주주가 소유하던 주식의 비율에 따라 배정(분할합병의 경우에는 대통령령으로 정하는 바에 따라 배정한 것을 말한다)되고 분할법인등의 해당주주[㈜]가 분할등기일이 속하는 사업연도의 종료일까지 그 주식을 보유해야 한다(법법 §46 ② 2호).

| 해당주주 |

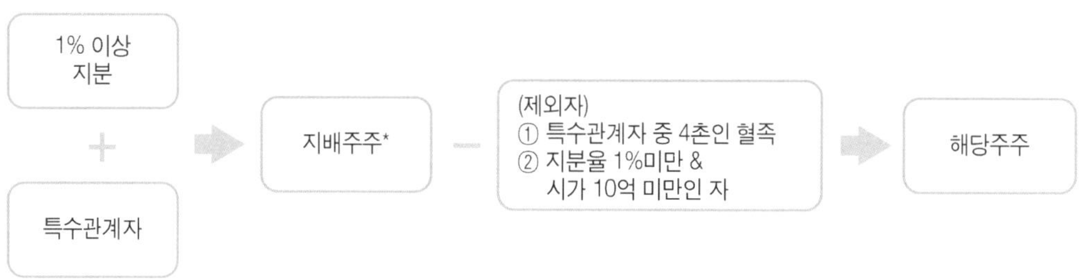

* 지배주주는 법법 제43조 제7항에 따른 지배주주를 말한다.

㈜ 해당주주(법령 제82조의 2 제8항)

법인의 발행주식총수 또는 출자총액의 100분의 1 이상의 주식 또는 출자지분을 소유한 주주등으로서 그와 특수관계에 있는 자와의 소유 주식 또는 출자지분의 합계가 해당 법인의 주주등 중 가장 많은 경우의 해당 주주등을 말한다(법령 §43 ③). 다만, 다음의 어느 하나에 해당하는 자를 제외한 주주를 말한다.

1. 친족 중 4촌인 혈족
2. 분할등기일 현재 분할법인등에 대한 지분비율이 100분의 1 미만이면서 시가로 평가한 그 지분가액이 10억원 미만인 자

해당주주에 대해서는 합병의 경우에는 다음과 같이 다르다(구체적으로 3번과 4번이 추가된다).

피합병법인의 해당주주(법령 제80조의 2 제5항)

"지배주주등"이란 법인의 발행주식총수 또는 출자총액의 100분의 1 이상의 주식 또는 출자지분을 소유한 주주 등으로서 그와 특수관계에 있는 자와의 소유 주식 또는 출자지분의 합계가 해당 법인의 주주등 중 가장 많은 경우의 해당 주주등을 말한다(법령 §43 ③, ⑦). 단, 다음의 어느 하나에 해당하는 자를 제외한 주주등을 말한다.

1. 친족 중 4촌인 혈족
2. 합병등기일 현재 피합병법인에 대한 지분비율이 100분의 1 미만이면서 시가로 평가한 그 지분가액이 10억원 미만인 자
3. 기업인수목적회사와 합병하는 피합병법인의 지배주주등인 자
4. 피합병법인인 기업인수목적회사의 지배주주등인 자

1) 지분의 연속성 판단시의 분할대가

적격분할 요건 중 하나인 지분의연속성 판단 시, 분할대가의 총합계액은 다음과 같다. 이는 의제배당 계산을 위한 분할대가의 총합계액(법법 §16 ② 2호)과는 차이가 있다. 또한 분할법인의 양도차익 계산을 위한 양도가액과도 차이가 있다.

① 분할신설법인등이 분할로 인하여 분할법인의 주주에 지급한 분할신설법인등의 주식(분할합병의 경우에는 분할등기일 현재 분할합병의 상대방 법인의 발행주식총수 또는 출자총액을 소유하고 있는 내국법인의 주식을 포함한다)의 가액

② 금전이나 그 밖의 재산가액의 합계액

③ 분할합병포합주식이 있는 경우에는 그 주식에 대하여 분할신설법인등의 주식(분할합병교부주식)을 교부하지 아니하더라도 그 지분비율에 따라 분할합병교부주식을 교부한 것으로 보아 분할합병의 상대방법인의 주식의 가액

적격분할(지분의 연속성) 판단시의 분할대가의 총합계액	의제배당 계산을 위한 분할대가	양도차익 계산을 위한 양도가액
① 분할교부주식등의 가액 (분할합병의 경우 모회사 주식포함) ② 금전이나 그 밖의 재산가액의 합계액 ③ 간주분할교부주식가액	① 분할교부주식등의 가액 ② 금전이나 그 밖의 재산가액의 합계액	① 분할교부주식등의 가액 ② 금전이나 그 밖의 재산가액의 합계액 ③ 간주분할교부주식가액 ④ 법인세 등 대납액

* 간주분할교부주식가액은 분할합병의 경우 적용된다.

2) 주식교부 요건

(A) 분할(분할합병은 제외)의 경우

분할법인등의 주주가 분할신설법인등으로부터 받은 분할대가의 전액이 주식이어야 한다 (법법 §46 ② 2호).

(B) 분할합병의 경우

분할합병의 경우에는 분할대가의 80% 이상이 분할신설법인등의 주식이어야 하며, 80% 이상인지를 판정할 때 분할합병의 상대방법인이 분할등기일 전 2년 내에 취득한 분할법인의 분할합병포합주식이 있는 경우에는 다음의 금액을 금전으로 교부한 것으로 본다.

이 경우 신설분할합병 또는 3 이상의 법인이 분할합병하는 경우로서 분할법인이 취득한 다른 분할법인의 주식이 있는 경우에는 그 다른 분할법인의 주식을 취득한 분할법인을 분할합병의 상대방법인으로 보아 아래의 내용을 적용하고, 소멸한 분할합병의 상대방법인이 취득한 분할법인의 주식이 있는 경우에는 소멸한 분할합병의 상대방법인을 분할합병의 상대방법인으로 보아 아래의 내용을 적용하여 계산한 금액을 금전으로 교부한 것으로 본다 (법법 §82의 2 ⑥).

1. 분할합병의 상대방법인이 분할등기일 현재 분할법인의 지배주주등㈜이 아닌 경우: 분할합병의 상대방법인이 분할등기일 전 2년 이내에 취득한 분할합병포합주식이 분할법인등의 발행주식총수의 100분의 20을 초과하는 경우 그 초과하는 분할합병포합주식에 대하여 교부한 분할합병교부주식(간주교부주식을 포함한다)의 가액
2. 분할합병의 상대방법인이 분할등기일 현재 분할법인의 지배주주등㈜인 경우: 분할등기일 전 2년 이내에 취득한 분할합병포합주식에 대하여 교부한 분할합병교부주식(간주교부주식을 포함한다)의 가액

㈜ 지배주주등 : 앞쪽의 지배주주 설명을 참고한다.
♣ 특수관계에 있는 자 : 합병에서 지배주주의 특수관계자와 동일하므로 합병부분을 참고한다.
★ 분할합병에 대한 80% 이상의 주식교부비율에 대해서는 합병부분을 참고한다.

3) 해당주주의 주식배정 요건

해당주주에 대해 주식배정요건을 충족해야 하는데 이하에서 기술하고자 한다. 이 책에서는 '지배주주'라는 용어 대신 '해당주주'라는 용어를 사용한다. 이는 법인세법에서 일컫는 '지배주주'와 그 범위가 조금 다르기 때문에 차별을 두기 위함이다.

A) 해당주주의 주식배정 방법

분할법인등의 주주에 분할합병으로 인하여 받은 주식을 배정할 때에는 해당주주에 다음 산식에 따른 가액 이상의 주식을 각각 배정하여야 한다(법령 §82의 2 ⑦).

분할신설법인등의 주식의 총합계액* × 해당주주의 분할법인등에 대한 지분비율**

* 분할대가의 총합계액 중 금전이나 간주교부주식을 뺀 주식의 가액
**지분비율 산정 시 분할법인등이 보유한 자기주식은 제외한다(법령 §82의 2 ⑦).

B) 해당주주

법인의 발행주식총수 또는 출자총액의 100분의 1 이상의 주식 또는 출자지분을 소유한 주주 등으로서 그와 특수관계에 있는 자와의 소유 주식 또는 출자지분의 합계가 해당 법인의 주주등 중 가장 많은 경우의 해당 주주등을 말한다(법령 §43 ③). 다만, 다음의 어느 하나에 해당하는 자를 제외한 주주를 말한다(법령 §82의 2 ⑧).

1. 제43조 제8항 제1호 가목의 친족 중 4촌인 혈족㈜
2. 분할등기일 현재 분할법인등에 대한 지분비율이 100분의 1 미만이면서 시가로 평가한 그 지분가액이 10억원 미만인 자

㈜ 다음에 해당하는 친족들을 말한다.
1. 3촌 이내의 인척
2. 배우자(사실상의 혼인관계에 있는 자를 포함한다)
3. 친생자로서 다른 사람에게 친양자 입양된 자 및 그 배우자 · 직계비속
4. 본인이 「민법」에 따라 인지한 혼인 외 출생자의 생부나 생모(본인의 금전이나 그 밖의 재산으로 생계를 유지하는 사람 또는 생계를 함께하는 사람으로 한정한다)

특수관계없는 주주 2인의 지분율이 각각 50%인 경우 주주 2인 모두 해당주주에 해당함

내국법인 및 다른 내국법인이 분할법인의 지분을 각각 50% 소유하고 있으며 서로 특수관계인에 해당하지 않는 경우 해당 내국법인은 「법인세법」 제46조의 3 제3항 제2호 및 「법인세법 시행령」 제82조의 2 제8항에 따른 지배주주에 해당하는 것임(서면법인 2018-2648, 2019. 1. 3.).

♣ 1% 이상의 주주로서 그와 특수관계자와 합한 지분율이 최고인 경우 지배주주에 해당한다. 그러나 둘의 지분율이 동일한 경우에는 둘 다 지배주주에 해당하게 된다.

분할사업부문에 속한 자기주식을 분할신설법인이 승계받은 후 분할신주를 배정받은 경우 주식 배정요건을 충족함

① 사실현황

- 당사(A법인)는 투자부문을 인적분할(이하 "본건 분할"이라 함)하여 분할신설법인(B법인)을 설립하는 과정에서 당사가 가지고 있던 자기주식을 분할신설법인에게 이전시킬 예정임.
- 분할신설법인(B법인)은 기존 당사(A법인)의 자기주식을 승계하였으므로 당사(A법인)의 주주 중 하나로서 본건 분할에 따라 기존 당사의 주주들에게 새로이 발행되는 분할신설법인(B법인)의 주식(자기주식)을 배정 및 교부받게 됨. 따라서 주식의 병합비율에 따라 B법인이 보유하는 A법인의 주식 중 일부는 B법인 주식(자기주식)으로 대체됨.

② 판단

분할법인이 인적분할에 따라 분할신설법인에 자기주식을 승계하고, 분할신설법인에 해당 자기주식의 분할법인에 대한 지분비율에 따라 분할신설법인의 주식이 배정된 경우에는 「법인세법」 제46조 제2항 제2호의 "주식이 분할법인 등의 주주가 소유하던 주식의 비율에 따라 배정"된 경우에 해당하여 주식배정요건을 충족하는 것이다(서면법령해석법인 2016-3562, 2016. 6. 21.).

4) 해당주주의 주식보유 요건

상기 [해당주주의 주식배정]에서의 해당주주가 배정받은 주식을 분할등기일이 속하는 사업연도의 종료일까지 보유해야 한다(법법 §46 ② 2호 후단).

| 지분의 연속성(적격분할 요건) |

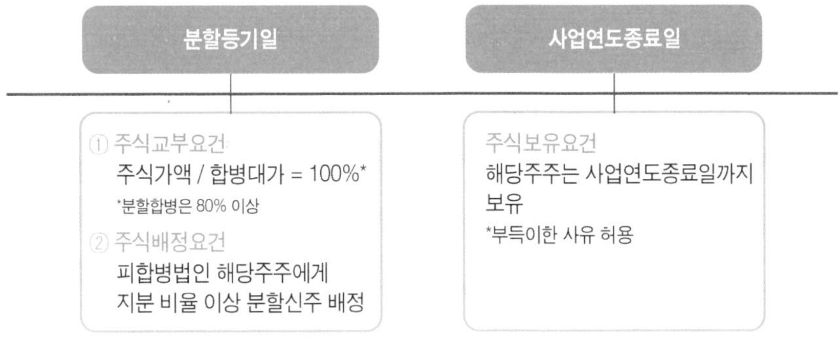

분할신설법인이 승계받은 자기주식에 대한 분할신주도 주식보유 요건 적용대상이 될 수 있음

① 사실현황

- 당사(A법인)는 투자부문을 인적분할(이하 "본건 분할"이라 함)하여 분할신설법인(B법인)을 설립하는 과정에서 당사가 가지고 있던 자기주식을 분할신설법인에게 이전시킬 예정임.
- 분할신설법인(B법인)은 기존 당사(A법인)의 자기주식을 승계하였으므로 당사(A법인)의 주주 중 하나로서 본건 분할에 따라 기존 당사의 주주들에게 새로이 발행되는 분할신설법인(B법인)의 주식(자기주식)을 배정 및 교부받게 됨. 따라서 주식의 병합비율에 따라 B법인이 보유하는 A법인의 주식 중 일부는 B법인 주식(자기주식)으로 대체됨.

② 판단

분할하는 사업부문에 속한 자기주식을 분할신설법인이 승계받고 자기주식 중 분할비율에 따라 합병신주를 분할신설법인이 교부받는 경우 분할신설법인이 지배주주에 포함되는 경우에는 주식보유 요건 적용대상이 되며, 사후관리 대상도 되는 것이다(서면법인 2017-1400, 2017. 7. 21.).

5) 부득이한 사유가 있는 경우

해당주주가 다음의 어느 하나에 해당하는 경우에는 부득이한 사유가 있는 것으로 본다(법령 §82의 2 ①).

① 해당주주가 분할로 교부받은 전체 주식등의 2분의 1 미만을 처분한 경우. 이 경우 해당 주주등이 분할로 교부받은 주식등을 서로 간에 처분하는 것은 해당 주주등이 그 주식등을 처분한 것으로 보지 않고, 해당 주주등이 분할신설법인의 주식등을 처분하는 경우에는 분할신설법인이 선택한 주식등을 처분하는 것으로 본다.

② 해당주주가 사망하거나 파산하여 주식등을 처분한 경우

③ 해당주주가 적격합병, 적격분할, 적격물적분할 또는 적격현물출자에 따라 주식등을 처분한 경우

④ 해당주주가 「조세특례제한법」 제38조·제38조의 2 또는 제121조의 30에 따라 주식등을 현물출자 또는 교환·이전하고 과세를 이연받으면서 주식등을 처분한 경우

⑤ 해당주주가 「채무자 회생 및 파산에 관한 법률」에 따른 회생절차에 따라 법원의 허가를 받아 주식등을 처분하는 경우

⑥ 해당주주가 「조세특례제한법 시행령」 제34조 제6항 제1호에 따른 기업개선계획의 이행을 위한 약정 또는 같은 항 제2호에 따른 기업개선계획의 이행을 위한 특별약정에 따라 주식등을 처분하는 경우

⑦ 해당주주가 법령상 의무를 이행하기 위하여 주식등을 처분하는 경우

해당주주가 법령상 의무를 이행하기 위해 주식을 처분하는 경우는 부득이한 경우에 해당함

분할법인의 「법인세법 시행령」 제82조의 2 제8항에 따른 지배주주에 해당하는 내국법인이 분할신설법인으로부터 교부받은 주식을 「독점규제 및 공정거래에 관한 법률」 제9조의 2 제2항 및 제3항에 따라 불가피하게 처분하는 경우는 「법인세법 시행령」 제80조의 2 제1항 제1호 사목에 따른 부득이한 사유에 해당하는 것입니다(서면법인 2018-1148, 2018. 4. 13.).

(3) 사업의 계속성

1) 개요

분할신설법인등이 분할등기일이 속하는 사업연도의 종료일까지 분할신설법인등이 분할법인등으로부터 승계받은 사업을 계속해야 한다. 한편, 분할법인으로부터 분할되지 않은 사업부문은 사업의 계속성 요건 적용대상이 아니므로 적격분할의 요건뿐만 아니라 사후관

리 대상도 아니다(서면법인 2018-1368, 2018. 7. 18.).

분할신설법인등이 분할법인등으로부터 승계받은 사업의 계속 여부의 판정 등에 관하여는 적격합병의 요건(법령 §80의 2 ⑦)을 준용하므로 합병부분을 참고로 한다.

(법령 제80조의 2 제7항)
합병법인이 합병등기일이 속하는 사업연도의 종료일 이전에 피합병법인으로부터 승계한 자산가액(유형자산, 무형자산 및 투자자산의 가액을 말한다. 이하 이 관 및 제156조 제2항에서 같다)의 2분의 1 이상을 처분하거나 사업에 사용하지 아니하는 경우에는 법 제44조 제2항 제3호에 해당하지 아니하는 것으로 한다. 다만, 피합병법인이 보유하던 합병법인의 주식을 승계받아 자기주식을 소각하는 경우에는 해당 합병법인의 주식을 제외하고 피합병법인으로부터 승계받은 자산을 기준으로 사업을 계속하는지 여부를 판정하되, 승계받은 자산이 합병법인의 주식만 있는 경우에는 사업을 계속하는 것으로 본다.

2) 부득이한 사유가 있는 경우

다음의 어느 하나에 해당하는 경우에는 부득이한 사유가 있는 것으로 본다(법령 §82의 2 ①).

① 분할신설법인이 파산함에 따라 승계받은 자산을 처분한 경우
② 분할신설법인이 적격합병, 적격분할, 적격물적분할 또는 적격현물출자에 따라 사업을 폐지한 경우
③ 분할신설법인이 「조세특례제한법 시행령」 제34조 제6항 제1호에 따른 기업개선계획의 이행을 위한 약정 또는 같은 항 제2호에 따른 기업개선계획의 이행을 위한 특별약정에 따라 승계받은 자산을 처분한 경우
④ 분할신설법인이 「채무자 회생 및 파산에 관한 법률」에 따른 회생절차에 따라 법원의 허가를 받아 승계받은 자산을 처분한 경우

(4) 고용승계 · 유지

1) 고용승계방법

분할등기일 1개월 전 당시 분할하는 사업부문에 종사하는 근로자 중 분할신설법인등이 승계한 근로자의 비율이 100분의 80 이상이고, 분할등기일이 속하는 사업연도의 종료일까지 그 비율을 유지해야 한다(법법 §46 ② 4호). 다만, 부득이한 사유 발생으로 인해 그 비율을 유지하지 못하는 경우는 예외로 한다.

적격분할의 요건에 해당하는 고용의 승계・유지의 검토 시 그 기준이 되는 80% 미만 여부는 분할등기일 1개월 전 당시 분할하는 사업부문에 종사하였던 그 사람들 기준으로 판단한다. 이는 후술하는 사후관리사유 위반 여부 판단 시 분할등기일 1개월 전 당시 분할하는 사업부문에 종사하였던 근로자 수의 80% 이상 유지하여야 하는 것과는 다르다. 즉, 적격분할의 요건 판단 시에는 그 당시 근무하였던 사람 기준이며, 사후관리위반 여부 판단 시에는 그 당시 사람기준이 아닌 단순 숫자 기준으로 판단한다는 것이다.

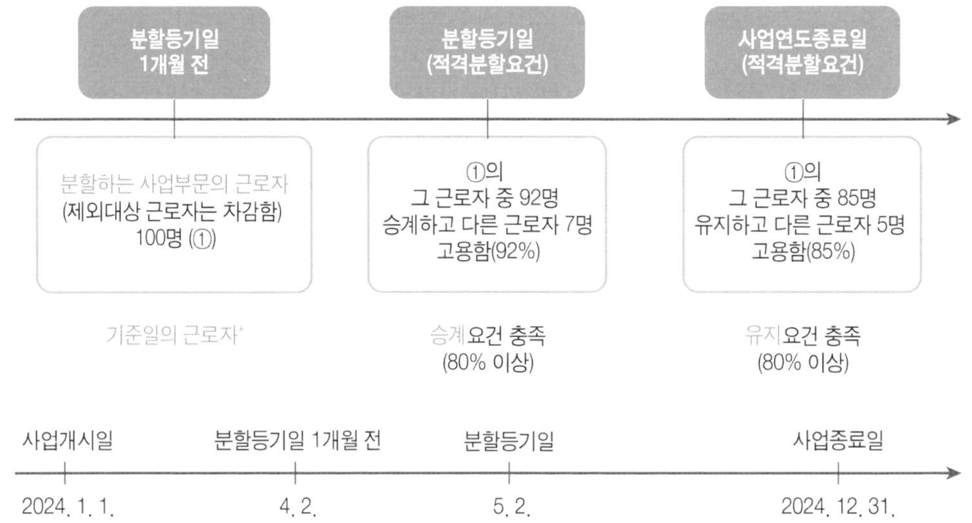

| 분할등기일 또는 사업연도종료일의 근로자 현황에 따른 고용승계・유지요건 충족 여부 |

분할등기일 1개월 전	사례1	사례2	사례3
근로자 수 (100명)	*기존근로자 수 : 82 *신규 고용근로자 : 10 *총근로자 수 : 92	*기존근로자 수 : 75 *신규 고용근로자 : 35 *총근로자 수 : 110	*기존근로자 수 : 80 *신규 고용근로자 : 30 *총근로자 수 : 110
유지요건 충족 여부*	(82%) 충족	(75%) 미충족	(80%) 충족

* 분할등기일 1개월 전 그 당시 근무하였던 그 근로자(사람) 수로서 산정한다. 따라서 그 당시 근무하였던 사람 기준이므로 이후 채용한 신규 고용근로자는 제외하고 판단한다(서면법인 2019-94, 2019. 4. 30.).

고용승계・유지 요건 판단 시 퇴사 후 재입사 한 경우에는 신규채용으로 보지 아니함

내국법인이 건설사업부문을 인적분할하여 분할신설법인을 설립하는 경우로서 분할등기일 1개월 전 분할사업부문에 종사하는 고용승계 대상 근로자 중 개별 건설현장 업무를 수행하고 해당 현장의 공사가 종료되면 고용계약이 종료되고 이후 다른 건설 현장에서 다시 근무하게 되면 새로운 근로계약을 체결하는 현장 계약직 근로자가 있는 경우, 분할신설법인이 「법인세법」 제46조 제2항 제4호에 따라 분할등기일이 속하는 사업연도의 종료일까지 80% 이상의 승계비율을 유지하였는지 여부를 판단함에 있어 해당 현장 계약직 근로자가 퇴사 후 재입사 하는 경우에도 재입사일 이후에는 분할신설법인에 종사하고 있는 근로자의 수에 포함되는 것임(사전법령해석법인 2021-1069, 2021. 8. 11.).

인적분할 후 분할등기일이 속하는 사업연도에 물적분할하는 경우 고용유지조건

분할등기일에 '고용승계요건'을 갖춘 분할신설법인이 분할등기일이 속하는 사업연도 중에 적격물적분할을 함에 따라 '고용유지요건'을 갖추지 못한 경우에도 적격분할로 보는 것임(서면법인 2023-393, 2023. 5. 2.).

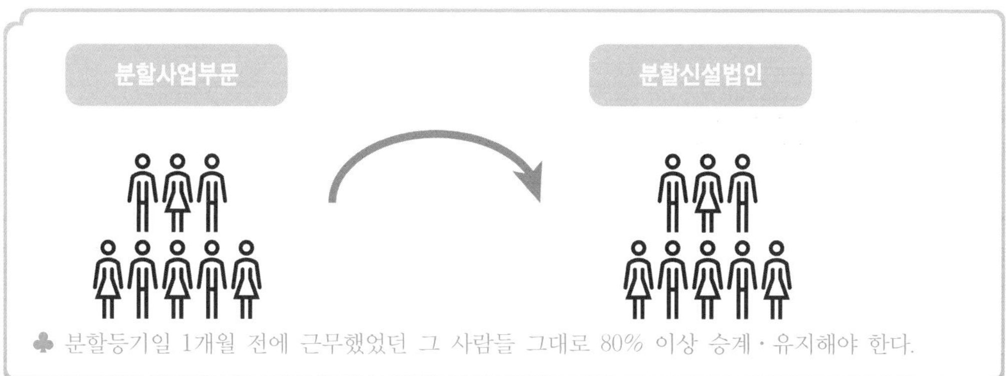

♣ 분할등기일 1개월 전에 근무했었던 그 사람들 그대로 80% 이상 승계·유지해야 한다.

2) 승계해야 하는 근로자의 범위

근로자의 범위에 관하여는 법령 제80조의 2 제6항(적격합병의 요건)을 준용한다(법령 §82의 2 ⑩). 따라서 「근로기준법」에 따라 근로계약을 체결한 내국인 근로자를 말한다. 다만, 다음의 어느 하나에 해당하는 근로자는 제외한다.

1. 제40조 제1항 각 호의 어느 하나에 해당하는 임원
2. 분할등기일이 속하는 사업연도의 종료일 이전에 「고용상 연령차별금지 및 고령자고용촉진에 관한 법률」 제19조에 따른 정년이 도래하여 퇴직이 예정된 근로자
3. 분할등기일이 속하는 사업연도의 종료일 이전에 사망한 근로자 또는 질병·부상 등 기획재정부령으로 정하는 사유로 퇴직한 근로자
4. 「소득세법」 제14조 제3항 제2호에 따른 일용근로자
5. 근로계약기간이 6개월 미만인 근로자. 다만, 근로계약의 연속된 갱신으로 인하여 분할등기일 1개월 전 당시 그 근로계약의 총 기간이 1년 이상인 근로자는 제외한다.
6. 금고 이상의 형을 선고받는 등 기획재정부령으로 정하는 근로자의 중대한 귀책사유로 퇴직한 근로자

상기 근로자는 승계·유지해야 하는 근로자의 범위에서 제외하며, 다음의 어느 하나에 해당하는 근로자 또한 선택적으로 제외할 수 있다(법령 §82의 2 ⑩). 이는 적격합병과 달리 적격분할에서 추가적으로 제외 가능한 근로자이다. 이하에서 '선택적 제외 가능 근로자'라 한다.

1. 분할 후 존속하는 사업부문과 분할하는 사업부문에 모두 종사하는 근로자
2. 분할하는 사업부문에 종사하는 것으로 볼 수 없는 업무를 수행하는 근로자로서 인사, 재무, 회계, 경영관리 업무 또는 이와 유사한 업무를 수행하는 근로자

| 승계·유지 제외대상 근로자 |

구분	내용
제외자	1. 외국인 근로자
	2. 다음에 해당하는 자 ① 임원 ② 정년퇴직 예정자 ③ 질병등 사유로 퇴직한 자 ④ 일용직 등 ⑤ 단시간 근로자 ⑥ 금고 이상의 형 선고자 등
	3. 선택적 제외 가능 근로자

3) 부득이한 사유가 있는 경우

분할신설법인등이 다음 중 어느 하나에 해당하거나 분할등기일 1개월 전 당시 분할하는 사업부문(분할법인으로부터 승계하는 부분을 말한다)에 종사하는 법령 제82조의 4 제9항의 근로자가 5명 미만인 경우에는 부득이한 사유가 있는 것으로 보아(법령 §82의 2 ①) 적격분할에 따른 과세특례를 적용받을 수 있다.

① 분할신설법인이 「채무자 회생 및 파산에 관한 법률」 제193조에 따른 회생계획을 이행 중인 경우

② 분할신설법인이 파산함에 따라 근로자의 비율을 유지하지 못한 경우

③ 분할신설법인이 적격합병, 적격분할, 적격물적분할 또는 적격현물출자에 따라 근로자의 비율을 유지하지 못한 경우

| 부득이한 사유가 있는 경우 |

① or ②의 경우에는 부득이한 사유가 있는 것으로	
① *회생계획 이행 중인 경우 *파산 *적격구조조정(적격합병 등)	② 분할등기일 1개월 전 근로자가 5명 미만인 경우

상기의 "분할등기일 1개월 전 당시 분할하는 사업부문에 종사하는 법령 제82조의 4 제9항의 근로자가 5명 미만인 경우"에서 근로자란 「근로기준법」에 따라 근로계약을 체결한 내국인 근로자를 말한다. 다만, 다음의 어느 하나에 해당하는 근로자를 제외할 수 있다(법령 §82의 2 ① 3호).

1. 분할 후 존속하는 사업부문과 분할하는 사업부문에 모두 종사하는 근로자
2. 분할하는 사업부문에 종사하는 것으로 볼 수 없는 업무를 수행하는 근로자로서 인사, 재무, 회계, 경영관리 업무 또는 이와 유사한 업무를 수행하는 근로자

| 5명 미만 여부 판단 시의 제외대상 근로자 |

제외자	1. 외국인 근로자
	2. 다음에 해당하는 자 ① 임원 ② 정년퇴직 예정자 ③ 질병등 사유로 퇴직한 자 ④ 일용직 등 ⑤ 단시간 근로자 ⑥ 금고 이상의 형 선고자 등
	3. 선택적 제외 가능 근로자

3. 분할 후 분할법인의 세무처리

(1) 과세표준 등의 신고

내국법인이 분할로 해산하는 경우로서 그 사업연도의 소득에 대한 법인세의 과세표준과 세액을 신고를 할 때에는 그 신고서에 다음의 서류를 첨부하여야 한다. 신고기한은 사업연도 종료일일 속하는 달의 말일부터 3개월(성실신고확인서를 제출하는 경우에는 4개월)이다(법법 §60).

① 분할등기일 현재의 분할법인 또는 소멸한 분할합병의 상대방법인의 재무상태표와 분할신설법인등이 그 분할에 따라 승계한 자산 및 부채의 명세서
② 분할신설법인등의 본점 등의 소재지, 대표자의 성명, 분할법인등의 명칭, 합병등기일 또는 분할등기일, 그 밖에 필요한 사항이 기재된 서류(법령 §97 ⑦)

(2) 대손금의 손금산입

원칙 채무자의 파산, 강제집행 등의 사유로 대손금을 손금산입하는 경우 해당 사유가 발생하여 손비로 계상한 날(결산조정)이 속하는 사업연도에 손금처리한다. 그러나 법인이 다른 법인과 합병하거나 분할하는 경우로서 상기 결산조정항목의 규정에 해당하는 대손금을 합병등기일 또는 분할등기일이 속하는 사업연도까지 손비로 계상하지 아니한 경우 그 대손금은 해당 법인의 합병등기일 또는 분할등기일이 속하는 사업연도의 손금으로 한다(법령 §19의 2 ④). 따라서, 분할등기일 이전에 이미 대손사유가 발생한 경우에는 분할법인의 대손금으로의 처리 여부와 관계없이 손금으로 하여야 하며, 분할 후 분할신설법인의 손금으로 산입할 수 없다. 더 구체적인 것은 합병 부분에 잘 기술되어 있으니 참고한다.

(3) 대손충당금의 승계

대손충당금을 손금에 산입한 내국법인이 분할하는 경우 그 법인의 분할등기일 현재의 해당 대손충당금 중 분할신설법인등이 승계(해당 대손충당금에 대응하는 채권이 함께 승계되는 경우만 해당한다)받은 금액은 그 분할신설법인등이 분할등기일에 가지고 있는 대손충당금으로 본다(법법 §34 ④).

(4) 퇴직급여충당금의 승계

퇴직급여충당금을 손금에 산입한 내국법인이 분할하는 경우 그 법인의 분할등기일 현재의 해당 퇴직급여충당금 중 분할신설법인 또는 분할합병의 상대방 법인이 승계받은 금액은 그 분할신설법인이 분할등기일에 가지고 있는 퇴직급여충당금으로 본다(법법 §33 ③).

(5) 업무무관 부동산 등에 대한 지급이자

유예기간 중에 해당 법인의 업무에 직접 사용하지 아니하고 양도하는 부동산은 취득일부터 양도일까지의 기간을 업무와 관련이 없는 것으로 본다(법칙 §26 ⑨). 하지만, 유예기간 내에 법인의 합병 또는 분할로 인하여 양도되는 부동산은 그러하지 아니하다(법칙 §26 ⑤ 25호).

(6) 업무용승용차 관련비용의 처리

내국법인이 **해산**(합병 · 분할 또는 분할합병에 따른 해산을 포함한다)한 경우에는 **임차차량**의 감가상각비 한도초과와 소유차량의 **처분손실** 한도초과에 따라 이월된 금액 중 남은 금액을 해산등기일(합병 · 분할 또는 분할합병에 따라 해산한 경우에는 합병등기일 또는 분할등기일을 말한다)이 속하는 사업연도에 모두 손금에 산입한다(법칙 §27의 2 ⑧).

물론 법칙 제27조의 2 제8항에서 "**해산**하는 경우 손금산입한다"라고 규정하고 있지만, 업무용승용차 관련 세무조정사항은 '유보'가 아니라 '기타사외유출'에 해당하여 승계의 대상이 되지 아니하고, 아래의 예규 사례처럼 물적분할의 경우에도 해산이라는 절차를 거치지 않지만 분할신설법인에 승계하지 아니하고 분할법인의 각사업연도소득금액 계산 시 반대의 세무조정을 통해 손금산입하라고 하고 있기 때문이다.

「법인세법」 제27조의 2 규정에 해당하는 업무용승용차 및 이와 관련한 감가상각비 한도초과액을 보유한 내국법인이 물적분할을 통하여 분할신설법인에 해당 업무용승용차를 승계한 경우 같은 법 제47조 제4항 및 같은 법 시행령 제85조에 따라 업무용승용차 관련 세무조정사항은 분할신설법인에 승계되지 아니하는 것이며, 이 경우 승계되지 아니하는 업무용승용차 관련 감가상각비 한도초과액은 분할법인의 각 사업연도 소득금액을 계산할 때 반대의 세무조정을 통해 손금에 산입되어 소멸되는 것입니다(서면법인 2017-2747, 2017. 11. 30.).

(7) 토지등 양도차익

내국법인이 일정 조건에 해당하는 토지, 건물(건물에 부속된 시설물과 구축물을 포함한다), 주택을 취득하기 위한 권리로서 「소득세법」 제88조 제9호에 따른 조합원입주권 및 같은 조 제10호에 따른 분양권을 양도한 경우에는 해당 각 호에 따라 계산한 세액을 토지등 양도소득에 대한 법인세로 하여 제13조에 따른 과세표준에 제55조에 따른 세율을 적용하여 계산한 법인세액에 추가하여 납부하여야 한다(법법 §55의 2 ①).

그러나 적격분할 · 적격합병 · 적격물적분할 · 적격현물출자로 인하여 발생하는 토지등 양도소득에 대하여는 적용하지 아니한다. 다만, 미등기 토지등에 대한 토지등 양도소득에 대하여는 그러하지 아니하다(법법 §55의 2 ④ 3호 및 법령 §92의 2 ④ 2호).

(8) 국고보조금의 승계

국고보조금등 상당액을 손금에 산입한 내국법인이 손금에 산입한 금액을 기한 내에 사업용자산의 취득 또는 개량에 사용하지 아니하거나 사용하기 전에 폐업 또는 해산하는 경우 그 사용하지 아니한 금액은 해당 사유가 발생한 날이 속하는 사업연도의 소득금액을 계산할 때 익금에 산입한다. 다만, 분할하는 경우로서 분할신설법인이 그 금액을 승계한 경우는 제외하며, 이 경우 그 금액은 분할신설법인이 손금에 산입한 것으로 본다(법법 §36 ③).

(법법 제36조)

② 국고보조금등을 지급받은 날이 속하는 사업연도의 종료일까지 사업용자산을 취득하거나 개량하지 아니한 내국법인이 그 사업연도의 다음 사업연도 개시일부터 1년 이내에 사업용자산을 취득하거나 개량하려는 경우에는 취득 또는 개량에 사용하려는 국고보조금등의 금액을 제1항을 준용하여 손금에 산입할 수 있다. 이 경우 허가 또는 인가의 지연 등 대통령령으로 정하는 사유로 국고보조금등을 기한 내에 사용하지 못한 경우에는 해당 사유가 끝나는 날이 속하는 사업연도의 종료일을 그 기한으로 본다.

③ 제2항에 따라 국고보조금등 상당액을 손금에 산입한 내국법인이 손금에 산입한 금액을 기한 내에 사업용자산의 취득 또는 개량에 사용하지 아니하거나 사용하기 전에 폐업 또는 해산하는 경우 그 사용하지 아니한 금액은 해당 사유가 발생한 날이 속하는 사업연도의 소득금액을 계산할 때 익금에 산입한다. 다만, 합병하거나 분할하는 경우로서 합병법인등이 그 금액을 승계한 경우는 제외하며, 이 경우 그 금액은 합병법인등이 제2항에 따라 손금에 산입한 것으로 본다.

(9) 퇴직금

법인이 임원 또는 직원에게 지급하는 퇴직급여(「근로자퇴직급여 보장법」 제2조 제5호에 따른 급여를 말한다)는 임원 또는 직원이 현실적으로 퇴직하는 경우에 지급하는 것에 한하여 이를 손금에 산입한다(법령 §44 ①, ②).

현실적인 퇴직은 법인이 퇴직급여를 실제로 지급한 경우로서 다음의 어느 하나에 해당하는 경우를 포함하는 것으로 한다.

① 법인의 직원이 해당 법인의 임원으로 취임한 때

② 법인의 임원 또는 직원이 그 법인의 조직변경·합병·분할 또는 사업양도에 의하여 퇴직한 때

법인이 다음의 사유로 다른 법인 또는 사업자로부터 임직원을 인수하면서 인수시점에 전

사업자가 지급하여야 할 퇴직급여상당액 전액을 인수(퇴직보험 등에 관한 계약의 인수를 포함한다.)하고 해당 종업원에 대한 퇴직급여 지급 시 전사업자에 근무한 기간을 통산하여 해당 법인의 퇴직급여지급규정에 따라 지급하기로 약정한 경우에는 해당 종업원에 대한 퇴직급여와 영 제60조 제2항의 퇴직급여추계액은 전사업자에 근무한 기간을 통산하여 계산할 수 있다(법기통 33-60-2).

① 다른 법인 또는 개인사업자로부터 사업을 인수(수개의 사업장 또는 사업 중 하나의 사업장 또는 사업을 인수하는 경우를 포함한다)한 때
② 법인의 합병 및 분할
③ 영 제2조 제5항에 따른 특수관계 법인간의 전출입

추가적인 것은 합병부분의 퇴직금을 참고로 한다.

Ⅳ 분할신설법인등에 대한 과세

분할신설법인등이 분할로 분할법인등의 자산을 승계한 경우에는 그 자산을 분할법인등으로부터 분할등기일 현재의 시가로 양도받은 것으로 본다(법법 §46의 2 ①).

순자산의 시가와 양도가액과의 차액에 대해 분할매수차손익이 발생한다. 분할매수차익은 5년간 균등 익금산입하고, 분할매수차손에 대해서는 세무상 그 자산성이 인정되는 경우에 한해 5년간 균등 손금산입한다.

비적격분할인 경우 분할법인의 이월결손금을 승계받을 수 없고 분할법인의 공제·감면세액도 승계받아 공제받을 수 없다.

비적격분할인 경우 분할신설법인은 분할법인의 세무조정사항 중 퇴직급여충당금과 대손충당금 관련된 세무조정사항만 승계받을 수 있고 그 외의 세무조정사항은 승계받을 수 없다.

> 분할사업부문의 순자산 시가 산정 방법
> 분할합병의 상대방 법인이 비적격분할합병으로 인하여 분할법인으로부터 승계받는 분할사업부문의 순자산의 시가는 분할합병등기일 현재 개별 자산·부채별로 「법인세법 시행령」 제89조에 따라 평가한 자산총액에서 부채총액을 뺀 금액을 말함(사전법령해석법인 2021-1015, 2021. 8. 9.).

세무상 자산이 아닌 것은 분할매수차손 계산 시 자산에 포함하지 않음

분할에 따라 승계받은 순자산의 시가 산정 방법과 관련하여 쟁점 발전사업권가액은 세무상 자산이 아니므로 분할매수차손계산시 순자산에 포함하지 않음(서면법규법인 2022-2992, 2023. 10. 20).

* 영업권은 유상으로 취득한 경우에 한해서 세법상 무형자산으로 인정된다(법칙 제12조 제1항 제1호).

1. 세무조정사항의 승계

내국법인이 분할하는 경우에는 비적격분할, 적격분할 또는 물적분할에 따라 분할법인등의 각 사업연도의 소득금액 및 과세표준을 계산할 때 세무조정사항의 승계는 다음의 구분에 따른다(법령 §85).

1. 적격분할의 경우: 세무조정사항(존속분할의 경우에는 분할하는 사업부문의 세무조정사항에 한정한다)은 모두 분할신설법인등에 승계된다.
2. 비적격분할의 경우: 퇴직급여충당금 또는 대손충당금을 분할신설법인등이 승계한 경우에는 그와 관련된 세무조정사항을 승계하고 그 밖의 세무조정사항은 모두 분할신설법인등에 승계되지 아니한다. 이 경우에도 존속분할의 경우에는 분할하는 사업부문의 세무조정사항에 한정한다.

| 적격합병 또는 비적격합병에 따른 세무조정사항(유보)의 승계 |

구 분	적격분할	비적격분할
세무조정사항 승계 여부	모두 승계	퇴직급여충당금, 대손충당금에 한해 승계

2. 분할매수차익의 처리

분할신설법인등은 분할법인등의 자산을 법법 제46조의 2 제1항에 따라 시가로 양도받은 것으로 보므로 분할법인 등에 지급한 양도가액이 분할법인등의 분할등기일 현재의 순자산 시가보다 적은 경우(분할매수차익)에는 그 차액을 제60조 제2항 제2호에 따른 세무조정계산서에 계상하고 분할등기일부터 5년간 균등하게 나누어 익금에 산입한다.

양도가액이 순자산시가에 미달하는 경우 그 차액(분할매수차익)에 대한 익금산입액 계산, 산입방법 등에 관하여는 제80조의 3 제1항(합병시 양도가액과 순자산시가와의 차액 처리)을 준용하므로 구체적인 것은 합병매수차익을 참고로 하면 된다.

한편, 일반기업회계기준(K-IFRS 포함)상으로는 분할에 대해 장부금액법으로 회계처리하므로 공정가치가 아닌 장부가액으로 계상하므로 회계상 염가매수차익 또는 영업권은 발생하지 않는다.

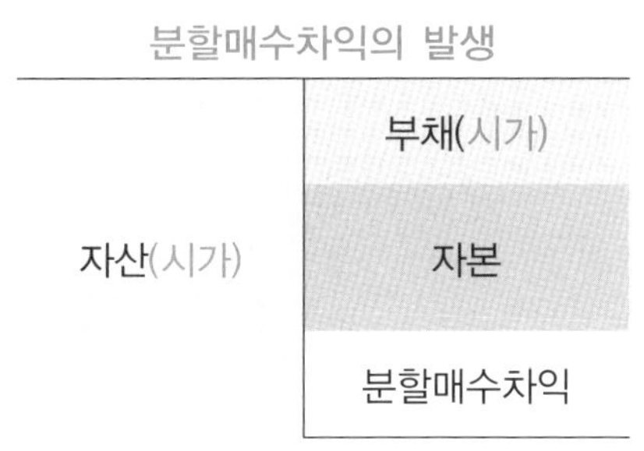

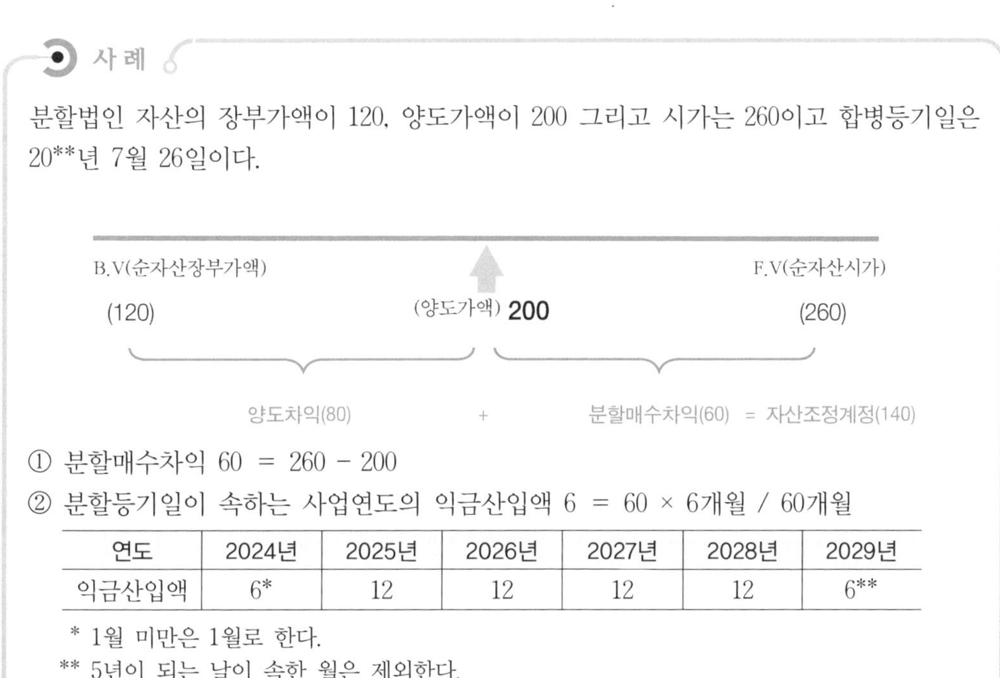

분할법인 자산의 장부가액이 120, 양도가액이 200 그리고 시가는 260이고 합병등기일은 20**년 7월 26일이다.

① 분할매수차익 60 = 260 - 200

② 분할등기일이 속하는 사업연도의 익금산입액 6 = 60 × 6개월 / 60개월

연도	2024년	2025년	2026년	2027년	2028년	2029년
익금산입액	6*	12	12	12	12	6**

* 1월 미만은 1월로 한다.

** 5년이 되는 날이 속한 월은 제외한다.

3. 분할매수차손의 처리

분할신설법인등은 분할법인등의 자산을 법법 제46조의 2 제1항에 따라 시가로 양도받은 것으로 보므로 분할법인 등에 지급한 양도가액이 분할등기일 현재의 순자산시가를 초과하는 경우로서 분할신설법인등이 분할법인등의 상호·거래관계, 그 밖의 영업상의 비밀 등에 대하여 사업상 가치가 있다고 보아 대가를 지급한 경우에 해당하는 경우(법령 §82의 3)에는 그 차액을 제60조 제2항 제2호에 따른 세무조정계산서에 계상하고 분할등기일부터 5년간

균등하게 나누어 손금에 산입한다.

분할매수차손에 대한 손금산입액 계산, 산입방법 그리고 자산성 인정의 요건 등에 관하여는 제80조의 3 제3항(합병시 양도가액과순자산시가와의 차액처리)을 준용하므로(법령 §82의 3 ③) 구체적인 내용은 합병매수차손 부분을 참고하면 된다.

분할매수차손의 발생

자산(시가)	부채(시가)
	자본
분할매수차손	

사 례

분할법인 자산의 장부가액이 120, 양도가액이 260 그리고 시가가 200이고 분할등기일은 2024년 7월 26일이다. 합병매수차손은 세법상 그 자산성이 인정된다.

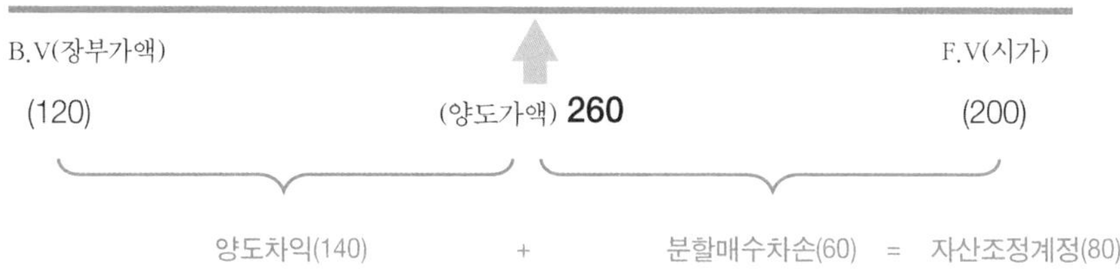

① 분할매수차손 60 = 200 - 260

② 분할등기일이 속하는 사업연도의 손금산입액 6 = 60 × 6개월 / 60개월

연도	2024년	2025년	2026년	2027년	2028년	2029년
익금산입액	6*	12	12	12	12	6**

* 1월 미만은 1월로 한다.

** 5년이 되는 날이 속한 월은 제외한다.

| 5년간 균등 분할하여 익금 또는 손금에 산입하는 분할매수차 · 손익 |

구 분	내 용
분할매수차익	분할매수차익 = 순자산의 시가* - 양도가액 * 순자산의 시가 = 분할등기일 현재 자산총액 시가 - 분할등기일 현재 부채 총액 시가 분할매수차익은 세무조정계산서에 계상하고 5년간 균등분할 익금산입 분할매수차익 분할익금산입액 = 분할매수차익 × 해당 사업연도의 월수 / 60월
분할매수차손	분할매수차손 = 양도가액 - 순자산의 시가* * 순자산의 시가 = 분할등기일 현재 자산총액 시가 - 분할등기일 현재 부채 총액 시가 • 분할신설법인 등이 분할법인등의 상호 · 거래관계, 그 밖의 영업상의 비밀 등에 대하여 사업상 가치가 있다고 보아 대가를 지급한 것에 한함. • 분할매수차손은 세무조정계산서에 계상하고 5년간 균등분할 손금산입 분할매수차손 분할손금산입액 = 분할매수차손 × 해당 사업연도의 월수 / 60월

장부에 계상되지 않은 사업권을 감정평가하여 분할신설법인에게 분할하는 경우 세무상 자산이 아니므로 분할매수차손 계산 시 순자산에 포함하지 않음

분할신설법인이 분할법인으로부터 「전기사업법」 제7조에 따른 전기사업의 허가를 받은 사업권(이하 "발전사업권")등을 인적분할을 통해 승계한 경우로서 분할매수차손을 산정하는 경우 해당 발전사업권의 평가액(「상속세 및 증여세법 시행령」 제49조 제1항에 따른 감정가격을 말함)은 「법인세법 시행령」 제82조의 3 제3항에 따른 순자산시가에 포함되지 않는 것임(서면법규법인 2022-2992, 2023. 10. 20.).

법인세법상 내부창출한 영업권은 인정하지 않고 있으며, 상호 · 거래관계 기타 영업상의 비밀 등 사업상가치를 평가하여 외부에 대가를 지급하고 감가상각자산으로 계상한 경우에만 영업권에 해당된다(법인-4006, 2008. 12. 16. 및 법인 22601-2447, 1988. 8. 31. 및 법인 46012-1419, 2000. 6. 22.).
따라서 내부 창출한 사업권을 감정평가하여 영업권(자산)으로 인식하고 분할매수차손을 산정할 수는 없다.

4. 취득가액

합병 · 분할 또는 현물출자에 따라 취득한 **자산**의 경우 다음의 구분에 따른 금액을 취득가액으로 한다(법령 §72 ② 3호).

① 적격분할(물적분할은 제외)의 경우 : 장부가액

② 비적격분할(물적분할 포함)의 경우 : 해당 자산의 시가

분할사업부문의 순자산 시가 산정 방법

분할합병의 상대방 법인이 비적격분할합병으로 인하여 분할법인으로부터 승계받는 분할사업부문의 순자산의 시가는 분할합병등기일 현재 개별 자산 · 부채별로 「법인세법 시행령」 제89조에 따라 평가한 자산총액에서 부채총액을 뺀 금액을 말함(사전법령해석법인 2021-1015, 2021. 8. 9.).

5. 연대납세의무

법인이 분할되거나 분할합병된 후 분할되는 법인이 존속하는 경우 다음의 법인은 분할등기일 이전에 분할법인에 부과되거나 납세의무가 성립한 국세 및 강제징수비에 대하여 분할로 승계된 재산가액을 한도로 연대하여 납부할 의무가 있다(국세기본법 §25).

1. 분할법인
2. 분할 또는 분할합병으로 설립되는 법인(분할신설법인)
3. 분할법인의 일부가 다른 법인과 합병하는 경우 그 합병의 상대방인 다른 법인(분할합병의 상대방법인)

법인이 분할 또는 분할합병한 후 소멸하는 경우 다음의 법인은 분할법인에 부과되거나 분할법인이 납부하여야 할 국세 및 강제징수비에 대하여 분할로 승계된 재산가액을 한도로 연대하여 납부할 의무가 있다.

1. 분할신설법인
2. 분할합병의 상대방 법인

6. 중간예납

법인이 분할로 인하여 새로이 설립되는 경우 「법인세법」 제63조(중간예납)의 규정을 적

용함에 있어 분할신설법인의 최초 사업연도가 6월을 초과하는 경우에는 중간예납의무가 있는 것으로 그 중간예납기간은 최초 사업연도개시일(설립등기일)로부터 6월간으로 한다(서면2팀-830, 2007. 5. 2. 및 제도 46012-11361, 2001. 6. 5.).

한편, 분할신설법인 또는 분할합병의 상대방 법인의 분할 후 최초의 사업연도에는 직전 사업연도의 산출세액을 기준으로 계산하는 중간예납방식을 선택할 수 없고, 해당 중간예납기간의 법인세액을 기준으로 하는 가결산방식에 따라 계산된 중간예납세액만을 신고할 수 있다(법법 §63의 2 ② 2호 다목).

7. 과세기간

건설업과 기타사업을 겸영하는 법인이 상법 제530조의 2 내지 530조의 12의 규정에 의하여 건설사업부문을 분할하여 법인을 설립함에 있어서 분할신설법인의 분할등기전에 사실상 분할한 경우로서, 사실상 분할한 날부터 분할등기일까지 실질적으로 분할신설법인에 귀속되는 손익은 그 손익이 최초로 발생한 날을 분할신설법인의 최초 사업연도의 개시일로 하여 당해 사업연도의 소득금액계산상 익금 및 손금에 산입하는 것이다(법인 46012-1027, 2000. 4. 26.).

따라서 적격, 비적격분할 관계없이 분할등기전에 사실상 분할한 경우로서 실질적으로 분할신설법인에게 귀속되는 손익은 그 손익이 최초로 발생한 날을 분할신설법인의 최초 사업연도의 개시일로 하는 것이다.

8. 분할전 분할사업부문 대해 분할이후 발생한 손익의 귀속

분할로 설립된 분할신설법인은「상법」제530조의 10에 따라 분할계획서에 정하는 바에 의하여 분할법인의 권리와 의무를 승계하게 된다(법인-157, 2011. 2. 25.).

상법 제530조의 10(분할 또는 분할합병의 효과)

단순분할신설회사, 분할승계회사 또는 분할합병신설회사는 분할회사의 권리와 의무를 분할계획서 또는 분할합병계약서에서 정하는 바에 따라 승계한다.

(분할계획서 일부내용)

- 분할사업과 관련하여 분할기일 이전 행위 또는 사실로 분할기일 이후 확정되는 채무(우발채무 기타 일체 채무포함) 또는 분할기일 이전에 확정되었으나 이를 인지하지 못

하여 분할계획서에 반영되지 못한 채무는 분할신설법인에 분할사업 외 부문에 관한 것은 분할법인에 각각 귀속

• 분할사업과 관련하여 분할기일 이전의 행위 또는 사실로 분할기일 이후 취득하는 채권(우발채권 기타 일체의 채권 포함) 또는 분할기일 이전에 취득하였으나 이를 인지하지 못하여 분할계획서에 반영되지 못한 채권 및 기타 권리의 귀속도 상기와 같이 처리

분할전법인에 대해 분할 이후 발생한 익금과 손금의 귀속이 분할법인에게 귀속되는지? 아니면 분할신설법인에게 귀속되는 것인지? 가 문제가 된다.

예를 들어서 분할 전의 분할한 사업부문과 관련된 세무조사를 받은 경우, 분할법인에 고지된 법인세 납부주체가 분할법인인지? 아니면 분할신설법인인지? 또는 분할등기일 이전에 분양이 완료되어 분할신설법인에 승계되지 않은 아파트에 대한 하자보수비가 발생하는 경우 누구의 손금인지? 그리고 분할신설법인이 분할법인으로부터 승계받은 임대아파트를 분양한 후 수분양주에게 아파트 하자관련 손해배상금을 지급하는 경우 누구의 손금인지? 그 귀속이 결정되어야 한다. 이에 국세청은 「상법」 제530조의 10에 따라 분할계획서에 정하는 바에 의하여 분할신설법인은 분할법인의 권리와 의무를 승계한다고 해석하고 있다(법인-157, 2011. 2. 25.).

이는 물적·인적분할 모두 동일하게 적용된다. 그 이유는 상법 제530조의 12[물적분할]으로서, 물적분할에 관해 유일하게 존재하는 상법 조항이다. 상법 제530조의 12의 내용은 아래와 같이 "모든 인적분할의 법 내용을 준용한다"라는 것이다. 따라서 인적분할과 물적분할에 동일하게 적용될 수밖에 없다. 회사의 인적분할과 관련된 상법은 상법 제11절(제530조의 2~제530조의 12)에 규정되어 있다.

상법 제530조의 12(물적분할)
이 절의 규정은 분할되는 회사가 분할 또는 분할합병으로 인하여 설립되는 회사의 주식의 총수를 취득하는 경우에 이를 준용한다.

분할등기일 이후 발생한 수익 및 비용의 귀속
물적분할로 설립되는 분할신설법인이 분할법인으로부터 분할하는 사업부문의 자산·부채에 대한 모든 권리와 의무를 상법 제530조의 10에 따라 승계한 경우 분할등기일 이후 분할사업부문의 자산에서 발생하는 공과금의 환급액과 지방세 부과액은 분할신설법인의 익금 및

손금에 해당하는 것임(법인-1156, 2010. 12. 15.).

분할신설법인이 기존영업 관련 채권을 승계한 경우 상각채권추심이익의 귀속

법인 이 상법상 인적분할방식으로 분할하면서 분할등기일 이전에 대손처리한 채권의 추심이 미확정되어 당해 채권을 장부가액으로 승계한 후 분할신설법인 이 이를 회수한 경우 상각채권추심이익이 어디에 귀속되는 지는 상법 제530조의 10 규정에 따라 판단하는 것임(법인 46012-424, 2002. 8. 6.).

분할등기일 이후 확정된 수입배당금의 귀속

분할등기일 후 주주총회 결의에 따라 배당이 확정되어 분할신설법인이 수령하는 배당금은 분할법인의 권리와 의무를 승계받은 분할신설법인의 익금으로 한다(법인세법 기본통칙 40-70-2).

♣ 수익 · 비용 및 채권 · 채무의 귀속법인

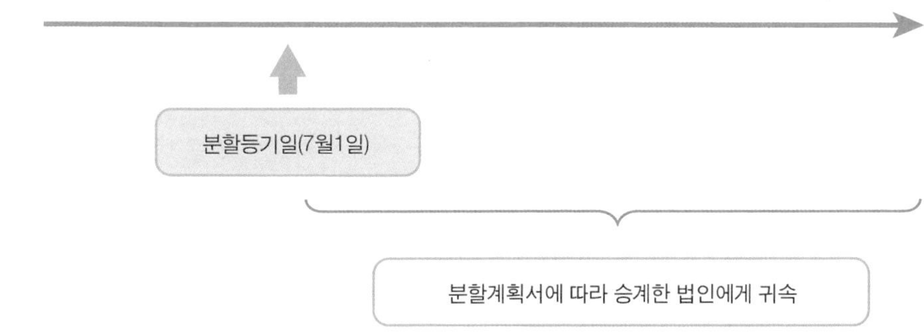

V 적격분할 시 분할신설법인등에 대한 과세특례

1. 자산조정계정

적격분할을 한 분할신설법인등은 분할법인등의 자산을 장부가액으로 양도받은 것으로 한다. 이 경우 장부가액과 시가와의 차액을 자산조정계정으로 하여 자산별로 계상하여야 한다.

분할신설법인등은 분할법인등의 자산을 장부가액으로 양도받은 경우 양도받은 자산 및 부채의 가액을 분할등기일 현재의 시가로 계상하되, 시가에서 분할법인등의 장부가액(세무조정사항이 있는 경우에는 그 세무조정사항 중 익금불산입액은 더하고 손금불산입액은 뺀 가액으로 한다)을 뺀 금액을 금액이 0보다 큰 경우에는 그 차액을 익금에 산입하고 이에 상당하는 금액을 **자산조정계정**으로 손금에 산입하며, 0보다 작은 경우에는 시가와 장부가액의 차액을 손금에 산입하고 이에 상당하는 금액을 **자산조정계정**으로 익금에 산입한다. 이 경우 자산조정계정의 처리에 관하여는 제80조의 4 제1항(적격합병)을 준용한다. 따라서 자산조정계정의 설정에 대한 구체적인 것은 합병의 자산조정계정을 참고한다.

다만, 합병과 달리 분할의 경우 일반기업회계기준과 K-IFRS는 장부금액법으로 회계처리하므로 자산을 공정가치로 계상하지 않고 장부금액으로 계상한다. 하지만, 법인세법에서는 적격분할의 경우 자산을 장부금액으로 양도받은 것으로 하나, 분할등기일 현재의 시가로 계상하라고 하고 있으므로 장부금액으로 계상하는 기업회계기준과의 차이에 대한 조정이 필요하다.

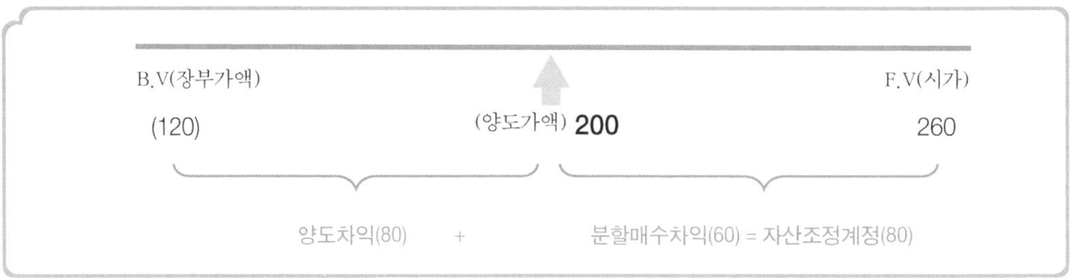

필자주

장부금액법으로 계상 시 세무처리 방법

기업회계에서 분할은 장부금액법으로 계상하도록 하고 있으나, 세법에서는 시가로 계상하도록 하고 있다. 따라서 자산과 부채를 장부에 계상할 때 장부금액이 아니라 시가로 계상하는 것이 세법에 따라 처리하기 훨씬 수월하다. 여기에 대해 세법이 장부계상과 관련된 기업회계에 간섭한다는 논란이 있으나 현행 세법상 그렇게 규정하고 있는 것은 사실이다.

하지만, 만약 세법에 따라 시가로 계상하는 것이 아니라, 기업회계에 따라 장부금액법으로 계상할 경우 어떻게 할 것인가가 문제다.

자산의 시가가 장부금액보다 높은 경우로서, 만약 기업회계에서 자산을 시가가 아닌 장부금액으로 계상한다면, 세무조정으로 시가와 장부금액의 차액만큼 "익금산입(유보) 자산"으로 처리하여 세법에서 요구하는 시가로 맞추고 다시, 손금산입(△유보) 자산조정계정을 설정하여 장부가액으로 승계받은 것으로 하면 된다. 이렇게 자산조정계정을 설정하여 과세특례를 적용받고 향후 사후관리사유 위반 시에는 설정된 자산조정계정을 익금산입하여 손쉽게 사후관리할 수 있게 된다.

(사례)

순자산 장부가액 120억(시가 220억), 양도가액은 합병신주가 유일하며, 액면가액 70억(시가 150억)이다.

(기업회계상 분개, 장부금액법)

(차) 순자산	120억(장부금액)	(대)	자본금	70억
			주발초	50억

(세무상 분개, 시가계상)

(차) 순자산	220억(시가)	(대)	자본금	70억
			주발초	80억
			분할매수차익	70억

상기와 같이 세법에서 요구하는 것은 시가계상이지만 기업회계에서는 장부금액법으로 처리하도록 하고 있다. 가능한 세법에서 요구하는 대로 시가로 장부에 계상하는 것이 세무조정과 사후관리가 더 쉽겠지만, 기업회계에 따라 장부금액으로 계상하더라도 거기에 맞춰 세무조정하면 된다. 따라서 이 후 사례를 볼 때 장부에 장부금액으로 계상되었는지 또는 시가로 계상되었는지를 유심히 보고 접근하는 것이 이해에 도움이 될 것이다.

자산조정계정을 계상한 분할신설법인등은 과세표준등의 신고와 함께 기획재정부령으로 정하는 자산조정계정에 관한 명세서를 납세지 관할 세무서장에게 제출하여야 한다(법령 §82의 4 ⑩). 이는 적격합병 시 합병법인이 제출하는 자산조정계정명세서와 동일한 서식이다.

적격분할 요건을 갖춘 경우 분할법인의 자산을 장부가액으로 양도받은 것으로 보며, 이 경우 양도받은 자산 및 부채의 가액을 분할등기일 현재의 시가로 계상하되, 시가에서 분할법인의 장부가액(승계되는 세무조정사항이 있는 경우에는 익금불산입액은 더하고, 손금불산입액은 뺀 가액)을 뺀 금액을 자산조정계정으로 계상하며 자산조정계정은 다음과 같이 조정한다(집행기준 46의 3-0-1 ①).

구 분		자산조정계정의 처리
감가 상각 자산	자산조정계정 〉 0	해당 자산의 감가상각비와 상계 해당 자산을 처분하는 경우 잔액을 익금산입
	자산조정계정 〈 0	해당 자산의 감가상각비에 가산 해당 자산을 처분하는 경우 잔액을 손금산입
비상각 자산	자산조정계정 〉 0	해당 자산을 처분하는 경우 전액 익금 또는 손금산입 자기주식을 소각하는 경우에는 익금 또는 손금에 산입하지 아니 하고 소멸
	자산조정계정 〈 0	

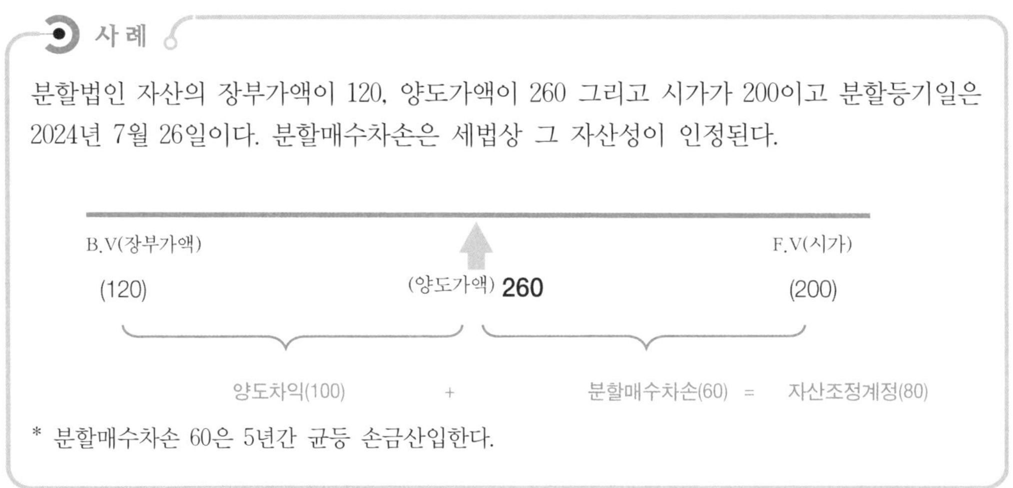

2. 결손금의 승계와 공제

적격분할을 한 분할신설법인등은 분할법인등의 분할등기일 현재 이월결손금과 분할법인등이 각 사업연도의 소득금액 및 과세표준을 계산할 때 익금 또는 손금에 산입하거나 산입하지 아니한 금액, 그 밖의 자산·부채 및 감면·세액공제 등을 승계할 수 있다(법법 §46의 3 ②).

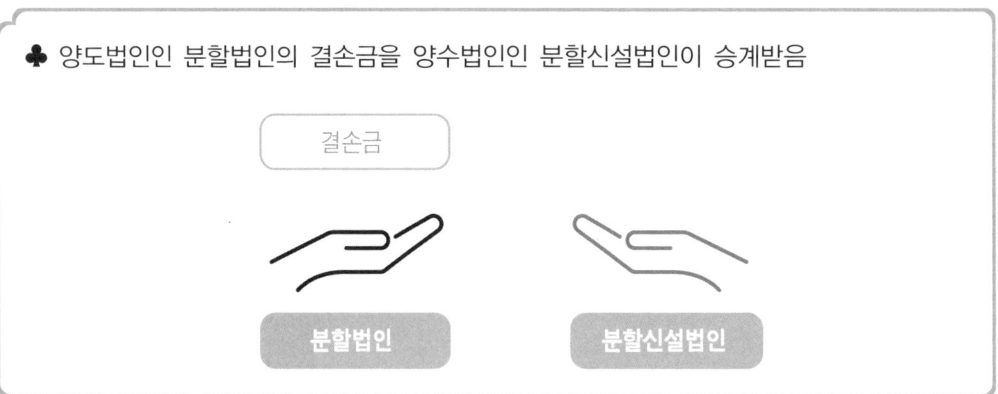

(1) 개요

적격분할을 한 분할신설법인등은 분할법인등의 분할등기일 현재 이월결손금과 분할합병의 상대방법인의 분할등기일 현재 결손금을 승계하여 공제받을 수 있다. 다만, 소멸분할의 경우에만 가능하며, 존속분할의 경우에는 결손금의 승계와 공제를 받을 수 없다.

이월결손금 승계요건 : ① 적격분할 + ② 구분경리* + ③ 소멸분할

* 법법 제113조 제3항에 따라 분할합병의 경우에는 구분경리해야 하며, 그 구분경리 기간은 이월결손금을 공제받는 기간동안 해야 한다. 다만, 중소기업 간 또는 동일사업을 하는 법인 간에 합병하는 경우에는 회계를 구분하여 기록하지 아니할 수 있다.

| 소멸분할의 경우에만 이월결손금 승계 · 공제되는 법적 근거 |

** 내국법인이 분할로 해산하는 경우[물적분할(物的分割)은 제외한다. 이하 이 조 및 제46조의 2부터 제46조의 4까지에서 같다]에는 그 법인의 자산을 분할신설법인 또는 분할합병의 상대방 법인(이하 "분할신설법인등"이라 한다)에 양도한 것으로 본다.라고 법법 제46조 제1항에서 규정하고 있다. "분할로 해산하는 경우"라고 하였고 "물적분할은 제외한다"라고 하였으므로 소멸인적분할만을 의미하는 것이고 "이 조 및 제46조의 2부터 4까지에서 같다"라고 하였으므로 결국, 이 조에 해당하는 법법 제46조와 제46조의 2부터 4까지는 소멸인적분할에 관한 법규정의 내용이라 볼 수 있다.

또한, 결손금공제는 법법 제46조의 3 규정이므로 법법 제46조 제1항에 따른 "이 조 및 제46조의 2부터 제46조의 4까지"의 범위에 포함되고 그 범위라는 것은 소멸인적분할에 관한 범위이므로, 결국 소멸인적분할의 경우에 한해서만 결손금 승계공제가 된다는 것이다.

그리고 법법 제46조의 5 【분할 후 분할법인이 존속하는 경우의 과세특례】의 제3항에서 "분할신설법인 등에 과세에 관하여는 제46조의 2, 제46조의 3 및 제46조의 4를 준용한다. 다만, 분할법인의 결손금은 승계하지 아니한다."라고 규정하고 있어 분할법인이 존속하는 경우에는 다른 것들은 소멸분할의 규정을 준용하지만, 이월결손금은 승계할 수 없는 것으로 명확히 하고 있다(법규법인 2010-367, 2011. 2. 22. 국세청 해석사례집 검토내용).

따라서 결국, 이월결손금의 승계는 소멸분할의 경우에만 적용되며, 이는 완전분할의 경우에만 결손금의 승계 및 공제를 해주겠다는 의미이다.

| 분할의 종류 |

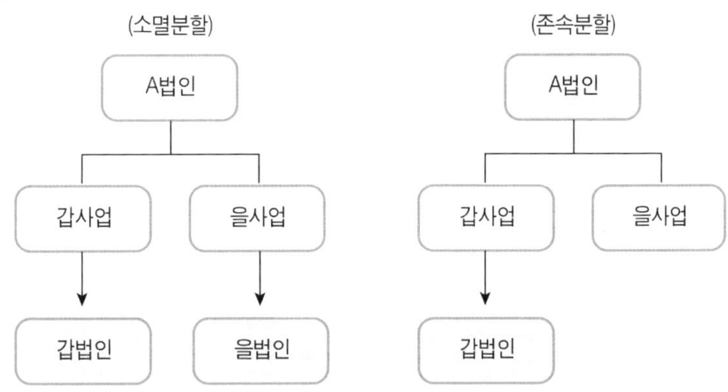

○ 파란색 박스가 분할 후 남아 있는 법인

(2) 자산가액 비율

중소기업 간 또는 동일사업을 하는 법인 간에 분할합병하는 경우에는 회계를 구분하여 기록하지 아니할 수 있으며(법법 §113 ④ 단서), 이 경우에는 그 소득금액을 자산가액 비율로 안분계산(按分計算)한 금액으로 한다(법법 §45 ① 괄호안). 중소기업과 동일사업을 하는 법인의 판정은 적격합병의 결손금 승계와 공제의 내용과 동일하므로 해당 부분을 참고한다.

자산가액비율이란 분할합병등기일 현재 분할법인(승계된 사업분만 해당한다)과 분할합병의 상대방법인(소멸하는 경우를 포함한다)의 사업용 자산가액 비율을 말한다. 이 경우 분할신설법인등이 승계한 분할법인등의 사업용 자산가액은 승계결손금을 공제하는 각 사업연도의 종료일 현재 계속 보유(처분 후 대체 취득하는 경우를 포함한다)·사용하는 자산에 한정하여 그 자산의 분할합병등기일 현재 가액에 따른다(법령 §83 ①).

이 경우에도 분할합병의 경우에만 적용대상이고, 단순분할의 경우에는 분할신설법인에게는 분할사업부문 밖에 없으므로 구분경리할 필요가 없다. 구체적인 내용은 적격합병의 결손금승계와 공제부분을 참고한다.

(3) 승계결손금의 공제범위

분할신설법인등이 각 사업연도의 과세표준을 계산할 때 승계하여 공제하는 결손금은 분할등기일 현재 분할법인등의 결손금(분할등기일을 사업연도의 개시일로 보아 계산한 금액을 말한다) 중 분할신설법인등이 승계받은 사업에 속하는 결손금으로 하되, 분할등기일이 속하는 사업연도의 다음 사업연도부터는 매년 순차적으로 1년이 지난 것으로 보아 계산한 금액으로 한다(법령 §83 ②).

이 경우 분할신설법인의 승계받은 사업에 속하는 결손금은 분할등기일 현재 분할법인등의 결손금을 분할법인등의 사업용 자산가액 중 분할신설법인등이 각각 승계한 사업용 자산가액 비율로 안분계산한 금액으로 한다(법령 §83 ③).

| 안분계산하여 분할되는 사업부문에 속하는 결손금 산정 |

$$\text{분할법인의 결손금}^{**} \times \frac{\text{분할신설법인이 각각}^{*}\text{ 승계한 사업부문의 사업용 자산가액}^{**}}{\text{분할법인의 사업용 자산가액}^{**}}$$

* 소멸분할만 결손금 승계·공제 가능함
**결손금과 사업용 자산가액은 분할등기일 현재의 결손금과 자산가액을 말함.

그 외 '15년 이전에 개시한 사업연도에서 발생한 결손금' 등등 적격합병시 결손금의 승계와 공제와 그 내용이 동일하므로 합병 부분을 참고로 한다.

| 분할사업부문으로 승계한 사업부문의 소득금액을 자산가액 비율로 안분계산 |

$$\text{분할신설법인등의 소득금액}^{**} \times \frac{\text{분할법인으로부터 승계한 사업부문의 사업용 자산가액}^{**}}{(\text{분할법인으로부터 승계한 사업부문 + 분할합병의 상대방법인})\text{의 사업용 자산가액}^{**}}$$

* 분할신설법인등의 소득금액은 분할법인으로부터 분할된 사업부문으로부터 발생한 소득금액과 분할합병상대방법인으로부터 발생한 소득금액의 합계액이다.
**분할합병등기일 현재의 사업용자산가액

♣ 분자를 분할합병의 상대방법인의 사업용자산가액으로 한다면 분할합병의 상대방법인 사업으로부터 발생한 소득금액을 계산할 수 있다.

(4) 승계결손금 공제방법

적격분할로서 소멸분할(존속분할은 제외)의 경우 분할법인의 이월결손금을 분할신설법인이나 분할합병의 상대방법인(분할신설법인등)이 승계받을 수 있다. 이 경우 분할신설법인 등이 분할법인 등으로부터 승계한 결손금은 분할법인 등으로부터 승계받은 사업에서 발생한 소득금액의 범위에서 분할신설법인 등의 각 사업연도의 과세표준 계산시 공제한다(법인세 집행기준 46의 4-0-1 및 법법 §46의 4 ②).

그리고 분할합병의 상대방법인의 분할등기일 현재 결손금 중 분할신설법인등이 승계한 결손금을 제외한 금액은 분할합병의 상대방법인의 각 사업연도의 과세표준을 계산할 때 분할법인으로부터 승계받은 사업에서 발생한 소득금액(제113조 제4항 단서에 해당되어 회계를 구분하여 기록하지 아니한 경우에는 그 소득금액을 대통령령으로 정하는 자산가액 비율로 안분계산한 금액으로 한다)의 범위에서는 공제하지 아니한다(법법 §46의 4 ①).

즉, 분할등기일 현재의 분할합병의 상대방법인의 결손금은 분할합병의 상대방법인의 사업부문에서 발생한 소득금액에서만 공제한다.

분할합병의 상대방법인의 이월결손금	(공제방법) 분할합병의 상대방법인의 사업부문 소득금액 한도 내에서 공제
분할법인의 이월결손금	(공제방법) 승계받은 분할신설법인의 사업부문 소득금액 한도 내에서 공제

(5) 승계결손금의 공제한도

분할합병의 상대방법인의 분할등기일 현재 결손금과 분할신설법인등이 승계한 분할법인등의 결손금에 대한 공제는 다음의 구분에 따른 소득금액의 100분의 80(중소기업과 회생계획을 이행 중인 기업 등 대통령령으로 정하는 법인의 경우는 100분의 100)을 한도로 한다(법법 §46의 4 ⑤).

1. 분할합병의 상대방법인의 분할등기일 현재 결손금의 경우: 분할합병의 상대방법인의 소득금액에서 분할법인으로부터 승계받은 사업에서 발생한 소득금액을 차감한 금액
2. 분할신설법인등이 승계한 분할법인등의 결손금의 경우: 분할법인등으로부터 승계받은 사업에서 발생한 소득금액

합병 후 분할하는 경우 이월결손금은 승계되지 않음

합병법인이 피합병법인을 적격흡수합병하고 합병법인과 피합병법인의 사업부문을 구분경리하여 피합병법인으로부터 승계받은 이월결손금을 공제받던 중 피합병법인의 사업부를 다시 적격인적분할 또는 적격물적분할 하는 경우로서, 합병법인이 피합병법인으로부터 승계받은 이월결손금은 「법인세법」 제46조의 5 제3항 및 제47조 제4항에 따라 분할신설법인에게 승계되지 않는 것이며, 해당 이월결손금은 같은 법 제45조 제2항에 따라 각 사업연도의 소득에 대한 법인세 과세표준 계산 시 합병법인의 합병 전 당초 사업부문에서 발생한 소득금액에서도 공제되지 않는다(기획재정부 법인-1681, 2019. 12. 12.).

3. 세무조정사항과 감면 또는 세액공제의 승계

(1) 세무조정사항의 승계

적격분할의 경우 피합병법인의 세무조정사항(분할의 경우에는 분할하는 사업부문의 세무조정사항에 한정)은 모두 분할신설법인 등에 승계된다. 그 밖의 비적격분할의 경우에는 퇴직급여충당금 및 대손충당금을 분할신설법인이 승계한 경우에는 그와 관련된 세무 조정사항은 승계하고 그 밖의 세무조정사항은 모두 분할신설법인에게 승계되지 아니한다(관련 집행기준 44의 2-0-2).

만약, 분할 시 세무조정사항을 분할신설법인에 승계하지 아니하는 경우에는 분할법인 양도손익 계산시 그 세무조정사항은 장부가액에 반영되어 추인된다.

한편, 내국법인이 **해산**(합병·분할 또는 분할합병에 따른 해산을 포함한다)한 경우에는 임차차량의 감가상각비 한도초과액과 소유차량의 처분손실 한도초과액에 따라 이월된 금액 중 남은 금액을 해산등기일(합병·분할 또는 분할합병에 따라 해산한 경우에는 합병등기일 또는 분할등기일을 말한다)이 속하는 사업연도에 모두 손금에 산입한다(법칙 §27의 2 ⑧).

손금불산입(유보)로 세무조정된 금액은 적격분할의 요건을 충족하는 경우에는 분할신설회사로 승계되지만 유보가 아닌 기타사외유출로 사후관리되는 임차차량에 대한 감가상각비 한도초과액과 처분손실 한도초과액은 분할등기일에 피합병법인의 각 사업연도 소득금액에 손금 추인된다.

물론 법칙 제27조의 2 제8항에서 "분할에 따라 해산하는 경우에 업무용승용차 감가상각비 한도액 및 처분손실 이월액을 손금산입한다"라고 규정하고 있어서, 해산하는 경우에 한해서만 해당 이월액을 분할법인이 손금산입하는 것으로 오해할 수 있으나, 업무용승용차 관련 세무조정사항은 '유보'가 아니라 '기타사외유출'에 해당하여 승계의 대상이 되지 아니하고, 아래의 예규 사례에서 분할에 따라 해산을 하지는 않으나, 분할신설법인에게 승계하지 않고 분할법인이 손금에 산입 후 소멸시키도록 하고 있기 때문이다.

「법인세법」 제27조의 2 규정에 해당하는 업무용승용차 및 이와 관련한 감가상각비 한도초과액을 보유한 내국법인이 물적분할을 통하여 분할신설법인에 해당 업무용승용차를 승계한 경우 같은 법 제47조 제4항 및 같은 법 시행령 제85조에 따라 업무용승용차 관련 세무조정사항은 분할신설법인에 승계되지 아니하는 것이며, 이 경우 승계되지 아니하는 업무용승용차 관련 감가상각비 한도초과액은 분할법인의 각 사업연도 소득금액을 계산할 때 반대의 세무조정을 통해 손금에 산입되어 소멸되는 것임(서면법인 2017-2747, 2017. 11. 30.).

(2) 감면 또는 세액공제의 승계

적격분할인 경우 분할법인등이 분할 전에 적용받던 감면 또는 세액공제를 승계하여 감면 또는 세액공제의 적용을 받을 수 있다. 이 경우 법 또는 다른 법률에 해당 감면 또는 세액공제의 요건 등에 관한 규정이 있는 경우에는 분할신설법인등이 그 요건 등을 갖춘 경우에만 이를 적용하며, 분할신설법인등은 다음의 구분에 따라 승계받은 사업에 속하는 감면 또는 세액공제에 한정하여 적용받을 수 있다(법령 §82의 4 ②).

1. 이월된 감면 · 세액공제가 특정 사업 · 자산과 관련된 경우: 특정 사업 · 자산을 승계한 분할신설법인등이 공제
2. 상기 1 외의 이월된 감면 · 세액공제의 경우: 분할법인등의 사업용 자산가액 중 분할신설법인등이 각각 승계한 사업용 자산가액 비율로 안분하여 분할신설법인등이 각각 공제

승계받은 감면 또는 세액공제는 분할법인으로부터 승계받은 사업에서 발생한 소득에 대하여 분할당시 잔존감면기간 내에 종료하는 사업연도분까지 해당 감면을 적용하며, 이월세액공제액은 이월공제잔여기간 내에 종료하는 사업연도분까지 세액공제한다(집행기준 46의 4-0-1 ④).

분할신설법인등이 분할법인등으로부터 승계받은 감면 또는 세액공제를 적용하는 경우에는 적격합병의 경우 승계받은 감면 또는 세액공제 규정을 준용한다(법령 §83 ④). 따라서 적격합병 부분을 참고한다.

건설중인 자산의 분할시 임시투자세액공제 적용방법
물적분할로 인하여 투자 중인 자산을 분할신설법인이 승계받아 투자를 완료한 경우 임시투자세액공제는 투자한 당해 법인별로 적용받는 것임(서이 46012-11942, 2003. 11. 10.).

고용증대세액공제액 계산시 분할신설법인의 상시근로자 수 산출 방법

고용증대세액공제 적용에 있어 분할신설법인의 직전연도와 당해연도의 상시근로자 수 계산은 직전 과세연도의 상시근로자 수는 분할 시에 승계한 상시근로자 인원수만큼 상시근로자 수를 가산하여 분할 이전부터 근로하는 것으로 보아 계산하는 것이고, 해당 과세연도의 상시근로자 수는 승계한 상시근로자를 해당 과세연도 개시일부터 근로한 것으로 보는 것임(서면법인 2020-3242, 2020. 10. 29.).

4. 구분경리

내국법인이 분할합병하는 경우, 분할신설법인은 다음에 따른 기간 동안 자산·부채 및 손익을 분할법인으로부터 승계받은 사업에 속하는 것과 그 밖의 사업에 속하는 것을 각각 다른 회계로 구분하여 기록하여야 한다. 다만, 중소기업 간 또는 동일사업을 하는 법인 간에 분할합병하는 경우에는 회계를 구분하여 기록하지 아니할 수 있다(법법 §113 ④, 집행기준 46의 4-0-1 ④).

1. 분할법인으로부터 승계받은 결손금을 공제받으려는 경우 : 그 결손금을 공제받는 기간
2. 그 밖의 경우 : 분할 후 5년간

여기서, 중소기업의 판정은 합병 또는 분할합병 전의 현황에 따르고, 동일사업을 영위하는 법인(분할법인의 경우 승계된 사업분에 한정한다)의 판정은 실질적으로 동일한 사업을 영위하는 것으로서 기획재정부령으로 정하는 경우* 외에는 한국표준산업분류에 따른 세분류에 따른다. 이 경우 합병법인 또는 피합병법인이나 분할법인(승계된 사업분에 한정한다) 또는 분할합병의 상대방법인이 2 이상의 세분류에 해당하는 사업을 영위하는 경우에는 사업용 자산가액 중 동일사업에 사용하는 사업용 자산가액의 비율이 각각 100분의 70을 초과하는 경우에만 동일사업을 영위하는 것으로 본다(법령 §156 ②).

"실질적으로 동일한 사업을 영위하는 것으로서 기획재정부령으로 정하는 경우"란 한국산업은행법(2014. 5. 21. 법률 제12663호로 개정된 것을 말한다) 부칙 제3조에 따른 한국산업은행, 산은금융지주주식회사 및 「한국정책금융공사법」에 따른 한국정책금융공사가 각각 영위하던 사업을 말한다(법칙 §75의 2).

분할합병의 상대방법인이 분할법인으로부터 승계받은 사업과 그 밖의 사업을 구분경리함에 있어서 자산·부채 및 손익의 구분계산은 다음에 따른다(법칙 §77 ③).

1. 유형자산 및 무형자산과 부채는 용도에 따라 각 사업별로 구분하되, 용도가 분명하지 아니한 차입금은 총수입금액에서 각 사업의 당해 사업연도의 수입금액이 차지하는 비율에 따라 안분계산
2. 현금·예금 등 당좌자산 및 투자자산은 자금의 원천에 따라 각 사업별로 구분하되, 그 구분이 분명하지 아니한 경우에는 총수입금액에서 각 사업의 당해 사업연도의 수입금액이 차지하는 비율에 따라 안분계산
3. 제1호 및 제2호 외의 자산 및 잉여금 등은 용도·발생원천 또는 기업회계기준에 따라 계산
4. 각 사업에 속하는 익금과 손금은 각각 독립된 계정과목에 의하여 구분하여 기록하되, 각 사업에 공통되는 익금과 손금은 **법인세법 시행규칙 제76조 제6항 및 제7항**을 준용하여 구분계산. 다만, 분할등기일 전부터 소유하던 유형자산 및 무형자산의 양도손익은 분할등기일 전에 유형자산 및 무형자산을 소유하던 사업부문에 속하는 익금과 손금으로 본다.

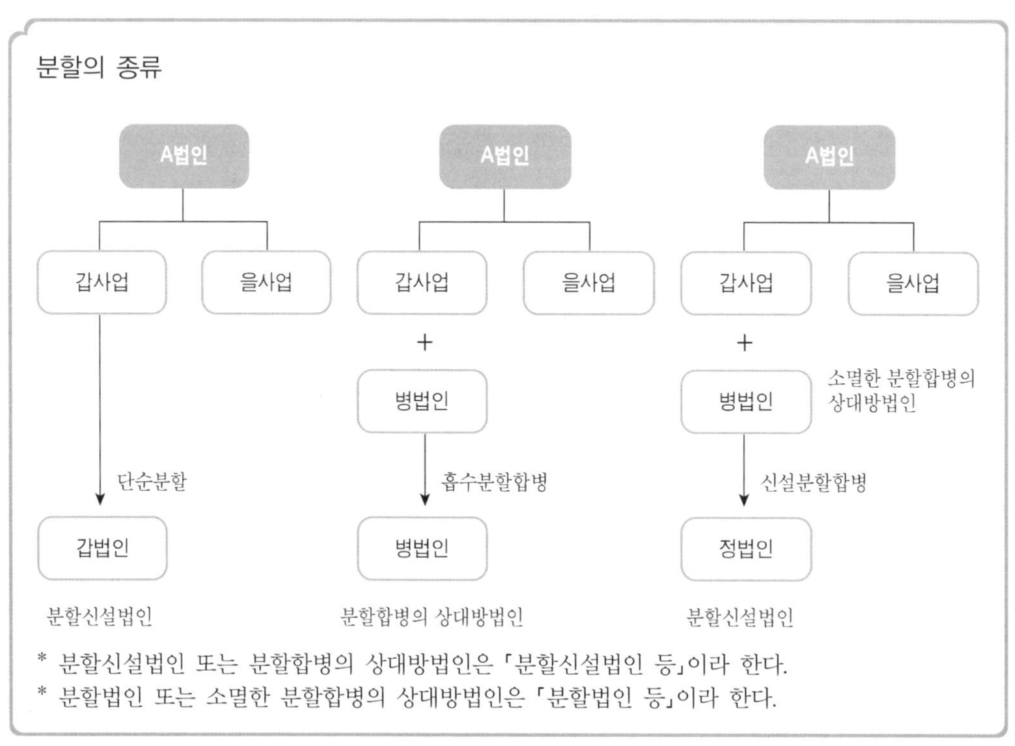

법인세법 시행규칙 제76조 제6항 및 제7항

⑥ 비영리법인이 법 제113조 제1항의 규정에 의하여 수익사업과 기타의 사업의 손익을 구분경리하는 경우 공통되는 익금과 손금은 다음 각호의 규정에 의하여 구분계산하여야 한다. 다만, 공통익금 또는 손금의 구분계산에 있어서 개별손금(공통손금 외의 손금의 합계액을 말한다. 이하 이 조에서 같다)이 없는 경우나 기타의 사유로 다음 각호의 규정을 적용할 수 없거나 적용하는 것이 불합리한 경우에는 공통익금의 수입항목 또는 공통손금의 비용항목에 따라 국세청장이 정하는 작업시간·사용시간·사용면적 등의 기준에 의하여 안분계산한다. (1999. 5. 24. 개정)

1. 수익사업과 기타의 사업의 공통익금은 수익사업과 기타의 사업의 수입금액 또는 매출액에 비례하여 안분계산
2. 수익사업과 기타의 사업의 업종이 동일한 경우의 공통손금은 수익사업과 기타의 사업의 수입금액 또는 매출액에 비례하여 안분계산
3. 수익사업과 기타의 사업의 업종이 다른 경우의 공통손금은 수익사업과 기타의 사업의 개별 손금액에 비례하여 안분계산

⑦ 제6항의 규정에 의한 공통되는 익금은 과세표준이 되는 것에 한하며, 공통되는 손금은 익금에 대응하는 것에 한한다.

(1) 예외적인 자산, 부채 및 손익의 구분계산

분할합병의 상대방법인은 상기의 원칙적인 자산, 부채 및 손익의 구분계산에도 불구하고 다음의 방법으로 구분경리할 수 있다. 이 경우 분할합병의 상대방법인은 분할법인의 이월결손금을 공제받고자 하는 사업연도가 종료할 때(연결모법인의 경우에는 합병 후 5년간을 말한다)까지 계속 적용하여야 한다(법칙 §77 ②).

1. 분할법인으로부터 승계받은 사업장과 기타의 사업장별로 자산·부채 및 손익을 각각 독립된 회계처리에 의하여 구분계산. 이 경우 분할법인으로부터 승계받은 사업장의 자산·부채 및 손익은 이를 분할법인으로부터 승계받은 사업에 속하는 것으로 한다.
2. 본점 등에서 발생한 익금과 손금 등 각 사업장에 공통되는 익금과 손금은 제76조 제6항 및 제7항을 준용하여 안분계산. 다만, 분할등기일 전부터 소유하던 유형자산 및 무형자산의 양도손익은 분할등기일 전에 유형자산 및 무형자산을 소유하던 사업부문에 속하는 익금과 손금으로 본다.
3. 제1호 및 제2호의 규정을 적용함에 있어서 분할등기일 이후 새로이 사업장을 설치하거나 기존 사업장을 통합한 경우에는 그 주된 사업내용에 따라 분할법인으로부터 승계받은 사업장, 기타의 사업장 또는 공통사업장으로 구분. 이 경우 주된 사업내용을 판정하기 곤란한 경우에는 다음 각목에 의한다.

가. 새로이 사업장을 설치한 경우에는 분할합병의 상대방법인의 사업장으로 보아 구분경리
나. 기존 사업장을 통합한 경우에는 통합한 날이 속하는 사업연도의 직전 사업연도의 각 사업장별 수입금액(수입금액이 없는 사업장이 있는 경우에는 각 사업장별 자산총액을 말한다)이 많은 법인의 사업장으로 보아 구분경리

5. 분할 전 보유자산 처분손실의 손금산입 제한

적격분할합병을 한 분할신설법인 등은 분할법인과 분할합병의 상대방법인이 분할합병 전 보유하던 자산의 처분손실(분할등기일 현재 해당 자산의 시가가 장부가액보다 낮은 경우로서 그 차액을 한도로 하며, 분할등기일 이후 5년 이내에 끝나는 사업연도에 발생한 것만 해당)을 각각 분할합병 전 해당 법인의 사업에서 발생한 소득금액(해당 처분손실을 공제하기 전 소득금액을 말한다)의 범위에서 해당사업연도에 손금산입이 허용된다.

이 경우 손금에 산입하지 아니한 처분손실은 자산 처분시 각각 분할합병 전 해당 법인이 사업에서 발생한 결손금으로 보아 분할합병의 상대방법인의 것은 분할합병의 상대방법인의 사업에서 발생한 소득금액의 범위에서, 분할법인의 것은 분할법인으로부터 승계받은 사업에서 발생하는 소득금액의 범위에서 공제한다(법법 §46의 4 ③ 및 집행기준 46의 4-0-1 ③).

분할 전 보유자산처분손실 손금불산입 적용요건
① 분할등기일 현재 시가 〈 장부가액
② 분할등기일 이후 5년 이내에 끝나는 사업연도 안에 처분
③ 처분 시 처분손실의 발생

| 일반적격분할과 달리 적격분할합병인 경우에 한해 해야 하는 것 |

적격분할합병인 경우 해야 하는 것	
① 구분경리*	② 분할전 보유자산 처분손실의 손금산입 제한

* 분할법인으로부터 승계받은 결손금등을 공제받으려는 경우

6. 기부금한도초과액의 승계

분할법인등의 분할등기일 현재 기부금한도초과액으로서 적격분할에 따라 분할신설법인등이 승계한 금액은 분할신설법인등의 각 사업연도의 소득금액을 계산할 때 분할법인등으로부터 승계받은 사업에서 발생한 소득금액을 기준으로 제24조 제2항 제2호(특례기부금)

및 제3항 제2호(일반기부금)에 따른 기부금 각각의 손금산입한도액의 범위에서 손금에 산입한다(법법 §46의 4 ⑦).

분할법인 등으로부터 승계되는 기부금한도초과액은 승계받은 사업에서 발생한 소득금액을 기준으로 산출한 특례기부금 · 일반기부금의 손금산입한도 내에서 이월 잔여기간동안 손금산입하며 기부금 한도초과액은 10년간 이월 가능하다.

| 분할법인으로부터 승계받은 사업에 속하는 기부금한도초과액의 계산(2021년 개정세법 해설 발췌) |

$$기부금한도초과액 \times \frac{분할신설법인등이\ 승계한\ 사업용\ 자산가액}{분할법인등의\ 사업용\ 자산가액}$$

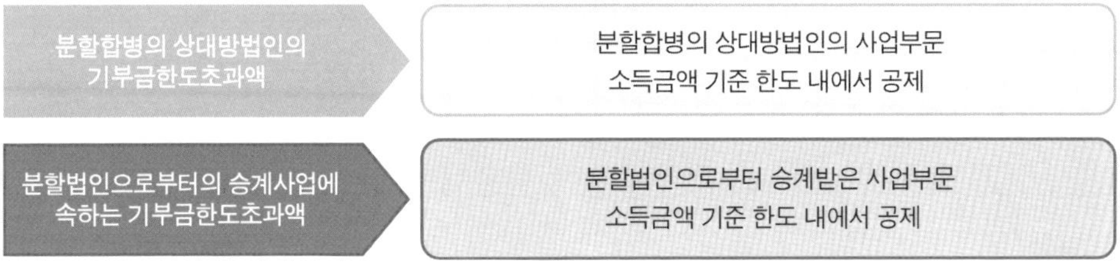

분할합병의 상대방법인의 기부금한도초과액	분할합병의 상대방법인의 사업부문 소득금액 기준 한도 내에서 공제
분할법인으로부터의 승계사업에 속하는 기부금한도초과액	분할법인으로부터 승계받은 사업부문 소득금액 기준 한도 내에서 공제

한편, 분할합병의 상대방법인의 분할등기일 현재 특례기부금 및 일반기부금 중 이월된 금액으로서 그 후의 각 사업연도의 소득금액을 계산할 때 손금에 산입하지 아니한 금액(기부금한도초과액) 중 적격분할에 따라 분할신설법인등이 승계한 기부금한도초과액을 제외한 금액은 분할신설법인등의 각 사업연도의 소득금액을 계산할 때 분할합병 전 분할합병의 상대방법인의 사업에서 발생한 소득금액을 기준으로 특례기부금 및 일반기부금 각각의 손금산입한도액의 범위에서 손금에 산입한다(법법 §46의 4 ⑥).

7. 감가상각

적격분할인 경우 비적격분할과 다르게 감가상각범위액을 규정하고 있다.

(1) 적격분할인 경우

적격분할인 경우 상각범위액 계산 방식은 다음과 같다.

1) 적격분할의 상각범위액

감가상각비의 상각범위액을 결정하는 요소는 다음과 같다.

감가상각범위액 결정요소			
① 취득가액	② 미상각잔액	③ 내용연수	④ 감가상각방법

적격분할인 경우 감가상각범위액을 산정할 때 결정요소인 취득가액, 미상각잔액, 상각방법 및 내용연수는 다음과 같이 적용한다(법령 §29의 2 ①).

♣ 상각범위액 결정요소

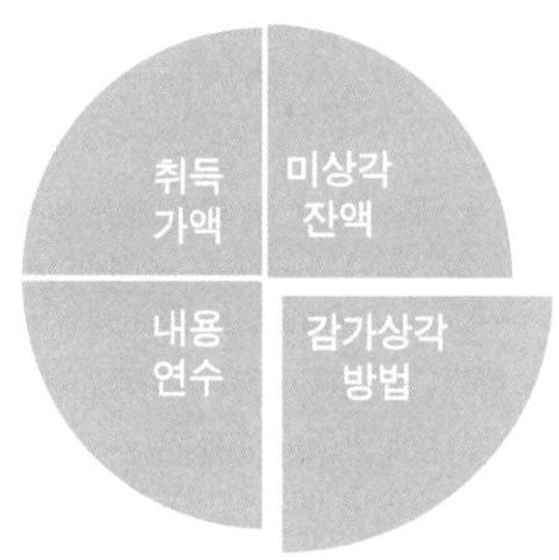

가) 취득가액

취득가액은 적격분할에 의하여 자산을 양도한 분할법인(이하에서 "양도법인"이라 한다)의 취득가액으로 한다. 여기서 취득가액이란 감가상각 기초가액을 말하는 것이 아니라 상각범위액 결정요소 중 하나로서의 취득가액을 말한다. 예로서 양도법인이 1억원의 기계를 취득하여 분할신설법인에게 승계한 경우로서 양수법인인 분할신설법인의 해당 자산에 대한 내용연수가 5년, 감가상각방법은 정액법인 경우 감가상각범위액 계산은 매년 다음과 같이 계산된다.

감가상각범위액 2천만원 = 취득가액(1억원) / 내용연수(5년)

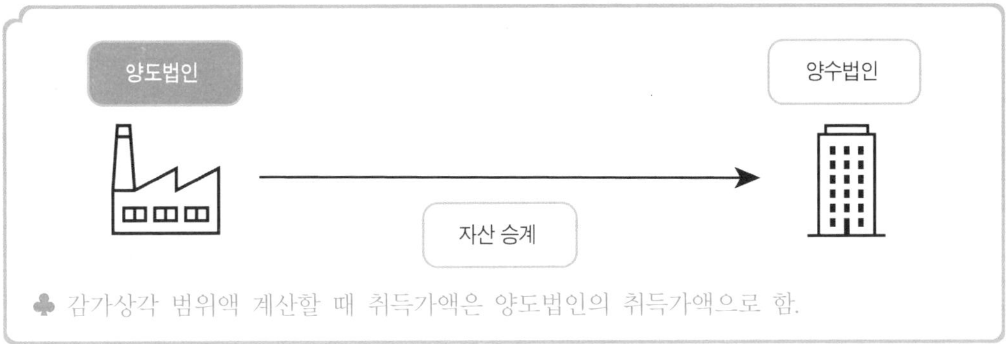

나) 미상각잔액

미상각잔액은 양도 당시 양도법인의 장부가액에서 적격분할에 의하여 자산을 양수한 분할신설법인(이하에서 "양수법인"이라 한다)이 이미 감가상각비로 손금에 산입한 금액을 공제한 잔액을 매년의 미상각잔액으로 한다.

다) 상각방법 및 내용연수

상각방법 및 내용연수는 다음의 어느 하나에 해당하는 방법으로 정할 수 있다. 이 경우 선택한 방법은 그 후 사업연도에도 계속 적용한다.

① 양도법인의 상각범위액을 승계하는 방법. 이 경우 상각범위액은 법 및 이 영에 따라 양도법인이 적용하던 상각방법 및 내용연수에 의하여 계산한 금액으로 한다.
② 양수법인의 상각범위액을 적용하는 방법. 이 경우 상각범위액은 법 및 이 영에 따라 양수법인이 적용하던 상각방법 및 내용연수에 의하여 계산한 금액으로 한다.

(2) 비적격분할인 경우

비적격분할인 경우 감가상각범위액을 결정하는 요소인 취득가액, 미상각잔액, 내용연수 그리고 감가상각방법은 다음과 같이 계산한다.

1) 취득가액

비적격분할인 경우의 상각범위액 계산을 위한 취득가액은 분할신설법인등의 취득 당시 "시가"이다.

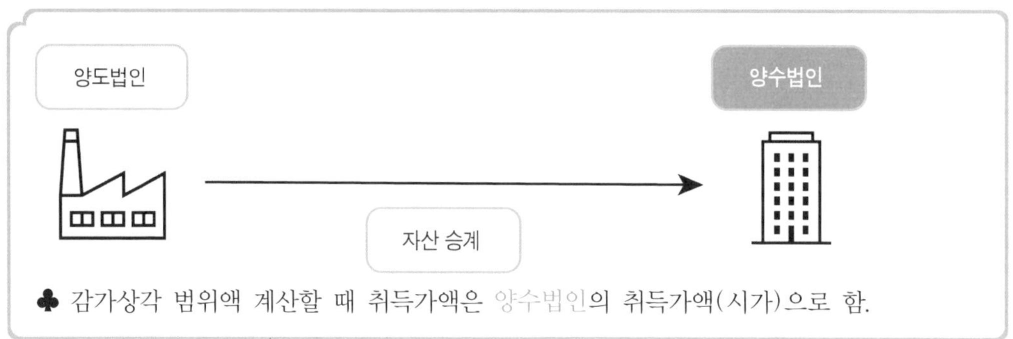

2) 미상각잔액

취득가액에서 양수법인이 이미 감가상각비로 손금에 산입한 금액을 공제한 잔액을 매년의 미상각잔액으로 한다.

3) 내용연수

내용연수는 기준내용연수, 신고내용연수, 수정내용연수와 특례내용연수 등이 있다.

가) 신고내용연수와 수정내용연수

다음은 일반적인 신고내용연수와 수정내용연수에 대한 내용이다.

A) 신고내용연수

신고내용연수란 구조 또는 자산별・업종별로 기준내용연수에 그 기준내용연수의 100분의 25를 가감하여 기획재정부령으로 정하는 내용연수범위 안에서 법인이 선택하여 납세지 관할 세무서장에게 신고한 내용연수와 그에 따른 상각률을 말한다. 다만, 적정한 신고기한 내에 신고를 하지 않은 경우에는 기준내용연수와 그에 따른 상각률로 한다(법령 §28 ① 2호).

법인이 상기의 신고내용연수를 적용받고자 할 때에는 기획재정부령으로 정하는 **내용연수신고서**를 다음의 날이 속하는 사업연도의 법인세 과세표준의 신고기한까지 납세지 관할 세무서장에게 제출(국세정보통신망에 의한 제출을 포함한다)하여야 한다(법령 §28 ③).

1. 신설법인과 새로 수익사업을 개시한 비영리내국법인의 경우에는 그 영업을 개시한 날
2. 상기 1 외의 법인이 자산별・업종별 구분에 따라 기준내용연수가 다른 감가상각자산을 새로 취득하거나 새로운 업종의 사업을 개시한 경우에는 그 취득한 날 또는 개시한 날

신고내용연수의 적용

① 내용연수를 제2항의 기한 내에 신고한 법인은 그 신고내용연수(±25% 이내)를 적용하고, 그 기한 내에 신고하지 아니한 법인은 기준내용연수를 적용한다.

② 내용연수의 신고는 다음에 정하는 날이 속하는 사업연도의 법인세 과세표준 신고기한까지 납세지 관할세무서장에게 하여야 한다.

구 분	정하는 날
1. 신설법인과 새로 수익사업을 개시한 비영리내국법인	영업개시일
2. 제1호 외의 법인이 자산별・업종별 구분에 의한 기준내용연수가 다른 고정자산을 새로 취득하거나 새로운 업종의 사업을 개시한 경우	취득일 또는 새로운 사업개시일

*법인세 집행기준 23-28-1

B) 수정내용연수

기준내용연수의 50% 이상이 경과된 자산을 합병・분할에 의하여 승계하는 경우에는 수정내용연수의 적용이 가능하다(법령 §29의 2 ①). 다만, 내국법인이 합병・분할등기일이 속하는 사업연도의 법인세 과세표준 신고기한내에 기획재정부령이 정하는 내용연수변경신고서를 제출한 경우에 한하여 적용한다(법령 §29의 2 ⑤).

| 수정내용연수 적용 사례 |

구 분	A	B	C
기준내용연수	40년	8년	5년
수정내용연수	20년(40-40×50%)에서 40년 사이에 선택	4년(8-8×50%)에서 8년 사이에 선택	2년(5-5×50%=2.5년→2년)에서 5년 사이에 선택
무신고시	40년	8년	5년

① 법인이 기준내용연수의 50% 이상 경과된 자산을 합병・분할에 의하여 승계한 경우 그 중고자산에 대한 감가상각 적용시 그 자산의 기준내용연수의 50%에 상당하는 연수와 기준내용연수의 범위에서 선택하여 납세지 관할세무서장에게 신고한 수정내용연수를 내용연수로 할 수 있다.

② 상기 ①의 수정내용연수의 계산에 있어서 1년 미만은 없는 것으로 한다.

* (법인세 집행기준 23-29의 2-1)

> **내용연수변경신고서를 반드시 제출해야 함**
>
> 수정내용연수를 적용받기 위해서는 내용연수변경신고서를 반드시 제출해야 함. 감가상각방법신고서 및 내용연수신고서는 제출했더라도 수정내용연수를 적용받을 수 없음(대법 2011두32751, 2014. 5. 16.).

| 신고내용연수와 수정내용연수를 적용하는 경우 |

구분	적용 사유
신고내용연수	1. 신설법인과 수익사업을 개시한 비영리법인 2. 새로운 업종의 개시(필자주: 업종이 다른 법인을 합병하는 경우 포함) 3. 자산별 · 업종별로 기준내용연수가 다른 고정자산의 취득
수정내용연수	1. 기준내용연수 50% 이상 경과된 자산(중고자산)의 취득 2. 기준내용연수 50% 이상 경과된 자산의 합병 · 분할에 의한 승계

나) 비적격분할인 경우의 내용연수

기준내용연수의 50% 이상 경과된 자산을 합병 · 분할에 따라 승계한 경우 해당 자산에 대하여 적용할 내용연수는 다음과 같다(법인세 집행기준 23-28-3).

1. 내용연수변경신고서를 일정 기한까지 제출하여 수정내용연수를 적용받고자 하는 경우에는 수정내용연수를 적용한다.

> **수정내용연수 적용방법 예시**
>
> * 기준내용연수 5년인 경우
> * 수정내용연수 : 2년(5년－5년×50% ＝ 2.5년 ≒ 2년, 1년 미만은 없는 것으로 함)에서 5년의 범위 내에서 선택

2. 상기 1 외의 경우에는 종전의 신고내용연수를 적용한다.

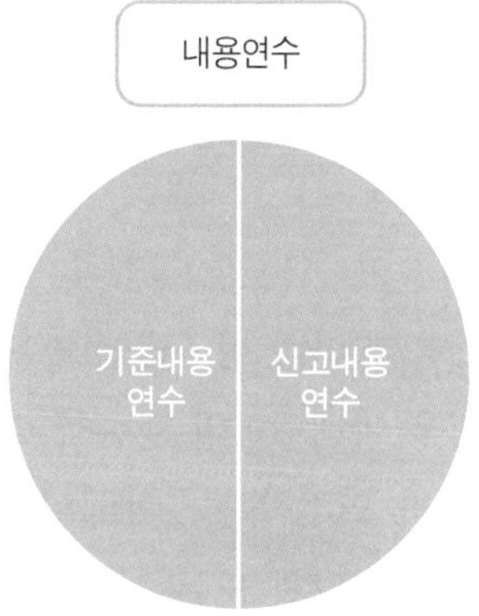

| 분할로 취득한 고정자산의 내용연수 적용순서 |

분할로 취득한 고정자산의 내용연수 적용순서
① 수정내용연수(기준내용연수의 50% 이상 경과한 자산에 한함)
② 종전의 신고내용연수

다) 감가상각방법

분할의 경우 감가상각방법을 변경할 수 없다. 다만, 분할합병을 하는 경우에는 변경할 수 있다(법령 §27 ①).

분할합병을 하는 경우로서 상각방법의 변경승인을 얻고자 하는 법인은 그 변경할 상각방법을 적용하고자 하는 최초 사업연도의 종료일까지 기획재정부령으로 정하는 감가상각방법변경신청서를 납세지 관할세무서장에게 제출(국세정보통신망에 의한 제출을 포함한다)하여야 한다(법령 §27 ②).

만약, 법인이 변경승인을 얻지 아니하고 상각방법을 변경한 경우 상각범위액은 변경하기 전의 상각방법에 의하여 계산한다(법령 §27 ⑤). 그리고 감가상각 계산방법이 서로 다른 법인이 분할합병하고 감가상각방법 변경승인을 받지 아니한 경우 승계받은 피합병법인의 고정자산에 대한 감가상각방법은 합병법인의 감가상각 계산방법을 적용한다(법인세 집행기준 23-26-4).

| 분할합병 시 감가상각 변경신고 사유와 적용순서 요약 |

합병시 감가상각 변경신고 사유	적용 순서
상각방법이 다른 법인의 합병(분할합병 포함)	① 변경신고 후 승인받은 감가상각방법 ② 합병법인의 감가상각방법

* 법인세 집행기준 23-26-4

분할합병하는 법인이 상기의 내용에 따라 상각방법을 변경하는 경우 상각범위액의 계산은 다음의 계산식에 따른다. 이 경우 아래 3번의 계산식 중 총채굴예정량은 「한국광해광업공단법」에 따른 한국광해광업공단가 인정하는 총채굴량을 말하고, 총매립예정량은 「폐기물관리법」 제25조 제3항에 따라 환경부장관 또는 시・도지사가 폐기물처리업을 허가할 때 인정한 총매립량을 말한다(법령 §27 ⑥).

1. 정률법 또는 생산량비례법을 정액법으로 변경하는 경우

상각범위액 = (감가상각누계액을 공제한 장부가액 + 전기이월 상각부인액 누계액) × 상각률*

* 상각률은 해당 자산의 신고내용연수(내용연수를 신고하지 아니한 경우에는 기준내용연수)에 대한 정액법에 의한 상각률

2. 정액법 또는 생산량비례법을 정률법으로 변경하는 경우

상각범위액 = (감가상각누계액을 공제한 장부가액 + 전기이월 상각부인액 누계액) × 상각률*

* 상각률은 해당 자산의 신고내용연수(내용연수를 신고하지 아니한 경우에는 기준내용연수)에 대한 정률법에 의한 상각률

3. 정률법 또는 정액법을 생산량비례법으로 변경하는 경우

$$\text{상각범위액} = (\text{감가상각누계액을 공제한 장부가액} + \text{전기이월 상각부인액 누계액}) \times \frac{\text{해당 사업연도의 채굴량}}{(\text{총채굴예정량} - \text{변경전 사업연도까지의 총채굴량})}$$

* 총채굴예정량은 한국광물자원공사가 인정하는 총채굴량

(3) 시가미달자산에 대한 감가상각특례

특수관계자로부터 자산 양수를 하면서 기업회계기준에 따라 장부에 계상한 고정자산 가액이 시가에 미달하는 경우 다음의 금액에 대하여 법인세법 시행령 제24조 내지 제34조의 규정을 준용하여 계산한 감가상각비 상당액을 신고조정으로 손금에 산입할 수 있다(법령 §19 5호의 2).

가. 실제 취득가액이 시가를 초과하는 경우에는 시가와 장부에 계상한 가액과의 차이
나. 실제 취득가액이 시가에 미달하는 경우에는 실제 취득가액과 장부에 계상한 가액과의 차이

시가미달자산에 대한 감가상각특례는 다음의 경우를 모두 충족할 때 적용받을 수 있다.

① 특수관계자로부터 자산의 양수
② 기업 회계기준에 따라 고정자산가액을 장부에 계상함
③ 장부가액 〈 시가

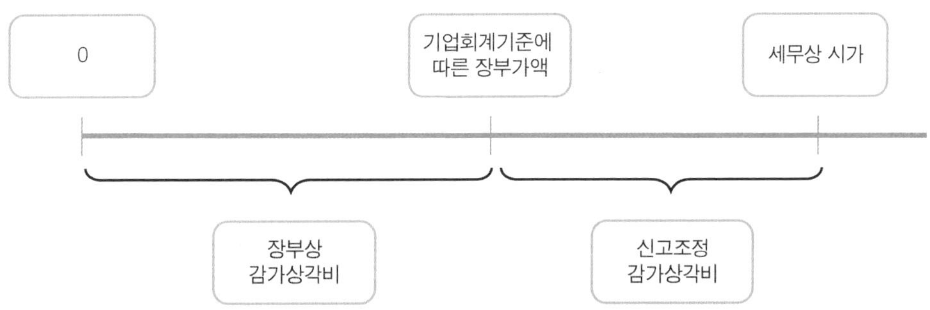

상기에서와 같이 기업회계기준에 따른 장부가액까지는 결산조정에 따라 감가상각비를 손금산입할 수 있으나, 시가가 장부가액보다 높은 경우 시가와 장부가액의 차액에 대해서는 결산조정으로 손금산입하는 것은 불가능하다. 따라서 신고조정으로 추가 감가상각비를 손금산입하는 것이다.

8. 사업의 계속 또는 폐지의 판정

분할법인등의 사업을 승계한 분할신설법인등의 결손금 공제, 익금산입, 법인세 가산 및 기부금한도초과액을 손금산입 할 때 사업의 계속 또는 폐지의 판정과 적용에 관하여는 제80조의 2 제7항 및 제80조의 4 제8항을 준용한다(법령 §83 ⑥).

따라서, 분할신설법인이 분할등기일이 속하는 사업연도의 종료일 이전에 분할법인으로부터 승계한 자산가액(유형자산, 무형자산 및 투자자산의 가액)의 2분의 1 이상을 처분하거나 사업에 사용하지 아니하는 경우에는 적격분할 요건 중 '사업의 계속성'을 충족하지 못하는 것으로 한다(법령 §80의 2 ⑦).

또한, 분할신설법인이 분할등기일이 속하는 사업연도의 다음 사업연도의 개시일부터 2년의 기간 중 분할법인으로부터 승계한 자산가액의 2분의 1 이상을 처분하거나 사업에 사용하지 아니하는 경우에는 분할법인으로부터 승계받은 사업을 폐지한 것으로 본다(법령 §80의 2 ⑧).

사업의 폐지로 보는 경우	
승계한 자산가액 (유형자산, 무형자산 및 투자자산의 가액)	승계한 자산가액의 1/2 이상을 ① 처분하거나 ② 사업에 사용하지 아니하는 경우

9. 토지 등 양도차익

내국법인이 일정 조건에 해당하는 토지, 건물(건물에 부속된 시설물과 구축물을 포함한다), 주택을 취득하기 위한 권리로서 「소득세법」 제88조 제9호에 따른 조합원입주권 및 같은 조 제10호에 따른 분양권을 양도한 경우에는 해당 각 호에 따라 계산한 세액을 토지 등 양도소득에 대한 법인세로 하여 제13조에 따른 과세표준에 제55조에 따른 세율을 적용하여 계산한 법인세액에 추가하여 납부하여야 한다(법법 §55의 2 ①).

그러나 적격분할·적격합병·적격물적분할·적격현물출자로 인하여 발생하는 토지 등 양도소득에 대하여는 적용하지 아니한다. 다만, 미등기 토지 등에 대한 토지 등 양도소득에 대하여는 그러하지 아니하다(법법 §55의 2 ④ 3호 및 법령 §92의 2 ④ 2호).

Ⅵ 사후관리

1. 사후관리 사유

적격분할을 한 분할신설법인등은 다음의 어느 하나에 해당하는 사유가 발생하는 경우에는 그 사유가 발생한 날이 속하는 사업연도의 소득금액을 계산할 때 자산조정계정(시가가 장부가액보다 큰 경우만 해당한다), 승계받은 결손금 중 공제한 금액 등을 익금에 산입하고, 분할법인등으로부터 승계받아 공제한 감면・세액공제액과 손금산입한 기부금한도초과액 등을 해당 사업연도의 법인세에 더하여 납부한 후 해당 사업연도부터 감면・세액공제를 적용하지 아니한다. 다만, 부득이한 사유가 있는 경우에는 그러하지 아니하다(법법 §46의 3 ③).

※ 다음은 적격분할요건 충족기간과 사후관리기간을 나타낸 것이다.

구 분	사업목적	지분의 연속성	사업의 계속성	고용승계
적격분할요건 충족기간	×	분할등기일이 속하는 사업연도 종료일까지		
사후관리기간	×	2년	2년	3년

* 2년과 3년은 분할신설법인의 분할등기일이 속하는 사업연도의 다음 사업연도의 개시일부터 2년 또는 3년을 의미함.

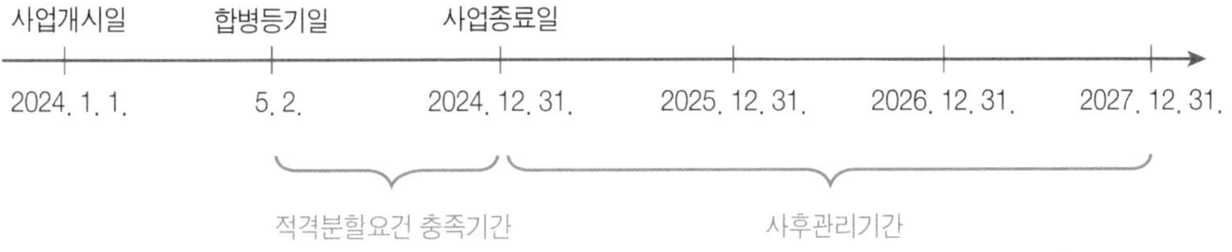

구 분	적격분할요건 충족기간	사후관리기간
지분의 연속성과 사업의 계속성	2024. 12. 31.까지	2026. 12. 31.까지
고용승계	2024. 12. 31.까지	2027. 12. 31.까지

한편, 과세이연받은 의제배당은 사후관리 위반하더라도 즉시 납부하지는 않는다. 의제배당 과세이연을 위한 적격합병요건을 충족하는 경우 과세이연받고 난 뒤 사후관리 없이 해당 주식을 처분시 등의 시기에 납부한다.

(1) 사업 폐지하는 경우

분할등기일이 속하는 사업연도의 다음 사업연도 개시일로부터 2년 이내에 분할신설법인

등이 분할법인등으로부터 승계받은 사업을 폐지하는 경우는 사후관리 사유이다. 다만, 다음에 해당하는 부득이한 사유가 있는 경우에는 그러하지 아니하다(법령 §82의 4 ⑥).

가. 분할신설법인이 파산함에 따라 승계받은 자산을 처분한 경우
나. 분할신설법인이 적격합병, 적격분할, 적격물적분할 또는 적격현물출자에 따라 사업을 폐지한 경우
다. 분할신설법인이 「조세특례제한법 시행령」 제34조 제6항 제1호에 따른 기업개선계획의 이행을 위한 약정 또는 같은 항 제2호에 따른 기업개선계획의 이행을 위한 특별약정에 따라 승계받은 자산을 처분한 경우
라. 분할신설법인이 「채무자 회생 및 파산에 관한 법률」에 따른 회생절차에 따라 법원의 허가를 받아 승계받은 자산을 처분한 경우

분할신설법인이 2년 이내의 기간 중 분할법인으로부터 승계한 자산가액의 2분의 1 이상을 처분하거나 사업에 사용하지 아니하는 경우에는 분할법인으로부터 승계받은 사업을 폐지한 것으로 본다(법령 §82의 4 ⑦).

★다음의 경우 사업의 계속성요건 충족함

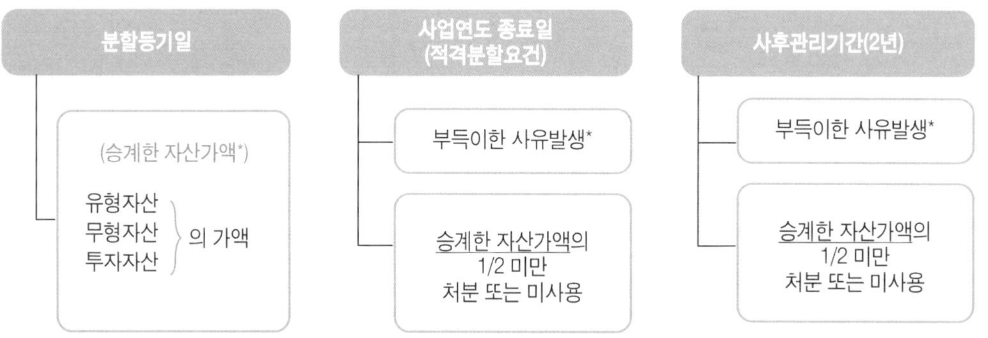

* 부득이한 사유는 적격분할요건과 사후관리적용 시 둘 다 동일한 내용으로 적용된다.
** 승계한 자산가액: 합병법인이 합병등기일이 속하는 사업연도의 종료일 이전에 피합병법인으로부터 승계한 자산가액(유형자산, 무형자산 및 투자자산의 가액을 말함)의 2분의 1 이상을 처분하거나 사업에 사용하지 아니하는 경우에는 법 제44조 제2항 제3호에 해당하지 아니하는 것으로 한다(법령 §80의 2 ⑦).

공익사업으로 수용되는 경우는 부득이한 사유가 아님

분할신설법인이 분할법인으로부터 승계받은 고정자산이 공익사업에 수용되는 경우 「법인세법 시행령」 제82조의 4 제6항 제1호에 따른 부득이한 사유에 해당하지 않는 것입니다(서면법인 2017-182, 2017. 5. 26.).

(2) 주식을 처분하는 경우

분할등기일이 속하는 사업연도의 다음 사업연도 개시일로부터 2년 이내에 분할법인등의 해당주주등㈜이 분할신설법인등으로부터 받은 주식을 처분하는 경우는 사후관리사유에 해당한다. 다만, 다음의 부득이한 사유가 있는 경우에는 그러하지 아니하다(법령 §82의 4 ⑥).

> ㈜ 해당주주등
> 분할법인등의 제43조 제3항에 따른 지배주주등 중 다음의 어느 하나에 해당하는 자를 제외한 주주를 말한다.
> ① 제43조 제8항 제1호 가목의 친족 중 4촌인 혈족
> ② 분할등기일 현재 분할법인등에 대한 지분비율이 100분의 1 미만이면서 시가로 평가한 그 지분가액이 10억원 미만인 자

가. 해당 주주등이 분할로 교부받은 전체 주식등의 2분의 1 미만을 처분한 경우. 이 경우 해당 주주등이 분할로 교부받은 주식등을 서로 간에 처분하는 것은 해당 주주등이 그 주식등을 처분한 것으로 보지 않고, 해당 주주등이 분할신설법인 주식등을 처분하는 경우에는 분할신설법인이 선택한 주식등을 처분하는 것으로 본다.

나. 해당 주주등이 사망하거나 파산하여 주식등을 처분한 경우

다. 해당 주주등이 적격합병, 적격분할, 적격물적분할 또는 적격현물출자에 따라 주식등을 처분한 경우

라. 해당 주주등이 「조세특례제한법」 제38조 · 제38조의 2 또는 제121조의 30에 따라 주식등을 현물출자 또는 교환 · 이전하고 과세를 이연받으면서 주식등을 처분한 경우

마. 해당 주주등이 「채무자 회생 및 파산에 관한 법률」에 따른 회생절차에 따라 법원의 허가를 받아 주식등을 처분하는 경우

바. 해당 주주등이 「조세특례제한법 시행령」 제34조 제6항 제1호에 따른 기업개선계획의 이행을 위한 약정 또는 같은 항 제2호에 따른 기업개선계획의 이행을 위한 특별약정에 따라 주식등을 처분하는 경우

사. 해당 주주등이 법령상 의무를 이행하기 위하여 주식등을 처분하는 경우

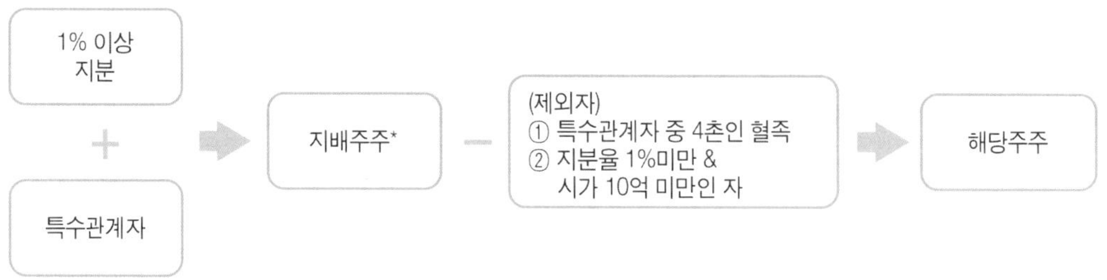

* 지배주주란 법법 제43조 제7항에 따른 지배주주를 말한다.

해당주주 전체를 기준으로 주식의 1/2 미만 처분 여부를 판단함

「법인세법 시행령」 제82조의 4 제6항 제2호(2012. 2. 2. 대통령령 제23589호로 개정된 것)를 적용함에 있어 같은 법 시행령 제80조의 2 제1항 제1호 가목에 해당하는지는 같은 법 시행령 제82조의 4 제8항에 따른 분할법인등의 주주가 분할로 교부받은 전체 주식등의 2분의 1 미만을 처분하였는지 여부로 판단하는 것이다(법인-392, 2013. 7. 24.).

해당 주주등이 주식을 서로간에 처분하는 경우 지분의 연속성 사후관리

법 시행령 제80조의 2 제5항에 따른 해당 주주등이 분할로 교부받은 주식등을 서로 간에 처분하는 것은 해당 주주등이 그 주식등을 처분한 것으로 보지 아니한다(법인-392, 2013. 7. 24.).

* 처분의 의미 등 더 구체적인 내용은 합병의 사후관리를 참고한다.

(3) 고용감소

분할등기일이 속하는 사업연도의 다음 사업연도 개시일로부터 3년 이내에 각 사업연도 종료일 현재 분할신설법인에 종사하는 법령 제82조의 4 제9항의 근로자 수가 분할등기일 1개월 전 당시 분할하는 사업부문에 종사하는 근로자 수의 100분의 80 미만으로 하락하는 경우는 사후관리사유에 해당한다. 다만, 분할합병의 경우에는 다음의 어느 하나에 해당하는 경우를 말한다(법법 §46의 3 ③ 3호).

① 각 사업연도 종료일 현재 분할합병의 상대방법인에 종사하는 근로자 수가 분할등기일 1개월 전 당시 분할하는 사업부문과 분할합병의 상대방법인에 각각 종사하는 근로자 수의 합의 100분의 80 미만으로 하락하는 경우

② 각 사업연도 종료일 현재 분할신설법인에 종사하는 근로자 수가 분할등기일 1개월 전 당시 분할하는 사업부문과 소멸한 분할합병의 상대방법인에 각각 종사하는 근로자 수의 합의 100분의 80 미만으로 하락하는 경우

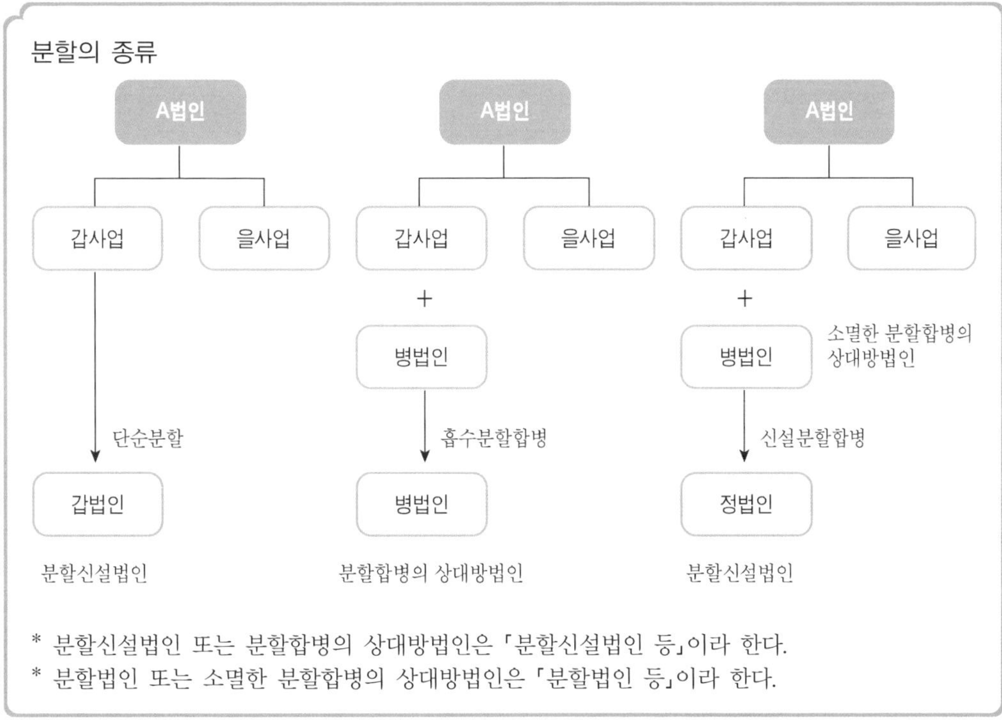

이 경우에도 다음에 해당하는 부득이한 사유가 있는 경우에는 그러하지 아니하다.

가. 분할신설법인이 「채무자 회생 및 파산에 관한 법률」 제193조에 따른 회생계획을 이행 중인 경우

나. 분할신설법인이 파산함에 따라 근로자의 비율을 유지하지 못한 경우 (2018. 2. 13. 신설)

다. 분할신설법인이 적격합병, 적격분할, 적격물적분할 또는 적격현물출자에 따라 근로자의 비율을 유지하지 못한 경우

사후관리(고용의 유지)의 경우에는 적격분할의 요건(고용의 승계 · 유지)과 달리 분할등기일 1개월 전 당시 분할하는 사업부문에 종사하는 근로자 수를 기준으로 80% 미만 여부를 산정한다. 참고로 적격분할의 요건의 경우에는 분할등기일 1개월 전 당시 분할하는 사업부문에 종사하였던 그 근로자, 즉 그 당시 근무하였던 사람 기준으로 80% 미만 여부를 산정한다.

(근로자)

"근로자"란 「근로기준법」에 따라 근로계약을 체결한 내국인 근로자를 말한다. 다만, 분할하는 사업부문에 종사하는 근로자의 경우에는 다음의 어느 하나에 해당하는 근로자를 제외할 수 있다(법령 §82의 4 ⑨).

1. 분할 후 존속하는 사업부문과 분할하는 사업부문에 모두 종사하는 근로자
2. 분할하는 사업부문에 종사하는 것으로 볼 수 없는 업무를 수행하는 근로자로서 인사, 재무, 회계, 경영관리 업무 또는 이와 유사한 업무를 수행하는 근로자

| 유지해야 하는 근로자 중 제외대상 근로자 |

제외자	1. 외국인 근로자
	2. 다음에 해당하는 자 ① 임원 ② 정년퇴직 예정자 ③ 질병등 사유로 퇴직한 자 ④ 일용직 등 ⑤ 단시간 근로자 ⑥ 금고 이상의 형 선고자 등
	3. ① 분할·존속 사업부문에 모두 종사하는 근로자 ② 분할하는 사업부문에 종사하는 것으로 볼 수 없는 업무를 수행하는 근로자

근로자 수의 계산

분할신설법인에 종사하는 근로자 수가 분할등기일 1개월 전 당시 분할하는 사업부문에 종사하는 근로자 수의 100분의 80 미만으로 하락하였는지 여부는 같은 법 시행령 제82조의 4 제3항에 따른 사후관리 기간 중 각 사업연도 종료일 현재의 근로자 수를 기준으로 판단하는 것임(서면법령해석법인 2020-3623, 2020. 11. 4.).

고용유지 사후관리위배 여부 대상은 분할신설법인임

내국법인이 「법인세법」 제46조 제2항 각 호의 요건을 갖춘 인적분할에 따라 분할신설법인을 설립하는 경우 같은 법 제46조의 3 제3항 제3호 규정에 따른 고용유지 사후관리 요건 위배 여부는 분할신설법인을 기준으로 판단하는 것임(서면법인 2018-2150, 2018. 10. 16.).

고용승계 및 유지 판단 시 분할등기일 1개월 전 근로자 수를 기준으로 산정함

분할신설법인이 승계한 근로자의 비율을 산정함에 있어 분할등기일 1개월 전 당시부터 기산하여 사업연도 종료일까지 분할하는 사업부문에 신규로 채용한 근로자를 포함하여 산정하지 않는 것이다(서면-2019-법인-0094 및 법인세과-1018, 2019. 4. 30.).

♣ 고용의 감소에 대한 사후관리는 단순분할의 경우와 분할합병의 경우로 나누어 규정하고 있으므로 다음은 각각의 경우에 따른 사례이다.

2. 단순분할의 경우

* 적격분할요건(고용 승계・유지) 시에는 1개월 전 그 당시 근무하였던 사람 기준으로 80% 이상 여부를 판단한다.

** 적격분할요건과 달리 사후관리기간에는 근로자의 수 기준으로 80% 이상 여부를 판단한다.

*** 적격분할요건에 대한 부득이한 사유의 내용과 사후관리의 부득이한 사유의 내용은 동일하다.

| 사후관리기간(3년) 중의 고용유지 |

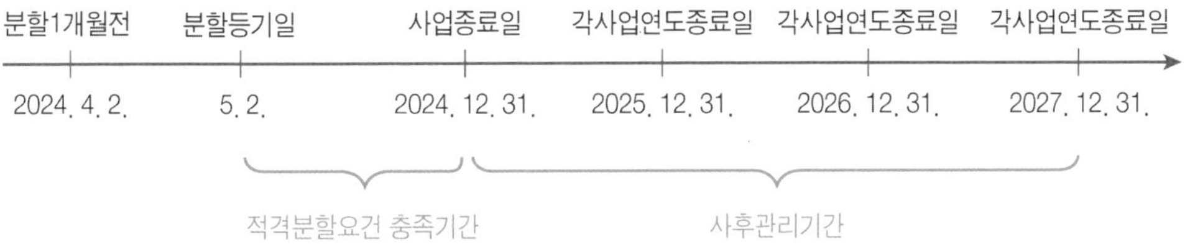

분할 1개월전	2025. 12. 31.	2026. 12. 31.	2027. 12. 31.
근로자 수 (100명)	*기존근로자 수: 75 *신규 고용근로자 수: 20 *총근로자 수: 95	*기존근로자 수: 80 *신규 고용근로자 수: 5 *총근로자 수: 85	*기존근로자 수 : 70 *신규 고용근로자 수: 5 *총근로자 수: 75
유지요건 충족 여부	(95%) 충족	(85%) 충족	(75%) 미충족

* 분할등기일 1개월전 분할하는 사업부문의 근로자는 100명이며, 근로계약 체결한 내국인 근로자들이다.

3. 분할합병의 경우

* 적격분할요건에 대한 부득이한사유의 내용과 사후관리 중 부득이한사유의 내용은 동일하다.
** 사후관리기간에는 근로했었던 사람의 유지가 아니라 근로자 수만 80% 이상 유지하면 된다.

| 사후관리기간(3년) 중의 고용유지 |

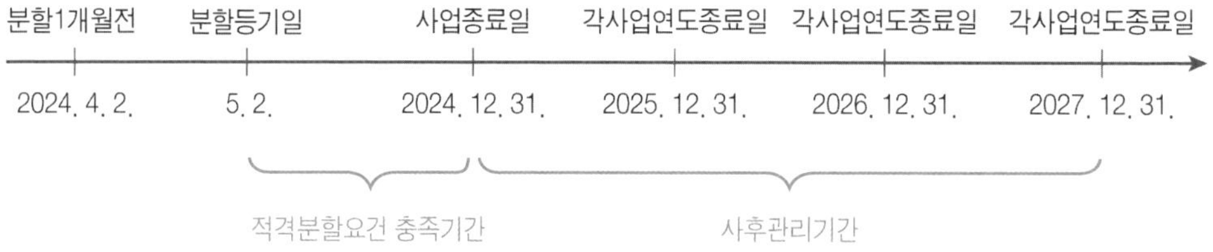

분할등기일 1개월전	2025. 12. 31.	2026. 12. 31.	2027. 12. 31.
분할하는 사업부문과 분할합병의 상대방법인(or 소멸한 분할합병의 상대방법인)의 근로자 수: 200	*기존근로자 수 : 150 *신규 고용근로자 수 : 35 *총근로자 수 : 185	*기존근로자 수 : 100 *신규 고용근로자 수 : 70 *총근로자 수 : 170	*기존근로자 수 : 150 *신규 고용근로자 수 : 5 *총근로자 수 : 155
유지요건 충족 여부	(92.5%) 충족	(85%) 충족	(77.5%) 미충족

* 분할등기일 1개월전 분할하는 사업부문과 분할합병의 상대방(또는 소멸한 분할합병의 상대방법인) 근로자 수의 합은 200명이며, 근로계약 체결한 내국인 근로자들이다.

| 사후관리기간(3년) 중의 고용유지 |

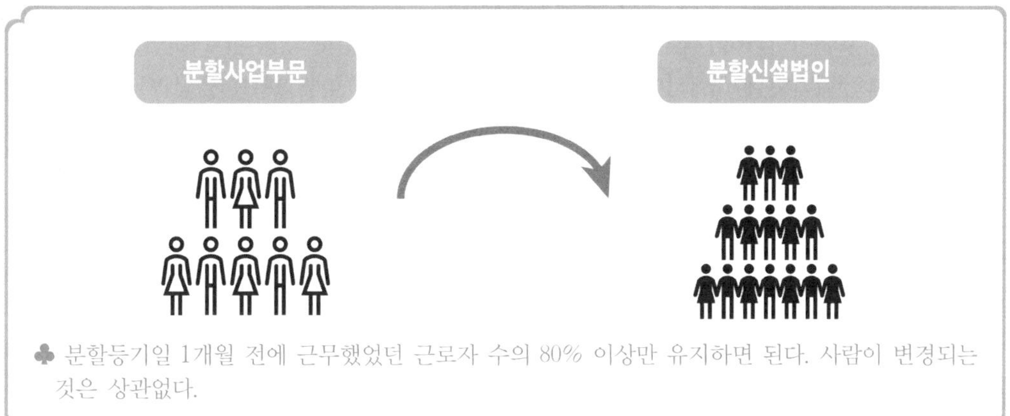

4. 사후관리사유 위반에 따른 처리

적격분할요건을 충족하여 과세특례 적용받는 것을 선택한 경우 분할법인은 양도차익에 대해 과세이연받고 세무조정사항은 추인하지 않고 분할신설법인에게 모두 승계하고, 분할법인은 분할매수차손익이 계상되지 않고 분할법인의 세액공제 · 감면과 이월결손금을 승계받아 공제받는 등 여러가지 과세특례 혜택을 받는다.

하지만, 사후관리기간 이내에 사후관리사유를 위반할 경우에는 비적격분할로서 과세특례를 적용받지 않은 상태로 원상복귀 된다. 따라서 분할법인에게 과세이연됐던 양도차익과 공제받은 세액공제 · 감면과 이월결손금 등은 모두 과세되고, 분할신설법인에게 승계시킨 유보는 추인된다.

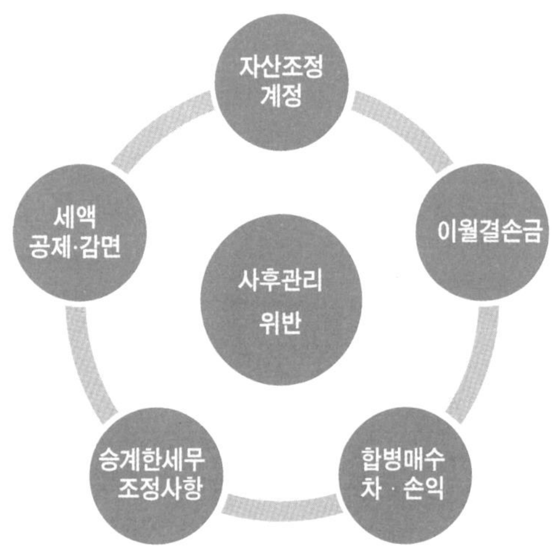

(1) 결손금승계와 분할매수차손익의 사후관리

분할신설법인등이 사후관리 사유의 어느 하나에 해당하는 경우 공제받은 결손금 등의 익금산입 및 분할매수차익이나 분할매수차손 상당액의 손금 또는 익금 산입 등에 관하여는 적격합병 과세특례에 대한 사후관리(법령 §80의 4 ④, ⑤)를 준용한다(법령 §82의 4 ④). 그러므로 적격합병의 사후관리사유위반에 따른 처리를 참고하면 된다.

(2) 유보와 감면 · 세액공제의 사후관리

분할신설법인등이 사후관리사유의 어느 하나를 위반하는 경우에는 분할신설법인등의 소득금액 및 과세표준을 계산할 때 분할신설법인등이 승계한 세무조정사항(분할하는 사업부문의 세무조정사항에 한정한다) 중 익금불산입액은 더하고 손금불산입액은 뺀다. 즉, 반대 세무조정을 통해 익금 또는 손금산입하여 추인한다.

분할법인등으로부터 승계하여 공제한 감면 또는 세액공제액 상당액을 해당 사유가 발생한 사업연도의 법인세에 더하여 납부하고, 해당 사유가 발생한 사업연도부터 적용하지 아니한다(법령 §82의 4 ⑤).

사후관리사유위반에 따라 추인되는 유보에는 퇴직급여충당금과 대손충당금 관련 유보는 제외됨

적격분할의 요건을 갖추어 설립된 분할신설법인이 「법인세법」 제46조의 3 제3항 제2호의 사유가 발생한 경우 분할당시 승계한 퇴직급여충당금 및 대손충당금과 관련한 세무조정사항은 추인대상에 포함하지 않는 것임(사전법령해석법인 2021-564, 2021. 5. 18.).

필자주

퇴직급여충당금과 대손충당금 관련 유보는 비적격분할의 경우에도 승계 가능한 것이다. 사후관리사유위반에 따른 세무조정은 적격분할에서 비적격분할로 원상복귀하는 것이므로 비적격분할의 경우에도 적용받을 수 있었던 것은 제외 대상이다.

(3) 자산조정계정

분할신설법인이 사후관리사유위반의 어느 하나에 해당하는 경우에는 계상된 자산조정계정 잔액의 총합계액(총합계액이 0보다 큰 경우에 한정하며, 총합계액이 0보다 작은 경우에는 없는 것으로 본다)을 익금에 산입한다. 자산조정계정은 소멸하는 것으로 한다(법령 §82의 4 ④).

자산조정계정의 익금산입에 관해서는 적격합병의 경우를 준용한다.

(4) 분할매수차익

분할신설법인등은 사후관리 규정에 따라 자산조정계정을 익금에 산입한 경우에는 분할매수차손익을 사후관리 사유가 발생한 날부터 분할등기일 이후 5년이 되는 날까지 적격합병 사후관리 규정을 준용하여 익금 또는 손금에 산입한다(법법 §46의 3 ④).

분할신설법인이 사후관리사유위반의 어느 하나에 해당하는 경우 분할매수차익이나 분할매수차손 상당액의 손금 또는 익금 산입 등에 관하여는 제80조의 4 제4항 및 제5항(적격합병의 사후관리)을 준용한다(법령 §82의 4 ④). 그러므로 구체적인 내용은 적격합병의 사후관리를 참고로 한다.

사후관리 위반에 따른 분할매수차손익에 대한 세무조정
① 사후관리 위반 사유가 발생해야 한다.
② 자산조정계정 잔액의 총합계액이 익금산입되어야 한다.
③ 합병매수차손은 세법상 그 자산성의 인정 유무에 따라 세무조정이 달라진다.

Ⅶ 존속 인적분할의 과세특례

1. 양도손익의 계산

내국법인이 인적분할한 후 존속하는 경우 분할한 사업부문의 자산을 분할신설법인등에 양도함으로써 발생하는 양도손익(①의 가액에서 ②의 가액을 뺀 금액을 말한다)은 분할법인이 분할등기일이 속하는 사업연도의 소득금액을 계산할 때 익금 또는 손금에 산입한다.

① 분할법인이 분할신설법인등으로부터 받은 양도가액

② 분할법인의 분할한 사업부문의 분할등기일 현재의 순자산 장부가액

| 존속인적분할의 양도손익 계산(법법 §46의 5 ①) |

양도손익 = 양도가액 − 분할법인등의 분할한 사업부문의 분할등기일 현재의 순자산 장부가액

아래와 같이 존속분할의 경우 일부 사업부문만 분할되므로 분할회사가 완전 분할되어 해산되는 것은 아니다. 소멸분할의 경우 완전 분할되어 해산하니 소멸한다. 따라서 순자산장부가액은 소멸분할은 회사 전체에 대한 것이지만, 존속분할은 분할되는 사업부문에만 대한 것이다.

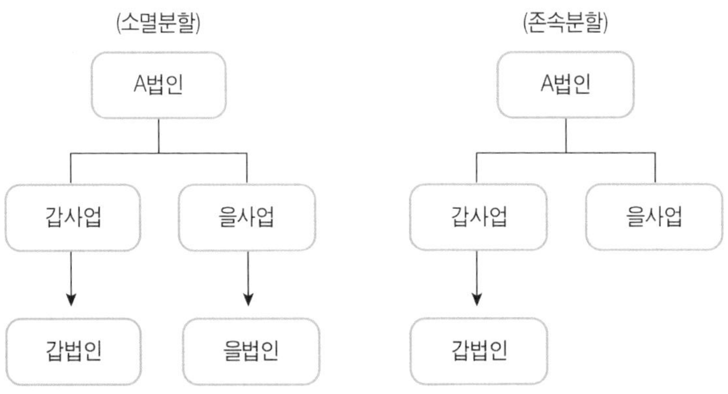

(1) 양도가액

1) 적격분할의 경우

적격분할의 경우 법 제46조의 5 제1항 제2호에 따른 분할법인의 분할등기일 현재의 분할한 사업부문의 순자산장부가액이다. 따라서 양도차익은 "0"이 된다.

2) 비적격분할의 경우

분할법인이 분할신설법인 등으로부터 받은 양도가액은 다음의 금액을 모두 더한 것이다.

① 분할신설법인 등이 분할로 인하여 분할법인의 주주에 지급한 분할신설법인 등의 주식의 가액

② 금전이나 그 밖의 재산가액의 합계액.

③ 분할합병의 경우 분할합병의 상대방법인이 분할합병포합주식이 있는 경우에는 그 주식에 대하여 분할합병교부주식을 교부하지 아니하더라도 그 지분비율에 따라 분할합병교부주식을 교부한 것으로 보아 분할합병의 상대방법인의 주식의 가액을 계산한다.

④ 분할신설법인 등이 납부하는 분할법인의 법인세 및 그 법인세(감면세액을 포함한다)에 부과되는 국세와 「지방세법」 제88조 제2항에 따른 법인지방소득세의 합계액(법령 §83의 2)

(2) 장부가액

분할법인 등의 분할한 사업부문의 분할등기일 현재의 순자산 장부가액을 말하며, 분할법인의 순자산장부가액을 계산할 때 「국세기본법」에 따라 환급되는 법인세액이 있는 경우에는 이에 상당하는 금액을 분할법인의 분할등기일 현재의 순자산장부가액에 더한다.

2. 소멸분할과의 차이

내국법인이 분할(물적분할은 제외한다)한 후 존속하는 경우 분할하는 사업부문의 자산을 분할신설법인 등에 양도함으로써 발생하는 양도손익의 계산에 관하여는 소멸분할의 법규정 중 법법 제46조 제2항부터 제4항까지의 규정을 준용한다. 그리고 분할신설법인 등에 대한 과세에 관하여는 소멸분할의 법규정 중 법법 제46조의 2, 제46조의 3 및 제46조의 4를 준용한다. 다만 분할법인의 결손금은 승계하지 아니한다(법법 §46의 5 ②, ③).

소멸분할의 법규정은 법법 제46조 제1항부터 제4항까지, 그리고 법법 제46조의 2부터 제46조의 4까지이다. 상기 규정(법법 §46의 5 ②, ③)에 따르면 존속분할의 경우 소멸분할 법규정의 대부분 준용하고 아래의 것만 제외하고 있다.

① 분할법인의 양도차익 계산 시 장부가액은 분할법인이 아닌 분할한 사업부문의 순자산장부가액이다.
② 분할법인의 결손금은 승계하지 않는다.

분할신설법인이 적격분할 요건(법법 §46 ②)을 갖추어 양도손익이 없는 것으로 하여 분할법인의 자산을 장부가액으로 양도받은 경우, 분할법인의 분할등기일 현재의 이월결손금을 승계 가능(법법 §46의 3 ②)하며 분할신설법인은 승계받은 이월결손금을 분할법인으로부터 승계받은 사업에서 발생한 소득금액의 범위 내에서만 공제할 수 있다(법법 §46의 4 ②).

그러나, 법법 제46조 제1항에서 "내국법인이 분할 또는 분할합병으로 해산하는 경우(물적분할은 제외한다. 이하 이 조 및 제46조의 2부터 제46조의 4까지에서 같다)"라고 규정되어 있고, 이월결손금의 승계를 규정하고 있는 법법 제46조의 3 제2항에서 분할법인이 소멸하는 완전분할을 전제로 하고 있다. 그리고, 법법 제46조의 5 【분할 후 분할법인이 존속하는 경우의 과세특례】의 제3항에서 "분할신설법인 등에 과세에 관하여는 제46조의 2, 제46조의 3 및 제46조의 4를 준용한다. 다만, 분할법인의 결손금은 승계하지 아니한다."라고 규정하고 있어 분할법인이 존속하는 경우에는 이월결손금은 승계할 수 없는 것으로 명확히 하고 있다(법규법인 2010-367, 2011. 2. 22. 국세청 해석사례집 검토내용).

| 존속분할의 요약 |

구 분	내 용
과세내용	분할한 사업부문의 자산을 분할신설법인에게 양도함으로써 발생하는 양도손익을 분할등기일이 속하는 사업연도의 익금 또는 손금에 산입
소득금액 계산	분할법인이 분할신설법인 등으로부터 받은 양도가액 -분할법인의 분할한 사업부문의 분할등기일 현재의 순자산 장부가액
소멸분할 준용	양도손익의 계산, 분할신설법인에 대한 과세 등에 대해서는 집행기준 46의 2-0-1, 46의 3-0-1 및 46의 3-0-2를 준용 다만, 분할법인의 결손금은 승계하지 아니한다.

Ⅷ 분할법인 주주에 대한 과세

1. 분할대가에 따른 의제배당 과세(인적분할)

분할에 따라 분할법인의 주주는 분할법인의 주식이 소멸되는 대신 분할신설법인의 주식 등을 받게 된다. 그것을 분할대가라고 하며, 주주가 당초의 주식을 취득하기 위해 지출된 금액보다 더 많은 분할대가를 받는다면 배당으로 과세된다.

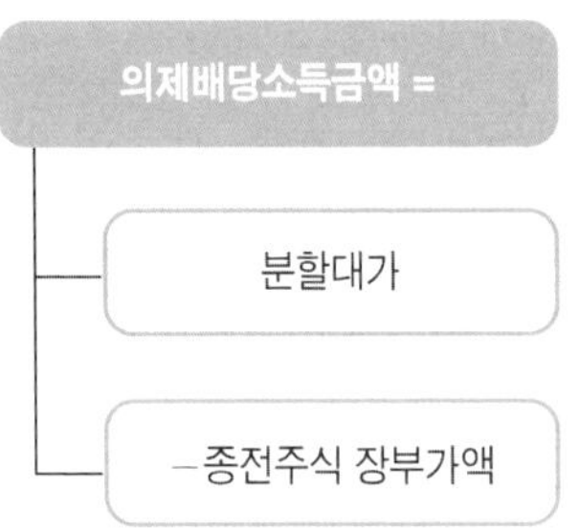

의제배당은 그 주주가 법인주주 또는 개인주주에 따라 과세방법이 달라지므로 구분해서 기술하도록 한다.

한편 분할법인 주주에 대한 과세는 합병법인 주주에 대한 과세와 거의 동일하여 중복되는 부분이 대부분이다. 따라서 이후 중요한 것만 기술하고 나머지 대부분은 생략하므로 구체적인 것은 합병법인 주주에 대한 과세 부분을 참고하면 된다.

| 개인주주와 법인주주의 분할대가 차이 |

	개인주주	법인주주
분할대가	① 분할교부주식 ② 분할교부금등	① 분할교부주식(분여받은이익 차감함㈜) ② 분할교부금등
개인 · 법인차이	법인주주의 분할교부주식가액에는 분여받은이익을 차감하나, 개인주주의 분할교부주식가액에는 분여받은이익이 있더라도 차감하지 않는다.	

㈜ 분여받은이익이란 분여받은 자가 영리법인(증여세 과세되지 않음)으로서 법인세법상 부당행위계산부인을 적용하여 특수관계인으로부터 분여받은 것을 말한다(법령 §14 ① 라목).

(1) 법인주주의 의제배당

분할법인 또는 소멸한 분할합병의 상대방 법인의 주주인 내국법인이 취득하는 분할대가가 그 분할법인 또는 소멸한 분할합병의 상대방 법인의 주식(분할법인이 존속하는 경우에는 소각 등에 의하여 감소된 주식만 해당한다)을 취득하기 위하여 사용한 금액을 초과하는 금액은 내국법인의 각 사업연도의 소득금액을 계산할 때 그 다른 법인으로부터 이익을 배당받았거나 잉여금을 분배받은 금액으로 본다(법법 §16 ① 6호).

의제배당소득금액 = 분할대가-종전주식 취득가액*

* 존속분할인 경우에는 감소된 주식만 해당

1) 분할대가

분할대가는 분할법인 등이 분할신설법인 또는 분할합병의 상대방 법인으로부터 분할로 인하여 취득하는 분할신설법인 또는 분할합병의 상대방 법인(분할등기일 현재 분할합병의 상대방 법인의 발행주식총수 또는 출자총액을 소유하고 있는 내국법인을 포함한다)의 주식의 가액과 금전 또는 그 밖의 재산가액의 합계액이다(법법 §16 ② 2호).

① 분할교부주식 등의 가액
② 금전 또는 그 밖의 재산가액의 합계액

가) 적격분할의 경우

의제배당의 과세이연을 위한 적격분할 요건을 충족하는 경우의 주식은 종전주식의 장부가액(분할대가 중 일부를 금전이나 그 밖의 재산으로 받은 경우로서 분할로 취득한 주식등을 시가로 평가한 가액이 종전의 장부가액보다 작은 경우에는 시가를 말한다)을 분할교부주식가액으로 한다. 다만, 투자회사 등이 취득하는 주식등의 경우에는 영으로 한다(법령 §14 ① 1호 나목).

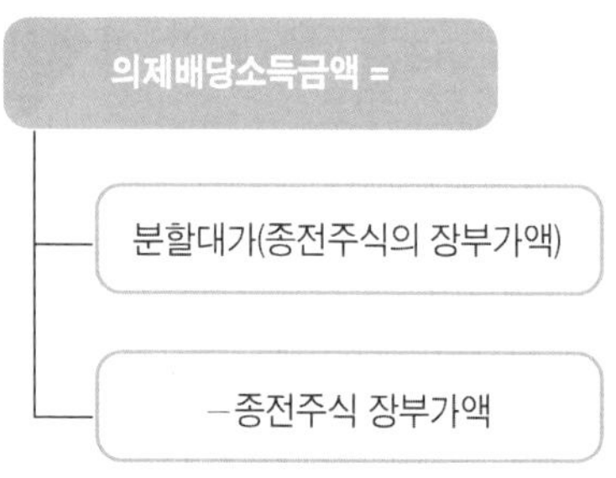

한편, 분할법인 등의 양도차익에 대한 과세이연을 위한 적격분할의 요건과 의제배당의 과세이연을 위한 적격분할의 요건은 다르다. 의제배당 과세이연을 위해서는 사업목적분할, 지분의 연속성, 사업의 계속성과 고용승계 중 사업목적분할과 지분의 연속성(주식등의 보유와 관련된 부분은 제외)만 만족하면 된다(법령 §14 ① 나목). 이하 "의제배당과세이연 위한 적격분할"이라 한다.

| 의제배당과세이연 위한 적격분할요건 |

① 사업목적분할
② 지분의 연속성(주식등의 보유와 관련된 부분은 제외한다)

나) 비적격분할의 경우

비적격분할의 경우에는 분할대가 중 금전 외의 주식은 취득 당시 법 제52조에 따른 시가를 분할교부주식가액으로 한다. 다만, 법령 제88조 제1항 제8호에 따른 특수관계인으로부터 분여받은이익이 있는 경우에는 그 금액을 차감한 금액으로 한다(법령 §14 ① 1호 라목).

분할교부주식가액의 평가

법인세법 제46조 제1항 제1호(2009. 12. 31. 법률 제9898호로 개정된 것)에 의한 양도가액을 산정함에 있어 같은 법 시행령 제82조 제1항 제2호의 분할신설법인이 분할로 인하여 분할법인의 주주에게 지급한 분할신설법인의 주식의 가액은 같은 영 제89조의 시가에 의하여 계산하는 것임(법인-825, 2010. 8. 30.).

분할교부주식의 시가평가에 관해서는 앞쪽의 『분할교부주식의 평가』를 참고한다.

| 적격분할과 비적격분할에 따른 분할교부주식의 평가액과 의제배당액의 차이 |

<table>
<tr><th>구분</th><th>분할대가</th><th colspan="2">분할교부주식의 평가</th><th>의제배당액</th></tr>
<tr><td rowspan="3">적격분할</td><td>주식</td><td colspan="2">종전주식의 장부가액</td><td>0</td></tr>
<tr><td rowspan="2">주식
+
현금</td><td>시가<장부가액</td><td>시가</td><td>Min [현금등 주식 외의 재산, 실현배당액]</td></tr>
<tr><td>시가≥장부가액</td><td>장부가액</td><td>현금교부액</td></tr>
<tr><td>비적격분할</td><td>모두 동일*</td><td colspan="2">무조건 시가</td><td>합병대가-종전주식의 장부가액</td></tr>
</table>

* 파란색부분은 적격분할임에도 예외적으로 분할교부주식을 시가로 평가 부분임.

♣ 의제배당금액 계산 시 감자 등의 대가로 금전 외의 재산을 받은 경우 그 재산의 가액은 다음의 금액으로 한다.

<table>
<tr><th colspan="4">구 분</th><th>취득재산의 가액</th></tr>
<tr><td rowspan="4">주식
및
출자
지분</td><td colspan="3">자본감소, 사원탈퇴, 해산의 경우</td><td>취득당시 시가
(불공정감자로 특수관계인으로부터 분여받은이익이 있는 경우 동 금액 차감)</td></tr>
<tr><td rowspan="3">합병,
분할의
경우</td><td rowspan="2">적격요건(주식 보유관련 부분 제외)을 갖춘 경우 또는 완전모자회사간 합병의 경우</td><td>대가를 주식으로만 받은 경우</td><td>종전 주식의 장부가액
(다만, 투자회사 등이 취득하는 주식 등은 “0”원)</td></tr>
<tr><td>대가 중 일부를 금전 등으로 받은 경우</td><td>Min
① 취득당시 시가
② 종전 주식의 장부가액</td></tr>
<tr><td colspan="2">적격요건을 갖추지 못한 경우</td><td>취득당시 시가
(불공정합병으로 특수관계인으로부터 분여받은이익이 있는 경우 동 금액 차감)</td></tr>
</table>

구 분	취득재산의 가액
그 외 재산	취득당시 시가

* 관련 집행기준 : 법인 16-0-3 [감자 등의 대가로 받은 재산가액의 평가]

2) 종전주식의 취득가액

존속분할인 경우의 감소된 주식에 대한 취득가액은 다음과 같이 계산한다(법인 통칙 16-0-1).

$$\text{분할전 법인주식 취득가액} \times \frac{\text{분할등기일 현재 감소한 분할법인의 자기자본 (자본금과 잉여금의 합계액 중 분할로 인하여 감소되는 금액)}}{\text{분할 전 해당 법인의 자기자본}}$$

즉, 존속분할의 경우 소각 등에 의하여 감소된 주식만 해당되므로 분할법인의 주식의 취득가액은 상기와 같이 세무상 자기자본비율을 적용하여 산정한다(법법 §16 ① 6호) (조심 2023중10162, 2014. 6. 4.).

분할합병의 경우로서 소멸한 분할합병의 상대방법인의 취득가액은 해당 법인의 주식을 취득하기 위하여 사용한 금액을 그 취득가액으로 한다(법법 §16 ① 6호). 하지만, 분할합병의 경우라도 존속분할의 경우로서 감소된 주식에 대한 취득가액은 상기와 같이 계산한 가액을 취득가액으로 한다.

주식을 양도할 때 양도차익 계산을 위한 취득가액은 해당 자산의 취득에 든 실지거래가액이다. 법인주주의 의제배당액 계산을 위한 종전주식의 취득가액을 간단히 정리하면 다음과 같다.

① 의제배당 계산 시 주식 등의 취득가액은 다음의 금액으로 한다.

구 분		취득가액
매입 또는 출자에 의해 취득한 경우		실제로 지출된 금액 (특수관계인인 개인으로부터 저가로 매입함에 따라 익금에 산입한 금액이 있는 경우 저가매입차액 가산)
잉여금의 자본 전입으로 무상 취득한 경우	교부받을 당시 의제배당으로 과세된 무상주	액면가액(주식배당 시 발행가액)
	교부받을 당시 의제배당으로 과세되지 않은 무상주	0 (신·구주식 1주당 장부가액은 총평균법에 따라 계산한다)

② 감자로 인한 의제배당액 계산 시 감자 전 2년 이내에 의제배당에 해당되지 않는 무상주의 취득이 있는 경우에는 그 주식을 먼저 소각한 것으로 보며, 그 주식의 취득가액은 '0'으로 한다(법인세 집행기준 16-0-4) [감자 등의 의제배당 계산 시 주식 등의 취득가액]

3) 배당시기

상기의 배당 시기는 해당 법인의 분할등기일이다(법령 §13 4호).

4) 내국법인의 수입배당금액의 익금불산입

내국법인(제29조에 따라 고유목적사업준비금을 손금에 산입하는 비영리내국법인은 제외한다)이 해당 법인이 출자한 다른 내국법인(피출자법인)으로부터 받은 수입배당금액(이익의 배당금 또는 잉여금의 분배금과 의제배당금)중 다음의 ①에서 ②를 뺀 금액은 각 사업연도의 소득금액을 계산할 때 익금에 산입하지 아니한다. 이 경우 그 금액이 0보다 작은 경우에는 없는 것으로 본다(법법 §18의 2).

① 피출자법인별로 수입배당금액에 다음 표의 구분에 따른 익금불산입률을 곱한 금액의 합계액

피출자법인에 대한 출자비율	익금불산입률
50퍼센트 이상	100퍼센트
20퍼센트 이상 50퍼센트 미만	80퍼센트
20퍼센트 미만	30퍼센트

② 내국법인이 각 사업연도에 지급한 차입금의 이자가 있는 경우에는 차입금의 이자 중 제1호에 따른 익금불산입률 및 피출자법인에 출자한 금액이 내국법인의 자산총액에서 차지하는 비율 등을 고려하여 대통령령으로 정하는 바에 따라 계산한 금액

다만, 다음의 어느 하나에 해당하는 수입배당금액에 대해서는 적용하지 아니한다.

① 배당기준일 전 3개월 이내에 취득한 주식등을 보유함으로써 발생하는 수입배당금액

② 제51조의 2 또는 「조세특례제한법」 제104조의 31에 따라 지급한 배당에 대하여 소득공제를 적용받는 법인으로부터 받은 수입배당금액

③ 이 법과 「조세특례제한법」에 따라 법인세를 비과세·면제·감면받는 법인(대통령령으로 정하는 법인으로 한정한다)으로부터 받은 수입배당금액

④ 제75조의 14에 따라 지급한 배당에 대하여 소득공제를 적용받는 법인과세 신탁재산으로부터 받은 수입배당금액

(2) 개인주주의 의제배당

1) 분할대가

법인이 분할하는 경우 분할되는 법인(분할법인) 또는 소멸한 분할합병의 상대방 법인의 주주가 분할로 설립되는 법인 또는 분할합병의 상대방 법인으로부터 분할로 취득하는 주식의 가액과 금전, 그 밖의 재산가액의 합계액(분할대가)이 그 분할법인 또는 소멸한 분할합병의 상대방 법인의 주식(분할법인이 존속하는 경우에는 소각 등으로 감소된 주식에 한정한다)을 취득하기 위하여 사용한 금액을 초과하는 금액은 "의제배당"으로 보아 과세한다(소법 §17 ② 6호).

가) 적격분할의 경우

법인주주의 경우와 동일하게 금전 외의 재산으로서 취득하는 주식가액은 법법 제46조 제2항 제1호 및 제2호의 [사업목적분할]과 [지분의 연속성(주식등의 보유와 관련된 부분은 제외한다)]의 요건을 갖춘 경우, 즉 의제배당과세이연을 위한 적격분할의 요건을 갖춘 경우에는 분할법인 또는 소멸한 분할합병의 상대방법인의 주식등의 취득가액으로 한다. 다만, 분할로 주식 등과 금전, 그 밖의 재산을 함께 받은 경우로서 해당 주식등의 시가가 피합병법인 등의 주식등의 취득가액보다 작은 경우에는 시가로 한다(소령 §27 ① 1호 나목).

나) 비적격분할의 경우

개인주주가 분할로 인해 금전 외 주식을 취득할 경우로서 의제배당을 위한 적격분할요건에 해당하지 않는 경우의 주식가액은 취득 당시의 시가이다(소령 §27 ① 1호 라목). 분할교부주식의 시가평가에 관해서는 앞의 "분할교부주식의 평가"에서 이미 기술하였다.

2) 종전주식의 취득가액

기획재정부는 개인주주가 양도하는 분할신설법인 주식의 취득가액은, 분할 전 법인의 주식을 취득하는데 소요된 총 금액 중 분할로 감소한 주식수의 비율로 안분하여 계산한 금액으로 산정하는 것(기획재정부 금융세제-355, 2024. 7. 1.)으로 해석하였다. 이에 국세청 또한 동일한 해석(서면법규재산 2023-164, 2024. 7. 3.)을 생산하였다. 이는 법인세법 기본통칙 16-0-1과는 다른 계산 방식이다. 종전 조세심판원 판단(조심 2023서7360, 2024. 4. 3.)에서는 분할의 경우로서 종전주식의 취득가액에 대해 개별세법에서 달리 규정하고 있지 아니한 상황이므로 법인 주주에게 적용되는 의제배당 계산방법을 개인 주주에게도 동일하게 적용된다고 보아, 법인세법 기본통칙과 동일한 방법으로 종전주식의 취득가액을 계산하도록 하였다. 따라서 경우에 따라 적절하게 사용하면 된다.

♣ 존속분할인 경우로서 감소된 주식에 대한 취득가액은 다음과 같이 계산한다. (기재부와 국세청 해석)

$$\text{분할전 법인주식 취득가액} \times \frac{\text{분할로 감소한 주식수}}{\text{분할 전 총 주식수}}$$

♣ (참고) 조세심판원의 사례

자기자본비율에 따른 종전주식취득가액의 계산

법인주주와 개인주주 상관없이 의제배당액 계산을 위한 종전주식의 취득가액 계산은 분할등기일 또는 분할합병등기일 현재의 자기자본비율로 계산한다. 한편 분할등기일 등 현재의 자기자본비율로 계산하므로, 분할 당시의 자기자본비율인 분할비율에 따라 종전주식 취득가액을 계산하는 것은 아니다(조심 2023서7360, 2024. 4. 3.).

<사 례>

- 2000.1월 : 개인 주주 갑은 A법인의 주식 취득(1백만주, 100억원)
- 2002.1월 : A법인(분할존속법인)의 인적분할로 B법인 설립
  (갑의 A법인주식 3십만주 감소)

☞ 종전주식의 취득가액 : 30억원(= (100억원×300,000주/1,000,000주)

3) 배당소득의 수입시기

법인이 분할 또는 분할합병으로 인하여 소멸 또는 존속하는 경우에는 그 분할등기 또는 분할합병등기를 한 날(소령 §46 5호 다목)이다.

4) 원천징수시기

법인이 분할 또는 분할합병으로 인하여 소멸 또는 존속하는 경우에는 그 분할등기 또는 분할합병등기를 한 날에 그 소득을 지급한 것으로 보아 소득세를 원천징수한다(소령 §191 1호).

5) 종합과세되는 경우의 배당소득금액

분할에 의해 의제되는 배당소득이 종합과세되는 경우에는 배당가산소득에 해당된다. 따라서 배당가산한 금액을 배당소득금액으로 한다(소득세 집행기준 17-0-1).

국내에서 법인세가 과세된 잉여금을 재원으로 하는 배당소득이 종합과세 되는 경우에는 배당가산(Gross-up)한 금액을 배당소득금액으로 한다. 배당가산 대상이 되는 배당소득 여부는 다음과 같다.

<table>
<tr><th>구 분</th><th colspan="2">범 위</th></tr>
<tr><td rowspan="5">배당가산
대상
배당소득</td><td colspan="2">내국법인으로부터 받는 이익이나 잉여금의 배당 또는 분배금</td></tr>
<tr><td colspan="2">법인으로 보는 단체로부터 받는 배당금 또는 분배금</td></tr>
<tr><td colspan="2">배당가산하지 않는 의제배당을 제외한 의제배당</td></tr>
<tr><td colspan="2">「법인세법」에 따라 배당으로 처분된 금액</td></tr>
<tr><td colspan="2">「자본시장과 금융투자업에 관한 법률」 제9조 제19항 제1호에 따른 기관전용 사모집합투자기구로부터 받는 배당소득(「법인세법」 제51조의 2, 「조세특례제한법」 제100조의 16, 제104조의 31, 제63조의 2·제121조의 2·제121조의 4·제121조의 8 또는 제121조의 9의 규정을 적용받는 법인 제외)</td></tr>
<tr><td rowspan="9">배당가산
하지 않는
배당소득</td><td rowspan="3">의제
배당</td><td>자기주식 또는 자기출자지분 소각이익의 자본전입으로 인한 의제배당</td></tr>
<tr><td>토지의 재평가차익의 자본전입으로 인한 의제배당</td></tr>
<tr><td>법인이 자기주식 또는 자기출자지분을 보유한 상태에서 자본전입을 함에 따라 그 법인 외의 주주 등의 지분비율이 증가한 경우 증가한 지분비율에 상당하는 주식 등의 가액에 의한 의제배당</td></tr>
<tr><td colspan="2">국내·외에서 받는 파생결합증권 또는 파생결합사채로부터의 이익</td></tr>
<tr><td colspan="2">외국법인으로부터 받는 배당소득</td></tr>
<tr><td colspan="2">집합투자기구로부터의 이익 (위 사모집합투자기구로부터 받는 배당소득 제외)</td></tr>
<tr><td colspan="2">「국제조세조정에 관한 법률」에 따라 배당받은 것으로 간주된 금액</td></tr>
<tr><td colspan="2">공동사업에서 발생한 소득금액 중 출자공동사업자가 손익분배비율에 따라 받는 금액</td></tr>
<tr><td colspan="2">「조세특례제한법」 제132조에 따른 최저한세액이 적용되지 아니하는 법인세의 비과세·면제·감면 또는 소득공제(「조세특례제한법」 외의 법률에 따른 비과세·면제·감면 또는 소득공제를 포함함)를 받은 법인 중 「소득세법 시행령」 제27조의 3 제1항에 따른 법인으로부터 받은 배당소득이 있는 경우에는 그 배당소득의 금액에 아래 산식의 비율을 곱하여 산출한 금액</td></tr>
</table>

구 분	범 위
	비율 = 직전 2개 사업연도의 감면대상소득금액의 합계액 × 감면비율 / 직전 2개 사업연도의 총소득금액의 합계액
	배당소득과 유사한 소득으로서 수익분배의 성격이 있는 것
	종합과세기준금액(2천만원)을 초과하지 않는 배당소득

* 관련 집행기준 17-0-1 [배당가산(Gross-up) 대상이 되는 배당소득]

| 연도별 배당소득 가산율 |

2011.1.1. 이후	2009.1.1. ~2010.12.31.	2006.1.1. ~2008.12.31.	2005.12.31. 이전
11%	12%	15%	19%

6) 원천징수이행상황신고서와 지급명세서의 제출

국내에서 거주자나 비거주자에게 배당소득을 지급하여 원천징수의무가 있는 자는 원천징수한 소득세를 법 제128조의 규정에 의한 기한내에 「국세징수법」에 의한 납부서와 함께 원천징수 관할세무서·한국은행 또는 체신관서에 납부하여야 하며, 기획재정부령이 정하는 원천징수이행상황신고서를 원천징수 관할세무서장에게 제출(국세정보통신망에 의한 제출을 포함한다)하여야 한다(소령 §185 ①).

개인에게 배당소득을 국내에서 지급하는 자(법인, 제127조 제5항 또는 제7항에 따라 소득의 지급을 대리하거나 그 지급 권한을 위임 또는 위탁받은 자 및 제150조에 따른 납세조합, 제7조 또는 「법인세법」 제9조에 따라 원천징수세액의 납세지를 본점 또는 주사무소의 소재지로 하는 자와 「부가가치세법」 제8조 제3항 후단에 따른 사업자 단위 과세 사업자를 포함한다)는 지급명세서를 그 지급일이 속하는 과세기간의 다음 연도 2월 말일까지 원천징수 관할 세무서장, 지방국세청장 또는 국세청장에게 제출하여야 한다(소법 §164 ①).

의제배당소득에 대하여는 법 제164조 제1항의 규정에 의한 지급명세서에 갈음하여 기획재정부령이 정하는 이자·배당소득지급명세서를 제출할 수 있다(소령 §215 ③).

(3) 분할교부주식의 평가

의제배당 계산을 위한 분할교부주식의 평가는 분할법인의 양도가액 계산을 위한 분할교부주식의 평가와 다르지 않으며, 적격분할인 경우와 비적격분할인 경우로 분류하여 그 평가방법이 조금 다르다. 즉, 적격분할인 경우에는 분할교부주식가액을 '시가'로 평가하는 것이 필요하지 않는 반면 비적격분할인 경우에는 시가로의 평가가 필요하다.

그러나, 적격분할인 경우 분할과세특례신청서상에 분할교부주식의 시가를 기재해야 한다. 따라서 적격분할임에도 불구하고 비적격분할인 경우를 가정하여 분할교부주식가액을 기재하는 것이, 이후 사후관리사유의 위반시 당초부터 비적격분할인 경우와 동등하게 과세될 수 있게 된다. 따라서 적격분할인 경우 분할과세특례신청서 상에 기재하는 분할교부주식의 시가액은 비적격분할일 경우를 가정하여 평가된 금액을 기재하면 된다.

★ 분할교부주식의 평가에 관해서는 앞부분 [양도가액]에서의 [분할교부주식의 평가] 부분을 참고로 한다.

2. 분할교부주식의 취득가액

분할로 인해 분할법인 등의 주주는 분할법인 등의 주식이 소멸하는 대신 분할신설법인 등의 분할교부주식을 받게 된다. 분할교부주식의 취득가액은 개인주주인 경우와 법인주주인 경우 달리 적용되므로 구분해서 기술한다.

♣ 개인주주와 법인주주의 분할교부주식 취득가액의 차이는 다음과 같다.

개인주주의 분할교부주식 취득가액	법인주주의 분할교부주식 취득가액
종전주식 취득가액 + 의제배당액 - 분할교부금등	종전주식 취득가액 + 의제배당액 + 분여받은이익 - 분할교부금등

(1) 개인주주의 경우

분할법인 또는 소멸한 분할합병의 상대방 법인의 개인주주가 분할신설법인 또는 분할합병의 상대방 법인으로부터 분할 또는 분할합병으로 인하여 취득하는 주식의 1주당 취득원가에 상당하는 가액은 분할 또는 분할합병 당시의 해당 주주가 보유하던 분할법인 또는 소멸한 분할합병의 상대방 법인의 주식을 취득하는 데 소요된 총금액(의제배당액은 더하고 분할대가 중 금전이나 그 밖의 재산가액의 합계액은 뺀 금액으로 한다)을 분할로 인하여 취득하는 주식 수로 나누어 계산한 가액으로 한다(소령 §163 ① 5호).

※ 개인주주의 분할교부주식의 취득가액 계산을 위한 분개는 다음과 같다.

(차) 매도가능증권	***	(대) 종전주식 취득가액	***
금전 또는 재산가액	***	의제배당액	***

| 법인의 분할로 개인주주가 취득한 주식의 취득가액 |

소득세 집행기준 97-163-9

법인의 분할로 인하여 개인주주가 취득한 주식의 1주당 취득가액은 분할전 법인의 주식취득비용(분할 시 과세된 의제배당액은 가산하고, 수령한 교부금은 차감)을 분할로 교부받은 주식 수로 나누어 계산한다.

〈사 례〉

- 2000.1월 : 갑은 A법인의 주식 취득(5백만주, 130억원)
- 2002.1월 : A법인(분할존속법인)의 인적분할로 B법인 설립
  (갑의 A법인주식 3백만주 감소, B법인주식 100만주 취득)
- 2009.3월 : B법인 주식 양도

☞ 1주당 취득가액 : 7,800원{= (130억원×3,000,000주/5,000,000주)÷1,000,000주}

개인주주의 합병교부주식 보유기간 기산일

주식의 양도로 인한 양도소득세 계산을 위한 세율 적용 시 그 보유기간을 계산할 때, 그 기산일은 합병·분할(물적분할 제외)로 인하여 합병법인 분할신설법인 또는 분할합병의 상대방 법인으로부터 주식 등을 새로 취득한 경우에는 피합병법인·분할법인 또는 소멸한 분할합병의 상대방 법인의 주식 등을 취득한 날부터 기산한다(소법 §104 ② 3호).

♣ 개인주주의 양도세 계산을 위한 세율 적용 시 보유기간의 기산일

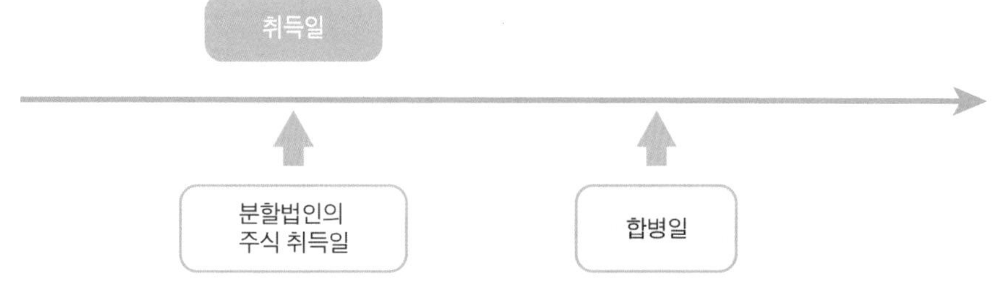

(2) 법인주주의 경우

법인주주가 분할(물적분할은 제외한다)에 따라 취득한 주식 등은 종전의 장부가액에 의제배당액 및 법인세법상의 분여받은이익의 금액을 더한 금액에서 분할대가 중 금전이나 그 밖의 재산가액의 합계액을 뺀 금액이 분할교부주식의 취득가액이다(법령 §72 ② 5호).

※ 법인주주의 분할교부주식의 취득가액 계산을 위한 분개는 다음과 같다.

분할교부주식의 취득가액
= [종전주식가액 + 의제배당액 + 분여받은이익 - 현금등 기타재산가액]

(차) 매도가능증권	***	(대) 종전의 장부가액	***
금전 또는 재산가액	***	의제배당액	***
		분여받은이익액	***

3. 법인세법상의 부당행위계산부인

내국법인의 행위 또는 소득금액의 계산이 특수관계인과의 거래로 인하여 그 법인의 소득에 대한 조세의 부담을 부당하게 감소시킨 것으로 인정되는 경우에는 그 법인의 행위 또는 소득금액의 계산(부당행위계산)과 관계없이 그 법인의 각 사업연도의 소득금액을 계산한다(법법 §52).

부당행위계산부인은 법령 제88조에서 규정하고 있으며 다음은 분할과 관련된 것이다.

(1) 저가양도로 인한 양도손익의 감소

자산을 저가양도하는 경우 부당행위계산부인의 적용(법령 §88 ① 3호의 2) 여부는 인적분할과 물적분할에 따라 다르다.

① 물적분할 시

분할법인의 물적분할로 인한 자산양도차익을 계산함에 있어서 해당 법인이 분할하는 사업부문에 속하는 자산 및 부채를 공정가액으로 평가하지 아니하고 시가보다 낮은 가액으로 승계한 경우에는 부당행위계산부인 규정을 적용한다(법인세 집행기준 47-0-2).

물적분할 시 저가승계로 인한 부당행위계산부인 규정의 적용 여부
물적분할로 인한 분할법인의 사업부문에 속하는 자산 및 부채를 공정가액으로 평가하지 아니하고 시가보다 낮은 가액으로 승계하는 경우에는 분할로 인한 자산양도차익 계산 시 법인세법 제52조의 부당행위계산부인의 규정이 적용되는 것임(법인 46012-240, 2003. 4. 15.).

② 인적분할 시

법인이 인적분할의 방법에 의하여 분할함에 있어 분할신설법인에게 자산을 시가에 미달하는 가액으로 이전하는 경우에도 분할법인과 분할신설법인간에는 동 거래에 대하여 부당행위계산의 부인에 관한 법인세법 제52조의 규정이 적용되지 않는다(서이 46012-11771, 2002. 9. 25.).

물적분할의 경우 분할교부주식의 취득가액은 물적분할한 순자산의 시가이다(법령 §72 ② 3호의 2). 따라서 자산을 시가보다 낮은 저가로 승계하는 경우, 양도의 대가로 받는 분할교부주식가액도 같이 낮아져 분할법인의 양도차익이 감소하게 된다. 따라서 부당행위계산부인 규정이 적용되는 것으로 유추되며, 인적분할의 경우 분할법인의 양도가액은 교부받는 분할교부주식의 시가와 주식 외 교부금 등의 합계액이므로 양도하는 자산의 시가와 상관이 없다. 따라서 양도하는 자산의 저가승계에도 불구하고 양도손익을 감소시키지 않으므로 부당행위계산부인 규정을 적용하지 않는다고 유추된다.

♣ 자산의 저가 승계에 따른 부당행위계산부인 적용 여부

구 분	인적분할	물적분할
자산의 저가 승계	부당행위계산부인 대상 아님	부당행위계산부인 대상임

분할사업부문의 순자산 시가 산정 방법 등
분할합병의 상대방 법인이 비적격분할합병으로 인하여 분할법인으로부터 승계받는 분할사업부문의 순자산의 시가는 분할합병등기일 현재 개별 자산·부채별로 「법인세법 시행령」 제89조에 따라 평가한 자산총액에서 부채총액을 뺀 금액을 말함(사전법령해석법인 2021-1015, 2021. 8. 9.).

(2) 불공정분할로 인한 양도손익의 감소

특수관계인인 법인 간 분할에 있어서 불공정한 비율로 분할하여 분할에 따른 양도손익을 감

소시킨 경우에는 조세의 부담을 부당하게 감소시킨 것으로 인정된다. 다만, 「자본시장과 금융투자업에 관한 법률」 제165조의 4에 따라 분할하는 경우는 제외한다(법령 §88 ① 3호의 2).

필자의 견해로는 물적분할의 경우 불공정분할(분할비율)과 상관없이 양도가액이 결정된다. 즉, 교부받는 분할교부주식의 수가 아닌 양도하는 순자산의 시가가 양도가액이기 때문이다. 하지만 인적분할의 경우 분할법인이 받는 분할교부주식은 양도가액에 포함된다. 따라서 불공정분할에 의해 분할법인이 분할교부주식을 적게 받는 경우에는 양도가액이 낮아져서 양도손익이 감소하게 된다.

결국, 불공정분할의 경우, 즉 잘못된 분할비율에 따라 분할하는 경우, 물적분할은 부당행위계산부인규정 적용대상이 아니나, 인적분할의 경우에는 부당행위계산부인규정의 적용대상이 될 수 있다.

♣ 불공정분할에 따른 양도손익의 감소의 경우 부당행위계산부인 적용 여부

구 분	인적분할	물적분할
불공정분할에 따른 양도손익의 감소	부당행위계산부인 적용 대상임	불공정분할에 따른 양도손의 감소는 발생하지 않음

(3) 분할을 통한 주주 등인 법인의 이익분여

합병에서 가장 큰 세무적 이슈 중의 하나가 되는 법령 제88조 제1항 제8호 가목에 따른 특수관계인인 주주간 분여 한 이익에 대한 부당행위계산부인 규정은 불공정합병(분할합병 포함)만 기술되어 있을 뿐, 분할에 대해서는 기술되어 있지 않다.

따라서 불공정합병에 따른 특수관계인인 주주가 분여 한 이익에 대한 부당행위계산부인의 적용은 분할(분할합병은 제외)에는 적용되지 않는 것으로 보인다.

법령 제88조 제1항 제8호

다음 각 목의 어느 하나에 해당하는 자본거래로 인하여 주주 등(소액주주 등은 제외한다. 이하 이 조에서 같다)인 법인이 특수관계인인 다른 주주 등에게 이익을 분여 한 경우

가. 특수관계인인 법인간의 **합병(분할합병을 포함한다)**에 있어서 주식 등을 시가보다 높거나 낮게 평가하여 불공정한 비율로 합병한 경우. 다만, 「자본시장과 금융투자업에 관한 법률」 제165조의 4에 따라 합병(분할합병을 포함한다)하는 경우는 제외한다.

(4) 자본거래를 통한 이익분여

분할 등 자본거래를 통해 법인의 이익을 분여 하였다고 인정되는 경우에는 인적분할, 물적분할 모두 법인세법상 부당행위계산부인의 적용대상이 된다(법령 §88 ① 8호의 2). 하지만, 필자의 견해로서는 실무적으로 분할과 관련해서는 현실적으로 적용하기 쉽지는 않다는 것이다.

4. 증권거래세

적격분할의 경우에는 증권거래세를 면제한다(조특법 §117 ① 14호). 하지만 비적격분할의 경우에는 증권거래세를 과세한다. 더 구체적인 것은 합병부분에 잘 기술되어 있으니 참고한다.

5. 분할비율

인적분할에서의 분할비율에 대해 세법에서 명확하게 규정하고 있는 것은 현재 없다. 따라서 정확하게 분할비율은 무엇이다라고 규정하기 쉽지 않다. 하지만 실무적으로 다음과 같이 계산한 분할비율에 따라 분할한다. 분할비율은 분할법인의 주주가 교부받는 분할신설법인의 주식 배분비율이자, 분할법인의 감자금액을 결정하는데 중요한 요소 중의 하나이다.

분할비율 = 분할대상 사업부문의 순자산 장부가액 / 분할 전 순자산 장부가액

① 분할비율과 이익의 분여

합병비율 또는 분할비율이 중요한 이유 중의 하나가 과세문제이다. 상증법 제38조 [합병에 따른 이익의 증여] 규정에서는 잘못된 합병비율, 즉 불공정합병비율에 따라 어떤 주주가 다른 주주에게 이익을 분여받은 경우에는 증여세를 과세하고 법인세법 시행령 제88조 [부당행위계산의 유형등] 규정에서는 불공정합병으로 인해 이익을 분여한 법인주주에게 법인세를 과세한다.

그러나 상증법상 [분할에 따른 이익의 증여] 규정은 없다. 불공정분할을 하더라도 인적분할의 경우 불균등분할*을 하지 않는 이상 지분비율의 변동이 없으므로 다른 주주에게 이익을 분여할 수 없으며, 물적분할의 경우 분할법인이 분할교부주식을 모두 교부받으므로 다른 주주에게 이익을 분여할 수 없기 때문이다.

*불균등분할

인적분할의 경우 원칙 분할신설법인 주주의 지분율은 분할전 분할법인 주주의 지분율과 동일하다. 하지만, 의도적으로 분할전 분할법인의 지분율과 분할신설법인의 지분율을 다르게 하는 것이 불균등분할이다.

② 분할비율과 양도가액

하지만, 불공정분할로 인해 분할에 따른 양도손익을 감소시킨 경우에는 부당행위계산부인 규정이 적용되며, 불공정분할로 인해 분할교부주식가액이 감소하는 경우에는 의제배당액이 감소할 수 있다.

그렇다면 불공정분할은 무엇인가? "세법에서 불공정분할에 대해 명확하게 규정하고 있는 것은 현재 없다"라고 앞서 기술하였다. 분할을 할 때 분할법인이 분할신설법인에게 승계하는 자산과 부채는 정해진다. 즉, 분할비율에 따라 분할법인이 분할신설법인에게 승계하는 순자산가액이 정해지는 것이 아니라 승계하는 순자산가액에 따라 분할비율이 결정되는 것이다. 합병의 경우 합병법인과 피합병법인의 가치에 따라 합병비율이 결정되는 것과는 다르다.

자본은 자산에서 부채를 차감하여 계산된다. 자본 스스로 계산되어질 수는 없다. 만일, 동일한 분할에 교부되는 분할교부주식의 수가 달라진다면 어떻게 될까? 상장법인은 「자본시장과 금융투자업에 관한 법률」 제165조의 4에 따라 분할하는 경우에는 분할에 따른 양도손익에 대한 부당행위계산부인 규정이 적용되지 않으므로 비상장법인간의 분할의 경우를 가지고 따져보자.

분할교부주식의 수가 달라진다고 하여 승계하는 순자산이 달라지는 것은 아니다. 비상장법인의 비적격분할의 경우 분할신설법인 주식가치 평가는 순자산가치로만으로 평가된다. 따라서 분할교부주식 수에 따라 해당 분할신설법인의 총평가액이 달라지지는 않고 단지 1주당 주식평가액만 달라지게 된다. 결국 필자의 견해로는 분할교부주식의 수의 변화에 따라 분할과 관련된 양도차익이나 의제배당액이 달라지지는 않는 다는 것이다. 물론 승계하는 자산 또는 부채가액이 달라진다면, 순자산가액이 달라지고 결과적으로 분할교부주식의 총평가액이 달라지게 될 것이므로 당연히 양도가액도 변화될 것이다.

(1) 분할비율에 따른 주식 배분

분할 전 법인주주들의 주식수에 분할비율을 곱한 것이 분할신설법인의 배분 주식수가 된다. 반대로 분할 전 법인주주의 주식수에 (1 - 분할비율)을 곱한 수가 분할 후 분할법인의 주식수가 된다. 이는 기존 주식수보다 줄어들게 되므로 (1 - 분할비율)은 병합비율이 된다. 그렇다고 반드시 분할비율에 따라 주식수를 결정할 필요는 없다.

분명한 것은 분할신설법인이 발행하는 주식의 액면가액이 분할신설법인의 자본금이 되는데, 그렇다고 분할신설법인이 승계한 순자산액의 전액이 신설회사의 자본금으로 될 필요가 없다. 다만, 분할신설회사의 자본금이 승계받은 순자산액을 초과할 수는 없다.

한편, 분할신설법인 주주들의 지분율은 분할을 하기 전의 분할법인 주주의 지분율과 동일해야 하며 그렇지 않은 경우에는 불균등분할에 해당하게 된다.

| 분할 전 법인의 주주구성 |

주주	주식수	지분율
김**	200	20%
윤**	300	30%
서**	500	50%
합계	1,000	100%

| 주식배정과 병합 과정 |

주주	분할 전 분할법인 주식수	분할비율	분할신설법인 주식수	병합비율	분할 후 분할법인 주식수
김**	200	0.5467321	109	0.4532679	91
윤**	300		164		136
서**	500		274		226
합계	1,000		547		453

| 분할 후 분할신설법인과 분할법인의 주식수와 지분율 |

주주	분할신설법인 주식수	지분율	분할 후 분할법인 주식수	지분율	총 주식수
김**	109	20%	91	20%	200
윤**	164	30%	136	30%	300
서**	274	50%	226	50%	500
합계	547	100%	453	100%	1,000

상기에서 보듯, 의도적으로 지분율을 달리하는 불균등분할의 경우를 제외하고는 분할 전과 분할 후 주주들의 지분율 변동은 없다.

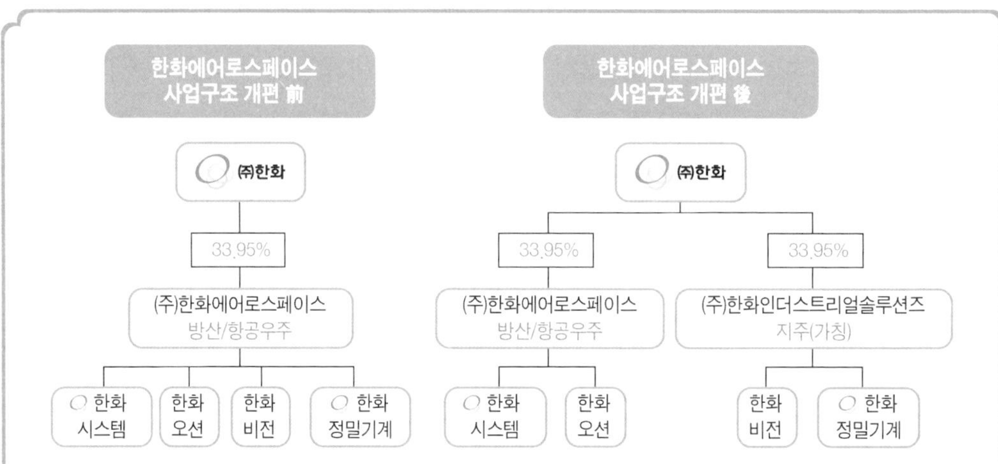

한화에어로스페이스가 자회사 중 방산과 연관성이 적었던 한화비전과 한화정밀기계를 분리하고 방산과 항공우주 전문기업으로 거듭난다. 지난 14일 한화에어로스페이스는 경기도 성남상공회의소에서 주주총회를 열고 자회사 분할 등과 관련된 안건을 의결했다.

이날 의결에 따라 한화에어로스페이스 자회사인 한화비전, 한화정밀기계는 인적분할을 통해 신설되는 지주회사 '한화인더스트리얼솔루션즈'(가칭)의 자회사로 편입된다. 한화비전은 영상 감시 분야 사업을 영위하고 있고, 한화정밀기계는 전자부품 조립장비인 칩마운터를 주로 생산하는 기업이다.

신규지주사 한화인더스트리얼솔루션즈는 내달 1일 공식 출범할 예정이다. 한화에어로스페이스와 신설지주회사의 분할비율은 9대 1이다. 한화에어로스페이스 변경 산장과 신설 환화인더스트리얼솔루션즈 재상장은 오는 9월 27일 이뤄진다.

이번 분할로 한화에어로스페이스는 항공기 가스터빈 엔진·구성품, 자주포, 장갑차, 우주발사체, 위성시스템 등의 생산·판매와 IT기술을 활용한 서비스 제공업 등을 영위하는 사업부문에 집중해 방산과 항공우주 사업의 지속성장과 고도화를 추진할 계획이다.

(출처: 경남신문)

㈜한화는 분할 전 한화에어로스페이스에 대한 지분율이 33.95%였고 한화에어로스페이스로부터 인적분할한 한화비전과 한화정밀기계의 지주회사인 한화인더스트리얼솔루션즈에 대한 지분율도 한화에어로스페이스에 대한 지분율과 동일한 33.95%인 것을 알 수 있다. 결국 인적분할 후 ㈜한화의 한화에어로스페이스에 대한 지분율과 지주회사인 한화인더스트리얼솔루션즈에 대한 지분율은 모두 동일한 33.95%가 된다. 그 이유는 인적분할이기 때문이다.

(2) 분할비율 계산 기준일

현행 법인세법상 분할관련 양도차익에 대한 과세와 부당행위계산부인 등등 대부분 과세의 기준일은 분할등기일이다. 하지만 현실적으로 분할등기일을 기준일로 하여 분할비율을 산정하는 것은 불가능하다. 분할계획서에 대해 이사회 승인을 받을 때 분할비율이 이미 결정되고 상법 제530조의 7에 따라 주주총회 회일의 2주 전부터 분할의 등기를 한 날 또는 분할합병을 한 날 이후 6개월 간 분할계획서와 분할되는 부분의 대차대조표 등을 공시해야 한다.

원칙, 분할등기일자의 순자산 장부가액 비율에 따른 분할비율에 따라 분할을 하면 좋겠지만, 현실적으로 분할등기일자 당일에 재무상태표를 작성해서 분할비율을 결정할 수 없다. 따라서, 이사회 승인을 받을 때 결정된 분할비율에 따라 분할을 진행하되, 이후 유의미한 변화가 있는 경우에는 분할등기일과 가장 근접한 재무상태표를 적극적으로 최대한 반영하여 결정된 분할비율에 따라 분할하는 것이 이상적이다는 것이다.

6. 적격분할 후 분할차익의 자본전입에 따른 의제배당

(1) 의제배당 대상

법 제46조 제2항에 따른 법인이 적격분할로 인하여 발생한 분할차익 중 다음에 해당하는 금액(주식회사 외의 법인인 경우에는 이를 준용하여 계산한 금액을 말한다)의 합계액을 자본에 전입함으로써 주주 등이 취득하는 주식은 의제배당에 해당한다. 이 경우 **분할차익을 한도로 한다**(법령 §12 ① 4호).

가. 분할등기일 현재 분할신설법인 등이 승계한 재산의 가액이 그 재산의 분할법인 장부가액을 초과하는 경우 그 초과하는 금액(자산조정계정)

나. 분할에 따른 분할법인의 자본금 및 자본잉여금*중 의제배당대상 자본잉여금 외의 잉여금의 감소액이 분할한 사업부문의 분할등기일 현재 순자산 장부가액에 미달하는 경우 그 미달하는 금액(감자차손). 이 경우 분할법인의 분할등기일 현재의 분할 전 이익잉여금과 의제배당대상 자본잉여금에 상당하는 금액의 합계액을 한도로 한다.

* 「상법」 제459조 제1항에 따른 자본거래로 인한 잉여금과 「자산재평가법」에 따른 재평가적립금을 말한다.

한편, 비적격분할인 경우에는 주주에게 의제배당으로 이미 과세하므로 뒤에 일어나는 분할차익의 자본전입에 대해서 또 다시 의제배당으로 과세할 수 없으므로 과세하지 않는다.

분할법인의 감자차손 계산을 위한 분개

(차) 자본금	***	(대) 순자산 장부가액	***
의제배당대상 외 자본잉여금	***		
감자차손	***		

분할차익

「상법」 제530조의 2에 따른 분할 또는 분할합병으로 설립된 회사 또는 존속하는 회사에 출자된 재산의 가액이 출자한 회사로부터 승계한 채무액, 출자한 회사의 주주에게 지급한 금액과 설립된 회사의 자본금 또는 존속하는 회사의 자본금증가액을 초과한 경우의 그 초과금액. 다만, 분할 또는 분할합병으로 설립된 회사 또는 존속하는 회사에 출자된 재산의 가액이 출자한 회사로부터 승계한 채무액, 출자한 회사의 주주에게 지급한 금액과 주식가액을 초과하는 경우로서 이 법에서 익금으로 규정한 금액은 제외한다(법법 §17 ① 6호).

분할차익 = 분할법인등으로부터 승계한 순자산가액－(설립 또는 존속하는 회사의 자본금증가액㈜ + 분할교부금등)

㈜ 자본금증가액은 분할법인 등의 주주에게 지급하는 주식의 액면가액을 말한다. 즉, 분할교부금 등을 제외한다면, 승계한 순자산증가액에서 자본금을 제외한 금액이 분할차익이 된다.

| 분할차익의 자본전입에 따른 의제배당 |

1. 적격분할로 인해 발생한 분할차익에 한함
2. 의제배당 대상금액 Min [분할차익, (① + ②)]
   ① 자산조정계정
   ② 감자차손. Min [ⓐ분할법인의 감자차손, ⓑ분할법인의 (이익잉여금 + 의제배당대상 자본잉여금)]

사례

적격분할이며, 제조부문을 분할한다.

분할법인 ㈜만중하이드파워의 B/S

자산		부채 및 자본	
제조부문	100억원(시가 : 200억원)	제조부문 부채	50억원
도매부문	50억원(시가 : 80억원)	도매부문 부채	20억원
		자본금	40억원
		자본잉여금	20억원
		이익잉여금	20억원
계	150억원	계	150억원

분할 후 분할법인의 자본금 감소액은 25억원이다. 자본잉여금 20억원 중 15억원은 배당가능 외 자본잉여금에 해당하며, 나머지 5억원은 배당가능 자본잉여금이다. 분할신설회사가 분할대가로 지급하는 분할교부주식의 시가는 50억(액면가액 25억)이며, 분할교부금 10억원을 지급한다.

1. 분할법인의 감자차손 계산을 위한 분개

(차)	부채	50억원	(대) 자산	100억원
	자본금	25억원		
	자본잉여금	15억원		
	감자차손	10억원		

2. 분할신설회사의 분할차익 계산을 위한 분개

(차)	자산	200억원	(대) 부채	50억원
			자본금	25억원
			교부금	10억원
			분할차익	115억원

법인이 적격합병 또는 적격분할로 인하여 발생한 합병·분할차익 중 다음에 해당하는 금액의 합계액을 자본에 전입함으로써 주주 등이 취득하는 주식은 의제배당에 해당한다.

<table>
<tr><th><u>합병차익 중 의제배당대상</u>
Min(①+②+③, 합병차익)</th><th><u>분할차익 중 의제배당대상</u>
Min(①+②, 분할차익)</th></tr>
<tr><td>① 자산조정계정(승계가액-장부가액)</td><td>① 자산조정계정(승계가액-장부가액)</td></tr>
<tr><td>② 피합병법인 자본잉여금 중 의제배당 대상인 것</td><td rowspan="2">② 분할법인 감자차손㈜</td></tr>
<tr><td>③ 피합병법인 이익잉여금</td></tr>
<tr><td colspan="2">자본전입 순서: 합병차익 또는 분할차익의 일부를 자본에 전입하는 경우에는 의제배당대상 외의 금액을 먼저 전입하는 것으로 한다.
㈜ 분할법인의 감자차손은 분할법인의 분할등기일 현재의 분할 전 이익잉여금과 의제배당대상 자본잉여금에 상당하는 금액의 합계액을 한도로 한다.</td></tr>
</table>

* 관련 법인세 집행기준 16-0-6 [합병·분할차익의 자본전입 시 의제배당액 계산방법]

사 례

(사례 1)

적격분할이다.

① 분할법인의 B/S이다.

자산		부채 및 자본	
제조부문	100억원(시가 : 200억원)	제조부문 부채	50억원
도매부문	50억원(시가 : 80억원)	도매부문 부채	20억원
		자본금	40억원
		자본잉여금	20억원
		이익잉여금	20억원
계	150억 원	계	150억원

분할 후 분할법인의 자본금 감소액은 25억원이다. 자본잉여금 20억원 중 15억원은 배당가능외 자본잉여금에 해당하며, 나머지 5억원은 배당가능 자본잉여금이다. 분할법인의 제조부문을 분할한다. 분할신설회사가 분할대가로 지급하는 분할교부주식의 시가는 50억(액면가액 25억)이며, 분할교부금 10억원을 지급한다. 회사는 기업회계기준에 따라 장부금액법으로 회계처리 한다. 분할등기일은 1월2일이다.

② 분할신설회사의 회계상 분개

(차) 자산	100억원	(대) 부채	50억원
		자본금	30억원
		주식발행초과금	10억원
		교부금	10억원

(세무조정) 익금산입(유보) 100억원(자산), 손금산입(△유보) 100억원(자산조정계정)

②-1 (세법에서 요구하는) 분할신설회사의 시가 계상 분개(법령 §82의 4 ①)

(차) 자산	200억원	(대) 부채	50억원
		자본금	25억원
		주식발행초과금	25억원
		교부금	10억원
		염가매수차익	90억원

(세무조정) 손금산입(△유보) 100억원 (자산조정계정), 익금산입(기타) 10억 (주식발행초과금) 익금불산입(기타) 72억원 (염가매수차익)
* 90 / 5 = 18 (5년간 균등 익금산입)

③ 분할신설회사의 세무상 분개

(차) 자산	100억원	(대) 부채	50억원
		자본금	30억원
		주식발행초과금	10억원
		교부금	10억원

④ 분할법인의 감자차손 계산을 위한 분개

(차) 부채	50억원	(대) 자산	100억원
자본금	25억원		
자본잉여금	15억원		
감자차손	10억원		

⑤ 분할신설회사의 분할차익 계산을 위한 분개

(차) 자산	200억원	(대) 부채	50억원
		자본금	25억원
		교부금	10억원
		분할차익	115억원

분할차익 자본전입시 의제배당액

의제배당 대상금액 Min [①분할차익, ②(ⓐ + ⓑ)]

ⓐ 자산조정계정

ⓑ 감자차손. Min㉠,㉡ [㉠분할법인의 감자차손, ㉡분할법인의 (이익잉여금 + 의제배당 대상 자본잉여금)]

1. 자산조정계정:	100억원
2. 감자차손:	10억원
	110억원

감자차손은 Min ①, ② [① 10, ② 25*]이므로 10억원

* 분할법인의 분할등기일 현재의 분할 전 이익잉여금과 의제배당대상 자본잉여금에 상당하는 금액의 합계액 25억 (이익잉여금 20억 + 의제배당대상 자본잉여금 5억)

3. 자본전입 시 의제배당 대상액: 110억원
   분할차익을 한도로 하므로, Min[115, 110] = 110억원

(사례 2)

㈜만중일렉트릭은 전자사업부와 기계사업부를 운영하고 있으며, 전자사업부를 분할하여 분할신설법인 ㈜원래전자를 설립하고자 한다. 분할 방법은 존속분할이며, 적격분할이다.

1. 분할 전 ㈜만중일렉트릭은 재무상태표

자산		부채 및 자본	
제품(전자)	1,750,000,000	부채(전자)	3,000,000,000
(시가 동일함)		부채(기계)	2,500,000,000
제품(기계)	1,250,000,000	자본금	1,800,000,000
공장(전자)	2,500,000,000	자본잉여금	900,000,000
(시가 5,000,000,000)		이익잉여금	1,800,000,000
공장(기계)	4,500,000,000		
합계	10,000,000,000	합계	10,000,000,000

※ 분할신설법인 ㈜원래전자는 분할교부주식 1,250,000,000원을 교부했다 액면금액은 5억원이다. 자본잉여금 9억 중 3억이 의제배당대상 외 자본잉여금에 해당한다.

2. 분할 후 ㈜만중일렉트릭의 자본감소액은 5억원이다.

3. 분할신설법인 ㈜원래전자의 세무상 분개

(차) 제품	1,750,000,000	(대)	부채	3,000,000,000
공장	2,500,000,000		자본금	500,000,000
			자본잉여금	750,000,000

4. 분할과 관련된 ㈜만중일렉트릭의 감자차손 계산을 위한 분개는 다음과 같다

(차) 부채	3,000,000,000	(대)	제품	1,750,000,000
자본금	500,000,000		공장	2,500,000,000
자본잉여금 (의제배당 대상 외)	300,000,000			
감자차손	450,000,000㈜			

㈜ 감자차손(법령 §12 ① 4호)
분할에 따른 분할법인의 자본금 및 자본잉여금(자산재평가법에 따른 재평가적립금 포함) 중 의제배당대상 자본잉여금 외의 잉여금의 감소액이 분할한 사업부문의 분할등기일 현재 순자산 장부가액에 미달하는 경우 그 미달하는 금액

분할차익 계산을 위한 세무상 분개는 다음과 같다

(차)	제품	1,750,000,000	(대) 부채	3,000,000,000
	공장	5,000,000,000	자본금	500,000,000
			분할차익	3,250,000,000

♣ 상기 분할차익이 자본전입 시 배당으로 의제되는 금액

Min①,② [①분할차익, ②(ⓐ+ⓑ)]

① 분할차익: 3,250,000,000

② ⓐ자산조정계정: 2,500,000,000

ⓑ 분할법인 감자차손 = Min㉠,㉡ [㉠감자차손, ㉡(이익잉여금 + 의제배당대상 자본잉여금)]150,000,000 = Min㉠,㉡[㉠150,000,000, ㉡1,300,000,000]

Min①,② [①3,250,000,000, ②2,650,000,000] = 2,650,000,000

(2) 피합병법인의 이익준비금 또는 법정준비금의 예외적용

분할차익의 자본전입으로 인한 의제배당 적용시 피합병법인의 이익준비금 또는 법정준비금을 합병법인이 승계하더라도 그 승계가 없는 것으로 보아 이를 계산한다(법령 §12 ③). 따라서 다른 잉여금들과 동일하게 적용하여 계산하면 된다. 즉, 어떤 계정과목으로 승계했는지와 상관없이 의제배당 대상 잉여금인 경우 자본전입 시 의제배당으로 과세되고, 의제배당 대상이 아닌 잉여금인 경우에는 의제배당으로 과세되지 않는 것이다.

물적분할

1. 개요

물적분할은 분할신설법인의 주식을 분할법인의 주주들이 받는 것이 아니라, 분할법인이 받는 분할이다. 물적분할 후에는 분할회사와 분할신설회사는 완전모자회사간이 되고 모회사는 자회사의 지분 100%를 소유하게 된다.

물적분할의 경우 분할법인의 분할로 인한 양도차익은 다음과 같이 계산한다.

양도손익 = 분할교부주식의 시가* − 분할등기일의 순자산 장부가액

* 물적분할에 따라 분할법인이 취득하는 주식은 물적분할한 순자산의 시가로 평가된다. 이는 적격·비적격물적분할 모두 동일하게 적용된다(법령 §72 ② 3호의 2).

구 분	장부가액 → 분할당시 시가	양도당시 시가
분할법인	비적격물적분할: 양도차익(분할 당시 과세) 적격물적분할: 압축기장충당금 계상 손금산입(과세이연)	과세 안함
분할 신설법인	과세 안함	자산처분시 과세

* 물적분할 시 과세체계(분할신설법인과 분할신설법인의 주주에게는 특별한 세무적 이슈가 없는 것으로 보임)

비적격물적분할의 경우 상기 에서와 같이 발생한 양도손익은 분할등기일이 속하는 분할법인의 사업연도의 소득금액을 계산할 때 익금 또는 손금산입(서면2팀-2086, 2006. 10. 17.)한다.

분할법인이 물적분할에 의하여 분할신설법인의 주식등을 취득한 경우로서 적격분할의 요건을 갖춘 경우 그 주식등의 가액 중 물적분할로 인하여 발생한 자산의 양도차익에 상당하는 금액(단, 분할교부주식의 시가를 한도로 한다)은 분할등기일이 속하는 사업연도의 소득금액을 계산할 때 손금에 산입할 수 있다. 다만, 부득이한 사유가 있는 경우에는 지분의 연속성, 사업의 계속성 또는 고용의 승계·유지의 요건을 갖추지 못한 경우에도 자산의 양도차익에 상당하는 금액을 손금에 산입할 수 있다(법법 §47 ①).

★ 적격물적분할과 비적격물적분할에 따른 세법상 자산 및 부채의 계상액과 승계액

구 분	적격물적분할	비적격물적분할
방 법	시가 계상 시가 승계	시가 계상 시가 승계

2. 법인세법상의 부당행위계산부인

내국법인의 행위 또는 소득금액의 계산이 특수관계인과의 거래로 인하여 그 법인의 소득에 대한 조세의 부담을 부당하게 감소시킨 것으로 인정되는 경우에는 그 법인의 행위 또는 소득금액의 계산(부당행위계산)과 관계없이 그 법인의 각 사업연도의 소득금액을 계산한다(법법 §52).

(1) 저가양도로 인한 양도손익의 감소

자산을 저가양도하는 경우 부당행위계산부인 적용(법령 §88 ① 3호의 2) 여부는 인적분할과 물적분할에 따라 다르다.

① 물적분할시

분할법인의 물적분할로 인한 자산양도차익을 계산함에 있어서 해당 법인이 분할하는 사업부문에 속하는 자산 및 부채를 공정가액으로 평가하지 아니하고 시가보다 낮은 가액으로 승계한 경우에는 부당행위계산부인 규정을 적용한다(법인세 집행기준 47-0-2).

② 인적분할시

법인이 인적분할의 방법에 의하여 분할함에 있어 분할신설법인에게 자산을 시가에 미달

하는 가액으로 이전하는 경우에도 분할법인과 분할신설법인간에는 동 거래에 대하여 부당행위계산의 부인에 관한 법인세법 제52조의 규정이 적용되지 않는다(서이 46012-11771, 2002. 9. 25.).

♣ 자산의 저가 승계에 따른 부당행위계산부인 적용 여부

구 분	인적분할	물적분할
자산의 저가 승계	부당행위계산부인 대상 아님	부당행위계산부인 대상임

분할사업부문의 순자산 시가 산정 방법 등

분할합병의 상대방 법인이 비적격분할합병으로 인하여 분할법인으로부터 승계받는 분할사업부문의 순자산의 시가는 분할합병등기일 현재 개별 자산·부채별로 「법인세법 시행령」 제89조에 따라 평가한 자산총액에서 부채총액을 뺀 금액을 말함(사전법령해석법인 2021-1015, 2021. 8. 9.).

(2) 불공정분할로 인한 양도손익의 감소

특수관계인인 법인 간 분할에 있어서 불공정한 비율로 분할하여 분할에 따른 양도손익을 감소시킨 경우에는 조세의 부담을 부당하게 감소시킨 것으로 인정된다. 다만, 「자본시장과 금융투자업에 관한 법률」 제165조의 4에 따라 분할하는 경우는 제외한다(법령 §88 ① 3호의 2).

♣ 불공정분할에 따른 양도손익의 감소의 경우 부당행위계산부인 적용 여부

구 분	인적분할	물적분할
불공정분할에 따른 양도손익의 감소	부당행위계산부인 적용 대상임	불공정분할에 따른 양도손익의 감소는 발생하지 않음

I 물적분할 시 분할법인에 대한 과세특례

1. 적격물적분할의 요건

(1) 개요

분할법인이 물적분할에 의하여 분할신설법인의 주식등을 취득한 경우로서 다음의 적격분할의 요건을 갖춘 경우 그 주식등의 가액 중 물적분할로 인하여 발생한 자산의 양도차익에 상당하는 금액은 분할등기일이 속하는 사업연도의 소득금액을 계산할 때 손금에 산입할 수 있다(법법 §47 ①).

적격물적분할의 요건			
① 사업목적	② 지분의 연속성*	③ 사업의 계속성	④ 고용승계

* 분할대가의 전액이 주식 등인 경우로 한정한다.

적격물적분할의 요건은 적격분할의 요건과 거의 동일하다. 다만, 지분의 연속성에서 분할대가의 전액이 주식 등인 경우에만 적격물적분할의 요건을 충족하게 되므로 이 부분만이 적격분할의 요건과 다르다.

| 적격분할과 적격물적분할의 지분의연속성 중 주식교부요건 |

적격분할	적격물적분할
분할대가 전액이 주식 (분할합병의 경우 80% 이상)	분할대가 전액이 주식

그리고 적격분할의 경우와 마찬가지로 각각의 부득이한 사유가 있는 경우에는 적격분할의 요건 중 지분의연속성, 사업의 계속성 또는 고용승계의 요건을 갖추지 못한 경우에도 적격요건을 충족하는 것으로 본다(법법 §47 ① 단서 및 법령 §84 ⑫).

부득이한 사유는 앞의 적격분할의 경우와 동일하므로 해당 부분을 참고하면 된다.

| 분할 시 과세특례 적용요건 요약 |

구 분	적격분할 요건
사업목적	① 분할등기일 현재 5년 이상 사업을 계속하던 내국법인이 분할하는 것일 것(분할합병의 경우에는 소멸한 분할합병의 상대방법인이 분할등기일 현재 1년 이상 사업을 계속하던 내국법인일 것) ㉠ 분리하여 사업이 가능한 독립된 사업부문을 분할하는 것일 것 ㉡ 분할하는 사업부문의 자산 및 부채가 포괄적으로 승계될 것(단, 공동으로 사용하던 자산, 채무자의 변경이 불가능한 부채 등 분할하기 어려운 자산과 부채 등의 경우에는 제외) ㉢ 분할법인(소멸한 분할합병의 상대방법인을 포함)만의 출자에 의하여 분할하는 것일 것 ② 부동산임대업 등으로서 다음에 해당하는 사업부문 제외 1. 승계한 자산총액 중 부동산임대업에 사용된 자산가액이 50% 이상인 사업부문 2. 승계한 사업용자산가액 중 부동산등이 80% 이상인 사업부문
지분의 연속성	③ 분할법인 등의 주주가 분할신설법인 등으로부터 받은 분할대가의 전액이 주식으로서 그 주식이 분할법인 등의 주주가 소유하던 주식의 비율에 따라 배정되고 분할법인 등의 지배주주 등이 분할등기일이 속하는 사업연도의 종료일까지 그 주식을 보유할 것
사업의 계속성	④ 분할신설법인 등이 분할등기일이 속하는 사업연도의 종료일까지 분할법인 등으로부터 승계받은 사업을 계속할 것
고용승계	⑤ 분할등기일 1개월 전 당시 분할하는 사업부문에 종사하는 일정 근로자 중 분할신설 법인 등이 승계한 근로자의 비율이 100분의 80 이상이고, 분할등기일이 속하는 사업연도의 종료일까지 그 비율을 유지할 것

| 적격물적분할 요건과 부득이한 사유 |

구 분	사업목적	지분의 연속성	사업의 계속성	고용승계
적격물적분할 요건	○	○	○	○
부득이한 사유 발생	×	○*	○*	○*
사후관리 대상**	×	○	○	○
	① 분할법인의 분할교부주식처분, ② 분할신설법인의 승계자산처분			

* ○ 표시된 부분은 관련하여 부득이한 사유 발생시 요건 충족하지 않아도 적격물적분할로 인한 과세특례 적용 가능하다. 따라서 사업목적 요건은 부득이한 사유가 없으므로 무조건 적격합병 요건을 충족해야 하며, 부득이한 사유는 적격분할과 그 내용이 동일하다.

** 적격물적분할의 경우 적격분할과 달리 분할법인이 분할교부주식을 처분하거나 분할신설법인이 승계자산을 처분하는 경우에도 사후관리 대상이 된다.

(2) 물적분할과세특례신청서 및 자산의 양도차익에 관한 명세서의 제출

1) 개요

물적분할에 따른 분할법인에 대한 과세특례를 적용받으려는 분할법인 또는 주식승계법인은 과세표준신고를 할 때 분할신설법인 또는 자산승계법인과 함께 기획재정부령으로 정하는 물적분할과세특례신청서 및 자산의 양도차익에 관한 명세서를 납세지 관할 세무서장에게 제출하여야 한다(법령 §84 ⑱).

2) 수정신고

분할법인이 물적분할에 의하여 분할신설법인의 주식을 취득하여 분할등기일이 속하는 사업연도의 소득금액을 계산할 때 법인세법 제47조 제1항에 따라 물적분할로 인하여 발생한 자산의 양도차익에 상당하는 금액을 압축기장충당금으로 손금에 산입한 경우로서, 분할신설법인으로부터 취득한 주식의 가액을 물적분할한 순자산가액으로 평가하여 적격물적분할 양도차익 상당액과 압축기장충당금을 과소 계상한 경우에는, 국세기본법 제45조에 따라 분할등기일이 속하는 사업연도의 소득금액 계산에 있어 그 과소 계상한 양도차익 상당액을 익금으로 산입함과 동시에 압축기장충당금을 설정하여 손금으로 산입하는 수정신고를 할 수 있다(기획재정부 조세정책과-880, 2013. 10. 30.).

만약, 적격물적분할의 요건을 충족하고 분할법인이 기업회계기준에 따라 장부금액법으로 회계처리하는 경우, 양도손익이 발생하지 않게 되어 정상적으로 양도손익을 익금산입한 후 압축기장충당금을 손금에 산입한 것과 결과적으로 동일하게 된다. 그래서 적격물적분할의 요건을 충족했다고 하여 물적분할과세특례신청서를 제출하지 않는다면 아무리 적격물적분할의 요건을 충족하였다 하더라도 과세특례를 적용받을 수 없게 되므로 반드시 물적분할과세특례신청서를 제출해야 한다.

2. 자산양도차익의 손금산입

분할과 관련하여 발생한 양도차익은 분할등기일이 속하는 분할법인의 사업연도의 소득금액을 계산할 때 익금에 산입한다.

다만, 분할법인이 물적분할에 의하여 분할신설법인의 주식등을 취득한 경우로서 적격분할의 요건을 갖춘 경우 그 주식등의 가액 중 물적분할로 인하여 발생한 자산의 양도차익에 상당하는 금액은 분할등기일이 속하는 사업연도의 소득금액을 계산할 때 손금에 산입할 수 있다.

분할법인이 손금에 산입하는 금액은 분할신설법인으로부터 취득한 주식등의 가액 중 물적분할로 인하여 발생한 자산의 양도차익에 상당하는 금액으로 하며(법령 §84 ①), 그 손금에 산입하는 금액은 분할신설법인주식 등의 압축기장충당금으로 계상하여야 한다.

압축기장충당금 계상 금액 = Min [①양도차익, ②분할교부주식의 시가]

압축기장충당금을 분할교부주식의 시가보다 높게 계상할 수 없는 이유는, 압축기장충당금은 분할신설법인주식에 대해 계상하는 것이기 때문이다. 따라서, 분할신설법인주식의 가액보다 더 많은 압축기장충당금(△유보)을 계상할 수 없기 때문에 분할신설법인주식의 가액 한도 내에서 압축기장충당금을 계상하는 것이다.

자산양도차익은 개별자산별로 양도차손익을 통산한 전체자산을 기준으로 계산함

내국법인이 「법인세법」 제46조 제2항 각호(같은 항 제2호의 경우 전액이 주식 등이어야 한다)의 요건을 갖추어 물적분할하는 경우로서 같은 법 제47조 제1항에 따라 손금에 산입할 수 있는 자산의 양도차익 상당액은 분할법인이 분할신설법인에 승계하는 전체자산을 기준으로 계산하는 것입니다(서면-2019-법인-1140 [법인세과-2545], 2019. 9. 9.).

(적격물적분할에 따른 손금산입특례)

1. 손금산입 금액 = MIN [㉠, ㉡]
   ㉠ 교부받은 주식의 가액(물적분할한 순자산의 시가액)
   ㉡ 물적분할로 인한 자산의 양도차익(교부받은 주식가액-양도한 순자산장부가액)
2. 손금에 산입하는 금액은 주식의 압축기장충당금으로 계상

☞ 적격물적분할의 요건을 충족하여 양도차익에 상당하는 금액을 손금에 산입하더라도 분할교부주식의 압축기장충당금으로 계상하여 손금산입하기 때문에 분할교부주식가액을 초과할 수는 없다.

*집행기준 47-0-1

사례

분할법인 ㈜소영의 B/S (단위: 억원)

자산		부채 및 자본	
제조부문 자산	200	제조부문 부채	50
서비스부문 자산	100	서비스부문 부채	80
(시가 150)		자본금	90
		이익잉여금	80
합계	300	합계	300

서비스부문을 물적분할한다. 적격물적분할에 해당한다.

(분할법인의 회계상 분개, 장부금액법)

(차) 부채	80	(대) 자산	100
분할신설법인주식	20		

(분할법인의 세무상 분개)

(차) 부채	80	(대) 자산	100
분할신설법인주식	70*	양도차익	50

*순자산의 시가로 평가한다.

(세무조정) 손금산입(△유보) 50* (압축기장충당금)

*Min [①양도차익 50, ②분할신설법인주식의 가액 70]

| 적격분할과 적격물적분할의 차이 |

1. 적격분할의 경우

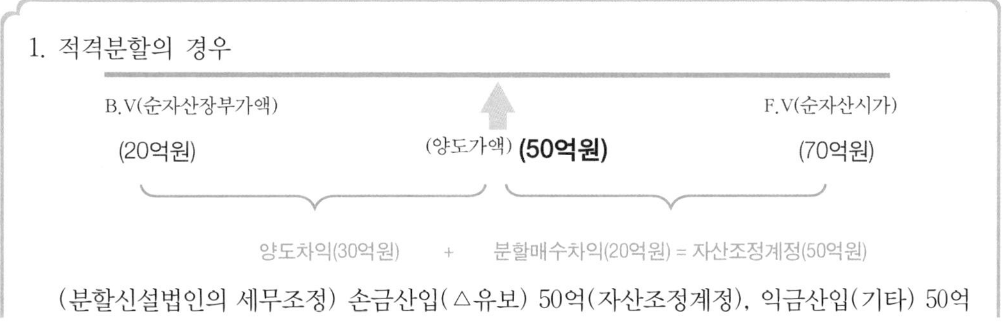

(분할신설법인의 세무조정) 손금산입(△유보) 50억(자산조정계정), 익금산입(기타) 50억

2. 적격물적분할의 경우

B.V(순자산장부가액) (20억원)　　　　F.V(순자산시가) (70억원)

양도차익(50억원)

(분할법인의 세무조정) 익금산입(기타) 50억(양도차익), 손금산입(△유보) 50억(압축기장충당금)

적격물적분할의 경우로서 회계처리를 기업회계기준에 따라 장부금액법으로 처리하는 경우
분할법인으로부터 분할하는 사업부문의 순자산의 시가는 200,000,000원 장부가액은 150,000,000원 부채는 없고, 적격물적분할이다.

(회계상 분개)

(차) 투자주식	150,000,000	(대) 순자산	150,000,000

* 기업회계상 장부금액법으로 회계처리한다.

분할법인의 세무상 분개는 다음과 같다.

(차) 투자주식	200,000,000	(대) 순자산	150,000,000
		양도차익	50,000,000

*분할교부주식가액은 순자산의 시가로 평가한다.

① 적격물적분할인 경우의 세무조정

익금산입(유보) 투자주식　50,000,000

손금산입(△유보) 압축기장충당금　50,000,000

♣ 세법상 물적분할의 경우 적격·비적격물적분할 관계없이 시가계상·시가승계를 적용하므로, 회계상 장부금액법으로 회계처리한 경우, 익금산입(유보)하여 자산을 시가로 승계한 것으로 만들고 그 다음 압축기장충당금을 설정하여 손금산입하면 된다.

② 비적격물적분할인 경우의 세무조정

익금산입(유보) 투자주식　50,000,000

♣ 비적격물적분할이므로 세무상 양도차익을 익금산입한다. 압축기장충당금의 설정은 할 수 없다.

♣ 적격물적분할 시 과세체계는 다음과 같다(집행기준 47-0-1).

구 분	장부가액 ~ 분할당시 시가	분할당시 시가 ~ 양도당시 시가
분할법인	① 압축기장충당금 ←→ 주식·자산처분시 과세	
분 할 신설법인	과세 안함 (이중과세 조정)	←→ ② 자산처분시 과세

여기서 인적분할과의 중요한 차이는 분할법인의 양도차익이 분할당시의 시가에서 장부가액을 차감한 금액이다. 인적분할의 경우 분할법인의 양도차익은 양도가액(분할교부주식가액 + 교부금등 + 간주교부주식가액 + 법인세등 대납액)에서 장부가액을 차감한 금액이다.

상기 표에서 물적분할의 경우, 분할신설법인이 승계받은 자산을 향후 처분 시, 해당 양도차익은 양도당시 시가와 분할당시 시가의 차액(②에 해당하는 금액)이다. 즉, 분할당시 시가와 장부가액의 차액(①에 해당하는 금액)에 대해서는 과세되지 않는다.

| 적격물적분할의 경우 분할법인의 과세특례 적용 요약 |

구분	내 용
요건	적격분할요건 충족(단, 지분의 연속성 요건의 경우 분할법인이 분할신설법인으로부터 받는 분할대가가 전액 주식이어야 함)
손금 산입 특례	1. **손금산입 금액 = MIN 〔㉠, ㉡〕** ㉠ 교부받은 주식의 가액 ㉡ 물적분할로 인한 자산의 양도차익 2. 손금에 산입하는 금액은 주식의 압축기장충당금으로 계상한다.
압축 기장 충당금 익금 산입	1. 분할법인의 주식 처분시와 분할신설법인의 자산 처분시 처분비율에 상당하는 양도 차익을 분할법인에 과세한다. 2. 분할법인이 익금에 산입할 금액: **전기말 압축기장충당금(과세이연받은 양도차익) 잔액 ×** **[당기 주식처분비율(A) + 당기 자산처분비율(B) - A×B]** ㉠ 당기 주식처분비율(A) : 분할법인이 당기에 처분한 주식등의 장부가액 / 전기말 주식등의 장부가액 ㉡ 당기 자산처분비율(B) : 분할신설법인이 당기에 처분한 자산의 양도차익 / 전기말 자산의 양도차익 3. 분할법인은 분할등기일이 속하는 사업연도의 다음 사업연도 개시일부터 2년

구분	내 용
	('ⓒ'의 경우에는 3년) 이내에 아래의 어느 하나에 해당하는 사유가 발생하는 경우 전액 익금산입 ㉠ 분할신설법인이 분할법인으로부터 승계받은 사업을 폐지하는 경우 ㉡ 분할법인이 분할신설법인의 발행주식총수 또는 출자총액의 100분의 50 미만으로 주식등을 보유하게 되는 경우 ㉢ 각 사업연도 종료일 현재 분할신설법인에 종사하는 일정 근로자 수가 분할등기일 1개월 전 당시 분할하는 사업부문에 종사하는 근로자 수의 100분의 80 미만으로 하락하는 경우

* [물적분할시 분할법인에 대한 과세특례] 관련 집행기준 47-0-1

완전자법인이 완전모법인을 합병하면서 승계한 자기주식을 소각하는 경우, 압축기장충당금의 세무처리방법(2021년 9월 세법해석사례 정비내역에 따라 유지된 사례)

(질의) 자법인(합병법인)이 모법인(피합병법인)을 합병하면서 승계한 자기주식을 소각하는 경우, 해당 자기주식에 대해 설정된 압축기장충당금의 세무처리 방법
- 제1안: 압축기장충당금은 소멸하여 익금에 산입되지 않음
- 제2안: 압축기장충당금을 익금에 산입함

(답변) 귀 질의의 경우 제2안이 타당합니다. 끝. (서면법령해석법인 2019-3689, 2021. 8. 24.)

순자산의 시가 산정 시 합병에 따른 영업권은 자산에서 제외됨

물적분할에 따라 분할법인이 취득한 주식은 「법인세법 시행령」 제72조 제2항 제3의 2호에 따라 물적분할한 순자산의 시가를 취득가액으로 하는 것이며 물적분할한 순자산에는 「법인세법 시행령(2010. 6. 8. 대통령령 제22184호로 개정되기 전의 것)」 제24조 제4항에 따라 법인세법상 감가상각자산에서 제외된 영업권은 포함되지 않는 것임(서면법령해석법인 2016-4590, 2017. 5. 22.).

필자주

합병에 따른 영업권은 2010. 6. 8. 세법 개정에 따라 무형자산에서 제외되었다. 따라서 세법상 자산에 해당하지 아니한다. 그러므로 순자산의 시가 산정 시 합병에 따른 영업권은 자산에서 제외되는 것이다.

물적분할시 자산양도차손이 발생하는 경우 손금산입 가능함, 단 저가양도시에는 부당행위계산부인규정 적용함

물적분할로 인하여 자산양도차손이 발생한 경우 해당 차손은 발생한 사업연도의 손금에 산입하는 것이나 분할하는 사업부문에 속하는 자산 및 부채를 공정가액으로 평가하지 아니하고 시가보다 낮은 가액으로 승계한 경우에는 법 제52조의 규정을 적용하는 것으로 이 경우

의 공정가액이란 법인세법 시행령 제89조의 규정에 의한 가액을 의미하는 것임(서면2팀-2086, 2006. 10. 17.).

물적분할시 저가양도하는 경우 부당행위계산부인 적용함(집행기준 47-0-2)

분할법인의 물적분할로 인한 자산양도차익을 계산함에 있어서 해당 법인이 분할하는 사업부문에 속하는 자산 및 부채를 공정가액으로 평가하지 아니하고 시가보다 낮은 가액으로 승계한 경우에는 부당행위계산부인 규정을 적용한다.

물적분할시 시가가 장부가액 보다 낮은 경우 손금산입함

내국법인이 주식투자 사업부문의 유가증권을 공정가액으로 평가하여 물적분할 또는 현물출사 하고, 분할신설법인 또는 현물출자에 의하여 새로이 설립되는 내국법인으로부터 받는 주식의 시가가 물적분할 또는 현물출자하는 주식의 장부가액보다 낮아 발생하는 유가증권처분손실은 물적분할 또는 현물출자하는 사업연도의 당해 내국법인의 소득금액 계산상 **손금에 산입하는 것임**(법인-1095, 2009. 10. 1.).

■ 법인세법 시행규칙 [별지 제43호 서식] (2015. 3. 13. 개정)

물적분할과세특례 신청서

사업연도	. . . ~ . . .		
분할법인 (신고법인)	①법 인 명	②사업자등록번호	
	③대표자성명	④법인등록번호	
	⑤본점소재지 (전화번호:)		
분할신설 법인	⑥법 인 명	⑦사업자등록번호	
	⑧대표자성명	⑨법인등록번호	
	⑩본점소재지 (전화번호:)		
	⑪분할등기일		
압축기장 충당금	⑫분할법인의 계상액		
	손금 산입 한도	⑬물적분할한 순자산의 시가	
		⑭물적분할한 순자산의 장부가액	
		⑮한도액(⑬-⑭)	
	⑯한도초과액(⑫-⑮)		

「법인세법 시행령」제84조 제12항에 따른 물적분할과세특례 신청서를 제출합니다.

년 월 일

분할법인 (서명 또는 인)

분할신설법인 (서명 또는 인)

세무서장 귀하

첨부서류	자산의 양도차익에 관한 명세서(갑) [별지 제46호의 2서식(갑)]

210mm×297mm[백상지 80g/㎡ 또는 중질지 80g/㎡]

Ⅱ 물적분할시 분할신설법인의 세무

물적분할 시 분할신설법인에 대한 세법적 적용은 합병이나 인적분할의 경우와 비교할 때 적격이냐 또는 비적격이냐에 따라 크게 달라지지 않는다. 다음은 물적분할 시 분할신설법인에 대한 과세체계이다.

| 분할신설법인의 과세체계도 |

구 분	적격물적분할	비적격물적분할
분할매수차익	발생하지 않음*	
분할매수차손(영업권)		
자산조정계정	발생하지 않음*	
세무조정사항의 승계	퇴직급여충당금과 대손충당금 관련 세무조정사항만 승계	
감면·세액공제의 승계	승계함	승계 못함
결손금의 승계	승계 못함	
자산의 취득가액	시가	
감가상각	적격·비적격물적분할에 따라 다른 감가상각방법 적용함	

* 분할법인의 양도차익은 양도자산 순자산의 시가에서 장부가액을 차감한 금액이므로 합병이나 인적분할의 경우처럼 양도차익과 합병매수차손익 등을 구분하지 않고 둘 모두 합한 금액이다. 따라서 분할매수차손익과 자산조정계정은 발생하지 않는다.

1. 분할법인의 세무조정사항의 승계

분할법인은 양도차익에 상당하는 금액을 손금에 산입한 경우 분할법인이 각 사업연도의 소득금액 및 과세표준을 계산할 때 익금 또는 손금에 산입하거나 산입하지 아니한 금액을 다음에서 정하는 바에 따라 분할신설법인에 승계한다(법법 §47 ④).

내국법인이 합병 또는 분할하는 경우 세무조정사항의 승계는 다음의 구분에 따른다(법령 §85).

1. 적격합병 또는 적격분할(물적분할은 제외)의 경우: 세무조정사항(분할의 경우에는 분할하는 사업부문의 세무조정사항에 한정한다)은 모두 합병법인 등에 승계
2. 상기 1 외의 경우: 퇴직급여충당금 또는 대손충당금을 합병법인 등이 승계한 경우에는 그와 관련된 세무조정사항을 승계하고 그 밖의 세무조정사항은 모두 승계하지 않는다.

따라서 물적분할의 경우 적격·비적격물적분할 상관없이 모두 퇴직급여충당금과 대손충당금 관련 세무조정사항만 승계받을 수 있다.

♣ 유보 승계 안됨(퇴직급여충당금 또는 대손충당금관련 유보 제외)

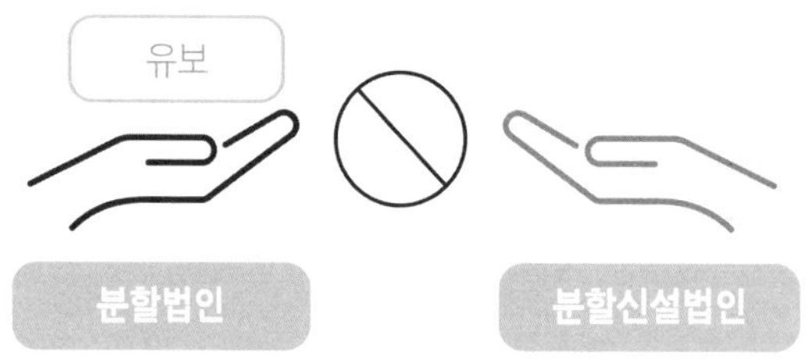

> 적격물적분할의 경우에도 유보는 승계되지 않음
>
> 물적분할하는 경우 세무조정사항은 「법인세법」 제47조 제4항 및 같은 법 시행령 제85조 제2호에 따라 분할신설법인에게 승계되지 아니하는 것이며 이 경우 승계되지 아니하는 세무조정사항은 분할법인의 각 사업연도 소득금액을 계산할 때 반대의 세무조정을 통해 익금 또는 손금에 산입하는 것임(서면-2021-법인-1504, 2021. 4. 29.).

2. 분할법인의 감면·세액공제의 승계

분할법인은 적격물적분할의 경우로서 양도차익에 상당하는 금액을 손금에 산입한 경우 분할법인의 감면·세액공제를 대통령령으로 정하는 바에 따라 분할신설법인에 승계한다(법법 §47 ④).

분할신설법인이 승계한 분할법인의 감면·세액공제는 분할법인으로부터 승계받은 사업에서 발생한 소득금액 또는 이에 해당하는 법인세액의 범위에서 대통령령으로 정하는 바에 따라 이를 적용한다(법법 §47 ⑤).

분할신설법인은 분할법인이 압축기장충당금을 계상한 경우 분할법인이 분할 전에 적용받던 감면 또는 세액공제를 승계하여 감면 또는 세액공제의 적용을 받을 수 있다. 이 경우 법 또는 다른 법률에 해당 감면 또는 세액공제의 요건 등에 관한 규정이 있는 경우에는 분할신설법인이 그 요건 등을 갖춘 경우에만 이를 적용하며, 분할신설법인은 다음의 구분에 따라 승계받은 사업에 속하는 감면 또는 세액공제에 한정하여 적용받을 수 있다(법령 §84 ⑮).

1. 이월된 감면·세액공제가 특정 사업·자산과 관련된 경우: 특정 사업·자산을 승계한

분할신설법인이 공제

2. 상기 1 외의 이월된 감면·세액공제의 경우: 분할법인의 사업용 고정자산가액 중 분할신설법인이 각각 승계한 사업용 고정자산가액 비율로 안분하여 분할신설법인이 각각 공제

분할신설법인이 분할법인으로부터 승계받은 감면 또는 세액공제를 적용하는 경우에는 적격합병에 따른 감면·세액공제의 규정을 준용한다(법령 §84 ⑯). 따라서 더 구체적인 내용은 적격합병 부분을 참고한다.

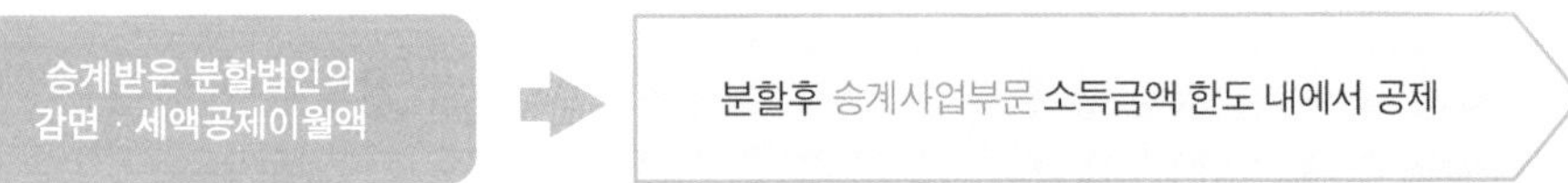

3. 결손금의 승계

물적분할 시 분할신설법인은 분할법인의 결손금을 승계할 수가 없다. 결손금의 승계는 해산하여 완전분할하는 경우에만 적용가능한 것이며, 또한, 물적분할의 과세특례를 규정한 법법 제47조에 감면·공제세액의 승계 등은 명시되어 있으나, 결손금의 승계는 빠져 있기 때문이다.

> 적격물적분할의 경우 결손금 승계 안됨
>
> 합병법인이 피합병법인을 적격흡수합병한 후에 합병법인과 피합병법인의 사업을 구분경리하여 피합병법인으로부터 승계받은 이월결손금을 공제받던 중 피합병법인의 사업부를 다시 적격물적분할하는 경우,
>
> 분할 전 합병법인이 승계받은 피합병법인의 이월결손금은 「법인세법」 제47조 제4항에 따라 분할신설법인에게 승계되지 않으며, 해당 이월결손금은 같은 법 제45조 제2항에 따라 당초 합병법인이었던 분할법인의 사업에서 발생한 소득금액에서도 공제되지 않는 것임(사전-2019-법령해석법인-0215, 2019. 6. 25.).

4. 분할신설법인이 취득하는 자산의 취득가액

물적분할로 인해 취득하는 자산(주식은 제외)의 취득가액은 해당 자산의 시가이다. 적격물적분할 또는 비적격물적분할 모두 시가를 취득가액으로 한다. 이는 적격물적분할의 경우 분할법인의 양도차익에 대해 적격분할처럼 과세이연할 수 있지만, 적격분할의 경우처럼 분

할신설법인이 자산조정계정을 계상하여 분할신설법인이 사후관리를 받는 것과는 다르다.

즉, 분할법인의 양도차익(순자산의시가－순자산의장부가액)에 상당하는 금액만큼 압축기장충당금을 설정하여 과세이연하고 분할신설법인이 아닌 분할법인이 사후관리를 받는다. 그러므로 분할법인이 양도차익에 대해 기 과세(과세이연)되었으므로, 당연히 분할신설법인이 승계받는 자산가액도 시가가 되어야 함은 분명하다.

법령 제72조 제2항 제3호에서 분할에 따라 취득한 자산의 취득가액을 다음과 같이 규정하고 있다.

1. 적격합병 또는 적격분할(필자주: 물적분할은 제외㈜)의 경우 : 장부가액
2. 그 밖의 경우 : 해당 자산의 시가

㈜ 법규정에서 "적격물적분할은 제외"라고 정확하게 명시하면 더 좋을 듯하다.

적격물적분할로 설립된 내국법인이 2012. 1. 1. 이후 최초로 과세표준을 신고함에 있어 물적분할에 따라 취득한 자산의 가액은 「법인세법 시행령」 제72조 제2항 제3호 나목에 따라 해당 자산의 시가로 한다(법규법인 2012－107, 2012. 3. 30.).

분할신설법인이 승계하는 비상장주식의 취득가액은 시가임

분할법인이 물적분할로 분할신설법인에 비상장주식을 승계하는 경우로서 해당 비상장주식의 「법인세법 시행령」 제89조 제1항 및 제2항 제1호에 따른 가액(시가)이 없는 경우에는 「상속세 및 증여세법 시행령」 제54조에 따라 평가한 가액을 해당 비상장주식의 시가로 하는 것이며 귀 질의의 경우와 같이 과거 거래된 매매사례가액을 시가로 볼 수 있는지 여부는 기업가치 변동과 구체적 거래 정황 등을 고려하여 사실 판단할 사항임(서면법인 2017－3462, 2018. 3. 22.).

| 합병과 분할의 경우 세무상 · 회계상 취득가액 |

구 분	세무상 취득가액	회계상 취득가액
합병 · 분할	적격 : 장부가액	합병 : 취득가액법(공정가치) 분할 : 장부금액법(장부가액)
	비적격 : 해당 자산의 시가	
물적분할	적격, 비적격 모두 해당 자산(주식 외)의 시가 (법령 §72 ② 3호)	

5. 분할신설법인의 자산조정계정

물적분할 시, 분할로 인해 분할법인의 자산등을 분할신설법인 등에게 양도하여 양도차익이 발생하는 경우로서 적격물적분할의 요건을 충족한 경우 분할법인이 분할등기일이 속하는 과세연도에 납부해야 할 세금을 압축기장충당금을 설정하여 과세이연받고 향후 사후관리사유를 위반하거나 해당 자산을 처분할 경우 이연받은 세금을 분할신설법인이 아닌 분할법인이 납부하게 된다. 따라서 분할법인이 양도차익 상당액을 압축기장충당금으로 설정하여 사후관리 하므로 분할신설법인이 자산조정계정을 설정할 필요가 없게 된다.

| 인적분할과 물적분할의 차이 |

구 분		과세대상자 및 과세대상 금액	
		분할법인	분할신설법인등
인적분할	양도차익	양도가액 – 순자산의 장부가액 (② – ①)	없음
	분할매수차익	없음	순자산의 시가 – 양도가액 (③ – ②)
물적분할	양도차익	순자산의 시가 – 순자산의 장부가액 (③ – ①)	없음
	분할매수차익	없음	없음

♣ 표 안의 번호는 아래 그림의 번호를 나타낸다.

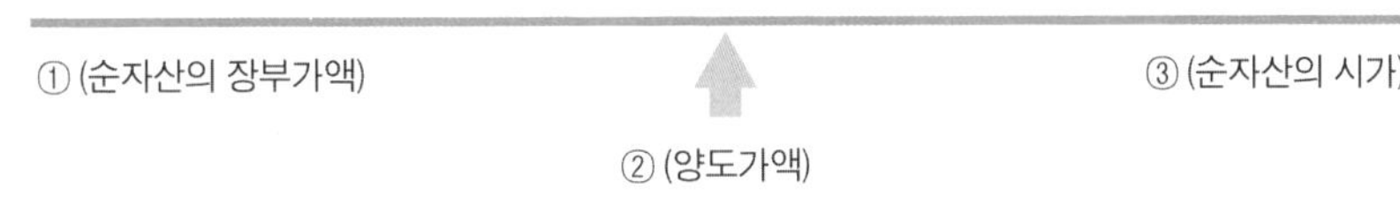

6. 영업권 및 분할매수차익의 인식 여부

분할신설법인등은 분할법인 등의 자산을 시가로 양도받은 것으로 보는 경우에 분할법인 등에 지급한 양도가액이 분할등기일 현재의 순자산시가를 초과하는 경우에는 그 차액(분할매수차손)을 세무조정계산서에 계상하고 분할등기일부터 5년간 균등하게 나누어 손금에 산입하며, 분할신설법인 등이 분할법인 등의 상호·거래관계, 그 밖의 영업상의 비밀 등에 대하여 사업상 가치가 있다고 보아 대가를 지급한 경우에는 영업권으로 계상하여 손금산입할 수 있다. 하지만 이는 인적분할의 경우에 적용하는 것으로서 물적분할의 경우에는 적용되지 않는다(서면법인 2016-4034, 2016. 9. 12.).

물적분할의 경우 분할신설법인이 인적분할처럼 순자산의 시가와 양도가액의 차액에 대해 분할매수차손익을 계상하지 않을뿐더러 물적분할의 경우 영업권을 인정한다면, 이것은 사업상의 비밀 등에 대한 대가를 외부에 지불하여 계상하는 것이 아니라, 내부에서 창출한 영업권을 인정하게 되기 때문이다.

물적분할의 경우 인적분할과는 달리 분할법인의 양도차익을 계산할 때, 순자산의 시가에서 장부가액을 차감하여 계산한다. 따라서 순자산의 시가에서 양도가액을 차감하여 계산하는 분할매수차손익이 물적분할의 경우 이미 분할법인의 양도차익에 포함되어 계산되므로 따로 분할매수차손익을 계산할 필요가 없는 것이다.

7. 감가상각

적격물적분할과 비적격물적분할의 상각범위액 계산 방식은 조금씩 다르다.

(1) 적격물적분할 등인 경우

적격합병, 적격분할, 적격물적분할인 경우 상각범위액 계산 방식은 다음과 같다. 이것을 이하에서는 「적격합병등의 상각범위액」이라 한다. 그리고 적격물적분할의 경우 따로 추가적인 감가상각비를 손금에 산입할 수 있도록 하고 있는데 그것은 「적격물적분할의 감가상각특례」라고 한다.

1) 적격물적분할 등의 상각범위액

감가상각비의 상각범위액을 결정하는 요소는 다음과 같다.

감가상각범위액 결정요소			
① 취득가액	② 미상각잔액	③ 내용연수	④ 감가상각방법

적격물적분할인 경우 감가상각범위액을 산정할 때의 취득가액, 미상각잔액, 상각방법 및 내용연수는 다음과 같이 적용한다(법령 §29의 2 ②).

가) 취득가액

취득가액은 적격합병 등에 의하여 자산을 양도한 법인(이하에서 "양도법인"이라 한다)의 취득가액으로 한다. 여기서 취득가액이란 감가상각 기초가액을 말하는 것이 아니라 상각범위액 결정요소 중 하나로서의 취득가액을 말한다. 예로서 1억원의 기계를 매입하여 내용연수가 5년, 감가상각방법은 정액법인 경우 감가상각범위액 계산은 매년 다음과 같이 계산된다.

감가상각범위액 2천만원 = 취득가액(1억원) / 내용연수(5년)

나) 미상각잔액

적격물적분할의 경우 자산을 시가계상 · 시가승계하도록 함에도 불구하고 분할신설법인의 최초 미상각잔액은 분할법인으로부터 승계받는 분할법인의 장부가액이다. 그 이후 사업연도부터는 해당 장부가액에서 분할신설법인이 이미 감가상각비로 손금에 산입한 금액을 공제한 잔액을 미상각잔액으로 한다.

물적분할에서는 적격 · 비적격 구분 없이 세법에서 '시가계상 · 시가승계'하도록 하고 있으나 실제 감가상각비는 시가가 아니라 장부가액을 기준으로 범위액을 계산한다. 적격물적분할 및 적격현물출자 전과 후의 법인세 부담이 변동되지 않도록 승계한 자산에 대해 신설법인 및 피출자법인이 분할법인 및 출자법인의 장부가액을 기준으로 감가상각하도록 법령 제29조의 2 제2항이 2019년 2월 12일에 개정됐는데, 이는 구조조정을 '세절감의 수단'으로 활용하는 것을 방지하기 위한 목적일 뿐(2019년 2월 12일 개정이유 발췌), 논리적으로는 맞지 않다는 것이 필자의 의견이다.

따라서 적격물적분할의 감가상각과 관련된 예규 등을 참고할 경우 해당 예규의 생산일자를 확인 후 2019년 법 개정 이후에 생산된 예규만을 채택하는 것이 좋을 것이라 생각된다.

필자주

적격물적분할의 경우 상각범위액 계산 시 적용되는 장부가액은?

적격합병이나 적격분할의 경우 세무조정사항이 양수법인에게로 승계된다. 따라서 양수법인의 최초 미상각잔액은 유보가 반영된 양도법인의 세무상 장부가액이 된다. 그러나 적격물적분할의 경우에는 세무조정사항이 승계되지 않는다. 이는 물적분할의 경우 세법상 적격 · 비적격 상관없이 모두 시가계상 · 시가승계로 적용되기 때문이다. 즉, 분할신설법인이 세법상 승계받는 가액은 장부가액이 아니라 '시가'가 되기 때문에 세무조정사항을 승계받을 수가 없다.

하지만, 적격물적분할의 경우 분할신설법인이 감가상각비 상각범위액을 계산할 때에는 승계받지 않은 유보가 반영된 세무상 장부가액을 기준으로 계산해야 하는 어려움이 발생하게 된다.

다) 상각방법 및 내용연수

상각방법 및 내용연수는 다음의 어느 하나에 해당하는 방법으로 정할 수 있다. 이 경우 선택한 방법은 그 후 사업연도에도 계속 적용한다.

① 양도법인의 상각범위액을 승계하는 방법. 이 경우 상각범위액은 법 및 이 영에 따라 양도법인이 적용하던 상각방법 및 내용연수에 의하여 계산한 금액으로 한다. (2011. 3. 31. 개정)

② 양수법인의 상각범위액을 적용하는 방법. 이 경우 상각범위액은 법 및 이 영에 따라 양수법인이 적용하던 상각방법 및 내용연수에 의하여 계산한 금액으로 한다. (2011. 3. 31. 개정)

필자주

적격물적분할의 경우 미상각잔액을 양도법인의 장부가액으로 하는 것이 옳은가?

적격합병과 적격분할의 경우 세법상 '시가계상, 장부가액승계'로 적용된다. 따라서 실제적으로 적용되는 것은 시가가 아니라 장부가액이다. 하지만 물적분할의 경우 세법상 '시가계상, 시가승계'로 적용되므로 세법상 실제적으로 적용되는 것은 장부가액이 아니라 시가이다.

따라서, 적격물적분할의 경우에는 미상각잔액이 양도법인의 장부가액으로 시작될 것이 아니라 승계하는 시가로부터 시작되어야 한다. 왜냐하면 양도법인인 분할법인의 양도차익에 대해 적격분할일 경우 압축기장충당금을 설정하여 과세이연을 받지만, 과세이연은 과세이연일 뿐 과세면제가 아니기 때문에 언젠가는 양도법인이 해당금액에 대한 세액을 납부하게 된다.

따라서 양도법인이 시가로 양도한 것으로 과세된다면 당연히 양수법인은 시가로부터 시작되는 미상각잔액이 되어야 함에도 장부가액으로부터 시작되는 미상각잔액이 된다는 것은 시가에서 장부가액을 차감한 금액만큼 양도법인인 분할법인이 양도차익으로 이미 과세되었음에도 불구하고 양수법인인 분할신설법인이 장부가액만큼만 감가상각을 할 수 있다는 것은 논리에 맞지 않다.

다만, 분할신설법인에게 세법상 시가계상·시가승계로 적용되므로 **처분시에는 시가와 장부가액의 차액이 손금에 산입되므로 결과적으로 이중 과세되는 것은 아니다.**

2) 적격물적분할의 감가상각특례

적격물적분할에 해당하여 상기 "1) 적격합병 등의 상각범위액"을 적용하는 경우로서 상각범위액이 해당 자산의 장부가액을 초과하는 경우에는 그 초과하는 금액을 손금에 산입할 수 있다. 여기서 손금에 산입한 금액의 합계액은 그 자산을 처분한 날이 속하는 사업연도에 익금산입한다(법령 §29의 2 ③).

적격물적분할의 경우 분할신설법인이 승계받는 것은 '시가'이지만, 분할신설법인의 감가상각범위액 계산을 위해 기초가 되는 금액은 '시가'가 아니라 분할법인의 장부가액이다. 따라서 시가가 장부가액보다 높다하더라도 장부가액을 초과한 감가상각비를 손금산입할 수가 없다. 반면, 시가가 장부가액보다 낮은 경우에도 시가가 아닌 장부가액을 기준으로 감가상각비를 계상할 수 있도록 하는 것이 공평할 것이므로 만일 시가가 장부가액보다 낮더라도 장부가액을 기준으로 감가상각범위액을 계산하도록 하는 것이 "적격물적분할의 감가상각특례" 규정이다.

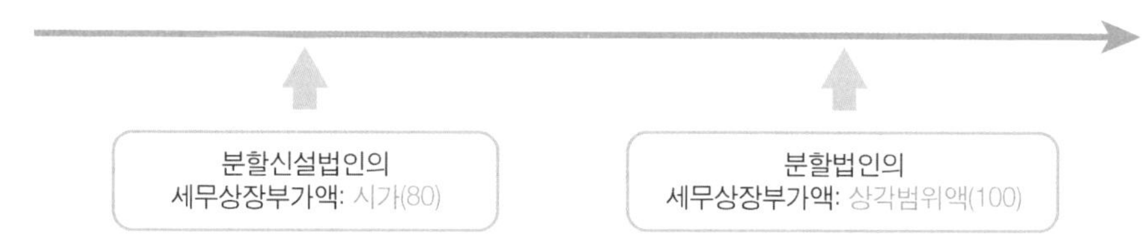

♣ 적용요건

① 시가 〈 분할법인의 세무상 장부가액
② 상각범위액* 〉 시가

* 상각범위액은 분할법인으로부터 승계받은 세무상 장부가액을 말한다.

3) 사후관리

「적격합병등의 상각범위액」 및 「적격물적분할의 감가상각특례」를 적용받은 법인이 적격요건위반사유에 해당하는 경우 해당 사유가 발생한 날이 속하는 사업연도 및 그 후 사업연도의 소득금액 계산 및 감가상각비 손금산입액 계산은 다음과 같이 한다(법령 §29의 2 ④).

적격요건위반사유가 발생한 날이 속하는 사업연도 이후의 소득금액을 계산할 때 「적격합병등의 상각범위액」 및 「적격물적분할의 감가상각특례」(이하에서 "적격합병등의 감가상각특례"라고 한다)를 최초로 적용한 사업연도 및 그 이후의 사업연도에 적격합병등의 감가상각특례를 적용하지 아니한 것으로 보고 감가상각비 손금산입액을 계산하며, 다음의 ①의 금액에서 ②의 금액을 뺀 금액을 적격요건위반사유가 발생한 날이 속하는 사업연도의 소득금액을 계산할 때 익금에 산입한다. 다만, ①의 금액에서 ②의 금액을 뺀 금액이 0보다 작은 경우에는 0으로 본다.

① 적격합병등의 감가상각특례를 최초로 적용한 사업연도부터 해당 사업연도의 직전 사

업연도까지 손금에 산입한 감가상각비 총액

② 적격합병등의 감가상각특례를 최초로 적용한 사업연도부터 해당 사업연도의 직전 사업연도까지 「적격합병등의 상각범위액」을 적용하지 아니한 것으로 보고 재계산한 감가상각비 총액

해당 적격요건위반사유가 발생한 날이 속하는 사업연도의 법 제60조에 따른 과세표준신고와 함께 법령 제29조의 2 제1항에 따른 적격합병 등으로 취득한 자산 중 중고자산에 대한 수정내용연수를 신고하되, 신고하지 아니하는 경우에는 양수법인이 해당 자산에 대하여 기준내용연수로 신고한 것으로 본다(법령 §29의 2 ④ 후단).

사후관리사유 위반시 적용받은 내용연수		
① * 중고자산에 대한 수정내용연수 신고	② * 신고내용연수	③ * 기준내용연수

* 번호 순서대로 적용된다.

(2) 비적격물적분할인 경우

비적격물적분할인 경우 감가상각범위액은 다음과 같이 계산한다.

1) 취득가액

비적격물적분할인 경우의 상각범위액 계산을 위한 취득가액은 분할신설법인의 취득 당시 "시가"이다.

2) 미상각잔액

취득가액에서 양수법인이 이미 감가상각비로 손금에 산입한 금액을 공제한 잔액으로 한다.

3) 내용연수

내용연수는 기준내용연수, 신고내용연수, 수정내용연수와 특례내용연수 등이 있다.

가) 신고내용연수와 수정내용연수

다음은 일반적인 신고내용연수와 수정내용연수에 대한 내용이다.

A) 신고내용연수

신고내용연수란 구조 또는 자산별 · 업종별로 기준내용연수에 그 기준내용연수의 100분의 25를 가감하여 기획재정부령으로 정하는 내용연수범위 안에서 법인이 선택하여 납세지

관할 세무서장에게 신고한 내용연수와 그에 따른 상각률을 말한다. 다만, 적정한 신고기한 내에 신고를 하지 않은 경우에는 기준내용연수와 그에 따른 상각률로 한다(법령 §28 ① 2호).

법인이 상기의 신고내용연수를 적용받고자 할 때에는 기획재정부령으로 정하는 **내용연수신고서**를 다음의 날이 속하는 사업연도의 법인세 과세표준의 신고기한까지 납세지 관할 세무서장에게 제출(국세정보통신망에 의한 제출을 포함한다)하여야 한다(법령 §28 ③).

1. 신설법인과 새로 수익사업을 개시한 비영리내국법인의 경우에는 그 영업을 개시한 날
2. 상기 1 외의 법인이 자산별・업종별 구분에 따라 기준내용연수가 다른 감가상각자산을 새로 취득하거나 새로운 업종의 사업을 개시한 경우에는 그 취득한 날 또는 개시한 날

신고내용연수의 적용

① 내용연수를 제2항의 기한 내에 신고한 법인은 그 신고내용연수(±25% 이내)를 적용하고, 그 기한 내에 신고하지 아니한 법인은 기준내용연수를 적용한다.

② 내용연수의 신고는 다음에 정하는 날이 속하는 사업연도의 법인세 과세표준 신고기한까지 납세지 관할세무서장에게 하여야 한다.

구 분	정하는 날
1. 신설법인과 새로 수익사업을 개시한 비영리내국법인	영업개시일
2. 제1호 외의 법인이 자산별・업종별 구분에 의한 기준내용연수가 다른 고정자산을 새로 취득하거나 새로운 업종의 사업을 개시한 경우	취득일 또는 새로운 사업개시일

*법인세 집행기준 23-28-1

B) 수정내용연수

기준내용연수의 50% 이상이 경과된 자산을 합병・분할에 의하여 승계하는 경우에는 수정내용연수의 적용이 가능하다(법령 §29의 2 ①).

다만, 내국법인이 합병・분할등기일이 속하는 사업연도의 법인세 과세표준 신고기한 내에 기획재정부령이 정하는 **내용연수변경신고서**를 제출한 경우에 한하여 적용한다(법령 §29의 2 ⑤).

| 수정내용연수 적용 사례 |

구 분	A	B	C
기준내용연수	40년	8년	5년
수정내용연수	20년(40－40×50%)에서 40년 사이에 선택	4년(8－8×50%)에서 8년 사이에 선택	2년(5－5×50%＝2.5년→2년)에서 5년 사이에 선택
무신고시	40년	8년	5년

① 법인이 합병·분할에 의하여 자산을 승계한 경우 그 중고자산에 대한 감가상각 적용시 그 자산의 기준내용연수의 50%에 상당하는 연수와 기준내용연수의 범위에서 선택하여 납세지 관할세무서장에게 신고한 수정내용연수를 내용연수로 할 수 있다.

② 상기 ①의 수정내용연수의 계산에 있어서 1년 미만은 없는 것으로 한다.

* (법인세 집행기준 23－29의 2－1)

내용연수변경신고서를 반드시 제출해야 함

수정내용연수를 적용받기 위해서는 내용연수변경신고서를 반드시 제출해야 함. 감가상각방법신고서 및 내용연수신고서는 제출했더라도 수정내용연수를 적용받을 수 없음(대법 2011두32751, 2014. 5. 16.).

| 신고내용연수와 수정내용연수를 적용하는 경우 |

구분	적용 사유
신고내용연수	1. 신설법인과 수익사업을 개시한 비영리법인 2. 새로운 업종의 개시(필자주: 업종이 다른 법인을 합병하는 경우 포함) 3. 자산별·업종별로 기준내용연수가 다른 고정자산의 취득
수정내용연수	1. 기준내용연수 50% 이상 경과된 자산(중고자산)의 취득 2. 기준내용연수 50% 이상 경과된 자산을 합병·분할에 의해 승계

내국법인이 분할에 의하여 자산을 승계한 경우에는 「법인세법 시행령」 제29조의 2에 따라 그 자산의 기준내용연수의 100분의 50에 상당하는 연수와 기준내용연수의 범위 내에서 선택하여 적용할 수 있는 것이며, 이 경우 분할등기일이 속하는 사업연도의 법인세 과세표준 신고기한까지 납세지 관할세무서장에게 해당 내용연수를 신고하여야 하는 것임(법인－289, 2010. 3. 25.).

나) 비적격물적분할인 경우의 내용연수

합병 · 분할에 따라 자산을 승계한 경우 해당 자산에 대하여 적용할 내용연수는 다음과 같다(법인세 집행기준 23-28-3).

1. 내용연수변경신고서를 일정기한까지 제출하여 수정내용연수를 적용받고자 하는 경우에는 수정내용연수를 적용한다(법령 §29의 2 ①).

> 수정내용연수 적용방법 예시
> - 기준내용연수 5년인 경우
> - 수정내용연수 : 2년(5년-5년×50% = 2.5년 ≒ 2년, 1년 미만은 없는 것으로 함)에서 5년의 범위 내에서 선택

2. 상기 1 외의 경우에는 종전의 신고내용연수를 적용한다.

| 물적분할로 취득한 고정자산의 내용연수 적용순서 |

물적분할로 취득한 고정자산의 내용연수 적용순서
① 수정내용연수
② 종전의 신고내용연수

다) 감가상각방법

분할의 경우 감가상각방법을 변경할 수 없다.

(3) 시가미달자산에 대한 감가상각특례

특수관계자로부터 자산 양수를 하면서 기업회계기준에 따라 장부에 계상한 고정자산 가액이 시가에 미달하는 경우 다음의 금액에 대하여 제24조 내지 제34조의 규정을 준용하여 계산한 감가상각비 상당액을 신고조정으로 손금에 산입할 수 있다(법령 §19 5호의 2).

가. 실제 취득가액이 시가를 초과하는 경우에는 시가와 장부에 계상한 가액과의 차이

나. 실제 취득가액이 시가에 미달하는 경우에는 실제 취득가액과 장부에 계상한 가액과의 차이

시가미달자산에 대한 감가상각특례는 다음의 경우를 모두 충족할 때 적용받을 수 있다.

① 특수관계자로부터 자산의 양수
② 기업회계기준에 따라 고정자산가액을 장부에 계상함
③ 장부가액 〈 시가

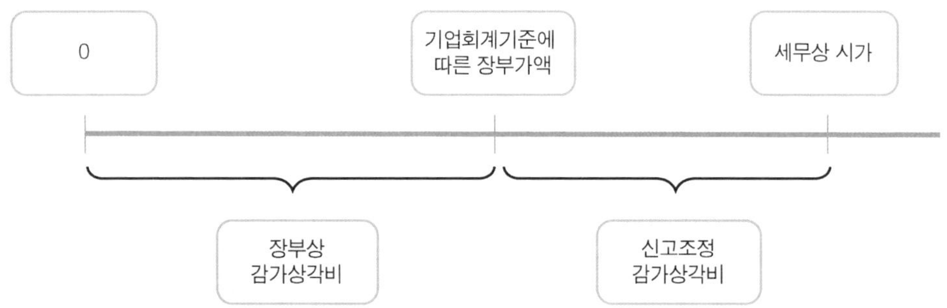

사례

1. 분할 전 ㈜정구기계의 재무상태표

자산		부채 및 자본	
제품(전자)	1,750,000,000	부채(전자)	3,000,000,000
(시가 동일함)		부채(기계)	2,500,000,000
제품(기계)	1,250,000,000	자본금	2,500,000,000
공장(전자)	2,500,000,000	자본잉여금	700,000,000
(시가 5,000,000,000)		이익잉여금	1,300,000,000
공장(기계)	4,500,000,000		
합계	10,000,000,000	합계	10,000,000,000

※ 분할신설법인 ㈜창우전자가 지급하는 분할신설법인주식의 액면금액은 1,000,000,000원이다. 분할법인의 전자사업부문을 물적분할한다.

2. 분할신설법인인 ㈜창우전자의 회계상 분개

제품	1,750,000,000	부채	3,000,000,000
공장	2,500,000,000	자본금	1,000,000,000
		자본잉여금	250,000,000

3. 분할신설법인인 ㈜창우전자의 세무상 분개

(차) 제품	1,750,000,000*	(대) 부채	3,000,000,000
공장	5,000,000,000*	자본금	1,000,000,000
		주식발행초과금	2,750,000,000

4. 분할과 관련된 ㈜정구기계의 회계처리는 다음과 같다.

(차)	부채	3,000,000,000	(대) 제품	1,750,000,000
	분할교부주식	1,250,000,000	공장	2,500,000,000

*기업회계기준상 장부금액법으로 회계처리한다.

5. ㈜정구기계의 세무상 분개

(차)	부채	3,000,000,000	(대) 제품	1,750,000,000
	분할교부주식	3,750,000,000*	공장	2,500,000,000
			양도차익	2,500,000,000

* 양도하는 순자산의 시가는 3,750,000,000원이다.

* 법령 제72조 제2항 제3호에 의해 물적분할의 경우 분할신설법인이 취득하는 자산의 취득가액은 적격물적분할, 비적격물적분할 관계없이 해당 자산의 시가이다.

① 비적격물적분할의 경우 세무조정

1. 분할법인 ㈜정구기계의 세무조정

익금산입(유보) 2,500,000,000 (투자주식)*

* 세무상 양도차익에 해당하는 금액만큼 익금산입으로 세무조정한다. 이는 향후 처분 시 등에 손금산입한다.

2. 분할신설법인 ㈜창우전자의 세무조정(주)

익금산입(유보) 2,500,000,000 (공장), 손금산입(기타) 2,500,000,000 (자본잉여금)

㈜창우전자가 과소 계상한 공장가액만큼 익금산입하고 물적분할로 분할하는 분할신설법인에게는 분할매수차손익이 발생하지 않으므로 양편조정으로 손금산입한다. 익금산입된 세무상 건물가액은 향후 감가상각 때 신고조정으로 손금산입하거나 처분시 △유보로 손금산입한다.

♣ 익금산입된 유보 25억원은 "시가미달자산에 대한 감가상각특례" 규정에 따라 신고조정으로 손금산입한다.

② 적격물적분할의 경우 세무조정

적격물적분할, 비적격물적분할 관계없이 분할신설법인주식의 취득가액은 양도하는 순자산의 시가액이다. 단, 적격물적분할의 경우 압축기장충당금을 계상하여 손금산입할 수 있다.

1. 분할법인 ㈜정구기계의 세무조정 :

익금산입(유보) 2,500,000,000 (투자주식)

손금산입(△유보) 2,500,000,000 (압축기장충당금)

* 양도차익을 익금산입하고 해당액만큼 압축기장충당금을 계상하여 손금산입한다.

Min [3,750,000 000*, 2,500,000,000]

* 압축기장충당금은 분할신설법인주식에 대해 계상하는 것이므로 분할신설법인주식의 금액을 초과해서 계상할 수 없다.

2. 분할신설법인 ㈜ 창우전자의 세무조정
익금산입(유보) 2,500,000,000 (공장)
손금산입(기타) 2,500,000,000 (자본잉여금)

♣ 적격물적분할인 경우에는 분할법인으로부터 승계받은 세무상 장부가액을 미상각 잔액으로 감가상각한다. 익금산입된 유보 25억원은 감가상각비로 손금산입할 수 없다.

8. 분할전 분할사업부문 대해 분할 이후 발생한 손익의 귀속

분할로 설립된 분할신설법인은 「상법」 제530조의 10에 따라 분할계획서에 정하는 바에 의하여 분할법인의 권리와 의무를 승계하게 된다(법인-157, 2011. 2. 25.).

상법 제530조의 10(분할 또는 분할합병의 효과)
단순분할신설회사, 분할승계회사 또는 분할합병신설회사는 분할회사의 권리와 의무를 분할계획서 또는 분할합병계약서에서 정하는 바에 따라 승계한다.

분할전법인에 대해 분할 이후 발생한 익금과 손금의 귀속이 분할법인에게 귀속되는지? 아니면 분할신설법인에게 귀속되는 것인지? 가 문제가 된다.

예를 들어서 분할 전의 분할한 사업부문과 관련된 세무조사를 받은 경우, 분할법인에 고지된 법인세 납부주체가 분할법인인지? 아니면 분할신설법인인지? 또는 분할등기일 이전에 분양이 완료되어 분할신설법인에 승계되지 않은 아파트에 대한 하자보수비가 발생하는 경우 누구의 손금인지? 그리고 분할신설법인이 분할법인으로부터 승계받은 임대아파트를 분양한 후 수분양주에게 아파트 하자관련 손해배상금을 지급하는 경우 누구의 손금인지? 그 귀속이 결정되어야 한다. 이에 국세청은 「상법」 제530조의 10에 따라 분할계획서에 정하는 바에 의하여 분할신설법인은 분할법인의 권리와 의무를 승계한다고 해석하고 있다(법인-157, 2011. 2. 25.).

이는 물적분할 인적분할 모두 동일하게 적용된다. 그 이유는 국세청 해석이 물적분할에 대한 것이지만, 물적분할에 대한 규정은 상법 제530조의 12(물적분할), 단 하나의 조항 밖에 없으며 모두 인적분할의 법 내용을 준용한다라고 하고 있기 때문이다. 회사의 분할과 관련된 상법은 상법 제11절(제530조의 2~제530조의 12)에 규정되어 있다.

상법 제530조의 12(물적분할)
이 절의 규정은 분할되는 회사가 분할 또는 분할합병으로 인하여 설립되는 회사의 주식의 총수를 취득하는 경우에 이를 준용한다.

(분할계획서 일부내용)
- 분할사업과 관련하여 분할기일 이전 행위 또는 사실로 분할기일 이후 확정되는 채무(우발채무 기타 일체 채무포함) 또는 분할기일 이전에 확정되었으나 이를 인지하지 못하여 분할계획서에 반영되지 못한 채무는 분할신설법인에 분할사업 외 부문에 관한 것은 분할법인에 각각 귀속된다.
- 분할사업과 관련하여 분할기일 이전의 행위 또는 사실로 분할기일 이후 취득하는 채권(우발채권 기타 일체의 채권 포함) 또는 분할기일 이전에 취득하였으나 이를 인지하지 못하여 분할계획서에 반영되지 못한 채권 및 기타 권리의 귀속도 상기와 같이 처리한다.

분할등기일 이후 발생한 수익 및 비용의 귀속
물적분할로 설립되는 분할신설법인이 분할법인으로부터 분할하는 사업부문의 자산·부채에 대한 모든 권리와 의무를 상법 제530조의 10에 따라 승계한 경우 분할등기일 이후 분할사업부문의 자산에서 발생하는 공과금의 환급액과 지방세 부과액은 분할신설법인의 익금 및 손금에 해당하는 것임(법인-1156, 2010. 12. 15.).

분할신설법인이 기존영업 관련 채권을 승계한 경우 상각채권추심이익의 귀속
법인 이 상법상 인적분할방식으로 분할하면서 분할등기일 이전에 대손처리한 채권의 추심이 미확정되어 당해 채권을 장부가액으로 승계한 후 분할신설법인 이 이를 회수한 경우 상각채권추심이익이 어디에 귀속되는 지는 상법 제530조의 10 규정에 따라 판단하는 것임(법인 46012-424, 2002. 8. 6.).

[물적분할하는 법인의 불량채권 처분손실의 손금산입] 관련 집행기준 47-0-3
물적분할하는 법인이 분할하는 사업부문에 속하는 자산 및 부채를 분할신설법인 등에게 승계함에 있어서 불량채권을 담보가치 또는 회수가능성 등을 합리적으로 고려한 공정가액으로 평가하여 승계한 경우에는 분할법인이 해당 채권의 처분손실을 손금에 산입한다.

♣ 분할등기일 이후 발생한 손익의 귀속

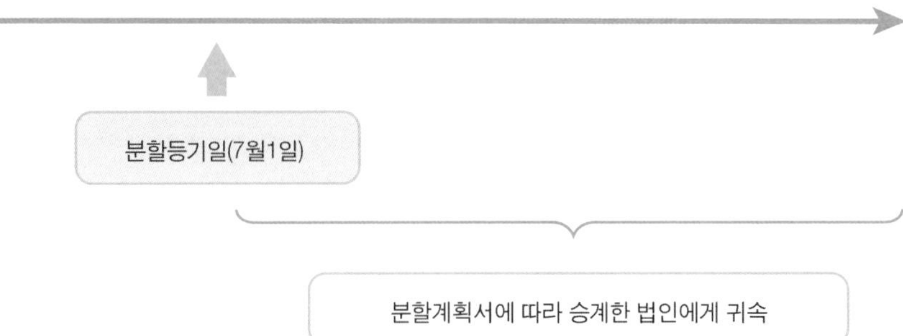

Ⅲ 사후관리에 따른 익금산입

적격물적분할에 따라 과세특례를 적용받은 경우 사후관리사유는 다음과 같이 크게 두 가지로 분류된다.

① 분할법인이 분할교부주식을 처분하거나 분할신설법인이 분할법인으로부터 승계받은 자산을 처분(이하에서 '주식 또는 승계자산의 처분'이라 한다)하는 경우

② 적격물적분할의 요건 중 지분의연속성, 사업의 계속성 그리고 고용의유지를 위반(이하에서 '적격요건위반'이라 한다)한 경우

| 적격물적분할에 대한 사후관리 대상 요약 |

적격물적분할에 대한 사후관리 사유	
다음 중 어느 하나의 처분에 해당하는 경우 ① 분할법인의 분할교부주식 처분 ② 분할신설법인의 승계자산 처분	적격요건 중 다음의 어느 하나를 위반한 경우 ① 사업의 계속성 ② 지분의 연속성 ③ 고용승계유지

1. 분할교부주식 또는 승계자산을 처분하는 경우

(1) 개요

분할법인이 과세특례에 따라 손금에 산입한 양도차익에 상당하는 금액은 다음의 어느 하나에 해당하는 사유가 발생하는 사업연도에 해당 주식 등과 자산의 처분비율을 고려하여 계산된 금액만큼 익금에 산입한다. 다만, 부득이한 사유가 있는 경우에는 그러하지 아니하다(법법 §47 ②).

① 분할법인이 분할신설법인으로부터 받은 주식등을 처분하는 경우
② 분할신설법인이 분할법인으로부터 승계받은 다음의 자산(승계자산)을 처분하는 경우
  1. 감가상각자산(사업에 사용하지 않는 것도 포함한다. 단, 유휴설비는 제외)
  2. 토지
  3. 주식 등

분할신설법인이 승계자산을 처분하는 경우, 분할신설법인은 그 자산의 처분 사실을 처분일부터 1개월 이내에 분할법인에 알려야 하는데, 이는 사후관리사유를 위반하는 경우, 분할법인이 과세특례에 따라 손금산입한 금액을 익금산입하여 과세되기 때문이다.

| 승계자산 | (법령 제84조 제3항 제2호)

승계자산		
1. 감가상각자산 (사업에 사용하지 않는 것도 포함한다. 단, 유휴설비는 제외)	2. 토지	3. 주식

♣ "승계자산"은 합병과 인적분할의 사후관리사유 중 하나인 "사업의 폐지" 여부 판단 조건, 즉 "승계한 자산가액"의 1/2 이상 처분 여부를 판단할 때의 "승계한 자산가액"과는 다르다.

다음은 적격물적분할의 승계자산과 적격합병 및 적격분할의 승계한 자산가액의 차이다.

구 분	승계자산	승계한 자산가액
구성내역	감가상각자산, 토지, 주식	(유형·무형·투자)자산의 가액
근거법령	(법령 제84조 ③ 제2호)	(법령 제80조의 2 ⑦)

(2) 익금산입 금액

익금산입 대상 금액은 다음의 ①과 ②를 더한 비율에서 ①과 ②를 곱한 비율을 뺀 비율을 직전 사업연도 종료일(분할등기일이 속하는 사업연도의 경우에는 분할등기일을 말한다) 현재 분할신설법인주식 등의 압축기장충당금 잔액에 곱한 금액을 말한다(법령 §84 ③).

익금산입대상금액 =
(직전사업연도 종료일 현재 분할신설법인 주식등의) 압축기장충당금 잔액 ×
[(처분한 분할신설법인의 주식비율 + 처분한 승계자산의 양도차익비율) −
(처분한 분할신설법인의 주식비율 × 처분한 승계자산의 양도차익비율)]

① 처분한 분할신설법인의 주식비율

분할법인이 직전 사업연도 종료일 현재 보유하고 있는 적격물적분할로 취득한 분할신설법인의 주식등의 장부가액에서 해당 사업연도에 익금산입 사유가 되는 사후관리 대상으로 처분한 분할신설법인의 주식등의 장부가액이 차지하는 비율

처분한 주식비율 = 당기 처분 주식의 장부가액 / 전기 말 주식의 장부가액

② 처분한 승계자산의 양도차익 비율

분할신설법인이 직전 사업연도 종료일 현재 보유하고 있는 적격물적분할에 따라 분할법인으로부터 승계받은 "승계자산"의 양도차익(분할등기일 현재의 승계자산의 시가에서 분할등기일 전날 분할법인이 보유한 승계자산의 장부가액을 차감한 금액을 말한다)에서 해당 사업연도에 처분한 승계자산의 양도차익이 차지하는 비율을 말한다(법령 §84 ③ 2호).

처분한 양도차익비율 = 당기 처분 승계자산의 양도차익 / 전기 말 승계자산의 양도차익

양도차익비율 계산 시 양도차익이 발생한 승계자산만을 기준으로 계산함

분할법인이 양도차익이 발생하는 자산과 양도차손이 발생하는 자산을 함께 승계하는 적격물적분할로 인하여 발생한 자산의 양도차익에 상당하는 금액을 손금에 산입(전체 자산 기준 양도차익(서면-2019-법인-1140 [법인세과-2545], 2019. 9. 9.))하여 분할신설법인 주식의 압축기장충당금으로 계상한 후, 분할신설법인이 분할법인으로부터 승계받은 자산의 일부를 처분함에 따라 압축기장충당금 익금산입액을 계산하는 경우, 「법인세법 시행령」 제84조 제3항 제2호에서 규정하는 '양도차익'은 **양도차익이 발생한 승계자산만을 기준으로 계산하는 것임**(서면-2018-법인-0052 [법인세과-1229], 2018. 5. 21.).

1. 처분한 분할신설법인의 주식비율이 100%이고, 처분한 승계자산의 양도차익비율이 100%인 경우로서 (직전사업연도 종료일 현재 분할신설법인 주식등의) 압축기장충당금 잔액이 10억원인 경우
   (100%+100%) - (100%×100%) = 100%
   10억원 × 100% = 10억원이 익금산입된다.
2. 처분한 분할신설법인의 주식비율이 50%이고, 처분한 승계자산의 양도차익비율이 50%인 경우로서 (직전사업연도 종료일 현재 분할신설법인 주식등의) 압축기장충당금 잔액

이 10억원인 경우

(50%+50%) - (50%×50%) = 75%

10억원×75% = 750,000,000원이 익금산입된다.

♣ 양도차익 계산 도해

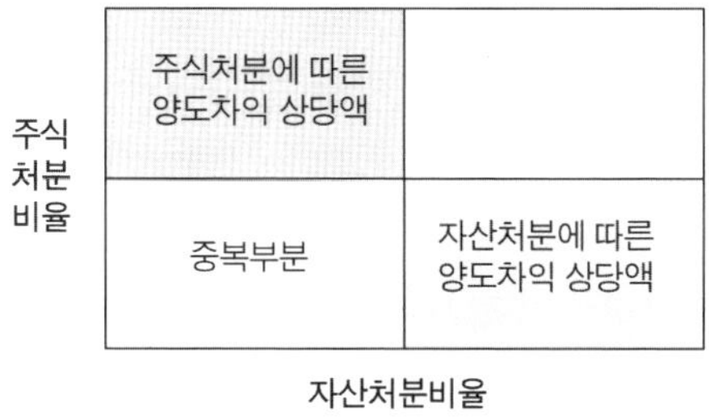

주식처분비율	주식처분에 따른 양도차익 상당액	
	중복부분	자산처분에 따른 양도차익 상당액
	자산처분비율	

과세하는 양도차익 = 주식처분에 따른 양도차익 상당액 + 자산처분에 따른 양도차익 상당액 - 중복되는 양도차익 상당액

♣ 주식처분에 따른 양도차익 상당액과 자산처분에 따른 양도차익 상당액을 더하고 중복되는 부분은 차감하여 계산한다.

주식처분비율	1	1	1	1
	1	1	1	1
	1	1	1	1
	1	1	1	1
	자산처분비율			

① 주식처분비율은 4/16 = 25%, 자산처분비율은 4/16 = 25%

② 중복비율은 1/16 = 6.25%

③ 자산처분비율과 주식처분비율을 더한 것에서 중복비율을 차감하여 계산한다.

(25% + 25% - 6.25%* = 43.75%) → *6.25% = (25%×25%)

(3) 부득이한 사유

"부득이한 사유"란 다음의 어느 하나에 해당하는 적격구조조정의 경우를 말한다(법령 §84 ⑤).

1. 최초의 적격구조조정에 해당하는 경우(이하에서 "최초의 적격구조조정")

분할법인 또는 분할신설법인이 최초로 적격합병, 적격분할, 적격물적분할, 적격현물출자,

「조세특례제한법」 제38조에 따라 과세를 이연받은 주식의 포괄적 교환 등 또는 같은 법 제38조의 2에 따라 과세를 이연받은 주식의 현물출자(이하에서 "적격구조조정"이라 한다)로 주식 등 및 자산을 처분하는 경우에는 부득이한 사유가 발생한 것으로 본다. 따라서 최초의 적격구조조정이 아닌 경우에는 부득이한 사유가 발생한 것으로 보지 않는다.

2. 분할법인이 지분 100% 소유한 채로 적격구조조정하는 경우(이하에서 "지분 100% 보유한 적격구조조정")

분할신설법인의 발행주식 또는 출자액 전부를 분할법인이 소유하고 있는 경우로서 다음의 어느 하나에 해당하는 경우

가. 분할법인이 분할신설법인을 적격합병(적격분할합병을 포함한다)하거나 분할신설법인에 적격합병되어 분할법인 또는 분할신설법인이 주식 등 및 자산을 처분하는 경우

나. 분할법인 또는 분할신설법인이 적격합병, 적격분할, 적격물적분할 또는 적격현물출자로 주식 등 및 자산을 처분하는 경우. 다만, 해당 적격합병, 적격분할, 적격물적분할 또는 적격현물출자에 따른 합병법인, 분할신설법인 등 또는 피출자법인의 **발행주식 또는 출자액 전부를 당초의 분할법인이 직접 또는 간접으로 소유하고 있는 경우**(주1) **로 한정한다.**

(주1) [간접으로 소유하고 있는 경우(법칙 §42 ①)]

"간접으로 소유하고 있는 경우"란 당초의 분할법인이 해당 적격구조조정에 따른 합병법인, 분할신설법인 등 또는 피출자법인의 주주인 법인(이하에서 "주주법인"이라 한다)을 통해 적격구조조정법인을 소유하는 것을 말하며, 적격구조조정법인에 대한 당초의 분할법인의 간접소유비율은 다음의 계산식에 따라 계산한다.

당초 분할법인의 간접소유비율

A × B

A : 주주법인에 대한 당초의 분할법인의 주식소유비율

B : 적격구조조정법인에 대한 주주법인의 주식소유비율

3. 분할법인 또는 분할신설법인의 일정 사업부문을 적격구조조정하는 경우(이하에서 "일정사업부문 적격구조조정")

분할법인 또는 분할신설법인이 제82조의 2 제3항 각 호의 어느 하나에 해당하는 사업부문의 적격분할 또는 적격물적분할로 주식 등 및 자산을 처분하는 경우

[법령 제82조의 2 제3항]

주식 등과 그와 관련된 자산·부채만으로 구성된 사업부문의 분할은 분할하는 사업부문이 다음 각 호의 어느 하나에 해당하는 사업부문인 경우로 한정하여 법 제46조 제2항 제1호 가목에 따라 분리하여 사업이 가능한 독립된 사업부문을 분할하는 것으로 본다.

1. 분할법인이 분할등기일 전일 현재 보유한 모든 지배목적 보유 주식 등(지배목적으로 보유하는 주식 등으로서 기획재정부령으로 정하는 주식등을 말한다. 이하 이 조에서 같다)과 그와 관련된 자산·부채만으로 구성된 사업부문
2. 「독점규제 및 공정거래에 관한 법률」 및 「금융지주회사법」에 따른 지주회사(이하 이 조에서 "지주회사"라 한다)를 설립하는 사업부문(분할합병하는 경우로서 다음 각 목의 어느 하나에 해당하는 경우에는 지주회사를 설립할 수 있는 사업부문을 포함한다). 다만, 분할하는 사업부문이 지배주주 등으로서 보유하는 주식 등과 그와 관련된 자산·부채만을 승계하는 경우로 한정한다.
   가. 분할합병의 상대방법인이 분할합병을 통하여 지주회사로 전환되는 경우
   나. 분할합병의 상대방법인이 분할등기일 현재 지주회사인 경우
3. 제2호와 유사한 경우로서 기획재정부령으로 정하는 경우

분할법인이 상기의 부득이한 사유에 따라 손금에 산입한 양도차익을 익금에 산입하지 않는 경우 해당 분할법인이 보유한 분할신설법인주식 등의 압축기장충당금은 주식승계법인 또는 자산승계법인의 압축기장충당금 또는 일시상각충당금으로 대체설정된다(법령 §84 ⑥).

물적분할로 신설된 법인이 최초로 적격물적분할하여 승계사업 폐지 시, 과세이연 계속 적용 여부

분할법인이 다수의 사업부를 적격물적분할하여 자산의 양도차익에 상당하는 금액을 충당금으로 계상하고 손금에 산입한 후 분할신설법인이 최초로 적격물적분할하여 승계받은 사업을 폐지하는 경우 폐지사업부문이 승계받은 자산가액의 2분의 1 미만이라도 법인령 §84 ⑤에 따른 부득이한 사유에 해당함(서면법령해석법인 2020-949, 2020. 11. 16.).

영 제84조 제5항 제1호에 의한 최초 적격구조조정의 의미

- (갑설) 압축기장충당금의 환입 사유가 발생하는 최초 적격구조조정을 의미 (→쟁점 적격합병은 법 제47조 제2항 각 호 외의 부분 단서에서 규정하는 부득이한 사유에 해당)
- (을설) 압축기장충당금 환입 사유를 불문하고 물적분할 이후 최초 적격구조조정만을 의미 (→쟁점 합병 전에 분할법인이 적격구조조정을 하였으므로 쟁점 합병은 부득이한 사유에 해당하지 않음)

• 회신

내국법인이 적격물적분할하여 신설된 분할신설법인의 주식에 대해 압축기장충당금을 설정하여 손금에 산입한 이후 내국법인이 당초 적격물적분할로 설정한 압축기장충당금은

「법인세법」 제47조 제2항 각 호의 어느 하나에 해당하는 사유가 발생하는 경우 익금에 산입하는 것이나, 같은 법 제47조 제2항 각 호 외의 부분 단서 및 같은 법 시행령 제84조 제5항 제1호에 따른 부득이한 사유가 있는 경우에는 익금에 산입하지 않는 것임.
이 경우 같은 법 시행령 제84조 제5항 제1호의 '최초 적격구조조정'이란 분할법인이 분할신설법인으로부터 취득한 주식(압축기장충당금이 설정된 주식)을 처분하거나 분할신설법인이 분할법인으로부터 승계받은 자산을 처분하는 최초의 적격구조조정을 의미하는 것임(서면법인 2023-778, 2023. 9. 26.).

(4) 부득이한 사유에 따른 압축기장충당금의 대체설정과 사후관리

분할법인이 분할신설법인의 주식 또는 분할신설법인이 승계받은 승계자산을 처분하여 사후관리사유를 위반한 경우로서 익금산입의 대상이나 적격구조조정의 부득이한 사유에 따라 손금에 산입한 양도차익을 익금에 산입하지 않는 경우 해당 분할법인이 보유한 분할신설법인주식 등의 압축기장충당금은 대체 설정한다(법령 §84 ⑥).

압축기장충당금은 분할신설법인의 주식에 대해 계상하는 것이다. 만약 분할신설법인의 주식이 소멸한다면 관련 압축기장충당금도 함께 소멸되어야 한다. 이것이 압축기장충당금을 대체설정할 수밖에 없는 이유이다.

♣ 압축기장충당금의 대체설정에 따른 세무조정 방법

분할신설법인의 주식에 대해 설정한 압축기장충당금을 자산승계법인의 주식등의 압축기장충당금으로 설정하는 세무조정은 다음과 같다.

(분할신설법인의 주식에 대한 압축기장충당금에 대한 세무조정)
익금산입(유보) *** (분할신설법인 주식에 대한 압축기장충당금)
손금산입(기타) ***

(자산승계법인주식에 대한 압축기장충당금 대체설정에 따른 세무조정)
손금산입(△유보) *** (자산승계법인주식에 대한 압축기장충당금)
익금산입(기타) ***

1) 압축기장충당금의 대체설정

가-1) 분할신설법인이 자산승계법인에게 자산을 처분한 경우

분할신설법인주식 등의 압축기장충당금 잔액에 "처분한 승계자산의 양도차익비율"[비율을 산정할 때 처분한 승계자산은 적격구조조정으로 분할신설법인으로부터 분할신설법인

의 자산을 승계하는 법인(이하에서 "자산승계법인"이라 한다)에 처분한 승계자산에 해당하는 것을 말한다]을 곱한 금액을 분할법인 또는 분할신설법인이 새로 취득하는 자산승계법인의 주식등(자산승계법인주식 등)의 압축기장충당금으로 한다(법령 §84 ⑥ 1호 본문).

분할법인 또는 분할신설법인이 새로 취득하는 자산승계법인의 주식등의 압축기장충당금
= 분할신설법인주식등의 압축기장충당금 잔액 × 처분한 승계자산의 양도차익비율*

* 처분한 양도차익비율 = 당기 처분 승계자산의 양도차익 / 전기 말 승계자산의 양도차익

(압축기장충당금 대체설정 방법)

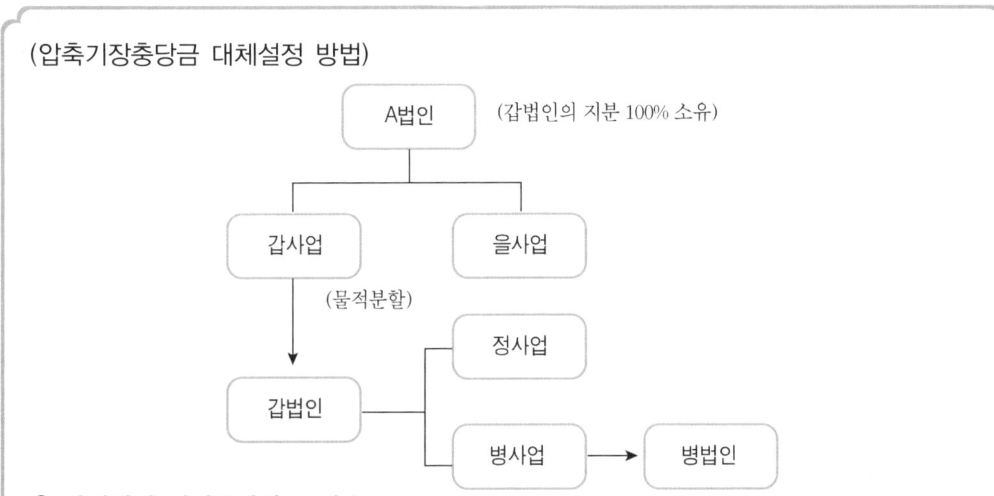

① 갑법인이 인적분할하는 경우
위 그림에서 물적분할한 분할신설법인인 갑법인이 적격구조조정에 따라 병사업을 다시 **적격인적분할**한 경우 갑법인의 주주인 **A법인**이 분할대가인 분할신설법인주식(병법인의 주식)을 받게 된다.

② 갑법인이 물적분할하는 경우
만일 갑법인이 적격구조조정으로 병사업을 **적격물적분할**을 하면서 관련 자산등을 처분하는 경우 물적분할이므로 **갑법인**이 분할신설법인주식(병법인의 주식)을 받게 된다.

③ 따라서 병법인(자산승계법인)의 주식을 받게 되는 당초의 분할법인(A법인) 또는 분할신설법인(갑법인)이 새로 취득하는 자산승계법인(**병법인**)의 주식에 대해 압축기장충당금으로 대체설정하는 것이다.

가-2) 분할신설법인이 자산을 처분했으나 자산승계법인이 분할법인인 경우

상기 「**가-1) 분할신설법인이 자산승계법인에게 자산을 처분한 경우**」의 사례에서 자산승계법인이 분할법인인 경우에는, 즉 상기 사례에서 **갑법인**의 자산을 **A법인**이 승계받는 경우에는 분할신설법인주식(**갑법인**) 등의 압축기장충당금 잔액을 분할법인(**A법인**)이 승계하는

자산 중 최초 물적분할 당시 양도차익이 발생한 자산의 양도차익에 비례하여 안분계산한 후 그 금액을 해당 자산이 감가상각자산인 경우 그 자산의 일시상각충당금으로, 해당 자산이 감가상각자산이 아닌 경우 그 자산의 압축기장충당금으로 대체한다(법령 §84 ⑥ 1호 단서).

즉, 기존 분할법인의 분할신설법인의 주식에 대한 압축기장충당금에서 해당 비율을 곱하여 계산된 금액만큼을 익금산입(유보, 분할교부주식)으로 세무조정하고, 해당금액만큼 다음과 같이 배분하여 다시 분할법인이, 해당 자산이 감가상각자산인 경우에는 일시상각충당금으로, 비감가상각자산인 경우에는 압축기장충당금으로 계상하여 손금산입(△유보, 해당 자산)하는 방식으로 압축기장충당금을 대체설정한다.

필자주

자산승계법인이 분할법인인 경우의 예로서, 분할법인(A**법인**)이 분할신설법인(**갑법인**)을 흡수합병하는 경우를 예로 들 수 있다. 이 경우 분할법인(A**법인**)이 분할신설법인(**갑법인**)의 지분 100%를 소유하고 있으므로 합병 시 분할신설법인의 주주(A**법인**)에게 합병신주를 교부 시 100% 자기주식이 된다. 따라서 분할신설법인의 주식에 대한 압축기장충당금을 자기주식에 대한 압축기장충당금으로 대체하기는 어려우므로 필자의 견해로는 자산승계법인이 분할법인인 경우에는 주식이 아닌 해당 자산의 감가상각자산 여부에 따라 일시상각충당금 또는 압축기장충당금으로 대체설정하는 것으로 유추된다.

| 자산승계법인이 분할법인인 경우의 압축기장충당금 대체설정 |

안분과 배분의 절차

① 안분계산
분할신설법인주식등의 압축기장충당금 잔액 × (처분한 승계자산 양도차익비율)

② 배분계산
일시상각충당금액 = ①×(감가상각자산액 / 총자산액)
압축기장충당금액 = ①×(비감가상각잔액 / 총자산액)

물적분할 시 분할법인의 과세특례에 대한 사후관리

주식승계법인(당초 분할법인을 피합병법인으로 하여 합병한 **합병법인**)이 완전자회사인 분할신설법인을 적격합병하는 경우 쟁점 압축기장충당금은 주식승계법인이 합병 시 승계하는 자산 중 당초 물적분할한 자산의 일시상각충당금(감가상각자산이 아닌 경우 압축기장충당금)으로 대체하는 것임(서면법인 2023-472, 2024. 4. 8.).

나) 분할법인이 주식승계법인에게 주식을 처분한 경우

분할신설법인주식 등의 압축기장충당금 잔액에 "처분한 분할신설법인의 주식비율"[비율을 산정할 때 처분한 주식은 적격구조조정으로 분할법인으로부터 분할신설법인주식등을 승계하는 법인(이하에서 주식승계법인"이라 한다)에 처분한 분할신설법인주식 등에 해당하는 것을 말한다]을 곱한 금액을 주식승계법인이 승계한 분할신설법인 주식등의 압축기장충당금으로 한다(법령 §84 ⑥ 2호).

주식승계법인이 승계한 분할신설법인주식등의 압축기장충당금
= 분할신설법인주식등의 압축기장충당금 잔액 × 처분한 주식비율*

* 처분한 주식비율 = 당기 처분 주식의 장부가액 / 전기 말 주식의 장부가액

예로서, 분할법인을 피합병법인으로 하여 합병한 합병법인은 분할법인이 소유한 분할신설법인의 주식을 승계받게 되는데, 그 합병법인이 **'주식승계법인'**이 된다. 분할법인이 보유한 분할신설법인 주식등의 압축기장충당금은 **주식승계법인(합병법인)**이 승계한 분할신설법인 주식등의 압축기장충당금으로 대체되는 것이다.

| 적격물적분할 후 적격구조조정에 따른 자산 또는 주식의 처분 사례 |

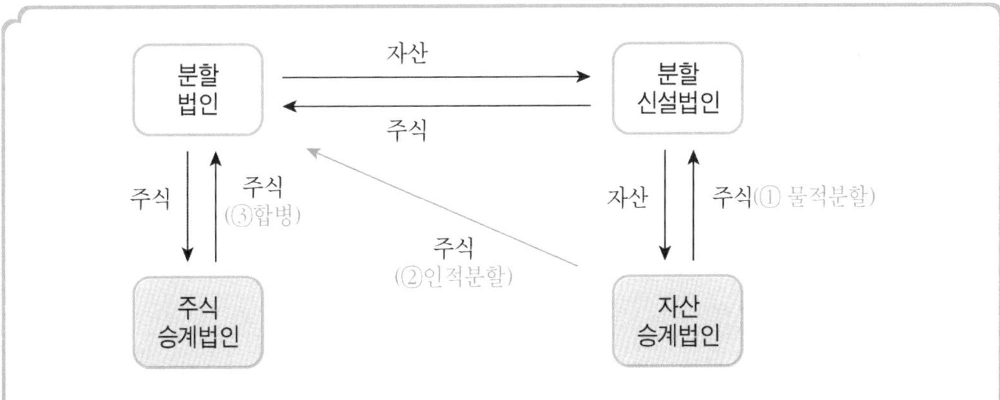

① 분할신설법인의 분할
   ⓐ 물적분할: 분할신설법인이 물적분할하는 경우 분할신설법인의 자산을 자산승계법인이 승계받고 자산승계법인의 주식을 분할신설법인이 받는다.
   ⓑ 인적분할: 분할신설법인이 인적분할하는 경우 분할신설법인의 자산을 자산승계법인이 승계받고 자산승계법인의 주식을 분할법인이 받는다.

② 분할법인의 합병

분할법인이 주식승계법인과 피합병법인으로 합병함에 따라 분할법인이 소유하고 있던 분할신설법인의 주식을 주식승계법인에게 승계하고 분할법인은 주식승계법인의 주식을 받는다.

2) 대체 설정된 압축기장충당금 등의 사후관리에 따른 익금산입

압축기장충당금을 대체 설정한 분할법인, 분할신설법인 또는 주식승계법인은 다음의 어느 하나에 해당하는 사유가 발생하는 경우에는 그 사유가 발생한 날이 속하는 사업연도의 소득금액을 계산할 때 아래 박스에 따른 계산방식을 준용하여 계산한 금액만큼을 익금에 산입한다(법령 §84 ⑦).

다만, 부득이한 사유 중 「최초의 적격구조조정」을 제외한 다른 적격구조조정의 사유, 즉 「지분 100% 보유한 적격구조조정」 또는 「일정사업부문 적격구조조정」으로 승계주식 또는 승계자산을 처분하는 경우에는 익금산입하지 아니한다(법령 §84 ⑦ 본문 단서).

최초의 적격구조조정은 말 그대로 최초의 적격구조조정에 대해서만 적용되기 때문이다.

1. 분할법인 또는 분할신설법인이 적격구조조정에 따라 새로 취득한 자산승계법인주식등을 처분하거나 주식승계법인이 적격구조조정에 따라 승계한 분할신설법인주식등을 처분하는 경우
2. 자산승계법인이 적격구조조정으로 분할신설법인으로부터 승계자산을 처분하거나 분할신설법인이 승계자산을 처분하는 경우. 이 경우 분할신설법인 및 자산승계법인은 그 자산의 처분 사실을 처분일부터 1개월 이내에 분할법인, 분할신설법인, 주식승계법인 또는 자산승계법인에 알려야 한다.

(직전사업연도 종료일 현재 분할신설법인 주식등의) 압축기장충당금 잔액 × [(처분한 분할신설법인의 주식비율 + 처분한 승계자산의 양도차익비율) − (처분한 분할신설법인의 주식비율×처분한 승계자산의 양도차익비율)]

다만, 자산승계법인이 분할법인인 경우에는 분할신설법인주식 등의 압축기장충당금 잔액(분할법인이 승계하는 자산 중 최초 물적분할 당시 양도차익이 발생한 자산의 양도차익에 비례하여 안분계산한 후 그 금액을 해당 자산이 감가상각자산인 경우 그 자산의 일시상각충당금으로, 해당 자산이 감가상각자산이 아닌 경우 그 자산의 압축기장충당금으로 한 경우)을 다음과 같이 익금산입한다.

1. 일시상각충당금은 해당 사업용자산의 감가상각비(취득가액 중 해당 일시상각충당금에 상당하는 부분에 대한 것에 한한다)와 상계할 것. 다만, 해당 자산을 처분하는 경우에는 상계하고 남은 잔액을 그 처분한 날이 속하는 사업연도에 전액 익금에 산입한다.
2. 압축기장충당금은 당해 사업용 자산을 처분하는 사업연도에 이를 전액 익금에 산입할 것

3) 대체 설정한 압축기장충당금 잔액의 전액 익금산입

압축기장충당금을 대체 설정한 분할법인, 분할신설법인 또는 주식승계법인은 2년 이내에 다음의 어느 하나에 해당하는 사유가 발생하는 경우에는 압축기장충당금 잔액 전부를 그 사유가 발생한 날이 속하는 사업연도의 소득금액을 계산할 때 익금에 산입한다(법령 §84 ⑨).

1. 사업의 폐지

자산승계법인이 분할신설법인으로부터 적격구조조정으로 승계받은 사업을 폐지하거나 분할신설법인이 분할법인으로부터 승계받은 사업을 폐지하는 경우

분할신설법인 및 자산승계법인이 승계한 사업의 계속 또는 폐지의 판정과 적용에 관하여는 제80조의 2 제7항 및 제80조의 4 제8항을 준용한다(법령 §84 ⑰).

(법령 제80조의 4 제8항)
합병법인이 제3항에 따른 기간 중 피합병법인으로부터 승계한 자산가액의 2분의 1 이상을 처분하거나 사업에 사용하지 아니하는 경우에는 피합병법인으로부터 승계받은 사업을 폐지한 것으로 본다. 다만, 피합병법인이 보유하던 합병법인의 주식을 승계받아 자기주식을 소각하는 경우에는 해당 합병법인의 주식을 제외하고 피합병법인으로부터 승계받은 자산을 기준으로 사업을 계속하는지 여부를 판정하되, 승계받은 자산이 합병법인의 주식만 있는 경우에는 사업을 계속하는 것으로 본다.

2. 지분의 연속성 불이행

① 분할법인 또는 분할신설법인이 보유한 자산승계법인주식 등이 자산승계법인의 발행주식총수 또는 출자총액에서 차지하는 비율("자산승계법인지분비율")이 자산승계법인주식 등 취득일의 자산승계법인지분비율의 100분의 50 미만이 되는 경우

② 주식승계법인이 보유한 분할신설법인주식 등이 분할신설법인의 발행주식총수 또는 출자총액에서 차지하는 비율("분할신설법인지분비율")이 분할신설법인주식 등 취득일의 분할신설법인지분비율의 100분의 50 미만이 되는 경우

유상증자함에 따라 자산승계법인 주식 취득일의 자산승계법인 지분비율이 50% 미만이 되는 경우

적격물적분할 이후 분할신설법인이 적격합병으로 인해 소멸된 후, 분할신설법인을 적격합병한 합병법인이 제3자 배정방식의 유상증자를 실시하여 분할법인의 자산승계법인 지분비율이 50% 미만으로 감소되었을 경우 압축기장충당금 잔액 전액을 익금에 산입한다(사전법규법인 2023-660, 2023. 10. 31.).

(5) 압축기장충당금의 재대체 설정

분할법인, 분할신설법인 또는 주식승계법인이 대체설정한 압축기장충당금 등의 사후관리사유 위반에 따른 익금산입에서 적격구조 조정의 부득이한 사유 중 「최초의 적격구조조정」을 제외한 다른 적격구조조정의 사유, 즉 「지분 100% 보유한 적격구조조정」 또는 「일정사업부문 적격구조조정」으로 승계주식 또는 승계자산을 처분하는 경우에는 익금산입하지 아니한다.

이 경우 해당 법인이 보유한 분할신설법인주식 등 또는 자산승계법인주식등의 압축기장충당금의 대체 방법에 관하여는 앞의 압축기장충당금의 대체설정방법을 준용하여 재대체 설정한다(법령 §84 ⑧).

1) 재대체 설정된 압축기장충당금의 익금산입

압축기장충당금을 재대체 설정한 분할법인, 분할신설법인 또는 주식승계법인은 다음의 어느 하나에 해당하는 사유가 발생하는 경우에는 그 사유가 발생한 날이 속하는 사업연도의 소득금액을 계산할 때 아래 박스의 내용을 준용하여 계산한 금액만큼을 익금에 산입한다. 다만, 적격구조조정의 부득이한 사유 중 「최초의 적격구조조정」을 제외한 다른 적격구조조정의 사유, 즉 「지분 100% 보유한 적격구조조정」 또는 「일정사업부문 적격구조조정」으로 승계주식 또는 승계자산을 처분하는 경우에는 익금산입하지 아니한다(법령 §84 ⑩).

1. 분할법인 또는 분할신설법인이 적격구조조정에 따라 새로 취득한 자산승계법인주식등을 처분하거나 주식승계법인이 적격구조조정에 따라 승계한 분할신설법인주식등을 처분하는 경우
2. 자산승계법인이 적격구조조정으로 분할신설법인으로부터 승계한 승계자산*을 처분하거나 분할신설법인이 승계자산을 처분하는 경우. 이 경우 분할신설법인 및 자산승계법

인은 그 자산의 처분 사실을 처분일부터 1개월 이내에 분할법인, 분할신설법인, 주식승계법인 또는 자산승계법인에 알려야 한다.

| 승계자산 |

승계자산		
1. 감가상각자산 (사업에 사용하지 않는 것도 포함한다. 단, 유휴설비는 제외)	2. 토지	3. 주식등

다만, 자산승계법인이 분할법인인 경우에는 분할신설법인주식 등의 압축기장충당금 잔액(**분할법인이 승계하는 자산 중 최초 물적분할 당시 양도차익이 발생한 자산의 양도차익에 비례하여 안분계산한 후 그 금액을 해당 자산이 감가상각자산인 경우 그 자산의 일시상각충당금으로, 해당 자산이 감가상각자산이 아닌 경우 그 자산의 압축기장충당금으로 한 경우**)을 다음과 같이 익금산입한다.

1. 일시상각충당금은 해당 사업용자산의 감가상각비(취득가액 중 해당 일시상각충당금에 상당하는 부분에 대한 것에 한한다)와 상계할 것. 다만, 해당 자산을 처분하는 경우에는 상계하고 남은 잔액을 그 처분한 날이 속하는 사업연도에 전액 익금에 산입한다.
2. 압축기장충당금은 당해 사업용 자산을 처분하는 사업연도에 이를 전액 익금에 산입할 것

| 자산승계법인이 분할법인인 경우의 압축기장충당금 대체설정 |

안분과 배분의 절차
① 안분계산
분할신설법인주식등의 압축기장충당금 잔액 × (처분한 승계자산 양도차익비율)
② 배분계산
일시상각충당금액 = ① × (감가상각자산액 / 총자산액)
압축기장충당금액 = ① × (비감가상각잔액 / 총자산액)

2) 재대체 설정된 압축기장충당금의 전액 익금산입

압축기장충당금을 재대체 설정한 분할법인, 분할신설법인 또는 주식승계법인은 분할등기일이 속하는 사업연도의 다음 사업연도 개시일부터 **2년 내**에 다음의 어느 하나에 해당하는 사유가 발생하는 경우에는 압축기장충당금 잔액 전부를 그 사유가 발생한 날이 속하는 사업연도의 소득금액을 계산할 때 익금에 산입한다(법령 §84 ⑪).

1. 사업의 폐지

자산승계법인이 분할신설법인으로부터 적격구조조정으로 승계받은 사업을 폐지하거나 분할신설법인이 분할법인으로부터 승계받은 사업을 폐지하는 경우

2. 지분의 연속성 불이행

① 분할법인 또는 분할신설법인이 보유한 자산승계법인주식 등이 자산승계법인의 발행주식총수 또는 출자총액에서 차지하는 비율("자산승계법인지분비율")이 자산승계법인주식 등 취득일의 자산승계법인지분비율의 100분의 50 미만이 되는 경우

② 주식승계법인이 보유한 분할신설법인주식등이 분할신설법인의 발행주식총수 또는 출자총액에서 차지하는 비율("분할신설법인지분비율")이 분할신설법인주식 등 취득일의 분할신설법인지분비율의 100분의 50 미만이 되는 경우

2. 적격요건위반의 경우

적격물적분할로 인한 과세특례 적용에 따라 양도차익 상당액을 손금에 산입한 분할법인은 다음의 어느 하나에 해당하는 사유가 발생하는 경우에는 **과세특례 적용에 따라 손금에 산입한 금액 중** 「분할교부주식 또는 승계자산을 처분하는 경우」로 인해 **익금에 산입하고 남은 금액**을 그 사유가 발생한 날이 속하는 사업연도의 소득금액을 계산할 때 익금에 산입한다(법법 §47 ③).

적격요건위반		
① 사업의 폐지	② 지분의 연속성 불이행	③ 고용유지 불이행

1) 사업의 폐지

분할등기일이 속하는 사업연도의 다음 사업연도 개시일부터 2년 이내에 분할신설법인이 분할법인으로부터 승계받은 사업을 폐지하는 경우 압축기장충당금 등의 잔액을 익금에 산입한다. 다만, 다음의 부득이한 사유가 있는 경우에는 익금에 산입하지 아니한다(법법 §47 ③ 및 법령 §84 ⑫).

가. 분할신설법인이 파산함에 따라 승계받은 자산을 처분한 경우

나. 분할신설법인이 적격합병, 적격분할, 적격물적분할 또는 적격현물출자에 따라 사업을 폐지한 경우

다. 분할신설법인이 「조세특례제한법 시행령」 제34조 제6항 제1호에 따른 기업개선계획의 이행을 위한 약정 또는 같은 항 제2호에 따른 기업개선계획의 이행을 위한 특별약

정에 따라 승계받은 자산을 처분한 경우

라. 분할신설법인이 「채무자 회생 및 파산에 관한 법률」에 따른 회생절차에 따라 법원의 허가를 받아 승계받은 자산을 처분한 경우

이 경우에도 법령 제84조 제17항에 따라 분할신설법인 및 자산승계법인이 승계한 사업의 계속 또는 폐지의 판정과 적용에 관하여는 제80조의 2 제7항 및 제80조의 4 제8항을 준용한다.

2) 지분의 연속성 불이행

분할등기일이 속하는 사업연도의 다음 사업연도 개시일부터 2년 이내에 분할법인이 분할신설법인의 발행주식총수 또는 출자총액의 100분의 50 미만으로 주식등을 보유하게 되는 경우 압축기장충당금 등의 잔액을 익금에 산입한다. 다만, 다음의 부득이한 사유가 있는 경우에는 익금에 산입하지 아니한다.

가. 해당 주주등이 분할로 교부받은 전체 주식등의 **2분의 1 미만을 처분**한 경우. 이 경우 해당 주주등이 분할로 교부받은 주식등을 서로 간에 처분하는 것은 해당 주주등이 그 주식등을 처분한 것으로 보지 않고, 해당 주주등이 분할신설법인 주식등을 처분하는 경우에는 분할신설법인이 선택한 주식등을 처분하는 것으로 본다.

나. 해당 주주등이 사망하거나 파산하여 주식등을 처분한 경우

다. 해당 주주등이 적격합병, 적격분할, 적격물적분할 또는 적격현물출자에 따라 주식등을 처분한 경우

라. 해당 주주등이 「조세특례제한법」 제38조・제38조의 2 또는 제121조의 30에 따라 주식등을 현물출자 또는 교환・이전하고 과세를 이연받으면서 주식등을 처분한 경우

마. 해당 주주등이 「채무자 회생 및 파산에 관한 법률」에 따른 회생절차에 따라 법원의 허가를 받아 주식등을 처분하는 경우

바. 해당 주주등이 「조세특례제한법 시행령」 제34조 제6항 제1호에 따른 기업개선계획의 이행을 위한 약정 또는 같은 항 제2호에 따른 기업개선계획의 이행을 위한 특별약정에 따라 주식등을 처분하는 경우

사. 해당 주주등이 법령상 의무를 이행하기 위하여 주식등을 처분하는 경우

3) 고용유지 불이행

분할등기일이 속하는 사업연도의 다음 사업연도 개시일부터 3년 이내에 각 사업연도 종료일 현재 분할신설법인에 종사하는 대통령령으로 정하는 근로자(이하 이 호에서 “근로

자"라 한다) 수가 분할등기일 1개월 전 당시 분할하는 사업부문에 종사하는 근로자 수의 100분의 80 미만으로 하락하는 경우 압축기장충당금 등의 잔액을 익금에 산입한다. 다만, 다음의 부득이한 사유가 있는 경우에는 익금에 산입하지 아니한다.

분할신설법인이 다음 중 어느 하나에 해당하는 경우

가. 합병법인이 「채무자 회생 및 파산에 관한 법률」 제193조에 따른 회생계획을 이행 중인 경우

나. 합병법인이 파산함에 따라 근로자의 비율을 유지하지 못한 경우

다. 합병법인이 적격합병, 적격분할, 적격물적분할 또는 적격현물출자에 따라 근로자의 비율을 유지하지 못한 경우

분할 후 유상증자를 통해 분할법인 지분비율이 50% 미만이 되면 지분의 연속성 충족 못함

물적분할에 의해 설립된 분할신설법인이 분할 후 분할법인 외의 제3자를 대상으로 유상증자함에 따라 분할법인이 보유한 분할신설법인의 주식의 지분비율이 100분의 50 미만이 되는 경우 당초 손금산입한 압축기장충당금의 익금산입 사유에 해당하는 것임(서면-2017-법인-1769 [법인세과-3309], 2017. 11. 30.).

Ⅳ 분할과 부가가치세

1. 폐업일

분할로 인하여 사업을 폐업하는 경우의 폐업일은 분할법인의 분할변경등기일(분할법인이 소멸하는 경우에는 분할신설법인의 설립등기일)이다(부령 §7 ① 2호).

2. 사업의 포괄적 양도

재화의 공급으로 보지 아니하는 사업양도란 사업장별로 사업용 자산을 비롯한 물적·인적시설 및 권리와 의무를 포괄적으로 승계시키는 것을 말한다(미수금, 미지급금, 사업과 관련 없는 토지·건물 등 제외).

다만, 「상법」에 따라 분할하거나 분할합병하는 경우에는 같은 사업장 안에서 사업부문별로 구분하는 경우에도 사업의 포괄적 양도로 본다. 이는 원칙 재화의 공급으로 보지 아니하는 사업양도는 사업장별로 포괄적 승계여부를 판단하나, 「상법」에 따라 분할하거나 분할합

병하는 경우에는 예외적으로 사업부문별로도 가능하다는 것이다.

구 분	일반적 사업의 포괄적 양도	「상법」에 따른 분할 또는 분할합병
포괄적 양도 구분 범위	사업장별로 판단	동일 사업장 내에서의 사업부문별로 도 가능함

한편, 사업장별로 그 사업에 관한 모든 권리와 의무를 포괄적으로 승계시키는 것에는 적격분할 또는 적격물적분할의 요건을 갖춘 분할의 경우도 포함한다(부령 §23, 집행기준 10-23-1). 따라서, 법인세법상의 적격분할 또는 적격물적분할의 요건을 충족하는 경우에는 그 사업에 관한 모든 권리와 의무를 포괄적으로 승계했는지 따지지 않고 부가가치세법시행령 제23조[재화의 공급으로 보지 아니하는 사업 양도]에 해당하게 되는 것이다(부령 §23).

구 분	원칙적인 사업의 포괄적 양도	예외적인 사업의 포괄적 양도
포괄적 양도의 조건	사업에 관한 모든 권리와 의무를 포괄적으로 승계시킬 것	적격분할 또는 적격물적분할의 요건을 충족

상법상 분할에 해당하는 경우에만 사업장별이 아닌 사업부문별로 구분하는 경우에도 사업의 포괄적 양도로 볼 수 있음

사업자 단위 과세 사업자로 등록을 하고 두 개 이상의 사업장에서 여러 종류의 사업을 영위하는 사업자가 각 사업장의 3개의 사업부문 중 하나의 사업부문과 관련된 권리와 의무를 포괄적으로 양도하는 경우로서 「상법」에 따라 분할 또는 분할합병하는 경우에 해당하지 아니하는 경우에는 「부가가치세법」 제10조 제9항 제2호 및 같은 법 시행령 제23조에 따른 사업의 양도에 해당하지 아니하는 것임(사전법령해석부가 2020-614, 2020. 8. 9.).

부가가치세법상 포괄적 사업의 양도 여부

사업의 포괄적 승계에는 법인세법에서 정한 요건을 갖춘 분할의 경우와 양수자가 승계받는 사업 외에 새로운 사업의 종류를 추가하거나 사업의 종류를 변경한 경우를 포함하는 것임(서면3팀-1696, 2006. 8. 4.).

비적격물적분할이더라도 사업에 대한 모든 권리와 의무가 사업장별로 포괄적으로 이전된 경우에는 포괄적 사업의 양도에 해당함

수 개의 사업장에서 A와 B 사업부문을 운영하던 사업자(갑)가 B사업부문을 물적분할하여 분할신설법인 "을"을 설립한 이후 "갑"과 "을" 법인의 주식매수자 간에 B사업부문 사업장의 환경개선비용을 "갑"법인이 부담하기로 약정한 경우, B사업부문의 사업에 대한 모든 권리와 의무가 사업장별로 포괄적으로 승계시켜 "을" 법인이 해당 사업을 영위한다면 "갑" 법인의 B사업부문의 양도는 「부가가치세법」 제10조 제8항 제2호에 따른 사업양도에 해당하는 것임(부가-1005, 2014. 12. 24.).

부가가치세법에 따른 사업의 양도 해당 여부

「상법」에 따른 물적분할을 통해 분할신설법인에게 사업장에 관한 모든 물적·인적시설과 권리·의무를 포괄적으로 승계시키면서 해당 사업과 직접 관련이 없는 일부 자산 및 부채(현금, 매도가능금융자산, 시설사용권, 장기예수보증금)를 승계대상에서 제외하는 경우에는 「부가가치세법」 제10조 제8항 제2호에 따른 사업의 양도에 해당함(사전법령해석부가 2017-166, 2017. 3. 21.).

물적분할을 통한 자산과 부채를 포괄양도 시 부가가치세법상의 포괄양도 해당 여부

물적분할하면서 분할신설법인에게 분할신설사업부문에 관한 모든 물적·인적시설과 권리·의무를 포괄적으로 승계시키면서 해당 사업과 직접 관련이 없는 임차보증금 등 일부 자산을 승계대상에서 제외하는 경우에는 「부가가치세법」 제10조 제8항 제2호에 따른 사업의 양도에 해당하는 것임(법규부가 2014-191, 2014. 6. 30.).

3. 분할등기 전 실제 분할한 경우의 세금계산서 발급과 부가가치세 신고

건설업을 영위하던 법인사업자가 상법 제3편 제4장 제11절의 규정에 의하여 회사를 분할하여 법인을 설립함에 있어서 신설법인의 분할등기 전에 실제 분할한 경우 실제 분할일부터 분할등기일까지 분할법인의 사업장에서 거래된 재화 또는 용역의 공급 및 매입분에 대하여는 분할법인 명의로 세금계산서를 교부하거나 교부받고 부가가치세를 신고·납부하여야 하는 것이며, 분할등기일 이후에 거래된 재화 또는 용역의 공급 및 매입분에 대하여는 신설법인의 명의로 세금계산서를 교부하거나 교부받고 부가가치세를 신고·납부해야 한다(부가 46015-329, 2000. 2. 7.).

분할등기일 전 실제 분할하는 경우의 세금계산서 발급 등

법인사업자가 상법 규정에 의하여 회사를 분할하여 법인을 설립함에 있어서 신설법인의 분할등기 전에 실제 분할한 경우 실제 분할일부터 분할등기를 한 날까지 분할법인의 사업장에서 거래된 재화 또는 용역의 공급 및 매입분에 대하여는 분할법인의 명의로 세금계산서를 교부하거나 교부받고 부가가치세를 신고·납부하여야 하는 것임(서면3팀-2530, 2006. 10. 25.).

Ⅴ 분할과 지방세

1. 취득세

분할과 관련된 취득세의 과세표준과 세율 등은 다음과 같다.

(1) 과세표준

법인의 합병 · 분할 및 조직변경을 원인으로 취득하는 경우의 과세표준에 해당하는 취득 당시가액은 시가인정액으로 한다. 다만 시가인정액을 산정하기 어려운 경우에는 시가표준액으로 한다(지법 §10의 5 ③ 2호 및 지령 §18의 4 ① 2호).

♣ 지방세법상 시가인정액

시가인정액이란 불특정 다수인 사이에 자유롭게 거래가 이루어지는 경우 통상적으로 성립된다고 인정되는 가액(매매사례가액, 감정가액, 공매가액 등 대통령령으로 정하는 바에 따라 시가로 인정되는 가액을 말한다(지법 §10의 2 ①).

(지령 §14 ①)
"매매사례가액, 감정가액, 공매가액 등 대통령령으로 정하는 바에 따라 시가로 인정되는 가액"(이하 "시가인정액"이라 한다)이란 **취득일 전 6개월부터 취득일 후 3개월 이내의 기간**(이하 "평가기간"이라 한다)에 취득 대상이 된 법 제7조 제1항에 따른 부동산 등에 대하여 매매, 감정, 경매(「민사집행법」에 따른 경매를 말한다.) 또는 공매(이하에서 "매매등"이라 한다)한 사실이 있는 경우의 가액으로서 다음의 구분에 따라 해당 호에서 정하는 가액을 말한다.

1. 취득한 부동산등의 매매사실이 있는 경우: 그 거래가액. 다만, 「소득세법」 제101조 제1항 또는 「법인세법」에 따른 특수관계인(이하 "특수관계인"이라 한다)과의 거래 등으로 그 거래가액이 객관적으로 부당하다고 인정되는 경우는 제외한다.
2. 취득한 부동산등에 대하여 둘 이상의 감정기관이 평가한 감정가액이 있는 경우: 그 감정가액의 평균액. 다만, 다음의 가액은 제외하며, 해당 감정가액이 법 제4조에 따른 시가표준액에 미달하는 경우나 시가표준액 이상인 경우에도 「지방세기본법」 제147조 제1항에 따른 지방세심의위원회(이하 "지방세심의위원회"라 한다)의 심의를 거쳐 감정평가 목적 등을 고려하여 해당 감정가액이 부적정하다고 인정되는 경우에는 지방자치단체의 장이 다른 감정기관에 의뢰하여 감정한 가액으로 하며, 그 가액이 납세자가 제시한 감정가액보다 낮은 경우에는 납세자가 제시한 감정가액으로 한다.
   가. 일정한 조건이 충족될 것을 전제로 해당 부동산등을 평가하는 등 취득세의 납부 목적에 적합하지 않은 감정가액

나. 취득일 현재 해당 부동산등의 원형대로 감정하지 않은 경우 그 감정가액
3. 취득한 부동산등의 경매 또는 공매 사실이 있는 경우: 그 경매가액 또는 공매가액

감정가액을 과세표준으로 신고하려는 경우에는 둘 이상의 감정기관에 감정을 의뢰하고 그 결과를 첨부하여야 한다. 그러나, 시가표준액이 **10억원 이하**인 부동산 등이거나 법인 합병·분할 및 조직 변경을 원인으로 취득하는 부동산등은 하나의 감정기관으로 한다(지법 §10의 2 ③ 및 지령 §14의 3 ①).

(2) 부동산 취득세율

분할에 따라 부동산을 취득하는 경우에는 다음의 세율을 적용한다(지법 §11 ⑤).

가. 농지: 1천분의 30
나. 농지 외의 것: 1천분의 40

따라서, 적격합병인 경우에 적용받는 특례세율과 달리, 분할의 경우 적격분할이라고 하여 달리 적용받는 특례세율은 없다.

(3) 대도시 부동산 취득의 중과세 범위와 적용기준

대도시에서 법인을 설립[대통령령으로 정하는 휴면법인을 인수하는 경우를 포함한다]하거나 지점 또는 분사무소를 설치하는 경우 및 법인의 본점·주사무소·지점 또는 분사무소를 대도시 밖에서 대도시로 전입(「수도권정비계획법」 제2조에 따른 수도권의 경우에는 서울특별시 외의 지역에서 서울특별시로의 전입도 대도시로의 전입으로 본다)함에 따라 대도시의 부동산을 취득(그 설립·설치·전입 이후의 부동산 취득을 포함한다)하는 경우에는 중과세한다(지법 §13 ② 1호).

단, 이를 적용할 때 법 제13조 제2항 제1호를 적용할 때 분할등기일 현재 5년 이상 계속하여 사업을 한 대도시의 내국법인이 법인의 적격분할로 법인을 설립하는 경우에는 중과세 대상으로 보지 아니한다(지령 §27 ④).

(4) 기업 분할에 대한 취득세 감면

「법인세법」 제46조 제2항 각 호(물적분할의 경우에는 같은 법 제47조 제1항을 말한다)

의 요건(적격분할의 요건)을 갖춘 분할(부동산임대업을 주업으로 하는 사업부문 등의 경우는 제외한다)로 인하여 취득하는 재산의 경우 취득세의 100분의 75를 경감한다(지특법 §57의 2 ②). 따라서 법인세법상의 적격분할의 요건을 충족할 경우 취득세 감면을 적용받을 수 있으나, 부동산임대업을 주업으로 하는 사업이나 토지·건축물·부동산을 취득할 수 있는 권리 등이 80% 이상인 사업부문(부동산과다보유법인)을 분할하는 경우에는 감면 적용 제외한다.

다만, 분할등기일부터 3년 이내에 사후관리사유를 위반하는 경우(같은 항 각 호 외의 부분 단서에 해당하는 경우는 제외한다)에는 경감받은 취득세를 추징한다(지특법 §57의 2 ③ 2호).

또한 상기의 감면 적용시 농어촌특별세를 비과세한다(농특령 §4 ⑦ 5호).

취득세 감면대상 자산

「조세특례제한법」 제119조 제1항 제10호 등에서 취득세 등 면제대상 재산을 '유형고정재산'으로 한정하지 않았으므로 요건을 충족하는 경우 모든 "취득·등록세 과세대상 재산"이 면제대상이다(지방세운영-5503, 2009. 12. 29.).

물적분할을 원인으로 취득한 부동산에 대해 유상취득세율을 적용해야 하며 과세표준은 취득가액임

청구법인은 쟁점부동산의 취득은 유상취득이 아닌 무상취득에 해당하므로 취득세 과세표준은 시가표준액으로 계산하여야 하고 쟁점 부동산에 적용되는 취득세율은 「지방세법」 제11조 제1항 제2호에 따라 1천분의 35에 해당한다는 취지로 아래 〈표2〉와 같이 경정청구를 제기하였으나, 물적분할은 분할로 인하여 새로운 법인이 설립되면서 분할신설법인이 분할법인으로부터 분리독립이 가능한 사업부분을 승계받고 이에 대한 신주를 분할법인에게 교부하는 방식으로 이루어지는 바 상호교환·대가적 관계에 있으므로 이는 유상취득에 해당하고 사실상의 취득가액을 취득세 과세표준으로 적용하는 것은 타당하다(조심 2023지4281, 2024. 8. 20.).

(5) 분할에 따른 취득세의 면제

「수산업협동조합법」에 따라 설립된 수산업협동조합중앙회(이하 이 항에서 "중앙회"라 한다)가 대통령령으로 정하는 바에 따라 분할한 경우에는 다음 각 호에서 정하는 바에 따라 지방세를 면제한다.

1. 대통령령으로 정하는 바에 따른 분할로 신설된 자회사(이하 이 항에서 "수협은행"이라 한다)가 그 분리로 인하여 취득하는 재산에 대해서는 취득세를 2016년 12월 31일까지 면제한다.

2. 수협은행의 법인설립등기에 대해서는 등록면허세를 2016년 12월 31일까지 면제한다. 또한 상기의 감면 적용시 농어촌특별세를 비과세한다(농특령 §4 ⑦ 5호).

2. 등록에 대한 등록면허세

(1) 세율

법인 등기 시 등록면허세는 과세표준에 다음과 같은 세율을 적용하여 계산한 금액을 그 세액으로 한다(지법 §28 ① 6호 가목).

> 납입한 주식금액이나 출자금액 또는 현금 외의 출자가액 × 1천분의 4
> (세액이 11만2천5백원 미만인 때에는 11만2천5백원으로 한다)

(2) 중과세율

다음의 어느 하나에 해당하는 등기를 할 때에는 그 세율을 해당 세율의 3배로 한다. 다만, 대도시에 설치가 불가피하다고 인정되는 업종으로서 대통령령으로 정하는 업종에 대해서는 그러하지 아니하다(지법 §28 ②).

1. 대도시에서 법인을 설립(설립 후 또는 휴면법인을 인수한 후 5년 이내에 자본 또는 출자액을 증가하는 경우를 포함한다)하거나 지점이나 분사무소를 설치함에 따른 등기
2. 대도시 밖에 있는 법인의 본점이나 주사무소를 대도시로 전입(전입 후 5년 이내에 자본 또는 출자액이 증가하는 경우를 포함한다)함에 따른 등기. 이 경우 전입은 법인의 설립으로 보아 세율을 적용한다.

단, 이를 적용할 때 분할등기일 현재 5년 이상 계속하여 사업을 경영한 대도시 내의 내국법인이 법인의 적격분할로 인하여 법인을 설립하는 경우에는 중과세 대상으로 보지 않는다(지령 §45 ② 1호).

제6편 현물출자 시 과세특례

합병·분할과 비교하여 현물출자에 따른 과세특례가 중요한 것은 출자법인이 주식을 현물출자하는 경우 합병이나 분할 보다 훨씬 덜 까다로운 조건으로 합병 등과 유사한 지배구조를 만들 수 있다는 것이다.

1. 과세특례적용에 따른 손금산입

(1) 손금산입과 압축기장충당금의 계상

1) 과세특례 적용요건

출자법인(내국법인에 한한다)이 다음의 요건을 갖춘 현물출자를 하는 경우 그 현물출자로 취득한 현물출자를 받은 피출자법인(내국법인에 한한다)의 주식가액 중 현물출자로 발생한 자산의 양도차익에 상당하는 금액은 현물출자일이 속하는 사업연도의 소득금액을 계산할 때 손금에 산입할 수 있다. 다만, 부득이한 사유가 있는 경우에는 아래의 "사업의 계속성" 또는 "지분의 연속성"의 요건을 갖추지 못한 경우에도 자산의 양도차익에 상당하는 금액을 손금에 산입할 수 있다(법법 §47의 2 ① 및 법령 §84의 2 ①).

1. 사업목적현물출자
2. 사업의 계속성
3. 특수관계인이 아닐 것
4. 지분의 연속성

가) 사업목적현물출자

출자법인이 현물출자일 현재 5년 이상 사업을 계속한 법인이어야 한다.

나) 사업의 계속성

피출자법인이 그 현물출자일이 속하는 사업연도의 종료일까지 출자법인이 현물출자한 자산으로 영위하던 사업을 계속해야 한다. 다만 피출자법인이 다음 중 어느 하나의 부득이한 사유에 해당하는 경우에는 사업을 계속하는 것으로 본다.

가. 합병법인이 파산함에 따라 승계받은 자산을 처분한 경우
나. 합병법인이 적격합병, 적격분할, 적격물적분할 또는 적격현물출자에 따라 사업을 폐지한 경우
다. 합병법인이 「조세특례제한법 시행령」 제34조 제6항 제1호에 따른 기업개선계획의 이행을 위한 약정 또는 같은 항 제2호에 따른 기업개선계획의 이행을 위한 특별약정에

따라 승계받은 자산을 처분한 경우

라. 합병법인이 「채무자 회생 및 파산에 관한 법률」에 따른 회생절차에 따라 법원의 허가를 받아 승계받은 자산을 처분한 경우

다) 특수관계인이 아닐 것

다른 내국인 또는 외국인과 공동으로 출자하는 경우 공동으로 출자한 자가 출자법인의 특수관계인이 아니어야 한다.

라) 지분의 연속성

출자법인 및 상기 「다) 특수관계인이 아닐 것」에 따라 출자법인과 공동으로 출자한 자가 현물출자일 다음 날 현재 피출자법인의 발행주식총수 또는 출자총액의 100분의 80 이상의 주식등을 보유하고, 현물출자일이 속하는 사업연도의 종료일까지 그 주식등을 보유할 것. 다만 피출자법인이 다음 중 어느 하나의 부득이한 사유에 해당하는 경우에는 지분을 계속 보유하는 것으로 본다.

가. 해당 주주등이 합병으로 교부받은 전체 주식등의 2분의 1 미만을 처분한 경우. 이 경우 해당 주주등이 합병으로 교부받은 주식등을 서로 간에 처분하는 것은 해당 주주등이 그 주식등을 처분한 것으로 보지 않고, 해당 주주등이 합병법인 주식등을 처분하는 경우에는 합병법인이 선택한 주식등을 처분하는 것으로 본다.

나. 해당 주주등이 사망하거나 파산하여 주식등을 처분한 경우

> 집행기준 47의 2-0-1 [내국법인의 현물출자시 과세이연 요건]
> ① 출자법인이 현물출자일 현재 5년 이상 사업을 계속한 법인일 것
> ② 피출자법인이 그 현물출자일이 속하는 사업연도의 종료일까지 출자법인이 현물출자한 자산으로 영위하던 사업을 계속할 것
> ③ 다른 내국인 또는 외국인과 공동으로 출자하는 경우 공동으로 출자한 자가 출자법인의 특수관계인이 아닐 것
> ④ 출자법인 등이 현물출자일 다음 날 현재 피출자법인의 발행주식총수 또는 출자총액의 80% 이상의 주식 등을 보유하고, 현물출자일이 속하는 사업연도의 종료일까지 그 주식 등을 보유할 것

2) 압축기장충당금의 계상 및 과세특례신청서등의 제출

출자법인이 손금에 산입하는 금액은 피출자법인주식등의 가액 중 현물출자로 인하여 발생한 자산의 양도차익에 상당하는 금액으로 하며, 손금에 산입하는 금액은 피출자법인

주식등의 압축기장충당금으로 계상하여야 한다(법령 §84의 2 ①, ②).

현물출자시 과세특례를 적용받으려는 출자법인 또는 주식승계법인은 과세표준등의 신고를 할 때 피출자법인 또는 자산승계법인과 함께 현물출자과세특례신청서 및 자산의 양도차익에 관한 명세서를 납세지 관할 세무서장에게 제출하여야 한다(법령 §84의 2 ⑰).

> 관련 집행기준 47의 2-0-2 [내국법인의 현물출자시 과세특례]
> 과세이연요건을 갖춘 내국법인이 현물출자를 하는 경우 그 현물출자로 취득한 주식가액 중 현물출자로 발생한 자산의 양도차익에 상당하는 금액은 출자법인이 손금에 산입한다. 이 경우 손금에 산입하는 금액은 해당 주식의 압축기장충당금으로 계상하여야 한다.

(2) 사후관리에 따른 익금산입

1) 사후관리 사유 등

출자법인이 현물출자시 과세특례에 따라 손금에 산입한 양도차익에 상당하는 금액은 다음의 어느 하나에 해당하는 사유가 발생하는 사업연도에 해당 주식등과 자산의 처분비율을 고려하여 계산한 금액만큼 익금에 산입한다. 다만, 피출자법인이 적격합병되거나 적격분할하는 등 부득이한 사유가 있는 경우에는 그러하지 아니하다(법법 §47의 2 ②).

① 주식의 처분: 출자법인이 피출자법인으로부터 받은 주식등을 처분하는 경우
② 자산의 처분: 피출자법인이 출자법인등으로부터 승계받은 승계자산을 처분하는 경우. 이 경우 피출자법인은 그 자산의 처분 사실을 처분일부터 1개월 이내에 출자법인에 알려야 한다.

> 승계자산(법령 §84의 2 ④)
> ① 감가상각자산(사업에 사용하지 아니하는 것을 포함한다. 단, 유휴설비를 제외한다)
> ② 토지
> ③ 주식등

2) 적격구조조정의 부득이한 사유

"피출자법인이 적격구조조정의 부득이한 사유"란 다음의 어느 하나에 해당하는 경우를 말한다(법령 §84의 2 ⑤).

1. 최초의 적격구조조정(최초 적격구조조정)

출자법인 또는 피출자법인이 최초로 적격구조조정에 따라 주식 등 및 자산을 처분하는 경우(법령 §84 ⑤)

2. **출자법인이 지분** 100% 소유한 채로 적격구조조정(100% 소유 적격구조조정)

피출자법인의 발행주식 또는 출자액 전부를 출자법인이 소유하고 있는 경우로서 다음의 어느 하나에 해당하는 경우

가. 출자법인이 피출자법인을 적격합병(적격분할합병을 포함한다. 이하에서 같다)하거나 피출자법인에 적격합병되어 출자법인 또는 피출자법인이 주식 등 및 자산을 처분하는 경우

나. 출자법인 또는 피출자법인이 적격합병, 적격분할, 적격물적분할 또는 적격현물출자로 주식 등 및 자산을 처분하는 경우. 다만, 해당 적격합병, 적격분할, 적격물적분할 또는 적격현물출자에 따른 합병법인, 분할신설법인 등 또는 피출자법인의 발행주식 또는 출자액 전부를 당초의 출자법인이 직접 또는 기획재정부령으로 정하는 바에 따라 간접으로 소유하고 있는 경우로 한정한다.

3. 출자법인 또는 피출자법인 사업부문의 적격구조조정(사업부문의 적격구조조정)

출자법인 또는 피출자법인이 제82조의 2 제3항 각 호의 어느 하나에 해당하는 사업부문의 적격분할 또는 적격물적분할로 주식 등 및 자산을 처분하는 경우

출자법인이 상기의 부득이한 사유에 따라 손금에 산입한 양도차익을 익금에 산입하지 않는 경우 해당 출자법인이 보유한 피출자법인주식등의 압축기장충당금은 주식승계법인 또는 자산승계법인의 압축기장충당금 또는 일시상각충당금으로 대체설정된다.

3) 사후관리 위반시 익금산입액

사후관리에 따라 익금산입되는 금액이란 아래의 1과 2를 더한 비율에서 1과 2를 곱한 비율을 뺀 비율을 직전 사업연도 종료일(현물출자일이 속하는 사업연도의 경우에는 현물출자일을 말한다. 이하에서 같다) 현재 피출자법인주식등의 압축기장충당금 잔액에 곱한 금액을 말한다(법령 §84의 2 ③).

(직전사업연도 종료일 현재 분할신설법인 주식등의) 압축기장충당금 잔액 × [(처분한 분할신설법인의 주식비율 + 처분한 승계자산의 양도차익비율) − (처분한 분할신설법인의 주식비율 × 처분한 승계자사의 양도차익비율)]

1. (처분한 피출자법인의 주식비율)

출자법인이 직전 사업연도 종료일 현재 보유하고 있는 적격현물출자에 따라 취득한 피출자법인의 주식등의 장부가액에서 해당 사업연도에 출자법인이 처분한 피출자법인의 주식등의 장부가액이 차지하는 비율

당기에 처분한 주식등의 장부가액 / 전기 말 취득한 피출자법인의 주식등의 장부가액

2. (처분한 승계자산의 양도차익 비율)

피출자법인이 직전 사업연도 종료일 현재 보유하고 있는 출자법인 등으로부터 승계받은 승계자산의 양도차익(현물출자일 현재 승계자산의 시가에서 현물출자일 전날 출자법인 등이 보유한 승계자산의 장부가액을 차감한 금액을 말한다)에서 해당 사업연도에 처분한 승계자산의 양도차익이 차지하는 비율

양도차익비율 = 당기에 처분한 승계자산의 양도차익 / 전기 말 승계자산의 양도차익

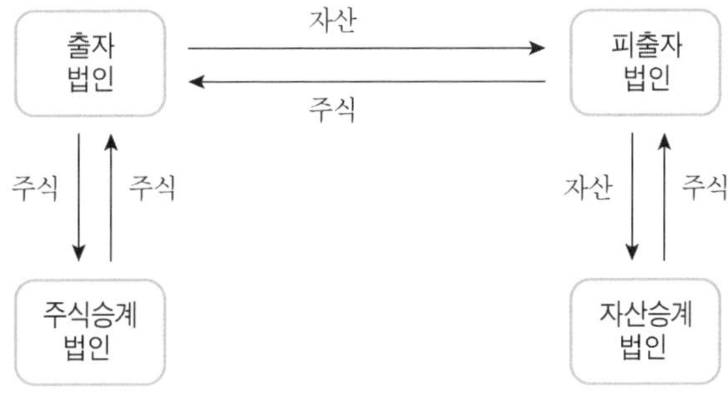

(3) 압축기장충당금 잔액 전부 익금산입

1) 사후관리 사유

양도차익 상당액을 특례적용에 따라 손금에 산입한 출자법인은 현물출자일이 속하는 사업연도의 다음 사업연도 개시일부터 2년 이내에 다음의 어느 하나에 해당하는 사유가 발생하는 경우에는 압축기장충당금으로 손금에 산입한 금액 중 사후관리 위반으로 익금에 산입하고 남은 금액을 그 사유가 발생한 날이 속하는 사업연도의 소득금액을 계산할 때 익금에 산입한다. 다만, 부득이한 사유가 있는 경우에는 그러하지 아니하다(법법 §47의 2 ③).

1. 사업의 폐지

피출자법인이 출자법인이 현물출자한 자산으로 영위하던 사업을 폐지하는 경우

2. 지분의 연속성 불이행

출자법인등이 피출자법인의 발행주식총수 또는 출자총액의 100분의 50 미만으로 주식등을 보유하게 되는 경우

2) 부득이한 사유

다만, 다음의 부득이한 사유가 있는 경우에는 익금에 산입하지 아니한다(법법 §47의 2 ③ 및 법령 §84의 2 ⑫).

1. 사업의 폐지 경우

가. 합병법인이 파산함에 따라 승계받은 자산을 처분한 경우

나. 합병법인이 적격합병, 적격분할, 적격물적분할 또는 적격현물출자에 따라 사업을 폐지한 경우

다. 합병법인이 「조세특례제한법 시행령」 제34조 제6항 제1호에 따른 기업개선계획의 이행을 위한 약정 또는 같은 항 제2호에 따른 기업개선계획의 이행을 위한 특별약정에 따라 승계받은 자산을 처분한 경우

라. 합병법인이 「채무자 회생 및 파산에 관한 법률」에 따른 회생절차에 따라 법원의 허가를 받아 승계받은 자산을 처분한 경우

2. 지분의 연속성 불이행 경우

가. 해당 주주등이 합병으로 교부받은 전체 주식등의 2분의 1 미만을 처분한 경우. 이 경우 해당 주주등이 합병으로 교부받은 주식등을 서로 간에 처분하는 것은 해당 주주등이 그 주식등을 처분한 것으로 보지 않고, 해당 주주등이 합병법인 주식등을 처분하는 경우에는 합병법인이 선택한 주식등을 처분하는 것으로 본다.

나. 해당 주주등이 사망하거나 파산하여 주식등을 처분한 경우

다. 해당 주주등이 적격합병, 적격분할, 적격물적분할 또는 적격현물출자에 따라 주식등을 처분한 경우

라. 해당 주주등이 「조세특례제한법」 제38조 · 제38조의 2 또는 제121조의 30에 따라 주식등을 현물출자 또는 교환 · 이전하고 과세를 이연받으면서 주식등을 처분한 경우

마. 해당 주주등이 「채무자 회생 및 파산에 관한 법률」에 따른 회생절차에 따라 법원의 허가를 받아 주식등을 처분하는 경우

바. 해당 주주등이 「조세특례제한법 시행령」 제34조 제6항 제1호에 따른 기업개선계획의 이행을 위한 약정 또는 같은 항 제2호에 따른 기업개선계획의 이행을 위한 특별약정에 따라 주식등을 처분하는 경우

사. 해당 주주등이 법령상 의무를 이행하기 위하여 주식등을 처분하는 경우

2. 적격구조조정의 부득이한 사유에 따른 압축기장충당금의 대체설정과 사후관리

(1) 압축기장충당금의 대체설정

출자법인 또는 피출자법인이 주식 또는 자산을 처분하여 사후관리를 위반했음에도 불구하고 적격구조조정의 부득이한 사유에 해당되어 익금산입되지 않는다면, 기존에 계상된 압축기장충당금으로서는 더 이상의 사후관리는 어려워진다. 따라서 새로운 주식 또는 새로운 자산에 대한 일시상각충당금 또는 압축기장충당금으로 대체해야 할 것이다. 이것이 압축기장충당금을 대체 설정할 수밖에 없는 이유다.

출자법인이 현물출자에 따른 과세특례를 적용받은 후 사후관리 위반했으나 적격구조조정의 부득이한 사유에 해당되어 익금산입 제외를 적용받는 경우 해당 출자법인이 보유한 피출자법인주식등의 압축기장충당금은 다음의 방법으로 대체한다(법령 §84의 2 ⑥).

1) 피출자법인이 자산승계법인에게 자산을 처분한 경우

피출자법인주식등의 압축기장충당금 잔액에 "처분한 승계자산의 양도차익 비율" [적격구조조정으로 피출자법인으로부터 피출자법인의 자산을 승계하는 법인에 처분한 승계자산에 해당하는 것을 말한다]을 곱한 금액을 출자법인 또는 피출자법인이 새로 취득하는 자산승계법인주식등의 압축기장충당금으로 한다.

즉, 기존 출자법인이 소유한 피출자법인의 주식에 대한 압축기장충당금에 처분한 승계자산의 양도차익 비율을 곱하여 계산된 해당액만큼을 익금산입(유보, 피출자법인주식)으로 세무조정하고, 출자법인 또는 피출자법인이 새로 취득하는 자산승계법인의 주식에 압축기장충당금 계상하여 손금산입(△유보, 승계법인의 주식)으로 세무조정한다.

출자법인 또는 피출자법인이 새로 취득하는 자산승계법인주식등의 압축기장충당금
= 피출자법인주식등의 압축기장충당금 잔액 × 처분한 승계자산의 양도차익 비율

1-1) 분할신설법인이 자산을 처분했으나 자산승계법인이 분할법인인 경우

다만, 상기 1)에서 자산승계법인이 출자법인인 경우에는 피출자법인주식등의 압축기장충당금 잔액을 출자법인이 승계하는 자산 중 최초 현물출자 당시 양도차익이 발생한 자산의 양도차익에 비례하여 안분계산한 후 그 금액을 해당 자산이 감가상각자산인 경우에는 그 자산의 일시상각충당금으로, 해당 자산이 감가상각자산이 아닌 경우에는 그 자산의 압축기장충당금으로 대체설정한다(법령 §84의 2 ⑥ 1호 단서).

즉, 기존 출자법인의 피출자법인의 주식에 대한 압축기장충당금에서 해당 비율을 곱하여 계산된 금액만큼을 익금산입(유보, 피출자법인주식)으로 세무조정하고, 해당 금액만큼 다음과 같이 배분하여 다시 출자법인이, 해당 자산이 감가상각자산인 경우에는 일시상각충당금으로, 비감가상각자산인 경우에는 압축기장충당금으로 계상하여 손금산입(△유보, 해당자산)으로 세무조정하고 해당 자산의 세무상 장부가액을 감액시키며 대체한다.

(자산승계법인이 출자법인인 경우)
① 안분계산
피출자법인주식의 압축기장충당금 잔액 × (처분한 승계자산 양도차익비율)
② 배분계산
일시상각충당금액 = ① × (감가상각자산액 / 총자산액)
압축기장충당금액 = ① × (비감가상각잔액 / 총자산액)

2) 분할법인이 주식승계법인에게 주식을 처분한 경우

피출자법인주식등의 압축기장충당금 잔액에 "처분한 피출자법인의 주식비율" [적격구조조정으로 출자법인으로부터 피출자법인주식 등을 승계하는 주식승계법인에 처분한 피출자법인주식 등에 해당하는 것을 말한다]을 곱한 금액을 주식승계법인이 승계한 피출자법인주식등의 압축기장충당금으로 대체설정한다(법령 §84의 2 ⑥ 2호).

즉, 기존 출자법인의 피출자법인의 주식에 대한 압축기장충당금에 해당 비율을 곱하여 계산된 금액만큼을 익금산입(유보, 피출자법인주식)으로 세무조정하고, 해당 금액만큼 주식승계법인이 압축기장충당금을 계상하여 손금산입(△유보, 피출자법인주식)한다.

(2) 대체 설정한 압축기장충당금 등의 사후관리에 따른 익금산입

1) 사후관리 위반으로 인한 익금산입

사후관리 위반에도 불구하고 부득이한 사유에 따라 익금산입하지 않고 압축기장충당금 등을 대체설정한 출자법인, 피출자법인 또는 주식승계법인은 다음의 어느 하나에 해당하는 사유가 발생하는 경우에는 그 사유가 발생한 날이 속하는 사업연도의 소득금액을 계산할 때 아래 box에 따른 계산방식을 준용하여 계산한 금액만큼을 익금산입한다. 다만, 적격구조조정의 부득이한 사유 중 「최초의 적격구조조정」 외의 다른 적격구조조정의 사유, 즉 「지분 100% 보유한 적격구조조정」 또는 「사업부문 적격구조조정」으로 승계주식 또는 승계자산을 처분하는 경우에는 익금산입하지 아니한다(법령 §84의 2 ⑦).

1. 출자법인 또는 피출자법인이 적격구조조정에 따라 새로 취득한 자산승계법인주식 등을 처분하거나 주식승계법인이 적격구조조정에 따라 승계한 피출자법인주식 등을 처분하는 경우
2. 자산승계법인이 적격구조조정으로 피출자법인으로부터 승계한 제4항에 해당하는 자산을 처분하거나 피출자법인이 승계자산을 처분하는 경우. 이 경우 피출자법인 및 자산승계법인은 그 자산의 처분 사실을 처분일부터 1개월 이내에 출자법인, 피출자법인, 주식승계법인 또는 자산승계법인에 알려야 한다.

(직전사업연도 종료일 현재 피출자법인주식등의) 압축기장충당금 잔액 × 〔(처분한 피출자법인의 주식비율 + 처분한 승계자산의 양도차익비율) − (처분한 피출자법인의 주식비율 × 처분한 승계자사의 양도차익비율)〕

다만, 자산승계법인이 출자법인인 경우로서 피출자법인주식등의 압축기장충당금 잔액을 출자법인이 승계하는 자산 중 최초 현물출자 당시 양도차익이 발생한 자산의 양도차익에 비례하여 안분계산한 후 그 금액을 해당 자산이 감가상각자산인 경우 그 자산의 일시상각충당금으로, 해당 자산이 감가상각자산이 아닌 경우 그 자산의 압축기장충당금으로 한 경우에는 다음과 같이 익금산입한다.

1. 일시상각충당금은 해당 사업용자산의 감가상각비(취득가액 중 해당 일시상각충당금에 상당하는 부분에 대한 것에 한한다)와 상계할 것. 다만, 해당 자산을 처분하는 경우에는 상계하고 남은 잔액을 그 처분한 날이 속하는 사업연도에 전액 익금에 산입한다.
2. 압축기장충당금은 당해 사업용 자산을 처분하는 사업연도에 이를 전액 익금에 산입할 것

(3) 대체 설정한 압축기장충당금 잔액의 전액 익금산입

압축기장충당금을 대체설정한 출자법인, 피출자법인 또는 주식승계법인은 현물출자일이 속하는 사업연도의 다음 사업연도 개시일부터 2년 내에 다음의 어느 하나에 해당하는 사유가 발생하는 경우에는 압축기장충당금 잔액 전부를 그 사유가 발생한 날이 속하는 사업연도의 소득금액을 계산할 때 익금에 산입한다(법령 §84의 2 ⑨).

1. 사업의 폐지
   자산승계법인이 피출자법인으로부터 적격구조조정으로 승계받은 사업을 폐지하거나 피출자법인이 출자법인으로부터 승계받은 사업을 폐지하는 경우
2. 지분의 연속성 불이행
   출자법인 또는 피출자법인이 보유한 자산승계법인주식 등이 자산승계법인의 발행주식총수 또는 출자총액에서 차지하는 비율(자산승계법인지분비율)이 자산승계법인주식 등 취득일의 자산승계법인지분비율의 100분의 50 미만이 되거나 주식승계법인이 보유한 피출자법인주식 등이 피출자법인의 발행주식총수 또는 출자총액에서 차지하는 비율(피출자법인지분비율)이 피출자법인주식 등 취득일의 피출자법인지분비율의 100분의 50 미만이 되는 경우

3. 압축기장충당금의 재대체 설정

(1) 개요

상기의 대체설정한 압축기장충당금 등의 사후관리위반에 따른 익금산입에서 적격구조조정의 부득이한 사유 중 「최초의 적격구조조정」 외의 다른 적격구조조정의 사유, 즉 「지분 100% 보유한 적격구조조정」 또는 「사업부문 적격구조조정」으로 승계주식 또는 승계자산을 처분하는 경우에는 익금산입하지 아니한다.

이 경우 출자법인, 피출자법인 또는 주식승계법인이 보유한 피출자법인주식 등 또는 자산승계법인주식등의 압축기장충당금으로 재대체설정하며, 그 재대체설정 방법에 관하여는 당초 압축기장충당금의 대체설정방법을 준용한다(법령 §84의 2 ⑧).

(2) 재대체 설정된 압축기장충당금의 익금산입

압축기장충당금을 재대체설정한 출자법인, 피출자법인 또는 주식승계법인은 다음의 어느 하나에 해당하는 사유가 발생하는 경우에는 그 사유가 발생한 날이 속하는 사업연도의

소득금액을 계산할 때 아래 box의 내용을 준용하여 계산한 금액만큼을 익금에 산입한다. 다만, 적격구조조정의 부득이한 사유 중 「최초의 적격구조조정」 외의 다른 적격구조조정의 사유, 즉 「지분 100% 보유한 적격구조조정」 또는 「사업부문 적격구조조정」으로 승계주식 또는 승계자산을 처분하는 경우에는 익금산입하지 아니한다(법령 §84의 2 ⑩).

1. 출자법인 또는 피출자법인이 적격구조조정에 따라 새로 취득한 자산승계법인주식 등을 처분하거나 주식승계법인이 적격구조조정에 따라 승계한 피출자법인주식 등을 처분하는 경우 (2017. 2. 3. 개정)
2. 자산승계법인이 적격구조조정으로 피출자법인으로부터 승계한 제4항에 해당하는 자산을 처분하거나 피출자법인이 승계자산을 처분하는 경우. 이 경우 피출자법인 및 자산승계법인은 그 자산의 처분 사실을 처분일부터 1개월 이내에 출자법인, 피출자법인, 주식승계법인 또는 자산승계법인에 알려야 한다.

(직전사업연도 종료일 현재 분할신설법인 주식등의) 압축기장충당금 잔액 x
[(처분한 분할신설법인의 주식비율 + 처분한 승계자산의 양도차익비율) –
(처분한 분할신설법인의 주식비율 × 처분한 승계자사의 양도차익비율)]

다만, 자산승계법인이 출자법인인 경우로서 피출자법인주식등의 압축기장충당금 잔액을 출자법인이 승계하는 자산 중 최초 현물출자 당시 양도차익이 발생한 자산의 양도차익에 비례하여 안분계산한 후 그 금액을 해당 자산이 감가상각자산인 경우 그 자산의 일시상각충당금으로, 해당 자산이 감가상각자산이 아닌 경우 그 자산의 압축기장충당금으로 한 경우에는 다음과 같이 익금산입한다.

1. 일시상각충당금은 해당 사업용자산의 감가상각비(취득가액 중 해당 일시상각충당금에 상당하는 부분에 대한 것에 한한다)와 상계할 것. 다만, 해당 자산을 처분하는 경우에는 상계하고 남은 잔액을 그 처분한 날이 속하는 사업연도에 전액 익금에 산입한다.
2. 압축기장충당금은 당해 사업용 자산을 처분하는 사업연도에 이를 전액 익금에 산입할 것

(3) 재대체 설정된 압축기장충당금의 전액 익금산입

압축기장충당금을 재대체 설정한 출자법인, 피출자법인 또는 주식승계법인은 현물출자일이 속하는 사업연도의 다음 사업연도 개시일부터 2년의 기간 내에 다음의 어느 하나에 해당하는 사유가 발생하는 경우에는 압축기장충당금 잔액 전부를 그 사유가 발생한 날이

속하는 사업연도의 소득금액을 계산할 때 익금에 산입한다(법령 §84의 2 ⑪).

1. 사업의 폐지
   자산승계법인이 피출자법인으로부터 적격구조조정으로 승계받은 사업을 폐지하거나 피출자법인이 출자법인으로부터 승계받은 사업을 폐지하는 경우
2. 지분의 연속성 불이행
   출자법인 또는 피출자법인이 보유한 자산승계법인주식 등이 자산승계법인의 발행주식총수 또는 출자총액에서 차지하는 비율(이하 이 조에서 "자산승계법인지분비율"이라 한다)이 자산승계법인주식 등 취득일의 자산승계법인지분비율의 100분의 50 미만이 되거나 주식승계법인이 보유한 피출자법인주식 등이 피출자법인의 발행주식총수 또는 출자총액에서 차지하는 비율(이하 이 조에서 "피출자법인지분비율"이라 한다)이 피출자법인주식 등 취득일의 피출자법인지분비율의 100분의 50 미만이 되는 경우)

4. 다른 준용 규정

피출자법인 및 자산승계법인이 승계한 사업의 계속 또는 폐지의 판정과 적용에 관하여는 제80조의 2 제7항 및 제80조의 4 제8항을 준용한다(법령 §84의 2 ⑭).

(법령 제80조의 2 제7항)
합병법인이 합병등기일이 속하는 사업연도의 종료일 이전에 피합병법인으로부터 승계한 자산가액(유형자산, 무형자산 및 투자자산의 가액을 말한다. 이하 이 관 및 제156조 제2항에서 같다)의 2분의 1 이상을 처분하거나 사업에 사용하지 아니하는 경우에는 법 제44조 제2항 제3호에 해당하지 아니하는 것으로 한다. 다만, 피합병법인이 보유하던 합병법인의 주식을 승계받아 자기주식을 소각하는 경우에는 해당 합병법인의 주식을 제외하고 피합병법인으로부터 승계받은 자산을 기준으로 사업을 계속하는지 여부를 판정하되, 승계받은 자산이 합병법인의 주식만 있는 경우에는 사업을 계속하는 것으로 본다.

(법령 제80조의 2 제8항)
⑧ 합병법인이 제3항에 따른 기간 중 피합병법인으로부터 승계한 자산가액의 2분의 1 이상을 처분하거나 사업에 사용하지 아니하는 경우에는 피합병법인으로부터 승계받은 사업을 폐지한 것으로 본다. 다만, 피합병법인이 보유하던 합병법인의 주식을 승계받아 자기주식을 소각하는 경우에는 해당 합병법인의 주식을 제외하고 피합병법인으로부터 승계받은 자산을 기준으로 사업을 계속하는지 여부를 판정하되, 승계받은 자산이 합병법인의 주식만 있는 경우에는 사업을 계속하는 것으로 본다.

제 7 편 교환으로 인한 자산양도차익상당액의 손금산입

소비성서비스업등 외 사업을 하는 내국법인이 2년 이상 그 사업에 직접 사용하던 사업용자산을 특수관계인 외의 다른 내국법인이 2년 이상 그 사업에 직접 사용하던 동일한 종류의 사업용자산(교환취득자산)과 교환(여러 법인 간의 교환을 포함한다)하는 경우 그 교환취득자산의 가액 중 교환으로 발생한 사업용자산의 양도차익 상당액은 대통령령으로 정하는 바에 따라 해당 사업연도의 소득금액을 계산할 때 손금에 산입할 수 있다(법법 §50 ①).

단, 상기를 적용받고자 하는 내국법인은 다음의 규정을 준수해야 한다.

① 내국법인이 교환취득자산을 교환일이 속하는 사업연도의 종료일까지 그 내국법인의 사업에 사용하는 경우에만 적용한다(법법 §50 ②).

② 적용받고자 하는 내국법인은 법 제60조의 규정에 의한 신고(과세표준 등의 신고)와 함께 기획재정부령이 정하는 자산교환명세서를 납세지 관할세무서장에게 제출하여야 한다(법법 §50 ③).

관련 집행기준 50-0-1 [교환으로 인한 자산양도차익상당액의 손금산입 요건]

내국법인이 자산의 교환으로 인한 자산양도차익 상당액을 해당 사업연도에 손금산입 할 수 있는 요건은 다음과 같다.

1. 부동산업, 소비성서비스업 이외의 사업을 영위하는 내국법인일 것
2. 2년 이상 해당 사업에 직접 사용하던 사업용 자산일 것
3. 특수관계 없는 다른 내국법인이 2년 이상 해당 사업에 직접 사용하던 동일한 종류의 사업용자산과 교환(다수 법인간의 교환을 포함)하는 경우일 것
4. 교환취득자산을 교환일이 속하는 사업연도의 종료일까지 취득법인이 사업에 사용하는 경우일 것

1. 손금산입의 요건

(1) 소비성서비스업 등의 사업

소비성서비스업 등은 손금산입 적용대상 업종에서 제외된다. 소비성서비스업 등은 다음과 같다.

1. 호텔업 및 여관업(「관광진흥법」에 따른 관광숙박업은 제외한다)
2. 주점업(일반유흥주점업, 무도유흥주점업 및 「식품위생법 시행령」 제21조에 따른 단란주점 영업만 해당하되, 「관광진흥법」에 따른 외국인전용유흥음식점업 및 관광유흥음식점업은 제외한다)

3. 그 밖에 오락·유흥 등을 목적으로 하는 사업으로서 기획재정부령으로 정하는 사업
4. 부동산임대업
5. 부동산중개업
6. 「소득세법 시행령」 제122조 제1항에 따른 부동산매매업

(2) 사업용자산

사업용자산은 다음과 같다(법령 §86 ②).

① 기계장치 등 사업용 유형자산. 다만, 아래의 자산은 제외한다.

구분	구조 또는 자산명
1	차량 및 운반구, 공구, 기구 및 비품
2	선박 및 항공기
3	연와조, 블록조, 콘크리트조, 토조, 토벽조, 목조, 목골모르타르조, 철골·철근콘크리트조, 철근콘크리트조, 석조, 연와석조, 철골조, 기타 조의 모든 건물(부속설비를 포함한다)과 구축물

② 상기 ①에 해당하지 아니하는 유형자산과 무형자산으로서 다음의 자산

1. 연구·시험, 직업훈련, 에너지 절약, 환경보전 또는 근로자복지 증진 등의 목적으로 사용되는 사업용자산으로서 기획재정부령으로 정하는 자산
2. 운수업을 경영하는 자가 사업에 직접 사용하는 차량 및 운반구 등 기획재정부령으로 정하는 자산
3. 중소기업 및 중견기업이 취득한 다음 각 목의 자산(특수관계인으로부터 취득한 자산은 제외한다)
   가. 내국인이 국내에서 연구·개발하여 「특허법」에 따라 최초로 설정등록받은 특허권
   나. 내국인이 국내에서 연구·개발하여 「실용신안법」에 따라 최초로 설정등록받은 실용신안권
   다. 내국인이 국내에서 연구·개발하여 「디자인보호법」에 따라 최초로 설정등록받은 디자인권

(3) 여러 법인 간의 교환

"여러 법인 간의 교환"이란 3 이상의 법인간에 하나의 교환계약에 의하여 각 법인이 자

산을 교환하는 것을 말한다(법령 §86 ③).

[교환으로 인한 자산양도차익상당액의 손금산입 요건] 관련 집행기준 50-0-1
내국법인이 자산의 교환으로 인한 자산양도차익 상당액을 해당 사업연도에 손금산입 할 수 있는 요건은 다음과 같다.
1. 부동산업, 소비성서비스업 이외의 사업을 영위하는 내국법인일 것
2. 2년 이상 해당 사업에 직접 사용하던 사업용 자산일 것
3. 특수관계 없는 다른 내국법인이 2년 이상 해당 사업에 직접 사용하던 동일한 종류의 사업용자산과 교환(다수 법인간의 교환을 포함)하는 경우일 것
4. 교환취득자산을 교환일이 속하는 사업연도의 종료일까지 취득법인이 사업에 사용하는 경우일 것

2. 손금산입하는 양도차익에 상당하는 금액

손금에 산입하는 양도차익에 상당하는 금액은 1에서 2의 금액을 차감한 금액(그 금액이 해당 사업용 자산의 시가에서 장부가액을 차감한 금액을 초과하는 경우 그 초과한 금액을 제외한다)으로 한다(법령 §86 ④).

1. 교환취득자산의 가액
2. 현금으로 대가의 일부를 지급한 경우 그 금액 및 사업용 자산의 장부가액

3. 손금산입 방법

상기에 의하여 손금에 산입하는 금액은 당해 사업용 자산별로 다음의 구분에 따라 일시상각충당금 또는 압축기장충당금으로 계상하여야 한다(법령 §86 ⑤).

1. 감가상각자산: 일시상각충당금
2. 제1호 외의 자산: 압축기장충당금

4. 익금산입 방법

손비로 계상한 일시상각충당금과 압축기장충당금은 다음의 어느 하나에 해당하는 방법으로 익금에 산입한다.

1. 일시상각충당금은 해당 사업용자산의 감가상각비(취득가액 중 해당 일시상각충당금에 상당하는 부분에 대한 것에 한한다)와 상계할 것. 다만, 해당 자산을 처분하는 경우

에는 상계하고 남은 잔액을 그 처분한 날이 속하는 사업연도에 전액 익금에 산입한다.
(2019. 2. 12 개정)

2. 압축기장충당금은 당해 사업용 자산을 처분하는 사업연도에 이를 전액 익금에 산입할 것

이를 적용할 때 해당 사업용 자산의 일부를 처분하는 경우의 익금산입액은 해당 사업용 자산의 가액 중 일시상각충당금 또는 압축기장충당금이 차지하는 비율로 안분계산한 금액에 의한다.

* [교환으로 인한 자산양도차익상당액의 손금산입 특례] 관련 집행기준 50-0-2

내국법인이 자산의 교환으로 인한 자산양도차익상당액의 손금산입 요건을 갖춘 경우에는 자산양도차익에 대하여 다음과 같은 손금산입 특례를 적용 할 수 있다.

구분	내 용
손금산입 금액	양도차익 중 손금산입 금액 : MIN〔㉠, ㉡〕 ㉠ 양도자산의 처분이익 = 교환취득자산의 가액(교환취득자산의 시가) - (현금으로 대가의 일부를 지급한 경우 그 금액 + 교환양도자산의 장부가액) ㉡ 양도자산의 평가이익 = 교환양도자산의 시가 - 교환양도자산의 장부가액
손금산입 방법	일시상각충당금 또는 압축기장충당금 설정
손금산입 금액환입	1. 일시상각충당금 ㉠ 해당 자산의 감가상각비(취득가액 중 충당금에 상당하는 부분)와 상계 ㉡ 해당 자산을 처분하는 사업연도에 상계 후 잔액을 전액 익금산입 2. 압축기장충당금 ㉠ 해당 자산을 처분하는 사업연도에 전액 익금산입

제 8 편

사업양수 시 이월결손금 공제 제한

1. 이월결손금 공제 제한의 개요

내국법인이 다른 내국법인의 사업을 양수하는 경우로서 아래에 해당하는 경우에는 사업양수일 현재 이월결손금은 사업을 양수한 내국법인의 각 사업연도의 과세표준을 계산할 때 양수한 사업부문에서 발생한 소득금액(중소기업 간 또는 동일사업을 하는 법인 간에 사업을 양수하는 경우에 해당되어 회계를 구분하여 기록하지 아니한 경우에는 그 소득금액을 자산가액 비율로 안분계산한 금액으로 한다)의 범위에서는 공제하지 아니한다(법법 §50의 2).

1. 양수자산이 사업양수일 현재 양도법인의 자산총액의 100분의 70 이상이고, 양도법인의 자산총액에서 부채총액을 뺀 금액의 100분의 90 이상인 경우
2. 사업의 양도·양수 계약일 현재 양도·양수인이 특수관계인인 법인인 경우

2. 자산가액 비율

"자산가액 비율"이란 사업양수일 현재 양수법인의 사업용 자산가액과 양수한 사업부문의 사업용 자산가액의 비율을 말한다. 이 경우 양수한 사업부문의 사업용 자산가액은 양수법인의 결손금을 공제하는 각 사업연도의 종료일 현재 계속 보유(처분 후 대체하는 경우를 포함한다)·사용하는 자산의 사업양수일 현재 가액으로 한다.

제9편 건설업의 양도와 합병

제 1 장 건설산업기본법상의 건설업 양도와 합병

건설업을 영위하는 회사는 건설업을 다른 회사에 양도할 수 있으며, 다른 회사와 합병을 할 수도 있다. 건설업을 다른 회사에 양도하는 경우 양수받은 회사는 소멸되는 회사의 건설사업자로서의 지위를 승계한다. 하지만, 지위승계를 받는다고 해서 양수받은 회사에게 양도한 회사의 모든 실적이 승계되는 것은 아니다. 양도자가 건설업의 모든 권리와 의무를 포괄적으로 승계해야만 양도인의 실적이 양수인에게 승계된다.

따라서 이하에서 건설업양도로 인해 건설업자로서의 지위를 승계받을 수 있는 요건들과 양도인의 건설업자로서의 지위승계뿐만 아니라, 실적까지도 승계받을 수 있는 건설업양도의 요건들에 대해서 기술하고자 한다.

한편, 건설업의 양도와는 달리 건설업의 합병은 상법상 권리와 의무가 포괄적으로 승계되는 것이므로 원칙적으로 건설업자로서의 지위승계뿐만 아니라 소멸회사의 실적까지도 승계된다. 상속도 마찬가지이나 여기서 논하고자 하는 것은 건설업의 양도(분할 또는 분할합병 포함)와 건설업의 합병이므로 이하에서 상속은 제외하고 건설업양도와 건설업합병에 대해서 기술하고자 한다.

건설사업자는 다음의 건설업양도와 건설업합병 중 어느 하나에 해당하는 경우에는 국토교통부장관에게 신고하여야 한다(건산법 §17 ①). 건설업양도와 건설업합병에 적용되는 법내용이 다르므로 정확하게 구분하는 것이 중요하며, 건설업을 양도하거나 건설업을 합병한다고 해서 건설업자의 지위뿐만 아니라 건설업자의 실적까지도 승계되는 것은 아니므로, 건설업자로서의 지위승계를 위한 요건과 건설업자의 실적승계를 위한 요건으로 나누어 잘 파악하는 것이 중요하다.

1. 건설사업자가 건설업을 양도하려는 경우(건설업의 양도)
2. 건설사업자인 법인이 다른 법인과 합병하려는 경우. 다만, 건설사업자인 법인이 건설사업자가 아닌 법인을 흡수합병하려는 경우는 제외한다(건설업의 합병).

건설사업자인 법인이 건설사업자가 아닌 법인을 흡수합병하려는 경우는 신고대상에서 제외하므로, 비건설사업자인 법인이 건설사업자인 법인을 흡수합병하는 경우, 건설사업자인 법인과 건설사업자인 법인이 합병하는 경우 그리고 건설사업자인 법인이 비건설사업자인 법인과 합병하여 신설법인을 설립하는 신설합병의 경우에는 신고해야 한다.

신고대상	신고제외
① 건설업법인이 비건설업법인에게 양도 ② 건설업법인이 다른 법인과 신설합병 ③ 비건설업법인이 건설업법인을 흡수합병 ④ 건설업법인과 건설업법인이 합병	① 건설업법인 비건설업법인을 흡수합병하는 경우

단, 법인(개인)은 동일한 종류의 건설업종을 2개 이상 보유할 수 없으며, 양도・합병 등의 사유로 동일한 종류의 건설업종을 2개 이상 보유한 경우에는 지체없이 폐업・등록말소 처리하여야 한다. 이 경우 토목공사업이나 건축공사업은 토목건축공사업과 동일한 종류의 건설업종으로 본다(건설업 관리규정 4장의 2 ① 2호).

이하에서는 건설업의 양도와 건설업의 합병을 따로 기술하고 건설업자의 지위승계뿐만 아니라 건설업자의 실적승계까지 받을 수 있는 요건을 구분하여 기술하도록 한다.

I 건설업의 양도

1. 양도신고

(1) 개요

건설업양도신고를 하고자 하는 경우에는 양도인과 양수인이 공동으로 건설업양도신고서를 작성하여 시・도지사 또는 업무를 위탁받은 기관에게 제출(전자문서에 의한 제출을 포함한다)하여야 한다(건산칙 §18 ①).

신고의 시기는 실무적으로 개인기업의 법인전환은 양수받는 법인의 법인 설립등기 이후, 합병은 합병등기 이후에 신고한다. 양도인과 양수인이 공동으로 건설양도신고서를 작성한다는 것의 의미는 건설업양도신고서상에 양도인과 양수인이 함께 기명날인한다는 것이다. 이는 뒤에 첨부된 건설업양도신고서를 참고하면 된다.

분할합병은 합병이 아니라 양도에 해당한다.

〈질의내용〉

건설업자가 건설부분을 분할하여 다른 건설업자인 법인과 합병한 경우 건설업자간 합병으로 보아야 하는지 여부

〈회신내용〉

1. 상법상 분할이나 분할합병은 주식회사의 분할이라는 점에서 성격상 차이가 없다고 보며, 분할합병은 두 개 이상의 법인의 인격을 하나의 인격으로 통합하는 합병과 차이가 있다고 생각되며, 분할이나 분할합병은 일반적인 합병과는 차이가 있으므로 합병인가절차에 의하여 건설업을 이전할 수 없을 것입니다.
2. 따라서, 분할이나 분할합병의 경우에는 분할하는 회사가 분할 또는 분할합병으로 인하여 설립되는 회사 또는 존속회사에게 건설업을 양도하는 것으로 보아 양도인가를 받도록 하는 것이 타당합니다.
3. 이러한 양수도절차는 건설산업기본법 시행규칙 제18조의 규정에 따라야 할 것이므로 동조 제4항의 규정에 위배하여 공고절차가 생략된 경우라면 양수도신고수리가 불가능할 것으로 사료됩니다.

(2) 처리기관

건설업양도신고서는 양도인과 양수인이 공동으로 작성하여 대한건설협회(시 · 도회) 또는 시군 · 구청에 제출(전자문서에 의한 제출을 포함한다)하여야 한다. 건설업의 양도 또는 합병에 의하여 당해 건설업종의 주된 영업소소재지가 변경되는 경우의 업무처리는 다음에 의한다(건설업관리규정 4장의 2 ②).

① 종합공사업: 처리기관은 양도인, 피합병법인을 관할하는 대한건설협회(그 시 · 도회를 포함한다)

② 전문공사업: 처리기관은 양도인, 피합병법인을 관할하는 시, 군, 구청

❖ 업무를 위탁받은 기관

① 종합공사를 시공하는 업종: **대한건설협회**
(국토교통부고시 제2018-382호의 「건설업 등록 등 업무위탁 및 실태조사 권한 위탁기관 지정」)

② 전문공사를 시공하는 업종: **시 · 도지사**
(건산령 §86 ① 1호)

(3) 건설업 양도의 내용 등

건설업을 양도할 때에는 양도하려는 업종에 관한 다음의 권리와 의무를 모두 양도하여야 한다. 이것은 양도인의 지위를 승계받기 위해 필요한 것이다.

1. 시공 중인 공사의 도급계약에 관한 권리와 의무
2. 하자담보책임기간 중에 있는 완성된 공사가 있는 경우에는 그 하자보수에 관한 권리와 의무

상기 1의 시공 중인 건설공사가 있을 때에는 해당 건설공사 발주자의 동의를 받거나 해당 건설공사의 도급계약을 해지한 경우에만 건설업을 양도할 수 있다.

(4) 제출서류

1) 양도계약서 사본

양도계약서는 건설업 양도의 내용 등이 포함된 계약서를 작성하여 제출하면 된다.

2) 건설업등록신청에 관한 서류(양수인에 관한 서류)

건산칙 제2조에서 규정하는 신규 건설업등록신청에 관한 건설업등록신청서와 첨부서류를 말하는 것으로 건설업양도 신고시에도 동일하게 제출해야 하며, 건설업양도 신청 시 신청인 또는 신청서를 접수받은 기관은 다음의 구분에 따라 해당 서류를 첨부하거나 확인해야 한다.

A. 법인 등기사항증명서 또는 개인 주민등록표초본

신청서를 접수받은 기관은 「전자정부법」 제36조 제1항 또는 제2항에 따른 행정정보의 공동이용을 통하여 신청인이 법인인 경우에는 법인 등기사항증명서를, 신청인이 개인인 경우에는 주민등록표 초본을, 신청인이 「재외국민등록법」 제3조에 따른 재외국민인 경우에는 여권을 확인해야 한다. 다만, 신청인이 법인 등기사항증명서, 주민등록표 초본, 여권의 확인에 동의하지 않는 경우에는 법인 등기사항증명서, 주민등록표 초본, 재외국민등록증 사본 또는 여권 사본을 첨부하도록 해야 한다.

B. 재무관리상태진단보고서등

신청인이 법인인 경우에는 재무상태표 · 손익계산서를, 개인인 경우에는 영업용자산액명

세서와 그 증명서류를 첨부해야 한다.

사업의 양수 · 양도, 법인의 분할 · 분할합병 · 합병, 자본금 변경 등에 따른 기업진단의 경우에는 다음에서 정하는 날을 진단기준일로 한다.

① 양수 · 양도: 양도 · 양수 계약일
② 분할 · 분할합병 · 합병: 분할 · 분할합병 · 합병 등기일. 다만, 납입자본금이 미달되어 등기일부터 30일 이내에 미달된 자본금 이상을 증자하고 변경등기한 경우 그 변경등기일

상기 ②(분할등)의 경우에는 의도치 않고 등록자본금에 미달할 수가 있다. 예를 들어 분할의 경우 분할비율에 따라 분할신설법인의 초기 자본금이 결정되고, 분할법인의 감자금액이 결정된다. 따라서 분할 후 분할법인의 감자금액이 커서 분할법인의 법정자본금이 해당 건설업종의 등록자본금에 미달할 수가 있고, 또 반대로 분할법인의 감자금액은 적지만, 분할신설법인의 초기 법정자본금이 적어서 해당 건설업종의 등록자본금에 미달할 수 있게 된다.

이 경우 등기일로부터 30일 이내에 미달된 자본금 이상을 증자하고 변경등기할 수 있으며, 그 변경등기일 기준의 재무관리상태진단보고서를 제출하면 된다. 물론 재무관리상태진단보고서 상의 실질자본금은 등록자본금 이상이어야 하는 것은 당연하다.

C. 보증가능금액확인서

신청인은 보증가능금액확인서를 첨부해야 한다. 다만, 보증가능금액확인서 발급기관이 시 · 도지사 또는 등록업무수탁기관에 그 발급내용을 통보한 경우에는 보증가능금액확인서를 첨부한 것으로 본다.

D. 시설 · 장비 · 사무실에 관한 서류

시설 · 장비 · 사무실에 관한 서류는 별표 2에 따른 건설업의 등록기준상 시설 · 장비 · 사무실을 보유해야 하는 업종에 한해서만 제출한다.

가. 사무실관련 서류

1) 자기소유인 경우: 신청서를 접수받은 기관은 「전자정부법」 제36조 제1항 또는 제2항에 따른 행정정보의 공동이용을 통하여 건물 등기사항증명서를 확인해야 한다.
2) 전세권이 설정되어 있는 경우: 신청서를 접수받은 기관은 「전자정부법」 제36조 제1항 또는 제2항에 따른 행정정보의 공동이용을 통하여 전세권이 설정되어 있음이 표기된 건물 등기사항증명서를 확인해야 한다.
3) 임대차인 경우: 신청인은 임대차계약서 사본을 첨부해야 하고 신청서를 접수받은

기관은 「전자정부법」 제36조 제1항 또는 제2항에 따른 행정정보의 공동이용을 통하여 건물 등기사항증명서를 확인해야 한다.

나. 건설공사용 시설의 현황을 기재한 서류

신청인은 건설공사용 시설의 현황을 기재한 서류를 첨부해야 하고, 신청서를 접수받은 기관은 「전자정부법」 제36조 제1항 또는 제2항에 따른 행정정보의 공동이용을 통하여 해당 시설인 건물 또는 토지의 등기사항증명서 및 공장등록대장 등본을 확인해야 한다. 다만, 신청인이 공장등록대장 등본의 확인에 동의하지 않는 경우에는 해당 서류를 첨부하도록 해야 한다.

다. 건설공사용 장비의 현황

신청인은 시행령 별표 2에 규정된 건설공사용 장비의 현황(영업용에 제공되는 기계 및 기구의 명칭·종류·성능 및 수량을 말한다)을 기재한 서류를 첨부해야 하며, 해당 장비가 「건설기계관리법」 또는 그 밖의 다른 법령의 적용을 받는 장비인 경우에는 신청서를 접수받은 기관은 「전자정부법」 제36조 제1항 또는 제2항에 따른 행정정보의 공동이용을 통하여 건설기계등록원부등본을 확인해야 한다. 다만, 신청인이 건설기계등록원부등본의 확인에 동의하지 않는 경우에는 해당 서류를 첨부하도록 해야 한다.

E. 기술인력 보유현황에 관한 서류

신청인은 기술인력 보유현황에 관한 서류를 첨부해야 하고, 신청서를 접수받은 기관은 「전자정부법」 제36조 제1항 또는 제2항에 따른 행정정보의 공동이용을 통하여 기술인력 보유현황에 대한 고용·산업재해보상보험가입증명원을 확인해야 한다. 다만, 신청인이 고용·산업재해보상보험가입증명원의 확인에 동의하지 않는 경우에는 해당 서류를 첨부하도록 해야 한다.

F. 외국인 또는 외국법인이 건설업의 등록을 신청하는 경우

외국인 또는 외국법인이 건설업의 등록을 신청하는 경우에는 다음에 따라 해당 서류를 첨부하거나 확인해야 한다.

가. 신청인(법인인 경우에는 대표자를 말한다)은 법 제13조 제1항 각 호의 어느 하나에 따른 사유와 같거나 비슷한 사유에 해당하지 않음을 확인할 수 있는 다음의 구분에 따른 서류

1) 「외국공문서에 대한 인증의 요구를 폐지하는 협약」을 체결한 국가의 경우 : 해당 국가의 정부 그 밖에 권한 있는 기관이 발행한 서류이거나 공증인이 공증한 해당

외국인의 진술서로서 해당 국가의 아포스티유(Apostille) 확인서 발급 권한이 있는 기관이 그 확인서를 발급한 서류

2) 「외국공문서에 대한 인증의 요구를 폐지하는 협약」을 체결하지 않은 국가의 경우 : 해당 국가의 정부 그 밖에 권한 있는 기관이 발행한 서류이거나 공증인이 공증한 해당 외국인의 진술서로서 해당 국가에 주재하는 우리나라 영사가 확인한 서류

나. 신청서를 접수받은 기관은 「전자정부법」 제36조 제1항 또는 제2항에 따른 행정정보의 공동이용을 통하여 영 제13조 제2항 제1호 및 제3호의 요건을 갖추었음을 증명하는 「출입국관리법」 제33조에 따른 외국인등록증 및 영업소의 등기사항증명서를 확인해야 한다. 다만, 신청인이 외국인등록증의 확인에 동의하지 않는 경우에는 해당 서류의 사본을 첨부하도록 해야 한다.

상기 내용에 따라 첨부하는 서류는 유효기간을 넘기지 아니한 것으로서 제출일전 1개월 이내에 발행된 것이어야 한다.

3) 건설업양도의 공고와 이해관계인의 의견조정서

건설업을 양도하려는 자는 30일 이상 공고하여야 하며(건산법 §18), 건설업양도의 공고문과 이해관계인의 의견조정내용을 기재한 서류를 제출해야 한다. 참고로 건설업합병의 경우에는 공고규정이 따로 없다.

가) 공고

건설업양도의 공고를 할 때에는 다음의 사항을 양도인의 주된 영업소의 소재지를 관할하는 특별시·광역시·특별자치시·도 또는 특별자치도의 구역에서 발행되는 일간신문에 게재하거나 대한건설협회 또는 전문건설협회의 인터넷 홈페이지에 공시해야 한다(건산칙 §18 ④). 30일 이상 공고해야 하므로 건설업양도 신고 전에 반드시 30일 이상의 공고를 마쳐야 한다.

1. 양도하고자 하는 건설업의 종류
2. 양도예정연월일
3. 양도에 대한 이해관계인의 의견제출의 기한 및 장소
4. 양도인 및 양수인의 주된 영업소의 소재지, 상호와 성명(법인인 경우에는 대표자의 성명을 말한다)

공시를 한 경우에는 공고문이 있는 일간신문 페이지의 사본 또는 대한건설협회등의 인테넷홈페이지에 공고된 화면의 사본을 제출하면 되며, 상기의 공고 사항을 하나라도 빠뜨리지 않도록 주의해야 할 것이다.

현행 건산법상으로는 건설업양도와 관련하여 상법상 공고를 했다면 건산법에서 규정하는 공고를 하지 않아도 된다. 그러나, 때로는 정관상의 기재사항으로 인해 건산법에서 규정하는 공고지역과 상법에서 규정하는 공고지역이 다를 수 있다. 따라서 상법에서 정하는 지역의 일간신문에 공고하였음에도 불구하고 건산법에서 정하는 공고지역과 달라 공고하지 않은 것으로 될 수 있으므로 상법상의 신문공고와 함께 종합공사업의 경우에는 대한건설협회, 전문공사업의 경우에는 전문건설협회의 인터넷 홈페이지에 함께 공시하는 것이 절차상 안전하다.

또한 건설업양도와 관련하여 상법상 공고를 생략할 수 있는 경우가 있으므로 상법에 따라 공고를 생략하는 경우, 현행 건산법 규정상으로는 어떠한 경우에라도 공고를 해야 하므로 절차상 하자가 발생할 수 있다. 따라서 상법상의 공고와는 상관없이 무조건 대한건설협회 또는 대한전문건설협회 홈페이지에 공고를 하는 것이 안전하다.

합병의 경우 합병등기일 전 30일 이상 공시해야 한다. 공시 후부터 합병등기일 사이의 기간에 미리 검토해두면 좋은 것들이 있다. 즉, 시공중인 공사가 있는 경우에는 발주자가 건설업양도에 동의해 줄 것인지의 여부와 하자담보책임기간인 경우에는 하자보수에 관한 권리·의무의 양도문제 그리고 건설업양도의 제한 사유가 있는지 여부를 체크해두는 것도 이 기간에 해두면 좋다.

구분	종합공사업	전문공사업
공시하는 곳	대한건설협회 홈페이지	전문건설협회 홈페이지

나) 이해관계인의 의견조정서

건설업양도와 관련한 공시를 했을 때. 양도와 관련하여 반대하는 이해관계인(발주자등)이 있다면 반대의견을 표한다. 이때 이해관계인과의 적절한 조정이 필요하다. 이해관계인과의 의견조정서는 따로 정해진 양식은 없고 의견조정 내용을 담은 서면을 제출하면 된다. 만일, 건설업양도와 관련하여 반대의견을 표하는 이해관계인이 없다면 양도인과 양수인은 건설업양도와 관련하여 반대하는 이해관계인이 없다는 내용의 서면(각서)을 제출하면 된다.

4) 공제조합의 의견서

양도인이 공제조합의 조합원이었거나 조합원인 경우에는 당해 공제조합의 의견서를 제출해야 한다. 공제조합에서 안내하는 필요서류를 공제조합에 제출하면 공제조합에서 발급한다. 공제조합의 의견서가 있다면 양수인은 공제조합에 출자할 필요 없이 양도인의 공제조합 출자금을 그대로 사용할 수 있다. 또한 출자와 관련된 양도인의 모든 채무도 함께 승계하게 된다. 즉, 공제조합에 대한 대출뿐만 아니라 보증채무도 함께 승계하게 된다.

5) 발주자의 동의서

시공중인 건설공사가 있는 경우로서 건설공사 발주자의 동의가 있음을 입증하는 서류이다. 발주자의 동의서 또한 특별한 양식은 없다. 발주자가 건설업양도와 관련하여 동의한다는 내용이 담긴 공문을 제출해도 된다.

6) 입찰참가자격 제한 처분기간 중에 있는 경우 양수자의 확인서류

건설업양도신고를 하려는 자가 「국가를 당사자로 하는 계약에 관한 법률」 또는 「지방자치단체를 당사자로 하는 계약에 관한 법률」에 따라 부정당업자로서 입찰참가자격 제한의 처분을 받고 제한기간 중에 있는 때에는 그 사실을 양수자가 확인하였음을 「양수자가 확인한 서류」를 제출함으로써 증명하여야 한다(건산법 §17 ② 및 건산칙 §18 ② 6호).

제출세류등을 요약하면 다음과 같다.

	신고인 제출서류	경유 · 처리기관 확인사항
제출서류	1. 양도계약서 사본 2. 양수인에 관한 다음 각 목의 서류(해당 건설업의 등록에 관한 서류에 한정 합) 가. 법인인 경우에는 재무상태표, 손익계산서, 개인인 경우에는 영업용자산액명세서와 그 증빙서류 나. 「건설산업기본법 시행령」 제13조 제1항 제1호의 2에 따른 보증가능금액확인서(보증가능금액확인서 발급기관이 시 · 도지사 또는 「건설산업기본법 시행령」 제87조 제1항 제1호 가목에 따른 등록업무를 위탁받은 기관에 그 발급내용을 통보한 경우에는 보증가능금액확인서를 제출한 것으로 봄)	1. 양수인에 관한 다음 각 목의 서류(해당 건설업의 등록에 관한 서류만을 말함) 가. 법인인 경우에는 법인 등기사항증명서 나. 개인인 경우에는 주민등록표 초본이나 「재외국민등록법」 제3조에 따른 재외국민인 경우에는 여권 다. 「건설산업기본법 시행령」 별표 2에 따른 사무실에 관한 다음의 서류 1) 자기소유인 경우: 건물 등기사항증명서 2) 전세권이 설정되어 있는 경우: 전세권이 설정되어 있음이 표기된 건물 등기사항증명서 3) 임대차인의 경우: 건물 등기사항

	신고인 제출서류	경유 · 처리기관 확인사항
	다. 「건설산업기본법 시행령」 별표 2의 시설 · 장비에 관한 다음의 서류 1) 「건설산업기본법 시행령」 별표 2에 규정된 사무실을 갖추었음을 증명하는 임대차계약서 사본(임대차인의 경우에만 해당함) 2) 「건설산업기본법 시행령」 별표 2에 따른 건설공사용 시설의 현황을 기재한 서류 3) 「건설산업기본법 시행령」 별표 2에 따른 건설공사용 장비의 현황(영업용에 제공되는 기계 및 기구의 명칭 · 종류 · 성능 및 수량을 말함)을 기재한 서류 라. 기술인력의 보유현황 마. 외국인 또는 외국법인이 신고하는 경우에는 해당 국가에서 「건설산업기본법」 제13조 제1항 각 호의 어느 하나에 따른 사유와 같거나 비슷한 사유에 해당하지 아니함을 신고인(법인인 경우 대표자를 말합니다)이 확인한 확인서 3. 「건설산업기본법」 제18조에 따른 건설업 양도의 공고문(일간신문 및 관련 협회 인터넷 홈페이지 공고문을 말합니다)과 이해관계인의 의견조정내용을 기재한 서류 4. 양도인이 공제조합의 조합원이었거나 조합원인 경우에는 해당 공제조합의 의견서 5. 건설공사 발주자의 동의가 있음을 입증하는 서류(시공 중인 건설공사의 경우에 한정함) 6. 「국가를 당사자로 하는 계약에 관한 법률」 또는 「지방자치단체를 당사자로 하는 계약에 관한 법률」에 따라 양도자가 부정당업자로서 입찰참가자격 제한의 처분을 받고 처분기간 중에 있는 경우 이를 양수자가 확인한 서류	증명서 라. 「건설산업기본법 시행령」 별표 2에 따른 건설공사용 시설의 건물 또는 토지의 등기사항증명서 및 공장등록대장 등본 마. 「건설산업기본법 시행령」 별표 2에 따른 건설공사용 장비 중 「건설기계관리법」 그 밖의 다른 법령의 적용을 받는 장비의 경우에는 그 등록원부등본 바. 외국인 또는 외국법인이 신고하는 경우에는 「건설산업기본법 시행령」 제13조 제2항 제1호 및 제3호의 요건을 갖추었음을 증명하는 서류(「출입국관리법」 제33조에 따른 외국인등록증 및 영업소 등기사항증명서를 말합니다)

2. 시정명령, 영업정지 등이 예상되는 경우 처리방법

시정명령, 영업정지, 등록말소 등이 객관적으로 명백히 예상되는 경우이나, 동 행정처분을 하기 전에 건설업체가 양도신고를 하는 경우에는 아래와 같이 처리한다(건설업관리규정).

(1) 건설업 양도신고 수리전에 사실 확인 및 청문 등 처분절차를 조속히 이행하고, 처분여부 결정 후 처리

(2) 양도신고를 하고자 하는 업체가 (1)의 절차에 따라 영업정지를 받는 경우에는 건설업의 양도가 제한된다.

(3) 양도신고를 하고자 하는 업체가 (1)항의 절차에 따라 시정명령을 받는 경우에 동 시정명령기간 중에는 양도수리 불가

(4) 영업기간 및 실적 등이 승계되는 건산칙 제18조 제6항 각 호의 경우는 양수인이 양도인의 지위를 포괄적으로 승계하므로 먼저 양도신고 수리 후 양수인에 대해서 처분가능

(건산칙 제18조 제6항)
1. (개인기업의 법인전환)
2. (회사의 전환)
3. (분할 또는 분할합병)

다음은 건설업 영업기간 및 실적이 승계되지 않는 건설업양도의 경우임에도 불구하고 양도인에게 한 선행처분을 양도인이 위반함으로 인해 양수인이 처분을 받게 되는 경우이다.

(양도인에 대한 행정처분은 지위를 승계한 양수인이 승계함)
건산법 제17조(건설업의 양도 등) 제2항에는 "건설업 양도의 신고가 있은 때에는 건설업을 양수한 자는 건설업을 양도한 자의 건설업자로서의 지위를 승계한다"라고 규정하고 있는 바,

청구인이 양수한 전 회사는 전라북도로부터 등록기준 미달로 2005. 12. 23.부터 2006. 7. 22.까지 영업정지 7월 처분을 받고도 영업정지 기간 중인 2005. 12. 23.부터 2006. 1. 9.까지 장수초 운동장 생활체육시설 설치공사 등 총 21건의 입찰에 참가하여 영업정지 처분을 위반한 사실이 명백하다 할 것이다.

이에 따라 청구인의 현재의 회사 '○○종합건설'은 '○○토건'의 지위를 승계한 회사로서, 청구인이 양수한 전 회사인 '○○토건' 이 본 위원회에서 다툼의 대상이 될 수 없는 선행처분(영업정지)에 반하여 영업정지기간 중 영업행위를 한 사실이 「건설산업기본법」 제83조(건설업의 등록말소 등) 제7호에 해당함으로 「행정절차법」 제21조(처분의 사전 통지)의 규정

에 따라 청문을 실시하고, 건설업의 등록말소처분을 한 피청구인의 이 건 처분은 위법·부당하거나 재량권을 남용한 흠이 있다고 할 수 없다. [국민권익위원회 제특행심 2008-0019, 2008. 8. 29. 기각]

3. 건설업등록기준 적합여부 판단과 보완조치의 요구

시·도지사 또는 대한건설협회는 건설업양도의 신고가 있는 때에는 양수인에 대하여 건설업의 등록기준(건산령 §13)에 적합한지를 확인할 수 있다. 이 경우 건설업양도가 다음의 어느 하나에 해당하는 때에는 양도인 또는 양수인에게 양도내용의 보완 등 적절한 조치를 할 것을 요구할 수 있다(건산칙 §18 ⑤).

1. 이해관계인의 의견이 조정되지 아니한 때
2. 양수인이 등록기준(건산령 §13)에 적합하지 아니하다고 인정되는 때
3. 법 제18조 내지 제20조의 규정에 위배된다고 인정되는 때

상기에 대한 구체적 내용은 다음과 같다.

(1) 이해관계인의 의견이 조정되지 아니한 때

건설업양도와 관련된 이해관계인이 건설업양도에 대해 반대의사를 표하고 양도인과 양수인 그리고 이해관계인이 관련 사항에 대해 의견 조정이 되지 아니한 때는 양도인 또는 양수인에게 보완 등 적절한 조치를 요구할 수 있다.

(2) 양수인이 등록기준에 적합하지 아니하다고 인정되는 때

건설업양도의 경우에도 신규 건설업의 등록과 동일한 요건들이 요구되어지고 그것들을 증명하기 위한 서류 또한 동일하게 제출해야 한다. 신규 건설업의 등록기준(건산령 §13)은 다음과 같다. 따라서 양수인이 해당 기준에 적합하지 아니하다고 인정되는 때에는 보완조치를 요구할 수 있다.

1) 기술능력·자본금·시설 및 장비를 갖출 것

자본금은 개인인 경우에는 건설업에 제공되는 자산의 평가액을 말하며, 전문공사를 시공하는 업종의 경우에는 주력분야의 기술능력·자본금·시설 및 장비를 말한다.

기술능력·자본금·시설 및 장비에 관해서는 시행령 별표2에서 규정하고 있으므로 그 기준에 맞추면 된다.

A. 기술능력 (건설업관리규정 제2장)

한국건설기술인협회의 업체별 건설기술자 자료와 기술자자격증 사본, 업체로부터 제출받은 고용보험 가입증명(사업장별 피보험자격 취득자 목록 및 피보험자격 이력 내역서 등을 말하며, 「고용보험법」 제10조에 따른 적용제외 근로자인 경우에는 국민연금보험, 국민건강보험 또는 산업재해보상보험 가입증명 중의 어느 하나로 갈음할 수 있다) 등을 상호대조·확인하여 처리한다.

기술능력기준을 확인함에 있어서 필요한 때에는 건설기술자 개인별 경력사항, 고용계약서 사본 등 사실 확인을 위한 자료를 추가로 제출받아 실제 근무 여부를 확인할 수 있다.

B. 자본금 (건설업관리규정 제2장)

(1) <u>재무관리상태진단보고서를 제출받지 않는 경우</u>

다음에 따라 처리한다.

(가) 신설법인(법인설립등기일부터 건설업 등록신청 접수일까지 90일이 경과되지 아니하고 별도의 영업실적이 없는 법인을 말한다.)이 아닌 경우에는 다음의 어느 하나에 해당하는 재무제표로 확인한다.

① 외감법에 따라 외부감사를 받은 재무제표

② 관할 세무서장에게 제출한 정기 연차결산일 기준 재무제표(세무대리인이 확인한 것을 말한다)

③ <u>위의 각 경우에 대하여 별지 2 건설업체 기업진단지침에 따라 재무제표를 검토, 자본금기준의 적격 여부를 확인하여야 한다.</u>

④ 건설공제조합 등 보증가능금액확인서 발급기관으로부터 대출·융자받은 금액이나 금융기관으로부터 대출받은 금액이 부채에 포함되지 않은 경우에는 이를 부채총계에 가산하며, 이 경우 필요한 때에는 신용정보조회서 또는 금융거래확인서 등 증빙자료의 제출을 요구할 수 있다.

(나) 신설법인의 경우에는 재무상태표와 자산증빙 서류로 확인

등록신청자가 제출한 재무상태표상의 자산 및 부채항목을 종합적으로 고려하되, 자산항목 입증을 위해 등록신청자(법인인 경우 대표이사 및 이사 명의의 자산은 불인정) 명의로 된 다음의 서류를 확인한다.

① 보증가능금액확인서 발급을 위한 예치금
② 30일 이상의 은행평균잔고증명서
③ 사무실 임차시 임차보증금이 있음을 증명하는 서류
④ 공사용 장비를 구입한 경우에는 장비구입영수증
⑤ 그 밖에 등록신청자 명의의 재산보유를 증명하는 서류

(다) 등록신청서를 접수받아 심사하는 기관은 (가)목 및 (나)목의 경우 외에도 별지 2의 규정에 의한 재무관리상태진단보고서 제출 없이 자본금기준 적격 여부를 확인할 수 있는 경우에 대한 세부기준을 정하여 운영할 수 있다.

(2) 재무관리상태진단보고서를 제출받아 자본금기준의 적격 여부를 확인한 경우 다음에 따라 처리한다.

(가) 등록신청서를 접수받아 심사하는 기관은 매월 10일까지 별지 6에 따라 지난달의 진단자 현황을 국토교통부장관에게 보고하여야 한다.

(나) 재무관리상태진단보고서의 내용에 부실자산이나 겸업자산이 포함되어 있는 것을 확인하였거나 의심이 되는 경우에는 진단자에게 진단조서 및 별지 2 건설업체 기업진단지침 제7조에 따른 증빙자료의 제출을 통한 소명을 요구하여 적정성 여부를 확인하여야 한다.

(다) (나)에 따른 소명자료의 확인결과, 별지 2 건설업체 기업진단지침 제11조 제1항 각 호의 어느 하나에 해당하는 경우에는 「공인회계사법」에 따른 한국공인회계사회 기업진단감리위원회 등에 재무관리상태진단보고서의 감리를 요청하는 등 필요한 조치를 하여야 한다.

(3) 재무상태표나 재무관리상태진단보고서상의 자산계정에 예금 등의 금융상품이 있을 때 상기의 (1) (나)와 (2)에도 불구하고 건설업등록신청을 심사하는 시점까지 그 금액의 계속 보유(경상적인 경영활동에 의한 인출은 제외한다) 여부를 확인하여야 하고, 자본금기준에 미달하는 때에는 건설업등록기준의 부적격으로 처리하여야 한다.

실무에서는 양도인의 경우 재무제표증명원의 제출이 가능하나, 양수인의 경우에는 재무관리상태진단보고서를 제출하고 있는 것이 실정이다. 따라서 진단보고서상의 실질자본금이 반드시 등록 자본금의 기준금액 이상이어야 한다.

건산령 [별표 2]에서는 상기의 자본금에 대해 별도로 규정하고 있다. 각 건설업종마다 등록 자본금의 기준금액을 명시할 뿐만 아니라 사업자의 실질자본금에 대해서도 명시하고 있다. 다음은 관련 규정이다.

건산령 [별표 2] 건설업의 등록기준

3. 자본금

가. 주식회사 외의 법인인 경우에는 출자금을 자본금으로 한다.

나. 자본금이 총자산에서 총부채를 뺀 금액보다 큰 때에는 총자산에서 총부채를 뺀 금액을 자본금으로 한다. 이 경우 총자산과 총부채의 산정은 「주식회사 등의 외부감사에 관한 법률」 제5조에 따른 회계처리기준에 따른다.

다. 실내건축공사업, 금속・창호・지붕・건축물조립공사업, 도장・습식・방수・석공사업을 하는 사람이 「국가기술자격법」에 따른 건축 분야 기능장을 보유한 경우에는 해당 업종의 최저 자본금기준의 2분의 1을 감경한다.

라. 가목부터 다목까지의 규정 외에 자본금을 산정하는 기준 및 방법은 국토교통부장관이 정하는 바(건설업체 기업진단지침)에 따른다.

따라서 법정자본금이 등록 자본금의 기준금액 이상이어야 함은 물론이거니와 실질자본금, 즉 총자산에서 총부채를 뺀 금액(실질자본금) 또한 등록 자본금의 기준금액 이상이어야 한다. 이러한 실질자본금을 산정하는 기준 및 방법은 건설업체 기업진단지침에 따른다.

(다음의 ①과 ② 모두 충족해야 함)

① 법정자본금 ≥ 등록자본금

② 실질자본금 ≥ 등록자본금*

*등록자본금은 건산령 [별표2]에서 규정하는 건설업종별 등록기준 자본금을 말함

(4) 진단의 기준일

사업의 양수・양도, 법인의 분할・분할합병・합병, 자본금 변경 등에 따른 기업진단의 경우에는 다음에서 정하는 날을 진단기준일로 한다(건설업체 기업진단지침 1장 §5).

1. 양수・양도: 양도・양수 계약일
2. 분할・분할합병・합병: 분할・분할합병・합병 등기일. 다만, 납입자본금이 미달되어 등기일부터 30일 이내에 미달된 자본금 이상을 증자하고 변경등기한 경우 그 변경등기일
3. 자본금 변경: 다음 각 목의 어느 하나에 해당하는 법인인 경우에는 자본금 변경등기일

가. 기존법인: 업종별 등록기준 자본금이 강화된 경우

나. 신설법인: 기준자본금이 미달되어 추가로 증자한 경우

당해 등록·신고수리관청이 실태조사 등의 목적에 의하여 기업진단을 실시하는 경우에는 당해 등록·신고수리관청이 지정하는 날을 진단기준일로 하되, 진단기준일은 법인인 경우 정관에서 정한 회계기간의 말일인 연차결산일을 말하고, 개인인 경우 12월 31일을 말한다. 다만, 회계연도의 변경이 있는 경우는 「법인세법」에서 정하는 규정에 따른다.

만약, 양수인의 재무관리상태진단보고서상의 실질자본금액이 등록기준금액 보다 낮을 것으로 예상되는 경우에는 미리 예금을 납입하여 실질자본금액 이상으로 맞춰야 한다. 예금은 진단을 받는 자의 명의로 금융기관에 예치한 장·단기 금융상품으로 요구불예금, 정기예금, 정기적금, 증권예탁금 그 밖의 금융상품을 말한다.

예금은 진단기준일을 포함한 30일 동안의 은행거래실적 평균잔액으로 평가하며, 이 경우 30일 동안의 기산일과 종료일은 전체 예금에 동일하게 적용하여야 한다. 다만, 예금의 평가금액은 진단기준일 현재의 예금 잔액을 초과할 수 없다. [건설업체 기업진단지침 §15(예금의 평가)]

따라서, 진단기준일 현재의 예금 잔액에 주의해야 한다. 예를 들어 예금 2억원을 입금한 상황에서 29일 동안 2억원 그대로 유지했지만 진단기준일에 1억5천만원을 출금하여 예금잔액이 5천만원이라면 아무리 60일 평균잔액이 높다 하더라도 예금은 5천만원으로 평가된다.
실질자본금을 평가시 건산법등 관련 법규와 「건설업 기업진단지침」에서 정하는 사항을 제외하고는 기업회계기준에 따르며, 한국채택국제회계기준이 기업회계기준이기는 하지만, 진단자는 한국채택국제회계기준을 적용하여 실질자본을 평가하여서는 아니된다.

2) 보증가능금액확인서(공제조합)

보증가능금액확인서 발급에 관한 건설업관리규정상의 내용은 다음과 같다(건설업관리규정 2장 ③).

1. 보증가능금액확인서 발급기관
   보증가능금액확인서 발급기관으로서 "건설공제조합", "전문건설공제조합", "대한설비건설공제조합" 및 「보험업법」 제4조에 따라 설립된 "서울보증보험주식회사"를 지정한다.
2. 건설업양도 또는 건설업합병의 업무처리시 다음의 경우에는 피합병법인·양도인의

보증가능금액확인서를 합병법인 · 양수인에 해당하는 것으로 볼 수 있다.

(가) 합병으로 인한 건설업 등록의 이전
(나) 양도인의 건설업에 관한 자산과 권리 · 의무의 전부를 포괄적으로 양도하는 경우로서 다음의 어느 하나에 해당하는 경우
① 개인기업의 법인전환
② 회사의 전환
③ 분할 또는 분할합병

3. 보증가능금액확인서 발급기관은 보증가능금액확인서를 발급하고 난 후 해당 업종의 관할 등록기관에 보증가능금액확인서 발급내용(발급일 기준)을 통보(건설산업종합정보망을 이용한 통보를 포함한다)하여야 한다.
4. 보증가능금액확인서의 제출방법으로는 개별제출 및 발급기관의 통보(건설산업종합정보망을 이용한 통보를 포함한다) 모두 인정한다.
5. 보증가능금액확인서 발급을 위해 예치되는 현금에 해당하는 출자증권에 대해서는 영 제13조 제1항 제1호의 2 다목에 따른 확인서 발급기관이 확인서 기재금액에 해당하는 보증의무를 부담하게 되므로 보증가능금액확인서 발급기관은 출자증권을 교부하지 않도록 한다.
   ○ 실무적으로 보증가능금액확인서는 공제조합에 출자하는 경우 공제조합에서 발급해주는 서류이다. 따라서 공제조합에 출자하는 것이 선행되어야 한다.

3) 사무실

다음의 요건을 모두 갖춘 사무실을 갖출 것
가. 「건축법」 제22조에 따른 사용승인을 받은 건축물에 소재할 것
나. 업무 수행과 관련하여 사무실의 위치 등 다음에 해당하는 기준을 갖출 것(건설업관리규정 제2장)
  (1) 사무실의 범위
    (가) 사무실은 「건축법」 등 관계 법령에 적합한 것이어야 하며 등록하고자 하는 시 · 도(종합건설업의 경우) 또는 시 · 군 · 구(전문건설업의 경우) 내에 위치하여야 한다.
    (나) 건물등기부등본 또는 건축물대장 등에서 정한 용도가 사무실이 아니라도 건물의 형태, 입지 및 주위여건 등 제반상황을 고려하여 상시 사무실로 이용 가능한 것으로 확인되는 경우라면 사무실로 인정한다.

(다) (나)에도 불구하고 다음의 건물 등 건설업의 사무실로 사용함이 타당하지 않다고 인정되는 건물은 건설업등록기준에 따른 사무실로 인정하지 아니한다. 다만, 건축물대장 등을 통하여 용도변경을 한 사실이 객관적으로 인정되는 경우에는 예외로 한다.

① 단독주택, 공동주택 등 주거용 건물
② 축사, 퇴비사, 온실, 저장고등 농업・임업・축산・어업용건물
③ 그 밖에 상시적으로 사무실로 이용하기 부적합한 건물

(라) 건설업등록기준의 사무실은 건설업영위를 위한 용도로 사용되어야 한다.

(마) 무허가건물 및 가설건축물은 사무실로 인정하지 아니한다. 다만, 「건축법」 제20조 제1항에 따라 시장・군수・구청장이 도시계획시설 또는 도시계획시설예정지에 건축을 허가한 가설건축물로서 사무실로 상당한 기간 동안 상시 이용이 가능하고 해당 가설건축물 소유자가 건설업등록을 하는 경우라면 사무실로 인정할 수 있다.

(바) 사무실은 다른 건설사업자 등의 사무실과 명확히 구분되어야 하며, 건설업 영위를 위해 필요한 책상 등 사무설비와 통신설비의 설치 및 사무인력이 상시 근무하기에 적합한 정도의 공간이어야 한다.

(2) 사무실보유 증명서류로 건축물대장을 제출할 수 있는지 여부
건물소유자가 건물등기를 하지 않은 경우 등 불가피한 사정으로 인하여 임차인이 건물등기부등본을 제출할 수 없는 경우에는 「건축법」 제38조에 따른 건축물대장상의 소유자가 실제소유자임이 확인되는 경우(재산세 납세증명서 확인 등)에 한하여 건물등기부등본을 대신하여 건축물대장을 제출할 수 있다.

(3) 사무실기준의 적격여부는 해당 사무실의 소재지를 방문하여 확인하여야 한다. 다만, 제출받은 서류의 심사결과와 사무실의 주소・전화번호・팩스번호 등의 확인 등 사정을 고려하여 방문 확인이 필요하지 않다고 판단되는 경우에는 이를 생략할 수 있다.

4) 입찰참가자격이 제한된 경우에는 그 기간이 경과되었을 것

「국가를 당사자로 하는 계약에 관한 법령」, 「지방자치단체를 당사자로 하는 계약에 관한 법령」, 공공기관의 운영에 관한 법령 또는 지방공기업법령에 따라 부정당업자로 입찰참가자격이 제한된 경우에는 그 기간이 경과되었어야 한다.

5) 건설영업정지처분을 받은 경우

건설업영업정지처분을 받은 경우에는 그 기간이 경과되었어야 한다.

(3) 법 제18조 내지 제20조의 규정에 위배된다고 인정되는 때

법 제18조(건설업 양도의 공고), 동법 제19조(건설업 양도의 내용 등) 그리고 동법 제20조(건설업 양도의 제한)의 규정에 위배된다고 인정되는 때에는 보완 등 적절한 조치를 할 것을 요구할 수 있다(건산칙 §18 ⑤ 3호).

가) 건설업 양도의 공고

건설업을 양도하려는 자는 국토교통부령으로 정하는 바에 따라 30일 이상 공고하여야 한다. 앞에서 설명했듯이 건산법에서 지정하는 올바른 지역 또는 대한건설협회나 대한전문건설협회 홈페이지에 건산칙 제18조 제4항 각호에서 규정하는 내용을 공시해야 한다(건산법 §18).

나) 건설업 양도의 내용 등

건설업을 양도할 때에는 양도하려는 업종에 관한 다음의 권리와 의무를 모두 양도하여야 한다(건산법 §19). 따라서 건설업영위기간을 합산하기 위한 포괄적양도와는 그 범위가 다르다.

1. 시공 중인 공사의 도급계약에 관한 권리와 의무
2. 하자담보책임기간 중에 있는 완성된 공사가 있는 경우에는 그 하자보수에 관한 권리와 의무

시공 중인 건설공사가 있을 때에는 해당 건설공사 발주자의 동의를 받거나 해당 건설공사의 도급계약을 해지한 경우에만 건설업을 양도할 수 있다.

다) 건설업 양도의 제한

건설사업자는 다음의 어느 하나에 해당하면 건설업을 양도할 수 없다.

1. 영업정지 기간 중인 경우
2. 건설업의 등록이 말소되었으나 「행정심판법」 또는 「행정소송법」에 따라 그 효력발생이 정지된 경우

4. 건설산업종합정보망에 공고

시・도지사는 제출된 건설업양도신고를 수리한 경우에는 다음의 사항을 건설산업종합정

보망에 이를 공고하여야 한다(건산칙 §18 ⑦).

1. 양도신고수리의 연월일
2. 양도되는 건설업의 업종
3. 양도인 및 양수인의 주된 영업소의 소재지, 상호와 성명(법인인 경우에는 대표자의 성명을 말한다)

5. 부정한 방법으로 건설업양도 신고하는 경우

건설산업기본법(이하에서 '법'이라 한다) 제9조 제1항은 건설업을 영위하려는 자는 업종별로 등록을 하도록 규정하고 있고, 제17조는 건설업자가 건설업을 양도하려는 경우에는 관할 관청에 신고하여야 하고, 건설업 양도가 신고가 수리된 때에는 건설업을 양수한 자는 건설업을 양도한 자의 건설업자로서의 지위를 승계한다고 규정하고 있다.

그런데 건설업의 등록말소 등을 규정하고 있는 법 제83조는 건설업 등록을 말소하여야 하는 사유의 하나로 제1호에서 '부정한 방법으로 제9조의 규정에 의한 건설업의 등록을 한 경우' 를 규정하고 있을 뿐이고 '부정한 방법으로 제17조 규정에 의한 건설업 양도의 신고를 한 경우'의 등록말소에 관한 별도의 규정을 두고 있지 않아, 법 제83조 제1호의 '부정한 방법으로 제9조의 규정에 의한 건설업의 등록을 한 때'에 '부정한 방법으로 제17조 규정에 의한 건설업 양도의 신고를 한 때' 가 포함되는 것으로 해석할 수 있는지가 문제된다.

건설업을 양수한 자는 건설업자의 지위를 승계하도록 되어 있기 때문에 건설업의 양수인이 부정한 방법으로 건설업의 양도 · 양수의 신고를 함으로써 건설업을 영위할 수 있게 된 경우에도 그 건설업 등록을 말소시킬 필요성은 있다. 그러나 건설업 등록취소와 같은 침익적 행정처분의 근거가 되는 행정법규는 엄격하게 해석 · 적용되어야 하는 점, 법에서 벌칙을 정한 제96조는 제1호에서 '제9조 제1항의 규정에 의한 부정한 방법으로 등록을 하고 건설업을 영위한 자(현재는 삭제 됨)'를, 제3호에서 '제17조의 규정에 의한 부정한 방법으로 신고를 하고 건설업을 영위한 자' 를 규정하고 있는데, 이와 같이 법은 제9조에 의한 건설업 등록과 제17조에 의한 건설업의 양도신고를 구분하고 있는 점, 행정행위를 한 처분청은 그 행위에 하자가 있는 경우에는 별도의 법적 근거가 없더라도 일정한 제한 내에서 스스로 이를 취소할 수 있는 것으로 해석되므로 양도 · 양수신고의 수리처분 자체를 직권 취소할 여지가 있는 점 등의 사정을 고려하면 법 제83조 제1호의 '부정한 방법으로 제9조에 따른 건설업 등록을 한 경우'에는 '부정한 방법으로 제17조에 의한 양도 · 양수신고를 하는 경우'는 포함되어 있지 않다고 봄이 상당하다.

따라서 법 제83조 제1호는 부정한 방법으로 건설업을 양도·양수한 경우에 관하여 건설업의 등록말소를 할 수 있는 근거 규정이 된다고 할 수 없다(대법원 2012. 2. 9. 선고 2011두23504 판결).

그러므로 부정한 방법으로 건설업양도 신고하는 경우 스스로 이를 취소하거나 양도·양수신고의 수리처분 자체를 직권 취소할 수는 있어도 건설산업기본법 제83조 제1호에 따라 등록말소를 할 수는 없다.

6. 건설업양도신고 이후 처리흐름

종합공사를 시공하는 업종의 경우 건설양도신고를 대한건설협회에 제출하여 내용확인과 심사를 받고 대한건설협회는 심사결과를 도에 제출한다. 도는 수리결정을 하며, 수리결정 후에는 관련 내용을 정보통신망(Kiscon)에 등록하여 관리한다. 도는 대한건설협회에 수리통보를 하고 도는 신고인에게 통보한다.

| 종합공사를 시공하는 업종의 경우 |

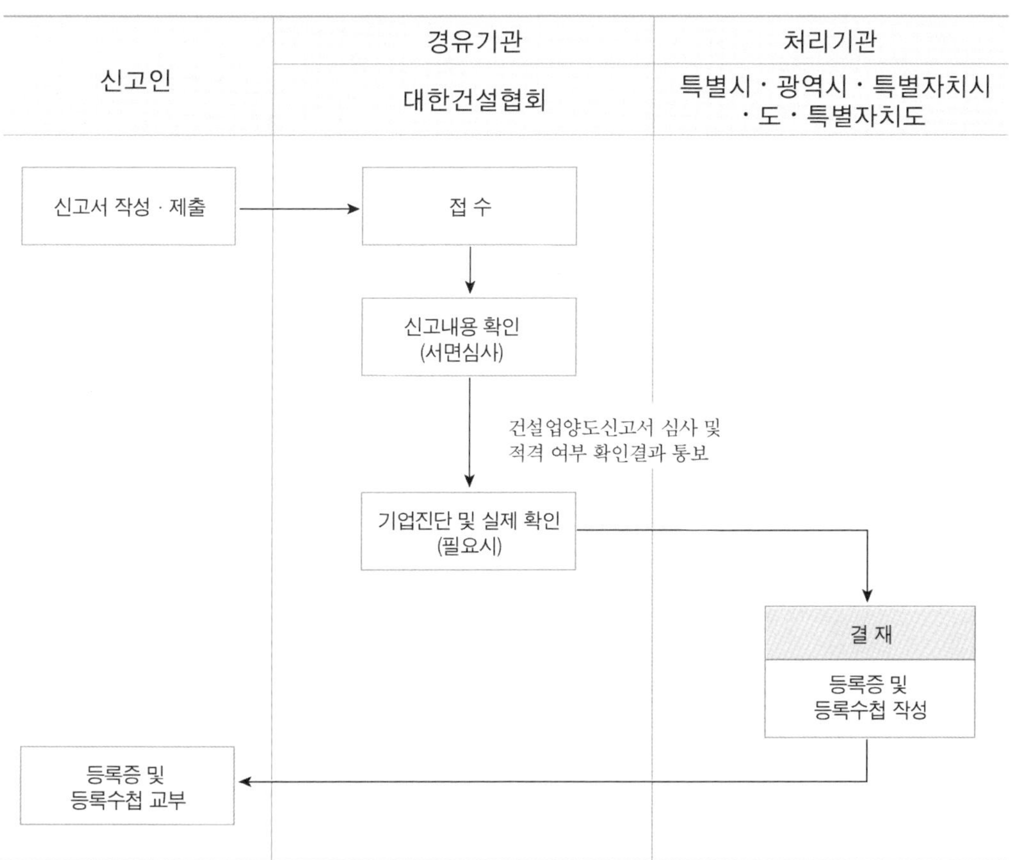

전문공사를 시공하는 업종의 경우 건설양도신고를, 위임을 받은 시, 군, 구청에 제출하여 내용확인과 심사를 받고 필요시 실제확인을 한다. 시, 군, 구청이 수리결정을 하며, 수리결정 후에는 등록증 및 등록수첩을 작성하여 신고인에게 교부한다.

| 전문공사를 시공하는 업종의 경우 |

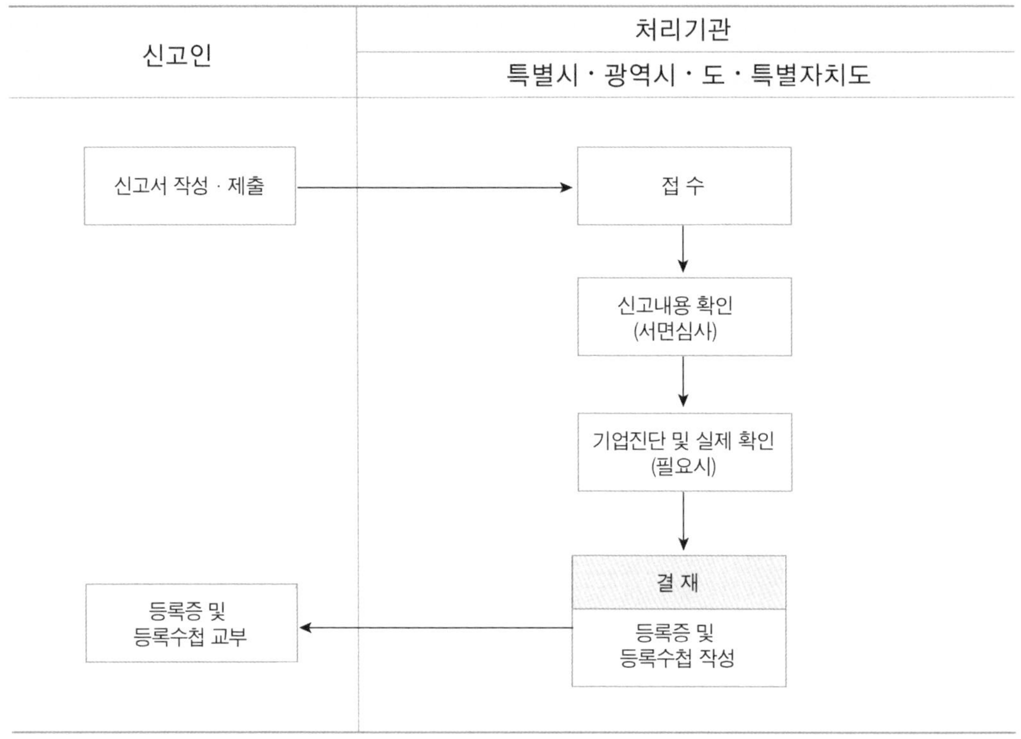

■ 건설산업기본 시행규칙 [별지 제14호 서식] (2021. 8. 27. 개정)

건설업양도신고서

※ 색상이 어두운 칸은 신고인이 적지 않습니다. (앞 쪽)

접수번호		접수일	처리기간	10일
양도인	①상호		②대표자	
	③영업소소재지		④전화번호	
	⑤법인(주민)등록번호		⑥국적 또는 소속 국가명	
	⑦업종		⑧등록번호	
양수인	⑨상호		⑩대표자	
	⑪영업소 소재지		⑫전화번호	
	⑬법인(주민)등록번호		⑭국적 또는 소속 국가명	
	⑮업종		⑯등록번호	

「건설산업기본법」 제17조 제1항 제1호에 따라 건설업의 양도를 신고합니다.

년 월 일

양도인 (서명 또는 인)

양수인 (서명 또는 인)

귀하

수수료	없음

제출서류	신고인 제출서류	경유·처리기관 확인사항
제출서류	1. 양도계약서 사본 2. 양수인에 관한 다음 각 목의 서류(해당 건설업의 등록에 관한 서류에 한정합니다) 가. 법인인 경우에는 재무상태표·손익계산서, 개인인 경우에는 영업용자산액명세서와 그 증빙서류 나. 「건설산업기본법 시행령」 제13조 제1항 제1호의 2에 따른 보증가능금액확인서(보증가능금액확인서 발급기관이 시·도지사 또는 「건설산업기본법 시행령」 제87조 제1항 제1호 가목에 따른 등록업무를 위탁받은 기관에 그 발급내용을 통보한 경우에는 보증가능금액확인서를 제출한 것으로 봅니다) 다. 「건설산업기본법 시행령」 별표 2의 시설·장비에 관한 다음의 서류 1) 「건설산업기본법 시행령」 별표 2에 규정된 사무실을 갖추었음을 증명하는 임대차계약서 사본(임대차인의 경우에만 해당합니다) 2) 「건설산업기본법 시행령」 별표 2에 따른 건설공사용 시설의 현황을 기재한 서류 3) 「건설산업기본법 시행령」 별표 2에 따른 건설공사용 장비의 현황(영업용에 제공되는 기계 및 기구의 명칭·종류·성능 및 수량을 말합니다)을 기재한 서류 라. 기술인력의 보유현황 마. 외국인 또는 외국법인이 신고하는 경우에는 해당 국가에서 「건설산업기본법」 제13조 제1항 각 호의 어느 하나에 따른 사유와 같거나 비슷한 사유에 해당하지 아니함을 신고인(법인인 경우 대표자를 말합니다)이 확인한 확인서 3. 「건설산업기본법」 제18조에 따른 건설업양도의 공고문(일간신문 및 관련 협회 인터넷 홈페이지 공고문을 말합니다)과 이해관계인의 의견조정내용을 기재한 서류 4. 양도인이 공제조합의 조합원이었거나 조합원인 경우에는 해당 공제조합의 의견서 5. 건설공사 발주자의 동의가 있음을 입증하는 서류(시공 중인 건설공사의 경우에 한정합니다) 6. 「국가를 당사자로 하는 계약에 관한 법률」 또는 「지방자치단체를 당사자로 하는 계약에 관한 법률」에 따라 양도자가 부정당업자로서 입찰참가자격 제한의 처분을 받고 처분기간 중에 있는 경우 이를 양수자가 확인한 서류	1. 양수인에 관한 다음 각 목의 서류(해당 건설업의 등록에 관한 서류만을 말합니다) 가. 법인인 경우에는 법인 등기사항증명서 나. 개인인 경우에는 주민등록표 초본이나 「재외국민등록법」 제3조에 따른 재외국민인 경우에는 여권 다. 「건설산업기본법 시행령」 별표 2에 따른 사무실에 관한 다음의 서류 1) 자기소유인 경우: 건물 등기사항증명서 2) 전세권이 설정되어 있는 경우: 전세권이 설정되어 있음이 표기된 건물 등기사항증명서 3) 임대차인의 경우: 건물 등기사항증명서 라. 「건설산업기본법 시행령」 별표 2에 따른 건설공사용 시설의 건물 또는 토지의 등기사항증명서 및 공장등록대장 등본 마. 「건설산업기본법 시행령」 별표 2에 따른 건설공사용 장비 중 「건설기계관리법」 그 밖의 다른 법령의 적용을 받는 장비의 경우에는 그 등록원부등본 바. 외국인 또는 외국법인이 신고하는 경우에는 「건설산업기본법 시행령」 제13조 제2항 제1호 및 제3호의 요건을 갖추었음을 증명하는 서류(「출입국관리법」 제33조에 따른 외국인등록증 및 영업소 등기사항증명서를 말합니다)

행정정보 공동이용 동의서

본인은 이 건 업무처리와 관련하여 「전자정부법」 제36조 제1항에 따른 행정정보의 공동이용을 통하여 경유·처리기관이 법인 등기사항증명서, 주민등록표초본, 여권, 공장등록대장 등본, 건설기계등록원부등본 또는 외국인등록증을 확인하는 것에 동의합니다.

※ 법인 등기사항증명서, 주민등록표초본, 재외국민등록증 또는 여권, 공장등록대장 등본, 건설기계등록원부등본, 외국인등록증의 확인에 동의하지 않는 경우에는 신청인이 직접 해당 서류 또는 그 사본을 제출하여야 합니다.

신고인 (서명 또는 인)

210mm×297mm[백상지(80g/㎡) 또는 중질지(80g/㎡)]

■ 건설업관리규정 [별지 1]

건설기술자 보유현황표

○ 업체명 :　　　　　　　　　　　　　　　　　　　　○ 대표자 :　　　　　　　(인)

○ 건설업종 보유현황(토건, 토목, 조경, 실내건축, 토공 등)　　　○ 신고기간 : 20. . . ~ 20 . . .

기술자 보유현황 \ 연도					20 년											
번호	성명	주민번호	분야등급	자격종목	1월	2월	3월	4월	5월	6월	7월	8월	9월	10월	11월	12월
1	홍길동		토목중급	토목기사					7 퇴							
2	임꺽정		토목중급						7 입							
3	이도령		토목중급													
	(생		략)													
토목 소계					6 (2)	6 (2)	6 (2)	6 (2)	6 (2)	6 (2)	6 (2)	6 (2)	6 (2)	6 (2)	6 (2)	6 (2)
1	홍길동		건축고급	건축기사												
2	임꺽정		건축고급													
	(생		략)													
건축 소계					5 (2)	5 (2)	5 (2)	5 (2)	5 (2)	5 (2)	5 (2)	5 (2)	5 (2)	5 (2)	5 (2)	5 (2)
월별 합계					11 (4)	11 (4)	11 (4)	11 (4)	11 (4)	11 (4)	11 (4)	11 (4)	11 (4)	11 (4)	11 (4)	11 (4)

기술자 보유현황 \ 연도					20 년											
번호	성명	주민번호	분야등급	자격종목	1월	2월	3월	4월	5월	6월	7월	8월	9월	10월	11월	12월
1	홍길동		토목중급	토목기사												
2	임꺽정		토목중급													
3	이도령		토목중급													
	(생		략)													
토목 소계					6 (2)	6 (2)	6 (2)	6 (2)	6 (2)	6 (2)	6 (2)	6 (2)	6 (2)	6 (2)	6 (2)	6 (2)
1	홍길동		건축고급	건축기사							10 퇴					
2	임꺽정		건축고급								11 입					
	(생		략)													
건축 소계					5 (2)	5 (2)	5 (2)	5 (2)	5 (2)	5 (2)	5 (2)	5 (2)	5 (2)	5 (2)	5 (2)	5 (2)
월별 합계					11 (4)	11 (4)	11 (4)	11 (4)	11 (4)	11 (4)	11 (4)	11 (4)	11 (4)	11 (4)	11 (4)	11 (4)

기술자 보유현황 \ 연도					20 년											
번호	성명	주민번호	분야등급	자격종목	1월	2월	3월	4월	5월	6월	7월	8월	9월	10월	11월	12월
1	홍길동		토목중급	토목기사												
2	임꺽정		토목중급													
3	이도령		토목중급													
	(생		략)													
토목 소계					6 (2)	6 (2)	6 (2)	6 (2)	6 (2)	6 (2)	6 (2)	6 (2)	6 (2)	6 (2)	6 (2)	6 (2)
1	홍길동		건축고급	건축기사												
2	임꺽정		건축고급													
	(생		략)													
건축 소계					5 (2)	5 (2)	5 (2)	5 (2)	5 (2)	5 (2)	5 (2)	5 (2)	5 (2)	5 (2)	5 (2)	5 (2)
월별 합계					11 (4)	11 (4)	11 (4)	11 (4)	11 (4)	11 (4)	11 (4)	11 (4)	11 (4)	11 (4)	11 (4)	11 (4)

비고 1. 건설업종 보유현황은 건설업자가 보유하고 있는 건설업종 모두를 기재할 것
2. 기술자 보유현황은 기사 또는 중급이상 기술자를 우선 작성한 후 초급기술자를 작성할 것(입 · 퇴사 불문)
3. 기술자는 기술분야별로 구분하여 작성할 것 [예 : 토목건축공사업의 경우 토목기술자 작성 후 건축기술자 작성. 토목 · 건축구분 중간에 토목 소계 ○○명. 건축소계 ○○명 기재한 후 ( )안에는 기사 및 중급 이상 기술자 인원 기재]

Ⅱ 건설업의 합병

합병은 건설업양도와 달리 상법에 따라 건설사업자의 권리와 의무가 포괄적으로 승계되므로 건설사업자로서의 지위승계뿐만 아니라 양도인의 실적까지 양수인에게 승계된다. 따라서 건산법에서는 양도인의 실적승계를 위한 요건은 없고 단지 합병 시 신고의무를 부과하고 있다.

1. 건설업합병 신고

건설사업자인 법인이 다른 법인과 합병하려는 경우에는 국토교통부장관에게 신고하여야 한다. 다만, 건설사업자인 법인이 건설사업자가 아닌 법인을 흡수합병하려는 경우는 제외한다(건산법 §17 ①). 따라서 신고대상은 다음과 같다.

① 건설사업자인 법인이 다른 건설사업자인 법인과 합병하는 경우

② 비건설사업자인 법인이 건설사업자인 법인을 흡수합병하는 경우

건설업합병의 신고를 하고자 하는 경우에는 합병전의 각 법인의 대표자와 합병후에 존속하거나 신설되는 법인의 대표자가 공동으로 별지 제15호 서식의 법인합병신고서를 작성하여 시·도지사 또는 대한건설협회에게 제출(전자문서에 의한 제출을 포함한다)하여야 한다(건산칙 §19 ①).

2. 처리기관

처리기관은 건설업양도의 경우와 동일하다.

3. 합병의 유형

따라서 상법상 회사는 합병할 수 있으나, 일방 또는 쌍방이 주식회사이거나 유한회사인 경우 존속하는 회사는 반드시 주식회사이거나 유한회사이어야 한다. 만일, 합명회사와 주식회사가 합병하는 경우 존속회사가 합명회사는 될 수 없고 주식회사가 되어야 한다는 것이다(상법 §174).

하지만, 합병은 아니지만 건산법 시행규칙 제18조 제6항에 따라 합병회사 또는 합자회사를 유한회사 또는 주식회사로 포괄적으로 양도 후 회사전환하는 것은 가능하며, 또한 건설업영위기간도 합산 가능하다. 즉, 합명회사 또는 합자회사로서 건설업을 운영하는 회사는 주

식회사 또는 유한회사를 신규로 설립하여 그 신규설립된 회사에 건설업의 양도가 가능하다.

상법상 합병	건산법상 포괄적양도에 따른 회사전환
① 합명회사(합자회사)+유한회사 → 유한회사 ② 합명회사(합자회사)+주식회사 → 주식회사	① 합명회사 → 유한회사 또는 주식회사(ㅇ) ② 합자회사 → 유한회사 또는 주식회사(ㅇ) ③ 유한회사 또는 주식회사 → 합명회사(x) ④ 유한회사 또는 주식회사 → 합자회사(x)

4. 제출서류

법인합병신고서에는 다음 각호의 서류를 첨부하여야 한다(건산칙 §19 ②).

1. 합병계약서 사본
2. 합병공고문(피합병회사와 합병회사 모두 공고한다)
3. 합병에 관한 사항을 의결한 총회 또는 창립총회의 결의서 사본
4. 합병 후 존속하거나 신설되는 법인에 관한 서류로서 제2조 제2항 각 호에 따라 첨부하여야 하는 서류(해당 건설업의 등록에 관한 서류만을 말한다). 이는 건설업 신규등록시 제출하는 서류와 동일하다. 앞의 건설업양도의 내용과 동일하므로 건설업양도편을 참고하면 된다.

★건설업양도와는 달리 다음의 서류는 제출대상 서류가 아니다.

*이해관계인의 의견조정서
*공제조합의 의견서
*발주자의 동의서
*입찰참가자격 제한 처분기간 중에 있는 경우 양수자의 확인서류

※ 제출서류등을 요약하면 다음과 같다.

	신고인 제출서류	경유·처리기관 확인사항
제출서류	1. 합병계약서 사본 2. 합병공고문 3. 합병에 관한 사항을 의결한 총회 또는 창립총회의 결의서 사본 4. 합병 후 존속하거나 신설된 법인에 관한 다음 각 목의 서류(해당 건설업의 등록에	1. 합병 후 존속하거나 신설된 법인에 관한 다음 각 목의 서류(해당 건설업의 등록에 관한 서류만을 말함) 가. 법인인 경우에는 법인 등기사항증명서 나. 개인인 경우에는 주민등록표초본이나 「재외국민등록법」 제3조에 따른

신고인 제출서류	경유ㆍ처리기관 확인사항
관한 서류만을 말함) 가. 법인인 경우에는 재무상태표ㆍ손익계산서, 개인인 경우에는 영업용자산액명세서와 그 증빙서류 나.「건설산업기본법 시행령」 제13조 제1항 제1호의 2에 따른 보증가능금액확인서(보증가능금액확인서 발급기관이 시ㆍ도지사 또는「건설산업기본법 시행령」 제87조 제1항 제1호 가목에 따른 등록업무를 위탁 받은 기관에 그 발급내용을 통보한 경우에는 보증가능금액확인서를 제출한 것으로 봄) 다.「건설산업기본법 시행령」 별표 2의 시설ㆍ장비에 관한 다음의 서류 1)「건설산업기본법 시행령」 별표 2에 규정된 사무실을 갖추었음을 증명하는 임대차계약서 사본(임대차인의 경우에 한함) 2)「건설산업기본법 시행령」 별표 2에 따른 건설공사용 시설의 현황을 기재한 서류 3)「건설산업기본법 시행령」 별표 2에 따른 건설공사용 장비의 현황(영업용에 제공되는 기계 및 기구의 명칭ㆍ종류ㆍ성능 및 수량을 말함)을 기재한 서류 라. 기술인력의 보유현황 마. 외국인 또는 외국법인이 신고하는 경우에는 해당 국가에서「건설산업기본법」 제13조 제1항 각 호의 어느 하나에 따른 사유와 같거나 비슷한 사유에 해당하지 아니함을 신고인(법인인 경우 대표자를 말함)이 확인한 확인서	재외국민인 경우에는 여권 다.「건설산업기본법 시행령」 별표 2에 따른 사무실에 관한 다음의 서류 1) 자기소유인 경우: 건물 등기사항증명서 2) 전세권이 설정되어 있는 경우 : 전세권이 설정되어 있음이 표기된 건물 등기사항증명서 3) 임대차인의 경우: 건물 등기사항증명서 라.「건설산업기본법 시행령」 별표 2에 따른 건설공사용 시설의 건물 또는 토지의 등기사항증명서 및 공장등록대장 등본 마.「건설산업기본법 시행령」 별표 2에 따른 건설공사용 장비 중「건설기계관리법」 그 밖의 다른 법령의 적용을 받는 장비의 경우에는 그 등록원부 등본 바. 외국인 또는 외국법인이 신고하는 경우에는「건설산업기본법 시행령」 제13조 제2항 제1호 및 제3호의 요건을 갖추었음을 증명하는 서류(「출입국관리법」 제33조에 따른 외국인등록증 및 영업소 등기사항증명서를 말함)

5. 건설업등록기준 적합 여부 판단과 보완조치의 요구

시・도지사 또는 대한건설협회는 건설업합병의 신고가 있는 때에는 존속법인에 대하여 건설업의 등록기준(건칙령 §13)에 따른 건설업의 등록기준에 적합한지를 확인할 수 있다. 만약, 존속법인이 등록기준에 적합하지 아니하다고 인정되는 때에는 소멸법인 또는 존속법인에게 내용의 보완 등 적절한 조치를 할 것을 요구할 수 있다(건산칙 §19 ③, §18 ⑤).

건칙령 제13조는 신규 건설업등록기준에 관한 규정으로서 앞의 건설업양도의 내용과 동일하다. 따라서 이하는 건설업양도와 다른 것 또는 동일하지만 주의해야 할 것들에 대한 내용이다.

1) 기술능력・자본금・시설 및 장비를 갖출 것

자본금은 개인인 경우에는 건설업에 제공되는 자산의 평가액을 말하며, 전문공사를 시공하는 업종의 경우에는 주력분야의 기술능력・자본금・시설 및 장비를 말한다.

건설기술자는 피합병법인, 즉 소멸법인의 기술자를 합병법인이 그대로 승계하면 된다. 자본금은 재무관리상태진단보고서를 제출하여 적정한 자본금을 갖추었는지 확인할 수 있다. 재무관리상태진단보고서는 합병법인의 재무관리상태진단보고서를 제출하면 되고 그 재무관리상태진단보고서상의 실질자본금은 합병법인이 합병 후 영위하는 건설업종의 등록자본금의 기준금액 이상이어야 한다. 피합병법인은 전기 결산서가 확정되었다면 전기 결산서를 제출하면 되지만, 전기 결산서가 확정되지 않았다면 피합병법인의 재무관리상태진단보고서를 제출해야 한다. 즉, 피합병법인이 12월말 결산법인인 경우 대체적으로 3월 중에 전기 결산서가 확정되므로 그 이후에는 전기 결산서를 제출할 수 있지만, 건설합병 신고 당시가 1월이거나 2월인 경우에는 전기결산서를 확정되기 어려우므로 재무관리상태진단보고서를 제출해야 할 것이다.

하지만 실무적으로는 합병 전 합병법인과 피합병법인의 재무관리상태진단보고서와 합병 후의 합병법인의 재무관리상태진단보고서 총3장을 제출하며, 이것이 보다 안전한 방법이다. 다만, 건설사업자가 아닌 법인과 합병할 때에는 건설업관련 실질자본금이 없으므로 재무관리상태진단보고서의 제출은 필요하지 않다.

① 합병 후의 법정 자본금

합병의 경우 합병비율에 따라 피합병법인의 주주에게 합병신주가 교부된다. 합병비율은 피합병법인의 주주가 피합병법인 주식 1주당 받게 되는 합병법인의 주식비율이다. 만약, 합병비율이 1:0.5라고 한다면, 피합병법인의 주식 1주당 합병법인의 주식 0.5주를 교부받는다는 것이다.

아래의 경우에서 피합병법인의 주식 수는 합병 전 10,000주이고, 합병비율이 1: 0.5라고 한다면 피합병법인의 주주가 받게 되는 합병신주 수는 5,000주가 된다.

구 분	합병법인	피합병법인	합병 후	비 고
	의창건설	창우건설		
1주당액면가액	10,000	10,000		
자본금	2억원	2억원		
발행주식총수	20,000주	20,000주		
합병비율	1	0.5		
합병후 주식수	10,000주	5,000주	15,000주	

위에서 합병법인 의창건설과 피합병법인 창우건설이 영위하고 있는 건설업종의 등록기준금액이 각각 2억원이고 건산령 제16조에 「건설업 등록기준의 특례」 적용이 안된다고 할 때, 합병 후 의창건설의 법정자본금은 2억원, 창우건설의 법정자본금은 1억원으로서 합계 3억원이 되어 등록기준을 만족하지 못하게 된다.

② 합병 후 법정자본금이 미달할 경우

건설업을 영위하는 법인간의 합병으로 합병 전에는 각각의 법인들이 보유하는 법정자본금이 영위중인 건설업종의 등록 자본금의 기준금액 이상으로 충족하였으나, 합병 후에는 법정자본금이 등록 자본금의 기준금액에 미달하는 경우 건산령 제13조에 따른 「건설업의 등록기준」을 충족하지 못하게 된다.

이 경우 건설업관리규정 [별지 2] 「건설업체 기업진단지침」 제5조 제3항 제2호에 따라 합병에 따른 납입자본금이 미달하는 경우 그 합병등기일로부터 30일 이내에 미달된 자본금 이상을 증자하고 변경등기한 경우 그 변경등기일을 진단기준일로 하고 있다. 따라서 법정자본금이 등록기준금액에 미달하는 경우 증자하여 요건을 갖추는 경우에는 건산령 제13조에 따른 「건설업의 등록기준」을 충족할 수 있게 된다.

건설업체 기업진단지침 제5조에 따라 사업의 양수·양도, 법인의 분할·분할합병·합병, 자본금 변경 등에 따른 기업진단의 경우에는 다음에서 정하는 날을 진단기준일로 한다.

| 진단기준일 |

1. 양수 · 양도 : 양도 · 양수 계약일
2. 분할 · 분할합병 · 합병 : 분할 · 분할합병 · 합병 등기일. 다만, 납입자본금이 미달되어 등기일부터 30일 이내에 미달된 자본금 이상을 증자하고 변경등기한 경우 그 변경등기일
3. 자본금 변경 : 다음 각 목의 어느 하나에 해당하는 법인인 경우에는 자본금 변경등기일
   가. 기존법인 : 업종별 등록기준 자본금이 강화된 경우
   나. 신설법인 : 기준자본금이 미달되어 추가로 증자한 경우

③ 건설사업자 간의 합병(종합+전문, 전문+전문)시 특례 적용 여부

건설산업기본법 시행령[대통령령 제33456호, 2023. 5. 9. 일부개정] 제16조 제1항 제1호에 보유하고 있는 업종의 별표 2에 따른 최저 자본금기준(보유하고 있는 업종이 둘 이상인 경우 최저 자본금기준이 최대인 업종의 최저 자본금기준을 말한다)의 2분의 1을 한도로 1개 업종에 한정하여 등록하려는 업종의 최저 자본금기준의 2분의 1에 해당하는 자본금을 이미 갖춘 것으로 봄을 규정하고 있고,

동항 제2호에 보유하고 있는 업종의 별표 2에 따른 기술능력과 추가로 등록하려는 업종의 기술능력이 같은 종류 · 등급으로서 공동으로 활용할 수 있는 경우에는 1개 업종에 한정하여 1명(공동으로 활용할 수 있는 기술인력이 5명 이상인 경우에는 2명)의 기술능력을 이미 갖춘 것으로 본다고 규정하고 있다.

따라서 건설사업자 간의 합병 시에도 건산령 제16조 제1항에 따른 「건설업 등록기준의 특례」 적용을 받을 수 있으므로, 업종 간의 공동으로 활용할 수 있는 등의 특례 적용이 가능한 경우라면 1회에 한정하여 특례적용이 가능하다(처리기관: 국토교통부 건설정책국 건설정책과, 처리기관 접수번호: 2AA-2310-0438799, 2023. 10. 12.).

한편, 특례적용에 있어서는 종합과 전문에 따라 구별 적용되지 않고 동일한 건설업의 업종으로 보고 적용된다.

2) 보증가능금액확인서

이는 건설업양도와 그 내용이 동일하다.

3) 사무실

이는 건설업양도와 그 내용이 동일하다.

4) 입찰참가자격이 제한된 경우

「국가를 당사자로 하는 계약에 관한 법령」, 「지방자치단체를 당사자로 하는 계약에 관한 법령」, 공공기관의 운영에 관한 법령 또는 지방공기업법령에 따라 부정당업자로 입찰참가자격이 제한된 경우에는 그 기간이 경과되었을 것

5) 건설업영업정지처분을 받은 경우

건설업영업정지처분을 받은 경우에는 그 기간이 경과되었을 것

6. 건설산업종합정보망에 공고

시·도지사는 법 제17조 제1항 제2호의 규정에 의하여 제출된 법인합병신고서를 수리한 경우에는 다음 각 호의 사항을 건설산업종합정보망에 이를 공고하여야 한다(건산칙 §19 ④).

1. 법인합병신고수리의 연월일
2. 이전되는 건설업의 업종
3. 합병전 법인과 합병후 존속하거나 신설되는 법인의 주된 영업소의 소재지, 상호와 대표자의 성명

7. 시정명령, 영업정지 등이 예상되는 경우 처리방법

건산법 제81조부터 제83조까지의 규정에 따른 시정명령, 영업정지, 등록말소 등이 객관적으로 명백히 예상되는 경우이나 동 행정처분을 하기 전에 건설업체가 합병신고를 하는 경우에는, 합병의 경우 존속법인이 소멸법인의 권리의무를 포괄적으로 승계하므로 먼저 합병신고 수리 후 존속법인에 대해 처분이 가능하다(건설업관리규정).

8. 건설업의 합병과 국세

합병에서 세금과 관련된 이슈들이 너무 많다. 하지만 현실적으로 실적승계와 관련된 건산법에 치중되어 세금이슈들을 많이 놓치는 경우가 많다. 합병을 하면서 피합병회사의 실적을 승계받고 더 나아가 절세까지 할 수 있다면 금상첨화일 것이다. 다음은 건설업합병과 관련된 국세에 대한 내용이다.

(1) 적격합병

1) 피합병법인의 양도차익에 대한 과세이연

법인세법에서 규정하는 적격합병의 요건을 충족하는 경우에는 소멸법인(이하에서 "피합병법인"이라 한다)이 양도하는 순자산의 양도차익에 대해 과세하지 않고 향후 존속법인(이하에서 "합병법인"이라 한다)이 관련 자산에 대해 감가상각하거나 처분시 익금산입한다. 따라서 합병 당시 투입되는 비용이 세금만큼 줄어들게 된다. 피합병법인이 자산, 특히 고정자산을 많이 소유하고 있을수록 양도차익액이 더 클 개연성이 높다.

이 경우 주의할 점이 있다. 적격합병이 되면 합병 당시에는 피합병법인의 자산처분과 관련된 양도차익에 대해 세금을 납부하지는 않지만, 영원히 사라지는 것이 아니라 과세이연되는 것으로서 양도차익이 피합병법인에게 속하는 소득임에도 불구하고 향후 합병법인이 해당 자산을 감가상각하거나 처분시 익금산입하여 과세한다.

따라서 피합병법인이 납부해야 할 세금을 합병법인이 납부하는 결과가 되므로 선택 시 무엇이 해당 합병과 더 맞는지 잘 판단해야 할 것이다. 상황에 따라서 오히려 비적격합병이 더 좋은 선택이 될 수도 있다는 것이다.

적격합병의 요건은 건설업양도와 합병 파트 외 앞부분, 합병과 분할에 잘 기술되어 있으므로 참고하면 된다.

2) 의제배당 과세

피합병법인의 주주들은 자신들이 소유한 피합병법인의 주식을 소멸시키고 대신 그 대가로 합병법인의 주식을 교부받게 된다. 만일, 피합병법인의 주주가 받는 합병법인주식의 시가가 예전 피합병법인의 주주가 피합병법인의 주식을 취득할 당시의 주식취득가액보다 높다면 이는 실질적인 배당이 발생한다고 봐야 한다. 따라서 그 차액에 대해 의제배당으로 보고 피합병법인의 주주들에게 과세한다.

하지만 만약 적격합병의 요건을 충족한다면 합병당시에는 의제배당으로 과세하지 않고 향후 해당 주식을 처분할 때 과세한다. 「의제배당과세이연을 위한 적격합병요건」은 「피합병법인의 양도차익을 "0"으로 하는 적격합병요건」과 차이가 있다.

※ 다음은 적격합병의 요건과 의제배당과세이연을 위한 적격합병의 요건이다.

구분	적격합병요건	의제배당과세이연 위한 적격합병요건
1. 일반적 요건	① 사업목적합병 ② 지분의 연속성 ③ 사업의 계속성 ④ 고용승계	① 사업목적합병 ② 지분의연속성(주식등의 보유와 관련된 부분은 제외한다)
2. 완전자회사간등	완전모자회사간합병 또는 완전자회사간합병	

상기 표에서와 같이 의제배당과세이연을 위한 적격합병요건은 양도차익을 "0"으로 하는 적격합병에 비해 상당히 덜 까다롭다.

구 분	의제배당과세이연을 위한 적격합병요건
1. 사업 목적	① 합병등기일 현재 1년 이상 사업을 계속하던 내국법인 간의 합병일 것. 기업인수목적 합병회사(SPAC)는 제외
2. 지분의 연속성	② 피합병법인의 주주 등이 합병으로 인하여 받은 합병대가의 총합계액 중 합병법인의 주식 등 또는 합병법인의 모회사의 주식 등의 가액(시가)이 80% 이상으로서 그 주식 등이 지분비율에 따라 배정될 것. * 주식의 교부요건과 주식의 배정요건은 충족해야 하지만, 주식의 보유요건은 충족할 필요가 없다. 따라서 합병 후 주식을 처분하였다고 해서 의제배당이 바로 과세되는 것이 아니라 해당 주식을 처분하는 등의 경우에 과세한다.

(2) 불공정합병

불공정합병이란 합병법인 또는 피합병법인 중 일방이 과소평가되고 다른 타방이 과대평가되는 경우를 말한다. 만일, 피합병회사가 과소평가되는 경우 피합병법인의 주주에게 교부되는 합병교부신주의 수가 줄어들게 되어 해당 법인의 주주들은 재산적 손해를 입게 된다. 반대로 합병법인은 상대적으로 과대평가되어 합병법인의 주주들은 재산적 이익을 얻게 된다. 따라서 불공정합병이 발생하는 경우 일부 주주들은 이익을 얻게 되고 일부 주주들은 손해를 보게 되는데, 이 경우 이익을 보게 되는 주주가 법인인 경우에는 법인세 또는 개인인 경우에는 증여세를 과세된다.

따라서, 만일 의도적인 불공정합병이 아니라면, 또는 굳이 불공정합병을 할 이유가 없음에도 불구하고 불공정합병을 한 경우라면, 관련 세법을 제대로 검토하지 못하여 예기치 않은 세금이 과세될 수 있으므로 상당한 주의를 요한다.

(3) 증권거래세의 신고

1) 피합병법인이 보유하는 주식과 자기주식에 대한 증권거래세

양도차익을 "0"으로 하는 적격합병, 적격분할, 요건을 모두 갖춘 주식의 포괄적 교환・이전을 위하여 주식을 양도하는 경우에는 증권거래세를 면제한다(조특법 §117 ① 14호). 하지만 비적격합병의 경우에는 증권거래세를 과세한다.

그러나 비적격합병에 의하여 피합병법인이 보유한 비상장법인 발행주식이 합병법인에게 이전되는 경우와 피합병법인이 보유하고 있는 피합병법인의 자기주식을 합병법인에게 승계・이전하고 합병신주를 수취하는 경우에는 각각 「증권거래세법」 제1조에 따른 증권거래세 과세대상에 해당한다(서면법령해석부가 2015-1191, 2016. 1. 13.).

비적격합병에 의하여 피합병법인이 보유한 비상장법인 발행주식을 합병법인에게 이전하는 경우로서 해당 주권의 양도가 「증권거래세법」 제3조 제1호 외의 주권등을 양도하는 경우로서 해당 주권의 양도가액을 알 수 있는 경우에는 같은 법 제7조 제1항 제2호 가목에 따른 가액이, 해당 주권의 양도가액을 알 수 없는 경우에는 같은 법 제7조 제1항 제2호 나목에 따른 가액이 해당 주권의 증권거래세 과세표준이 되는 것이다.

2) 건설공제조합의 출자증권에 대한 증권거래세

증권거래세는 주권 또는 지분의 유상양도에 대하여 부과하며, 특별한 법률에 의하여 설립된 법인이 발행하는 출자증권은 이 법의 적용에 있어서 주권으로 보도록 되어있어 건설공제조합의 출자증권은 증권거래세 과세대상인 주권에 해당한다(소비 46430-596, 1999. 12. 4. 및 서삼 46015-11518, 2003. 9. 25.). 하지만 피합병법인의 양도차익을 "0"으로 하는 적격합병이나 적격분할에 해당하는 경우에는 증권거래세를 면제한다(조특법 §117 ① 14호).

9. 처리흐름도

(1) 전체적인 흐름

합병에 관한 이사회의 승인 → 합병계약 체결 → 합병 대차대조표등의 공시(주주총회 회일의 2주 전부터) → 주주총회(합병계약서의 승인결의) → 채권자보호절차 → 합병보고총회(흡수합병은 보고총회, 신설합병은 창립총회) → 합병등기 및 해산등기 → 재무관리상태 진단보고서(기준일 : 합병등기일) → 건설업합병신고 → 수리결정 → 필요시 시공능력 재평가 신청 다음은 법인합병 업무기준표이다. 이는 상법의 합병관련 법규정과 같이 매치하면서 본다면 그 흐름을 정확하게 이해할 수 있을 것이다.

| 법인합병 업무기준표 |

구분		업무 내용	비고
사전 준비절차		법률, 회계, 조세 문제 사전 검토	
		피합병법인의 1년 이상 계속 사업 요건 충족 여부 검토	
		증여세 과세 문제 검토	
		의제배당 검토	
		수도권 과밀억제지역 법인증자 시 등록세 3배 중과 등 지방세 과세 문제 검토 : 첨단산업 해당 여부 확인	
		합병비율 결정	
		자산・부채 평가(감정평가)	
		합병등기일까지 추정 결산	
		합병비율 산정	
		합병 절차 및 일정 확정	
		합병계약서 등 관련 서류 준비	
D-32	이사회 개최	-합병에 관한 이사회 승인	
		-주총소집을 위한 이사회결의(상법 §362)	
	합병계약 체결	합병계약 체결	
		-당사회사의 대표이사	
D-31	주주명부 폐쇄	주주 명부 폐쇄 기준일 공고(상법 §354)	
		-명부 확정 기준일 2주 전 공고	
D-16	주주명부 확정	주주명부 확정 기준일(상법 §354)	
		-주주총회를 위한 권리 주주확정	
D-15	합병주주총회 준비	합병주주총회 소집공고 및 통지(상법 §363, §522)	
		-주총 2주 전 공고 및 통지	
		합병계약서, 각 회사의 최종의 대차대조표와 손익계산서 등 비치 공시(상법 §522의 2)	
		-주총 2주 전 ~ 합병일부터 6개월	
D-1		합병반대주주의 서면 통지 접수 마감(상법 §522의 3)	
		-이사회의 합병결의일 ~ 주총 전일	
D-day	주주총회 개최	합병승인 주주총회(상법 §522)	
		-주총 특별결의	

구분		업무 내용	비고
	합병 반대주주 보호 절차	반대주주 주식 매수청구 시작(상법 §522의 3)	
		-주총일로부터 20일 내 청구	
D+1	채권자 보호 절차	채권자 이의 제출 공고 및 회고(상법 §527의 5)	
		-주총일로부터 2주 이내 공고	
	주식의 병합	피합병회사의 구주권 제출 공고(상법 §440)	
		-주총일로부터 2주 이내 공고	
D+20	합병 반대주주 보호 절차	주식매수청구권 행사 만료(상법 §522의 3)	
		-주총일로부터 20일 이내	
D+32	채권자 보호 절차	채권자 이의 제출 기간 만료(상법 §527의 5)	
		-공고 기간 1월 이상	
	주식의 병합	구주권 제출 기간 만료(상법 §440)	
		-공고 기간 1월 이상	
D+33	합병기일	실질적인 합병일	
D+34	이사회 개최	합병보고주주총회 갈음하기 위한 이사회결의(상법 §526)	
		-합병보고주주총회 대체	
D+35	합병 보고총회	흡수합병 : 보고총회, 신설합병 : 창립총회 이사회결의에 대한 공고로 갈음할 수 있음(상법 §526)	
D+36	합병등기	합병등기(상법 §528, 상업등기법 §62~§64, 상업등기규칙 §148, §149)	
		변경등기 : 합병법인	
		해산등기 : 피합병법인	
		-본점 : 보고총회종결일 또는 보고에 갈음하는 공고일로부터 2주 내	
		-지점 : 보고총회종결일 또는 보고에 갈음하는 공고일로부터 3주 내	
D+60 내	주식매수	주식매수 청구대금 지급(상법 §374의 2)	
		-주식 매수청구를 받은 날부터 2월 내에 주식매수	
	재무제표 확정	-재무제표 확정 : 합병등기일 기준	
		합병법인 : 합병재무제표 작성	
	폐업 신고	합병등기일로부터 25일 이내	
		-피합병법인의 폐업신고	
		-피합병법인의 부가가치세 신고	
D+66 내	기업결합 신고	해당하는 경우 기업결합신고(공정거래법 §12, 공정거래법 시행령 §18)	
		-합병등기일로부터 30일 이내 공정위 신고	

구분		업무 내용	비고
D+127 내	법인세 신고	합병등기일로부터 3개월 이내 피합병법인의 법인세 신고	
		- 의제 사업연도에 대한 법인세 신고	
		청산소득에 대한 법인세 신고	
기타업무		세부적인 사후 업무수행	
		부동산 소유권 이전 등기, 차량운반구 명의 이전 등 등기·등록이 필요한 자산·부채 등의 명의변경	
		각종 인허가증의 명의변경	

(한국세무사회 수정인용)

(2) 합병등기 이후의 흐름도

종합공사를 시공하는 업종의 경우 건설업합병신고를 대한건설협회에 제출하여 내용확인과 심사를 받고 대한건설협회는 심사결과를 도에 제출한다. 도는 수리결정을 하며, 수리결정 후에는 관련 내용을 정보통신망(Kiscon)에 등록하여 관리한다. 도는 대한건설협회에 수리통보를 하고 도는 신고인에게 통보한다.

| 종합공사를 시공하는 업종의 경우 |

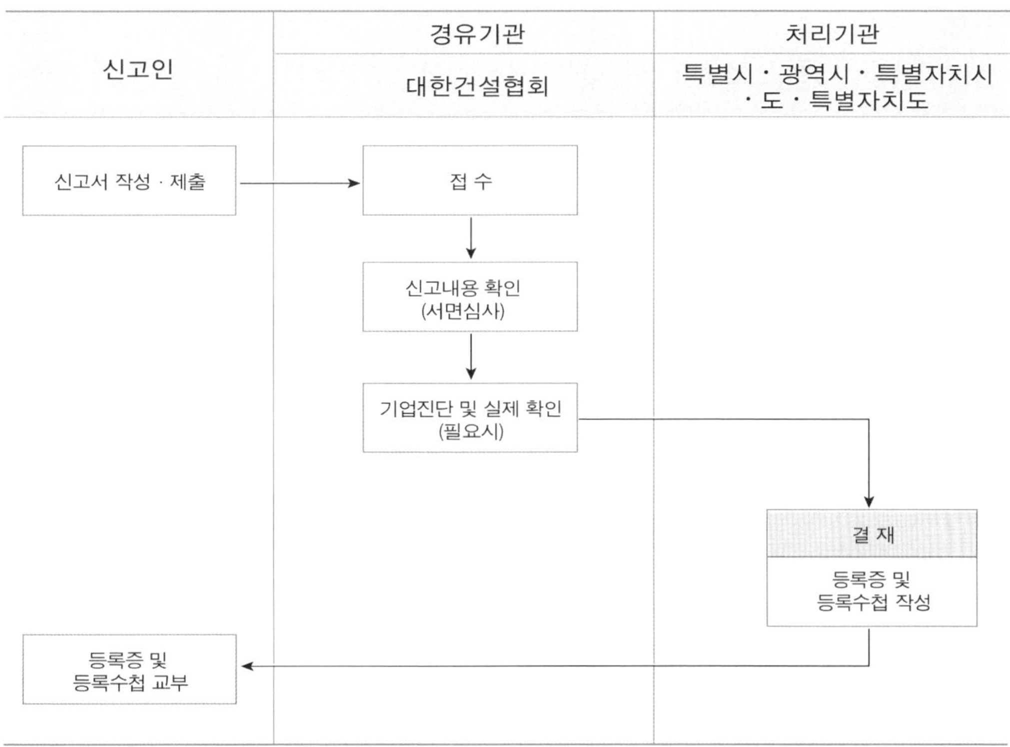

| 전문공사를 시공하는 업종의 경우 |

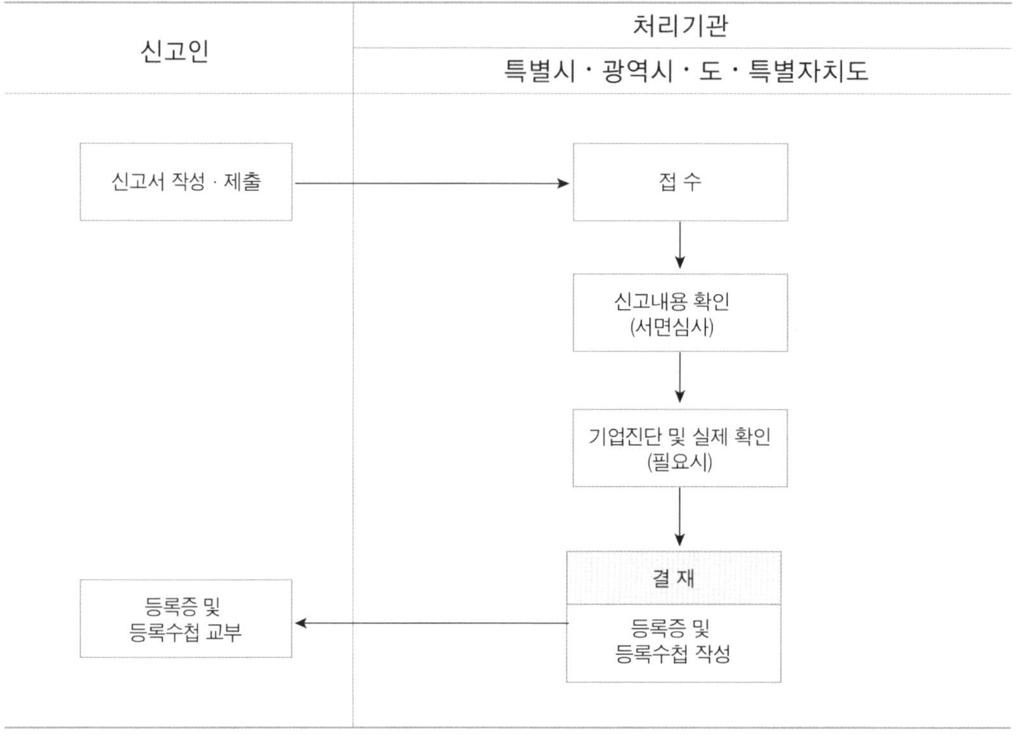

전문공사를 시공하는 업종의 경우 건설업합병신고를, 위임을 받은 시, 군, 구청에 제출하여 내용확인과 심사를 받고 필요시 실제확인을 한다. 시, 군, 구청이 수리결정을 하며, 수리결정 후에는 등록증 및 등록수첩을 작성하여 신고인에게 교부한다.

■ 건설산업기본 시행규칙 [별지 제15호 서식] 〈개정 2021. 8. 27.〉

법인합병신고서

※ 색상이 어두운 칸은 신고인이 적지 않습니다. (앞 쪽)

접수번호	접수일	처리기간	7일

합병 법인	①상호		②대표자	
	③영업소 소재지		④전화번호	
	⑤법인(주민)등록번호		⑥국적 또는 소속 국가명	
	⑦업종		⑧등록번호	
합병 법인	⑨상호		⑩대표자	
	⑪영업소 소재지		⑫전화번호	
	⑬법인(주민)등록번호		⑭국적 또는 소속 국가명	
	⑮업종		⑯등록번호	
합병 후 존속 또는 설립된 법인	⑰상호		⑱대표자	
	⑲영업소 소재지		⑳전화번호	
	㉑법인(주민)등록번호		㉒국적 또는 소속 국가명	
	㉓업종		㉔등록번호	

「건설산업기본법」 제17조 제1항 제2호에 따라 건설사업자인 법인의 합병을 신고합니다.

년 월 일

신고인 (서명 또는 인)

귀하

수수료	없음

	신고인 제출서류	경유·처리기관 확인사항
제출 서류	1. 합병계약서 사본 2. 합병공고문 3. 합병에 관한 사항을 의결한 총회 또는 창립총회의 결의서 사본 4. 합병 후 존속하거나 신설된 법인에 관한 다음 각 목의 서류(해당 건설업의 등록에 관한 서류만을 말합니다) 가. 법인인 경우에는 재무상태표·손익계산서, 개인인 경우에는 영업용자산액명세서와 그 증빙서류 나.「건설산업기본법 시행령」 제13조 제1항 제1호의 2에 따른 보증가능금액확인서(보증가능금액확인서 발급기관이 시·도지사 또는 「건설산업기본법 시행령」 제87조 제1항 제1호 가목에 따른 등록업무를 위탁받은 기관에 그 발급내용을 통보한 경우에는 보증가능금액확인서를 제출한 것으로 봅니다) 다.「건설산업기본법 시행령」 별표 2의 시설·장비에 관한 다음의 서류 1) 「건설산업기본법 시행령」 별표 2에 규정된 사무실을 갖추었음을 증명하는 임대차계약서 사본(임대차인의 경우에 한합니다) 2) 「건설산업기본법 시행령」 별표 2에 따른 건설공사용 시설의 현황을 기재한 서류 3) 「건설산업기본법 시행령」 별표 2에 따른 건설공사용 장비의 현황(영업용에 제공되는 기계 및 기구의 명칭·종류·성능 및 수량을 말합니다)을 기재한 서류 라. 기술인력의 보유현황 마. 외국인 또는 외국법인이 신고하는 경우에는 해당 국가에서 「건설산업기본법」 제13조 제1항 각 호의 어느 하나에 따른 사유와 같거나 비슷한 사유에 해당하지 아니함을 신고인(법인인 경우 대표자를 말합니다)이 확인한 확인서	1. 합병 후 존속하거나 신설된 법인에 관한 다음 각 목의 서류(해당 건설업의 등록에 관한 서류만을 말합니다) 가. 법인인 경우에는 법인 등기사항증명서 나. 개인인 경우에는 주민등록표초본이나 「재외국민등록법」 제3조에 따른 재외국민인 경우에는 여권 다.「건설산업기본법 시행령」 별표 2에 따른 사무실에 관한 다음의 서류 1) 자기소유인 경우 : 건물 등기사항증명서 2) 전세권이 설정되어 있는 경우 : 전세권이 설정되어 있음이 표기된 건물 등기사항증명서 3) 임대차인의 경우 : 건물 등기사항증명서 라. 「건설산업기본법 시행령」 별표 2에 따른 건설공사용 시설의 건물 또는 토지의 등기사항증명서 및 공장등록대장 등본 마.「건설산업기본법 시행령」 별표 2에 따른 건설공사용 장비 중 「건설기계관리법」 그 밖의 다른 법령의 적용을 받는 장비의 경우에는 그 등록원부등본 바. 외국인 또는 외국법인이 신고하는 경우에는 「건설산업기본법 시행령」 제13조 제2항 제1호 및 제3호의 요건을 갖추었음을 증명하는 서류(「출입국관리법」 제33조에 따른 외국인등록증 및 영업소 등기사항증명서를 말합니다)

행정정보 공동이용 동의서

본인은 이 건 업무처리와 관련하여 「전자정부법」 제36조 제1항에 따른 행정정보의 공동이용을 통하여 경유·처리기관이 법인 등기사항증명서, 주민등록표초본, 여권, 공장등록대장 등본, 건설기계등록원부등본 또는 외국인등록증을 확인하는 것에 동의합니다.

※ 법인 등기사항증명서, 주민등록표초본, 재외국민등록증 또는 여권, 공장등록대장 등본, 건설기계등록원부등본, 외국인등록증의 확인에 동의하지 않는 경우에는 신청인이 직접 해당 서류 또는 그 사본을 제출하여야 합니다.

신고인 (서명 또는 인)

210mm×297mm[백상지(80g/㎡) 또는 중질지(80g/㎡)]

Ⅲ 지위의 승계

건설업을 양수한 자와 합병으로 설립되거나 존속하는 법인은 국토교통부장관에게 신고한 건설양도신고가 수리된 때부터 각각 건설업을 양도한 자와 합병으로 소멸되는 법인의 건설사업자로서의 지위를 승계한다. 〈개정 2023. 4. 18.〉 (건산법 §17 ③) 지위의 승계는 포괄적 양도의 조건을 요하지 않으며, 양도의 방법에도 구애받지 않는다. 단지 건설양도신고가 수리되면 그 때부터 양도한 자의 지위가 양수인에게 승계된다.

따라서 건설양도신고가 수리되기 전에는 아직 양도인 또는 합병으로 소멸하는 회사(이하에서 "피합병법인"이라 한다)의 지위가 승계되지 않았으므로 양수인 또는 합병으로 설립되거나 존속하는 법인(이하에서 "합병법인"이라 한다)은 건설공사계약을 할 수 없다.

또한, 건설양도신고 수리가 된 때부터는 양수한 자 또는 합병법인은 양도한자 또는 피합병법인(이하에서 "양도인등"이라 한다)의 지위를 승계하므로 만약, 양수 전 또는 합병 전 회사에 대해 영업정지 처분을 했음에도 양도인등이 이에 반하여 영업정지기간 중 영업행위를 한 사실이 있다면 이는 건설업의 등록말소에 해당하고, 이것이 양도 또는 합병 후에 밝혀져서 양도인이 소멸되었다 하더라도 현재 양수한자 또는 합병법인에게 해당 등록말소 처분을 하게 된다.

(양도인에 대한 행정처분은 지위를 승계한 양수인이 승계함)

건산법 제17조(건설업의 양도 등) 제2항에는 "건설업 양도의 신고가 있은 때에는 건설업을 양수한 자는 건설업을 양도한 자의 건설업자로서의 지위를 승계한다"라고 규정하고 있는 바,

청구인이 양수한 전 회사는 전라북도로부터 등록기준 미달로 2005. 12. 23.부터 2006. 7. 22.까지 영업정지 7월 처분을 받고도 영업정지 기간 중인 2005. 12. 23.부터 2006. 1. 9.까지 장수초 운동장 생활체육시설 설치공사 등 총 21건의 입찰에 참가하여 영업정지 처분을 위반한 사실이 명백하다 할 것이다.

이에 따라 청구인의 현재의 회사 '○○종합건설'은 '○○토건'의 지위를 승계한 회사로서, 청구인이 양수한 전 회사인 '○○토건'이 본 위원회에서 다툼의 대상이 될 수 없는 선행처분(영업정지)에 반하여 영업정지기간 중 영업행위를 한 사실이 「건설산업기본법」 제83조(건설업의 등록말소 등)제7호에 해당함으로 「행정절차법」 제21조(처분의 사전 통지)의 규정에 따라 청문을 실시하고, 건설업의 등록말소처분을 한 피청구인의 이 건 처분은 위법·부당하거나 재량권을 남용한 흠이 있다고 할 수 없다. (국민권익위원회 제특행심 2008-0019, 2008. 8. 29., 기각)

【질의요지】 분할신고 수리 전 건설공사 계약 가능 여부

A회사가 회사분할을 하면서 분할신설회사인 B회사에 건설업을 포괄 양도하고 「건설산업기본법」 제17조 제1항 제1호에 따라 건설업 양도를 신고한 경우, B회사는 해당 신고가 수리되기 전에 건설공사 계약을 할 수 있는지?

【회답】

이 사안의 경우 B회사는 「건설산업기본법」 제17조 제1항 제1호에 따른 건설업 양도 신고가 수리되기 전에는 건설공사 계약을 할 수 없습니다. (법제처 21-0064, 2021. 4. 6., 민원인)

상기와 같이 지위의 승계에 따라 선의의 양수인이 피해를 볼 수 있으므로 현행 건산법에서는 영업정지 기간 중인 경우 또는 건설업의 등록이 말소되었으나 「행정심판법」 또는 「행정소송법」에 따라 그 효력이 정지된 경우에는 건설업의 양도를 제한하고 있다(건산법 §20). 또한 시정명령, 영업정지 등이 예상되는 경우에는 건설업 양도신고 수리전에 사실 확인 및 청문 등 처분절차를 조속히 이행하고, 처분 여부 결정 후 처리하고 있다.

Ⅳ 양도인의 건설업영위기간 합산(실적승계)

1. 개요

상기에서 건설업을 양도하거나 합병한 경우 국토교통부장관에서 신고해야 하며 신고가 수리된 경우 양도인 또는 피합병법인의 지위를 양수인 또는 합병법인이 승계받게 된다고 했다. 그러나 지위를 승계받았다고 해서 양도인등의 건설업영위기간까지 양수인이 합산할 수 있는 것은 아니다.

합병의 경우 건설업을 영위하는 법인을 흡수합병하는 존속법인 또는 신설합병하는 신설법인은 소멸법인의 건설업영위기간을 당연히 합산할 수 있다. 이는 합병은 피합병법인이 자신의 자산과 권리·의무 중 승계범위를 정하여 일부만 승계시키는 것이 아니라 상법상 모든 자산등을 포괄적으로 승계해야만 하는 포괄적인양도에 해당하기 때문이다.

따라서 건산법상 합병에 관해 따로 포괄적양도에 대한 요건을 규정하고 있지 않다. 단지 합병이 발생할 경우 신고의무를 부여하고 있으며, 신고가 수리되는 경우 피합병법인의 건설업영위기간을 합병법인이 합산할 수 있게 된다. 따라서, 건설업합병에 관한 신고요건만 준수하면 된다.

그러나 건설업양도의 경우에는 건설업을 양도한다고 해서 양도인의 건설업영위기간을 양수인이 무조건 합산할 수 있는 것은 아니다. 반드시 건산법에서 규정하는 실적승계 요건을 충족해야만 양도인의 건설업영위기간을 양수인이 합산할 수 있게 된다. 따라서, 이하에서는 합병 외, 양도인의 건설업영위기간을 합산할 수 있는 요건과 방법들에 대해서 논 하고자 한다.

합병이란 두 개 이상의 회사가 상법의 절차에 따라 청산절차를 거치지 않고 합쳐지면서 최소한 한 개 이상 회사의 법인격을 소멸시키되, 합병 이후에 존속하는 회사 또는 합병으로 인해 신설되는 회사가 소멸하는 회사의 권리의무를 포괄적으로 승계하고 그의 사원을 수용하는 상법상의 법률사실을 말한다(법인세 집행기준 44-0-1).

2. 요건

시·도지사는 건설업의 양도가 양도인의 건설업에 관한 자산과 권리·의무의 전부를 포괄적으로 양도하는 경우로서 다음의 어느 하나에 해당하는 경우에는 양도인의 건설업영위기간을 합산할 수 있다(건산칙 §18 ⑥).

1. (개인기업의 법인전환) 개인이 영위하던 건설업을 법인사업으로 전환하기 위하여 건설업을 양도하는 경우
2. (회사의 전환) 건설사업자인 법인을 합명회사 또는 합자회사에서 유한회사 또는 주식회사로 전환하기 위하여 건설업을 양도하는 경우
3. (분할 또는 분할합병) 건설사업자인 회사가 분할로 인하여 설립되거나 분할합병한 회사에 그가 영위하는 건설업의 전부를 양도하는 경우

❖ 실적승계되는 경우

1. 양도
   ① 개인기업의 법인전환
   ② 회사의 전환
   ③ 분할 또는 분할합병

2. 합병

따라서, 건설업양도 중 포괄적양도에 해당하는 건설업양도 방법을 건산법에서는 규정하고 있고, 이 외의 방법으로 건설업양도를 하는 경우에는 포괄적양도에 해당하지 않게 되어

양도인의 실적을 양수인이 승계받지 못하게 된다.

예를 들어 A법인의 주주들이 소유하고 있는 모든 주식을 양도하고 그 해당주식을 양수받은 자 중에서 대표이사로 취임하여 해당 건설사업자를 인수하는 경우에 건산법상 건설업양도에 해당하지 않고 기재사항의 변경에 해당하게 된다. 따라서 건산법 제9조의 2 제2항에 따라 기재 사항의 변경을 신청하는 것이지 건설업양도신고의 대상이 아니므로, 건설업자의 지위승계나 실적승계오는 아무런 관련이 없다.

(1) 포괄적양도

건설업에 관한 모든 자산과 권리・의무를 포괄적으로 양도하는 경우에만 양도인의 건설업영위기간이 양수인에게 합산된다. 그렇다면 포괄적양도가 되기 위해서 모든 자산과 권리・의무가 승계되는 것 외에 구체적으로 다음의 것 등이 행해져야 한다.

① 양도인의 기술자 승계

건산령 제13조[건설업의 등록기준]에 따라 건설업을 영위하고자 하는 자는 반드시 해당 건설업종에서 요구하는 건설기술자를 보유해야 한다. 포괄적인 양도에 해당되려면 양도인이 보유하던 건설기술자를 양수인이 승계받아야 한다.

② 모든 건설업종의 양도

만일 양도인이 토공사업과 철근콘크리트공사업을 보유하고 있는 경우로서 토공사업만 양도하는 경우에는 포괄적양도에 해당되지 않는다. 건설업관련 모든 자산과 권리・의무를 양도해야 하므로 두 개의 건설업종 모두 양도해야만 포괄적양도에 해당하게 된다. 종합시공업과 전문 시공업 둘 다 소유한 경우에도 마찬가지로 모두 다 양도해야만 포괄적양도에 해당하게 된다.

③ 자본금(실질자본금액)

재무관리상태보고진단서상의 양도인의 실질자본금액 보다 양수인의 실질자본금액이 같거나 더 커야 한다. 이는 양도인의 모든 자산과 권리・의무를 승계하는 경우 양도 당시의 양도인의 실질자본금액이 양수인의 실질자본금액보다 더 크다면 모든 것을 양수받았다고 볼 수 없기 때문이다. 양수인의 것이 더 큰 경우는 상관이 없다. 따라서, 양수인이 양도인으로부터 승계받은 것 외에 예금 불입등을 하여 실질자본금이 상승하더라도 전혀 상관이 없다.

또한 양수인의 실질자본금이 「건설업 등록기준」 상의 기준금을 상회해야 함은 물론이거니와 양도인 또한 재무관리상태진단보고서상의 실질자본금이 「건설업 등록기준」 상의 자본금 이상이어야 하므로 건설업 양도할 당시의 양도인 실질자본금이 「건설업 등록기준」 상의 등록기준 자본금을 상회하지 못한다고 우려될 경우에는 양도 전에 미리 예금을 납입하여 실태조사에 대비해야 한다. 특히 종합시공 건설업의 경우 양도인의 실태조사는 필수적이므로 반드시 사전 준비를 해야 한다.

(2) 건산법상의 포괄적양도 방법

건산법에서는 양도인의 실적을 양수인이 모두 승계받기 위해서는 포괄적양도뿐만 아니라 양도의 방법에 대해서도 규정하고 있다. 다음은 건산법상 양도인의 실적을 양수인이 승계받기 위한 양도방법에 대한 것이다.

1) 개인기업의 법인전환

① 개인사업자의 폐업

개인기업의 법인전환은 개인사업자로서 건설업을 영위하다 신규법인을 설립하여 해당 신규법인에게 개인건설업의 모든 자산과 권리·의무를 양도하는 경우를 말한다. 이 경우 포괄적으로 양도하는 경우 개인기업의 건설사업자로서의 실적은 신규법인에게 승계가 된다.

주의할 점은 개인기업의 법인전환 후에는 **반드시 개인기업을 폐업해야 한다**는 것이다. 그리고 그 폐업사유가 반드시 법인전환이어야 하므로 이를 증명할 수 있는 서류를 요청받을 수 있다. 따라서 세무서에 폐업신고 시 폐업사유를 법인전환이라고 반드시 명기하고 해당 서류를 복사하여 보관하는 것이 후일을 대비하는 좋은 방법 중 하나가 된다.

② 개인사업자가 겸업 중인 경우

개인기업을 신규법인에게 포괄적으로 양도하는 것이므로 개인기업이 운영하는 사업 중 일부만을 신규법인에게 양도하는 경우에는 포괄적양도에 해당하지 않게 된다.

따라서 만약, 개인기업이 포괄적 양도하기 전에 건설업 외 타업종을 운영하여 겸업 중인 경우에는 포괄적양도 전에 건설업 외 업종을 분리하여 개인기업에서 제거해야 한다. 개인기업은 주식회사와 같이 물적분할을 할 수가 없기 때문에 건설업 외 업종은 남겨두고 건설업만 분리하여 양도하는 경우 포괄적양도에 해당하지 않게 된다.

③ 신규법인 자본금과 재무관리상태진단보고서상의 실질자본금

개인기업의 법인전환 시 진단기준일은「건설업체 기업진단지침」제5조에 따라 양수·양도 계약일이다. 개인기업의 법인전환시 건설업양도 계약은 개인기업의 대표와 신규법인의 발기인간의 계약이다. 실무적으로는 해당 계약일을 신규법인 설립등기일과 일치하도록 하여 편리를 기하는 경우가 많다.

여기서 주의할 점은 진단기준일 현재의 법인기업뿐만 아니라, 개인기업 또한 건칙령 제13조에 따른「건설업등록기준」을 충족해야 한다는 것이다. 특히 등록기준 중 실질자본금의 기준에 더 많은 주의를 기울여야 한다. 따라서 만약 개인기업의 실질자본금이 등록기준상의 실질자본금 보다 낮다고 예상되는 경우에는 반드시 예금을 납입하여 등록기준상의 실질자본금 이상으로 맞춰야 한다.

이 경우 개인기업의 예금입금이 너무 과다하게 많은 경우에는 일부 예금액을 출금 후 개인기업의 법인전환을 하는 것도 하나의 방법이다.

④ 업무흐름도

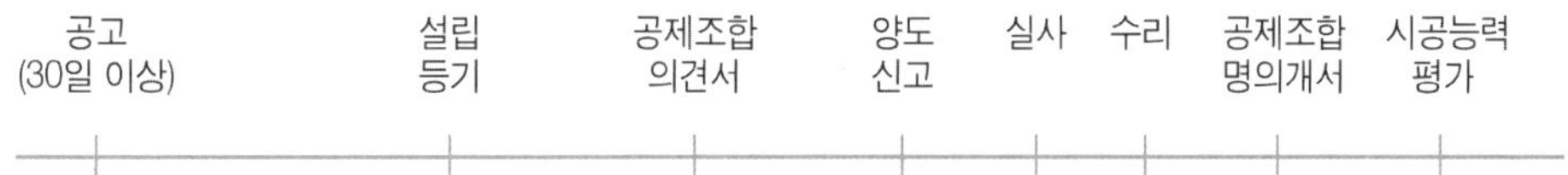

2) 회사의 전환

합명회사 또는 합자회사로서의 건설업을 영위하던 건설사업자가 신규로 주식회사 또는 유한회사를 설립하고 그 신규로 설립된 회사에 건설사업과 관련된 모든 자산과 권리·의무를 포괄적으로 승계하는 경우 양도인의 실적을 양수인이 승계받을 수 있다.

상법상 합명회사 또는 합자회사를 유한회사나 주식회사로 전환할 수는 없다. 그러므로 엄밀히 말하자면, 건산법상에서의 건설업양도는 회사의 전환이 아니라 양도에 해당한다. 즉 합명회사 또는 합자회사를 유한회사 또는 주식회사로 전환하는 것이 아니라, 상기에서 기술했듯이 유한회사 또는 주식회사를 신규로 설립하여 그 설립된 신규회사에 합명회사 또는 합자회사의 건설사업자가 건설업과 관련한 모든 자산등을 양도하는 것이다.

3) 분할과 분할합병

분할은 분할법인의 건설업관련 모든 자산과 권리를 분할신설법인에게 모두 양도하는 경우에 한해 포괄적양도에 해당하게 된다.

① 건설업 외 업종과 겸업

분할법인이 건설업을 분할하려면 분할 전, 건설업 외에 다른 업종도 운영하고 있는 경우에 한해 분할할 수가 있다. 즉, 건설업 외 도매업이나 부동산임대업등과 건설업을 함께 영위하여 겸업을 하고 있는 경우로서 도매업이나 부동산임대업은 분할법인에 존속시키고 나머지 건설업관련 모든 자산과 권리 · 의무를 분할신설법인에게 양도하는 것이다.

따라서, 분할 전 분할법인의 사업자등록증과 법인등기부등본상에 건설업 외 타 업종이 등록되어 겸업 중이라는 것이 표시되어 있어야 하며, 분할 후의 분할법인의 법인등기부등본상 그리고 사업자등록증상에는 건설업이 제거되어야 한다.

② 법정자본금과 재무관리상태진단보고서상의 실질자본금

분할의 경우 특히 주의할 점은 자본금 부분으로서 두 가지가 있다. 한 가지는 분할 전 분할법인의 법정자본금이며, 나머지는 분할법인과 분할신설법인의 재무관리상태진단보고서상의 실질자본금이다.

첫째, 회사의 분할이라는 것은 독립하여 사업이 가능한 사업부문을 분할시키는 것이므로 반드시 독립하여 사업이 가능한 둘 이상의 사업부문이 있어야 한다. 만약, 둘 이상의 업종을 분할법인이 겸업 중이라면 분할전 분할법인의 법정자본금은 건설업관련 자본금과 건설업 외 업종의 자본금으로 구성되어 있다고 볼 수 있다.

만약, 분할 전 분할법인의 법정자본금이 건산령 제13조에서 규정하고 있는 「건설업 등록기준」 상의 기준 자본금과 동일하다면, 분할신설법인이 해당 자본금을 모두 분할해서 가져가야만 건설업을 영위할 수 있으므로, 분할 후 분할법인의 법정자본금은 "0원"이 될 수밖에 없다.

따라서 분할 전에 이 부분을 고려하여 분할 전 분할법인의 법정자본금은 최소 분할 후 분할법인에게 남아 있을 정도의 자본금이 되어야 한다. 만약, 그렇지 않다면 반드시 분할 전에 증자를 하여 분할 후의 분할법인의 법정자본금이 0원이 되지 않도록 해야 한다.

1. 분할 후 분할법인의 자본금이 0이 되는 경우

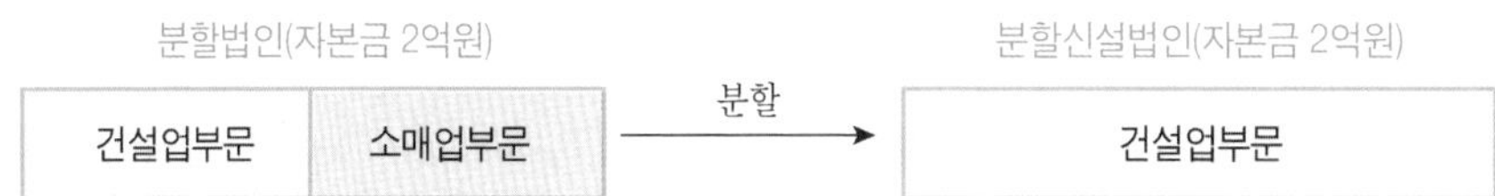

2. 분할 후 분할법인의 자본금이 남아 있게 되는 경우

○ 상기에서 건설업부문의 건산법 시행령 별표 2에서 규정하는 등록기준 자본금이 2억원인 경우 분할신설법인은 최소 자본금 2억원을 초과해야 한다. 분할법인이 2억원의 자본금 모두를 분할하는 경우 분할 후 분할법인의 자본금은 '0원'이므로 분할로 인정받을 수 없게 된다. 분할 전 분할법인의 자본금이 3억원으로서 분할 후 분할신설법인의 자본금이 2억이 되는 경우 분할 후 분할법인의 자본금은 1억원이 남게 된다.

둘째, 재무관리상태진단보고서는 분할법인의 분할 전 재무관리상태진단보고서와 분할 후 재무관리상태진단보고서 그리고 분할 신설법인의 분할 후의 재무관리상태진단보고서 총3부를 제출한다.

이 경우 앞서 포괄적양도의 정의에서 양수인의 실질자본금액이 양도인의 실질자본금액보다 같거나 더 커야 한다고 기술했듯이 분할법인이 분할신설법인에게 건설업관련 모든 자산등을 양도하는 것이므로 양수인인 ① 분할신설법인의 건설업관련 재무관리상태진단보고서상의 실질자본금액과 ② 분할 후의 분할법인의 건설업관련 재무관리상태진단보고서상의 실질자본금의 합계액이 ③ 분할 전 분할법인의 건설업관련 재무관리상태진단보고서상의 실질자본금액보다 같거나 더 커야 한다.

그리고 분할 후의 분할법인의 건설업관련 재무관리상태진단보고서상의 실질자본금액이 "0원"이 되어야 양도인, 즉 분할법인의 건설업관련 모든 자산등이 분할신설법인에게 양도되었다는 것이 증명된다. 여기서 '0'이 되어야 한다는 것은 건설업사업부문의 실질자본금만을 말하는 것이다.

재무관리상태진단보고서상의 자본금 : ① + ② ≥ ③

V 시공능력의 재평가

1. 원칙

건설업양도에 따라 건설업양도신고를 한 경우 원칙적으로는 양수인의 시공능력은 새로이 평가한다. 다만, 건설업의 양도가 다음에 해당하는 경우에는 그러하지 아니하다(건산칙 §23 ③).

1. (개인기업의 법인전환)
2. (회사의 전환)
3. (분할 또는 분할합병)

2. 양수인 또는 합병존속(신설)법인의 시공능력 재평가

따라서 원칙 건설업양도 중 건설업영위기간의 합산이 되는 ① 개인기업의 법인전환, ② 회사의 전환, ③ 분할, 분할합병, ④ 건설업합병의 경우에는 시공능력을 새로이 평가하지 아니한다.

그러므로, 실적승계가 되는 양도(개인기업의 법인전환, 회사전환, 분할과 분할합병)의 양수인 또는 합병 후 존속하거나 신설된 법인의 시공능력은 양도인 또는 종전 법인의 시공능력과 동일한 것으로 본다. 다만, 해당 건설사업자의 신청이 있거나 시공능력이 현저히 변동되었다고 인정되는 경우에는 새로 평가할 수 있다(건산칙 §23 ④).

상기에 따라 시공능력을 새로이 평가하는 경우 양도인 또는 종전법인의 공사실적은 양수인 또는 합병후 존속하거나 신설된 법인의 공사실적에 합산한다.

따라서, 실적승계가 되는 건설업양도 또는 건설업합병 후 시공능력을 새로이 평가하는 것이 유리하다고 판단되는 경우에는 시공능력을 새로이 평가받는 것이 좋다.

3. 시공능력평가 방법

시공능력평가액은 다음의 합계액으로 구성된다.

시공능력평가액 = ① 재무상태 + ② 기술능력 + ③ 시공경험(실적) + ④ 신인도

상기에서 양도인의 ①,②,④가 좋지 않은 경우 시공능력 재평가 신청을 하는 것이 좋을 수 있으며, 특히 ①이 좋지 않은 경우 그리고 양수인의 재무상태가 좋은 경우 재평가 신청을 하는 것이 유리할 수 있다. 실적승계가 되는 건설업양도 또는 건설업합병의 경우, 양도인의 실적은 재평가 신청하더라도 양수인에게 승계되어 합산되므로 문제없다.

Ⅵ 기타

1. 건설업등록증 또는 건설업등록수첩 기재사항 중 변경신청대상

건설업 등록증이나 건설업 등록수첩을 발급받은 자는 그 건설업 등록증 또는 건설업 등록수첩의 기재 사항(記載 事項) 중 아래에 해당하는 사항이 변경되면 국토교통부령으로 정하는 바에 따라 30일 이내에 국토교통부장관에게 기재 사항의 변경을 신청하여야 한다(건산법 §9의 2 ②). 다만, 건설업양도 또는 건설업합병에 따라 신고한 사항은 제외한다.

1. 상호
2. 대표자
3. 영업소소재지
4. 법인(주민)등록번호
5. 국적 또는 소속국가명

통상 건설업을 영위하고자 하는 자가 다른 건설회사의 주식을 인수받고 대표이사를 변경하여 건설업을 영위하는 경우가 있다. 이 경우는 건설업양도에 해당하지 아니한다. 이는 건설업등록증 또는 건설업등록수첩 기재사항 중 변경신청대상에 해당한다. 따라서 건설업양도신고가 필요하지 않고 30일 이내에 기재사항의 변경신청을 해야 한다.

전기공사업의 양도와 합병

전기공사업의 양도와 합병은 건설산업기본법상의 건설업의 그것과 대부분 유사하다. 따라서 중요한 것은 둘 사이의 차이점이다. 정보통신공사업과 소방시설공사업도 마찬가지이다.

건설업의 포괄적양도의 경우 건설산업기본법상의 건설업사업자와 전기공사업법상의 공사업자는 별개로 본다. 따라서 하나의 법인이 건설산업기본법상의 건설업과 전기공사업법상의 공사업을 동시에 운영중인 경우에라도 그 중 건설업 또는 공사업 하나만을 포괄적양도가 가능하다.

또한 건설산업기본법상의 건설업에서와 마찬가지로 상속의 경우는 제외하며, 이는 전기통신공사업과 소방시설공사업에도 마찬가지이다.

1. 양도등 신고

공사업자는 다음의 어느 하나에 해당하는 경우에는 산업통상자원부령으로 정하는 바에 따라 시·도지사에게 신고하여야 한다(전공법 §7 ①).

1. 공사업을 양도하려는 경우
2. 공사업자인 법인 간에 합병하려는 경우 또는 공사업자인 법인과 공사업자가 아닌 법인이 합병하려는 경우

건공법 제32조(권한의 위임·위탁)
① 이 법에 따른 시·도지사의 권한은 그 일부를 대통령령으로 정하는 바에 따라 시장·군수 또는 구청장(자치구의 구청장을 말한다)에게 위임할 수 있다.
② 이 법에 따른 산업통상자원부장관 또는 시·도지사의 권한 중 다음 각 호의 업무는 대통령령으로 정하는 바에 따라 제25조에 따른 공사업자단체에 위탁할 수 있다.
1. 제4조 제1항에 따른 등록신청의 접수
2. 제4조 제3항에 따른 공사업의 등록기준에 관한 신고의 수리(受理)
3. 제7조 제1항, 제3항 및 제4항에 따른 신고의 수리
4. 제9조 제1항에 따른 등록사항 변경신고의 수리

③ 이 법에 따른 산업통상자원부장관의 권한 중 전기공사기술자의 인정 · 인정취소 및 인정취소를 위한 청문 등 관련 업무는 대통령령으로 정하는 바에 따라 제25조에 따른 공사업자단체 또는 전기 분야 기술자를 관리하는 법인 · 단체에 위탁할 수 있다.

전기공사업 운영요령 제3조(전기공사업자단체 및 수탁기관 지정)
① 제32조 제2항 및 제3항의 규정에 의거 산업통상자원부장관이 지정 고시토록 한 단체 및 수탁기관은 한국전기공사협회(이하 "지정단체"라 한다)로 한다.

○ 공사업양도와 공사업합병의 신고서는 한국전기공사협회에 제출한다.

다만, 다음의 어느 하나에 해당하는 자는 공사업의 등록을 할 수 없다(전공법 §7 ⑤).

1. 피성년후견인
2. 파산선고를 받고 복권되지 아니한 자
3. 다음의 어느 하나에 해당되어 금고 이상의 실형을 선고받고 그 집행이 끝나거나(집행이 끝난 것으로 보는 경우를 포함한다) 면제된 날부터 2년이 지나지 아니한 사람
   가. 「형법」 제172조의 2(전기의 경우만 해당한다), 제173조(전기의 경우만 해당한다), 제173조의 2(전기의 경우만 해당하며, 제172조 제1항의 죄를 범한 사람은 제외한다), 제174조(전기의 경우만 해당하며, 제164조 제1항, 제165조, 제166조 제1항 및 제172조 제1항의 미수범은 제외한다) 또는 제175조(전기의 경우만 해당하며, 제164조 제1항, 제165조, 제166조 제1항 및 제172조 제1항의 죄를 범할 목적으로 예비 또는 음모한 사람은 제외한다)를 위반한 사람
   나. 이 법을 위반한 사람
4. 상기 3.에 따른 죄를 범하여 금고 이상의 형의 집행유예를 선고받고 그 유예기간에 있는 사람
5. 등록이 취소(다만, 아래에 해당하여 등록이 취소된 경우는 제외한다)된 후 2년이 지나지 아니한 자. 이 경우 공사업의 등록이 취소된 자가 법인인 경우에는 그 취소 당시의 대표자와 취소의 원인이 된 행위를 한 사람을 포함한다.
   ① 거짓이나 그 밖의 부정한 방법으로 다음의 어느 하나에 해당하는 행위를 한 경우
      가. 제4조 제1항에 따른 공사업의 등록
      나. 제4조 제3항에 따른 공사업의 등록기준에 관한 신고
   ② 제4조 제2항에 따라 대통령령으로 정하는 기술능력 및 자본금 등에 미달하게 된 경우. 다만, 「채무자 회생 및 파산에 관한 법률」에 따라 법원이 회생절차개시의 결정을 하고 그 절차가 진행 중이거나 일시적으로 등록기준에 미달하는 등 대통령령

으로 정하는 경우는 예외로 한다.

6. 임원 중에 상기 1.부터 5.까지의 규정 중 어느 하나에 해당하는 사람이 있는 법인

또한, 공사업자는 상기에 따른 신고에 대하여 양도 또는 합병의 무효판결을 받은 경우에는 산업통상자원부령으로 정하는 바에 따라 시·도지사에게 신고하여야 한다(전공법 §7 ④).

(1) 제출서류

공사업의 양도, 공사업자인 법인의 합병(이하에서 "공사업 양도등"이라 한다)의 신고를 하려는 자는 전기공사업 양도등 신고서(전자문서로 된 신고서를 포함한다)에 다음의 구분에 따른 서류(전자문서를 포함한다)를 첨부하여 양도의 경우에는 계약일(분할 또는 분할합병에 따른 양도의 경우에는 등기일)부터 30일 이내, 합병의 경우에는 등기일부터 30일 이내에 지정공사업자단체에 제출해야 한다(전공칙 §7의 2 ①). 건설업의 경우와는 달리 30일 이내에 신고서를 제출해야 한다.

1) 양도의 경우

분할 또는 분할합병에 따른 양도의 경우를 포함하여 다음의 서류를 제출해야 한다.

가) 양도·양수 계약서 사본, 분할계획서 사본 또는 분할합병계약서 사본

법인의 경우에는 양도·양수에 관한 사항을 의결한 주주총회 등의 결의서 사본도 제출해야 한다.

나) 전기공사업등록신청 관한 서류(전공칙 §3 ①)

① 신청인(외국인을 포함하되, 법인의 경우에는 대표자를 포함한 임원을 말한다)의 인적사항이 적힌 서류

② 기업진단보고서

진단기준일은 다음과 같다(전기공사업운영요령 §19 ②).

1. 양도·양수 : 양도·양수 계약일(분할 또는 분할합병에 의한 양도·양수의 경우에는 그 등기일)
2. 법인합병 : 법인합병 등기일
3. 자본금 변경 : 자본금 변경일(법인인 경우에는 변경등기일)
4. 합병취소 : 회복 등기일

③ 다음의 요건을 모두 갖추어 발급하는 보증가능금액확인서

가. 전기공사공제조합 또는 서울보증보험주식회사(이하에서 "공제조합등"이라 한다) 보증가능금액확인서의 발급을 신청하는 자의 재무상태 · 신용상태 등을 평가하여 등록기준에 따른 자본금 기준금액의 100분의 25 이상에 해당하는 금액의 담보를 제공받거나 현금의 예치 또는 출자를 받을 것

나. 공제조합등이 보증가능금액확인서의 발급을 받는 자에게 등록기준에 따른 자본금 기준금액 이상의 금액에 대하여 「전기공사공제조합법 시행령」 제10조의 2에 따른 보증을 할 수 있다는 내용을 보증가능금액확인서에 적을 것

④ 전기공사기술자의 명단과 전기공사기술자 경력증 사본

⑤ 사무실 사용 관련 서류 : 임대차계약서 사본(임대차인 경우만 해당한다)

⑥ 외국인이 전기공사업의 등록을 신청하는 경우에는 해당 국가에서 신고인(법인의 경우에는 대표자를 말한다)이 법 제5조 각 호의 결격사유와 같거나 비슷한 사유에 해당되지 아니함을 확인한 확인서

다) 발주자동의서

건설업양도와 동일하며, 건설업양도 부분에 자세히 기술되어 있다.

라) 하자담보책임기간 중에 있는 경우

공사업자는 하자담보책임기간이 끝나지 아니한 전기공사가 있는 공사업을 양도하려면 그 하자보수에 관한 권리 · 의무를 함께 양도하여야 한다. 따라서 해당 하자담보책임기간 중인 경우에는 반드시 계약서 상에 관련 해당 문구가 명기되어야 한다.

마) 「전기공사공제조합법」에 따른 전기공사공제조합의 의견서

단, 양도인이 공제조합에 출자하고 있는 경우만 해당한다.

바) 양도 · 양수 신문 공고문 사본

건설업양도와 동일하며, 건설업양도 부분에 자세히 기술되어 있다.

사) 양도인의 등록증 및 등록수첩 원본

2) 합병의 경우

가. 합병계약서 사본
나. 합병공고문 사본
다. 합병에 관한 사항을 의결한 총회 또는 창립총회 결의서 사본
라. 전기공사업 등록신청에 관한 서류
이는 앞의 양도의 경우와 동일한 서류들이다.
마. 합병 전 법인의 등록증 및 등록수첩 원본
바. 공제조합의 의견서*(피합병법인이 공제조합에 출자하고 있는 경우만 해당한다)

* 건설업의 합병과는 달리 공제조합의견서를 제출해야 한다.

(2) 한국전기공사협회가 확인할 서류

상기에 따른 공사업 양도등의 신고를 받은 한국전기공사협회는「전자정부법」제36조 제1항에 따른 행정정보의 공동이용을 통하여 다음의 서류를 확인해야 한다. 다만, 신고인이 아래의 1번, 4번 또는 5번에 따른 사항의 확인에 동의하지 않는 경우에는 이를 제출하도록 해야 하며, 5번에 따른 증명서의 경우 고용보험 또는 산업재해보상보험의 가입증명서로 갈음할 수 있다(전공칙 §7의 2 ②).

1. 외국인등록증(외국인인 경우만 해당하되, 법인의 경우에는 대표자를 포함한 임원을 말한다)
2. 법인 등기사항증명서(법인인 경우로서 양도·양수 및 합병의 경우만 해당한다)
3. 사무실 사용 관련 서류(양도·양수 및 합병의 경우만 해당한다)
가. 자기 소유인 경우 : 건물등기부 등본 또는 건축물대장
나. 전세권이 설정된 경우 : 전세권이 설정되어 있는 사실이 표기된 건물등기부 등본
다. 임대차인 경우 : 건물등기부 등본 또는 건축물대장
4. 양도인의 국세 및 지방세납세증명서(양도·양수의 경우만 해당한다)
5. 전기공사기술자의「국민연금법」제16조에 따른 국민연금가입자 증명서 또는「국민건강보험법」제11조에 따라 건강보험의 가입자로서 자격을 취득하고 있다는 사실을 확인할 수 있는 증명서

신고인 제출 서류	1. 양도의 경우 가. 양도·양수계약서 사본(법인의 경우에는 양도에 관한 사항을 의결한 주주총회 등의 결의서 사본을 포함합니다) 1부 나.「전기공사업법 시행규칙」제3조 제1항 각 호의 서류 각 1부 다.「전기공사업법」제8조 제1항 및 제2항에 따른 증명서류 각 1부	수수료 「전기공사업법」제35조에 따라

	라. 「전기공사공제조합법」에 따른 전기공사공제조합의 의견서(양도인이 전기공사공제조합에 출자하고 있는 경우만 제출합니다) 1부 마. 양도·양수 신문공고문 사본 1부 바. 양도인의 등록증 및 등록수첩 원본 2. 합병의 경우 가. 합병계약서 사본 1부 나. 합병공고문 사본 1부 다. 합병에 관한 사항을 의결한 총회 또는 창립총회 결의서 사본 1부 라. 「전기공사업법 시행규칙」 제3조 제1항 각 호의 서류 각 1부 마. 합병 전 법인의 등록증 및 등록수첩 원본 바. 공제조합의 의견서(피합병법인이 공제조합에 출자하고 있는 경우만 제출합니다) 1부	조례로 정한 수수료
지정 공사 업자 단체 확인 사항	1. 외국인등록증(외국인인 경우만 해당하되, 법인의 경우에는 대표자를 포함한 임원을 말합니다) 2. 법인 등기사항증명서(법인인 경우로서 (양도·양수 및 합병의 경우만 해당합니다) 3. 사무실 사용 관련 서류(양도·양수 및 합병의 경우만 해당합니다) 가. 자기 소유인 경우 : 건물등기부 등본 또는 건축물대장 나. 전세권이 설정된 경우 : 전세권이 설정되어 있는 사실이 표기된 건물등기부 등본 다. 임대차인 경우 : 건물등기부 등본 또는 건축물대장 4. 양도인의 국세 및 지방세납세증명서(양도·양수의 경우만 해당합니다) 5. 전기공사기술자의 「국민연금법」 제16조에 따른 국민연금가입자 증명서 또는 「국민건강보험법」 제11조에 따라 건강보험의 가입자로서 자격을 취득하고 있다는 사실을 확인할 수 있는 증명서	

2. 양도의 제한

공사업자는 시공 중인 전기공사가 있는 공사업을 양도하려면 그 전기공사 발주자의 동의를 받아 전기공사의 도급에 따른 권리·의무를 함께 양도하거나 그 전기공사의 도급계약을 해지한 후에 양도하여야 한다.

공사업자는 하자담보책임기간이 끝나지 아니한 전기공사가 있는 공사업을 양도하려면 그 하자보수에 관한 권리·의무를 함께 양도하여야 한다(전공법 §8).

3. 업무처리 흐름도

시·도지사는 공사업 양도등의 신고의 수리 사실을 보고받은 날부터 3일 이내에 지정공사업자단체를 거쳐 승계인에게 등록증 및 등록수첩을 발급해야 한다(건공칙 §7의 2 ⑥).

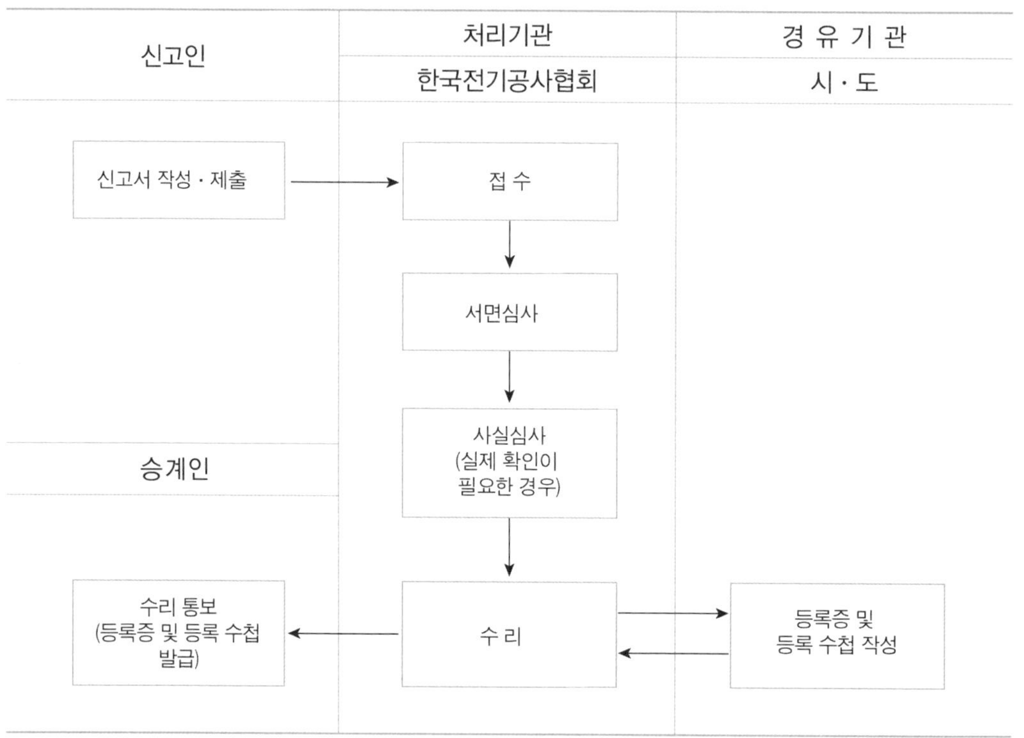

4. 지위의 승계

공사업 양도의 신고가 수리된 때에는 공사업을 양수한 자는 공사업을 양도한 자의 공사업자로서의 지위를 승계하고, 법인 합병의 신고가 수리된 때에는 합병으로 설립되거나 존속하는 법인은 합병으로 소멸되는 법인의 공사업자로서의 지위를 승계한다(전공법 §7 ②).

5. 실적승계

공사업에 관한 자산과 권리·의무의 전부를 포괄적으로 양도·양수하는 경우로서 다음의 어느 하나에 해당하는 경우에는 승계인의 시공능력이 피승계인의 시공능력과 같은 것으로 본다(전공칙 §19 ③).

1. 개인이 경영하던 공사업을 법인사업으로 전환하기 위하여 공사업을 양도하는 경우(개

인기업의 법인전환)

2. 공사업자인 회사가 분할에 의하여 설립되거나 분할 합병한 회사에 그가 경영하는 공사업의 전부를 양도하는 경우(분할 또는 분할합병)

또한 공사업자인 법인이 공사업자인 다른 법인을 합병(분할합병을 포함한다)하는 경우에는 종전의 공사업자의 공사실적과 공사업 경영기간을 합산한다.

다만, 피합병법인이 해당 공사업을 승계한 양도·양수 계약일 또는 합병등기일부터 5년 이내에 합병되는 경우에는 그러하지 아니하다(전공칙 §19 ④). 따라서 건설산업기본법상의 건설업양도 또는 건설업합병과는 달리 양도 또는 합병 후 5년 이내에 재양도 등을 할 경우에는 실적승계가 되지 않으므로 상당히 주의를 요한다.

★실적승계되는 경우와 안되는 경우

구 분	양도	합병
실적승계 되는 경우	① 개인기업의 법인전환 ② 회사의 전환 ③ 분할 또는 분할합병	특별한 요건 없음
실적승계 안되는 경우	① 양도·양수 계약일 또는 합병등기일로부터 5년 이내에 양도하는 경우 (건산칙 §19 ③)	① 피합병법인이 해당 공사업을 승계한 양도·양수 계약일로부터 5년 이내 양도하는 경우 ② 합병등기일로부터 5년 이내 합병하는 경우 (건산칙 §19 ④)

6. 시공능력의 재평가

(1) 원칙

공사업 양도의 신고가 수리되어 공사업자의 지위를 승계한 자의 시공능력은 새로 평가한다. 양도 또는 합병의 무효판결을 받은 사실을 신고한 공사업자의 시공능력도 또한 같다(전공칙 §19 ②).

(2) 승계인의 시공능력은 피승계인의 시공능력

공사업에 관한 자산과 권리·의무의 전부를 포괄적으로 양도·양수하는 경우로서 다음의 어느 하나에 해당하는 경우와 합병의 경우에는 승계인의 시공능력이 피승계인의 시공능력과 같은 것으로 본다. 다만, 피승계인이 해당 공사업을 승계한 양도·양수 계약일 또는 합병등기일부터 5년 이내에 양도하는 경우에는 그렇지 않다(전공칙 §19 ③).

1. 개인이 경영하던 공사업을 법인사업으로 전환하기 위하여 공사업을 양도하는 경우
2. 공사업자인 회사가 분할에 의하여 설립되거나 분할 합병한 회사에 그가 경영하는 공사업의 전부를 양도하는 경우

제3장 정보통신공사업의 양도와 합병

1. 양도등 신고

공사업자는 다음의 어느 하나에 해당하면 시 · 도지사에게 신고를 하여야 한다(정통법 §17 ①).

1. 공사업을 양도하려는(공사업자인 법인이 분할 또는 분할합병되어 설립되거나 존속하는 법인에 공사업을 양도하는 경우를 포함한다. 이하 같다) 경우
2. 공사업자인 법인 간에 합병하려는 경우 또는 공사업자인 법인과 공사업자가 아닌 법인이 합병하려는 경우

건설업합병의 경우에는 건설업자인 법인이 건설사업자가 아닌 법인을 흡수합병하려는 경우에는 신고의 대상이 아니다.

정통법 제69조 제2항 (권한의 위임 및 위탁)

과학기술정보통신부장관 또는 시 · 도지사는 이 법에 따른 다음의 업무를 대통령령으로 정하는 바에 따라 협회에 위탁할 수 있다.

1의 2. 제14조 제1항에 따른 공사업의 등록 신청 접수에 관한 업무

1의 4. 제17조 제1항에 따른 공사업의 양도, 합병 또는 상속에 관한 신고의 접수에 관한 업무

정보통신공사업관련 업무위탁기관 및 자본금확인서 발행 금융기관 지정

1. 정보통신기술인력 양성 및 인정교육훈련 위탁기관: ICT폴리텍대학, 주식회사케이티
2. 공사업자의 변경신고접수, 정보의 종합관리 및 시공능력의 평가 · 공시와 정보의 제공, 감리원자격증의 교부 및 관리, 정보통신기술자의 신고접수 및 경력수첩의 발급 · 관리, 정보통신기술인력의 교육이수사항 기록업무 위탁기관 : 한국정보통신공사협회
3. 공사업 등록시 자본금 확인서 발행 금융기관 : 서울보증보험주식회사
4. 공사원가 산정기준 및 공사업 실태 등의 연구 · 조사 업무 위탁기관 : (재)한국정보통신산업연구원

상기에서와 같이 공사업의 양도, 합병에 관한 신고의 접수는 한국정보통신공사협회에 그 권한의 위임과 위탁을 한다. 따라서 양도등의 신고서는 한국정보통신공사협회에 제출한다.

다만, 등록의 결격사유에 해당하는 다음의 어느 하나에 해당하는 자는 공사업의 등록을 할 수 없다(정통법 §16, §17 ④).

1. 피성년후견인
2. 파산선고를 받고 복권되지 아니한 사람
3. 이 법을 위반하여 금고 이상의 실형을 선고받고 그 집행이 끝나거나(집행이 끝난 것으로 보는 경우를 포함한다) 집행이 면제된 날부터 3년이 지나지 아니한 사람 또는 그 형의 집행유예를 선고받고 그 유예기간 중에 있는 사람
4. 이 법에 따라 등록이 취소된 후 2년이 지나지 아니한 자. 다만, 다음의 어느 하나에 해당하는 경우는 제외한다.
   가. 공사업자(공사업자가 법인인 경우에는 그 임원을 말한다)가 제1호 또는 제2호에 해당하여 제66조 제1항 제5호에 따라 등록이 취소된 경우
   나. 제66조 제1항 제15호에 따라 등록이 취소된 경우
5. 「국가보안법」 또는 「형법」 제2편 제1장 또는 제2장에 규정된 죄를 저질러 금고 이상의 실형을 선고받고 그 집행이 끝나거나(집행이 끝난 것으로 보는 경우를 포함한다) 그 집행이 면제된 날부터 3년이 지나지 아니한 사람 또는 그 형의 집행유예를 선고받고 그 유예기간 중에 있는 사람
6. 임원 중에 상기 1.부터 5.까지의 어느 하나에 해당하는 사람이 있는 법인

양도신고를 받은 시・도지사는 다음의 어느 하나에 해당하는 경우를 제외하고는 등록을 해주어야 한다(정통법 §15, §17 ④).

1. 등록기준에 해당하는 기술능력・자본금(개인인 경우에는 자산평가액을 말한다. 이하 같다)・사무실을 갖추지 아니한 경우
2. 과학기술정보통신부장관이 지정하는 금융회사 등 또는 제45조에 따른 정보통신공제조합이 대통령령으로 정하는 금액 이상의 현금 예치 또는 출자를 받은 사실을 증명하여 발행하는 확인서를 제출하지 아니한 경우
3. 등록을 신청한 자가 등록의 결격사유 중 어느 하나에 해당하는 경우
4. 그 밖에 이 법 또는 다른 법령에 따른 제한에 위반되는 경우

(1) 제출서류

공사업자는 공사업양도신고 또는 법인합병신고를 하려는 경우에는 양도계약일(분할 또는 분할합병에 따른 공사업양도신고의 경우에는 분할등기일 또는 분할합병등기일을 말한

다) 또는 법인합병등기일부터 30일 이내에 다음의 자가 공동으로 신고서를 작성하여 제출하여야 한다(정통령 §22 ①).

1. 공사업양도의 경우에는 양도인과 양수인
2. 법인합병의 경우에는 합병전의 각 법인의 대표자와 합병 후 설립되거나 존속하는 법인의 대표자

상기에 따라 양도신고를 하는 경우에는 공사업 양도 또는 법인합병 신고서(전자문서로 된 신고서를 포함한다)에 다음의 서류(전자문서를 포함한다)를 첨부하여야 한다(정통령 §22 ②).

1. 양도계약서(분할 또는 분할합병의 경우에는 분할계획서 또는 분할합병계약서를 말한다)의 사본 또는 법인합병계약서의 사본
2. 공사업등록의 신청관련 서류(정통령 §16 ①)
   기업진단보고서는 양도계약일(분할 또는 분할합병의 경우에는 분할등기일 또는 분할합병등기일을 말한다) 또는 합병등기일을 기준으로 한다.
   가. 신청인(법인인 경우에는 대표자를 포함한 임원)의 성명, 주민등록번호 및 주소 등의 인적사항이 적힌 서류(외국인인 경우에는 「출입국관리법」 제33조에 따라 발급받은 외국인등록증의 사본을 말한다). 다만, 외국인인 신청인(법인인 경우에는 대표자를 포함한 임원)이 외국인등록증 사본을 첨부할 수 없는 부득이한 사유가 인정되는 경우에는 과학기술정보통신부장관이 정하여 고시하는 서류로 이를 대신할 수 있다.
   나. 기업진단보고서
   다. 정보통신기술자의 명단과 해당 정보통신기술자의 경력수첩 사본(출력물을 포함한다)
   라. 정보통신공제조합등이 기준금액 이상의 현금예치 또는 출자를 받은 사실을 증명하여 발행하는 확인서
   마. 사무실 보유를 증명하는 서류 : 임대차계약서 사본(임차한 경우에만 첨부한다) 및 가설건축물축조신고필증(「건축법」 제20조 제3항에 따른 신고 대상 가설건축물인 경우에만 첨부한다)
3. 정보통신공사업 등록증 및 등록수첩
4. 발주자의 서면동의서 또는 해당 공사의 도급의 해지를 증명할 수 있는 서류(양도신고의 경우로서 시공 중인 공사가 있는 경우에만 해당한다)
5. 공사(하자담보책임기간이 지나지 아니한 공사만 해당한다)의 현황(발주자 · 공사금액 · 공사기간 · 하자담보책임기간, 그 밖의 공사현황을 말한다)
6. 하도급공사의 현황 및 하도급대금 중 미지급액 현황(하도급 공사 및 하도급대금 미지

급액이 있는 경우에만 해당한다)

7. 합병당사자인 두 법인의 총회의 합병결의서 사본(법인합병신고의 경우로서 주식회사 또는 유한회사만 해당한다)

※ 요약하면 다음과 같다.

신고인 제출서류	1. 양도계약서 사본 1부 2. 신고인(양수인을 말하며, 법인인 경우에는 대표자를 포함한 임원을 말합니다)의 성명, 주민등록번호 및 주소 등의 인적사항이 적힌 서류(외국인인 경우에는 「출입국관리법」 제33조에 따라 발급받은 외국인등록증 사본을 말하며 외국인등록증 사본을 첨부할 수 없는 부득이한 사유가 인정되는 경우에는 고시로 정한 서류) 1부 3. 기업진단보고서 1부 4. 정보통신기술자의 명단과 해당 정보통신기술자의 경력수첩사본 각 1부 5. 「정보통신공사업법」 제15조 제2호에 따른 확인서 1부 6. 사무실 보유를 증명하는 서류 : 임대차계약서 사본(임차한 경우에만 첨부합니다) 및 가설건축물축조신고필증(「건축법」 제20조 제3항에 따른 신고 대상 가설건축물인 경우에만 첨부합니다) 각 1부 7. 정보통신공사업 등록증 및 등록수첩 각 1부 8. 발주자의 서면동의서 또는 해당 공사의 도급의 해지를 증명할 수 있는 서류(양도신고의 경우로서 시공 중인 공사가 있는 경우에만 해당합니다) 1부 9. 공사(하자담보책임기간이 지나지 아니한 공사만 해당합니다)의 현황(발주자 · 공사금액 · 공사기간 · 하자담보책임기간 그 밖의 공사현황을 말합니다) 1부 10. 하도급공사의 현황 및 하도급대금 중 미지급액 현황(하도급공사 및 하도급대금 미지급액이 있는 경우에만 해당합니다) 1부	수수료 「정보통신 공사업법 시행령」 제57조에 따른 수수료
담당 공무원 확인사항	1. 「출입국관리법」 제88조 제2항에 따른 외국인등록 사실증명(신고인이 외국인인 경우에만 해당합니다) 2. 법인 등기사항증명서 3. 건물등기부등본(소유하는 건물이거나 임차한 건물인 경우에는 건축물대장등본으로 대신할 수 있습니다) 4. 양도인의 국세납세증명서 및 지방세납세증명서(양도신고의 경우만 해당합니다) 5. 건축허가서(「건축법」 제20조 제2항에 따른 허가 대상 가설건축물의 경우에 한합니다) 6. 정보통신기술자의 국민연금가입자 가입증명 또는 건강보험 자격득실확인서	

(2) 시 · 도지사가 확인할 서류(담당공무원 확인사항)

신고를 받은 시 · 도지사는 「전자정부법」 제36조 제1항에 따른 행정정보의 공동이용을 통하여 다음 각 호의 서류를 확인하여야 한다. 다만, 신고인이 제1호 및 제4호부터 제6호까지의 확인에 동의하지 아니하는 경우에는 해당 서류를 첨부하도록 하여야 한다(정통법 §22 ③).

1. 「출입국관리법」 제88조 제2항에 따른 외국인등록 사실증명(신고인이나 법인의 대표자 또는 임원이 외국인인 경우만 해당한다)
2. 법인 등기사항증명서
3. 건물등기부등본(소유하는 건물이거나 임차한 건물인 경우에는 건축물대장등본으로 갈음할 수 있다)
4. 양도인의 국세 및 지방세의 납세증명서(양도신고의 경우만 해당한다)
5. 「건축법」 제20조 제2항에 따른 허가 대상 가설건축물인 경우 건축허가서
6. 정보통신기술자의 국민연금가입자 가입증명 또는 건강보험 자격득실확인서

(3) 첨부서류의 효력 및 신청서 등의 보완

공사업등록의 신청관련 서류는 유효기간을 넘기지 아니한 것으로서 공사업 등록 신청일 전 30일 이내에 발행된 것이어야 한다(정통령 §22 ④, §17).

시 · 도지사는 정보통신공사업등록신청서 및 첨부서류가 다음의 어느 하나에 해당하는 경우에는 기간을 정하여 이를 보완하게 하여야 한다.

1. 첨부되어야 할 서류가 첨부되지 아니한 경우
2. 신청서 및 첨부서류에 적어야 할 내용이 적혀 있지 아니하거나 적힌 내용이 명확하지 아니한 경우

2. 공사업 양도의 내용등(양도의 제한)

공사업을 양도하려는 자는 공사업에 관한 다음의 권리 · 의무를 모두 양도하여야 한다(정통법 §19).

1. 시공 중인 공사의 도급에 관한 권리 · 의무
2. 완공된 공사로서 그에 관한 하자담보책임기간 중인 경우에는 그 하자보수에 관한 권리 · 의무

상기의 경우 시공 중인 공사가 있을 때에는 그 공사 발주자의 동의를 받거나 그 공사의 도급을 해지(解止)한 후가 아니면 공사업을 양도할 수 없다.

3. 업무처리 흐름도

시・도지사는 사업 양도등의 신고의 수리 사실을 보고받은 날부터 3일 이내에 지정공사업자단체를 거쳐 승계인에게 등록증 및 등록수첩을 발급해야 한다(건공칙 §7의 2 ⑥).

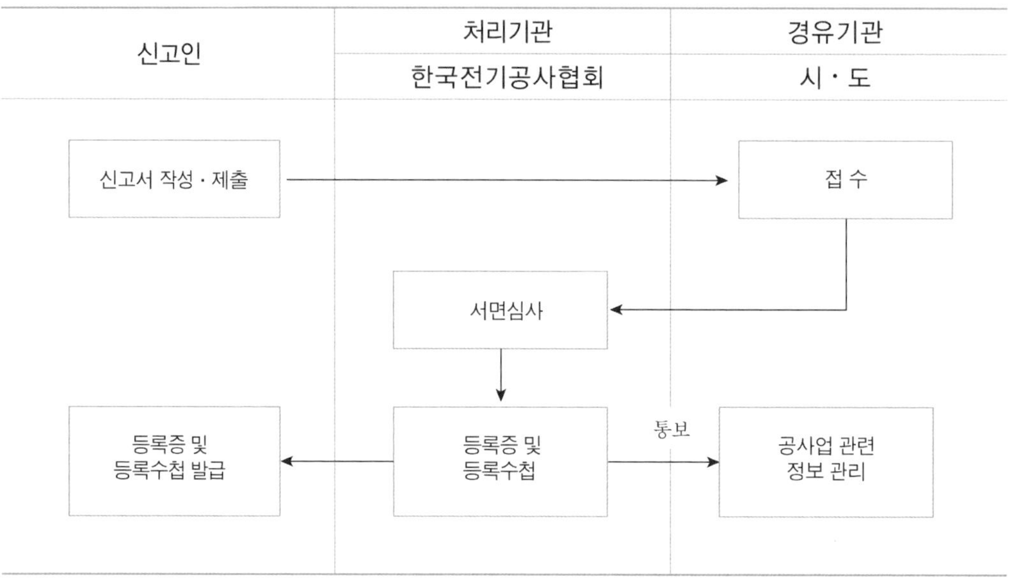

4. 지위의 승계

공사업 양도의 신고가 수리된 경우에는 공사업을 양수한 자는 공사업을 양도한 자의 공사업자로서의 지위를 승계하며, 법인의 합병신고가 수리된 경우에는 합병으로 설립되거나 존속하는 법인이 합병으로 소멸되는 법인의 공사업자로서의 지위를 승계한다(정통법 §17 ②).

5. 실적승계와 시공능력의 평가

신청에 의해 시공능력의 평가를 하는 경우 다음의 어느 하나에 해당하는 때에는 종전 공사업자의 공사업 경영기간 및 공사실적을 합산한다(정통령 §27 ②).

1. 공사업자인 법인이 분할 또는 분할합병되어 설립되거나 존속하는 법인에 공사업의 전부를 양도하는 경우
2. 개인이 경영하던 공사업을 법인사업으로 전환하기 위하여 공사업을 양도하는 경우(공사업의 등록을 한 개인이 법인을 설립하여 해당 법인의 대표자가 되는 경우에만 해당한다)

3. 공사업자인 법인을 합명회사 또는 합자회사에서 유한회사 또는 주식회사로 전환하기 위하여 공사업을 양도하는 경우
4. 공사업자인 법인간에 합병을 하는 경우 또는 공사업자인 법인과 공사업자가 아닌 법인이 합병을 하는 경우

신청에 따라 평가된 시공능력은 그 공시일(따로 공시의 효력발생시기를 정한 경우에는 그 시기를 말한다.)부터 1년 이내의 기간동안 공사업자가 시공할 수 있는 1건 공사의 도급금액을 말한다. 다만, 다음 공사업의 양도, 합병을 한 경우의 사유로 평가된 시공능력은 해당 시공능력의 공시일부터 다음 연도 공시일의 전날까지 공사업자가 시공할 수 있는 1건 공사의 도급금액을 말한다(정통령 §22 ③).

1. 공사업의 등록을 한 경우
2. 공사업의 양도, 합병 또는 상속을 한 경우
3. 서류를 허위로 제출하여 평가받은 시공능력을 다시 평가한 경우

소방시설공사업 양도와 합병

1. 소방시설업자의 지위승계

다음의 어느 하나에 해당하는 자가 종전의 소방시설업자의 지위를 승계하려는 경우에는 그 상속일, 양수일 또는 합병일부터 30일 이내에 그 사실을 시・도지사에게 신고하여야 한다(소시법 §7 ①).

1. 소방시설업자가 그 영업을 양도한 경우 그 양수인
2. 법인인 소방시설업자가 다른 법인과 합병한 경우 합병 후 존속하는 법인이나 합병으로 설립되는 법인

소시법 제33조(권한의 위임・위탁)

③ 소방청장 또는 시・도지사는 다음 각 호의 업무를 대통령령으로 정하는 바에 따라 협회에 위탁할 수 있다(소시법 §33 ③).

3. 제7조 제3항에 따른 소방시설업자의 지위승계 신고의 접수 및 신고내용의 확인
5. 제26조에 따른 시공능력 평가 및 공시

소방시설공사업법 관련 업무위탁 및 수탁기관 지정 제2조 제2항

② 시・도지사가 법 제33조 제3항에 따라 영 제20조 제3항에서 한국소방시설협회에 위탁한 업무는 다음과 같다.

1. 소방시설업 등록신청의 접수 및 신청내용의 확인
2. 소방시설업 등록사항 변경신고의 접수 및 신고내용의 확인
3. 소방시설업 휴업・폐업 또는 재개업 신고의 접수 및 신고내용의 확인
4. 소방시설업자의 지위승계 신고의 접수 및 신고내용의 확인

상기의 내용에 따라 소방시설업자의 지위승계 신고서는 한국소방시설협회에 제출한다.

다만, 다음의 어느 하나에 해당하는 자는 소방시설업을 등록할 수 없다(소시법 §7 ④, §5).

1. 피성년후견인
2. 이 법, 「소방기본법」, 「화재의 예방 및 안전관리에 관한 법률」, 「소방시설 설치 및 관리에 관한 법률」 또는 「위험물안전관리법」에 따른 금고 이상의 실형을 선고받고 그 집행

이 끝나거나(집행이 끝난 것으로 보는 경우를 포함한다) 면제된 날부터 2년이 지나지 아니한 사람

3. 이 법, 「소방기본법」, 「화재의 예방 및 안전관리에 관한 법률」, 「소방시설 설치 및 관리에 관한 법률」 또는 「위험물안전관리법」에 따른 금고 이상의 형의 집행유예를 선고받고 그 유예기간 중에 있는 사람
4. 등록하려는 소방시설업 등록이 취소(제1호에 해당하여 등록이 취소된 경우는 제외한다)된 날부터 2년이 지나지 아니한 자
5. 법인의 대표자가 제1호 또는 제3호부터 제5호까지에 해당하는 경우 그 법인
6. 법인의 임원이 제3호부터 제5호까지의 규정에 해당하는 경우 그 법인

(1) 제출서류

소방시설업자 지위 승계를 신고하려는 자는 그 양수일, 합병일 또는 인수일부터 30일 이내에 다음의 구분에 따른 서류(전자문서를 포함한다)를 협회에 제출해야 한다(소시칙 §7 ①).

1) 양도의 경우

분할 또는 분할합병에 따른 양도의 경우를 포함하여 다음의 서류를 제출해야 한다(소시칙 §7 ① 1호).

가. 소방시설업 지위승계신고서

나. 양도인 또는 합병 전 법인의 소방시설업 등록증 및 등록수첩

다. 양도·양수 계약서 사본, 분할계획서 사본 또는 분할합병계약서 사본(법인의 경우 양도·양수에 관한 사항을 의결한 주주총회 등의 결의서 사본을 포함한다)

라. 소방시설업의 등록신청에 관한 서류(소시칙 §2 ①)

1. 신청인(외국인을 포함하되, 법인의 경우에는 대표자를 포함한 임원을 말한다)의 성명, 주민등록번호 및 주소지 등의 인적사항이 적힌 서류
2. 등록기준 중 기술인력에 관한 사항을 확인할 수 있는 다음의 어느 하나에 해당하는 서류(이하 "기술인력 증빙서류"라 한다)
   ① 국가기술자격증
   ② 소방기술 인정 자격수첩(이하 "자격수첩"이라 한다) 또는 소방기술자 경력수첩(이하 "경력수첩"이라 한다)
3. 소방청장이 지정하는 금융회사 또는 소방산업공제조합에 출자·예치·담보한 금액 확인서(이하 "출자·예치·담보 금액 확인서"라 한다) 1부(소방시설공사업만

해당한다). 다만, 소방청장이 지정하는 금융회사 또는 소방산업공제조합에 해당 금액을 확인할 수 있는 경우에는 그 확인으로 갈음할 수 있다.

4. 다음의 어느 하나에 해당하는 자가 신청일 전 최근 90일 이내에 작성한 자산평가액 또는 소방청장이 정하여 고시하는 바에 따라 작성된 기업진단 보고서(소방시설공사업만 해당한다)
   ① 「공인회계사법」 제7조에 따라 금융위원회에 등록한 공인회계사
   ② 「세무사법」 제6조에 따라 기획재정부에 등록한 세무사
   ③ 「건설산업기본법」 제49조 제2항에 따른 전문경영진단기관
5. 신청인(법인인 경우에는 대표자)이 외국인인 경우에는 법 제5조 각 호의 어느 하나에 해당하는 사유와 같거나 비슷한 사유에 해당하지 않음을 확인할 수 있는 서류로서 다음의 어느 하나에 해당하는 서류
   ① 해당 국가의 정부나 공증인(법률에 따른 공증인의 자격을 가진 자만 해당한다), 그 밖의 권한이 있는 기관이 발행한 서류로서 해당 국가에 주재하는 우리나라 영사가 확인한 서류
   ② 「외국공문서에 대한 인증의 요구를 폐지하는 협약」을 체결한 국가의 경우에는 해당 국가의 정부나 공증인(법률에 따른 공증인의 자격을 가진 자만 해당한다), 그 밖의 권한이 있는 기관이 발행한 서류로서 해당 국가의 아포스티유(Apostille : 외국 공문서에 대한 인증 요구 폐지 협약) 확인서 발급 권한이 있는 기관이 그 확인서를 발급한 서류

마. 양도·양수 공고문 사본

※ 요약하면 다음과 같다.

신 고 인 제출서류	가. 양도인 또는 합병 전 법인의 소방시설업 등록증 및 등록수첩 나. 양도·양수 계약서 사본, 분할계획서 사본 또는 분할합병계약서 사본 다. 신고인(법인의 경우에는 대표자를 포함한 임원을 말합니다)의 인적사항이 적힌 서류 라. 등록기준 중 기술인력에 관한 사항을 확인할 수 있는 다음의 어느 하나에 해당하는 서류 1) 국가기술자격증 2) 소방기술 인정 자격수첩 또는 소방기술자 경력수첩 마. 출자·예치·담보 금액 확인서(소방시설공사업의 경우에만 해당합니다)	수수료 2만원

	바. 자산평가액 또는 기업진단 보고서(소방시설공사업의 경우에만 해당합니다) 사. 신고인(법인인 경우에는 대표자를 말합니다)이 외국인인 경우에는 법 제5조 각 호의 어느 하나에 해당하는 사유와 같거나 비슷한 사유에 해당하지 아니함을 확인할 수 있는 서류 아. 양도·양수 공고문 사본	
소방시설업자협회 확인사항	1. 법인등기사항 전부증명서(법인인 경우에만 해당합니다) 2. 사업자등록증(개인인 경우에만 해당합니다) 3. 외국인등록 사실증명(외국인인 경우에만 해당하며, 법인의 경우에는 대표자를 포함한 임원을 말합니다) 4. 국민연금가입자 증명서 또는 「국민건강보험법」에 따라 자격취득 등의 사실을 확인할 수 있는 증명서	

2) 합병의 경우

가. 소방시설업 합병신고서

나. 합병 전 법인의 소방시설업 등록증 및 등록수첩

다. 합병계약서 사본(합병에 관한 사항을 의결한 총회 또는 창립총회 결의서 사본을 포함한다)

라. 소방시설업의 등록신청에 관한 서류(소시칙 §2 ①)

마. 합병공고문 사본

※ 요약하면 다음과 같다.

신 고 인 제출서류	1. 합병 전 법인의 소방시설업 등록증 및 등록수첩 2. 합병계약서 사본 3. 「소방시설공사업법 시행규칙」 제2조 제1항 각 호에 해당하는 서류 4. 합병공고문 사본	수수료 2만원
소방시설업자협회 확인사항	1. 법인등기사항 전부증명서(법인인 경우에만 해당합니다) 2. 사업자등록증(개인인 경우에만 해당합니다) 3. 외국인등록 사실증명(외국인인 경우에만 해당하며, 법인의 경우에는 대표자를 포함한 임원을 말합니다) 4. 국민연금가입자 증명서 또는 「국민건강보험법」에 따라 자격취득 등의 사실을 확인할 수 있는 증명서	

(2) 한국소방시설협회가 확인할 서류

지위승계 신고서를 제출받은 협회는 「전자정부법」 제36조 제1항에 따라 행정정보의 공동이용을 통하여 다음의 서류를 확인하여야 하며, 신고인이 아래의 2.부터 4.까지의 서류의 확인에 동의하지 아니하는 경우에는 해당 서류를 첨부하게 하여야 한다(소시칙 §7 ③).

1. 법인등기사항 전부증명서(지위승계인이 법인인 경우에만 해당한다)
2. 사업자등록증(지위승계인이 개인인 경우에만 해당한다)
3. 「출입국관리법」 제88조 제2항에 따른 외국인등록 사실증명(지위승계인이 외국인인 경우에만 해당한다)
4. 국민연금가입자 증명서 또는 건강보험자격취득 확인서

2. 양도계약의 보완등 요구

소방시설업의 등록신청 서류가 다음 각 호의 어느 하나에 해당되는 경우에는 10일 이내의 기간을 정하여 이를 보완하게 할 수 있다(소시칙 §7 ⑦, §2의 2).

1. 첨부서류(전자문서를 포함한다)가 첨부되지 아니한 경우
2. 신청서(전자문서로 된 소방시설업 등록신청서를 포함한다) 및 첨부서류(전자문서를 포함한다)에 기재되어야 할 내용이 기재되어 있지 아니하거나 명확하지 아니한 경우

3. 업무처리 흐름도

지위승계 신고 서류를 제출받은 협회는 접수일부터 7일 이내에 지위를 승계한 사실을 확인한 후 그 결과를 시・도지사에게 보고하여야 한다. 시・도지사는 소방시설업의 지위승계 신고의 확인 사실을 보고받은 날부터 3일 이내에 협회를 경유하여 지위승계인에게 등록증 및 등록수첩을 발급하여야 한다(소시칙 §7 ④, ⑤).

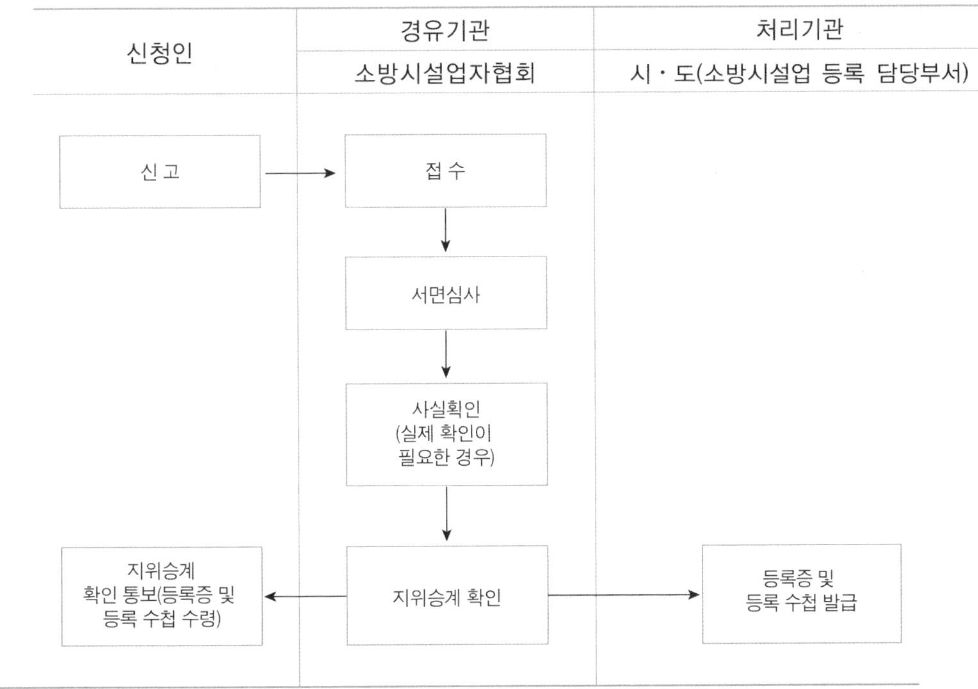

4. 실적승계

다음의 어느 하나에 해당하는 경우에 실적은 종전 공사업자의 실적과 공사업을 승계한 자의 실적을 합산한다(소시칙 [별표 4] 시공능력 평가의 방법 1. 마.).

1) 공사업자인 법인이 분할에 의하여 설립되거나 분할합병한 회사에 그가 경영하는 소방시설공사업 전부를 양도하는 경우
2) 개인이 경영하던 소방시설공사업을 법인사업으로 전환하기 위하여 소방시설공사업을 양도하는 경우(소방시설공사업의 등록을 한 개인이 당해 법인의 대표자가 되는 경우에만 해당한다)
3) 합명회사와 합자회사 간, 주식회사와 유한회사 간의 전환을 위하여 소방시설공사업을 양도하는 경우
4) 공사업자는 법인 간에 합병을 하는 경우 또는 공사업자인 법인과 공사업자가 아닌 법인이 합병을 하는 경우
5) 공사업자가 영 제2조 별표 1 제2호에 따른 소방시설공사업의 업종 중 일반 소방시설공사업에서 전문 소방시설공사업으로 전환하거나 전문 소방시설공사업에서 일반 소방시설공사업으로 전환하는 경우
6) 법 제6조의 2에 따른 폐업신고로 소방시설공사업의 등록이 말소된 후 6개월 이내에

다시 소방시설공사업을 등록하는 경우

5. 시공능력의 평가

시공능력평가의 신청에 따라 평가된 시공능력은 공사업자가 도급받을 수 있는 1건의 공사도급금액으로 하고, 시공능력 평가의 유효기간은 공시일부터 1년간으로 한다. 다만, 다음의 어느 하나에 해당하는 사유로 평가된 시공능력의 유효기간은 그 시공능력 평가 결과의 공시일부터 다음 해의 정기 공시일의 전날까지로 한다(소시칙 §23).

1. 소방시설공사업을 등록한 경우
2. 소방시설공사업을 상속・양수・합병하거나 소방시설 전부를 인수한 경우
3. 시공능력평가 신청을 위해 제출한 서류가 거짓으로 확인되어 새로 평가한 경우

협회는 시공능력을 평가한 경우에는 그 사실을 해당 공사업자의 등록수첩에 기재하여 발급하고, 매년 7월 31일까지 각 공사업자의 시공능력을 일간신문(「신문 등의 진흥에 관한 법률」 제2조 제1호 가목 또는 나목에 해당하는 일간신문으로서 같은 법 제9조 제1항에 따른 등록 시 전국을 보급지역으로 등록한 일간신문을 말한다. 이하 같다) 또는 인터넷 홈페이지를 통하여 공시하여야 한다. 다만, 제2항 각 호의 어느 하나에 해당하는 사유로 시공능력을 평가한 경우에는 인터넷 홈페이지를 통하여 공시하여야 한다.

협회는 시공능력평가 및 공시를 위하여 제22조에 따라 제출된 자료가 거짓으로 확인된 경우에는 그 확인된 날부터 10일 이내에 제3항에 따라 공시된 해당 공사업자의 시공능력을 새로 평가하고 해당 공사업자의 등록수첩에 그 사실을 기재하여 발급하여야 한다.

| 저 | 자 | 소 | 개 |

윤 선 귀

- (현) 세무법인 경남 대표세무사(개업 약 27년)
- (현) 한국세무사회 세무연수원 교수
- (현) 한국세무사회 도서출판위원
- 모범세무대리인(국세청)
- (전) 창원세무서 이의신청심사위원
- (전) 창원세무서 국세체납정리위원
- (전) 창원시 과세전 적부심사위원
- (전) 경상남도 기부심사위원
- (전) 창원대학교 겸임교수
- (전) 창신대학교 겸임교수

수상내역

- 중소기업벤처부장관상
- 국세청 모범세무대리인
- 부산지방국세청장상
- 한국세무사회 공로상

강의내역

- 합병과 분할 관련하여 한국세무사회, 부산지방세무사회 등 다수

개정증보판 합병과 분할의 세무

2024년 2월 19일 초판 발행
2025년 1월 23일 2판 발행

저 자 윤 선 귀
발 행 인 이 희 태
발 행 처 **삼일피더블유씨솔루션**

저자협의
인지생략

서울특별시 용산구 한강대로 273 용산빌딩 4층
등록번호 : 1995. 6. 26 제3－633호
전 화 : (02) 3489－3100
F A X : (02) 3489－3141
I S B N : 979－11－6784－325－8 93320

※ '삼일인포마인'은 '삼일피더블유씨솔루션'의 단행본 브랜드입니다.
※ 파본은 교환하여 드립니다.

정가 75,000원